और कितना वक्त चाहिए झारखंड को?

और कितना वक्त चाहिए झारखंड को?

(INMA अवॉर्ड से पुरस्कृत)

संपादक

कमलेश रघुवंशी

प्रभात प्रकाशन, दिल्ली

ISO 9001:2008 प्रकाशक

प्रकाशक • **प्रभात प्रकाशन**
4/19 आसफ अली रोड,
नई दिल्ली-110002

संस्करण • प्रथम, 2013
मूल्य • तीन सौ पचास रुपए
मुद्रक • भानु प्रिंटर्स, दिल्ली

दैनिक जागरण

AUR KITNA WAQT CHAHIYE JHARKHAND KO?

Ed. Kamlesh Raghuvanshi Rs. 350.00
Published by Prabhat Prakashan, 4/19 Asaf Ali Road, New Delhi-2
e-mail: prabhatbooks@gmail.com ISBN 978-93-5048-458-6

विषय सूची

आमुख 11
अपनी बात 13

राजनीतिक विमर्श

जन आकांक्षाओं की अनदेखी 15
विकास का रोड मैप तैयार 20
परिवार की तरह काम करे राज्य 24
न तो क्षमता न ही प्रतिबद्धता 29
चाणक्य नीति पर अमल करें शासक 33
सधे कदम की दरकार 37
जन असंतोष चरम पर 39
काम हो तो खुशहाली भी आएगी 41
बद से बदतर हुआ झारखंड 43
खुद के मॉडल पर होगी तरक्की 45
प्राथमिकता के साथ तय हो विकास 47
इच्छाशक्ति से मिलेगी राज्य को तरक्की 49
सुनिश्चित हो विकास की जमीन 52
निकालने ही होंगे पुनर्निर्माण के रास्ते 55
विकास गायब, कहानी शेष 60
सशक्त सरकार चाहिए 63
अपने संसाधनों के बूते हो विकास 65
सत्ता का विकेंद्रीकरण ही रास्ता 67
नए तरीके से सोचने की जरूरत 69
झारखंडी हो विकास का केंद्र बिंदु 71
'विनाश' की कीमत पर 'विकास' नहीं 73
चाहिए विकास का झारखंडी मॉडल 76
स्थिर सरकार आवश्यक 78
विकास किसके लिए और कैसे, पहले यह तय हो 81

खेती-किसानी

सुझाव मेज तक है, किसान तक नहीं 85

कृषि को चाहिए नई ऊर्जा 87
बंजर भूमि पर करनी होगी आमदनी की खेती 88
किसानों की सुरक्षा के साथ खाद्य सुरक्षा 90
तरक्की खुद की बदौलत 92
उर्वर होगी मिट्टी तो लहलहाएगी फसल 94
सिर्फ उद्योग की ओर देखा कृषि की ओर नहीं 96
करनी होगी परंपरागत खेती 98
कृषि योजनाओं में कृषकों की सहभागिता जरूरी 100
मेडिसिनल फार्मिंग : गरीबी की दवा 102

जल, जंगल व जमीन

कब पानीदार होंगे हम 105
राज्य में भूमिगत जल नहीं है पर्याप्त 108
सिर्फ चिंता जताने से कुछ नहीं होगा 109
जल संसाधनों की रक्षा अभी नहीं तो कभी नहीं 111
राज व समाज मिलकर करें प्रयास 114
बूंद-बूंद को अमृत समझना होगा 115
जल त्रासदी की ओर बढ़ता झारखंड 117
चाहिए समावेशी जल नीति 119
बूंद-बूंद सहेजने की जरूरत 121
पानी बचाइये तो जीवन बचेगा 122
जंगल नहीं तो जल नहीं 123
झारखंड की गंगोत्री : मृत्युशैया पर जीवनरेखा 125
न प्रकृति राग छेड़ती है, न मोर नाचता है 127
बहुत चलाई तुमने आरी और कुल्हाड़ी 129
हम न बच पाएंगे जंगल बिन 130
खुशहाली के लिए राज्य को चाहिए स्पष्ट वन नीति 132
कहां गईं सारंडा की तितलियां...? 134
ऐतिहासिक अन्याय झेला है वनवासियों ने 136
बेजुबान की कौन सुनेगा? 138
जंगल से जुड़ा है अस्तित्व का मामला 140
जंगल बचा लें 142
...क्यों कुचला हाथी ने हमें! 144
जंगल बचेगा, तो आदिवासी बचेगा 146

करना होगा जंगल का सम्मान 148
सारंडा, जहां कायम है जंगल राज 150
वनौषधि को औषधि की जरूरत 152
वनाधिकार कानून के बाद भी बेदखलीकरण क्यों? 154
अंग्रेजों से अधिक अपनों ने की बंदरबांट 156
विकास की सच्चाई से भाग नहीं सकते 158
एसपीटी ने बचाया आदिवासियों को 160
विकसित करनी होगी न्याय की जमीन 162
पुनर्वास नीति में खामियां ही खामियां 164
झारखंड का नहीं कोई पहरेदार 166
खनन : वरदान या अभिशाप
कुंती के बहाने विकास की माइनिंग 169
सामूहिक निर्णय से पहुंचेंगे तरक्की के शिखर पर 172
विकास के दावों पर खनन की धूल 174
वैश्विक खनन मसौदा व झारखंडी हंड़ियाबाजी 176
खनन क्षेत्र में आदिवासियों की जिंदगी, गुलामों से भी बदतर! 178
लोगों को विश्वास में लें, तो नहीं होगा विरोध 180
पत्थर दिल क्यों सुनेंगे, पत्थरों का दर्द 181
औद्योगिक विकास
सुविधाओं की पगडंडी पर विकास की नींव 185
दावा और हकीकत में बड़ा फर्क 187
छोटे उद्योगों में बड़ा रोजगार 188
सबको दे काम, ऐसा लगे उद्योग 189
समावेशी विकास हो केंद्रीय एजेंडा 191
बुलंद इरादों के साथ नेकनीयत भी जरूरी 193
संभावनाएं तो हैं, पर रुकावटें कम नहीं 195
दीर्घावधि लाभ को नहीं देखती सरकार 196
लाभ का वितरण हो बहस का केंद्र 197
उद्योग से लाभ को समझने की जरूरत 199
काउंटर कल्चर से आगे जाना होगा 201
शिक्षा
शिक्षा की तस्वीर अब भी धुंधली 204

झारखंड में आधी आबादी की शिक्षा नहीं जगा रही चेतना 207
सुलझानी होंगी व्यावहारिक समस्याएं 209
इस फौज से जंग नहीं लड़ सकते 210
त्रि-भाषीय हो राज्य में शिक्षा की संरचना 212
सामाजिक प्रवृत्तियों के अनुरूप हो शिक्षा 214
कठघरे में समान व समतामूलक शिक्षा 216
सिर्फ सपने दिखाने से नहीं बनेगी बात 218
डिमांड के अनुरूप नहीं बन रहे प्रोफेशनल 220
शैक्षणिक क्रांति से ही विकास संभव 222
शिक्षा में सुधार की ठोस कार्ययोजना नहीं बनी 224

स्वास्थ्य सेवा

स्वास्थ्य के अधिकार में हकमारी दुर्भाग्यपूर्ण 227
तंत्र की विफलता है बदहाली का कारण 229
चिकित्सा को लगा अव्यवस्था का रोग 231
चिकित्सक सेवा दे सकता है, व्यवस्था नहीं 233
बीमार झारखंड, दुखी झारखंड 235
बैसाखी के भरोसे स्वास्थ्य सेवाएं 236
चिकित्सा सेवा पर झाड़-फूंक भारी 238

पर्यटन

बातों से आगे नहीं बढ़ती बात 241
झारखंड में सांस्कृतिक पर्यटन का आकर्षण 243
पर्यटन में ही है हमारा समाधान 245
संभावनाएं हैं अपार, सरकार करे विचार 247
आखिर क्यों आए पर्यटक यहां... ? 250

शहरी व ग्रामीण विकास

विकास होगा जरूर, जमीनी कदम उठाएं तो सही 253
शहर के अंदर हैं कई शहर, यह जान लें 255
व्यवस्था में सरकार की भूमिका है कहां? 257
जो थे खेवैया, उन्होंने ही डुबोया 259
अभी दूर है मंजिल 261
ग्रामीण विकास को लेकर सरकार प्रतिबद्ध 263
अपने पैरों पर खुद कुल्हाड़ी मार रहे हम 264

ग्रामीण विकास से जुड़ी हों नीतियां 266
संस्कृति और प्रकृति के साथ आगे बढ़ें 269
अपने संसाधन से चल पड़ेगी विकास की गाड़ी 272
नक्सलवाद
एक बौखलाई क्रांति के साइड इफेक्ट्स 275
नक्सली संगठनों से जागरण के दस सवाल 278
लोकतंत्र पर राजसत्ता का अतिक्रमण 279
विकास से दूर होगा उग्रवाद 281
ग्रामीणों के सफाये की साजिश 282
हिंसा खुद समस्या है, निदान नहीं 284
विषमता से भड़कता जनाक्रोश 286
...पानी कहां ठहरा हुआ होगा 288
जो न्याय देगा, जनता उसी के साथ होगी 291
यूं ही नहीं उजड़ रहे गांव 293
बंद हो अंधी क्रांति का यह खूनी दौर 294
नक्सलियों का चरित्र सरकार से बेहतर 296
केवल नक्सलियों को दोष देना ठीक नहीं 298
अघोषित युद्ध व हिंसा समाधान नहीं 300
जागरण के सवालों का नक्सलियों ने दिया जवाब 302
महिला, आदिवासी व दलित
महिलाओं को चाहिए निर्णायक भूमिका 313
ऐसी व्यवस्था से आस नहीं 315
सुरक्षा के साथ देना होगा विकास का अवसर 317
महिलाओं ने अपने बूते खींची है लकीर 318
हाशिये की ओर खिसकते आदिवासी 320
दोराहे पर खड़े समुदाय का असमंजस 323
विकास की भेंट चढ़ता स्थानीय समुदाय 325
'डाइवर्सिटी' से बनेगा सशक्त झारखंड 327
न नगाड़े फटे हैं न मांदर थमे हैं 330
अपने ही राज्य में उपेक्षित संस्कृति 332
उपेक्षित हैं दलित 334

आमुख

यह सवाल अब और ज्यादा लाजिमी हो गया है कि आखिर झारखंड को और कितना वक्त चाहिए ,क्योंकि झारखंड को अलग राज्य बने 12 वर्ष हो गए हैं। सबको यकीन था कि बिहार से अलग होते ही झारखंड की तस्वीर बदलने के लिए पांच साल भी काफी होंगे, लेकिन अब तो यह लगता है कि वह सही दिशा में 12 कदम भी नहीं चल पाया। इस बीच उसके साथ ही राज्य बने उत्तराखंड और छत्तीसगढ़ कहां से कहां पहुंच गए। झारखंड में 12 सालों में आठ सरकारें बनीं, चार मुख्यमंत्री बदले, लेकिन विकास की गति ठिठकी रही। शायद इसलिए, क्योंकि कोई भी सरकार कार्यकाल पूरा नहीं कर पाई। राजनीतिक अस्थिरता एक बड़ा मसला है। किसी भी पार्टी का कोई स्थायी चरित्र नहीं होने के कारण जोड़-तोड़ की राजनीति को बढ़ावा मिल रहा है। झारखंड के साथ देश का असफल राज्य होने का लेबल जुड़ चुका है।

विकास को लेकर स्थानीय नेताओं, पार्टियों के पास स्पष्ट एजेंडा नहीं है। समय-परिस्थिति के हिसाब से पार्टियों, नेताओं का अलाप बदल जाता है। वे 12 सालों में मौलिक जरूरतों- रोटी, कपड़ा और मकान से भी निपट नहीं पाए। आधारभूत संरचनाएं तैयार करने की तैयारी में ही साढ़े ग्यारह साल बीत गए। विकास के वैकल्पिक और टिकाऊ मॉडल की कोई योजना नहीं है, जबकि अलग राज्य को लेकर झारखंड आंदोलन की बुनियाद इन्हीं मुद्दों पर खड़ी हुई थी। सड़क, बिजली, पानी, स्वास्थ्य, सुरक्षा के मामले में झारखंड देश के सबसे पिछड़े राज्यों में शामिल है। कमजोर सरकारों के कारण नौकरशाही बेलगाम हो गई है।

झारखंड में अब तक विकास की प्राथमिकता तक भी तय नहीं हो पाई है। विकास का रोड मैप भी नदारद है। अधिकतर विभागों के पास नीतियां नहीं हैं। आर्थिक गतिविधियां केवल खान-खनिजों पर केन्द्रित हैं। इसी वजह से कृषि, पर्यटन, आइटी, सर्विस, इंडस्ट्री सेक्टरों में राज्य बेहद पिछड़ा रह गया। पूरी दुनिया आज बहुआयामी अर्थव्यवस्था को अपना रही है, लेकिन झारखंड खान-खनिज की सोच से बाहर नहीं निकल सका है। इस कारण गरीबी-बेरोजगारी बढ़ती गई और इसकी वजह से पलायन, मानव तस्करी, आदि में भारी वृद्धि हुई। आर्थिक असमानता का फायदा उठा कर ही ग्रामीण इलाकों व जंगलों में नक्सलियों ने समानांतर सत्ता स्थापित कर ली है।

झारखंड के 80 फीसदी लोगों की रोजी-रोटी खेती-बाड़ी और जंगल पर टिकी हुई है, लेकिन अब तक कृषि नीति भी नहीं बन पाई है। आलम यह है कि सिंचाई सुविधाओं का लाभ केवल 10 फीसदी फसलों को मिल पाता है। शेष 90 फीसदी फसल मॉनसून के भरोसे है। आधारभूत संरचना के अभाव में न तो कृषि आधारित अर्थव्यवस्था का विकास हो रहा है और न ही उद्योगों के जरिये विकास की गाड़ी आगे बढ़ रही है। साठ लाख से अधिक की आबादी विस्थापन से पीड़ित है। सर्वसम्मत पुनर्वास नीति के अभाव में औद्योगिक विकास भी ठप है।

स्थानीय कला-संस्कृति भी उपेक्षित है। इसके संरक्षण और विकास के लिए सरकारी स्तर पर कोई खास काम नहीं हो रहा है। लोगों का सरकार नामक संस्था से विश्वास उठ गया है और आदिवासी अपनी जमीन बचाने को संघर्ष के लिए मजबूर हैं। राज्य के जीएसडीपी (ग्रॉस स्टेट डोमेस्टिक प्रोडक्ट) में 11 प्रतिशत योगदान खनन उद्योग का है। बेहतर खनन नीति के अभाव में राजस्व के मामले में भारी हानि उठानी पड़ रही है। बेतहाशा वैध-अवैध खनन से पर्यावरण पर खतरा गहरा गया

है। वित्तीय प्रबंधन बेहद अराजक स्थिति में है। आर्थिक विशेषज्ञों के अनुसार हर विकास योजना का करीब 60 प्रतिशत भाग भ्रष्टाचार की भेंट चढ़ जाता है। इंफ्रास्ट्रक्चर के मामले में कंगाल झारखंड में योजना बजट से बड़ा गैर-योजना बजट का होना सारी कहानी कह देता है। रही-सही कसर बजट राशि का बेहतर उपयोग न होने से पूरी हो जाती है। योजना बजट की राशि हर साल सरेंडर करनी पड़ती हैं। मंत्रियों, नौकरशाहों की शाहखर्ची पर कोई लगाम नहीं। नक्सलियों और पुलिसकर्मियों के बीच संघर्ष में निर्दोष मासूम पिस रहे हैं। स्थानीय भूमि कानूनों सीएनटी, एसपीटी एक्ट और विल्किनशन रूल्स को लेकर राज्य दो भागों में बंट गया है। इसे सुलझाने के बजाय सभी राजनीतिक दल सामाजिक संघर्ष को प्रेरित करने की राजनीति कर रहे हैं। इसके चलते इसी निष्कर्ष पर पहुंचना पड़ता है कि झारखंड का निर्माण लोगों के सपनों को सार्थक नहीं कर पाया।

एक अखबार होने के नाते हमारा सामना जनता के इन्हीं सवालों से होता रहा। इसलिए 12वें साल में प्रवेश कर रहे झारखंड के जश्न को हमने सच्चाइयों का आईना दिखाने की ठानी। झारखंडी जनता के सपनों और सवालों को केंद्र में रखकर हमने चार महीनों तक और कितना वक्त चाहिए झारखंड को नाम से एक गंभीर विचार श्रृंखला चलाई। इस दौरान दैनिक जागरण ने झारखंड के लगभग सभी महत्वपूर्ण विषयों को छूने और यह जानने की कोशिश की कि विकास की अपार संभावनाओं के बावजूद राज्य की गाड़ी कीचड़ में क्यों फंस गई है? दो सौ से अधिक विशेषज्ञों, बुद्धिजीवियों, एक्टिविस्टों, राजनीतिक पार्टियों को हमने इस धारावाहिक महाबहस में शामिल किया ही, साथ ही आम जनता से भी लगातार प्रतिक्रिया लेते रहे। हमने यह सुनिश्चित किया कि हर राजनीतिक दल को अपना पक्ष रखने का समुचित मौका मिले। इसके अलावा हमने जनता और जन संगठनों के सवालों को बहस का मूल केंद्र बनाया। करीब एक लाख लोग प्रत्यक्ष रूप से इस अभियान का हिस्सा बने।

नाकामी के कारणों का विश्लेषण इतना गहन है कि उन्हें आधार बनाकर नए झारखंड का प्रभावी डेवलपमेंट रोडमैप तैयार किया जा सकता है। हमने विकास प्रक्रिया का बारीक विश्लेषण किया और इसमें खामी कहां रह गई, इस पर भी चर्चा की। चूंकि झारखंड में राजनीतिक अस्थिरता बड़ा मुद्दा है, इसलिए बहस की शुरुआत भी हमने राजनीतिक विमर्श से की। इस क्रम में जल-जंगल-जमीन, जैसे स्थानीय संजीदा मुद्दों पर भी हमने बहस का दौर जारी रखा। इसमें उन लोगों को बातें रखने का भी बराबर मौका दिया, जिन्हें झारखंड में विकास विरोधी घोषित कर दिया गया है। इसी क्रम में हमने विकास की मुख्यधारा के मॉडल के साथ-साथ वैकल्पिक मॉडल को भी सरकार, नीति-नियंताओं और जनता के सामने रखा। घोषित रूप से राज्य की सबसे बड़ी समस्या नक्सलवाद पर हमने नौ दिनों तक बहस चलाई। इसका प्रभाव यह हुआ कि भाकपा माओवादी अपने आंदोलन के बारे में स्थिति स्पष्ट करने को मजबूर हुए और उन्होंने हमारे द्वारा उठाए गए सवालों का जवाब भेजा। उसे भी हमने श्रृंखलाबद्ध रूप से सबके बीच व्यापक बहस के लिए रखा। चार महीने की बहस में झारखंड की विफलता के कारण और उसके निवारण के जो प्रभावी नुस्खे उभरे उस पर विचार करना अब सरकार की जिम्मेदारी बनती है, क्योंकि झारखंड की जनता को विकास के सारे दावे कागजी और छलावा लगते हैं। इस निराशा के बीच झारखंडी सपनों को फिर से जीवित करने का रास्ता क्या हो सकता है, इस पर हमने अपना काम कर दिया है। आगे अब सरकार की बारी है।

और कितना वक्त चाहिए झारखंड को , जैसी ऐतिहासिक बहस और लंबी अवधि तक चलने वाले अभियान से निकले निष्कर्ष की भूमिका विकास नीति में भी सुनिश्चित हो, इसके लिए इसका दस्तावेजीकरण करते हुए पुस्तक के रूप में प्रकाशित किया गया है। आशा है सुधि पाठक और जनता इससे लाभान्वित होंगे।

-संजय गुप्त

(संपादक, दैनिक जागरण)

अपनी बात

अखबारों में मुद्दों व सरोकारों को लेकर समाचारीय अभियान चलते ही रहते हैं। लेकिन 'और कितना वक्त चाहिए झारखंड को' जैसे अभियान कम ही होते हैं जो अपनी वैचारिक गर्मी और सारगर्भित बहसों से राजनीतिक और सामाजिक स्तर पर बदलाव की दिशा में सोचने को विवश कर देते हैं। 'और कितना वक्त चाहिए झारखंड को' अभियान राज्य के समग्र विकास व जनहित के मुद्दों को लेकर आम व खास लोगों की जुबान में सामाजिक व राजनीतिक आवाज देने का सार्थक प्रयास है। जिसमें सत्ता संभाल रहे लोगों , राजनीतिक दलों के नीति नियंताओं, राजनेताओं, विशेषज्ञों व बुद्धिजीवियों की राय शुमारी शामिल है। इसमें विशेषज्ञों ने विकास के सवालों को ले राज्य के हर पहलू को न केवल विश्लेषित किया है, बल्कि उपयोगी समाधान भी सुझाये है। यही वजह है कि दैनिक जागरण की मुहिम 'और कितना वक्त चाहिए झारखंड को' इनमा अवॉर्ड से पुरस्कृत की गयी है। सन् 1935 में शुरु हुआ इंटरनेशनल न्यूजमीडिया मार्केटिंग एसोसिएशन अवॉर्ड एक विशेष सम्मान है। समाचार पत्र में 120 दिनों तक लगातार प्रकाशित दो सौ से अधिक विशेषज्ञों के लेखों में से चुनिंदा सामग्री का चयन और संपादन कठिन कार्य है। इस पुस्तक में विषयवार केवल चुनिंदा लेखों के संपादित अंश ही दिये जा रहे हैं। इस विशेष शृंखला के तहत दैनिक जागरण में प्रकाशित सभी असंपादित लेख akwcjk.blogspot.com पर उपलब्ध हैं।

पाठकों की सुविधा के लिए लेखों का विषयवार क्रम रखा गया है। पुस्तक में राजनीति, नक्सलवाद, औद्योगिक विकास, शिक्षा, स्वास्थ्य,जल, जंगल, जमीन, खेतीबाड़ी व आदिवासी समेत कुल 11 खंड है। वैसे तो सभी खंडों में सार्थक बहस पढ़ने को मिलेगी, लेकिन नक्सलवाद पर बहस के दौरान निकले सवालों की तपिश इतनी अधिक थी कि नक्सली इन सवालों का जवाब देने को मजबूर हुए। 45 पन्नों में भेजे गये नक्सलियों के जवाब को भी संपादित रूप में पुस्तक में जगह दी गयी है। लेखों का संकलन व संपादन करते समय इस बात का ध्यान रखा गया है कि प्रमुख विषयों पर विशेषज्ञों के विचार उसी रूप में पाठकों के सामने प्रस्तुत किया जा सके जैसा उन्होंने लिखा था।

इस विचार-विमर्श शृंखला को पुस्तक के रूप में मूर्त रूप देने तमाम लोगों का सहयोग रहा है। खासकर रूपक, शशिभूषण, प्रशांत कश्यप, मुकेश भूषण व अश्वनी कुमार सिंह का अत्यंत आभार जिनके समय-समय पर सुझाव से लेखों के चयन और संपादन में मदद मिली। विशेष आभार हमारे निदेशक सुनील गुप्ता का जिन्होंने न केवल इस शृंखला के लिए 120 दिनों तक समाचार पत्र में जगह उपलब्ध करवाई बल्कि इस अभियान को पुस्तक के रूप में प्रकाशित करने का सुझाव भी दिया। उन सभी विशेषज्ञ लेखकों को भी हार्दिक धन्यवाद जिन्होंने अपना बहुमूल्य समय निकाल कर हमारे इस अभियान में बढ़-चढ़कर हिस्सा लिया।

रांची **कमलेश रघुवंशी**

राजनीतिक विमर्श

जन आकांक्षाओं की अनदेखी

कमलेश रघुवंशी

15 नवंबर 2000 को जब अलग झारखंड राज्य के गठन की घोषणा हुई तो यहां के लोग खुशियों के मारे उछल रहे थे, गा रहे थे। कहीं ट्माक बज रहा था तो कहीं मांदर। हजारों नगाड़ों की मिश्रित आसमान कंपाने वाले विजय घोष से झारखंड के पहाड़-झाड़, नदी, नाले, गांव-शहर सब झूम रहे थे। बहुरंगी भाषाओं के गीतों का एक उल्लास था। लेकिन झारखंडी जन आकांक्षाओं को जब झारखंड की जमीन मिली, तो उस पर खुशियों की इमारत तो नहीं बन पाई, अलबत्ता जल जंगल व जमीन का अस्तित्व अवश्य खतरे में पड गया है। बारह साल में ही सोना नागपुर- हीरा दामिन (संताल परगना) ने राजनीति का वह घिनौना रूप भी देख लिया, जो हमलावर राजशाही दौर में राज्यों पर चढ़ाई करने के वक्त होता था।

आज झारखंड नेतृत्व विहीन है। सत्तासीन पार्टियां ही यहां पक्ष-विपक्ष, दोनों भूमिकाएं निभाती रही हैं। कोई भी निर्णय स्थानीय स्तर पर नहीं लिये जा सके। छोटे से छोटे मसले को सुलझाने के लिये दिल्ली में पंचायतें बैठती रहीं। हर मामले, गठबंधन की नाराजगी का अंत दिल्ली में ही होता रहा है। 2008 में तत्कालीन मानव संसाधन विकास मंत्री बंधु तिर्की ने इस पर कहा था, अजय माकन हेडमास्टरी न करें झारखंड की। यह न केवल नेतृत्व क्षमता पर सवाल है, बल्कि सत्ता के गठबंधन दलों के बीच सामंजस्य और राज्य के शासन का दिल्ली कंट्रोल का प्रमाण भी है। सरकार चाहे एनडीए की रही हो या यूपीए की, मंत्रियों व नेताओं के दिल्ली दौड़ पर राजकोष से कितने रुपये खर्च हुए, यह आंकड़ा दो करोड़ भूखी आबादी वाले राज्य के लिए शर्म की बात होगी।

राज्य बनने के बाद से ही कठपुतली सरकार के हाथों में यहां का शासन रहा। निर्णय लेने की क्षमता अब तक न तो सरकार में दिखी और न ही नौकरशाही में। ऐसे में स्थानीय विकास के मुद्दों और मांगों पर एनडीए और यूपीए का राष्ट्रीय एजेंडा हावी रहा। जो स्थानीय स्वतंत्र और निर्दलीय पार्टियां थीं, उनका समागम सत्ता का मजा लेने के लिए सत्ता की संभावना वाले गठबंधनों में होता रहा। ऐसी पार्टियों का एजेंडा, स्टैंड और विचारधारा ने समय और परिस्थिति के साथ अनेक घिनौना रूप दिखाया। 41 के आंकड़े का गणित अगर विपक्ष बिठाता रहा है तो हैरत की बात नहीं है। जितनी भी सरकारें रहीं हैं, उनके विधायक, मंत्री ही सरकार गिराने-तोड़ने और सीएम की कुर्सी पर नया मुखौटा बैठाने के खेल में मशगूल रहे। उठापटक के इसी खेल में वक्त गुजरता गया और जनता ने अजीज आकर राजनीतिक सक्रियता से खुद को अलग कर लिया।

राज्य बनने के तुरंत बाद ही झामुमो ने भ्रष्ट अफसरों, फॉरेस्ट अधिकारियों को चेतावनी दी थी कि वे अपनी हरकतों को छोड़ दें, वरना अंजाम बुरा होगा। प्रभात कुमार को राज्यपाल बनाए जाने

का भी डिगे की डिगडिगाहट के साथ विरोध किया था। उस समय लगा कि झारखंड में राजनीतिक चेतना और जागरूकता का चरम है और जैसे लोग, वैसा शासन वाली, व्याख्या यहां लागू होगी। ग्यारह सालों के बाद पता चलता है कि वह क्षणिक और तात्कालिक भीड़ का आवेग था, जिसने जनप्रतिनिधियों की तरफ से नहीं, उत्साहित होकर उसके कार्यकर्ताओं ने खुद ही ऐसी लोक-निगरानी की घोषणा कर दी थी। आधी रात को भीड़ का महारैला जिस कदर दिशाहीन होकर उल्लास व अनंत खुशी में चूर इधर-उधर यों ही चला जा रहा था, उसकी वजह झारखंड आंदोलनकारियों के पास भी थी, नेताओं के पास भी थी और उनके पास भी जो आदिवासी छात्रावास के खंडहरों में रह रहे थे। 20-22 की उम्र के वे युवक छात्र आज तीस की उम्र पार कर गए होंगे और वह छात्रावास अबुआ राज में अपनी मौत के दिन गिन रहा है। गुजरे वक्त और सपनों का यह रेफरेंस हमें खुद को आंकने का मौका देती है।

राज्य बनने के बाद अबुआ दिसोम का हर फलक खाली था, सफेद था, जिस पर नवनिर्माण, पुनर्निर्माण की कहानी लिखी जा सकती थी, इतिहास बनाया जा सकता था। हजारों गांव जिसने बिजली के आविष्कार के एक सदी बाद भी बल्ब नहीं देखे थे और दो करोड़ किसान जो दो महीने खाने लायक अनाज भी नहीं उगा पाते थे, को अचानक मसीहा के अवतार लेने जैसी खुशी मिल गई थी। विकास की सड़क और गाड़ी दोनों, यू-टर्न लेने को बेताब थे। फिर बात विकास का मॉडल अपनाने की आई। खनिज संपदाओं का बेरहम दोहन और प्राकृतिक संसाधनों पर बेरोकटोक कहर ढाने की परंपरा को जीवित रखना था या फिर विकास की अवधारणा को बिल्कुल ही पलट देने का सवाल, चुनौती सामने थी।

शपथ के बाद मुख्यमंत्री बाबूलाल मरांडी ने घोषणा की कि महज पांच सालों में यह राज्य नई ऊंचाइयों पर होगा। थोड़े दिनों में ही झारखंड की सड़कें चमचमाने लगीं और तत्काल प्रभाव से इसे विकास की गति रेस होने का प्रमाण मान लिया गया। डायन-बिसाही और झाड़-फूंक पर विश्वास करने वाले इस राज्य के लिए विकास के मायने चिकनी सड़क नहीं, बल्कि लाइफ स्टैंडर्ड को उठाने से था, पूंजी और संभावनाओं के विकेंद्रीकरण से था। कुछ ही दिनों में साफ हो गया कि झारखंड बिहार से तो अलग हो गया है लेकिन आजाद भारत में नए उपनिवेशवाद की शुरुआत हो चुकी है। वंचित समुदाय पहले से ही हाशिये पर थे और झारखंड बनने के बाद उनकी और भी दुर्गति हो गई।

संसाधनों का बेहतर और टिकाऊ तरीके से उपयोग करने के बजाए इसके व्यापक लूट की पृष्ठभूमि तैयार कर ली गई और दर्जनों मेमोरंडम ऑफ अंडरस्टैंडिंग को इसका जरिया बना लिया गया। रोजगार के अवसर तो न बढ़ाए जा सके, लेकिन पारंपरिक ग्रामीण अर्थव्यवस्था को पूरी तरह चौपट कर दिया गया। नतीजा यह हुआ कि पेट पालने की मजबूरी में लोग पलायन करने लगे, जो बचे वो एक पेट खाकर झारखंड की बीपीएल सूची की शान बन गए।

21 सालों से पंचायती राज व्यवस्था विहीन बिहार से अलग होते ही स्थानीय स्वशासी व्यवस्था में फिर से नई जान फूंकने का वक्त आ गया था। लेकिन कोर्ट-कचहरी और आदिवासी व सदानी विवादों में फंसकर जब एक 32 सालों बाद पंचायती राज व्यवस्था को जीवित किया भी गया तो अधिकार नहीं दिया जा सका। सत्तासीन एनडीए के संयोजक सरयू राय ने भी उस वक्त माना था कि झारखंड सामाजिक,आर्थिक विविधताओं का गढ़ है, इसलिए विकास का हर एक कदम फूंक-फूंक कर रखना होगा।

विकास के एजेंडे से यह सच्चाई कहां गायब हुई, इसे सरकार तलाशने की कोशिश कर सकती है। झारखंड आंदोलन की बुनियाद प्राकृतिक संसाधनों के टिकाऊ प्रबंधन और उसके लाभकारी वितरण पर खड़ा हुई थी। स्थानीय स्वशासन व्यवस्था से लोकतंत्र की पहुंच अंतिम आदमी तक सुनिश्चित करना भी इसका प्रमुख लक्ष्य था। बिहार पुनर्गठन विधेयक पास होने के बाद साफ हो गया था कि झारखंड में एनडीए की सरकार बनेगी। बावजूद इसके विकास का ब्लूप्रिंट तैयार नहीं था, लेकिन सबको उम्मीद थी

कि विकास की गाड़ी 15 नवंबर के बाद से सरपट दौड़ पड़ेगी। खान-खनिज, उद्योग आधारित अर्थव्यवस्था यू-टर्न लेते हुए प्राकृतिक संसाधनों और खेती-बागवानी पर आधारित होगी। उद्योग, खान,खदान जो जंगलों को निगल रहे थे और जिससे दस फीसदी लोगों को भी रोजगार नहीं मिल रहा था, को बीते एक सदी से झारखंड के विकास मॉडल के रूप में थोपा जा रहा था। उसे बिल्कुल ही पलट देने की स्थानीय आकांक्षायें हिलोर मार रही थीं। यहां के लोग जानते थे कि अगर यही सिलसिला चलता रहा तो न तो जंगल बचेंगे और न ही खनिज संपदा। एक न एक दिन सारे खनिज, अयस्क खत्म हो जाएंगे और उस समय झारखंड में गड्ढों के अलावा कुछ भी नही बचेगा। उस समय झारखंड की अर्थ-व्यवस्था कैसे होगी, लोग क्या खाएंगे, इसकी चिंता अब तक किसी सरकार को नहीं रही है।

पिछली गलतियों से भी हमने अब तक सीखने की कोशिश नहीं की है। विकास का टिकाऊ मॉडल कैसे तैयार किया जा सके, इस पर सरकार की तरफ से न तो कोई खुली बहस कराई गई और न ही किसी आदिवासी या सदान मंत्री ने जिद की कि झारखंड के विकास का रास्ता प्रकृति के साथ सम्मानजनक तालमेल से बने। 30 रुपये प्रति टन लौह अयस्क की रॉयल्टी से दम पर झारखंड को क्या और कितना फायदा मिल रहा है, इसका जवाब उस वक्त तो था कि बिहार के इस हिस्से को लूट की जमीन बना दी गई है। अपना राज-अपना प्रदेश मिलने के बाद भी वही सवाल बरकरार है, लेकिन जवाब राज करने वालों के पास नहीं।

तो क्या झारखंड आंदोलन प्रायोजित था, जिसमें स्वतंत्रता के निहितार्थ खनिज और प्राकृतिक संसाधनों की लूट की आजादी हासिल करनी थी। झारखंड बनने से पहले इसमें मोहरा कौन लोग बने और भौगोलिक मुक्ति मिलने के बाद किसने इस आंतरिक उपनिवेश को समृद्धि के शिखर पर पहुंचाया, इसकी पड़ताल अनिवार्य हो गई है। यह केवल जन आकांक्षाओं का ही मरण नहीं, बल्कि पशु,पक्षी, पेड़,पौधे, जंगल,जानवर सबके साथ हुए ऐतिहासिक अन्याय की कहानी है। इसका जवाब न सिर्फ लक्ष्मी उरांव (झारखंड की बेटी जो रोटी के लिए गुवाहाटी पलायन कर गई थी, जिसे वहां नंगा कर पीटा गया था) को चाहिए, बल्कि हाथियों का आवास उजड़ने से खेतों में उनके द्वारा मचाए जा रहे उत्पात से पीड़ित गरीब किसानों को भी चाहिए।

पलायन की मजबूरी के बीच विकास के मॉडल को चुनौती देते प्रतिवादों को समझने की कोशिश नहीं की गई। राजनीतिक निष्क्रियता के बीच पनपी विकल्प हीनता ने झारखंडी समाज में कई अल्ट्रा यूनिटों में शासन को जन्म दिया। यहां से झारखंडी राजनीति में लोगों की भागीदारी और उसकी दिशा तय करने की क्षमता का नाश हुआ और लोगों ने खुद को तंत्र से अलग कर लिया। शासकीय तंत्र के बेलगाम होने की सबसे बड़ी वजह यही रही है।

बीते 11 सालों का जब हम विश्लेषण करते हैं तो विखंडित जन आकांक्षाओं की राजनीति राज्य की समग्र राजनीति पर हावी दिखती है। इस प्रक्रिया में जन दबाव खुद-ब-खुद न्यूनतम हो जाता है, जिससे तंत्र पर न तो जनप्रतिनिधियों का नियंत्रण रहता है और न ही जनता का। बगैर जन निगरानी और जन-दबाव के विधायिका और कार्यपालिका पर जनकल्याण की प्रतिबद्धता नहीं थोपी जा सकती। झारखंडी, मूलवासी, आदिवासी, सदानी, बंगाली, बिहारी आबादी के बीच बंटी सामाजिक व्यवस्था ने जटिल राजनीतिक समीकरण को तैयार किया, जिससे न राज्य का हित सधा और न ही अलग-अलग इन खेमों का।

झारखंड बनते ही बाबूलाल मरांडी ने जल-जंगल-जमीन के संदर्भ में स्थानीय भावनाओं का सम्मान करते हुए विकास की डगर तय करने की बात कही थी। 50 के दशक में पंचवर्षीय योजना के तहत बड़े पैमाने पर कृषि और वन भूमि का अधिग्रहण सरकार द्वारा किया गया था। वन कानून 1878, 1927 और बिहार प्राइवेट फॉरेस्ट एक्ट-1927 के तहत सामुदायिक वनों को राजस्व के स्रोतों

में बदल दिया गया। नवजात झारखंड में करीब 22 लाख हेक्टेयर भूमि पर जंगल थे। लकड़ी माफिया की सक्रियता के कारण महज दो वर्षों में करीब 1500 हेक्टेयर जंगल कम हो गए। न सिर्फ राजस्व के साधन के तौर पर बल्कि स्थानीय समुदायों की आजीविका के साधन के रूप में भी जंगल की अहमियत काफी थी और आज भी है। इन अहम बिंदुओं को दरकिनार करते हुए राज्य के विकास की परिकल्पना नहीं की जा सकती। वन भूमि पर बेरोकटोक खनन जारी है और लकड़ी का कारोबार भी राजनीतिक-नौकरशाही संरक्षण में बेखौफ फलता-फूलता रहा है। नक्सलियों की छवि उस वक्त वन और वनवासियों के रक्षक के रूप में स्थापित थी और इसके पीछे परिस्थिति जनित जनाधार भी मौजूद था। यह न सिर्फ उनके छिपने में मददगार था, बल्कि ट्रेनिंग कैंपों के लिए दुर्गम परिवेश भी उपलब्ध कराता था। समानांतर सत्ता की मौजूदगी का वह भ्रम भी जल्द ही टूट गया और उत्पीड़ित जन-समुदायों के बीच सत्ता के चुनाव का कोई विकल्प भी नहीं रह गया।

खेती और खेतिहर आबादी को बिल्कुल बेसहारा छोड़ दिया गया। एक दशक में जमीनी तौर पर कुल सिंचित भूमि में एक प्रतिशत की भी वृद्धि नहीं की जा सकी है। विशेषज्ञ सरकार के इस आंकड़े को भी नकारते हुए केवल चार से पांच प्रतिशत कृषि भूमि पर सिंचाई सुविधा की उपलब्धता की बात कहते हैं। संभावनाओं और व्यापक आबादी की कृषि पर निर्भरता के बावजूद इसके विकास के प्रति बेरुखी की गई। इस क्रम में न तो खेतों को पानी मिला और न ही वैज्ञानिक तरीके से कृषि उत्पादन बढ़ाने की ओर ही एक ठोस मिशन के तहत जमीनी प्रयास किया गया।

अधिकतर किसानों को खेती में इतनी भी उपज नहीं होती कि तीन माह भी उनका गुजारा हो सके। बाकी के समय में मजदूरी के लिए दूसरे राज्यों और अन्य महानगरों की ओर पलायन कर जाते हैं। लगभग हर गांव में यही स्थिति थी, जो आज और भी विकराल हो गई है। झारखंड के मुक्ति संघर्ष के दौरान यह बात प्रमुखता से उठती रही थी कि सिंचाई सुविधाओं में बढ़ोत्तरी के साथ ही झारखंड में कृषि-वानिकी आजीविका के आधे संकट को खत्म कर देगा। लेकिन दुर्भाग्य कि जहां अन्य राज्यों में एक साल में तीन से चार फसल उगायी जाती है, वहीं झारखंड में एक फसल भी मानसून के भरोसे ही रहती है।

यह सवाल अब पूछा जाना चाहिए कि कृषि आधारित ग्रामीण अर्थ-व्यवस्था के मरण की पृष्ठभूमि क्यों तैयार की जाती रही है और बीते एक दशक से भी अधिक समय में बहुसंख्यक आबादी की आजीविका के साधन को क्यों दरकिनार कर दिया गया। खेती और किसानों के सवाल को सरकार ने अपने विकास के एजेंडे में क्या प्राथमिकता दी है, इसका जवाब कृषि नीति विहीन राज्य में खुद-ब-खुद मिल जाता है। 1999-2000 में 4.36 मिलियन टन अनाज की मांग के मुकाबले 2.10 मिलियन टन की ही उपज होती थी, इस गैप को आज भी पाटा नहीं जा सका है।

राज्य की राजनीतिक और नौकरशाही अराजकता के बीच आदिम जनजाति के लोग पूरी तरह हाशिये पर चले गए। उनकी जीवनशैली और आजीविका के साधनों को उन्हीं की भाषा (भावना) में समझने और उसी अनुरूप नीति और योजना बनाने का न तो प्रयास हुआ और न ही कोई कार्रवाई। संथाल परगना के पहाड़ों पर दुबके पहाडिया, गुमला,सिमडेगा के जंगलों में लोहा गलाते असुरों और चतरा,पलामू के जंगलों में भूख से तड़प रहे बिरहोरों की सुध किसने ली? यह सवाल प्रमुखता से उठाया जाता रहा है कि लोगों की आजीविका और उनकी रोजी-रोटी का साधन और जरिया क्या हो ? फिर भी इसमें सरकार की क्या भागीदारी रही है, इसकी पड़ताल भी जरूरी हो गई है। जन-आकांक्षाओं का सवाल उठते ही एक भूखे राज्य की छवि आंखों के सामने तैरने लगती है।

देश ही नहीं, बल्कि विश्व बैंक की रिपोर्ट ने भी इसे भारत का सबसे अधिक खाद्य असुरक्षित राज्य माना है। गरीबी में उड़ीसा को विस्थापित करते हुए झारखंड ने पहला स्थान हासिल किया है। यही राज्य की सबसे बड़ी उपलब्धि है। एक तरफ जहां साधन, वेतन और सुविधाओं का उपभोग कर रहे झारखंड

के विधायकों का कुनवा है, वहीं दूसरी ओर प्रदेश की सरकारी बीपीएल लिस्ट और भी लंबी हो रही है। राज्य की बहुसंख्यक आबादी की पीड़ा और उनकी मौलिक समस्याओं के कारणों की तलाश करते हुए बहुआयामी तथ्य सामने आते हैं। समस्याएं इतनी उलझी नजर आती हैं कि इसका समाधान किसी एक के प्रयास से संभव नहीं।

आखिर, झारखंड को विकास के लिए और कितना वक्त चाहिए, जब राज्य में एक साथ इतनी सारी संभावनाओं के द्वार मौजूद हैं। अब वक्त आ गया है कि इसके पीछे के कारणों की तलाश की जाए, उनका विश्लेषण किया जाए कि खामी कहां रह गई। सवाल बार-बार कचोटता है कि आखिर प्राकृतिक संसाधनों से भरपूर इस राज्य का विकास क्यों नहीं हो पा रहा। यहां के युवा क्यों लोकतांत्रिक सत्ता को नकराते हुए अपनी समानांतर सत्ता स्थापित करने हथियार ले निकल पड़े हैं। इन सवालों का जवाब तब तक नहीं मिलेगा, जब तक नेता, मंत्री, बुद्धिजीवी, समाजसेवी, समाजशास्त्री, एक्टिविस्ट, सरकारी अधिकारी, अलग-अलग मुद्दों के विशेषज्ञ, मिलकर इसका हल नहीं ढूंढेंगे।

◆ ◆ ◆

विकास का रोड मैप तैयार

अर्जुन मुंडा
पूर्व मुख्यमंत्री, झारखंड

राज्य का समेकित विकास आज गांव से लेकर राजधानी तक चिंता और चर्चा का विषय बना हुआ है। यह एक शुभ संकेत है। ऐसा नहीं कि राज्य पुनर्गठन के उपरांत समग्र विकास की आधारशिला नहीं रखी गई, सुशासन के प्रयास नहीं हुए। वास्तव में कई समसामयिक कारणों से लक्ष्य के अनुरूप परिणाम सामने नहीं आए। मेरी दृष्टि में समावेशी विकास का आशय सबके चेहरे पर खुशहाली, सबको रोजी - रोजगार, आगे बढ़ने का अवसर, शिक्षा, स्वास्थ्य एवं समग्र सामाजिक सुरक्षा का लाभ प्रदान करना तथा पारस्परिक सद्भाव है। इसके लिए प्रतिबद्ध, पारदर्शी, संवेदनशील प्रशासन जिसे सुशासन कहा जा सकता है, को अपेक्षित गति देने के वास्ते संतुलित ढ़ांचागत अवसंरचना आवश्यक है।

आमजन की सहभागिता, नियंत्रण में कमी, प्रशासन की गांव-गरीब तक पहुंच और ऐसी संरचना, जो वंचितों तक को सीधे हित लाभ से जोड़े, अपेक्षित है। इसलिए सरकार ने एक वर्ष की इस अल्पावधि में समावेशी विकास के साथ-साथ ढांचागत विकास का प्रयास तेज किया है और हर प्रकार से गांव-गरीब, वंचित को सशक्त करने की दिशा में कालबद्ध कार्यक्रम निर्धारित किया है। आपने देखा है, राज्य को आगे ले जाने के लिए एक ओर जहां भ्रष्टाचार पर कठोर प्रहार का सिलसिला जारी है, वहीं आर्थिक प्रबंधन, कौशल उन्नयन एवं जन सहभागिता आधारित सामाजिक सुरक्षा कार्यक्रमों के व्यावहारिक आउटकम के लिए रोड मैप पर काम जारी है।

उठाई है आवाज : हमारी सरकार ने न केवल सहज पहुंच का नेटवर्क तैयार किया है, अपितु राष्ट्रीय मानक संस्थाओं-योजना आयोग, वित्त आयोग, विभिन्न वित्तीय संस्थानों के समक्ष प्रभावी ढंग से अपनी प्राथमिकताओं को रखा है। राज्य की मौलिक - भौतिक स्थिति के आधार पर प्रत्येक व्यक्ति तक उसके हिस्से का लाभ पहुंचाने का संकल्प लिया है। राज्य की प्राथमिकताओं को मैंने और मेरे सहयोगियों ने भारत सरकार के समक्ष भी विविध माध्यमों से यथा पत्र लिखकर, मिलकर, संवाद के माध्यम से रखा है। मैने स्वयं सड़क, बिजली, पानी, शिक्षा, स्वास्थ्य, ग्रामीण विकास, बीपीएल को लाभ आदि के बारे में प्रधानमंत्री तथा संबद्ध केंद्रीय मंत्रियों को पत्र लिखा है।

इतना ही नहीं, 56वीं राष्ट्रीय विकास परिषद की बैठक में मैंने कृषि, सिंचाई, खनिज, उद्योग, टेक्नोलॉजी, वन एवं वन भूमि, लंबित रेल परियोजनाओं, जिला पथों, राज्य पथों एवं राष्ट्रीय उच्च पथों, पावर ट्रांसगिशन नेटवर्क, एलडब्ल्यूई की समस्या, एलएपी, पुलिस अभिनवीकरण आदि सभी मानकों के संदर्भ में राज्य की चिंता को मुखर स्वर दिया। इसी के साथ मैंने ग्रामीण विद्युतीकरण, दामोदर घाटी निगम से संबंधित समस्याओं (बिजली, पानी की समानुपातिक अनुपलब्धि), राज्य में यूरेनियम की उपलब्धि के बावजूद न्यूक्लियर पॉवर प्लांट नहीं लगाए जाने की नीति के विरुद्ध भी आवाज उठाई है।

सुशासन की राह पर : सुशासन के लिए भ्रष्टाचार उन्मूलन और प्रभावी नियंत्रण को सरकार ने महत्व दिया है। इसे आपने महसूस किया होगा। मेरी प्राथमिकता है कि राज्य में एक ऐसी कार्य संस्कृति निर्मित हो, जिसमें पूर्ण पारदर्शिता और सबकी भागीदारी हो। प्रत्येक लाभुक का हितलाभ उसके द्वार पर पहुंचना सुनिश्चित हो तथा उस डिलीवरी नेटवर्क में संवेदनशीलता का पुट हो। डिलीवरी मेकैनिज्म को टेक्नोलॉजी से जोड़ कर सहज और सरल बनाने के लिए सरकार ने पंचायती राज संस्थाओं की स्थापना के साथ-साथ कालबद्ध

कार्यान्वयन एवं दायित्व निर्वहन के लिए कानूनी उपबंध किया है। झारखंड राज्य सेवा देने की गारंटी कानून 2011 और झारखंड इलेक्ट्रॉनिक सेवा प्रदसय कानून 2011 इस दिशा में मील के पत्थर सिद्ध होंगे। ये दोनों ही कानून तय समय सीमा के अधीन आम लोगों तक सुनिश्चित सेवा उपलब्ध कराएंगे और वंचित को न्याय मिलेगा। आनाकानी करनेवाले पदाधिकारियों पर प्रशासनिक एवं आर्थिक गाज गिरेगी।

भ्रष्टाचार पर चोट : भ्रष्टाचार को मिटाने और सेवा को सुलभ बनाने हेतु ई-गवर्नेंस और ई-प्रोक्योरमेंट को प्रभावी बनाया गया है। ई-टेंडर के माध्यम से निविदा को भी पारदर्शी बनाया गया है। इस प्रकार भ्रष्टाचार निवारण के लिए सभी स्तरों पर व्यापक अभियान चलाया जा रहा है। मात्र एक वर्ष की अवधि में एक सौ चालीस राजपत्रित पदाधिकारियों के विरुद्ध मुकदमा चलाने की स्वीकृति दी गई है, जिसमें भरतीय प्रशासनिक सेवा के पदाधिकारी, अभियंता, चिकित्सक, शिक्षा पदाधिकारी आदि शामिल हैं। लोकायुक्त की नियुक्ति और शिकायत दर्ज की ऑन - लाइन व्यवस्था भी इसी दिशा की एक कड़ी है।

निगरानी विभाग द्वारा पिछले एक वर्ष की अवधि में 55 नए कांड दर्ज किए गए, जिनमें 32 सरकारी सेवकों का ट्रैप केस भी है। पूर्व से चल रहे 76 कांडों में 65 नए आरोप पत्र समर्पित किए गए तथा 113 व्यक्तियों के विरुद्ध भ्रष्टाचार निवारण अधिनियम के तहत कार्रवाई की गई। 46 मामलों में निगरानी ब्यूरो ने प्रारंभिक जांच दर्ज की है। सीबीआइ द्वारा जिन भ्रष्ट अधिकारियों के विरुद्ध अभियोजन की स्वीकृति मांगी गई, सरकार द्वारा तुरंत दी गई। राज्य प्रशासनिक सेवा के अधिकारियों के विरुद्ध मामलों के निपटारे के लिए चार प्रशासनिक पदाधिकारियों का दल गठित किया गया है। सभी प्रकार की प्रोन्नतियां दे दी गई हैं तथा लाभुकों को ऑनलाइन भुगतान की व्यवस्था एवं मानवाधिकार आयोग का गठन भी बिना विलंब के किया गया है। भूमि घोटालों की तत्परता से जांच एवं अपेक्षानुसार सीबीआई को सौंपे जाने के प्रति भी सचेष्ट हैं।

संसाधनों का बेहतर उपयोग : आप अवगत हैं, अपेक्षित ढांचागत विकास के लिए राज्य सरकार केवल आंतरिक संसाधनों को अपेक्षित पूंजीगत निवेश नहीं कर सकती और जहां तक पीपीपी या ज्वाइंट वेंचर का प्रश्न है, निजी निवेशकों की नजर अगली पंक्ति में खड़े राज्यों की ओर अधिक जाती है। इसलिए मैंने एरिया स्पेसिफिक विकास योजनाएं तैयार करने की वकालत एनडीसी से की है। इस क्रम में मैं बताना चाहूंगा कि सरकार ने संविधान के अनुच्छेद 244(1) तथा 5वीं अनुसूची के आलोक में जनसंख्या के अनुपात में अनुच्छेद 275 के अंतर्गत विशेष सहायता अनुदान की भी बात रखी है। उल्लेखनीय है कि विशेषकर इन्हीं क्षेत्रों में प्राकृतिक संसाधन स्रोत एवं खनिज संपदा भरे पड़े हैं, परंतु यहां के गांव गरीबी का और जनजाति आबादी विस्थापित का दंश झेल रही है। ये लोग दूभर जिंदगी जी रहे हैं।

यहां यह विषय भी प्रासंगिक है कि देश की चालीस प्रतिशत से ऊपर खनिज संपदा से संपन्न झारखंड के खनिज उत्पाद एवं विपणन की नीति केंद्र सरकार द्वारा विनियमित है। दूसरी ओर राज्य आज भी इन उत्पादों पर एड वॉल्यूलरम रॉयल्टी (बीस प्रतिशत) अर्थात मूल्यानुसार रॉयल्टी के लिए संघर्ष कर रहा है। हाल में एमएमडीआर एक्ट में संशोधन प्रारूप पर सहमति व्यक्त की गई है, उसमें लाभ का एक हिस्सा राज्य को देने की बात कही गई है। परंतु लाभ की इस स्थिति से सभी आर्थिक पक्ष अवगत हैं। झारखंड के खनिज उत्पाद का राज्य में एक सीमा तक वैल्यू एडीशन हो, बेरोजगार हाथों को काम मिले, खनिज उत्पादों से लाभ कमानेवाले यहां के मानव संसाधन विकास के पार्टनर बनें यह राज्य की अपेक्षा है।

पर्यावरण से तालमेल : हम संतुलित पर्यावरण देते है, क्योंकि राज्य की 29.50 प्रतिशत भूमि वन व आच्छादित है, जो राष्ट्रीय औसत से अधिक है, परंतु खनिज उत्पाद के प्रबंधन में क्षेत्रीय उपेक्षा ने न केवल दामोदर के पानी को प्रदूषित कर दिया है, अपितु हमें प्रदूषण और विकृत वातावरण मिल रहा है। दूसरी ओर खनन के बाद अपकृष्ट भूमि की स्थिति से सभी अवगत हैं। मैंने इस विषय को भी प्रभावी ढंग से रखा है कि कोयला क्षेत्र में विस्थापन जैसे संवेदनशील मुद्दे को ध्यान में रखते हुए कोल एंड बियरिंग एरिया एक्ट 1957 की समीक्षा की जानी चाहिए। वन अधिनियम-1980 के कतिपय प्रावधानों के कारण भी हमारी अनेक जन पहुंच की योजनाएं बाधित हो रही हैं। इस ओर भी मैंने हर मंच पर बात उठाई है। भारतीय रेल को राज्य सार्वधिक माल भाड़ा देता है, लेकिन रेल की विशेष योजनाओं की कौन कहे हमारी साझेदारी की छह योजनाओं को भी रेल प्रशासन ने खटाई में डाल रखा है और राज्य पर 67 प्रतिशत व्यय भार लाद दिया गया है। रेलवे को इसे स्वयं बनाना चाहिए।

विशेष राज्य का दर्जा : इन सब बातों को ध्यान में रखते हुए राज्य को विकास के उच्च मानक की दौड़ में आगे ले जाने के लिए विशेष राज्य का दर्जा देने की एक जन पहल की गई है। यहां यह बताना प्रासंगिक है कि विशेष दर्जा प्राप्त राज्यों को वित्तीय समर्थन/सहायता में प्राथमिकता दी जाती है। इसका आधार गाडगिल फार्मूला है। ऐसे राज्यों को जहां 90 प्रतिशत सहायता मिलती है, 10 प्रतिशत ऋण दिया जाता है। राज्य के सभी पक्षों ने इस पहल को एक स्वर से सार्थक माना है। केंद्र यह भी बताए कि आखिर झारखंड को विशेष राज्य का दर्जा क्यों नहीं दिया जाए?

विजनरी एक्शन : राज्य विकास का विजनरी रोड मैप किस प्रकार तैयार हो, शॉर्ट टर्म, लांग टर्म प्लानिंग की संरचना क्या हो तथा 12वीं पंचवर्षीय योजना में हमारी प्राथमिकताएं कैसे प्रतिबिंबित हों, इसके लिए मैंने सहभागी सोच विकसित की है। पिछले दिनों चार दिवसीय राज्य स्तरीय जनसंवाद, जिसमें सभी पक्षों के विशेषज्ञों ने भाग लिया, उसमें प्राथमिकता के अनेक बिंदु उभर कर सामने आए। इसी प्रकार मैंने विधानसभा के मॉनसून सत्र में भी 12वीं पंचवर्षीय योजना के संदर्भ में विशद चर्चा प्रस्तावित की थी। सरकार गुणवत्तायुक्त शिक्षा तक पहुंच, बेहतर लाभकारी स्वास्थ्य सुविधा एवं संबद्ध सेवाओं के माध्यम से गांवों के आर्थिक विकास, राजधानी से गांव तक सहज पहुंच के मार्ग, आवश्यकता अनुरूप विद्युत उत्पादन, सूचना एवं संवाद तंत्र को सशक्त बनाए जाने के लिए प्रयत्नशील है। इसके साथ-साथ 12वीं पंचवर्षीय योजना में तेजी से कौशल विकास के माध्यम से रोजगार सृजन और प्रत्येक नागरिक (विशेषकर युवा एवं महिला) के क्षमता विकास की प्राथमिकता रेखांकित करनी है।

बेहतर आर्थिक प्रबंधन : वित्तीय अनुशासन और आर्थिक प्रबंधन लक्ष्य को पूरा करने के लिए आवश्यक संसाधन हैं। सरकार ने चालू वित्त वर्ष, जो 11वीं पंचवर्षीय योजना का अंतिम वर्ष है, में योजनागत व्यय का लक्ष्य 15,300 करोड़ रखा है। ज्ञातव्य है कि यह राशि गत वर्ष के उपबंध की तुलना में लगभग 62 प्रतिशत अधिक है। हमारा हर संभव प्रयास है कि उपबंध का अधिकतम विनियोजन हो। इस प्रक्रम में प्रयास जारी है। राज्य ने आलोच्य अवधि में कुल राजस्व में 26 प्रतिशत की वृद्धि की है। कर राज्स्व में यह वृद्धि 27 प्रतिशत तथा कर भिन्न राजस्व में 24 प्रतिशत है।

यह वृद्धि बेहतर आर्थिक प्रशासन का संकेतक है। यहां यह भी प्रासंगिक है कि 2010-11 में 13वें वित्त आयोग की अनुशंसा के अनुसार राजस्व घाटा समाप्त करने में हमें सफलता मिली। वर्तमान वित्तीय वर्ष की प्रथम छमाही तक 27 प्रतिशत की वृद्धि दर्ज की गई है। इसी प्रकार राजकोषीय घाटा जो राज्य के जीएसडीपी का 3 प्रतिशत तक लक्षित था, 1.72 प्रतिशत रहा। हम देनदारी के लक्ष्य में भी पीछे नहीं हैं। मुझे उम्मीद है, वित्तीय प्रबंधन का लक्ष्य चालू वित्त वर्ष में पूरा कर लिया जाएगा।

मौलिक समस्याओं का निपटारा : समावेशी विकास के लिए उन मौलिक तत्वों की प्रधानता होती है, जिनसे आम अवाम का संबंध है। हमारी 70 प्रतिशत आबादी खेती एवं संबद्ध सेवाओं पर निर्भर है। इनमें बेरोजगारी, अर्द्ध बेरोजगारी के कारण पलायन अहम प्रश्न है। 1300-1400 एमएम वर्षा वाले राज्य में जल प्रबंधन न केवल कृषि अपितु पीने के लिए भी सर्वाधिक महत्वपूर्ण है। राज्य दशकों से लंबित सिंचाई योजनाओं का दंश झेल रहा है और इसके लिए राज्य केंद्र के समक्ष गुहार लगा रहा है।

झारखंड की भौगोलिक स्थिति को ध्यान में रखते हुए अधिकतम वर्षा जल संग्रहण की नीति के आलोक में बड़े पैमाने पर तालाबों के अभिनवीकरण एवं खोदे जाने पर महत्व दिया गया है। इसी के साथ कृषि को द्विफसली बनाने एवं वैज्ञानिक आधार तथा समर्थन देने की पहल, अपकृष्ट भूमि प्रबंधन, हॉर्टिकल्चर, फ्लोरीकल्चर, पशुपालन, मत्स्यपालन के माध्यम से रोजगार और आर्थिक समृद्धि की दिशा में तेजी से काम हो रहा है।

रोजगार का सृजन : कौशल विकास के माध्यम से रोजगार सृजन,सभी स्तर पर मानव संसाधन विकास हेतु आधारभूत संरचना (चाहे वह जिस क्षेत्र में हो) देना सर्वोच्च प्राथमिकता है। लाइवलीहुड मिशन इस दिशा में एक सार्थक पहल है। हमारे प्राकृतिक संसाधन गांव-गरीब को किस प्रकार सार्थक रोजगार से जोड़ें, ताकि पलायन का कलंक मिट जाए, यह सोचना अधिक महत्वपूर्ण होगा। मेरी पहल है कि खनन, उद्योग, कृषि और वन क्षेत्र रोजगार प्रदान करने के सहज साधन बनें। उनको समर्थन, प्रोत्साहन एवं विपणन तकनीक प्रदान कराई जाए। इस प्रसंग में मानक के रूप में मैं रेशम और मछलीपालन का उदाहरण उचित समझता हूं। वर्ष

2010 में राज्य में 716 टन तसर का उत्पादन हुआ, जबकि वर्ष 2011-12 में 1000 टन का लक्ष्य है। इतना ही नहीं ऑर्गेनिक सिल्क उत्पादन में राज्य तेजी से आगे जा रहा है। विस्तृत विवेचन में न जाकर मैं इतना ही कहूंगा कि आज रेशम (तसर) लगभग एक लाख परिवारों के लिए सशक्त रोजगार का साधन बना हुआ है। इसी प्रकार राज्य में बड़ी तेजी से मत्स्यपालन उभर रहा है। सरकार श्रम कानूनों के कार्यान्वयन एवं कानून के तहत सुविधाओं को लाभुकों तक पहुंचाने के लिए पूर्णतः संवेदनशील है। हम अपने संसाधनों को कौड़ी के मोल बेचे जाने के विरुद्ध हैं और इसका राज्य हित में वैल्यू एडीशन के हिमायती हैं। यद्यपि मैं इसे अपलब्धि नहीं मानता, फिर भी यह उल्लेखनीय है कि राज्य में सीडी रेशियो में बढ़ोतरी हुई है। सितंबर, 2011 तक यह अनुपात 56.62% रहा, जबकि इसी अवधि में गत वर्ष 46% था। राज्य की बचत में भी उल्लेखनीय वृद्धि हुई है, जो लक्ष्य से अधिक है। इस अवधि में एडवांस ग्रोथ लगभग 37.89 प्रतिशत है। प्राथमिक क्षेत्र, कमजोर वर्ग में यह अनुपात उल्लेखनीय है, जबकि कृषि और महिला क्षेत्र में निर्धारित लक्ष्य से पीछे है। मेरी अपेक्षा है कि वित्तीय संस्थान महिला और कृषि क्षेत्र में न केवल लक्ष्य को पूरा करें, अपितु उसे एक चुनौती के रूप में लेते हुए अधिकतम तक पहुंच सुनिश्चित करें, ताकि स्वरोजगार से स्वावलंबन की दिशा में सार्थक पहल हो सके।

विकास का गठबंधन : भारतीय जनता पार्टी, झारखंड मुक्ति मोर्चा, आजसू पार्टी, जनता दल (यू) ने राज्य में लोकतांत्रिक मर्यादा के तहत अंतर्निहित जनाकांक्षा को समझते हुए एक सशक्त सरकार देने की भावना को साकार किया। हमने अल्पावधि में पंचायत चुनाव, राष्ट्रीय खेल के आयोजन से लेकर अनेक चुनौतीपूर्ण आयामों को पारदर्शिता के साथ जनसहभागिता के आधार पर पार किया है। हमारे विकास का मॉडल 'झारखंड विकास का मॉडल' है। इसमें गांव-गरीब, वंचित एवं सभी वर्गों के समेकित विकास की एक दृष्टि (विजन) है।

विशेषज्ञों की राय : हमने विकास के अल्पकालीन एवं दीर्घकालीन रोडमैप के लिए विशेषज्ञों की सेवा लेने में संकोच नहीं किया। आर्थिक मामलों में परामर्श के लिए अंतरराष्ट्रीय स्तर के आर्थिक विशेषज्ञ श्री विवेक देव राय एवं अन्य, सुरक्षा के मामले में सेवानिवृत्त जाने-माने विशेषज्ञ श्री डी.एन.गौतम (पूर्व डीजीपी) एवं संरचना विकास के क्षेत्र में श्री आरसी सिन्हा (सेवानिवृत्त भाप्रसे) की सेवा राज्य सरकार ने ली है।

भूख से जंग : संवेदनशीलता का शीर्षक, 11 लाख अतिरिक्त बीपीएल परिवारों को खाद्यान्न मुहैया कराया जाना, सभी शहरों में 100 और सभी प्रखंडों में एक-एक मुख्यमंत्री दाल-भात केंद्र की स्थापना, विभिन्न स्तरों पर मानदेय एवं पेंशनों में बढ़ोतरी को देखा जा सकता है। सरकार ने लाडली लक्ष्मी योजना को 'बिटिया बचाओ' अभियान के अंतर्गत अमली स्वरूप दिया है।

ढांचागत विकास : सड़क, बिजली, पानी, नगर विकास, ग्रामीण विकास आदि के संदर्भ में हमारी सोच और कार्य योजना स्पष्ट है। इनमें कुछ दिनों में तेजी आएगी। इस प्रकार आगे का वर्ष संकल्पों का वर्ष होगा, आउटकम का वर्ष होगा, जिसमें हम अपनी समस्याओं का सम्यक हल सहज ढंग से ढूंढ पाएंगे। राज्य का समावेशी विकास हमारी प्राथमिकता है, चुनौती है, हम पीछे मुड़ना नहीं जानते। ◆ ◆ ◆

परिवार की तरह काम करे राज्य

बाबूलाल मरांडी
पूर्व मुख्यमंत्री झारखंड

आज से बीस वर्ष पहले जिसके पास टेलीफोन हुआ करता था, वह संपन्न व्यक्ति माना जाता था। अब टेलीफोन की कौन कहे, हर हाथ में सेल फोन नजर आ रहा है। पहले एक राज्य से दूसरे राज्य में टेलीफोन से बात करने में कई अड़चनें सामने आती थीं। अब जब चाहिए अपने सेल फोन से विदेश में बात कर लीजिए। विकास का क्रम समझने के लिए यह एक उदाहरण काफी है। विकास एक अवधारणा है। यह एक सतत प्रक्रिया है। इसका कोई विशेष मापदंड नहीं हो सकता।

विकास का कोई अंत नहीं होता। जैसे-जैसे शोध होते हैं, वैज्ञानिक और तकनीकी खोजें अंजाम पाती जाती हैं, विकास के मायने बदलते जाते हैं। विकास आविष्कारों और आवश्यकताओं पर आधारित होता है।

अलबत्ता किसी भी राज्य के परिप्रेक्ष्य में सामान्यतः विकास का मतलब जन सामान्य की न्यूनतम आवश्यकताओं की पूर्ति से ही लगा लिया जाता है। आदि काल से चली आ रही भोजन, वस्त्र और आवास मुख्य आवश्यकताएं हैं। आज के युग में शिक्षा, स्वास्थ्य, सड़क, सिंचाई, बिजली आदि भी आवश्यक आवश्यकताओं की श्रेणी में आ गई हैं। ये वे आधारभूत संरचनाएं हैं, जो उपलब्ध न हों तो कोई भी व्यक्ति, समाज या गांव, राज्य आगे नहीं बढ़ सकता। ये न्यूनतम आवश्यकताएं पूरी हो जाएं तो देश-दुनिया से अनजान आदमी की भी जीवन शैली में बदलाव आने लगते हैं। वह नई चाल में चलने लगता है। ये आवश्यकताएं पूरी करना निस्संदेह किसी भी सरकार का परम दायित्व है।

सुरक्षित जीवन पहली ख्वाहिश : जहां तक आम आदमी की बात है, वह सबसे पहले सुरक्षित जीवन चाहता है। जब सामाजिक व्यवस्था नहीं थी, कबिलाई संस्कृति थी, तब भी आदमी अपनी सुरक्षा के लिए कंदराओं की खोज पहले करता था। सुरक्षा के साथ-साथ सम्मानपूर्वक जीना और भयमुक्त वातावरण आवश्यक है। भय से मुक्ति का मतलब आतंकवाद या उग्रवाद से मुक्ति ही नहीं है। याद करें, जब देश पराधीन था तो अंग्रेजों के साथ-साथ जमींदारों का भय हावी था। ऐसे ही डाकुओं का भय आम था। वक्त के साथ जो सबसे बड़ा भय होता है, उससे ही फौरी मुक्ति चाहता है आदमी।

राज्य सरकार का यह पहला दायित्व बनता है कि वह भयमुक्त वातावरण बनाए। ऐसा वातावरण बनने पर व्यापारियों-व्यवसायियों को भी सुविधा होती है। वाणिज्य-व्यापार का विकास में ऊंचा स्थान होता है। यह तभी फलता-फूलता है, जब भय का वातावरण न हो। कोई अकारण उनके कार्य में दखलंदाजी न करे, यहां तक कि सरकारी कारिंदे भी बेवजह परेशान न करें। जिसकी लाठी, उसकी भैंस का शासन न हो। कानून का शासन हो। किसी का शोषण न हो। सम्मान का जीवन हर नागरिक को उपलब्ध कराना भी शासन की जवाबदेही है। यही कारण है कि अमन-चैन वाला राज्य ही अच्छा राज्य कहलाता है। झारखंड जैसे अमनपसंद राज्य में जरूरत इस बात की है कि रात बारह बजे भी जेवरों से लदी अकेली महिला कहीं जाए तो उसकी ओर आंख उठाकर देखने की कोई जुर्रत न करे। याद करें, पुराने जमाने में किसी राजा को रियाया क्यों पंसद करती थी? केवल इसी कारण से कि वह सुरक्षा प्रदान करता था। इस देश में ऐसे भी लोकप्रिय राजा हुए हैं, जो भय पैदा करने या अन्याय करनेवाले अपने भाई या अपनी पत्नी तक को दंडित करने में संकोच नहीं करते थे।

भूख व परिवहन पर विशेष ध्यान : झारखंड जैसे राज्य में भूख एक बड़ा सवाल है। यह समस्या तभी हल हो सकती है, जब सभी परिवार इतने आत्मनिर्भर हो जाएं कि उनको किसी के सामने हाथ न फैलाना पड़े। इस राज्य में खेती के भरोसे यह वातावरण बनाना आसान नहीं है। इसका विकल्प मुझको परिवहन व्यवस्था में नजर आता है। वाणिज्य-व्यापार के लिए भी यह आवश्यक है। इसके लिए पहली आवश्यकता सड़कों को दुरुस्त रखने की है।

राष्ट्रीय राजमार्गों पर सुगम आवागमन हो। अन्य राज्यों को जोड़नेवाली सड़कें अच्छी हों। इससे व्यापार सुगम होगा। ऐसा होने से जिंसों के मूल्य पर भी सकारात्मक प्रभाव पड़ेगा। यह वही राज्य है, जिसमें पहले चिरौंजी का नमक से विनिमय होता था। बिचौलिये और महाजन हावी थे। राजमहल की बरबट्टी का भी यही हाल था। उसे मुंबई ले जाकर ऊंची कीमत पर बेचा जाता था, जबकि पहाड़ों पर बसने वाले इसके उत्पादकों से यह औने-पौने मोल ले ली जाती थी। उत्पादन से पहले ही दलाल कुछ पैसे देकर सारी बरबट्टी अपने नाम बुक करा लेते थे। आज भी हालांकि कमोबेश वही स्थिति है, किंतु बाजार व्यवस्था में थोड़ी वृद्धि होने से अत्यंत मामूली राहत है। आवागमन सुचारू होगा, सड़कें सर्वसुलभ और दुरुस्त रहेंगी तो बाजार बढ़ेंगे। इससे लोगों में जागरूकता आएगी। वे अपने उत्पादों की कीमत समझेंगे और उनको आवश्यक सामग्री आसानी से मिल सकेगी। यहां स्थिति उल्टी है। रांची से 160 किलोमीटर दूर डालटनगंज जाना हो तो पांच घंटे लग जाएंगे। इस हिसाब से जोड़िए तो सरकार की रफ्तार 30-35 किलोमीटर ठहरेगी। यह आंकड़ा वास्तवकिता से अलग भी नहीं। ऐसी सड़क से चलने का मतलब है, गाड़ियों के कल-पुर्जे तुड़वाइए, समय और तेल की भी अधिक खपत होगी। आवागमन का दूसरा बेहतर साधन है रेल।

राज्य के अंदर और अन्य राज्यों से भी संपर्क का यह सबसे बेहतर जरिया है। अपेक्षाकृत अधिक सस्ता और सुरक्षित भी है। इसमें अधिक सामान लाया-ले जाया जा सकता है। आजादी के पहले धनबाद-गया-दिल्ली, जामताड़ा-जसीडीह-पटना, जमशेदपुर-मुंबई आदि रेल लाइनों का निर्माण हुआ था। खनिज ढोने के लिए कुछ अन्य रेल लाइनें भी बनी थीं। बाद में रेल लाइनों का निर्माण बहुत कम हुआ। आज भी स्थिति यह है कि राजधानी रांची से अन्य कई जिलों का रेलसंपर्क है ही नहीं। व्यापार और रोजगार का प्रमुख साधन है रेल, लेकिन झारखंड में इसकी नितांत कमी से सब कुछ प्रभावित हो रहा है। तीसरा प्रमुख साधन है जहाज। इस मायने में झारखंड में एक ही हवाई अड्डा है रांची में। पड़ोसी पश्चिम बंगाल में कोलकाता और बागडोगरा दो हवाई अड्डे हैं। कोलकाता से अंतरराष्ट्रीय उड़ानों की भी सुविधा है। हवाई मार्ग से रांची आज भी बहुत कम नगरों-महानगरों से जुड़ी हुई है। महाराष्ट्र में मुंबई, पुणे, नागपुर कई जगहों पर हवाई सेवाएं हैं। हवाई सुविधा होने पर लोगों का विदेश में भी आना-जाना होता है।

गुजरात, पंजाब, तमिलनाडु आदि के रहनेवाले विदेश में भरे हुए हैं। इस कारण भी उनके सगे-संबंधियों का आना-जाना होता रहता है। दुनिया देखेंगे नहीं तो सीखेंगे कैसे? सच है कि झारखंड में न तो समुद्र है, न बड़ी नदियां लेकिन ड्राइ पोर्ट तो बनवाए ही जा सकते हैं। इससे आयात-निर्यात की सुविधा होगी। हल्दिया और पारादीप तक बेहतर रेल सेवा हो तो भी यह काम हो सकता है। ड्राइ पोर्ट के नजदीक फिनिश्ड गुड्स प्लांट लगवाए जाएं। परिवहन व्यवस्था ठीक हो तो विकास के दरवाजे खुलें। अफसोस यही कि 11 वर्षों में यह सब नहीं हो सका। रांची में कुछ जहाज आने-जाने लगे हैं तो इसका मतलब कुछ अधिक नहीं है। यह एक प्रक्रिया मात्र है। अपने कार्यकाल में मैंने 425 किमी रेल लाइन निर्माण का रेल मंत्रालय से करार किया था। ये छह परियोजनाएं न जाने कब पूरी होंगी।

सुलभ व गुणवत्तापूर्ण शिक्षा अनिवार्य : राज्य की आबादी तीन करोड़ 29 लाख हो गई। प्रति वर्ग किलोमीटर आबादी का घनत्व बढ़ गया। मतलब प्रति व्यक्ति जमीन का रकबा घट गया। इस राज्य में एक तो पहले ही बड़े किसानों की कमी थी, अब तो और भी लघु एवं सीमांत किसानों की संख्या बढ़ती जाएगी। पंजाब, हरियाणा और उत्तरप्रदेश की तरह यहां खेती संभव नहीं है। भू-आकृति उस किस्म की नहीं है। इसलिए शिक्षा पर जोर देना ही सरकार के पास एकमात्र रास्ता है।

ऐसा नहीं करेंगे तो कृषि पर दबाव बढ़ेगा। रोजगार के लिए शिक्षा आवश्यक है। गुणवत्तापरक शिक्षा की बात कुछ देर के लिए याद न भी करें तो संख्या के दृष्टिकोण से प्राइमरी विद्यालय हैं, लेकिन हाई स्कूलों की

कमी है। हर पंचायत में एक हाई स्कूल जरूरी है। एक लाख आबादी पर एक +2 विद्यालय आवश्यक है। डिग्री कालेज बढ़ाने की जरूरत नहीं। ब्लॉक मुख्यालय में ही तकनीकी शिक्षा की व्यवस्था करनी होगी।

इंजीनियरिंग और मेडिकल की पढ़ाई के लिए वातावरण तैयार करना होगा। हर साल राज्य के दो लाख बच्चे मैट्रिक पास करते हैं। उनको ग्रेजुएट बनाने से क्या मिलेगा? उनकी क्षमता को देखते हुए आइटीआइ, पालिटेक्निक, नर्सिंग आदि में डाला जाए। जिलों में मेडिकल कालेज खोलना संभव न हो तो सदर अस्पतालों में नर्सिंग, पारा मेडिकल आदि की पढ़ाई कराई ही जा सकती है।

परंपरागत तरीके से बीए, एमए आदि कराकर बेकार लोगों की फौज खड़ी न करें। पीपीपी मॉडल पर काम हो तो हर जिले में सौ-दो सौ एकड़ जमीन का अधिग्रहण कर रोजगारपरक शिक्षा के केंद्र स्थापित किए जा सकते हैं। उनमें पड़ोसी राज्यों के भी बच्चे पढ़ने आएंगे। इससे भी राज्य को फायदा होगा। पढ़ाई के लिए मानक तय किए जाएं। राज्य के बच्चों की फीस सरकार दे। बाहर के बच्चों से मिली फीस और उनके अन्य खर्च से यहां का आर्थिक विकास भी होगा। यही सोच-विचार कर मैंने मुख्यमंत्री रहते हुए बीआइटी की सीटें बढ़वाकर पांच सौ करवाई थी। उच्च आय वर्ग के बच्चे तो दिल्ली, पुणे, बेंगलूर आदि जगहों पर पढ़ने के लिए चले ही जाते हैं। इतनी व्यवस्था तो हम करें कि कम आय वर्ग के बच्चे अपने राज्य में ही हुनर सीख सकें। अभी रांची, जमशेदपुर और धनबाद में मेडिकल कॉलेज है। संथाल परगना और पलामू में भी बनाएं। इन मेडिकल कालेजों में स्पेशियलिटी बेस्ड पढ़ाई अधिक हो। इससे देश भर के बच्चे यहां आएंगे। छोटा सा उदाहरण है। अपोलो अस्पताल होने से इरबा का विकास देखे कोई।

बिजली में आत्मनिर्भरता : झारखंड में कोयले की कमी नहीं है। कोल पिट हेड पर यदि ऊर्जा संयंत्र लगवाए जाएं तो बिजली के क्षेत्र में आत्मनिर्भरता बढ़ेगी। बड़े प्लांटों की स्थापना के बजाय छोटे-छोटे प्लांट लगवाए जाएं। कम खर्च और कम समय में ये बनेंगे तो उत्पादन भी जल्द होगा। इनके लिए कम जमीन चाहिए। छोटे का आनंद मिलने पर भविष्य में बड़े प्लांट भी लगाए जा सकते हैं। '99 में कर्णपुरा का शिलान्यास हुआ, आज तक वह प्लांट नहीं बन सका। छोटे-छोटे दस भी प्लांट लग जाएं तो हम आत्मनिर्भर हो जाएंगे।

पर्यटन क्षेत्र में संभावनाएं : पर्यटन को उद्योग का दर्जा देना होगा। झारखंड में पर्यटन क्षेत्रों के विकास की जबर्दस्त संभावनाएं हैं। यह तभी हो सकेगा, जब कानून-व्यवस्था दुरुस्त हो। भय और आतंक का पर्यटन उद्योग पर कैसा प्रभाव पड़ता है, इसका एक उदाहरण मैं बताता हूं। जब मैं मुख्यमंत्री था तो बेतला से कुछ लोग मुझसे मिलने आए थे। उन्होंने मुझसे कहा कि वे अपने होटल की चाबी सौंपने आए हैं। बैंक से ऋण लेकर होटल खोला था। भय और आतंक के कारण उधर कोई जाना नहीं चाहता। होटल कैसे चलेगा? झारखंड में अद्‌भुत प्राकृतिक सौंदर्य है लेकिन जब उसके आस-पास रोज-रोज गोलीबारी हो तो उसका क्या फायदा? पर्यटक केवल प्राकृतिक सौंदर्य ही देखने नहीं आते, बल्कि वे आनंद लेने और आराम करने आते हैं। वे तभी आएंगे, जब अमन-चैन हो।

मिट्टी के अनुरूप आधुनिक खेती : इस राज्य में कृषि को तभी बढ़ावा मिल सकता है, जब स्थान और मौसम के हिसाब से नई तकनीक का इस्तेमाल हो। सितंबर में कुल्थी की बुआई होती है, लेकिन जब किसानों को अक्टूबर में उसके बीज दिए जाएं तो परिणाम समझा जा सकता है। कोडरमा के फुलवरिया का उदाहरण देना चाहूंगा। वहां के किसानों ने राज्य के मौसम का हाल समझते हुए मूली आदि पर दांव आजमाना शुरू किया। वे आम तौर पर मूली की खेती के समय से पहले शुरू किए। जाहिर है अन्य जगहों की अपेक्षा पहले उनको पैदावार मिल जाती है। उसे वे पटना आदि दूर के बाजारों में भेज देते हैं। अब उनका सारा दुख-दर्द दूर हो रहा है। सब्जी उपजाकर ही वे अपना आर्थिक जीवन सुखमय बना रहे हैं। छोटी जोतों की भरमार के कारण भी सब्जी आदि की खेती ही इस राज्य के लिए मुफीद है।

परंपरागत सिंचाई की जगह ड्रिप, स्प्रिंक्लर आदि विधियों का सहारा लें। जगह-जगह कोल्ड स्टोरेज बनवाएं। धीरे-धीरे हर जगह बाजार विकसित होने लगेंगे। पूरे राज्य में बंजर जमीन की बहुतायत है। इस हालत में धान, मकई, मडुआ आदि की परंपरागत खेती के बदले आर्गेनिक कृषि पर जोर देना होगा। राज्य को परिवार की तरह काम करना होगा। सिंचाई के बड़े डैम की अवधारणा त्याग कर छोटे और चेकडैम की शृंखला में उतरना होगा। कई देशों में मरुभूमि में भी खेती हो रही है। झारखंडी जमीन और मौसम के अनुरूप आंवला, बहेरा,

अमरूद, पपीता, शरीफा आदि की खूब खेती की जाए। इस राज्य में लगभग 30 प्रतिशत वन भूमि है। उनका भी विकास कर उनमें फल लगाए जा सकते हैं। जानवर रखे जाएं। दूध में आत्मनिर्भर बनें। हम उत्तर बिहार की तरह यहां दूध उत्पादन नहीं कर सकते, लेकिन अपने उपयोग के लायक तो कर ही सकते हैं। आदिवासी बहुत गायें नहीं रखते। उनके लिए फिलहाल बकरी, सूअर, मुर्गीपालन ही बेहतर रहेगा। जो नहीं हो सकता, उस पर बहुत माथा न खपा कर, जो संभव है वही किया जाए।

जनजातीय विकास की रूपरेखा : जनजातियों का सरकारी नौकरियों में बैकलॉग चला आ रहा है। उनको लक्षित कर अवसर दें। मुख्यमंत्री रहते मैंने 25 जनजातीय बच्चों को पायलट प्रशिक्षण में डलवाया था। उनमें से तीन ने छोड़ दिया। इसी प्रकार एयर होस्टेस की ट्रेनिंग दिलाई जा सकती है। संथाल परगना की आबादी सर्वाधिक पिछड़ी हुई है। उसमें प्रतिभा खोजें। एक पायलट बनाने में 18–20 लाख रुपये खर्च होते हैं। बैच-दर-बैच आगे बढ़ेगा तो बाकी में खुद ही उत्सुकता जगेगी। उनकी रुचि देखकर उनको धीरे-धीरे डायल्यूट करें। यह सब एकाएक नहीं होगा। कमजोरों और एससी, एसटी पर विशेष ध्यान देना ही होगा। यह कठिन नहीं है। प्रयास करेंगे तो लोग जरूर मिलेंगे। एक उदाहरण दे रहा हूं।

मुख्यमंत्री रहने के दौरान एक बार मैं बेतला में ठहरा था। वहां के बुनकर मुझसे मिले। उनको कोई सहायता नहीं मिलती थी। उन्होंने बताया कि एक-एक पावरलूम मिल जाए तो तीन-चार करोड़ के खर्च पर दो सौ लोगों को रोजगार मिलने लगेगा। मैंने इस पर काम कराया। हुनर को मारिए मत, उसे प्रोत्साहित करें। हुनरमंदों को वन टाइम मशीनरी सहयोग दें। देखिए वे कैसे आगे बढ़ने लगते हैं। यही हाल साहिबगंज के मनरो, भगैया में था। मैंने तत्कालीन सचिव राजबाला वर्मा को भेजकर नए पावरलूम की व्यवस्था कराई। अल्पसंख्यकों को परंपरागत रोजगार में बढ़ावा दें। स्वदेशी को प्रमोट करें। विदेशी आक्रांताओं ने भारत के कारीगरों के हाथ कटवा दिए थे, आज प्रकारांतर से वही हो रहा है। व्यवस्था की जाए तो पलामू और संथाल परगना में सूरत उभर आएगा।

नक्सलियों पर नकेल : इस राज्य की सबसे बड़ी समस्या है माओवादियों का आतंक। यह विशुद्ध रूप से राजनीतिक समस्या है। उनका अंतिम लक्ष्य है सत्ता पर काबिज होना। इसके लिए वे हिंसा का रास्ता अपना रहे हैं। वे चुनाव पसंद नहीं करते। वर्चस्व स्थापित करने के लिए हिंसा करते हैं। लोकतंत्र के विरोध में खड़ा किया गया है यह आंदोलन। ये उन क्षेत्रों को अपने प्रभाव के लिए चुनते हैं, जो पिछड़े हुए हैं। जाहिर है ऐसे क्षेत्र जंगल के इलाकों में अधिक हैं। उन इलाकों में जनजातीय आबादी अधिक है। उग्रवादियों को बहाना मिलता है कि विकास नहीं हो रहा। उन क्षेत्रों में विकास नहीं होने से उग्रवादियों को सुरक्षित ठिकाने मिल जाते हैं। वहां छोटे-छोटे गांव होते हैं। इसलिए उन पर प्रभाव जमाना या कब्जा कर लेना आसान हो जाता है। इसकी न तो शिकायत की जाती है, न विरोध में आवाज उठाई जाती है।

वहां वास्तविक राजनीतिक गतिविधियां बंद हो जाती हैं। जान जोखिम में डालकर कौन राजनीति करे? उग्रवादी सड़क नहीं बनने देते। अफसरों पर कमीशनखोरी और नेताओं पर चंदाखोरी का आरोप लगाकर वे स्वयं लेवी वसूलने लगते हैं। पहले वे एकाध दबंगों की हत्या कर देते हैं। इससे उनका प्रभाव कायम होता है और सहानुभूति भी मिलती है। तब लोग उनकी शरण में चले आते हैं। इस समस्या का समाधान कैसे हो, यह बड़ी समस्या है। सबसे पहले विकास की गतिविधियां ईमानदारी से चलाई जाएं। नक्सली बाधक बनते हैं तो कठोरता से पेश आएं। दूसरी बात यह कि उन क्षेत्रों में त्वरित न्याय हो। प्रशासन में पारदर्शिता लाई जाए। ब्लॉक, थाना संवदेनशील हों। जरूरत पड़े तो इनके अधिकारियों पर भी कड़ाई की जाए। उग्रवादियों की सूची बनाकर और उनको चिह्नित कर आत्मसमर्पण कराया जाए। वे ऐसा नहीं करते हैं तो उनको जेल में बंद किया जाए। सरकार यह नहीं सोचती कि एक राज्य में दो शासन क्यों? वह इस विषय पर सोचे और नीति बनाकर अमल करे तो दो साल में समस्या ही निपट जाए।

राजनीतिक अस्थिरता का अंत : सीधी सी बात है कि राजनीतिक अस्थिरता का स्थायी मरीज बन चुके झारखंड को यह देन जनता की है। जनता तभी एक पार्टी या एक राजनीतिक गठबंधन को सत्ता में लाएगी, जब उसको किसी पार्टी या लीडर पर भरोसा होगा। 11 वर्षों में सभी तरह की आठ सरकारें रहीं। कोई भी दल, कोई राजनीतिक गठबंधन या कोई शासन जनता को विश्वास नहीं दिला पाया। यह भरोसा तभी जगेगा, जब

जनता के लिए काम हो। मैं आज भी कह रहा हूं कि मेरे इस्तीफे के बाद आगे बढ़कर भाजपा द्वारा 2003 में अर्जुन मुंडा के नेतृत्व में सरकार बनाना गलत राजनीतिक संदेश दे गया। उस समय भाजपा भटक गई। सत्ता और कुर्सी के लिए कुछ मंत्रियों की नाजायज मांगें मान ली गईं। उन्हीं मंत्रियों के कारण मुझको इस्तीफा देना पड़ा था। उस समय जनता ने देखा कि भाजपा सत्ता के लिए किसी भी हद तक जा सकती है। 2005 में चुनाव हुआ तो भाजपा ने लीडर की घोषणा नहीं की।

मतदाता असमंजस में रहे। कांग्रेस की भी यही स्थिति है। झामुमो कहें या शिबू सोरेन खास वर्ग तक सीमित हैं। जनता किस पर भरोसा करे? यही कारण है कि 2005 के चुनाव में भाजपा 32 के सापेक्ष 30 सीटों पर सिमट गई। मुंडा जी दुबारा सत्ता में आए। सरकार के लिए वे जयपुर तक गए। लेकिन डेढ़ वर्ष में ही उनको सत्ता गवां देनी पड़ी। उस समय कांग्रेस ने मधु कोड़ा को मुख्यमंत्री बनवाया। पूरे देश ने गहरे स्वार्थ का राजनीतिक तमाशा देखा। जनता ने भाजपा और कांग्रेस दोनों को नापने में कोई भूल नहीं की। 2009 के चुनाव में भी कोई विकल्प सामने नहीं था। इसलिए जिसको जहां जो पसंद आया, उसको चुन लिया। यह तो होना ही था। कुछ भी गलत नहीं हुआ। आखिर नेताओं ने कौन सा तप किया कि उन पर जनता भरोसा करे? एक दिन में महादेव नहीं मिलते। वर्षों तप करना होता है।

लोकतंत्र में जनता ही जनार्दन है। नेता ऐसा तप करें कि उन पर जनता का भरोसा जमे। जो जैसा तप कर रहा है, वैसा ही जन-वरदान पा रहा है। आप सोचिए राम ने कैसे अयोध्या का भरोसा अर्जित किया था। पिता का स्वर्गवास हो गया लेकिन वे वन से नहीं आए। राम 14 वर्षों तक वन में रहे। वे यदि इधर-उधर घूमते रहते तो राम नहीं बनते। पापियों को मारा तो राम बने। महाभारत अंतिम परिणति थी लेकिन पांडवों को अज्ञातवास करना पड़ा था। यही कारण है कि कृष्ण ने भी तपियों का साथ दिया। झारखंड के नेताओं को भी तपना होगा। जनता के लिए बनिए तो वह आपकी बनेगी। अभी जनता को परखने दीजिए। चाणक्य भी कितना तपे और चंद्रगुप्त को तपाया, तब अभियान पर निकले। सोचिए, चाणक्य खुद स्नातक बने और फिर चंद्रगुप्त को स्नातक बनाया, तब अभियान पर निकले। कितना समय लगा होगा, अंदाजा कीजिए। नेता जब जनता के लिए खुद को दांव पर लगाएंगे, तभी बात बनेगी और राजनीतिक स्थिरता आएगी। तपने के बाद भी यह मानकर चलना होगा कि जनता विश्वास न करे, तब भी आप उसके लिए ही बने हैं। ◆ ◆ ◆

न तो क्षमता न ही प्रतिबद्धता

सुबोधकांत सहाय
पूर्व केंद्रीय पर्यटन मंत्री

सुबह के समय मजदूरी करने जा रहीं महिलाओं से एक व्यक्ति पूछता है कि काम करने शहर क्यों जाते है? एक महिला कहती है का करबे बाबू गांव में कोने काम नय हव तो शहर जाइके काम करी ला, काम नय करबे तो खाबे का, वह पूछता है कि झारखंड अलग राज्य बनने से कुछ लाभ हुआ ? महिला कहती है कि झारखंड बने से किके फायदा होलो, हमीन का जानबय बाबू, झारखंड बनने से पहले भी हमीन मजदूरी करा हली, और आज भी वही करीला। दूसरा प्रसंग, शाम के समय मैं ग्रामीण क्षेत्र से भ्रमण कर रांची शहर की ओर लौट रहा था तो रास्ते में देखा कि क्षमता से तीन गुना सवारी लेकर कई वाहन गांवों की ओर जा रहे थे, सभी शहर से मजदूरी करके लौटने वाले मजदूर थे, पूछने पर पता चला कि वाहनों की कमी के कारण इस तरह लोग जाते हैं, क्योंकि गाड़ी से उतर कर कई किलोमीटर पैदल चलने के बाद वे अपने घर पहुंचते हैं। यह दोनों प्रसंग जब भी मुझे याद आते हैं तो मेरा मन दुखी हो जाता है। राज्य गठन के 11 वर्षों के बाद भी दो जून की रोटी के लिए गरीब ग्रामीणों को इतनी परेशानी उठानी पड़ती है और न जाने कब तक ऐसी ही परिस्थितियों का सामना करना पड़ेगा। क्या ऐसे ही दिन देखने के लिए इन लोगों ने झारखंड अलग राज्य का सपना देखा था?

रोजी-रोटी के लिए दर-दर भटकते भूखे-लाचार लोग : अपना झारखंड और विकास का सपना देखने वाले लोगों को राज्य गठन के एक दशक के बाद भी रोजी रोटी के लिए रोज परेशानी उठानी पड़ती है। नौकरी देने के नाम पर बच्चियों एवं युवतियों को बहला फुसलाकर राज्य से बाहर ले जाने के मामले आए दिन सामने आते रहते हैं। यदि हमारे राज्य में विकास होता और यहीं पर रोजगार मिल जाते तो शायद इस तरह की घटनाएं देखने को नहीं मिलतीं। 15 नवंबर 2000 को जिस दिन झारखंड अलग राज्य की घोषणा हुई थी, उस दिन राज्य के सारे लोग अपने-अपने घरों से बाहर निकल कर खुशियों से नाचने, गाने और झूमने लगे थे। एक पखवारा तक लोग कहीं मांदर की थाप पर, कहीं ढोल-नगाड़ों की ताल पर तो कही लाउड स्पीकरों की आवाज पर नाचते, गाते और झूमते हुए एक-दूसरे को बधाइयां देते थे।

लोगों को ऐसा लगने लगा कि दशकों तक उपेक्षा का दंश झेलने वाले झारखंडियों का अब अपना राज्य हो गया है। राज्य में विकास की धारा बहेगी, जिससे यहां के लोगों की किस्मत बदल जाएगी। सभी तरफ खुशहाली होगी, हमलोग शान से जीवन जीएंगे, लेकिन हुआ इसके ठीक विपरीत। झारखंड गठन के समय जो युवा सड़कों पर नाचते गाते और खुशियां मनाते थे, 11 वर्षों के बाद आज उन युवाओं के चेहरे पर निराशा और मायूसी दिखाई देती है। वे अपने भविष्य को लेकर चिंतित और परेशान हैं। विकास का सपना देखने वाले राज्य के लोगों को सबसे ज्यादा दुख इस बात को लेकर है कि प्रचुर मात्रा में संसाधन होने के बावजूद झारखंड की गिनती आज देश के सबसे पिछड़े राज्यों के रूप में होती है। शान से जीनेवाले लोगों का सपना भी चूर-चूर हो गया। आज झारखंड की पहचान एक भ्रष्ट राज्य के रूप में होती है, राज्य की भ्रष्टाचार की कहानी ने झारखंडियों को शर्मसार कर दिया है। अपना झारखंड और विकास का सपना देखने वाले लोगों को राज्य गठन के एक दशक के बाद भी रोजी-रोटी के लिए प्रतिदिन परेशानी उठानी पड़ रही है, रोजगार की तलाश में युवाओं का पलायन

जारी है, नौकरी देने के नाम पर बच्चियों एवं युवतियों को बहला फुसलाकर राज्य से बाहर ले जाने का मामला आए दिन सामने आता हैं। यदि हमारे राज्य में विकास होता और यहीं पर रोजगार मिल जाता तो फिर शायद इस तरह की घटनाएं देखने को नहीं मिलतीं।

विकास के प्रति सोच नहीं होने के कारण पिछड़ गए : झारखंड का दुर्भाग्य रहा कि राज्य गठन के बाद से ही विकास के प्रति सोच विकसित नहीं हो पाई। यही कारण है कि झारखंड के साथ बनने वाले छत्तीसगढ़ एवं उतराखंड ने तो अपना नाम विकास करने वाले राज्यों की सूची में शामिल करा लिया, लेकिन हम लोग पिछड़ गए। विकास के बड़े-बड़े दावे करने वाली झारखंड सरकार विकास के प्रति कितनी गंभीर है, इसका अंदाजा इसी बात से लगाया जा सकता है कि तमाम कोशिशों के बावजूद प्रत्येक वर्ष राज्य सरकार कुल बजट का 40 प्रतिशत के आसपास ही राशि खर्च कर पाती है। शेष राशि को सरेंडर किया जाता रहा है या बैंकों में डाल दिया जाता है। यही कारण है कि ग्यारह वर्षों के बाद भी विकास की पटरी पर राज्य को नहीं लाया जा सका। इससे झारखंड हर क्षेत्र में पीछे होता चला गया।

उद्योग और विस्थापन नीति नहीं बना सकी सरकार : किसी भी राज्य के विकास में उद्योग-धंधो की महत्वपूर्ण भागीदारी होती है। जहां जितनी तेजी से औद्योगिक विकास होगा, उस राज्य का विकास उतनी तेजी से होगा। राज्य गठन के बाद से लगता है कि सरकारों ने इस ओर ध्यान ही नहीं दिया। इस कारण निवेश की इच्छा रखनेवाले कई उद्योगपतियों ने शुरू में तो झारखंड का रुख किया, लेकिन यहां व्याप्त समस्याओं और उसकी जटिलताओं को जानने के बाद पीछे हट गए। कई मामले तो ऐसे देखने में आए कि उद्योग लगाने के लिए निवेशक राज्य में भूमि की मांग करते रहे, लेकिन राज्य सरकार उन्हें भूमि नहीं दे पाई। सरकार आज तक तय नहीं कर पाई कि उद्योग लगाने के लिए जिनकी भूमि लेगी या जो विस्थापित होंगे, उनका पुनर्वास कैसे किया जाएगा? यही कारण है कि जो भी निवेशक उद्योग लगाने का प्रयास करते हैं, उन्हें स्थानीय स्तर पर विरोध का सामना करना पड़ता है। उद्योगों की स्थापना के कारण पिछड़ेपन का दंश झेल रहे राज्य के किसानों एवं ग्रामीणों की भूमि चली जाएगी तो उनके पास क्या बचेगा, इसी भय से स्थानीय स्तर पर लोग विरोध करते हैं, जिससे उद्योगों की स्थापना में परेशानी हो रही है। सरकार से बार-बार मांग की गई कि राज्य में उद्योगों की स्थापना को सुगम बनाने के लिए सिंगल विंडो सिस्टम बनाया जाए, ताकि निवेश करने के इच्छुक उद्योगपतियों को कार्य करने में आसानी हो और वे अपने कार्यों का निष्पादन सरलता से कर सकें। सरकार ऐसा नहीं कर पाई। इसका नतीजा सामने है। एमओयू के बाद भी निवेशक राज्य में उद्योग नहीं लगा पा रहे हैं। इससे जुड़ा दूसरा मामला है विस्थापन। पहले पुनर्वास नीति बनी होती तो उद्योगों की स्थापना में सहूलियत होती। साथ ही विस्थापित होनेवाले लोगों का पुनर्वास होता और उन्हें रोजगार भी मिलता।

बेरोजगारी बड़ी समस्या, युवाओं का पलायन जारी : बेरोजगारी से परेशान राज्य की युवा प्रतिभाएं पलायन कर रही हैं। रोजगार की तलाश में प्रत्येक वर्ष युवा दूसरे राज्यों की और रुख कर रहे हैं। यह गंभीर विषय है, लेकिन राज्य सरकारों ने इस ओर भी कभी नहीं सोचा। युवाओं का पलायन रोकने के लिए रोजगार के अवसर पैदा करने की आवश्यकता है। इससे इतर सरकार ने रोजगार देने के नाम पर झूठी घोषणाओं के रूप में युवाओं को सिर्फ सब्जबाग दिखाने का ही काम किया है। पढ़े-लिखे युवाओं के मन में आज यह धारणा बन गई है कि उन्हें झारखंड में रोजगार नहीं मिलनेवाला है, जिस कारण वे यहां से पलायन कर रहे हैं। पिछड़ेपन और बेरोजगारी के कारण एक और बड़ी समस्या का सामना राज्य को करना पड़ रहा है, वह है ट्रैफिकिंग। गरीबी, बेरोजगारी का लाभ उठा कर ग्रामीण क्षेत्र की भोली-भाली युवतियों एवं बच्चियों को दलाल किस्म के लोग बहला-फुसलाकर दूसरे राज्यों की ओर ले जाते हैं। आए दिन ऐसे मामले सामने आते हैं। इसके बावजूद सरकार की नींद नहीं खुली है। इस तरह के मामले शायद ही किसी अन्य राज्यों में इतने बड़े पैमाने पर देखने को मिलते होंगे। ग्यारह वर्षो के बाद भी सरकार इस मामले में गंभीर नहीं है। तभी तो रोजगार की तलाश में ग्रामीण युवतियां एवं बच्चियां ट्रैफिकिंग की शिकार हो रही हैं। एक बात समझ में नहीं आता कि जिस काम व रोजगार की तलाश में झारखंड के युवक, युवतियां और बच्चियां दूसरे राज्यों की ओर पलायन कर रही हैं, वह काम हम अपने राज्य में उन्हें क्यों नहीं दे सकते हैं?

शिक्षा और स्वास्थ्य सेवाओं के प्रति गहरी उदासीनता : अच्छी शिक्षा के बारे में लगता है सरकार ने सोचा

ही नहीं, तभी तो स्तरीय शिक्षा के लिए झारखंड के बच्चों को दूसरे राज्यों में जाकर पढ़ाई करनी पड़ती है। इससे हर वर्ष राज्य का करोड़ों रुपये बाहर जा रहे है। सरकार की उदासीनता के कारण ही राज्य में आशा के अनुकूल शिक्षा के क्षेत्र में विकास नहीं हो पाया। इस कारण झारखंड के युवा उच्च शिक्षा के लिए यहां के बारे में सोचते तक नहीं। केंद्र सरकार ने झारखंड को उच्च शिक्षा के क्षेत्र में आगे बढ़ने के उद्येश्य से सेंट्रल यूनिवर्सिटी, आइआइएम, आइआइटी, होटल मैनेजमेंट और मौलाना आजाद ओपन यूनिवर्सिटी की सौगा़त दी, लेकिन शुरू से ही शिक्षा के क्षेत्र में उदासीन राज्य सरकार ने कभी गंभीरता नहीं दिखाई। आइआइएम की पढ़ाई तो शुरू हो गई, लेकिन बिना आधारभूत संरचना के वर्तमान में आइआइएम की पढ़ाई राज्य सूचना भवन में हो रही है, जबकि खेलगांव के हाउसिंग कॉम्प्लेक्स में बने फ्लैट उनके हॉस्टल हैं। यही स्थिति स्वास्थ्य सेवा की है। राज्य गठन के एक दशक बाद भी जनता के लिए सबसे जरूरी स्वास्थ्य सेवा के क्षेत्र में कोई सुधार नहीं हो पाया। ग्रामीण क्षेत्र के अस्पताल तो भगवान भरोसे चलते हैं। वहां समय से डॉक्टर नहीं बैठने एवं दवाइयों के अभाव की खबरें आम बात हो गई है। ग्यारह वर्षों के बाद भी पूरे झारखंड में एक भी सुपर स्पेशियलिटी अस्पताल नहीं बना पाई सरकार। इसका नतीजा है कि बेहतर इलाज के लिए यहां के लोग पूरी तरह दूसरे राज्यों पर निर्भर हैं। गरीबों को कौन पूछनेवाला। वह तो इसी बदतर स्वास्थ्य सेवा के भरोसे बैठे रहते हैं। बेहतर शिक्षा तथा स्वास्थ्य सेवा के लिए जब देश के दूसरे राज्य अच्छा कर सकते हैं तो फिर झारखंड क्यों नहीं कर सकता, शायद इसलिए कि कभी सरकार ने सोचा ही नहीं कि इन क्षेत्रों में काम करना है।

ग्यारह वर्षों से पुनरुद्धार की बाट जोह रहे कारखाने : अलग राज्य के गठन के साथ झारखंड के खाते में रुग्ण उद्योगों की श्रेणी में शामिल सिंदरी खाद कारखाना, हाई टेंशन इंसुलेटर फैक्ट्री, इलेक्ट्रिकल इक्विपमेंट फैक्ट्री, एमसीआइएल तथा स्वर्णरेखा घड़ी कारखाना जैसे पांच कारखाने आए। इनके पुनरुद्धार की जिम्मेदारी राज्य सरकार की थी, लेकिन दुर्भाग्य रहा कि सरकार ने कभी इस ओर ध्यान ही नहीं दिया। ये सभी कारखाने देश भर में अपने उत्पाद के लिए प्रसिद्ध थे। इनके उत्पादों को पूरे देश में बेचा जाता था। यदि सरकार चाहती तो इन पांचों कारखानों का फिर से पुनरुद्धार हो सकता था और फिर से इन्हें पटरी पर लाया जा सकता था। परंतु राज्य सरकार ने इनके पुनरुद्धार की जरूरत नहीं समझी। इस कारण आज भी सभी कारखाने पुनरुद्धार की बाट जो रहे हैं, जबकि यहां कार्य करनेवाले लोग भुखमरी, बेरोजगारी और आभाव में जीवन जीने को मजबूर हैं।

आधारभूत संरचना के निर्माण की धीमी गति : विकास के मामले में पिछड़ने का सबसे बड़ा कारण है- आधारभूत संरचना का अभाव। इसके निर्माण की गति भी बेहद धीमी है। पहले से ही राज्य विकास के मामले में पीछे है, ऊपर से धीमी प्रगति के कारण कोई भी योजना धरातल पर उतरती नजर नहीं आती। निर्माण कार्य की धीमी गति के कारण ही प्रायः सभी महत्वपूर्ण योजनाओं में उच्च न्यायालय को हस्तक्षेप करना पड़ता है। राज्य में चाहे सड़क निर्माण का मामला हो, पुल, जलमीनार, सरकारी भवन हो या फिर फ्लाई ओवर का निर्माण कार्य, लगभग सभी योजनाओं को जल्द पूरा करने के लिए जनहित याचिका के आधार पर उच्च न्यायालय को हस्तक्षेप करना पड़ता है, जो सरकार के विकास के दावों की पोल खोलने के लिए काफी है।

लचर सुरक्षा व्यवस्था में तरक्की का सपना नहीं बुन सकते : सुरक्षा व्यवस्था

राज्य में भ्रष्टाचार की कहानी ने झारखंडियों को शर्मसार कर दिया है।

नौकरी देने के नाम पर बच्चियों एवं युवतियों के व्यापार का खेल जारी है।

प्रत्येक वर्ष राज्य सरकार कुल बजट के 40 प्रतिशत के आसपास ही राशि खर्च कर पाती है। शेष राशि को स-रेंडर किया जाता रहा है या बैंकों में डाल दिया जाता है।

उद्योगपतियों ने शुरू में तो झारखंड का रुख किया, पर यहां की जटिलताएं देख पीछे हट गए।

सरकार आज तक तय नहीं कर पाई कि उद्योग लगाने के लिए जिनकी भूमि लेगी या जो विस्थापित होंगे, उनका पुनर्वास कैसे किया जाएगा।

की खामियों के कारण ही हम लोग निवेशकों को अपनी ओर आकर्षित नहीं कर पाए। राज्य गठन के समय सूबे के मात्र तीन जिले नक्सल प्रभावित थे, लेकिन सरकार की कमजोरी और उदासीनता के कारण आज़ पूरा राज्य नक्सल प्रभावित हो गया। सरकार ने कभी भी सुरक्षा व्यवस्था की स्थिति में सुधार के बारे में प्रयास ही नहीं किया। बदतर सुरक्षा व्यवस्था का ही परिणाम है कि राज्य गठन के बाद मुखर विधायक महेंद्र सिंह, रमेश सिंह मुंडा एवं सांसद सुनील महतो की हत्या सरेआम कर दी गई। पुलिस के कई अधिकारी सहित सैकड़ों जवानों की मौत नक्सलियों के साथ मुठभेड़ में हो चुकी है। लूट, छिनतई, रंगदारी, डकैती, हत्या एवं व्यवसायियों को धमकी देने की घटना झारखंड के लिए आम बात हो गई है और इससे पूरा राज्य परेशान है, लेकिन सरकार ने इस ओर सुधार का प्रयास ही नहीं किया। हर बड़ी घटना के बाद सुरक्षा व्यवस्था चुस्त करने के सरकार के जुमले से लोगों को ठगा जाता है। गिरती विधि व्यवस्था के कारण राज्य के सैकड़ों व्यवसायियों ने अपना कारोबार समेट कर पलायन कर लिया, जिसकी वजह से राज्य में बेरोजगारी बढ़ती चली गई।

केंद्र प्रायोजित योजनाओं का बुरा हाल : गरीबों के उत्थान के लिए केंद्र सरकार कई योजनाएं चलाती है, जिसके लिए केंद्र राज्य सरकार को बड़ी राशि देती है। योजनाओं को धरातल पर नहीं उतारने का संकल्प ले चुकी झारखंड सरकार केंद्र से प्राप्त राशि भी पूरा खर्च भी नहीं कर पाती है। मजबूरन प्रति वर्ष आधी से ज्यादा राशि सरेंडर करनी पड़ती है। केंद्र प्रायोजित इंदिरा आवास योजना, बाल्मीकि, अंबेदकर आवास योजना, राजीव आवास योजना, स्लम क्षेत्र पुनरुद्धार योजना, प्रधानमंत्री ग्रामीण सड़क योजना, राजीव गांधी ग्रामीण विद्युतीकरण योजना, अंत्योदय योजना, स्वर्ण जयंती रोजगार योजना एवं मनरेगा सहित सभी योजनाओं का हाल बुरा है। राज्य सरकार की कार्यक्षमता में कमी के कारण कोई भी योजना शत-प्रतिशत धरातल पर नहीं उतर पा रही है। राज्य के लोगों का दुर्भाग्य है कि यहां के गरीब लोगों के लिए केंद्र द्वारा दी गई राशि को राज्य सरकार खर्च नहीं कर पाती है। आधी से अधिक राशि हर साल सरेंडर करनी पड़ती है।

जेएनएनयूआरएम के पैसों का उपयोग नहीं हुआ : केंद्रीय शहरी विकास विभाग ने देश के करीब 68 शहरों को अपग्रेड करने का निर्णय लिया, जिनमें झारखंड के रांची, जमशेदपुर और धनबाद को भी शामिल किया गया। इन शहरों को अपग्रेड करने के लिए केंद्र सरकार ने करीब तीन हजार करोड़ रुपये राज्य सरकार को देने का निर्णय लिया। इस योजना के तहत सिटी बस, शहरी विद्युतीकरण, सीवरेज सिस्टम, पेयजल, जनसुविधाएं, कचरा प्रबंधन और स्लम क्षेत्र के उत्थान आदि के लिए राशि दी जाती है, ताकि शहर को सुव्यवस्थित किया जा सके। राज्य सरकार की उदासीनता के कारण यह योजना भी फेल होती नजर आती है। तीन वर्ष होने को है, परंतु बहुत सी योजनाओं का सरकार एवं संबधित एजेंसियां आज तक डीपीआर भी नहीं बना पाई। सरकार की उदासीनता के कारण योजना का लाभ तीनों शहरों के लोगों को नहीं मिल सका, जबकि इसी योजना के तहत देश के कई शहरों का कायाकल्प हो गया। ◆ ◆ ◆

चाणक्य नीति पर अमल करें शासक

इंदर सिंह नामधारी
चतरा के सांसद, पूर्व विधानसभा अध्यक्ष

सैनिकों की कवायद (ड्रिल) में कदमताल एक ऐसी विधा है, जिसमें सैनिक आगे मार्च नहीं करते, बल्कि एक ही स्थान पर खड़े होकर बारी-बारी से दायां और बायां पैर पटकते रहते हैं। मेरी दृष्टि में झारखंड भी पिछले ग्यारह सालों में आगे तो नहीं बढ़ सका, लेकिन बारी-बारी से कई मुख्यमंत्री सत्ता की बागडोर संभालते रहे। अगर यह कहा जाए कि झारखंड भी पिछले ग्यारह वर्षो से कदमताल ही कर रहा है तो कोई हैरानी नहीं होगी।

बारहवें साल में इसलिए यह सोचने की जरूरत है कि आखिर नवगठित झारखंड ने सबको निराश क्यों किया है? यदि बारीकी से देखा जाए तो झारखंड के पिछड़ेपन का प्रमुख कारण है इसका भ्रष्टाचार में आकंठ डूबा होना। इस कारण अभी भी यह राज्य विकास से कोसों दूर खड़ा है। जिस तरह आज पूरा देश भ्रष्टाचार को समाप्त करने के लिए उद्वेलित है, उसी तरह झारखंड में भी भ्रष्टाचार के उन्मूलन के लिए एक सशक्त आंदोलन की जरूरत है, क्योंकि झारखंड राज्य के निर्माण के पक्षधर आज अपने को ठगा महसूस कर रहे हैं।

बीमारी समझें शासक : झारखंड को आज ऐसे शासकों की जरूरत है, जो इसकी बीमारी की तह तक जाएं, ताकि बीमारी का सही इलाज हो सके। इस लक्ष्य की प्राप्ति के लिए सबसे पहले झारखंड के शासकों को भारत के महान नीतिवेत्ता चाणक्य के सूत्रों से कुछ प्रेरणा लेनी होगी। चाणक्य ही एक ऐसे दूरदर्शी चिंतक हुए हैं, जिन्होंने अपनी कुशाग्र एवं व्यावहारिक बुद्धि से नंद वंश का नाश करके एक सधारण से व्यक्ति चन्द्रगुप्त मौर्य को महाराजाधिराज स्थापित कर दिखाया था। आज जरूरत है कि झारखंड के शासक भी चाणक्य द्वारा लिखित कुछ वैसे सूत्रों से प्रेरणा लें, जो झारखंड के संदर्भ में आज के दिन प्रासंगिक है। चाणक्य का निम्नांकित एक सूत्र तो अकेले ही शासकों की आंखें खोलने के लिए पर्याप्त है,

राजा कर्णेन पश्यति न श्रृणोति सः चक्षुषाः। श्रृणोति चक्षुषा वै यः सः पश्यति श्रृणोति च।।

इसका सीधा सा अर्थ यही है कि राजा या आज की लोकतांत्रिक व्यवस्था में सत्ता में बैठा कोई भी शासक अपने कानों से ही देखता है और कभी भी वह अपनी आंखों से नहीं सुनता। वैसा शासक जो अपनी आंखों से सुन सकता हो, वास्तव में वही शासक देखता भी है और सुनता भी है। चाणक्य का यह सूत्र सुनने में तो बड़ा अटपटा सा लगता है, क्योंकि कोई भी व्यक्ति न तो कानों से देख सकता है और न ही आंखों से सुन सकता है, लेकिन इस सूत्र का गूढ़ अर्थ यदि किसी शासक द्वारा विधिवत समझ लिया जाए तो वह आसानी से किसी भी देश या प्रदेश में सुशासन ला सकता है।

सच्चाई से बेखबर सरकार : शासकों की विडंबना यह रही है कि वे कभी भी धरती की वास्तविकताओं के साथ नहीं जुड़ते और केवल खुशामदी किस्म के लोगों की कर्णप्रिय बातों को सुनना ही उनकी फितरत बन जाती है। इतिहास साक्षी है कि सत्ता में बैठे शासकों की इस फितरत से कभी-कभी भयंकर अनर्थकारी परिणाम निकले हैं। मुगलकाल में जहांगीर एक न्याय प्रिय राजा माने जाते थे, लेकिन उनके एक दीवान चंदू ने सिखों के पांचवे गुरु अर्जुन देव जी को विद्रोही बताकर जहांगीर द्वारा मौत के घाट उतरवा दिया था। गुरुजी और चंदू

के बीच मतभेद महज बेटे-बेटी की सगाई टूटने के कारण ही पैदा हुए थे। वास्तव में इस घटना ने भारत के इतिहास की धारा ही पलट दी थी, क्योंकि आगे चलकर सिखों के दसवें गुरु गोविंद सिंह ने अपने पूर्वजों पर किए गए अत्याचार का बदला लेने के लिए जहांगीर के पोते औरंगजेब से भयानक युद्ध किया। इस पूरी घटना के पीछे एक मात्र कारण रहा जहांगीर द्वारा चंदू की बनावटी बातों का अपनी आंखों से भौतिक परीक्षण न किया जाना। इस तरह यदि हम देखें तो शासकों द्वार मात्र कानों से सुनकर कोई धारणा बना लेना हमेशा घातक सिद्ध हुआ है। झारखंड में भी कुछ ऐसा ही हो रहा है, क्योंकि यहां भी कोई पदाधिकारी जो धरातल पर तो सर्वथा भ्रष्ट एवं अक्षम है, लेकिन अपनी चापलूसी के कारण शिखर पर बैठे लोगों के चहेते बने बैठे हैं।

यही कारण है कि सत्तासीनों को इस हकीकत का एहसास ही नहीं हो रहा कि झारखंड के आम नागरिक किस तरह उनके क्रियाकलाप से आक्रांत हैं। वैसे केंद्र की यूपीए सरकार भी शासकों की फितरत से बरी नहीं है। उसने भी नरेगा कानून की जमीनी हकीकत को जाने बिना ही दिल्ली के एसी कमरों में बैठे पदाधिकारियों के कर्णप्रिय आंकड़ों से उन्मादित होकर इस कार्यक्रम के नाम के आगे महात्मा गांधी जुड़वा दिया। सरकार ने जब इस आशय का प्रस्ताव लोकसभा में प्रस्तुत किया था तो मेरे जैसे कई सांसदों ने इस प्रस्ताव का पुरजोर विरोध किया था, लेकिन मात्र कानों से ही देखनेवाली केंद्रीय सरकार के कानों पर जू तक नहीं रेंगी थी। मेरी दृष्टि में नरेगा की योजना कम से कम झारखंड में विफल रही है, जिसके साथ महात्मा गांधी का नाम जोड़ा जाना सरासर दुर्भाग्यपूर्ण था।

भ्रष्ट व्यवस्था की जकड़न : पिछले ढाई वर्षों से चतरा संसदीय क्षेत्र का सांसद होने के नाते मैं झारखंड के तीन घोर उग्रवाद प्रभावित जिलों चतरा, लातेहार एवं पलामू की निगरानी सह अनुश्रवण समितियों के अध्यक्ष के रूप में विकास कार्यो को नजदीक से देख रहा हूं। मैं दावे के साथ कह सकता हूं कि इन जिलों में भ्रष्टाचार चरम पर है। उदाहरण स्वरूप लातेहार में तो एक कनीय अभियंता का स्वलिखित पुर्जा पकड़ा गया, जिसमें 41 प्रतिशत रिश्वत लेने की बात स्वीकार की गई थी।

झारखंड के सभी 24 जिलों की स्थिति भी लगभग इसी तरह की है। इस हकीकत को मात्र रांची में बैठकर कोई शासक नहीं समझ सकता। इन विकृतियों को दूर करने के लिए शासकों को उन गांवों तक पहुंचना होगा, जहां पर विकास की किरणें पहुंच ही नहीं पाती हैं तथा आवंटित राशि की धड़ल्ले से बंदरबांट होती है। बताते चलें कि चाणक्य के उपरोक्त सूत्र से प्रेरणा लेकर पलामू के एक लोकप्रिय आदिवासी राजा मेदनी राय अमर हो चुके हैं, क्योंकि वे वेश बदलकर प्रजा में घूमा करते थे और यह भी देखते थे कि किस घर से सुबह दही मथने की आवाज नहीं आती। ऐसे गरीबों को तत्काल उनके द्वारा गाय प्रदान की जाती थी जिसके चलते आज भी पलामू के लोकगीतों में उनका नाम कुछ इस तरह से गुनगुनाया जाता है कि धनि-धनि राजा मेदनिया, घर-घर बाजे मथनिया।

अर्थात धन्य था वह राजा मेदनी राय, जिसके शासनकाल में घर-घर में मथनी बजा करती थी। यही कारण है कि झारखंड के गठन के बाद पलामू जिले के मुख्यालय डालटनगंज का नाम बदलकर मेदनीनगर कर दिया गया है। इसे दुर्भाग्यपूर्ण ही कहेंगे कि उसी पलामू जिले के गांव आज वीरान पड़े हैं। दूध की बात करना तो दूर आज वहां के लोग पानी के लिए तरस रहे हैं, क्योंकि आज के सरकारी पदाधिकारियों को वैसे गांवों में जाने की न तो फुरसत है और न हिम्मत ही। वंचितों के बीच उनके न जाने के कारण गरीबों का हक भी बिचौलिये छीनकर ले जा रहे हैं।

करोड़ों खर्च, नतीजा सिफर : गरीबों के कल्याण की योजनाओं के पैसों की धड़ल्ले से बंदरबांट होती है तथा जन वितरण प्रणाली के डीलर भी राशन देने के बजाय उसे खुले बाजार में ज्यादा कीमत पर बेचने का जघन्य अपराध करते हैं। जनवितरण की अनुज्ञप्ति देना भी पदाधिकारियों के लिए एक व्यवसाय बन गया है। ऐसी परिस्थितियों में नक्सलवाद पर अंकुश लगा पाना क्या संभव हो सकेगा? नक्सलवाद पर तो अंकुश तभी लगेगा, जब धरातल पर वंचितो को न्याय मिलेगा।

इस तरह चाणक्य के उपरोक्त सूत्र से झारखंड के शासकों को यही शिक्षा लेनी चाहिए कि वे राजनीतिक भेदभाव भुलाकर हकीकत को धरातल पर जाकर देखेंगे, ताकि वहां घट रहीं अनिष्टकारी घटनाओं को रोका जा सके। इस संदर्भ में चतरा जिले का संक्षिप्त विवरण देना मैं इसलिए प्रासंगिक समझता हूं, क्योंकि इस जिले

के पिछड़ेपन के कारणों को यदि समझ लिया गया तो झारखंड के अन्य जिलों में हो रहे विकास कार्यों का भी सही मूल्यांकन हो सकेगा। वास्तव में झारखंड में हो रही सरकारी पैसों की बंदरबांट का चतरा एक चश्मदीद गवाह है। उदाहरण स्वरूप इस जिले में एक उपायुक्त थोड़े ही समय के लिए आते हैं और दर्जनों अनुपयोगी चेक डैम स्वीकृत करके करोड़ों रुपये पानी की तरह बहाकर चले जाते हैं।

उन्होंने धरातल पर जाकर देखा तक नहीं कि उनमें से किसी एक चेकडैम में भी बाल्टी भर पानी जमा होता है या नहीं। दूसरे उपायुक्त तशरीफ लाए तो संदिग्ध एनजीओ को छह करोड़ रुपयों का एकमुश्त अग्रिम देकर उन्हें उपकृत करने का काम किया। सांसद बनने के बाद मैंने निगरानी समिति द्वारा दबाव देकर छह करोड़ में से दो करोड़ रुपये सरकारी खजाने में वापस भिजवाए। बाकी के चार करोड़ रुपयों का क्या हश्र हुआ, यह गहन जांच का विषय है। तीसरे उपायुक्त आए तो मेरे मना करने के बावजूद उन्होंने लगभग छह हजार छोटे तालाब (50 घनमीटर के जलकुंड) खुदवा दिए, जिनमें से शायद ही कोई तालाब पूर्ण हुआ होगा। इस योजना में भी लगभग 30 करोड़ रुपयों का बेवजह दुरुपयोग किया गया। क्या राज्य के मुख्यालय से किसी भी सत्तासीन व्यक्ति ने समय निकालकर ऐसे पदाधिकारियों से कभी जवाब तलब करने की भी औपचारिकता निभाई?

प्रशासन की दबंगई : इन उदाहरणों के द्वारा मैं झारखंड के शासकों से पूछना चाहता हूं कि क्या ऐसी परिस्थितियों में मात्र मुख्यालय में बैठकर समीक्षात्मक बैठकें करने से इस गरीब राज्य का कल्याण संभव है? इन विकट परिस्थितियों में जब तक चाणक्य के कथनानुसार लकीर से हटकर शासक काम नहीं करेंगे, तब तक धरती पर कोई परिवर्तन नहीं दिखेगा। केवल पैसा खर्च कर देना ही विकास का पैमाना नहीं बन सकता। झारखंड में व्याप्त प्रशासनिक भ्रष्टाचार और दबंगता के वीभत्स रूप को उजागर करने के लिए कुछ दिन पूर्व की एक घटना का जिक्र करना भी मुझे प्रासंगिक लगता है। मेरे एक परिचित सहयोगी हैं जो निर्माण विभाग में संवेदक के रूप में पलामू प्रमंडल में सड़क का ठेका लेते हैं।

प्रमंडल के एक जिले में कार्यरत एक पुलिस उपाधीक्षक ने उन्हें बुलाया तथा कहा कि एक लाख रुपये तत्काल दे दें अन्यथा आपको सड़क में लैंड माइंस बिछाने का आरोपी बनाकर उग्रवादी धारा लगाकर अंदर डाल दिया जाएगा। उस बेचारे ने एक लाख रुपये देकर अपना पिंड छुड़ा तो लिया, लेकिन एक सप्ताह के बाद जब उसी पदाधिकारी द्वारा उससे दुबारा एक लाख रुपये की मांग की गई तो घबराकर उस संवेदक ने मुझे फोन पर इसकी सूचना दी। मैंने व्यावहारिक दृष्टिकोण अपनाते हुए उक्त पदाधिकारी को फोन पर इशारा किया कि सड़क के संवेदक मेरे करीबी व्यक्ति हैं, कृपया देखें कि इन्हें कोई परेशानी न हो।

समझदार को इशारा के मुहावरे के अनुसार मैंने सोचा कि अब वह पदाधिकारी पैसे की मांग नहीं करेगा। लेकिन, धृष्ट पदाधिकारी ने उस संवेदक को बुलाकर पुनः आंखें दिखाते हुए कहा कि केवल पैरवी से काम नहीं चलेगा, मांगी गई राशि तत्काल दे दो वरना परिणाम भुगतने के लिए तैयार रहो। उक्त संवेदक ने जब मुझे इस घटना से अवगत कराया तो मैंने आहत होकर आरक्षी महानिदेशक को फोन पर इसकी जानकारी दी। उस पदाधिकारी पर क्या कार्रवाई हुई, इसकी जानकारी तो मुझे नहीं है, लेकिन उसने मेरे सहयोगी से फिर कभी पैसों की मांग नहीं की। इस एक घटना से समझ लेना चाहिए कि जिलों में किस तरह का भयादोहन किया जा रहा है।

अफसर अधिक खतरनाक : मैं कभी-कभी सोचता हूं कि अंग्रेजों ने शासन की कौन सी ट्रिक अपनाई होगी कि वे दो सौ वर्षों तक विशाल भारत पर कारगर ढंग से शासन करने में सफल रहे। मैंने पढ़ा है कि अंग्रेज किसी भी जिले में तीन पदाधिकारियों डीसी, एसपी एवं सिविल सर्जन पर शासन की बागडोर छोड़ देते थे। उपरोक्त तीनों पदाधिकारी या तो स्वयं अंग्रेज होते थे या अंग्रेजों के विश्वासपात्र भारतीय। इन पदाधिकारियों को शक के घेरे से बाहर रहना होता था।

स्वतंत्रता के बाद परिस्थितियां काफी बदली हैं। राज्यों एवं जिलों की संख्या काफी बढ़ी है। आज जिले पहले की तुलना में काफी छोटे हो गए हैं। मेरे स्कूली जीवन के समय बिहार के छोटानागपुर (आज के झारखंड) में मात्र पांच जिले (रांची, हजारीबाग, सिंहभूम, मानभूम एवं पलामू) ही हुआ करते थे। आज झारखंड में 24 जिले हैं लेकिन जिला स्तर पर फैले भ्रष्टाचार के किस्से सुनकर सिर शर्म से झुक जाता है।

मैंने जिला स्तर के कई पदाधिकारियों को स्थानांतरण के बाद अपने मनपंसद मातहत पदाधिकारियों को अन्य जिलों में भी अपने साथ-साथ ले जाते देखा है। यह लगाव उनकी दक्षता के कारण नहीं, बल्कि किसी दूसरे कारण से ही होता है। आज इन बिंदुओं पर गंभीर चिंतन होना चाहिए कि किस तरह जिलों एवं प्रखंडों में पदस्थापित पदाधिकारियों पर नकेल कसी जाए। राजनीतिज्ञों को तो अधिकतम पांच वर्षों में जनता की कसौटी पर खरा उतरने के लिए पुनः जनता के सामने जाना पड़ता है तथा जनता उनके द्वारा गलती किए जाने पर उन्हें सबक भी सिखा देती है।

कुछ माह पूर्व संपन्न हुए तमिलनाडु के चुनावों ने यह सिद्ध कर दिया है कि ए राजा की एक करतूत ने कैसे डीएमके का तमिलनाडु से पत्ता साफ कर दिया। इसके विपरीत प्रशासनिक पदाधिकारियों को किसी कसौटी पर कभी चढ़ना ही नहीं पड़ता, जिसके चलते कुछ विवेकहीन पदाधिकारी सभी सीमाएं लांघकर धन संग्रह की प्रवृत्ति को आगे बढ़ा रहे हैं। मध्य प्रदेश के एक आइएएस दंपत्ति के पास 350 करोड़ की अवैध संपति का पाया जाना इसका जीवंत प्रमाण है। वास्तव में कुछ पदाधिकारी तो आज निरंकुश एवं स्वेच्छाचारी हो चुके हैं। ऐसे धृष्ट पदाधिकारियों पर लगाम लगाने के लिए राजनेताओं को स्वयं अपने में भी अपेक्षित सुधार लाकर वही करना पड़ेगा, जिसका इशारा चाणक्य ने अपने उपरोक्त नीति श्लोक में किया है। मतलब यह कि शासक कानों से न देखें तथा अपनी आंखों से सुनने का प्रयास करें। यदि चाणक्य की उपरोक्त नीति का झारखंड में सही ढंग से अनुसरण किया गया तो सरकार को किसी भी विभाग में कोई सलाहकार रखने की शायद जरूरत ही नहीं पड़ेगी, क्योंकि कबीर ने कहा है-

पोथी पढ़-पढ़ जग मुआ, पंडित भया न कोय।
ढ़ाई आखर प्रेम के, पढ़े सो पंडित होय।।

◆ ◆ ◆

सधे कदम की दरकार

दिनेशानंद गोस्वामी
पूर्व प्रदेश
अध्यक्ष, भाजपा

तत्कालीन प्रधानमंत्री अटल बिहारी वाजपेयी के प्रयत्नों से 15 नवंबर सन् 2000 को झारखंड राज्य का गठन हुआ। विविध भाषा, अनेक लोक संस्कृति व परंपराओं से समृद्ध झारखंडी समाज में इस राज्य के गठन से नई आशा जगी। जिस समय बिहार से अलग होकर झारखंड राज्य का निर्माण हो रहा था, उसी समय बिहार में लालू प्रसाद का कुशासन चल रहा था। एकीकृत बिहार में विकास की गंगा पूरी तरह सूख चुकी थी। नवगठित झारखंड को विरासत में उग्रवाद, लचर कानून-व्यवस्था, गरीबी, बेरोजगारी, निरक्षरता, विस्थापन, पलायन, घुसपैठ और धर्मांतरण जैसी समस्याएं मिलीं। इन तमाम समस्याओं के बीच इस पिछड़े राज्य को विकसित राज्यों की कतार में खड़ा करने की महती जिम्मेदारी थी।

झारखंड गठन के इन 11 वर्षों में विभिन्न क्षेत्रों में प्रगति तो हुई, परंतु राजनीतिक अस्थिरता के कारण उत्तराखंड व छत्तीसगढ़ की तरह झारखंड पूरी तरह विकास के शिखर पर पहुंचने में सफल नहीं हो पाया। उत्तराखंड एवं छत्तीसगढ़ में एक दलीय सरकार विशेष कर पूर्ण बहुमत की भाजपा सरकार रहने के कारण जहां सर्वांगीण विकास संभव हुआ, वहीं राजनीतिक अस्थिरता के कारण झारखंड में विकास का लक्ष्य पूरी तरह से प्राप्त नहीं किया जा सका। 22 महीने तक एक निर्दलीय मुख्यमंत्री के नेतृत्व में चली सरकार ने तो राज्य को अराजकता एवं भ्रष्टाचार के दलदल में धकेल दिया। नौकरशाही पर भी भ्रष्टाचार के आरोप लगे। जेपीएससी सहित कई संस्थाओं के क्रियाकलापों पर भी अंगुलियां उठीं। सबसे बड़ी विडंबना यह रही कि राजभवन भी भ्रष्टाचार के आरोप से बेदाग नहीं रहा।

केंद्र का सौतेला व्यवहार: हमारे संघीय ढांचे में लोकतंत्र का प्रमुख तत्व है- सत्ता का विकेंद्रीकरण। संविधान में केंद्र और राज्यों की जिम्मेबारियां सुस्पष्ट रूप से परिभाषित है। राज्यों का चहुंमुखी विकास सुनिश्चित करना केंद्र का कर्तव्य है। लेकिन केंद्र प्रायोजित कई योजनाओं में झारखंड की उपेक्षा निरंतर जारी है। वर्ष 2004 तक भाजपा - एनडीए शासन में झारखंड को केंद्र का पूरा सहयोग मिला। इस दौरान विभिन्न रेल परियोजनाओं व स्वर्णिम चतुर्भुज योजना का तोहफा हमें प्राप्त हुआ। इसके बाद कांग्रेस-यूपीए का कार्यकाल शुरू होते ही राज्य की उपेक्षा प्रारंभ हो गई। पिछले सात वर्षों के दौरान केंद्र के यूपीए शासन ने झारखंड के प्रति उदासीन एवं असहयोगात्मक रवैया अपनाया है।

राज्य में कई राष्ट्रीय स्तर के तकनीकी एवं शैक्षणिक संस्थाओं की जरूरत है। यहां के युवा मेधावी और परिश्रमी हैं, पर स्तरीय संस्थाओं के अभाव में वे उच्च शिक्षा व उत्कृष्ट तकनीकी ज्ञान से वंचित हो जाते हैं। ऐसी शिक्षा के लिए उन्हें दूसरे राज्यों में पलायन करने को विवश होना पड़ता है। इस प्रकार प्रतिभा और पैसा, दोनों का पलायन जारी है। मनरेगा व राजीव गांधी विद्युतीकरण जैसी योजनाओं की अवधारणा अव्यावहारिक होने के कारण इसका पूर्णतः लाभ नहीं मिल सका। केंद्रीय वन एवं पर्यावरण विभाग से अनापत्ति प्रमाण पत्र मिलने में अनावश्यक विलंब होने के कारण कई सड़क, सिंचाई एवं अन्य विकासात्मक योजनाओं के क्रियान्वयन में कठिनाई हो रही है।

संभावनाओं को विस्तार मिले : झारखंड रेलवे को सर्वाधिक राजस्व देता है, परंतु केंद्र की यूपीए सरकार

के 7 वर्षों के कार्यकाल में रेलवे ने राज्य की घोर उपेक्षा की है। राष्ट्रीय उच्च मार्ग के चौड़ीकरण, ग्रामीण सड़कों के विस्तारीकरण, हवाई अड्डों के निर्माण, पेयजल, ऊर्जा एवं आधारभूत संरचना के विकास तथा उग्रवाद नियंत्रण में केंद्र का अपेक्षित सहयोग नहीं मिला। झारखंड खनिज संपदा से परिपूर्ण प्रदेश है। राज्य की रत्नगर्भा धरती को प्रकृति ने सभी प्रकार के खनिज पदार्थों का उपहार दिया है। कांग्रेसनीत केंद्र सरकार के भेदभावपूर्ण रवैये के कारण यहां के कोयले से पंजाब एवं हरियाणा के बिजली संयंत्र तो संचालित होते हैं, जबकि यहीं के ऊर्जा संयंत्रों हेतु कोल ब्लॉक आवंटित करने के लिए केंद्र सरकार से मिन्नतें करनी पड़ती हैं। लौह अयस्क खदानों के आवंटन का अधिकार भी केंद्र सरकार के पास है। मूल्यानुसार कोयले की रॉयल्टी निर्धारित नहीं होने के कारण प्रतिवर्ष इस राज्य को हजारों करोड़ रुपये से वंचित होना पड़ता है। केंद्रीय राजस्व का विकेंद्रीकरण भी ठीक से नहीं हो पाया है। गाडगिल फार्मूला के तहत राजस्व, विशेषकर आयकर एवं उत्पाद शुल्क का 27.5 प्रतिशत हिस्सा राज्यों को देने का प्रावधान है। परंतु अधिकतर निजी व सार्वजनिक क्षेत्रों के बड़े उपक्रमों के मुख्यालय इस राज्य से बाहर होने के कारण प्रति वर्ष झारखंड को लगभग 10 हजार करोड़ रुपये से वंचित होना पड़ता है।

स्थायी सरकार जरूरी : राजनीतिक स्थिरता, संवेदनशील नौकरशाह, भ्रष्टाचार मुक्त सुशासन, आत्मनिर्भर कृषि एवं ग्रामीण अर्थव्यवस्था व मूल्यवर्द्धित व श्रम आधारित कुटीर एवं लघु उद्योगों के विस्तारीकरण से गरीबी, बेरोजगारी तथा अन्य समस्याओं से निजात पाकर सुशिक्षित एवं विकसित पीढ़ी के निर्माण का खाका बनाया जा सकता है। राजनीतिक स्थिरता के लिए विधानसभा की सीटें 150 तक बढ़ाने की आवश्यकता है। मुख्यमंत्री अर्जुन मुंडा ने 32 वर्षों के बाद पंचायत चुनाव सफलतापूर्वक कराकर ग्रामस्वराज के सपने को साकार किया है। पंचायती राज के प्रभावीकरण से जहां सत्ता का वास्तविक विकेंद्रीकरण साकार होगा, वहीं ग्राम एवं प्रखंड विकास की बुनियादी इकाई के रूप में स्थापित होंगे। जवाबदेही एवं कर्तव्यपरायणता सुशासन की बुनियादी शर्त होती है। मुख्यमंत्री अर्जुन मुंडा के प्रयत्नों के फलस्वरूप राइट टू सर्विस एक्ट 15 नवंबर से लागू हुआ। इससे अधिकारियों एवं कर्मचारियों की जवाबदेही सुनिश्चित होगी तथा जनता को नियत समय में सेवाएं प्राप्त होंगी।

चहुंमुखी विकास को प्राथमिकता : विकसित झारखंड का सपना साकार करने के लिए कृषि, मानव संसाधन, आधारभूत संरचना सशक्तीकरण, स्वास्थ्य, गरीबी उन्मूलन, समाज सुधार, गुड गवर्नेंस और पर्यावरण संरक्षण - इन सभी मोर्चों पर समन्वित और सधे कदम बढ़ाने होंगे। राज्य की करोड़ों जनता का पेट भरने के लिए कृषि क्षेत्र की अनदेखी नहीं की जा सकती है। हम आयातित खाद्यान्नों पर दीर्घकाल तक निर्भर नहीं रह सकते। कृषि के लिए ठोस नीति बनाने की आवश्यकता है। इस निमित्त कृषि व कृषि से संबद्ध क्षेत्र को प्रोत्साहित करने की नीति अपनानी होगी।

राज्य एवं केंद्र को मिलकर समन्वित योजना बनानी होगी। इसके लिए जल प्रबंधन, उत्पादन तकनीक व विपणन के लिए रिसर्च आधारित योजना अपेक्षित है। इंश्योर्ड कृषि की जगह एश्योर्ड कृषि नीति अधिक प्रभावी होगी। कृषि के साथ ही पशुपालन एवं मत्स्य पालन के क्षेत्र पर भी ध्यान देने की आवश्यकता है। झारखंड राज्य में अपकृष्ट (इन्फिरियल) भूमि ज्यादा है, जिसका समुचित प्रबंधन कर अधिक उपयोगी बनाने की उपयुक्त तकनीक आज मौजूद है। इस तकनीक का उपयोग कर राज्य में कृषि आधारित ग्रामीण इलाकों में बेहतरी ला सकते हैं। इसके साथ राज्य में प्रचुर मात्रा में वन संसाधन हैं, जिन्में विभिन्न प्रकार के वनोपज पदार्थ और औषधियां मिलती हैं। इनकी पहचान कर तथा उपज बढ़ाकर कई और लोगों को रोजगार उपलब्ध कराया जा सकता है। दूसरी ओर राज्य की आर्थिक समृद्धि में इनका भारी योगदान लिया जा सकता है।

◆ ◆ ◆

जन असंतोष चरम पर

विनोद कुमार सिंह
माले विधायक

झारखंड राज्य स्थापना के 11 साल पूरे हो चुके हैं। बीते 11 वर्षों के कालखंड में राज्य की पहचान भ्रष्ट राज्य के रूप में ज्यादा हुई है। आज एक पूर्व मुख्यमंत्री समेत चार पूर्व मंत्री आय से ज्यादा संपति के मामले में जेल में हैं। शिक्षा, स्वास्थ्य और ग्रामीण विकास के मामले में कोई गुणात्मक प्रगति नहीं दिखती।

राज्य की पहचान एक औद्योगिक क्षेत्र के रूप में थी और विस्थापन से उपजा असंतोष एक मुख्य अंतर्विरोध था। लेकिन राज्य गठन के बाद पहले से विस्थापन पीड़ितों के पुनर्वास के लिए मुकम्मल नीति बनाने के बजाय मरांडी सरकार ने भी किसानों को बेघर करना शुरू किया। इसके बाद तपकारा से लेकर काठीकुंड और पोटका तक जनविरोध के स्वर की हत्या कर कॉरपोरेट घरानों के पक्ष में सरकारों का खड़ा होना बदस्तूर जारी है। आज भी डीवीसी, कोल इंडिया, बीएसएल और एचइसी के विस्थापित पुनर्वास की बाट जोह रहे हैं। बीएसएल ने तो चतुर्थ श्रेणी में भी विस्थापितों की नियुक्ति बंद कर दी। इन 11 सालों में सार्वजनिक प्रतिष्ठानों के कब्जे में पड़ी अनुपयोगी भूमि को भी वापस लेने की कोशिश नहीं हुई।

लोगों को उजाड़ना कैसा विकास : 2008 में कमजोर ही सही, लेकिन पुनर्वास नीति लागू की गई। आज तीन वर्ष बाद भी इसका क्रियान्वयन नहीं हो पा रहा है, बल्कि कई स्टील कंपनियां किसानों की भूमि दबाव बना कर हड़प रही हैं। जमीन गंवाने के एवज में गरीबों को रोजगार तो दूर, न्यूनतम बिक्री मूल्य भी नहीं मिल पा रहा है।

राज्य गठन के बाद झारखंड विधानसभा के माननीय सदस्यों के वेतन, भत्ता वृद्धि में तो अव्वल रहा है, लेकिन जिस अलग राज्य के आंदोलन में सैकड़ों आंदोलनकारी शहीद हुए, हजारों को जेल जाना पड़ा, आज तक उनके आश्रितों के लिए कोई बेहतर नीति नहीं बनाई गई। राज्य में शिक्षा, स्वास्थ्य, ग्रामीण विकास के क्षेत्र में स्थायी पदों पर भी संविदा के तहत बहाल कर सस्ते श्रम को शोषण का रूप दिया गया।

हर जगह अनियमितताएं : झारखंड में पलायन एक संजीदा मुद्दा है। बीते एक दशक में पलायन में भारी वृद्धि हुई है। मनरेगा में अनियमितता, मजदूरों की मौत में भी झारखंड अव्वल रहा है। लेकिन राज्य के छात्रों में सबसे अधिक निराशा नियुक्ति घोटालों से हुई। विधानसभा से लेकर जेपीएससी व्याख्याता, शिक्षक पात्रता परीक्षा, पुलिस बहाली की प्रक्रिया तक में काफी अनियमितता बरती गई।

बाबूलाल मरांडी की सरकार ने एक ऐसे लोक सेवा आयोग का गठन किया, जिस पर सवार होकर, मुंडा-कोड़ा सरकार ने योग्य छात्रों को बाहर कर विधायकों, मंत्रियों, अधिकारियों के नाते-रिश्तेदारों और चहेतों को महत्वपूर्ण प्रशासनिक पदों पर आसीन कराया। क्या वजह है कि आज तक कोई सरकार इसकी सीबीआई जांच कराने को तैयार नहीं हुई। वे अभी भी जांच को अपने दायरे में रखना चाह रहे हैं। इस कारण सारे राजनेता इस अनियमितता की जद से बाहर हैं।

विकास का रोड मैप ही नहीं : कभी झारखंड शैक्षणिक रूप से शेष बिहार से अलग था। आज 12 से अधिक जिले उच्च शिक्षा के मामले में पिछड़े हैं। राज्य में 100 से ज्यादा प्रखंडों में एक भी सरकारी इंटर महाविद्यालय नहीं है। फलतः हम रिजल्ट का रोना रो रहे हैं। आधे से ज्यादा छात्र फेल हो रहे हैं। शिक्षक पात्रता परीक्षा में

स्थान खाली रह जाते हैं। आज 11 सालों के बाद भी हम सभी गांवों में सड़क, बिजली, पेयजल की व्यवस्था नहीं कर पाए हैं। वस्तुतः विकास का कोई बेहतर रोड मैप नहीं बना है, जिस पर सरकार अमल कर रही हो।

विलेज प्रोफाइल बनाना अनिवार्य : अभी तक हम कोई विलेज प्रोफाइल भी नहीं बना पाए हैं, जिसके माध्यम से एक नजर में किसी गांव की स्थिति जान सकें। सब कुछ अस्त-व्यस्त रूप में चल रहा है। हम बात तो सेवा के अधिकार की कर रहे हैं, पर 10 वर्षों से बीपीएल तो दूर, एपीएल कार्ड भी नहीं बन पा रहा है। कानून-व्यवस्था का आलम यह है कि पाकुड़ में सिस्टर वालसा की हत्या हो जाती है और पुलिस सूचना के बावजूद समय पर नहीं पहुंचती है। दूसरी तरफ सारंडा हो या लातेहार, निर्दोष ग्रामीण ही पुलिस की गोलियों के शिकार होते हैं। बीते 11 सालों में झारखंड में आठ बार मुख्यमंत्री बदले हैं।

स्वार्थ की राजनीति से मुक्ति जरूरी : झारखंड में सरकारों के गिरने-बनने में खरीद-फरोख्त की संस्कृति ज्यादा हावी रही है। फलतः सभी सरकारों की कवायद राज्य के विकास की ओर कम रही और स्वयं की भरपाई (लाभ) पर अधिक ध्यान दिया। अभी पिछले माह तक विधायकों का नियत मासिक वेतन 26800 (भत्ता अलग) तक था, लेकिन उनकी आय के वैध स्रोत के विपरीत स्वयं उनके द्वारा ही घोषित संपति विवरण देखें तो भारी विरोधाभास नजर आएगा। सरकार बनने-बिगड़ने में बढ़ती खरीद-फरोख्त के इस दौर ने राज्य में भ्रष्टाचार को और ज्यादा बढ़ावा दिया। विकास योजनाओं की निगरानी तो दूर, सरकार केंद्रीय सहायता और राज्य बजट राशि का उपयोग करने में भी असफल साबित हुई। फलतः राज्य प्रधानमंत्री सड़क योजना, ग्रामीण विद्युतीकरण, एनआरएचएम व माध्यमिक शिक्षा योजना का भी लाभ उठाने में पीछे रहा। राज्य में बढ़ता भ्रष्टाचार आज सबसे प्रमुख प्रश्न है। अगर राज्य में अब तक के तमाम मंत्रियों व मुख्यमंत्रियों की आय से अधिक संपति की जांच हो तो निश्चित रूप से जेल जानेवालों की कतार लग जाएगी। वर्तमान में जब पूरे देश में भ्रष्टाचार के खिलाफ जन दबाव बढ़ रहा है, तो यह जरूरी है कि झारखंड में भी जनदबाव बढ़े। इसके बाद ही हम एक बेहतर झारखंड की दिशा में आगे बढ़ सकते हैं।

◆ ◆ ◆

काम हो तो खुशहाली भी आएगी

प्रभात कुमार
प्रथम राज्यपाल
झारखंड

विभिन्न मौकों पर मैं रांची आता रहता हूं। जिस तरह का विकास यहां होना चाहिए, वैसा होता न देख मुझे काफी निराशा होती है। हालांकि, इस बार मुझे कुछ सुखद बदलाव की अनुभूति हुई, लेकिन यह आशानुरूप नहीं है। जब मैं झारखंड का राज्यपाल बनकर रांची आया तो दो मुख्य उद्देश्य थे। पहला नए प्रदेश के गठन को पूरा करना और दूसरा बिहार के समय से ही पिछड़ा चला आ रहा छोटानागपुर एवं संथाल परगना को विकास के पथ पर आगे बढ़ाना।

राज्य में विकास को गति देने में मदद करना एवं ऐसा झारखंड बनते देखना जो नवसृजित तीनों प्रदेशों से आगे निकलने के साथ-साथ देश के अग्रणी राज्यों में शामिल हो जाए। मेरा पहला उद्देश्य तो पूरा हो गया। नई सरकार के गठन के साथ ही राजधानी में जो संसाधन उपलब्ध थे, उनके अनुसार विधानसभा, हाईकोर्ट, सचिवालय, झारखंड लोकसेवा आयोग सहित सभी प्रमुख कार्यालयों की स्थापना हो गई। सरकार काम करने लगी। सब कुछ व्यवस्थित हो गया।

जो हो सका, वह किया : जितना संभव था, मैंने प्रयास किया। मैंने सोचा था कि यहां खनिज व प्राकृतिक संसाधन भरपूर मात्रा में हैं। यहां के लोग सरल और ईमानदार हैं। परिस्थितियां अनुकूल हैं। इसलिए यह प्रदेश तेजी से विकास करेगा और देश के अग्रणी राज्य गुजरात, महाराष्ट्र और कर्नाटक आदि से भी आगे निकल जाएगा। ऐसी कल्पना 2010 तक के लिए थी। इसके लिए मैंने सभी मंत्रियों व अधिकारियों को बुलाकर सलाह देना प्रारंभ किया। उनसे अपने 41 वर्ष के प्रशासनिक सेवा के अनुभवों को बांटा। उन्हें राज्य बजट से लेकर भारत सरकार की योजनाओं के बारे में जानकारी दी।

राजनीतिक अदूरदर्शिता बाधा : आज तक झारखंड में स्थायी नेतृत्व का अभाव रहा। किसी एक दल की सरकार नहीं बनी। गठबंधन की सरकार की अपनी मजबूरियां होती हैं। राज्य बनने के बाद नवसृजित राज्य में राजनैतिक एवं प्रशासनिक अनुभव की कमी रही। कुछ ऐसे लोग मंत्री बने जो पहली बार विधायक बने थे तो कुछ ऐसे मंत्री बन गए जिन्हें सरकार चलाने का किसी भी तरह का प्रशासनिक अनुभव नहीं था। उनमें सोच नहीं थी कि राज्य का विकास किस तरह से होगा। इसके साथ ही प्रशासनिक अधिकारियों में अनुभव की कमी थी। जिनमें अनुभव था भी उन्हें समर्थन नहीं मिलता है।

उदासीन सरकारी तंत्र : किसी भी राज्य के विकास के लिए राजनैतिक व प्रशासनिक तंत्र ही बहुत हद तक जिम्मेदार होता है। सरकारी तंत्र में उदासीनता आ गई थी। बिहार के समय हुए घोटाले में कुछ राजनेताओं व अधिकारियों के फंसने के कारण काम करने वाले अधिकारी भी कुछ करना नहीं चाहते थे। जब अधिकारी अपनी जिम्मेदारी समझेगा ही नहीं तो विकास का काम होगा कैसे। ग्राम पंचायतों का चुनाव नहीं होना भी विकास में बड़ी बाधा थी। समय से ग्राम पंचायतों का चुनाव हो गया रहता, उन्हें अधिकार दे दिए जाते तो गांवों का विकास होता।

अपरिपक्व सिविल सोसाइटी : जिस समाज की सिविल सोसाइटी परिपक्व हो जाती है, राज्य व समाज के बारे में सोचने लगती है उसकी स्थिति अलग होती है। ऐसी सोसाइटी समय-समय पर सरकार को सही सलाह

देती है। इससे पहले मैं जब भी यहां आया मुझे निराशा ही दिखाई देती थी। कहीं आशा की किरण नहीं दिखाई दे रही थी। राज्य की राजनैतिक परिस्थितियां वहीं की वहीं थी।

बदलाव की बयार : इस बार मैं जब यहां आया हूं तो आशा की किरण मुझे दिखाई दे रही है। एक वर्ष पहले पंचायत चुनाव होने के बाद सरकार ने उन्हें अधिकार देने प्रारंभ कर दिए हैं। पंचायत प्रतिनिधियों व ग्रामसभा के सदस्यों में भी जागरूकता दिखाई दे रही है। मैं पूरे देश में भ्रमण करता हूं। लेकिन, चुनाव के एक वर्ष के अंदर इतनी जागरूकता पंचायत प्रतिनिधियों में कहीं नहीं दिखाई दी। ग्रामसभा महापंचायत में जब मैंने दो दिनों तक सुदूर गांवों से आए लोगों के विचारों को सुना तो दंग रह गया। ये लोग भी राज्य के विकास की बात करते हैं। भ्रष्टाचार मिटाने के बारे में सोचते हैं और गांवों की तरक्की चाहते हैं। यहां की सिविल सोसाइटी में भी राज्यों के प्रति सजगता बढ़ी है। अब ऐसी संस्थाएं मुखर हो रही हैं। सरकार भी सकारात्मक सोच की ओर अग्रसर है।

विकास का रोड मैप : झारखंड विधानसभा के अपने पहले संबोधन में विकास के रोड मैप को सभी के सामने रखा। लेकिन, दुर्भाग्य से यह नहीं हुआ। झारखंड पिछड़ता ही चला गया और छत्तीसगढ़ एवं उत्तराखंड कहां से कहां निकल गया। जो मेरे हाथ में था, उसे ठीक किया। यहां के विश्वविद्यालयों में शिक्षा की लचर व्यवस्था थी। छह वर्षों में स्नातक की डिग्री मिलती थी। परीक्षा की तैयारी करनेवाले छात्र परेशान रहते था। सभी विश्वविद्यालयों के कुलाधिपति होने के नाते उसे व्यवस्थित कराने का काम किया। समय से सभी परीक्षाएं होने लगीं।

विकास के रोड मैप के रूप में उस समय सरकार को मुख्य रूप से चार सुझाव दिए थे। जो निम्न है।

ग्राम पंचायतों का जल्द से जल्द चुनाव हो। मैंने मुख्यमंत्री से कहा था कि सरकार गठन के छह माह के अंदर पंचायतों का चुनाव करा लिया जाए, ताकि विकास के लिए दी जानेवाली केंद्रीय योजनाओं की राशि मिल सके। लेकिन, राजनीतिक कारणों से चुनाव नहीं हो सका। सभी गांवों में पर्याप्त जल की व्यवस्था हो। पीने का पानी एवं सिंचाई की समुचित व्यस्था की जाए, क्योंकि खेत जब सिंचित होगा तो गांवों में खुशहाली आएगी। गांव जब खुशहाल होंगे, तो राज्य विकास के पथ पर अग्रसर होगा। 11 वर्षों के बाद इसमें थोड़ा सुधार हुआ है। कुछ सिंचित क्षेत्र में वृद्धि हुई है।

आज भी राज्य के अधिकतर गांवों में पीने का शुद्ध पानी नहीं मिल रहा है। जंगलों में रहने वाले लोगों को 4-5 किमी दूर से पानी लाना पड़ता है। गांवों के विकास के लिए समग्र योजनाएं बनाई जाएं। जनसाधारण की अतिआवश्यक जरूरतों जैसे भोजन, स्वास्थ्य एवं शिक्षा को पूरा करने के उपाए सोचे जाएं। इस पर पूरी तरह से काम नहीं हुआ है। आज भी स्वास्थ्य सबको उपलब्ध नहीं हो रहा है। अधिकतर गरीबों को दोनों शाम का भोजन नहीं मिल पाता है। शिक्षा की वहीं स्थिति है।

गांवों तक पहुंचने वाली सड़कों की स्थिति एवं यातायात की व्यवस्था ठीक हों। बिजली की स्थिति में सुधार लाई जाए। लघु उद्योगों के साथ-साथ रोजगार की पारंपरिक व्यवस्थाओं को बढ़ावा दिया जाए।11 वर्षों के बाद भी इन परिस्थितियों में सुधार नहीं होने के कारणों के लिए वे राज्य में स्थायी नेतृत्व का अभाव, प्रशासनिक एवं राजनैतिक अनुभव की कमी, सरकारी तंत्र में उदासीनता, ग्राम पंचायतों का गठन नहीं होना एवं सिविल सोसाइटी में परिपक्वता के अभाव को जिम्मेदार ठहराते हैं।

◆ ◆ ◆

बद से बदतर हुआ झारखंड

बागुन सुम्बरूई
पूर्व सांसद व पूर्व मंत्री (संयुक्त बिहार)

राज्य गठन के 11 वर्ष बाद भी झारखंड की हालत चिंताजनक है। देश या राज्य का विकास लीडरशिप पर निर्भर करता है। जब तक नेतृत्व की नीति और नीयत सही नहीं रहेगी, राज्य का विकास कभी भी नहीं हो सकता है। ऐसा राज्य कभी भी आगे नहीं बढ़ सकता है। बिहार से झारखंड अलग होने के बाद राज्य को कभी अच्छा नेतृत्वकर्ता नहीं मिला। जिन लोगों के हाथ में राज्य की कमान रही, उन्होंने राज्य के विकास का मॉडल तय नहीं किया और न ही कोई वैसी नीति बनाई। खनिज संसाधनों, भूमि अधिग्रहण, पुनर्वास की ठोस नीति नहीं बनी।

झारखंड में सरकार चलाने वालों ने अपने हित में संसाधनों को बेचने का काम किया। लूट-खसोट एवं भ्रष्टाचार की गंगोत्री राज्य में बहती रही। जिसको जितना मौका मिला, उसने राज्य को लूटने का काम किया। झारखंड में सौदेबाजी और हिस्सेदारी के लिए सरकार बनती- बिगड़ती रही। किसी भी दल को कभी भी बहुमत नहीं मिला। भाजपा ने यहां अपने हितों के लिए अनैतिक और बेमेल गठबंधन कर सरकार बनाने का काम किया।

लीडरशिप ने किया निराश : सरकार में शामिल दल हिस्सेदारी के लिए लूट मचाते रहे। राज्य की जनता का दर्द किसी ने नहीं समझा। यहां के आदिवासी नेताओं के हाथ में लीडरशिप रही, पर इन तथाकथित नेताओं ने आदिवासियों के हितों के लिए कभी नहीं सोचा और न ही इनका भला किया। केंद्र सरकार ने कानून पास कर राज्य सरकार को जो गरीब आदिवासी जंगल में रहकर अपना किसी प्रकार गुजर-बसर करते हैं, उन्हें जंगल का पट्टा देने का निर्देश दिया, वह भी राज्य सरकार नहीं कर सकी।

नेता या नेतृत्व जाति या धर्म से नहीं बनता है। नेता बनने के लिए आंतरिक गुण और क्षमता होनी चाहिए। अच्छे नेतृत्वकर्ता की कमी होने के कारण राज्य की स्थिति बद से बदतर हो गई है। अफसरशाही चरम सीमा पर है। मंत्री की बात अफसर नहीं सुनते हैं। अफसर बेलगाम हो गए हैं। जब तक घोड़े की लगाम नहीं कसी जाएगी, घोड़ा बिदकता रहेगा। उसी प्रकार जब तक लीडरशिप सही आदमी के हाथ में नहीं होगी, अफसर बेलगाम रहेंगे। राज्य में विकास के नाम पर केंद्र सरकार से करोड़ों आता है, परंतु विकास होने के बजाय राशि भ्रष्ट अफसर व इंजीनियरों की जेब में चली जाती है। इसे कोई देखने वाला नहीं है। सरकारी पैसों की बंदरबांट सब मिलजुलकर कर रहे हैं। यह राज्य भगवान भरोसे चल रहा है। यहां की गरीब जनता अपने को ठगा महसूस कर रही है। इस राज्य को चाहिए एक ईमानदार एवं सही नेतृत्वकर्ता, तब जाकर इस राज्य एवं यहां की गरीब जनता का भला हो सकेगा। इस राज्य में शिक्षा की बुरी स्थिति है।

शिक्षा के क्षेत्र में सुधार नहीं : आज इस राज्य की स्थिति ऐसी है कि जो व्यक्ति सुखी संपन्न है वह अपने बच्चों को बाहर पढ़ाना चाहता है। शिक्षा के क्षेत्र में झारखंड सरकार ने कोई काम नहीं किया। अनुबंध के तहत शिक्षकों की बहाली की जाती है, लेकिन समय पर उनका वेतन भुगतान नहीं होता है। जब आप शिक्षकों को वेतन नहीं दीजिएगा तो क्या वे खाली पेट बच्चों को पढ़ाएंगे। शिक्षा के नाम पर करोड़ों रुपये खर्च होते हैं, लेकिन रिजल्ट जीरो निकलता है। खासकर, इस क्षेत्र में एक ठोस अभियान चलाकर अभिभावकों को जागरूक करने की आवश्यकता है, ताकि वे अपने बच्चों को स्कूल भेजें। जब तक ग्रामीण क्षेत्र के बच्चों को साक्षर नहीं किया

जाएगा, तब तक राज्य का विकास असंभव है। केंद्र सरकार शिक्षा के नाम पर करोड़ों देती है, लेकिन राज्य सरकार इन पैसों का सही ढंग से इस्तेमाल नहीं करती है।

पैसों की सीधे बंदरबांट की जाती है। शिक्षा विभाग के अधिकारियों को इसकी जरा भी परवाह नहीं है कि स्कूलों में शिक्षक जाते हैं या नहीं, ठीक से पढ़ाते हैं या नहीं, इन सबसे इनका कोई लेना देना-नहीं है। इनको महीने के अंत में सिर्फ वेतन से मतलब है। ग्रामीण क्षेत्र के साथ-साथ शहरी क्षेत्रों में भी शिक्षकों की घोर किल्लत है। मुख्यमंत्री के गृह क्षेत्र में ही एक स्कूल ऐसा है, जिसमें केवल एक शिक्षक पदस्थापित है। सरकार की गलत नीतियों के कारण आज राज्य में शिक्षा व्यवस्था खत्म हो गई है।

बदहाल स्वास्थ्य सेवा : स्वास्थ्य के क्षेत्र में भी वही हाल है। सभी अपनी जिम्मेदारियों से भाग रहे हैं। डॉक्टर अस्पताल नहीं जाते। सभी प्राइवेट क्लीनिक खोले हुए हैं। अपना सारा समय वहीं देते हैं। खासकर, ग्रामीण क्षेत्रों में पदस्थापित चिकित्सक तो अपनी ड्यूटी करते ही नहीं हैं। ग्रामीण जनता स्वास्थ्य सुविधाओं से पूरी तरह वंचित है। अस्पताल बदहाल हैं। ऊपर से देखने से लगता है कि कितना बड़ा अस्पताल है, पर जब इलाज कराने जाओ तो पता चलता है कि डॉक्टर नहीं है, अगर डॉक्टर है तो दवा नहीं। मामूली कुत्ता काटने पर लगने वाला इंजेक्शन तक अस्पतालों में नहीं मिलता। राज्य के मंत्री ट्रांसफर-पोस्टिंग में लगे रहते हैं। जो डॉक्टर पैसा देकर अपना ट्रांसफर कराएगा, वो मंत्री या पदाधिकारी से क्यों डरेगा।

हाशिये पर आदिवासी : आदिवासियों को यह सरकार आरक्षण देने के नाम पर ठग रही है। आम ग्रामीण आदिवासी को आरक्षण नहीं मिल रहा है। यह सरकार आदिवासियों के हितों की रक्षा नहीं कर रही है। राज्य सरकार बड़ी-बड़ी बातें करती है कि आदिवासियों के लिए हम बहुत कुछ कर रहे हैं, पर यह एक छलावा है। सबसे बड़ी दुख की बात तो यह है कि झारखंड बनने के बाद सभी मुख्यमंत्री आदिवासी हुए, मगर किसी ने भी आदिवासियों की भलाई के लिए कुछ नहीं किया, बल्कि उनका शोषण किया। जहां तक रेल सेवा की बात है, केंद्र सरकार ने भी इस राज्य को ठगने का काम किया है।

रेल मंत्री रामविलास पासवान हों या नीतीश कुमार या लालू प्रसाद यादव या ममता बनर्जी, सभी ने इस राज्य के साथ सौतेला व्यवहार किया, जबकि यह राज्य और खासकर चक्रधरपुर मंडल भारत सरकार को सबसे ज्यादा राजस्व इस क्षेत्र से देता है। फिर भी इस क्षेत्र को रेल सेवा से वंचित रखा गया। बीते वर्षों में चाईबासा की जनता और चैंबर के लोगों के साथ मिलकर हमने भी रेल रोको आंदोलन में भाग लिया। मेरे साथ अनेक लोगों पर मुकदमा हुआ। उस समय के रेल मंत्री नीतीश कुमार ने जनांदोलन के चलते हावड़ा से बड़बिल के लिए जन शताब्दी एक्सप्रेस ट्रेन चलाई। इसके बाद से आज तक इस क्षेत्र में किसी प्रकार की कोई रेल सुविधा उपलब्ध नहीं कराई गई, यह चिंता का विषय है।

जनता को अपना हक लड़कर लेना होगा। अब हमारे जिले को ही ले लीजिए, जिस विभाग में जाएं, पदाधिकारी नहीं मिलते। सरकार को फुर्सत ही नहीं है कि अधिकारियों की पोस्टिंग की जाए। जिले में अधिकारियों की कमी के कारण आम जनता का काम नहीं हो पा रहा है।

लोग हैं परेशान : लोग परेशान हैं, खासकर दूरदराज के ग्रामीण। अधिकारी नहीं रहने के कारण उनका काम नहीं होता है। राज्य सरकार को चाहिए कि जिन-जिन विभागों में अधिकारी नहीं हैं, वहां तुरंत पोस्टिंग करे, ताकि आम जनता का काम सही ढंग से हो सके। मैं पांच बार सांसद और चार बार विधायक रहा, पर आज भी 500 रुपये प्रति माह के किराये के मकान में रहता हूं। आज-कल तो एक बार विधायक या सांसद बन जाने के बाद आलीशान मकान, गाड़ी सहित सब कुछ हो जाता है।

भ्रष्टाचार इस राज्य में इतना बढ़ गया है, जिसका कोई हिसाब नहीं है। ऊपर से लेकर नीचे तक सब लूटखसोट में लगे हैं। इस राज्य के हित की चिंता किसी को नहीं है। अंत में मैं इतना कहना चाहता हूं कि जो भी लंका में जाता है, रावण बनकर रहना चाहता है। इस राज्य को भगवान ही चला रहा है, ऐसा मेरा विश्वास है। झारखंड स्थापना दिवस दिखावा है। झारखंड को अलग हुए 11 साल बीत गए, लेकिन विकास में यह पिछड़ता ही जा रहा है, जबकि इसके साथ जो राज्य अलग हुए वे कहां से कहां पहुंच गए। यहां के नेताओं में इच्छाशक्ति की कमी है। कोई काम करना नहीं चाहता है। लूट-पाट एवं अराजकता का माहौल है। सभी बहती गंगा में हाथ धोने में लगे हैं।

◆ ◆ ◆

खुद के मॉडल पर होगी तरक्की

सीपी सिंह

विस अध्यक्ष झारखंड

झारखंड अपनी विकास यात्रा के 12वें वर्ष में प्रवेश कर गया है। इतने वर्षों के सफर के बाद यह अवसर है उन उद्देश्यों की प्राप्ति की दिशा में हमारे द्वारा किए गए प्रयासों के मूल्यांकन का, जिन्हें ध्यान में रखकर इस राज्य के निर्माण के लिए लंबी अवधि तक आंदोलन हुए।

अनगिनत लोगों को अपने जान-माल की कुर्बानियां देनी पड़ी। जब हम अतीत के ग्यारह वर्षों की ओर अपनी दृष्टि डालते हैं तथा किए गए कार्यों की समीक्षा करते हैं, तो निस्संदेह परम संतुष्टि का भाव हमारे चेहरे पर इसलिए नहीं होता, क्योंकि हमारे जो महान उद्देश्य थे, उन तक पहुंच पाने में हमें पूरी तरह से कामयाबी नहीं मिल पाई है।

अलग पहचान का सफर : सिर पर दतवन और पत्ते का गट्ठर तथा पीठ पर अपने बच्चे को लादकर पटना में अपनी आजीविका की तलाश में भाग-दौड़ करती आदिवासी महिलाओं को देखकर निस्संदेह हमारा भी हृदय द्रवित होता था और हम सोचते थे कि काश अपना पृथक राज्य होता तो हम इनकी नियति को बदल देते। पृथक राज्य बनने के बाद सपनों को यथार्थ के धरातल पर उतारने की बारी जब हमारे अपने कंधों पर आई, तो हमने गुजरात को देखा जिसने महाराष्ट्र से अलग होने के बाद अपने पुरुषार्थ से अपने संसाधनों के बलबूते तेज गति से प्रगति की।

हरियाणा को देखा जो पंजाब से अलग होने के बाद विकास का अभिनव उदाहरण बन पूरे देश में अपनी एक अलग पहचान बना चुका था। हालांकि, हम डर भी रहे थे कि हमारी गति बंगाल से अलग होने के बाद अभिशप्त उड़ीसा की तरह ना हो जाए या फिर हम अपने एकीकृत बिहार की गरीबी का जुआ अपने कंधों से उतार फेंकने में विफल न हो जाएं। झारखंड का अलग हो जाना बिहार के लोगों के लिए कलेजा चाक हो जाने जैसा दुख ही था, पर समय ने पलटा खाया, नीतीश कुमार के नेतृत्व में भाजपा के सहयोग से जैसे ही वहां स्थायी सरकार बनी, बिहार ने पूरे देश में चमत्कार दिखाना प्रारंभ कर दिया। तमाम विपरीत परिस्थितियों के बावजूद बिहार ने वह कर दिखाया, जिसकी उम्मीद बिहारवासियों को भी नहीं थी।

विकास पथ पर अग्रसर: झारखंड के लोगों में भी राज्य के गठन के बाद सरकार से काफी उम्मीदें रहीं। बहुत सारे मोर्चों पर विकास हुए भी हैं, इससे इन्कार नहीं किया सकता। राज्य गठन के बाद शिक्षा के क्षेत्र में नीलांबर-पीतांबर और कोल्हान विश्वविद्यालयों के साथ-साथ राज्य सरकार के कोष से ही विधि विश्वविद्यालय और भारतीय प्रबंधन संस्थान की स्थापना भी हुई है। इन सबके अतिरिक्त तकनीकी शिक्षा के विकास की दिशा में भी झारखंड निरंतर प्रगति के पथ पर अग्रसर है। जहां तक सुगम यातायात के क्षेत्र में विकास का सवाल है। बहरागोड़ा – बरही राष्ट्रीय उच्च पथ की फोर लेनिंग का कार्य वर्तमान में रांची से बरही तक तीव्रता से चल रहा है और गोविंदपुर-साहेबगंज पथ की फोर लेनिंग का कार्य भी आरंभ हो चुका है।

सहयोग की दरकार: झारखंड के हिस्से के साहेबगंज और बिहार के हिस्से के मनिहारी तक गंगा नदी पर सड़क-सह-रेल पुल की योजना को यदि केंद्र सरकार जल्द आरंभ कर दे तो मैं समझता हूं कि झारखंड देश के पूर्वोत्तर राज्यों सहित नेपाल और चीन से भी सीधे जुड़ जाएगा तथा इससे व्यापार और वाणिज्य के क्षेत्र में न

केवल पूरे झारखंड की तरक्की सुनिश्चित हो सकेगी, वरन संथाल परगना क्षेत्र, जो अब तक विकास के मामले में उपेक्षित पड़ा रहा है, का तीव्र और औद्योगिक विकास भी संभव हो सकेगा। पूरे देश में मालढुलाई सहित राजस्व उगाही में अग्रणी धनबाद और चक्रधरपुर डिविजनों के झारखंड में रहते यहां रेलवे का कोई जोनल मुख्यालय स्थापित नहीं हो रहा, यह तो अलग सवाल है ही, सबसे अहम सवाल यह है कि रेलवे ने यहां अपनी परिचालन क्षमता के विस्तार के निमित्त नई रेल लाइन बिछाने के लिए राज्य सरकार पर यह शर्त थोप दी कि इसके भी 60:40 के अनुपात में लागत राशि का भुगतान करना होगा।

झारखंड ने इसे भी स्वीकार किया। पैसे भी समय पर दिए जाते रहे यद्यपि टोरी-लोहरदगा रेलवे लाइन सहित मंदारहिल - दुमका रेल लाइन परियोजना आज तक पूरी नहीं हो सकी है। इसी तरह हजारीबाग-कोडरमा, गिरिडीह-तिलैया रेल लाइनों का निर्माण भी आज तक अधर में लटका हुआ है। चिरीमिरी-गुमला, हंसडीहा-गोड्डा लाईनों की बात अभी शुरू नहीं हुई है। त्वरित विकास के लिए राज्य सरकार को भारत सरकार पर दबाव बनाने की आवश्यकता है।

पिछड़ेपन का सबब : हम कोयला और लौह अयस्क सहित यूरेनियम उत्पादन के मामले में देश का अग्रणी राज्य होने के बावजूद औद्योगिक विकास की दृष्टि से अपेक्षित प्रगति नहीं कर पाए हैं। आजादी के बाद औद्योगिक शहर के रूप में स्थापित रांची और सिंदरी आज देश के औद्योगिक मानचित्र पर काफी पिछड़ गए हैं। डीवीसी द्वारा हमारे कोयले और हमारी नदियों के पानी से बिजली उपलब्ध कराने की बात आती है। तो हमारे ऊपर ही अपनी आंखें तरेरता है। इसका सबसे बड़ा कारण इसके मुख्यालय का कोलकाता में स्थित होना है। जितनी भूमि इसने अपने प्लांटों की स्थापना के लिए हमसे ली, उसके अनुपात में हमारे यहां विस्थापितों को इसने नियोजन नहीं दिया। इस मोर्चे पर यही हाल सीसीएल , बीसीसीएल और ईसीएल का भी रहा है। हमें झारखंड में स्थापित बड़े औद्योगिक घरानों को उनके सामाजिक सरोकारों की याद दिलानी होगी तथा यह बताना होगा कि जितनी कमाई वे हमारे संसाधनों की बदौलत कर रहे हैं, उसके एवज में यहां के उत्थान के लिए कुछ सृजनात्मक कार्य करें।

समृद्धि के रास्ते : रोजगार के लिए पलायन की समस्या से जूझ रहे इस राज्य में कृषि, पशुपालन, मत्स्य पालन के क्षेत्र में भी त्वरित कदम उठाने की आवश्यकता है। हमारे सब्जी उत्पादकों को उनके उत्पादन का बेहतर मूल्य प्राप्त हो, इसके लिए राज्य स्थापना के आरंभिक वर्षों में हजारीबाग में एयर कार्गो टर्मिनल की स्थापना की बात आई थी, उस योजना पर आज तक कोई काम नहीं हुआ, यह हमारे लिए चिंता की बात है।

राज्य में पर्यटन उद्योग की व्यापक संभावनाओं के मद्देनजर रांची और देवघर में अंतरराष्ट्रीय हवाई अड्डों के निर्माण के साथ-साथ घरेलू पूंजी निवेश को आकर्षित करने हेतु जमशेदपुर एयरपोर्ट का स्तरोन्नयन करते हुए वहां से भी अधिकाधिक उड़ानें सुनिश्चित कराने की आवश्यकता है। एक सामान्य कहावत है आप किसी क्षेत्र में यातायात के बेहतर साधन उपलब्ध करा दें, उस क्षेत्र का 20 प्रतिशत आर्थिक विकास स्वतः हो जाएगा, हमें इस पर ध्यान देना चाहिए।

स्थायित्व की जरूरत : मेरा पूरा विश्वास है कि पूर्ण बहुमत वाली किसी भी दल की स्थायी सरकारें यदि यहां आरंभ रो कार्यरत रहतीं तो झारखंड निस्संदेह नवसृजित दूसरे राज्यों की तरह बुलंदी के शिखर को छू चूका होता। हरियाणा और गुजरात की प्रगति की एक बड़ी वजह वहां स्थायी सरकारों का होना भी है। बावजूद इसके, हमें निराश होने की आवश्यकता नहीं है। आनेवाले दिनों में झारखंड इन संकटों से उबरेगा, ऐसा विश्वास हमें है। आलोचना की दृष्टि रखने वाले लोगों को यह देखना होगा कि किन विपरीत परिस्थितियों में झारखंड में पंचायत चुनाव कराए गए तथा जमीनी लोकतंत्र को मजबूत किया गया।

मुख्यमंत्री कन्यादान योजना, छात्राओं को साइकिल उपलब्ध कराने की योजना को हमारे राज्य में मिली सफलता से कौन इन्कार कर सकता है? लोक सेवा गारंटी अधिनियम को लागू करनेवाला जहां यह देश का दूसरा राज्य है, वहीं इलेक्ट्रॉनिक सर्विस डेलिवरी अधिनियम को लागू करनेवाला देश का पहला राज्य है।

◆ ◆ ◆

प्राथमिकता के साथ तय हो विकास

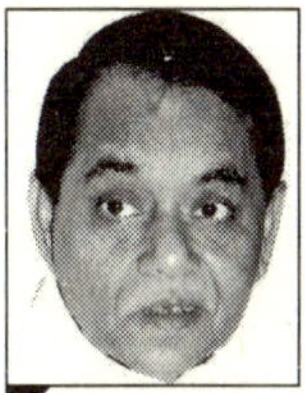

राजेंद्र प्रसाद सिंह
नेता प्रतिपक्ष
झारखंड विधानसभा

भारत के 28 वें राज्य के रूप में झारखंड का उदय सतत पिछड़ेपन के विरुद्ध खड़े होने की वेदनापूर्ण प्रसवपीड़ा की संघर्षपूर्ण सफल परिणति थी। एक छोटे से सवाल का उत्तर था झारखंड, जो राष्ट्रीय उपनिवेशवाद को जवाब देने के लिए उठ खड़ा हुआ था।

बिरसा मुंडा की इस पावन धरती का नव-नामकरण आखिरकार जनतांत्रिक शासकों की सियासी जंग और नवगठित राज्य में नवोदित कुलीन वर्ग की संख्या में वृद्धि के लिए नहीं हुआ था। इसका जन्म इस आदिवासी बहुल भौगोलिक क्षेत्र के आर्थिक, सामाजिक विकास के लिए संघर्ष के एक लंबे किंतु उत्साहपूर्ण इतिहास के अंतहीन सिलसिले की एक कड़ी थी।

इस इतिहास का अंत विधानसभा-कैबिनेट की बैठकों, बजट की राशि पर अंकित शून्यों की संख्या गिनने, शहर में चमचमाती गाड़ियों के शोरगुल व अंतहीन जाम में अपेक्षित नहीं है। यह संघर्ष समाजिक संरचना के सबसे अंतिम व्यक्ति के होंठों पर मुस्कुराहट लाने के संकल्प को और भी दृढ़ता से स्थापित करने की प्रेरणा देता है।

भाषणों से नहीं होगा विकास : विकास राज्य नेतृत्व की मानसिक दृढ़ता, कौशल व भविष्य के प्रति सकारात्मक नजरिये की एक समेकित संकल्पना है। प्रदेश की पूरी सरकारी मशीनरी, उद्यमी, किसान, मजदूर, राजनेता, गैरसरकारी संगठन, चिंतक, बुद्धिजीवी, मीडिया-सभी राज्य के आर्थिक सामाजिक विकास के लिए प्रतिबद्ध है। राष्ट्रीय उत्पादन का 25 प्रतिशत कोयला, 16 प्रतिशत लौह अयस्क, 90 प्रतिशत काइनाइट, 18 प्रतिशत बॉक्साइट, 70 प्रतिशत ग्रेफाइट एवं 90 प्रतिशत डोलोमाइट उत्पादन करनेवाले इस राज्य के विकास की पक्रिया को अपेक्षित गति नहीं मिल पाने की विवशता सभी स्वीकार करते हैं। राज्यहित में विकास के लिए कुछ कर सकने के आग्रहपूर्ण निवेदन सहित कुछ संक्षिप्त सुझाव देता हूं..

जल्द हो नीतिगत निर्णय : राज्य में नीतिगत निर्णय की प्रक्रिया अत्यंत धीमी है। छोटे-छोटे विषयों पर प्रक्रियात्मक मकड़जाल में उलझकर सरकार का निर्णय इतनी देर से आता है कि पूरा मामला अप्रासंगिक हो जाता है। अपने विधानसभा क्षेत्र में मात्र 3-4 किलोमीटर की एक सड़क की मरम्मत के लिए मार्च 2010 से गंभीरतापूर्वक प्रयासरत होने के बावजूद सीसीएल, ग्रामीण विकास विभाग व पथ निर्माण विभाग के बीच उक्त पथ के स्वामित्व हस्तांतरण का मामला अब एक प्रक्रियाधीन है। निर्णय की प्रक्रिया का विकेंद्रीकरण, संचिकाओं के निष्पादन के लिए त्रिस्तरीय प्रणाली तथा रूटीन कार्य निष्पादन का अधिकार कनीय अधिकारियों को दिया जाना आवश्यक है। नियमों को मौजूदा परिवेश के अनुसार सरल किया जाए, ताकि उसकी प्रासंगिकता बनी रहे। किसी भी मामले में अनिर्णय व देर से निर्णय विकास में बाधक है।

सुदृढ़ हो वित्तीय प्रबंधन : राज्य के विकास के लिए वित्त प्रबंधन एवं अनुशासन को सुदृढ़ करना होगा। 31 मार्च को कोषागार से पैसा निकासी किया जाना योजना कार्यान्वयन नहीं है। आंतरिक संसाधनों, यानी खनिज रॉयल्टी, वन संपदा एवं वाणिज्य कर से कुल प्राप्ति 8000 करोड़ रुपये को बढ़ाकर 20,000 करोड़ रुपये तक करने के उपाय करने होंगे। वर्ष 2000 का 6,000 करोड़ रुपये का कर्ज आज 30,000 करोड़ रुपयों का हो

गया है। इसकी सूद अदायगी में ही सालाना 2,400 करोड़ रुपये खर्च हो रहे हैं, जबकि जिन योजनाओं के लिए कर्ज लिये गए हैं, उनके क्रियान्वयन व लाभ दृष्टिगोचर नहीं हैं।

पहले योजना बने, फिर बजट : बहुप्रचारित दीनदयाल आवास योजना के तहत हुडको से लिये गए ऋण पर वित्तीय वर्ष 2009-10 से लेकर 2011-12 के बीच 100 करोड़ रुपयों से अधिक की राशि केवल ब्याज के रूप में भुगतान की गई है। इस योजना के तहत एक भी आवास का निर्माण नगर विकास विभाग द्वारा कराए जाने की सूचना नहीं है।

योजना पर खर्च राशि के अनुसार परिसंपत्तियों का निर्माण नहीं हो रहा है। बजट में पैसे का प्रावधान पहले करने व योजना बाद में बनाने की परंपरा का परित्याग करना होगा। राज्य में कंसल्टेंसी की संस्कृति को सर्वथा बंद करना होगा। अब तक कंसलटेंट के नाम पर सभी विभागों द्वारा कुल मिलाकर जितने रुपये खर्च किए जा चुके हैं उसके दसवें हिस्से से ही राज्य में तकनीकी विंग की स्थापना की जा सकती थी।

कार्यसंस्कृति में सुधार : प्रशासनिक ढांचा के कमजोर होने से भ्रष्टाचार बढ़ा है, विकास प्रभावित हुआ है। विभिन्न स्तरों के 35 से 70 प्रतिशत तक पद रिक्त पड़े हैं। पलायन एवं बेरोजगारी रोकने के लिए राज्य की मानव संपदा का समुचित उपयोग आवश्यक है।

बीते एक दशक में सरकारी विभागों में रिक्त डेढ़-दो लाख पदों में से कुछ हजार पर बहाली हो सकी है। कृषि विभाग के सैकड़ों फार्म केवल इसलिए बंद हैं कि वहां पर काम करने वाले व्यक्तियों की सेवानिवृत्ति के बाद कोई बहाली नहीं हो सकी है।

दंडित हों दोषी : अधिकारियों की गलतियों को सरकार अपनी बदनामी से जोड़कर देखती है, जबकि दोषियों को बचाने की बजाय सजा देने से सरकार की छवि ज्यादा निखरती है। नई सरकार बनने के तुरंत बाद मुख्यमंत्री द्वारा भ्रष्ट सरकारी सेवकों की बर्खास्तगी का कठोर निर्णय अत्यंत सराहनीय था, पर बाद में अभियोजन स्वीकृति के लंबित मामलों एवं सरकार का दोषियों के प्रति ढीला रवैया राज्य में भ्रष्टाचार वृद्धि एवं बेलगाम प्रशासनिक तंत्र का कारण बन रहा है, जो राज्य के विकास में एक बड़ा अवरोध है।

भ्रष्टाचार निरोधी तंत्र : पूरे देश में भ्रष्टाचार आज एक बड़ा मुद्दा है। इस पर प्रभावपूर्ण नियंत्रण के लिए आवश्यक है कि सूचना-तकनीक के प्रयोग को बढ़ावा मिले, आम सरोकार की सभी कागजी प्रक्रियाएं यथासंभव ऑनलाइन किए जाएं, जैसे- जन्म, मृत्यु, आय, जाति आदि के प्रमाणपत्र, जमीन के दाखिल-खारिज, थानों में मुकदमा रजिस्टर कराने संबंधी कार्य आदि। सूचनाधिकार के प्रति आम लोगों को जागरूक किया जाए, भ्रष्टाचार सिद्ध होने पर सजा कड़ी की जाए।

सुदृढ़ हो मूलभूत संरचना : राज्य के मूलभूत संरचना को सुदृढ़ किया जाना आवश्यक है। अच्छी सड़कें कृषि उपज एवं आद्योगिक उत्पाद को सस्ते में सही बाजार तक पहुंचा कर किसानों-उद्यमियों को उचित लाभ दिलवा सकती हैं, रोगी की जान बचा सकती हैं, उद्योग व कृषि की तरक्की से रोजगार के अवसर उपलब्ध करा सकती हैं, पुलिस सहायता गांवों में तुरंत पहुंचा सकती है। गांवों को सीधे मुख्यधारा से जोड़ने के लिए यह बेहतरीन साधन है, इससे नक्सलग्रस्त इलाकों में न केवल रोजगार के अवसर पैदा होंगे, बल्कि गुमराह युवाओं को राष्ट्रीय आर्थिक धारा में शामिल होने के अवसर उपलब्ध हो सकेंगे।

जीरो पावर कट नीति :औद्योगिक विकास के लिए यहां पर जीरो पावर कट की नीति लागू होनी चाहिए। राज्य की 1500 मेगावाट की बिजली की आवश्यकता के अनुपात में मात्र 610 मेगावाट बिजली उत्पादन के सरकारी आंकड़े आश्चर्यजनक किंतु सत्य हैं। 33 प्रतिष्ठान बिजली उत्पादन के लिए एमओयू कर चुके हैं, कई अच्छे प्रतिष्ठान इसके लिए प्रयासरत हैं, उदासीन सरकार की ओर से उनके स्वागत की उत्साहपूर्ण पहल करनी होगी, केवल एमओयू करने से विद्युत उत्पादन नहीं बढ़ने वाला।

जलसंरक्षण जरूरी : राज्य में पर्याप्त बारिश होती है। लेकिन पठारी इलाका होने कारण अधिकांश जल नदी-नालों से होता हुआ बेकार बह जाता है। इसके संरक्षण के लिए छोटी-छोटी परियोजनाओं पर काम कर ना होगा। कोयला क्षेत्रों में शुद्ध पेयजल का सर्वथा अभाव है।

◆ ◆ ◆

इच्छाशक्ति से मिलेगी राज्य को तरक्की

प्रदीप कुमार बलमुचू
पूर्व प्रदेश कांग्रेस अध्यक्ष, झारखंड

अपने राज्य के साथ ही बने दो साथी राज्यों उतराखंड और छत्तीसगढ़ ने विकास के मामले में नए कीर्तिमान गढ़े हैं, लेकिन हम जहां थे, वहीं जड़वत हो गए हैं। बिजली, पानी, सड़क जैसी आधारभूत संरचना खड़ा करने में हम काफी पीछे रह गए हैं। न तो भूमि अधिग्रहण की ठोस और जनप्रिय नीति तैयार की जा सकी, न उद्योग व न व्यापार को ही विकसित करने की नीति। 11 सालों में कई बड़े औद्योगिक घरानों से एमओयू हुए, लेकिन नीतियों के अभाव में एक भी उद्योग स्थापित न हो सका। कई जगहों को पर्यटन स्थल के रूप में विकसित कर राज्य को एक अलग पहचान दिलाई जा सकती है।

वहीं रोजी-रोजगार के अवसर बढ़ाए जा सकते हैं। नक्सल प्रभावित इलाकों में आधारभूत संरचनाओं का विकास कर उनकों मुख्यधारा से जोड़ सकते हैं। प्राथमिक शिक्षा से लेकर उच्च शिक्षा के क्षेत्र में आज हम कहां खड़े हैं, यह बात किसी से भी छुपी नहीं है। स्वास्थ्य के क्षेत्र में भी हम जहां 11 साल पहले थे आज भी वहीं खड़े है। गांवों को शहर से जोड़ने की योजना धरातल पर न उतर सकी। गांवों को शहरों से जोड़ने से ग्रामीण क्षेत्रों का विकास स्वतः होता। बिजली की व्यवस्था ज्यों की त्यों है।

शिक्षा : उच्चा शिक्षा का माहौल बनाना जरूरी : प्राथमिक शिक्षा, माध्यमिक शिक्षा अथवा उच्च व तकनीकी शिक्षण संस्थान की बात करें। इसकी राज्य में अनुपलब्धता के कारण प्रतिवर्ष 500 करोड़ रुपये बाहर जा रहे है। हमें इस ओर अधिक ध्यान देने की जरूरत है। वर्ष 2001 में राज्य में 53 फीसदी लोग साक्षर थे, वहीं 2011 में 65 प्रतिशत लोग साक्षर हुए हैं। राज्य में 3720 विश्वविद्यालय शिक्षकों पर चार लाख पच्चीस हजार छात्रों को पढ़ाने का जिम्मा है। राज्य में तीन हजार सात सौ शिक्षक हैं, एक लाख पचास हजार स्नातक के छात्र हैं, पीजी के छात्रों की संख्या 25 हजार है। कुल मिलाकर शिक्षक और छात्रों का अनुपात 108 छात्रों पर एक शिक्षक का है। 11 वर्ष पहले राज्य में तीन मेडिकल कॉलेज, तीन इंजीनियरिंग कॉलेज और तीन विश्वविद्यालय थे। इन ग्यारह वर्षो में कोल्हान और नीलांबर पीतांबर दो नए विश्वविद्यालय का सिर्फ गठन कर पाए। लेकिन, आज तक दोनों विश्वविद्यालयों के पास अपना एक कमरा तक नहीं हैं। प्रत्येक वर्ष 24 हजार विद्यार्थी झारखंड के दूसरे राज्यों में जा रहे हैं। बाहर जानेवाले विद्यार्थियों की प्राथमिकता, इंजीनियरिंग, मेडिकल, लॉ, पॉलिटेक्निक, होटल मैनेजमेंट, पायलट, फैशन डिजाइनिंग कंप्यूटर सॉफ्टवेयर व आइटी से संबंधित क्षेत्र, सीए के अलावा अब तो विज्ञान, कलासंकाय की सामान्य पढ़ाई के लिए राज्य के छात्र बाहर जा रहे हैं। शिक्षा की अलख जगाने के लिए कड़ी मेहनत और दृढ़ इच्छा शक्ति की जरूरत है। केंद्र सरकार ने राज्य को तीन महत्वपूर्ण स्थान केंद्रीय विश्वविद्यालय, आइआइएम व नेशनल लॉ कॉलेज उपलब्ध कराए हैं लेकिन राज्य सरकार ने अब तक इन संस्थानों को स्थान उपलब्ध नहीं कराया है।

सड़कों से पहुंचेगा गांव तक विकास : राज्य के औद्योगिक विकास विभाग विधिव्यवस्था, बेरोजगारी दूर करने, कृषि को बढ़ाने, सुगम आवागमन के लिए सड़कों के विकास की नितांत आवश्यकता है और इसे सुदृढ़ किए बगैर विकास की बात सरासर बेईमानी है। हमारी कोशिश होनी चाहिए कि पीएमजीएसवाइ के तहत सभी

सड़कों का निर्माण हो। गांवों को सड़कों से जोड़ उन तक विकास पहुंचाया जा सकता है। लेकिन, 11 वर्षों में ऐसा नहीं हो पाया। ज्ञातव्य है कि भाजपा के नेतृत्व वाली सरकार सड़क के मुद्दे पर (हाट-गम्हरिया-जगन्नाथपुर) गिर गई थी।

सड़कों की दुर्दशा को देखने के लिए मुख्यमंत्री ने अपनी यात्रा की। लेकिन, यात्रा वैसे ही सड़कों में की गई, जहां की सड़कें बेहतर थीं। इसके बावजूद मुख्यमंत्री व्यथित थे। मुख्यमंत्री अपनी यात्रा के दौरान इतनी भी हिम्मत नहीं जुटा पाए कि एक भी अधिकारी के खिलाफ कार्रवाई कर पाते। राज्य गठन के पश्चात 2011 तक 3144 करोड़ की लागत से लगभग 5020 किमी पथों का चौड़ीकरण तथा मजबूतीकरण एवं 84 पुल योजनाओं का निर्माण कार्य किए जाने का दावा किया गया। वर्ष 2010-11 में 667 करोड़ रुपये व्यय कर लगभग 720 किमी पथ एवं 12 पुल निर्माण कार्य कहीं दिखाई नहीं पड़ रहा है।

पर्यटन : बड़ी उम्मीद का आधार : झारखंड की राजधानी रांची सहित प्रदेश का कोई ऐसा जिला या शहर नहीं है जहां प्रकृति ने अपनी अनुपम छटा ना बिखेरी हो। बिरसा जैविक उद्यान, गौतम धारा, हिरनी, दशम पलप्रपात, गेतलसूद डैम, रांची झील, रवींद्र नाथ टैगोर का विश्राम गृह, अमरेश्वरधाम, गुमला का घाघरा जलप्रपात, जमशेदपुर का जुबली पार्क, टाटा आयरन एंड स्टील कंपनी, पारसनाथ का जैन तीर्थ स्थल, लातेहार का राष्ट्रीय पार्क, हजारीबाग का राष्ट्रीय पार्क, पलामू में चेरो राजाओं की राजधानी गर्भ जल स्रोत, सिंदरी में उर्वरक कारखाना, धनबाद में तोपचांची झील, तिलैया में तिलैया बांध, कोनार में कोनार बांध, गोड्डा में फरक्का बांध प्रमुख दार्शनिक स्थलों में है।

पलामू का बेतला राष्ट्रीय पार्क पूरे विश्व में जाना जाता है। देवघर में बाबा वैद्यनाथ मंदिर, मलोटी, शिकारीपाड़ा, शिरसानाथ, जोगनी स्थान गोड्डा, शिवकादी मसानजोड़ डैम, पुरी की तरह रांची का जगन्नाथ मंदिर, शिवपहाड़ मंदिर, चुटो नाथ मंदिर, पाग पाथर, दानी नाथ काठीकुंड, पथरौल काली, सिंह वाहनी पाकुड़, रक्षी थान, देवलेश्वर धाम आदि धार्मिक स्थल भी है। यदि इन सबका सही प्रबंधन हो, तो राज्य की अर्थव्यवस्था बहुत सुदृढ़ होगी। पर्यटन उद्योग को विकसित कर राज्य की अर्थव्यवस्था सुदृढ़ की जा सकती है, बेरोजगारी दूर की जा सकती है, विश्व के मानचित्र पर झारखंड अपनी एक अलग पहचान बना सकता है, जरूरत है दृढ़ इच्छा शक्ति की।

विकास ही नक्सल समस्या का निदानः पूरे प्रदेश में नक्सलवाद के पीछे सबसे बड़ी वजह विकास नहीं होना है। राज्य के 32620 गांवों में से सिर्फ 8484 गांव सड़कों से जुड़े है, जो बताते हैं कि नक्सल प्रभावित क्षेत्रों में विकास नहीं हुआ है एशिया का सबसे बड़ा साल जंगल सारंडा बुनियादी सुविधाएं उपलब्ध नहीं होने की वजह से पूरी तरह नक्सलियों के कब्जे में हैं। 2001 के बाद यहां पर्यटकों का आना पूरी तरह बंद हो गया है। जहां तक पुलिस आधुनिकीकरण की बात है, केंद्र की ओर से इस मद में हर साल पैसे मिले हैं, लेकिन इस पैसे को पूरी तरह खर्च ही नहीं किया गया।

नक्सल समस्या को गंभीरता से लेते हुए दीर्घकालीन योजना के तहत कार्य करना होगा। राज्य के माओवाद प्रभावित इलाकों में शिक्षा-स्वास्थ्य, सड़क, बिजली, पानी, सिंचाई और विकास प्रभावित हो रहे हैं, क्योंकि इन इलाकों में कोई काम करना नहीं चाहता है। नक्सली खतरे के कारण मॉनिटरिंग भी नहीं हो पाती है। विचारधारा का विरोध करने पर जान से भी हाथ धोना पड़ता है।

पानी : समय रहते करना होगा प्रबंधन : रहिमन पानी राखिये बिन पानी सब सून। अगर समय रहते ध्यान नहीं दिया गया तो कलकल करतीं नदियां, पोखर और जलाशय कही अतीत का किनारा बनकर न रह जाएं। जल के संचय संवर्द्धन के लिए राज्य में जल नीति का होना बहुत जरूरी है। दुर्भाग्य है कि ग्यारह वर्षो में जल नीति नहीं बनी। राज्य भर में जलस्तर औसतन 10-20 मीटर नीचे चला गया है। कहीं-कहीं तो भू-जलस्तर 100 मीटर तक नीचे चला गया है।

एक तरफ हम पानी के लिए ईश्वर की ओर निहारते रहते हैं वहीं दूसरी तरफ राजधानी रांची के बीचों-बीच रुक्का डैम से हो रहे जल के रिसाव पर कोई ध्यान नहीं जा रहा है। सरकार के बजट की अगर हम बात करें तो ग्रामीण इलाके में वाटर और सैनिटेशन के लिए 3181.41 कपड़े का प्रावधान रखा गया है, नई शहरी जलापूर्ति योजयनाओं पर 17.27.51 रुपये का प्रावधान रखा गया है। अब तक 11 वर्षो में शुद्ध पेयजल के

लिए करोड़ों रुपये खर्च किए जा चुके हैं लेकिन झारखंड के गांवों में अब तक हम पीने का पानी उपलब्ध नहीं करा पाए हैं जो हमारी व्यवस्था को दर्शाता है।

भ्रष्टाचार से छुटकारा जरूरी : भ्रष्टाचार झारखंड का एक पर्याय बन चुका है। 11 वर्षों में नित्य नए घोटाले सामने आ रहे हैं। कोई ऐसा दिन नहीं गुजरता, जब घोटाले की बात सामने नहीं आती। शिक्षा, स्वास्थ्य, कृषि, रक्षा, वस्त्र, भोजन, उद्योग, आंगनबाड़ी सभी क्षेत्रों में भ्रष्टाचार अपने चरम पर है।

अलकतरा घोटाला, खाद घोटाला, जेपीएससी घोटाला, एसएस फंड घोटाला, वर्दी घोटाला, बीज घोटाला, सीमेंट घोटाला, लेक्चरर नियुक्त घोटाला, सड़क निर्माण घोटाला, मधु कोड़ा से जुड़े घोटाले यह फेहरिस्त काफी लंबी है। आंगनबाड़ी से लेकर मंत्रालय तक भ्रष्टाचार का जाल फैला हुआ है। झारखंड में लोकतंत्र की जिस तरह से धज्जियां उड़ाई गईं, यह सिहरन पैदा करने वाली है। 11वर्षों में व्यक्तिगत महत्वाकांक्षा से त्रस्त मंत्रियों व नेताओं ने राज्य को जैसे चाहा, वैसे लूटा। इस लूट में हमारे अधिकारियों और कर्मचारियों की भूमिका सबसे ज्यादा रही है। ◆ ◆ ◆ ◆

सुनिश्चित हो विकास की जमीन

राधाकृष्ण किशोर
पूर्व मंत्री, झारखंड

झारखंड राज्य बने 11 वर्ष पूरे हो गए हैं। राज्य निर्माण की खुशी में यहां के झरनों और नदियों की लहरों से निकलने वाला संगीत अब मद्धिम पड़ने लगा है। उमंग और बेहतर झारखंड की उम्मीद लिये दामोदर, कोयल, और स्वर्णरेखा से उठीं हिलोरें अब कमजोर पड़ने लगी हैं। यहां के पर्वतों और जंगलों से निकलीं हवाओं में नृत्य का पहले जैसा अनुभव नहीं हो रहा है। राज्य निर्माण के 11 वर्षों में वह स्वर्णिम विहान अभी तक नहीं हुआ है, जिसका सपना राज्य निर्माण के वक्त देखा गया था।

सत्ता सुख की प्राप्ति के लिए राज्य का गठन नहीं हुआ था, बल्कि अलग झारखंड राज्य बना था यहां के सामाजिक, सांस्कृतिक और आर्थिक पिछड़ेपन को दूर करने के लिए। इन 11 वर्षों में विकास के मार्ग पर झारखंड कितना आगे बढ़ा है, यह देखना और जानना आवश्यक हो गया है। यह सत्य है कि एकीकृत बिहार को आंतरिक स्रोतों से प्राप्त होनेवाली आय की 70 प्रतिशत राशि झारखंड क्षेत्र से ही प्राप्त होती थी। इसके बावजूद झारखंड क्षेत्र के विकास पर आनुपातिक खर्च नहीं किया जाता था। परिणामतः झारखंड क्षेत्र के दामन में गरीबी, भुखमरी, बीमारी, कुपोषण, बेरोजगारी, मजदूरों का पलायन, सिंचाई, बिजली, शुद्ध पेयजल, अपर्याप्त कृषि उत्पादन जैसी समस्याएं विद्यमान थीं।

सिर्फ खोया, पाया कुछ नहीं : राजनैतिक व सामाजिक स्तर पर इस बात की समीक्षा की जरूरत है कि राज्य बने हुए 11 साल हो गए हैं, तब झारखंड राज्य विकास के मार्ग पर कितना आगे बढ़ पाया है। इन 11 वर्षों में अनुमानतः लगभग डेढ़ लाख करोड़ रुपये की राशि की बजट स्वीकृति विधान सभा द्वारा ली जा चुकी है। इसमें करीब 70 हजार करोड़ रुपये योजना मद की राशि पारित की गई। यदि हम राज्य के विकास पर नजर डालते हैं तो स्पष्ट होता है कि आज भी झारखंड की स्थिति वही है, जो राज्य निर्माण के पूर्व थी। झारखंड राज्य के पलामू, गढ़वा, लातेहार, चतरा, सिमडेगा, गुमला, साहेबगंज, दुमका, पाकुड़ जैसे जिलों में 5 प्रतिशत भी मूलभूत सुविधाएं अभी तक लोगों को उपलब्ध नहीं हो पाई हैं।

इन जिलों के सुदूरवर्ती क्षेत्रों में रहनेवाले लोग आज भी जंगली कंद-मूल खाकर ही अपना जीवन यापन करते हैं। यह विदित है कि झारखंड विश्व के खनिज मानचित्र पर एक विशिष्ट स्थान रखता है। देश का 32 प्रतिशत कोयला, 26 प्रतिशत लौह अयस्क, 90 प्रतिशत तांबा, तथा 98 प्रतिशत ग्रेफाइट एवं पायराइट का भंडारण झारखंड की धरती में है। इसके अतिरिक्त बॉक्साइट, लाइम स्टोन एवं डोलोमाइट जैसी खनिज संपदाओं के मामले में झारखंड देश का एक धनी राज्य है।

झारखंड में खनिज आधारित उद्योग लगाए जाने हेतु दो लाख 83 हजार करोड़ रुपये की राशि के पूंजी निवेश हेतु 67 एमओयू किए गए थे। लेकिन अभी तक एक भी उद्योग झारखंड के धरातल पर स्थापित नहीं किया जा सका है। नए उद्योगों की स्थापना की बात तो दूर, झारखंड राज्य में बंद एवं बीमार पड़े करीब 14 हजार लघु औद्योगिक इकाइयों को अब तक चालू नहीं किया जा सका है। चूंकि राज्य का कृषि उत्पादन दर अत्यंत ही कम है, ऐसे में खनिज पर आधारित उद्योगों की स्थापना से ही सकल घरेलू उत्पादन में वृद्धि लाई जा सकती है।

संभावनाओं को विस्तार : पावर सेक्टर में विकास की असीम संभावनाएं झारखंड में है। इस राज्य में कोयले का विपुल भंडार है तो दूसरी ओर स्वणरिखा, कोनार, कोयल, अमानत एवं कनहर जैसी नदियां भी हैं अर्थात पानी की प्रचुरता भी है। झारखंड राज्य बिजली उत्पादन के मामले में देश का अव्वल राज्य बन सकता था। यह विडम्बना है कि झारखंड को अपनी जरूरतों को पूरा करने के लिए करीब बारह सौ करोड़ रुपये की बिजली प्रति वर्ष खरीदनी पड़ती है।

अब तक करीब बारह हजार करोड़ रुपये की बिजली का क्रय कर आंशिक तौर पर बिजली की कमी को दूर किया जाता रहा है। झारखंड सरकार ने वर्ष 2007-08 के ऊर्जा विभाग के प्रतिवेदन में यह बताया था कि वर्ष 2011-2012 में राज्य को करीब 6500 मेगावाट बिजली की आवश्यकता होगी, जबकि वर्तमान में पतरातू थर्मल प्लांट, तेनूघाट, विद्युत निगम एवं सिकिदिरी पन बिजली योजना से मात्र 300-350 मेगावाट बिजली का उत्पादन प्रतिदिन होता है। झारखंड राज्य में विद्युत संचरण एवं वितरण की व्यवस्था भी अत्यंत जीर्ण शीर्ण है।

सूखे खेत, बेसहारा किसान : झारखंड राज्य की 70 प्रतिशत आबादी कृषि पर निर्भर करती है। राज्य में कृषि उत्पादन दर का अनुमान इसी आंकड़े से लगाया जा सकता है कि यहां प्रतिवर्ष लगभग 48 लाख मीट्रिक टन खाद्यान्न की आवश्यकता है, जबकि उपज मात्र 24 लाख टन मीट्रिक टन ही होता है। इस प्रकार आज भी करीब 24 लाख मीट्रिक टन खद्यान्न का अभाव बना हुआ है।

अपर्याप्त सिंचाई व्यवस्था कृषि उत्पादन दर में ह्रास का मूल कारण है। झारखंड में करीब 29.74 लाख हेक्टेयर जमीन खेती योग्य है। सरकारी आंकड़ों के अनुसार 7 लाख 40 हजार हेक्टेयर कृषि योग्य भूमि में सिंचाई क्षमता का सृजन किया गया है अर्थात आज भी करीब 22 लाख हेक्टेयर खेती योग्य भूमि के लिए सिंचाई की व्यवस्था नहीं की गई है।

जल में मीन प्यासी : प्रकृति ने झारखंड में जल की कमी नहीं होने दी है। झारखंड में सरफेस एवं सतही जल की कुल उपलब्धता करीब 28.781 घन मीटर है, जबकि हम मात्र 6 हजार 104 घन मीटर जल का ही उपयोग कर पाते हैं। इस प्रकार करीब 80 प्रतिशत जल संग्रहण की व्यवस्था अभी तक नहीं की जा सकी है। परिणाम स्वरूप झारखंड को आए वर्ष सुखाड़ का दंश झेलना पड़ता है। दुर्भाग्यपूर्ण बात तो यह है कि इन 11 वर्षो में पेयजल, सिंचाई, बिजली, उद्योग एवं अन्य कार्यों के लिए प्राथमिकता के साथ जल की उपलब्धता के लिए कोई जल नीति तैयार नहीं की गई है।

झारखंड राज्य में स्वणरिखा, खरकई, अजय, कनहर, उत्तर कोयल, मयूराक्षी, गुमानी, चंदन, दामोदर, अपर शंख, दक्षिण कोयल कुल 11 नदी बेसिन हैं। सरकार इन 11 नदी बेसिन से जल प्रबंधन की कोई रूपरेखा अभी तक तैयार नहीं कर पाई है।

न स्कूल, न सड़क : झारखंड में शिक्षण व्यवस्था कैसी है यह बताने के लिए हाल में हुए मैट्रिक एवं प्लस टू के परीक्षा परिणाम ही काफी हैं। राज्य के प्राथमिक, मध्य, उच्च विद्यालयों एवं कॉलेजों में करीब 26 हजार से अधिक शिक्षकों के पद रिक्त है। ऐसे में राज्य में शिक्षण व्यवस्था और उसकी गुणवत्ता के संदर्भ में सहज अनुमान लगाया जा सकता है। रेलवे जैसे आधारभूत संरचना के मामले में झारखंड एक पिछड़ा हुआ राज्य तो है ही, सड़कों के संदर्भ में भी इसकी स्थिति अत्यंत दयनीय है।

ज्ञात हो कि झारखंड राज्य के अंतर्गत राष्ट्रीय उच्च पथ की लंबाई 1854 किलोमीटर तथा राज्य उच्च पथ की लंबाई 1886 किलोमीटर, पथ निर्माण विभाग के जिला स्तरीय पथों की लंबाई 5880 किलोमीटर तथा ग्रामीण सड़कों की लंबाई 6323 किलोमीटर है। इन सभी सड़कों की स्थिति दयनीय है। राज्य की राजधानी रांची से संथाल परगना की ओर जानेवाले सभी प्रमुख मार्गों तथा झारखंड को छत्तीसगढ़, उत्तर प्रदेश और बिहार से जोड़ने वाला रांची -डालटनगंज -हरिहरगंज पथ, डालटनगंज - गढ़वा पथ की स्थिति देखकर राज्य की सड़कों की गुणवत्ता का सहज अनुमान लगाया जा सकता है। झारखंड के ग्रामीण क्षेत्रों में सड़क, सिंचाई, शुद्ध पेयजल, कुपोषित बच्चों के लिए पौष्टिक आहार, आदिम जनजातियों का वृहद संरक्षण, आवास, शिक्षा, रोजगार के अवसर आदि की समस्याओं से यह स्पष्ट हो जाता है कि राज्य निर्माण के 11 वर्ष पूरे होने के बाद भी विकास के दरवाजे अभी तक झारखंडवासियों के लिए नहीं खुले हैं।

वित्तीय अराजकता : वर्ष 2000 में झारखंड का प्रति व्यक्ति वार्षिक आय 12485 रुपये था। अब राज्य सरकार का यह दावा है कि प्रति व्यक्ति आय बढ़कर 23592 रुपये हो गया है। यह बात समझ से परे है कि झारखंड

जैसे राज्य में जहां औद्योगिक एवं कृषि प्रक्षेत्र में पूंजी निवेश 10 प्रतिशत भी नहीं हुआ हो, आर्थिक गतिविधियां ठप पड़ी हुई हों, रोजगार के अवसर उपलब्ध न हों, योजना उदव्यय की राशि समय पर खर्च न होती हो, 11 वर्षों में 4 वर्ष जिस राज्य ने सुखाड़ का सामना किया हो, उस राज्य में प्रति व्यक्ति आय बढ़कर दोगुना कैसे हो सकता है और सकल घरेलू उत्पाद बढ़कर 11.4 प्रतिशत कैसे हो सकता है? झारखंड का वित्तीय प्रबंधन कैसा है? इसका अनुमान इसी बात से लगाया जा सकता है कि राज्य निर्माण के प्रथम वर्ष अर्थात वर्ष 2001-02 में राज्य सरकार द्वारा सरप्लस बजट बताया गया था, जबकि इन 11 वर्षों के उपरांत झारखंड 24000 करोड़ रुपयों के कर्ज में डूबा हुआ है।

दुर्भाग्य की बात यह है कि इन 11 सालों में झारखंड विधानसभा का भवन निर्माण नहीं हो सका है और न ही अभी तक ग्रेटर रांची की कल्पना को मूर्त रूप दिया जा सका है। मंत्रियों एवं सरकारी तंत्रों द्वारा बेतरतीब ढंग से फिजूलखर्ची झारखंड के वित्तीय प्रबंधन को कमजोर बनाती है। सरकार एवं सरकारी तंत्र के पास जिम्मेदारी और पारदर्शिता का घोर अभाव है।

विकास को चाहिए स्पष्ट नजरिया : प्राथमिकता के साथ कृषि, सिंचाई, बिजली, शिक्षा और सड़कों पर फोकस कर वार्षिक बजट की अधिक से अधिक राशि कर्णांकित की जाए। झारखंड सरकार के पास राज्य के विकास के लिए विजन का अभाव है। ज्ञात हो कि वर्ष 2008-09 में राज्य योजना के लिए स्वीकृत कुल राशि का कृषि प्रक्षेत्र के लिए 6.13 प्रतिशत, शिक्षा के लिए 11.23 प्रतिशत, ग्रामीण विकास के लिए 13.79 प्रतिशत, स्वास्थ्य और पेयजल के लिए 8.36 प्रतिशत, कल्याण के लिए 6.86 प्रतिशत कर्णांकित किया गया था। उसे वर्ष 2011-12 में घटाकर क्रमशः 3.27 प्रतिशत, 7.84 प्रतिशत, 7. 52 प्रतिशत, 6.19 प्रतिशत, 4.28 प्रतिशत कर दिया गया है।

ऐसे में झारखंड के त्वरित विकास की कल्पना नहीं की जा सकती है। झारखंड जैसे आर्थिक रूप से पिछड़े हुए प्रदेश के बजट में राजस्व की प्राप्ति और व्यय में समानता नहीं दिखाई पड़ती है। राज्य के विकास के साथ-साथ हर एक व्यक्ति का आर्थिक विकास जब तक नहीं हो जाता, तब तक राज्य निर्माण का उद्देश्य पूरा नहीं होगा। विभिन्न क्षेत्रों में आत्मनिर्भरता और आधुनिकीकरण के बिना हम आगे नहीं बढ़ सकते हैं। राजनीतिक अस्थिरता झारखंड के विकास में सबसे बड़ी बाधक रही है। इसका प्रत्यक्ष असर राज्य के विकास पर पड़ा है। अब तक की सरकारें रूठने-मनाने और जोड़-तोड़ में ही रह गई है।

◆ ◆ ◆

निकालने ही होंगे पुनर्निर्माण के रास्ते

खगेन्द्र ठाकुर
सीपीआइ नेता

झारखंड आंदोलन के प्रवर्तक मरांग गोमको जयपाल सिंह के कांग्रेस में विलीन हो जाने के बाद उस आंदोलन को जीवन देनेवाले एनई होरो ने कहा था-राज्य का पुनर्गठन तो हुआ, पुनर्निर्माण नहीं हो रहा है। वही पुराने ढंग से सरकार घिसा-पिटा काम कर रही है। माफिया दलाल भरे पड़े हैं। आदिवासियों की जमीन वापसी का काम नहीं हो रहा है। भाषा-संस्कृति की रक्षा के लिए भी कुछ नहीं हो रहा है। बात यह है कि जब सरकार में माफिया और दलाल भरे पड़े हैं, तो फिर लूट-पाट ही न होगा। विकास और निर्माण का काम कैसे होगा?

डॉ. रामदयाल मुंडा ने तो कहा कि एक साल के भीतर पहले की तुलना में जमीन की रजिस्ट्री एक से डेढ़ गुना अधिक हो गई है। रजिस्ट्री बढ़ने का मतलब यह है कि जमीन का हस्तांतरण हो रहा है। जमीन आदिवासियों के हाथ से निकल कर दूसरों के हाथ में जा रहा है। झारखंड के प्रसिद्ध बुद्धिजीवी और लेखक बीपी केशरी ने कहा कि एक ही साल में झारखंड के मंत्रीगण अरबपति हो गए हैं, गरीब जनता और भी गरीबी में धंसती जा रही है। प्रखर पत्रकार और मुखर बुद्धिजीवी फैसल अनुराग उम्मीद करते थे कि झारखंड आंदोलन के समय में झारखंड की जनता के बीच एक नई राष्ट्रीयता पनप रही थी और वह राज्य बनने के बाद और मजबूती से विकसित होकर देश को राष्ट्रीयता और राष्ट्रीय एकता की नई मिसाल देगी। अब उन्हें चिंता है कि नई राष्ट्रीयता तो विकसित हुई नहीं, तनाव पैदा हो गए हैं, जनता के बीच झगड़े बढ़ रहे हैं।

सांप्रदायिक तत्वों ने शताब्दियों के सपने के साथ छल किया है, यानी झारखंड की जनता के स्वप्न और सत्ता का अपहरण कर लिया गया है। झारखंड के निर्माण का तीव्रता से समर्थन करनेवाली मुखर पत्रकार वासवी ने कहा- बिरसा उलगुलान (1895-1900) के दौरान बिरसा ने कहा था-हमारी जमीन वैसे ही उड़ी चली जा रही है, जैसे आंधी में धूल। बिरसा के ये स्वर आज भी पहाड़ों, जंगलों नदी-नालों, झरनों आदि में गुंजायमान है, लेकिन नए राज्य के नए शासकों की चेतना में वह स्वर नहीं है। सिद्दो-कान्हू से लेकर बिरसा तक महाजनी के खिलाफ, साम्राज्यवाद और सामंतवाद के खिलाफ लड़े और लड़ते हुए कुर्बान हो गए। अपने उबलते हुए खून से उन्होंने शोषण से मुक्ति का नया इतिहास लिखने का प्रयास किया। खड़िया भाषा की प्रसिद्ध लेखिका डॉ. रोज केरकेट्टा ने कहा- मंत्रियों के तामझाम और तनख्वाह आदि बढ़ाने पर करोड़ों खर्च किए गए। ध्यान देने की जरूरत है कि झारखंड के विधायकों को देश में सबसे अधिक सुविधा हासिल है। लगता है कि आज राज्य की विधानसभा नए राजाओं से भर गई है।

निष्क्रियता क्यों : झारखंड बन जाने और आदिवासियों के ही लगातार मुख्यमंत्री बनते रहने के बावजूद राज्य का इतना बुरा हाल क्यों है? मैं एक बात ध्यान में लाना चाहता हूं। राज्य बनने से कुछ साल पहले झारखंड स्वायत्त शासी परिषद बनाई गई थी। उसके अध्यक्ष थे शिबू सोरेन और उपाध्यक्ष सूरज मंडल। उस शासी परिषद को कुछ खास अधिकार नहीं मिले थे। उस समय ये झारखंड मुक्ति मोर्चा के नेतागण स्थानांतरण और पदस्थापन का अधिकार पाने के लिए संघर्ष कर रहे थे।

इस मांग की व्याख्या को और उसे बिहार की सरकारी परंपरा से मिला कर देखें तो उसका अर्थ स्पष्ट हो

जाएगा। बिहार में कहा जाता रहा है कि स्थानांतरण, पदस्थापन एक प्रकार का उद्योग-व्यवसाय है। यह व्यवसाय करने का अधिकार स्वायत्त शासी परिषद को नहीं दिया गया था, तो वे समझते थे कि यह परिषद बेकार है। खैर सरकार बन गई, तो स्थानांतरण-पदस्थापन से ज्यादा ही हक उन्हें मिल गया। नियुक्ति से लेकर स्थानांतरण और पदस्थापन का उद्योग-व्यवसाय मजे में चल रहा है।

राजनीतिक स्वार्थ : ऊपर चर्चित झारखंड के विभिन्न क्षेत्रों के प्रमुख लोगों ने कहा कि सरकार लूट-खसोट में लगी है। भारतीय जनता पार्टी ने देखा कि अभी राज्य बना देने से भाजपा के चंगुल में सरकार रहेगी, तो उन्होंने राज्य बना दिया। आज तक प्रायः भारतीय जनता पार्टी के नेतृत्व में सरकार है और उसके नेतागण तो माल पा ही रहे हैं, झारखंड की संपदा को लूट कर बहुराष्ट्रीय कंपनियां भी धन कमा रही हैं। सरकारें बनाने के लिए विधायकों की खरीद-बिक्री जिस तरह से हुई है, वह शर्मनाक है।

वे खरीदते हैं और बिकते भी हैं, क्या कमाल है। स्मरणीय है कि झारखंड के नेताओं को पहले से धन कमाने की आदत रही है। आंदोलन के दौर में जब कभी झारखंड में आर्थिक नाकेबंदी की जाती थी, तो वह उनके लिए कमाई का जरिया भी बनता रहा था। तो जिन लोगों के हाथों में सरकार आई, वे जैसे आज हैं, वैसे ही पहले भी थे।

प्राकृतिक संपदा का सौदा : थोड़ा ध्यान देने से ही स्पष्ट हो जाता है कि सरकार को अपने राज्य और जनता के हितों की कोई चिंता नहीं है। औद्योगिक नीति से स्पष्ट है कि राज्य सरकार राज्य की तमाम प्राकृतिक संपदा बहुराष्ट्रीय कंपनियों के हवाले कर रही है। इस संबंध में राज्य सरकार ने अब तक देशी-विदेशी कंपनियों से एक सौ तीस करार (एमओयू) किए हैं। इन सभी करारों को अमल में लाया जाएगा, तो राज्य की कृषि योग्य भूमि का कम से कम 54 प्रतिशत जमीन राज्य की जनता के हाथों से निकल कर कंपनियों के हाथों में चली जाएगी। गरीबी बढ़ जाएगी। राज्य सरकार ने अनेक कंपनियों के साथ अपने करार को अमल में लाने के लिए जमीन अधिग्रहण की कार्रवाई शुरू की।

सरकार ने बाबूलाल मरांडी के मुख्यमंत्रित्व काल से ही अधिग्रहण को सुविधाजनक बनाने के लिए संताल परगना और छोटानागपुर काश्तकारी कानूनों को समाप्त करने की आवाज उठाई। याद करें आदिवासियों की ऐतिहासिक कुर्बानियों के बाद उनके हितों की रक्षा के लिए ये काश्तकारी कानून बनाए गए थे। अब आदिवासी नेतागण ही उन कानूनों को विश्व पूंजीवाद के हितों को ध्यान में रखकर खत्म करना चाहते हैं। जनता ने सरकार के इन कदमों का विरोध किया।

दुमका के पास काठीकुंड में आदिवासियों पर गोली चली। कई लोग मारे गए। दिशोम गुरु शिबू सोरेन ने गोली कांड का समर्थन किया। उसके बाद सरकार ने रवैया बदला और कंपनियों को सलाह दी कि वे खुद जमीन मालिक से संपर्क करके जमीन लेने की कोशिश करें। अब यह नई कोशिश शुरू हुई है और कंपनियों ने अपने एजेंट और दलाल नियुक्त किए हैं, जो किसानों को रुपये का लोभ देकर प्रभावित कर रहे हैं तथा जमीन ले रहे हैं। पहले आदिवासियों और गरीब जनता की जमीन महाजनों के हाथ में गैरकानूनी ढंग से गई थी, अब बहुराष्ट्रीय कंपनियों के हाथों में जा रही है सदा के लिए।

लूट-खसोट : लौह अयस्क झारखंड बनने के बाद से ही तस्करी के जरिये विदेश जा रहा है। जाहिर है तस्करी से जो आय होती है, वह सरकारी खजाने में तो नहीं जाती, वह कहां जाती है, यह गहन जांच का विषय है। इसी प्रसंग में तो एक पूर्व मुख्यमंत्री जेल में है। अन्य प्रकार के भ्रष्टाचार में लिप्त रहने के कारण चार मंत्री भी जेल में हैं। जो अपनी जवानी का जोश दिखाकर दिल्ली की गद्दी पर कब्जा करने का उद्घोष कर रहे थे, वे भी जेल में हैं। लेकिन जो जेल में न होकर गद्दी पर हैं, वे क्या भ्रष्ट नहीं हैं? क्या वे यह घोषणा कर सकते हैं कि राजनीति में आने के समय उनके पास कितनी संपत्ति थी और अभी कितनी है? लेकिन ऐसी घोषणा क्यों करेंगे। जांच भी कौन कराएगा।

सीबीआइ जांच हुई तो उनको भी मधु कोड़ा एंड कंपनी के रास्ते जाना पड़ेगा। आश्चर्य की बात यह है कि ऐसे भ्रष्ट और लुटेरे भ्रष्टाचार और लूट का भंडाफोड़ होने के बाद बाद भी, जेल जाने के बाद भी चुनाव जीत गए। यह जनता की पिछड़ी हुई चेतना का इजहार नहीं है? यह भ्रष्टाचार को जनता के समर्थन का प्रमाण नहीं हैं? बेशक है। यह जातिवाद और संप्रदाय का असर है कि भ्रष्ट लोग भी जनप्रतिनिधि बनकर भ्रष्टाचार और लूट जारी रखते हैं। कानून का शासन तो राज्य में है ही नहीं और कानूनों के नहीं लागू होने से, विधि का

शासन नहीं होने से ही समाज में अराजकता है। इसकी मुख्य जवाबदेही राज्य सरकार पर है। भ्रष्टाचार आखिर है क्यों? इसका स्रोत है व्यक्तिगत स्वार्थ और इस पूंजीवादी समाज में धन जमा करने की अनियंत्रित छूट।

हाशिये पर किसान : कृषि का विकास नहीं होने से खाद्यान्न के मामले में इस राज्य की आत्मनिर्भरता समाप्त हो गई है। कृषि जन्य रोजगार पैदा नहीं हो रहे हैं। इसी का नतीजा है कि लोग रोजगार की खोज में बाल-बच्चों के जीवन की रक्षा के लिए गांव छोड़कर भाग रहे हैं।

झारखंड के बत्तीस हजार गांवों में शायद ही कोई गांव है, जिससे लोग आजीविका के लिए बाहर न गए हों। इस प्रकार पलायन का संबंध विकासहीनता या अल्प विकास से है। इधर बहुराष्ट्रीय कंपनियों के आ जाने से, विस्थापन का नया खतरा पैदा हुआ है।

विकल्प हैं मौजूद, अमल तो हो : विकल्प क्या है? इस पर हमारे साथ आप भी सोचें? पूंजीवादी विचारक तो यह स्वार्थपूर्ण प्रचार करते कराते हैं कि कोई विकल्प नहीं है। मैं अभी विकल्प के बारे में यहां से नहीं सोच रहा कि कौन-सा दल राजग का विकल्प हो सकता है? मैं तो यह कहना चाहता हूं कि विकल्प का विकास और निर्माण तो जनता को ही करना है। हम तो यह कहना चाहते हैं कि इस पूंजीवादी व्यवस्था के रहते वर्तमान संकट का इलाज कैसे संभव है? अतः विकल्प का मतलब है पूंजीवादी व्यवस्था को एकदम उलटना होगा, बदलना होगा। दिक्कत यह है कि लोग यथास्थिति को कायम रखते हुए पूंजीवादी व्यवस्था को खत्म करना चाहते हैं, यह कैसे संभव है भला?

लोकतंत्र नहीं राजतंत्र : सबसे बड़ी दिक्कत यही है कि राज्य में जनतांत्रिक व्यवस्था, जो भी है, वह पूंजीवादी जनतंत्र है। पूंजीपतियों के लिए जनतंत्र है, धनाढ्य लोगों के लिए जनतंत्र है, जनप्रतिनिधियों के लिए तो राजतंत्र का कोई नया रूप प्रचलन में आता जा रहा है। विधायक का बेटा विधायक, मंत्री का बेटा मंत्री। राज्य में यदि कोई सर्वेक्षण करे, तो पता चल जाएगा कि कुछ परिवार हैं, जो राज्य की राजनीति को अपने कब्जे में रखे हुए हैं। जब तक जीने के साधनों पर जनता का कब्जा नहीं होता है, तब तक जनता के लिए जनतंत्र कैसे होगा? केवल वोट दे देने से जनतंत्र जनता के लिए नहीं हो जाता। लेकिन राज्य के संसाधनों को लूटने वाले ही गद्दी पर सवार हैं, तो जीने के साधनों पर जनता का अधिकार कैसे होगा?

हालत तो यह है कि राज्य सरकार ने पंचायत चुनाव को टालने की भरसक कोशिश की, जब उच्चतम न्यायालय ने सरकार को मजबूर कर दिया तभी झारखंड में पंचायत चुनाव कराए गए। चुनाव तो हो गए, लेकिन अब तक पंचायतों को गांव के विकास के लिए अधिकार नहीं दिए गए हैं। अतः गांव के विकास में पंचायतों की जो भूमिका होनी है, जनतंत्र को सरजमीन पर उतरना है, यह सब कुछ दिखाई नहीं पड़ रहा है। कोई कह सकता है कि आप एक तरफ से सरकार और इस व्यवस्था की आलोचना किए जा रहे हैं, यह भी तो बताइए कि विकल्प क्या है? जो हो, यही सवाल तो पूछा जाना चाहिए या उठाया जाना चाहिए। केवल आलोचना काफी नहीं है। हालांकि आलोचना जनतंत्र की आत्मा है, जनतंत्र की पहचान है। लेकिन, आलोचना की जवाबदेही है यह भी बताना है कि उपाय क्या है?

खेती-किसानी, शिक्षा को प्राथमिकता : जब विकल्प तैयार करना है तो पहले जनता को तैयार करना है पूंजीवादी नीतियों का विकल्प खोजने और स्वीकारने के लिए। यह आसान काम नहीं है। यह राय कौन करेगा? वही करेगा जो जनता के हित के लिए पूंजीवाद का विरोध करता है। इसके साथ ही यदि मेरा वश चले तो, मैं सबसे पहले कृषि के विकास के लिए खाद्यान्न में राज्य को आत्मनिर्भर बनाने के लिए सिंचाई का पूरा प्रबंध युद्ध स्तर पर कराऊंगा। किसानों को फसल बीमा का लाभ देने की व्यवस्था की जाएगी और फसल का लाभकारी मूल्य किसानों को दिया जाएगा। उसके साथ ही खेती में लगने वाले औजार तथा अन्य सामान जैसे- बीज, खाद, कीटनाशक दवा आदि सस्ते दाम पर दिया जाएगा।

व्यावसायिक फसल पैदा करने पर भी जोर दिया जाएगा। अंत में यह कहना है कि कृषि पैदावर और विभिन्न प्रकार के फलों पर आधारित उद्योग स्थापित किए जाएंगे। इन सब का नतीजा होगा कि राज्य और राष्ट्र के उत्पादन में कृषि की भूमिका बढ़ जाएगी और ग्रामीण क्षेत्र में रोजगार पैदा होगा, जिससे पलायन रुक जाएगा। साथ ही विस्थापितों का पुर्नवास हो सकेगा। परती जमीन को सिंचाई की सुविधा देकर खेती के लायक बनाया जाएगा और भूमिहीनों में उसका वितरण किया जाएगा। राज्य में पहले से उद्योग-धंधे लगे हुए हैं, सार्वजनिक

क्षेत्र और निजी क्षेत्र, दोनों में ही। ये उद्योग ऐसे हैं कि राज्य की जनता को उनका लाभ नहीं मिल पाता। मेरा कहना है कि अभी उद्योग के उद्योग यहां से लाभ बाहर भेजते हैं। उद्योगों की दिशा बदल दी जाए, ताकि जनता को लाभ मिले, उसकी क्रयशक्ति बढ़े और राज्य में अंदरूनी बाजार बने। इससे जनता का जीवन स्तर ऊपर उठेगा। वास्तव में यही विकास कहलाएगा।

जीवन स्तर को उठाना असली विकास : झारखंड में खनिज आधारित उद्योग बड़े पैमाने पर लगा कर रोजगार पैदा किए जा सकते हैं। इस नीति से बहुत जल्द झारखंड में व्यापक रूप से बड़े-बड़े उद्योग लगाए जा सकते हैं। सरकार में संकल्प और इच्छाशक्ति होनी चाहिए। जो माल राज्य में बनता है या बनने की संभावना है, उस पर विशेष ध्यान दिया जाए। सड़क और बिजली का प्रबंध वास्तव में विकास नहीं, बल्कि विकास का मतलब तो यह है कि जनता का जीवन स्तर ऊपर उठे।

युद्ध स्तर पर शिक्षा का प्रसार कर जनता के मानसिक स्तर को ऊपर किया जाएगा। इसके लिए मेरे विचार से शिक्षा -परियोजना को समाप्त कर इसकी समस्त राशि प्राथमिक शिक्षा में दे दी जाए और हर पंचायत में एक प्राथमिक पाठशाला (आवश्यकता के अनुसार अधिक भी)खोली जाए। प्राथमिक शिक्षा अनिवार्य और मुफ्त दी जाए। वयस्क लोगों को भी इसी विद्यालय के अंतर्गत शिक्षा दी जाए। इसकी सफलता के लिए बालश्रम पर पाबंदी सख्ती से लागू की जाए। आदिवासियों, अन्य निर्धनों और स्त्रियों को विशेष सुविधा दी जाए। जितने जनहितकारी कानून हैं, उनको सख्ती से लागू किया जाए।

विधि का शासन लागू हो जाने से समाज में शांति होगी और विकास भी निर्बाध रूप से चलेगा। अभी विकास हो रहा है पूंजीपतियों का, शासक नेताओं का या अन्य जो विधान मंडल और संसद में पहुंच गए हैं उनका। विकास हो रहा है ठेकेदारों, अफसरशाहों, इंजीनियरों, डाक्टरों और जमाखोर-मुनाफाखोर व्यापारियों या भ्रष्टाचार में डूबे सेवाकर्मियों का और गैरसरकारी संगठनों के उन प्रबंधकों का, जो देशी-विदेशी सेठों से धन लेकर पूंजीवाद का प्रचार करते हैं।

हर चीज का बाजारीकरण : आप गौर करें विकास का संबंध एक रास्ते से है, एक मार्ग से है। अभी यह रास्ता पूंजीवाद का है, पूंजी अर्जित करने का है, इसी को ध्यान में रखकर सरकारी और गैरसरकारी नीतियां बनाई जा रही हैं। इस व्यवस्था ने खेल को भी व्यापार बना दिया, जैसे क्रिकेट का खेल क्रिकेट का व्यवसाय हो गया है। क्रिकेट के खिलाड़ी अरबपति हो चुके हैं। इस रास्ते ने प्रतिभा को भी खेल का विषय बना दिया, जैसे कौन बनेगा करोड़पति।

जब कोई लगातार सही जवाब दिए जाता है, तो अमिताभ बच्चन कहता है-आप अच्छा खेल रहे हैं। और देखिए यह लड़का पांच करोड़ जीत गया तो अचानक समाज का बड़ा आदमी हो गया, अखबार उसे अतिथि संपादक बनाने लगे। अभी रांची के एक युवक ने नया कंप्यूटर बना दिया है, एक समाचार जरूर छपी, लेकिन वह करोड़पति नहीं बनेगा। कौन बनेगा वैज्ञानिक, कौन बनेगा विद्वान, कौन बनेगा सर्वोतम उत्पादक, कौन बनेगा अच्छा आदमी आदि के लिए प्रतियोगिता क्यों नहीं आयोजित की जाती है?

मुनाफाखोरी, भ्रष्टाचार पर रोक लगे : समस्या यह है कि समाज में गरीबी रेखा के आसपास जीनेवाले करोड़ों लोगों, मध्यमवर्गीय और गरीब किसानों आदि की दिक्कतों-बेरोजगारी, महंगाई के रहते विकास नहीं होगा। अतः, विकास का दूसरा रास्ता पूंजीवाद से भिन्न रास्ता अपनाना होगा। सरकार को चेहरा नहीं, नीति बदलनी होगी। वह रास्ता वामपंथ का हो या कोई और पंथ, लेकिन धन-संचय, मुनाफाखोरी, जमाखोरी, महंगाई, भ्रष्टाचार आदि पर पाबंदी लगाने वाला पंथ होगा।

जैसे नदी को बांध का पानी नहरों और नालियों के जरिये खेतों में ले जाकर उपज बढ़ाई जाती है, वैसे ही धन संचय और भ्रष्टाचार महंगाई आदि की पूंजीवादी धारा को बांध कर उसे गरीबी दूर करने के महान सामाजिक और मानवीय काम में लगाना होगा।

उदाहरण के लिए महंगाई को ले लें। प्रधानमंत्री मनमोहन सिंह ने एक बार कह दिया कि महंगाई रोकना मुश्किल काम है। इसीलिए तो उनकी सरकार के फैसले से लगातार महंगाई बढ़ती जा रही है। एक क्षेत्र की मूल्य वृद्धि का असर दूसरे क्षेत्र पर पड़ता है। करना क्या होगा? खुले बाजार में दाम बढ़ता है। खुले बाजार की नीति को त्यागना होगा। बाघ और बकरी एक घाट में पानी नहीं पी सकते। बाजार में हस्तक्षेप करना होगा,

सब्सिडी देनी होगी, सार्वजनिक वितरण प्रणाली (राशन-व्यवस्था)पूरे सामान के साथ चालू करनी होगी। भुक्खड़ों और गरीबों को जगाना होगा, संगठित करना होगा। कौन करेगा? जनवादियों के अलावा कौन कर सकता है यह बड़ा काम।

जनदबाव सबसे जरूरी : काला धन भारी मात्रा में देश के भीतर है, देश के बाहर के बैंकों में है। बहुत दिनों से चर्चा हो रही है। यदि विदेशी बैंकों से काला धन जब्त करके देश में लाया जाए तो 75 करोड़ लोगों को एक-एक लाख रुपये दिए जा सकते हैं। लेकिन जिनका धन विदेशी बैंकों में जमा है, वे ही सत्ता में और विपक्ष में भी बैठे हैं। वे बोलते हैं जनता को ठगने के लिए, वे काले धन और काले रोजगारियों के खिलाफ कार्रवाई कर नहीं सकते। वे सभी दो नंबर के कारोबारी हैं।

राजसत्ता ही नहीं, इश्वरीय सत्ता भी उन्हीं के साथ है। स्वामी विवेकानंद ने आखिर लाचार होकर कहा था कि यदि ईश्वर हैं, तो दुनिया में इतना अत्याचार क्यों है? कहना यह है हमारी सारी समस्याएं आज की अर्थनीति और राजनीति से पैदा हुई है, हो रही हैं। अतः इस अर्थनीति और राजनीति से मुक्ति पाने केलिए लड़ना होगा। जातिवाद मुक्ति नहीं दिलाएगा- अर्जुन मुंडा के गद्दी पर रहते संत मुंडा ने सपरिवार भूख से आत्महत्या कर ली। धर्म से मुक्ति नहीं मिलेगी, क्योंकि कोई समस्या धर्म से पैदा नहीं हो रही। बस जनपक्षी अर्थनीति और राजनीति का विकास यानी विकास के नए मार्ग का नियोजन। इसके सिवा कोई और उपाय नहीं है। पूंजीवादी नेता झूठ बोलते हैं, पूंजीवादी व्यवस्था झूठ से चलती है।

जनता को अपनी ताकत का इस्तेमाल अपने हित में करना होगा। आइए, शुरू कीजिए। मैं समझता और जानता हूं कि कुछ लोग कहेंगे कि यह सब संभव नहीं है। मैं फिर जोर देकर कह रहा हूं कि यदि मेहनतकश जनता और गरीब, पिछड़ी हुई जनता के जीवन को बदलने के लिए निष्ठा रखनेवाले को काम करने का मौका मिले तो गरीबी, बेरोजगारी, महंगाई सब मिटाई जा सकती है। कैसे? देखिए- यदि बेजमीन वालों को जमीन दी जाए, बेघरों के लिए योजनाबद्ध ढंग से मकान बनाएं जाएं, यदि नंगों और अधनंगों के लिए जरूरत भर कपड़े पैदा कर सस्ते दाम पर उन्हें दिए जाएं, यदि तमाम निरक्षरों या अर्द्धशिक्षितों को ठिकाने की शिक्षा देने के लिए स्कूल खोले जाएं और शिक्षक नियुक्त किए जाएं, जरूरत मुताबिक सड़कें और रेल लाइन बनाई जाएं, तो सीमेंट, लोहा, कपड़ा, स्कूल और शिक्षक, राशन की दुकानों आदि की इतनी जरूरत होगी कि औद्योगिक मंदी भी दूर हो जाएगी और बेरोजगारी, महंगाई और भुखमरी का भी इलाज हो जाएगा। यह कल्पना नहीं यथार्थ है, इसे यथार्थ बनाया जा सकता है। विकास के इस मार्ग पर बहस छेड़नी चाहिए, हमारे बुद्धजीवी मित्र यह बहस छेड़ें तो बड़ी बात हो जाए।

◆ ◆ ◆

विकास गायब, कहानी शेष

शैलेंद्र महतो
पूर्व सांसद

वर्षों के संघर्ष, जिद्दोजहद के बाद शोषितों, पीड़ितों एवं पदाक्रांतित लोगों का स्वप्न पूरा हुआ, जब 14 नवंबर, 2000 की आधी रात को झारखंड राज्य का गठन हुआ। लेकिन, ऐसा लगता है कि आधी रात का शाप झारखंड का पीछा नहीं छोड़ रहा है। झारखंड में सुख, समृद्धि, स्वाभिमान, शांति का सूर्य क्षितिज से प्रकट होने का इंतजार चल रहा है। न जाने उस आधी रात की सुबह कब होगी, जब विकास का सूर्य अपनी बहुआयामी किरणों से झारखंडियों की हर झोपड़ी, हर घर, हर गांव में ससम्मान रोटी का प्रबंध होगा।

जब कुपोषण, बीमारी से झारखंड का हर बच्चा मुक्त होगा, जब जंगल, जल, जमीन का उपयोग झारखंडियों के विकास के लिए होगा, जब विस्थापन की विभीषिका एवं झारखंड का शोषण समाप्त होगा और झारखंडी अस्मिता, संस्कृति और सभ्यता की आभा भारत ही नहीं पूरे विश्व में चमकेगा। झारखंड की लड़ाई का मर्म, दर्शन मात्र बिहार से अलग एक भौगोलिक इकाई के रूप में और भारत के कई राज्यों की सूची में एक नाम और जोड़ देने की चेष्टा नहीं थी। झारखंड की लड़ाई इससे कहीं वृहत परिप्रेक्ष्य में उन अनुत्तरित प्रश्नों का उत्तर और अनउद्घाटित रहस्यों का उद्घाटन करने का एक भगीरथ प्रयास था। रत्न गर्भा, खनिज संपदा से विभूषित, जल के प्राकृतिक संसाधनों से संपुष्ट तथा मन, मस्तिष्क और हृदय को आह्लादित करनेवाली अलौकिक हरीतिमा बिखेरती वन देवी से आभूषित झारखंड का बेटा गरीब क्यों है ? क्यों उसको दो जून रोटी सम्मानपूर्वक नहीं मिलती ?

क्यों उसका बच्चा अकालग्रसित हो जाता है, क्यों कुपोषण और बीमारी उसकी नियति बन गई है ? क्यों उसे उसी की जमीन पर उसी के धन को लूटनेवाला उसको असभ्य और जंगली कहता है ? क्यों गगनचुंबी अट्टालिकाएं, भवन, सड़क निर्माण करनेवाला झारखंडी मात्र रेजा और कुली बनकर दुर्गम वन और पर्वत क्षेत्र में घृणा, तिरस्कार, हिकारत, अवमानना का घूंट पीता हुआ पशुवत जीवन व्यतीत करने को मजबूर है। क्यों देश के सर्व एवं अति सम्मानित औद्योगिक घरानों द्वारा तथाकथित विकास की, ऐश्वर्य की और समृद्धि की गंगा बहाने के बावजूद झारखंडी विकास के रसास्वादन से वंचित है ? क्यों देश के संभ्रांत, सम्मानित और प्रतिष्ठित शैक्षणिक संस्थानों के बावजूद झारखंडी अशिक्षा, निरक्षरता का दंश झेल रहा ? क्यों हमारी सभ्यता, हमारी संस्कृति, हमारी वेशभूषा, खान-पान, रहन-सहन, पर्व-त्योहार, भाषा, गीत, संगीत को एक उपहास और मखौल का विषय बनाया जाता है ?

झारखंड क्या से क्या हो गया ?: झारखंड क्या से क्या हो गया, सोचता हूं तो हृदय की पीड़ा और वेदना प्रकट हो जाती है। प्रतिक्रियात्मकता और नकारात्मकता के दृष्टिकोण से देखने वाले, विरोध के लिए विरोध करने की प्रवृत्ति से कहें तो वह अक्षम्य होगा। लेकिन, सकारात्मक पृष्ठभूमि में यदि झारखंड का आकलन करना हो, झारखंड की लड़ाई के आंसू, पसीने और खून को चंदन सा माथे पर लगाकर सत्य एवं सिर्फ सत्य कथन कहना हो तो यह कहने में मुझे बिलकुल संकोच नहीं होता कि यह वह झारखंड नहीं है, जिस झारखंड का सपना लेकर अनगिनत लोगों ने कुर्बानी दी, संघर्ष किया। **ये दाग-दाग उजाला, ये शव गुजीदा सहर, ये वो सहर तो नहीं, जिसकी आरजू में हम चले**। ऐसे ही तमाम बुनियादी प्रश्न जो सांस्कृतिक, सामाजिक,

आर्थिक आयामों को स्पर्श करते हैं। हम जैसे झारखंडी मनोमस्तिष्क को उद्वेलित, प्रेरित और आंदोलित करती थी और यहीं वह मूल मर्म था, जिसके लिए मैं, मेरे साथी, मेरे क्रांतिकारी सहयोगी अपने निजी सुख-सुविधाओं को तिलांजलि देकर आंदोलन में कूद पड़े थे। बड़ा कंटकाकीर्ण मार्ग था। प्रताड़ना, विरोध, षडयंत्र की चुनौतियां, हर कदम पर रोड़े और अवरोध उपस्थित करती थीं। मेरे कई साथियों ने इस संघर्ष पथ पर अपने प्राणों की आहुति दी। कई लोगों का घर टूटा, परिवार छूटा। दमन के चक्रव्यूह को अर्जुन अपनी शौर्य, धैर्य और पराक्रम से भेदकर बच निकले, तो कई अभिमन्यु दिकुओं (शोषकों) और प्रशासन के चक्रव्यूह में अपनी प्राणों का बलिदान किए। झारखंड की सभी समस्याएं इस तरह झारखंड के राजनीतिक अस्तित्व को समाप्त करने की पूंजीवादी योजना के साथ-साथ जन्म लेने लगती हैं।

आज झारखंड की समस्याओं में सबसे महत्वपूर्ण झारखंड के विस्थापन, बेरोजगार, पलायन और झारखंडियों के अस्तित्व के संकट की ओर हमें दृष्टिपात करना है। अंग्रेजी साम्राज्यवाद और देश की आजादी के बाद से लेकर झारखंड में बिहार का शोषण और झारखंड गठन के बाद भी झारखंडियों के लिए कोई रचनात्मक काम का न होना उनकी गरिमा पर आंच आना आरंभ हो जाता है, जिस श्रृखंला ने आज तक रुकने का कभी नाम ही नहीं लिया है। झारखंड की गरिमा का उनके ही क्षेत्रों में लगातार नष्ट होना, उन्हें अपमानित करना आज की विशेषता बन गई है।

विशेष राज्य का दर्जा : झारखंड की गरीबी का कारण पूर्व की बिहार सरकार रही है। प्रकृति का दोहन बढ़ गया। मेरा प्रश्न है कि क्या कुछेक की तरक्की को आम आदमी की तरक्की से जोड़ा जा सकता है? 11 साल में झारखंड की अपनी विधानसभा, सचिवालय नहीं बन सका। झारखंड निर्माण के समय राज्य का सरप्लस बजट था, लेकिन आज राज्य सरकार विशेष राज्य के नाम पर केंद्र सरकार से भीख मांग रही है। थोड़ी सड़कें बनीं, तो उससे नब्बे प्रतिशत सड़कें मरम्मत के लायक हो गईं। गांवों को बिजली न के बराबर मिली है। जल संसाधन की सतही योजनाओं में जलापूर्ति का सवाल को मीलों पीछे धकेल दिया। ग्यारह वर्षों में शैक्षिक घोषणाओं की बौछार के बावजूद न कोई मेडिकल कॉलेज खुला, न कोई इंजीनियरिंग कॉलेज। यह अनुमान किया जाता है कि प्रतिवर्ष झारखंड से लगभग तीस हजार बच्चे अच्छी शिक्षा के लिए दूसरे प्रदेशों में पलायन कर जाते हैं। कृषि उत्पादन में ह्रास हुआ।

खनिजों का दोहन जोर-शोर से जारी है। अफसर, मंत्रियों पर हावी होता गया। विकास की कहानी प्रगति के आंकड़ों की भूल-भूलैया में नौकरशाह धूर्ततापूर्ण तरीके से पेश करते हैं। एक सौ से अधिक एमओयू झारखंडियों को उजाड़ने का हथियार है। ठेकेदारों, बिचौलियों, दलालों की भूमिका में झारखंड की तकदीर का मसविदा लिखा जा रहा है। जेपीएससी में नौकरी बेची गई। सच्चाई तो यह है कि झारखंड के खजानों की पूंजी वैसे ही लोगों के हाथों पहुंच गई है, जो झारखंड को उपनिवेश के रूप में रखने में कामयाब है।

नीतियां किसी और की : भजपा नेता श्री अर्जुन मुंडा ने 11 सितंबर, 2010 को राजभवन (रांची) में झारखंड के आठवें मुख्यमंत्री के रूप में शपथ ली। उनके साथ झामुमो के श्री हेमंत सोरेन और आजसू के श्री सुदेश महतो ने भी मंत्री पद की शपथ ली। ये दोनों उपमुख्यमंत्री बनाए गए। दूसरे दिन श्री मुंडा अपने दोनों सहयोगियों हेमंत सोरेन और सुदेश महतो के साथ नागपुर गए। वहां उन्होंने राष्ट्रीय स्वयं सेवक संघ के मुख्यालय जाकर संघ के सरसंघ चालक मोहनराव भागवत के समक्ष माथा टेका और कहा कि हम आपके समक्ष झारखंड को समर्पित कर रहे हैं, सिर्फ आपका आशीर्वाद चाहिए। आपके हर आदेश का हम पालन करेंगे। सरसंघ चालक ने कई मार्गदर्शन दिए।

भाजपा आरएसएस की नीतियों पर शासन करती है। भाजपा के केंद्रीय संगठन और प्रांतीय संगठनों में आ-रएसएस के प्रतिनिधि होते हैं जो महामंत्री (संगठन) का काम संभालते हैं। उनके बिना कोई भी एजेंडा तय नहीं होता। अब आरएसएस के दिशा-निर्देश पर भाजपा के नेतृत्व में बनी सरकार (जिसमें झामुमो और आजसू भी है) की योजना है कि औद्योगिक विकास के नाम पर आदिवासियों को समाप्त कर देना चाहिए, चूंकि ये राष्ट्र की मुख्यधारा (हिन्दुत्व) को अपनाने से अस्वीकार करते हैं। आरएसएस की सोच है कि इसे साकार रूप देने के लिए विकास ही एक ऐसा हथियार है, जिसके नाम से उसे विस्थापित किया जा सकता है। पहले भी मुंडा सरकार ने सौ से भी अधिक एमओयू पर हस्ताक्षर किए। अब विकास के नाम पर गांवों से आदिवासियों को उजाड़ा जाएगा।

अभी अधूरा है झारखंड : झारखंड राज्य तो बन गया, लेकिन अभी यह अधूरा है। झारखंडी जनों का आधा हिस्सा तो पश्चिम बंगाल, औड़िशा और छत्तीसगढ़ में बिखरा पड़ा है। उनको शामिल किए बिना झारखंड पूरा नहीं होगा। भारत में जिस प्रकार भाषाई राज्य बने और उस भाषा बोलने वालों के क्षेत्रों को एक भौगोलिक इकाई राज्य के रूप में शामिल किया गया। उसी प्रकार संथाल, हो, मुंडा, उरांव, कुरमी आदि झारखंडी अस्मिता के लोग झारखंड राज्य के बाहर जिन सीमावर्ती क्षेत्रों में बहुमत में रहते हैं उनको झारखंड राज्य में शामिल करना चाहिए। इसके लिए एक संघर्ष की जरूरत है। पश्चिम बंगाल, ओड़िशा के अंधराष्ट्रवादी और विस्तारवादी लोग आज भी झारखंड राज्य का विरोध करते हैं। इनसे जूझना होगा।

झारखंड राज्य में सूखी जमीनों को छोड़कर जंगल, खदान, शहर, कारखाने, बांध आदि सारे संसाधनों पर कब्जा तो पूंजीपतियों का है। झारखंड राज्य के ग्यारह साल में यह कब्जा लगातार बढ़ता जा रहा है। बड़े पैमाने पर खनिजों की लूट जारी है। एक तरफ बाहर से आकर बसने वालों की संख्या बढ़ती जा रही है और दूसरी ओर सूखी जमीनों से भोजन मयस्सर न होने के चलते हर दिन हजारों झारखंडी पलायन कर जाते हैं, तो फिर यह किसका झारखंड हुआ?

राज्य के मंत्रीगण झारखंडी हैं, पर राज्य सरकार लुटेरों के हित में काम कर रही है। झारखंड राज्य पाने का असली मतलब तो यह होना चाहिए कि झारखंड के संसाधनों पर झारखंडियों का कब्जा हो। राज्य बनने के बाद भी झारखंड आंतरिक उपनिवेशवाद का शिकार है, इससे मुक्ति चाहिए। भारत के अन्य राज्यों की तरह झारखंड के राज्यस्तरीय प्रशासनिक अधिकारी झारखंडी होना चाहिए।

सीएनटी, एसपीटी एक्ट की सुरक्षा : बीसवीं शताब्दी के प्रारंभ में झारखंड की नब्बे प्रतिशत आबादी आदिवासी थी। छोटानागपुर टेनेंसी एक्ट और संथाल परगना टेनेंसी एक्ट इन्हीं आदिवासियों की जमीनों की रक्षा के लिए बने थे, लेकिन बाद में जमीनों को हड़पने की प्रक्रिया तेजी से जारी है। इस ऐतिहासिक षडयंत्र का प्रतिकार होना चाहिए। झारखंड की वो आदिवासी जातियां जो 1931 तक एबोरजिनल के नाम पर चिह्नित थीं, उन्हें पुनः आदिवासियों की सूची में वापसी कर शामिल करना चाहिए और उनकी अन्यायपूर्वक हड़पी गई जमीनें उन्हें वापस दिलानी चाहिए।

आर्थिक नीति में सुधार की जरूरत : झारखंड राज्य की आर्थिक नीति देश-विदेश के पूंजीपतियों द्वारा झारखंड के ससाधनों को लूटने के हित में बनाई गई जो आज भी जारी है। विकास के नाम पर जो भी तथाकथित उद्योगीकरण हुआ, उसका लाभ पूंजीपतियों और गैरझारखंडी शिक्षित अधिकारियों और कर्मचारियों को मिला। इससे सिर्फ झारखंडियों की जमीनें हड़पी गईं। उनकी शिक्षा, स्वास्थ्य व आजीविकाओं के साधन छीने गए, उनके जंगल और अन्य संसाधन छीने गए।

झारखंडी जनता के हित में आर्थिक नीति बननी चाहिए, जिससे ग्रामांचल का विकास हो। खेती का विकास, मछलीपालन, पशुपालन, ग्रामीण उद्योग आदि का विकास हो। नदियों का पानी खेतों को मिले। जनजातीय एवं क्षेत्रीय भाषाओं का विकास हो। गांव-गांव में बिजली, सड़क, पेयजल, शिक्षा, स्वास्थ्य एक बुनियादी शर्त है। जंगल से वनोत्पादित वस्तुओं पर उन्हें अधिकार मिले।

◆ ◆ ◆

सशक्त सरकार चाहिए

सूर्य सिंह बेसरा
पूर्व विधायक

स्वतंत्रता सेनानी एवं उलगुलान के महानायक बिरसा मुंडा को आदर्श मानकर उनके जन्म दिवस पर यानी 15 नवंबर 2000 को झारखंड राज्य की आधारशिला रखी गई थी। 11 साल बीते, लेकिन हम बिरसा मुंडा के सपनों का झारखंड बनाने में विफल रहे। झारखंड प्राकृतिक सौंदर्य से सुशोभित है, जहां वनों का मधुर संगीत है। वन एवं खनिज संपदा की प्रचुरता के कारण झारखंड की एक विशिष्ट पहचान है। 40 प्रतिशत खनिज राजस्व अकेले झारखंड से देश को प्राप्त होता है। आखिर धनी झारखंड गरीब कैसे हो गया? यह एक गंभीर प्रश्न ही नहीं, बल्कि चिंतनीय विषय भी है। अलग राज्य बनने के बाद वित्तीय वर्ष 2000-01 में पहली सरकार का बजट सरप्लस था। प्रति व्यक्ति औसतन आमदनी करीब चार हजार रुपये थी। उसके बाद लगातार 10 वर्षों तक सरकार ने घाटे का बजट पेश किया। राज्य दिवालियापन के रास्ते पर है। राज्य में प्रत्येक व्यक्ति करीब सात हजार रुपये का कर्जदार है। राज्य का क्षेत्रफल 79 हजार 714 वर्ग किलोमीटर है। वर्ष 2001 की जनगणना के अनुसार दो करोड़ 69 लाख की आबादी थी, जो 2011 तक बढ़कर तीन करोड़ 30 लाख हो गई। झारखंड में आदिवासियों की जनसंख्या निरंतर घट रही है। इसका कारण विस्थापन और पलायन हो सकता है। झारखंड में साक्षरता दर केवल 54 प्रतिशत है। गरीबी रेखा से नीचे जीवन बसर करनेवाले आदिवासियों की बीपीएल संख्या करीब 64 प्रतिशत है। झारखंड में राजस्व गांवों की संख्या 32, 615 है। दसवीं पंचवर्षीय योजना के दौरान केवल 8,727 गांवों में बिजली पहुंचाई जा सकी है। झारखंड में विकास की असीम संभावनाएं हैं। अगर राज्य सरकार की दृढ़ इच्छाशक्ति हो तो झारखंड की तस्वीर और झारखंडियों की तकदीर बदल सकती है।

भ्रष्टाचार में आकंठ डूबा झारखंड : एक कहावत है कि बर्बादे गुलिस्तां करने को एक ही उल्लू काफी है। जहां हर शाख पर उल्लू बैठा हो, अंजामे खुदा क्या होगा? झारखंड की दुर्दशा भी ऐसी ही है। जहां खोदिए, वहीं खनिज और वहीं भ्रष्टाचार। केवल 11 वर्षों के कालखंड में ही झारखंड सरकार ने भ्रष्टाचार के सारे रिकार्ड तोड़ डाले। यह बात सच है कि झारखंड में भ्रष्टाचार बिहार से विरासत में ही मिला है। यह भी प्रमाणित है कि बिहार की कार्य संस्कृति प्रशासन तंत्र ने झारखंड में अंगीकृत कर लिया है। ऐसी परिस्थितियों में भ्रष्ट नौकरशाह और बिकाऊ चरित्र वाले नेता झारखंड में कैसे टिकाऊ सरकार दे पाएंगे? भ्रष्टाचार का उन्मूलन कैसे होगा? झारखंड नवनिर्माण के लिए बिरसा जैसे उलगुलान का महानायक कौन होगा?

आठ आदिवासी नेता बने मुख्यमंत्री : पहले कहा जाता था छोटानागपुर-संताल परगना यानी झारखंड, बिहार के मंत्रियों एवं संत्रियों का चारागाह था, तभी तो लालूजी के राज में 950 करोड़ का चारा घोटाला हुआ था। तब आदिवासियों के शोषक बिहारी दिकु थे, अब आदिवासियों के शोषक आदिवासी दिकु कौन हैं। चार हजार करोड़ का घोटाला क्या है? पूर्व मुख्यमंत्री मधु कोड़ा जेल में बंद क्यों है? मधु कोड़ा विकास का रोड़ा है या आदिवासियों के हितैषी। पूर्व मंत्री एनोस एक्का का तो चार सौ करोड़ का गड़बड़ घोटाला है। एनोसा एक्का की तरह एकाध नहीं, बल्कि दर्जनों पूर्व मंत्री-संत्री न्यायिक हिरासत में हैं। आंच हो तो जांच हो, इस तर्ज पर अगर सीबीआइ जांच होती है तो झारखंड के हजारों अलीबाबा और 40 चोर जेल की सलाखों के पीछे नजर आएंगे।

झारखंड में परिवर्तन के नाम पर केवल सत्ता परिवर्तन एवं नेतृत्व परिवर्तन हुआ है। 11 सालों में प्रथम मुख्यमंत्री बाबूलाल मरांडी एक बार, शिबू सोरेन तीन बार, अर्जुन मुंडा तीन बार, बाकी जो बचा मधु कोड़ा एक बार में ही कई विश्व रिकार्ड बना डाले। इस प्रकार 11 वर्षों में आठ आदिवासी मुख्यमंत्री बने, लेकिन सबसे ज्यादा राज्य के आदिवासी हाशिये पर रह गए। सबसे ज्यादा गरीब तो आदिवासी ही हैं। विस्थापन और पलायन का दंश भी आदिवासी ही झेल रहे हैं। गरीबी रेखा से नीचे और विकास की मुख्यधारा में अगर कोई पीछे है, तो वह आदिवासी है। जहरीली शराब पीकर मरनेवालों की सबसे ज्यादा संख्या, तो आदिवासी। यह तार्किक प्रश्न है कि जिस राज्य में सत्ता की बागडोर आदिवासी नेताओं के हाथों में हो, वहां आदिवासी बेचारा, बेसहारा क्यों? तर्क जो भी हो, तथ्य यह है कि आदिवासियों का राजनीतिक शोषण दूसरा कोई नहीं आदिवासी नेताओं ने ही किया है। आदिवासियों को मौलिक अधिकारों के साथ कानूनी संरक्षण तथा संविधान में आरक्षण का प्रावधान किया गया है। इसके बावजूद आदिवासी उपेक्षित और वंचित हैं। आदिवासी हितों की रक्षा के लिए कई प्रकार के कानूनी प्रावधान किए गए हैं, जैसे विलकिंशंस रूल-1832, छोटानागपुर काश्तकारी अधिनियम-1908, संताल परगना काश्तकारी अधिनियम,-1912, पंचायत उपबंध, अनुसूचित क्षेत्रों पर विस्तार अधिनियम यानी पेसा कानून-1996, अनुसूचित जनजाति एवं अन्य परंपरागत वन निवासी नियम-2008, अनुसूचित जाति, जनजाति अत्याचार निवारण अधिनियम-1989 आदि अनगिनत नियम अधिनियम बनाए गए हैं। इसके बावजूद आदिवासियों को उसका वास्तविक लाभ नहीं मिल पाता, क्यों? उसके लिए सरकार एवं आदिवासी जनप्रतिनिधि शत-प्रतिशत दोषी और जवाबदेह है।

◆ ◆ ◆

बदलाव के रास्ते

व्यवस्था परिवर्तन के लिए नीयत, नीति और इच्छाशक्ति चाहिए। गुड गवर्नेंस के लिए नेतृत्व और नीतियों में पारदर्शिता अनिवार्य है। झारखंड आंदोलन के शहीदों को सम्मान मिले।

झारखंड सरकार चाहे तो तीन मॉडल अनुकरण करे। चाहे तो गुजरात की नरेंद्र मोदी का विकास मॉडल, या बिहार के नीतिश कुमार के मॉडल को अंगीकृत करे अन्यथा उड़ीसा के नवीन पटनायक की राह पर चले।

शत- प्रतिशत साक्षरता दर बढ़ाने के लिए 2020 तक लक्ष्य रखना होगा।

झारखंड का विकास, विस्थापन एवं पुर्नवास नीति में ऐसर पारदर्शिता लानी होगी, जिसमें विस्थापन कम और कृषि भूमि का अधिग्रहण भी कम हो। सरकारी बंजर भूमि पर उद्योग स्थापित हो और स्थानीय व्यक्तियों को रोजगार में प्राथमिकता के आधार पर ज्यादा से ज्यादा अवसर प्राप्त हो। इस तरह गरीबी और भुखमरी दूर होगी।

बेरोजगारी दूर करने व पलायन रोकने के लिए कृषि को उद्योग का दर्जा देना होगा। लघु उद्योगों का बढ़ावा मिले। जहां तक बड़े पैमाने पर औद्योगीकरण के बदले 'चाईना मॉडल' का 'एग्रो बेस इंडस्ट्री' विकास करना होगा।

राष्ट्रीय मार्ग या राजमार्ग काफी जर्जर है। कारण निर्माण की गुणवत्ता में कमी। वैसे दोषी ठेकेदारों को काली सूची में डाल देना चाहिए ,साथ ही दोषी अभियंताओं को सेवा से बर्खास्त कर देना चाहिए।

राज्य की शिक्षा नीति 'त्रिभाषा फर्मूला' के तहत होनी चाहिए अर्थात हिन्दी, अंग्रेजी और मातृभाषा। झारखंड से मेधापलायन रोकने के लिए शैक्षणिक वातावरण तैयार करना चाहिए, उसके लिए इंजीनियरिंग, मेडिकल के अलावे आईआईटी, आईआईएम तथा अन्य तकनीकी तथा व्यावसायिक संस्थानों की आधारभूम संरचना विकसित करना चाहिए।

अपने संसाधनों के बूते हो विकास

वीपी केशरी
झारखंड आंदोलन में सक्रिय भूमिका

गलती तो शुरू में ही हो गई। हमारे (झारखंडी) विकास की परिभाषा को दिल्ली, यूरोप और अमेरिका में बैठे लोगों ने तय किया। डेवलपमेंट का जो वर्तमान सेट पैटर्न है, वह स्थानीय जीवन, जीवनशैली, मानसिकता, सोच और रहन-सहन के तौर-तरीकों को नकारते हुए हर क्षेत्र को एक ही मापदंड पर तौल देता है। आजादी के बाद से करीब दर्जन भर पंचवर्षीय योजनाओं का क्या लाभ मिला, जबकि इसमें लाखों करोड़ रुपये खर्च हुए।

प्लानिंग (विकास योजना) पर सवाल उठना लाजिमी है। गांधीजी का सुझाव था कि विकास योजना बनाते समय जो देश का सबसे अंतिम आदमी है, उसे सबसे आगे रखना चाहिए। इसे पूर्णरूप से नियंत्रित अर्थव्यवस्था कहा जाएगा। वर्तमान में पूरी-की-पूरी संरचना केवल समृद्ध लोगों (पूंजी संपन्न) को और अधिक समृद्धि देने की कवायद लगती है। आर्थिक लेन-देन का चक्र इस कदर बुना गया है कि पूंजी का अति-केंद्रण (सेंट्रलाइजेशन) हो गया है। मतलब यह कि पूंजी घूम-फिरकर पूंजीपतियों के पास ही पहुंच रही है।

उद्देश्य से भटकी अर्थव्यवस्था : झारखंड जैसे गरीब राज्य में हम इंदिरा आवास का उदाहरण ले सकते हैं। आवास बनाने में ईंट, पत्थर, बालू, सीमेंट की जरूरत होगी, जिसकी खरीदारी करने से वह पूंजी वापस ईंट-भट्ठा मालिकों, सीमेंट कंपनियों के पास चली जाती है। हमारी हर गतिविधि का लाभ पहले से पूंजी संपन्न लोगों को ही मिलता है। इसी तरह खेती को भी देखना होगा।

पारंपरिक खेती को नष्ट कर पूरी तरह बाजार पर निर्भर बना दिया गया। अब बीज, उर्वरकों के लिए मनमानी राशि वसूली जाती है। किसानों का लागत मूल्य अधिक हो जाता है, जिससे लाभ नहीं मिल पाता है। कहने का मतलब यह है कि हमें अपने परिवेश, परिस्थितियों और उपलब्ध संसाधनों से विकास के तरीकों से भटका कर जबरन उस अर्थव्यवस्था का हिस्सा बना दिया गया है, जो हमारे लिए फिट नहीं है।

अपनी पूंजी का हो इस्तेमाल : हमारे पास अगर एक लाख रुपया है, तो हमें उसी पूंजी के सहारे विकास का रास्ता अपनाना चाहिए, न कि वर्ल्ड बैंक, अंतरराष्ट्रीय मुद्रा कोष वगैरह के कर्ज में डूब कर विकास का महल सपनों में ही बना लें। झारखंड आज अरबों रुपये के कर्ज में डूबा है। सारे कर्ज विकास योजनाओं के नाम पर लिये गए हैं, लेकिन नतीजा ढूंढ़ने पर भी नहीं दिखता। कहने का मतलब यह है कि विकास के नाम पर कर्ज में डूबने के बदले उपलब्ध संसाधनों का बेहतर उपयोग कर लोगों को स्वावलंबी बनाने के प्रयास हों तो अधिक कारगर होगा। अधिक व्यावहारिक भी होगा।

गुणवत्तापूर्ण काम : अस्सी के दशक में पलामू में कटकु डैम पर काम शुरू हुआ। 30 सालों में तीन सौ करोड़ रुपये से अधिक की राशि खर्च हुई, लेकिन तीन प्रतिशत किसानों के चेहरों पर भी मुस्कुराहट नहीं आ सकी। साफ है कि योजना पर सही और गुणवत्तापूर्ण तरीके से काम नहीं हुआ, जिस कारण किसान लाभ से वंचित हुए, जबकि अफसर, सप्लायर, ठेकेदार, सब मालामाल होते रहे। यही हाल हर योजना का है। विकास के नाम पर बनने वाली हर योजना, हर स्कीम, गरीबों-वंचितों के लिए नहीं, बल्कि लूट के मकसद से बनती

है। नेता, अफसर, ठेकेदार, सप्लायर, इनके अलावा विकास योजनाओं का लाभ और किसी को नहीं मिलता।

झारखंड के लोगों की जरूरत : झारखंड के लिए विकास का रोड मैप तैयार करने से पहले समझना होगा कि झारखंड के लोग चाहते क्या हैं। झारखंड बनने से पहले का यह सवाल आज तक नहीं सुलझाया जा सका है। स्थिति यह है कि लोग सरकार के हर कदम को- एंटी पीपुल समझने लगे हैं। यह सवाल लाजिमी है, आखिर सरकार ने लोगों को दिया ही क्या है, जो उन पर विश्वास किया जाए। पीपुल ओरिएंटेड डेवलपमेंट मॉडल (जनोन्मुखी विकास मॉडल) के विषय में बात करना तो दूर सोचा तक नहीं गया। उदाहरण के लिए विकास के नाम पर स्थानीय लोगों से छीनी गई जमीनों को लें।

उद्योगों की स्थापना और अन्य विकास परियोजनाओं के नाम पर जितने लोग उजड़े, उनमें से 15 लाख लोग कहां गए, उनका कोई अता-पता नहीं है। ऐसे में कहा तो गया कि विकास के लिए हमें अपनी जमीन दे दो। लेकिन, इससे किसका लाभ हुआ, इस पर विचार नहीं किया गया। उद्योग तो लगे लेकिन स्थानीय लोग तकनीकी और स्किल के मामले में पीछे होने के कारण झाड़ू लगाने वाले बन गए, जबकि बड़े पदों पर बाहर से आए लोग बैठे। अपने खेत में फसल उगाने वाले को झाड़ू लगाने वाला बना दिया गया, इसे विकास के पैमाने पर किस तरह तौला जाए।

मोहरा बनी सरकार : विकास का रोडमैप तैयार करने से पहले अमेरिका के मूल निवासियों रेड इंडियन्स का संदर्भ याद करना उपयोगी होगा। कॉलोनियल रूल की प्रक्रिया यही थी कि जहां भी जाओ वहां की संस्कृति और देशज अर्थव्यवस्था पर हमला करो, खुद-ब-खुद राज स्थापित हो जाएगा। इस तरह अमेरिका- यूरोप से आए लोगों की कॉलोनी बन गई और वहां के मूल निवासी रेड इंडियंस का वजूद मिट गया। ऑस्ट्रेलिया में भी ऐसा ही हुआ। वहां भी मूल निवासियों की संख्या पांच से दस हजार रह गई है। झारखंड का संदर्भ भी इससे अलग नहीं है। यहां भी ऐसे ही हथकंडे अपनाए जाते रहे हैं, जिसमें सरकार भी मोहरा बन गई है। बाहरी आबादी के आगमन से कल्चरल सबमर्जेन्स (सांस्कृतिक सम्मिश्रण) की प्रक्रिया शुरू हुई, जिससे सामाजिक असामंजस्य की स्थिति पैदा हो गई। सांस्कृतिक संघर्ष भी देखने को मिलने लगे। दो परिस्थितियां एक जगह, एक साथ प्रकट हो गईं- एक तरफ लोग अपार्टमेंटों में रहते हुए मोबाइल युग में पहुंच गए और दूसरी ओर इसी के समानांतर गोइंठा एज बरकरार रहा।

◆ ◆ ◆

क्या हैं विकल्प

आदमी की जरूरत को पहले देखें। स्थानीय परिस्थितियों के हिसाब से उसे समझें, उनका विश्लेषण करें। बौद्धिक व भौतिक विकास को समान रूप से तरजीह देने की जरूरत है। सड़क, बिजली, पानी, शिक्षा सुविधा, सिंचाई आदि इंफ्रास्ट्रक्चर में आते हैं। भाषा, संस्कृति, शिक्षा आदि मेंटल डेवलपमेंट या सुपर स्ट्रक्चर डेवलपमेंट के तत्व हैं। अभी सरकार का सारा का सारा जोर इंफ्रास्ट्रक्चर डेवलपमेंट पर है, जबकि झारखंड सांस्कृतिक रूप से सक्रिय राज्य होने के नाते इसके सुपर स्ट्रक्चर के तत्व अधिक महत्वपूर्ण हैं।

शिक्षा का सर्वाधिक महत्व है। अगर लोगों को शिक्षित कर दिया जाए तो वे अपने संसाधनों का बेहतर उपयोग कर खुद-ब-खुद स्वावलंबी हो जाएंगे। स्थानीय भाषा में शिक्षा देने की पहल अब तक शुरू नहीं हुई है। कम से कम प्राथमिक स्कूली स्तर पर स्थानीय भाषा में शिक्षा देने की व्यवस्था की जाए। झारखंड के गांवों में बच्चे ठीक से न तो हिंदी समझते हैं और न ही अंग्रेजी। ऐसे में पढ़ाई अधिक प्रभावी साबित नहीं हो रही है। कोठारी आयोग ने जो थ्री लैंग्वेज फॉर्मूला दिया था, उसे अपनाना झारखंड के लिए बेहद लाभकारी होगा। नेशनल, इंटरनेशनल भाषा के साथ-साथ मदर-टंग यानी मातृभाषा का ज्ञान जरूरी है।

प्राकृतिक संसाधन हैं, लोग मेहनती हैं, अगर ठीक से शिक्षा दी जाती तो लोगों को रोटी के लिए बाहर नहीं जाना पड़ता। विकास का प्रवाह नीचे से ऊपर की ओर हो, यही गांधीजी का मॉडल था। झारखंड में सत्ता के विकेंद्रीकरण का मतलब स्थानीय स्तर पर स्वायत्तता से है, जो अभी तक नहीं मिल सका है। गांव को यह अधिकार दे दिया जाए कि वह अपना विकास किस तरह से करना चाहता है। सारी समस्या का समाधान हो जाएगा। यही असली पब्लिक डेमोक्रेसी का रूप है, जो झारखंड का सारा दुख हर लेगा।

दूसरी बात स्थानीयता का अभिमान जगाना है। स्थानीय इतिहास को, इतिहास पुरुषों को, स्थानीय भाषा, साहित्य, पर्व-त्योहार, लोकाचार आदि को अपना स्वाभिमान बनाना होगा। हम दुनिया के इतिहास को जानते हैं लेकिन अपने ही इतिहास से अनजान हैं। ऐसे में मानसिक विकास का अध्याय नहीं लिखा जा सकता।

सत्ता का विकेंद्रीकरण ही रास्ता

बंदी उरांव
पूर्व विधायक

झारखंड की चर्चा करते ही अपने आप एक गरीब, अराजक राज्य की छवि उभरती है, जिसमें लोग उत्पीड़न, शोषण और दमन के शिकार हैं। अलग राज्य बनने के पूर्व यहां एक राजनीतिक चेतना नजर आती थी कि हमें अलग राज्य मिलने के बाद शोषण-उत्पीड़न से मुक्ति मिलेगी। सबने मिलकर इसके लिए लड़ाई लड़ी। लेकिन, जब राज्य मिल गया, तब राजनीतिक चेतना अपने आप शून्य हो गई।

शून्य पड़ी राजनीतिक चेतना : वर्ष 2000 में तो झारखंड मिल गया। लेकिन, उसके बाद से अब तक लोगों की राजनीतिक चेतना की शून्यता का नतीजा है कि शासन भ्रष्ट और मनमाना आचरण करने लगा। विकास का मॉडल या रोड मैप तो पहले से ही राज्य के पास है, जिसके लिए 18वीं शताब्दी से ही यहां स्वायत्तता की मांग को लेकर आंदोलन, संघर्ष और विद्रोह होते रहे हैं। सत्ता का अंतिम स्तर तक विकेंद्रीकरण- यही झारखंड के विकास का एकमात्र रास्ता है।

कमीशनखोरी की संस्कृति : मुझे यह कहने में जरा भी हिचक नहीं कि घूसखोरी और विकास योजनाओं में कमीशनखोरी की संस्कृति राज्य के सर्वोच्च शासन से लेकर एकदम निचले स्तर तक है। हम उस घड़े में पानी जमा करने में लगे हैं, जिसमें स्तर तक कई छेद हैं। भला ऐसे में पानी कैसे भर सकता है। ढ़ेर सारी योजनाएं हैं, कानूनी प्रावधान हैं, उसी को यदि ईमानदारी से लागू करा दिया जाए तो सत्तर फीसदी समस्याएं अपने आप दूर हो जाएंगीं। लेकिन करना तो सरकार को ही है।

विफल तंत्र : मैं बीस साल तक विधायक रहा, लेकिन ऐसी लूट-खसोट संयुक्त बिहार के समय में भी नहीं होती थी। आप देखेंगे कि राजधानी समेत पूरे राज्य में हर जगह जमीन की घेराबंदी की जा रही है। साफ है कि स्थानीय लोगों के हाथों से उनकी स्थायी संपत्ति जा रही है और यहां के मूलवासी ही अब अल्पसंख्यक स्थिति में पहुंच चुके हैं। यह सब सरकार के संरक्षण और प्रशासन के मिलीभगत के बिना कैसे संभव है? जाहिर है कि हम एक ऐसे तंत्र से विकास, तरक्की और सामाजिक सुरक्षा की आस लगाए बैठे हैं, जो हमारा है ही नहीं और जिसने कभी हमें अपना समझने की कोशिश ही नहीं की।

अधिकतर अफसर बाहर के हैं और वे अपने नजरिये से यहां के जीवन, संस्कृति और लोक-व्यवहार को समझने की गलती कर बैठते हैं। उनमें झारखंड के प्रति अपनत्व का भाव कभी नहीं रहा, जिस कारण हमारा राज्य चारागाह बन गया। विकास के रोडमैप का पहला पहलू है कि शासक झारखंड को झारखंडवासियों के नजरिये से समझें और विकास की रणनीति तैयार करें।

खेतीबाड़ी को महत्व : उद्योगों के मुकाबले खेतीबाड़ी को अधिक महत्व देने की जरूरत है। आप देखेंगे कि उद्योगों की स्थापना के लिए लाखों लोगों की जमीनें ली जा रही हैं। इससे पहले से ही गरीब लोग और गरीब हो जाते हैं। शिक्षा का स्तर भी उस तरह उम्दा नहीं है, जिससे विस्थापित उस कंपनी में अच्छी नौकरी पा सकें। ऐसे में या तो उसे चौकीदारी का काम मिलेगा या पानी पिलाने वाला या चपरासी का। इस तरह गरीबों की जमीन भी गई और उसे कोई स्थायी लाभ भी नहीं मिला।

एक बार उद्योग लग जाने के बाद वह जमीन किसी काम की नहीं रह जाती है। बंजर जमीन पर भला क्या

उगेगा? इसके विपरीत खेतीबाड़ी का काम तब तक चलेगा, जब तक यह धरती रहेगी। कई पीढ़ी उस पर खेती करेगी, उससे घर का चूल्हा भी जलता रहेगा।

खेती के विकास की ओर सरकार ने कभी ध्यान दिया ही नहीं। जो बंजर जमीन है, सरकार ने कभी भी उसे खेती लायक बनाने की पहल नहीं की। उद्योगों के लिए सरकार जमीन छीनने पर आमादा है, लेकिन यह कभी नहीं कहती कि जिन लोगों की जमीन बंजर है, वह हमें दे दें, ताकि हम उसका विकास कर सकें। और जो उपज होगी, उसका आधा लाभ जमीन मालिक को दे दिया जाए। खेती संबंधी जो भी योजनाएं बनती हैं, वह डैम, तालाब, पोखर, नहर बनाने के नाम पर लूट कर जरिया बनती हैं। इससे किसान को भला क्या लाभ मिलेगा? अरबों रुपये खर्च हुए, लेकिन खेतों में पानी कहां पहुंच सका। मतलब यह कि सरकार को इस दिशा में गंभीर और ईमानदार प्रयास करने की जरूरत है।

सत्ता का विकेंद्रीकरण : झारखंड में स्वायत्तता की मांग सदियों से की जा रही है। आजादी से पहले इस क्षेत्र में हुए तमाम विद्रोह इसके गवाह रहे हैं। पेसा कानून–1996 आने के बाद भी उसे झारखंड में पूरी तरह से लागू नहीं किया गया है। जिस झारखंडी आत्मा को समझने की बात मैं कर रहा हूं, वह पेसा के जरिये ही संभव है। पेसा के प्रावधान सत्ता के सूक्ष्मतम विकेंद्रीकरण के पर्याय हैं। गांव का विकास कैसे होगा, यह तय करने का अधिकार गांव के लोगों को मिले।

सांस्कृतिक, भौगोलिक और लोकाचार की विविधताओं से भरे राज्य में हर क्षेत्र की अपनी बीमारी है और उसके इलाज का रास्ता भी उसी क्षेत्र विशेष में मौजूद है। उदाहरण के लिए वनोपजों के संबंध में सारे अधिकार वन विभाग अपने पास रखता है। यह पूरे गांव को क्यों नहीं दे दिया जाता है। विलेज मार्केट का मैनेजमेंट गांव के पास क्यों न रहे। विकास के लिए शांति अनिवार्य है। इसके लिए समस्याओं का समाधान और इकोनॉमिकल गेन (आर्थिक लाभ) आवश्यक है।

इकोनॉमिकल लॉस को पेसा कानून ने चार इकाइयों में बांटा है– उपयोग पर नियंत्रण, जमीन, पुलिस–कोर्ट और बैंक लोन। इन सबके मामले में गांव को फैसले का अधिकार दे दिया जाए। उदाहरण के लिए क्या गांव के लोगों को पता नहीं कि किस मामले में कौन दोषी है, कौन– सी जमीन किसकी है। बस कोर्ट–कचहरी, पुलिस–थाना करने की नौबत ही नहीं आएगी। पेसा कानून का दूसरा प्रमुख तत्व है इकोनॉमिकल गेन। इसके लिए लघु वनोपज, लघु खनिज और विलेज मार्केट के मामले में सारे अधिकार गांव को दे दिए जाएं। सत्ता के सूक्ष्मतम विकेंद्रीकरण से न सिर्फ राज्य का विकास होगा, बल्कि खुशहाली अंतिम आबादी तक पहुंचेगी। सारे काम विलेज अथारिटी के जरिये हों। जरूरत तो इस बात की है कि पेसा कानून को उसकी शुद्ध आत्मा के साथ प्रदेश में लागू कराया जाए।

उत्पीड़न से बगावत : लोगों में उत्पीड़न सहने की एक सीमा होती है। सहनशक्ति की उस सीमा के बाद लोग बगावत कर देते हैं। इस क्षेत्र में शोषण, उत्पीड़न और हकमारी का इतिहास नया नहीं है। ऐसे में कुछ युवाओं ने हिंसक विरोध का रास्ता अपना लिया। लेकिन, गलती उनसे अधिक शासन सत्ता की है, जिसने बेतहाशा जुल्म किए।

जयराम रमेश जब सारंडा दौरे पर आए थे, तो उन्होंने भी कहा था कि गांवों में विकास नहीं हुआ है। इस कारण सारंडा जैसे नक्सलग्रस्त इलाकों में विकास के लिए स्पेशल टीम बनाने की नौबत आई। सामाजिक–आर्थिक न्याय की स्थापना होगी तो भला कौन खून–खराबा करना पसंद करेगा। अगर बंदूक का जवाब बंदूक से देने पर अड़े रहे तो यह टकराव कभी नहीं रुकेगा। एक गांववाला मरेगा, लोगों के मन में सरकार और पुलिस के खिलाफ और नफरत पैदा होगी। बंदूक उठाने वालों युवकों की भरमार लग जाएगी।

◆ ◆ ◆

नए तरीके से सोचने की जरूरत

शिबू सोरेन
पूर्व मुख्यमंत्री और झारखंड आंदोलन में निर्णायक भूमिका

देखिए, जनता को भी जागरूक होना होगा अपने अधिकार व हक के लिए..। हमने जीवन भर संघर्ष और आंदोलन करके अलग झारखंड राज (राज्य) दे दिया..। इसके लिए जेल गए। जंगलों में भटके और अपने लोगों की कुर्बानी भी देनी पड़ी..। गरीब, आदिवासी व दबे-कुचलों के लिए महाजनों के खिलाफ आंदोलन किया। हंड़िया-दारू के खिलाफ आवाज उस वक्त भी उठाए थे और आज भी उठा रहे हैं..। कुछ दिनों के लिए मुख्यमंत्री बने तो सड़कों पर शराब बेचने वाली महिलाओं को स्वरोजगार से जोड़ने की दिशा में पहल भी की, ताकि वे हंड़िया-दारू बेचने के बजाय स्वनिर्भर होकर सम्मान से जीना सीख सकें। सौ बात की एक बात कहें तो झारखंड की जनता को सरकार से ज्यादा जिम्मेदार व जागरूक होने की आवश्यकता है। जब तक वे अपने हक व अधिकारों के प्रति सचेत नहीं होंगे, तब तक उन्हें सरकार की योजनाओं से वंचित रहना पड़ेगा। काम करने की इच्छाशक्ति जागृत होना बहुत जरूरी है।

झारखंड में अवसर व संसाधनों की कमी नहीं है। हमने तो अलग झारखंड राज्य दे दिया है और अब इसे सजाने-संवारने की जिम्मेदारी जनता की है। उन्हें ही सोचना होगा कि अबुआ राज किन उद्देश्यों के लिए अलग हुआ है? अपने और अपने बच्चों के भविष्य के लिए सोचने की जिम्मेदारी भी अब इनके ही ऊपर है। एक समस्या जरूर है कि झारखंड की आत्मा गांवों में बसती है और गांवों में रहने वाले आदिवासी और दूसरे समुदाय के लोग भोले-भाले हैं।

चालाक किस्म के लोग इन्हें आसानी से बेवकूफ बनाकर अपना काम निकाल लेते हैं। गांवों में जब तक जनजागृति नहीं आएगी, तब तक सारे प्रयास अधूरे साबित होंगे। हर खेत में पानी, हर हाथ को काम और शिक्षा के अधिकार से लोगों को जोड़ना होगा। इसके बिना समग्र विकास कैसे संभव है? प्रयास तो इस दिशा में किया ही जाना चाहिए..। कुछ प्रयास हुए हैं, लेकिन अभी बहुत कुछ होना बाकी है..।

मिलकर करना होगा प्रयास : झारखंड धनी स्टेट है। झारखंड में विकास के लिए नए तरीके से सोचने की जरूरत है। अखंड बिहार में झारखंड क्षेत्र का विकास नहीं किया जा रहा था। यहां के संसाधनों से बिहार को चमकाने की कोशिश होती थी। इस वजह से भी आंदोलन करके झारखंड अलग राज्य का निर्माण कराया। झारखंड के विकास की पूरी जिम्मेदारी अब यहां के लोगों पर है।

सूबे में खनिज संपदा, प्राकृतिक संसाधन के अलावा श्रम शक्ति की कोई कमी नहीं है। समग्र विकास के लिए इन तीनों को मिलाकर ही प्रयास करना होगा। खनिज संपदाओं से मिल रही रॉयल्टी की भी समीक्षा करनी होगी। रोजगार के लिए अवसर सृजित करने होंगे।

एक फसली नहीं, बहुफसली खेती : झारखंड के किसान साल भर में एक बार धान की खेती करके बम-बम करते हैं। ऐसा करने से अब काम चलने वाला नहीं है। महंगाई के कारण जीना मुहाल है। किसानों को अब बहुफसली खेती करनी होगी। खेतों में साल भर काम करके उपज बढ़ानी होगी। नई तकनीकों का सहारा लेना पड़ेगा। सरकार को चाहिए कि हर खेत में पानी पहुंचाने के लक्ष्य को तेजी से पूरा करे। कृषकों को

वैज्ञानिक व आधुनिक पद्धति से खेती करने के लिए उन तक सरकार की योजनाओं के बारे में जानकारी पहुंचाने के साथ प्रशिक्षण देने पर भी गंभीरता से जोरदार प्रयास किया जाना चाहिए। फलदार वृक्षों के बगीचे, ग्रामीण परिवेश में होने वाले छोटे-छोटे रोजगार, पशुपालन, डेयरी समेत महिला स्वय सहायता समूहों के माध्यम से महिलाओं को आत्मनिर्भर व आर्थिक रूप से संबल देने के प्रयासों को गति देनी होगी। निश्चित तौर पर ये सभी काम चुनौतियों से भरे हैं। इन प्रयासों को सही ढंग से धरातल पर उतारने से पहले ग्रामीणों में जनजागृति के लिए भी गंभीर प्रयास करना होगा।

योजनाबद्ध तरीके से हो विकास : भले ही थोड़ा ज्यादा वक्त लगे लेकिन जो भी काम हो वह मुकम्मल तरीके से। आधा-अधूरा काम किए जाने की वजह से ही विकास की गति अवरुद्ध होती आई है। इससे उबरने की जरूरत है। यह बात सरकार व जनता दोनों को समझना होगा। सकारात्मक व सामूहिक प्रयास करना पड़ेगा। नकारात्मक सोच से बाहर आकर ही तेज गति से आगे बढ़ा जा सकता है। पढ़े-लिखे लोगों को भी आगे आकर अपनी जिम्मेदारियों का निर्वहन करना होगा।

जल प्रबंधन के लिए ठोस उपाय : पहाड़ी नदियों के पानी का समुचित प्रबंधन जरूरी है। इस दिशा में गतिशील प्रयास प्रत्येक स्तर पर होना चाहिए। सिर्फ सरकारी प्रयासों से यह संभव नहीं है। हर व्यक्ति को इसके लिए प्रयास करना होगा। नदियों में चेक डैम, बांध, पोखर व तालाबों में जल संचय कर लिफ्ट इरिगेशन के माध्यम से सिंचाई के लिए पानी की आवश्यकता को पूरा किया जा सकता है। सिंचाई की मुकम्मल व्यवस्था से न सिर्फ कृषक खुशहाल होंगे बल्कि इससे समृद्धि भी आएगी। गांवों में खुशहाली तब आएगी, जब खेतों में हरियाली होगी।

रोजगारपरक शिक्षा पर जोर : यह सही है कि तमाम प्रयासों के बावजूद सूबे में रोजगार के भरपूर अवसर सृजित नहीं हो सके हैं। इस वजह से पलायन की गति तेज है। पलायन रोकने के लिए शिक्षा पद्धति को रोजगारपरक बनाना होगा। सरकार को इस दिशा में प्रयास करना होगा।

लोगों को काम का अवसर देकर ही पलायन रोका जा सकता है। इसलिए यह जरूरी है कि काम करने की इच्छाशक्ति पैदा की जाए और ऐसा माहौल बनाया जाए कि लोग दूसरे प्रदेशों में काम करने नहीं जाएं। रोजगार की कमी के कारण ही युवा वर्ग भटकाव की स्थिति में गलत राह अख्तियार कर रहे हैं। उग्रवाद को भी इसी वजह से बढ़ावा मिल रहा है। वैसे उग्रवाद इस राज्य के लिए ही नहीं, बल्कि राष्ट्र के लिए गंभीर समस्या है और इस मामले में गंभीर चिंतन करना होगा।

विकास में नहीं हो राजनीति : समग्र विकास के मुद्दे पर राजनीति नहीं होनी चाहिए। झारखंड में विकास को गति देने के लिए राजनीति से ऊपर उठकर सोचने की जरूरत है। गतिरोध को मिलकर खत्म करना पड़ेगा। इसके लिए राजनीतिक दलों को भी सकारात्मक सोच के साथ आगे बढ़ना होगा।

सब कुछ इस राज्य में मौजूद है। बस जरूरत है सामूहिक प्रयास व जोरदार इच्छाशक्ति से गंभीर प्रयास करने की। सिर्फ सरकार के बलबूते ही समग्र विकास की परिकल्पना को मूर्त रूप नहीं दिया जा सकता। जनता भी आगे बढ़कर अपने हक व अधिकार लेना सीखे। पढ़ें-लिखें और रोजगारपरक शिक्षा हासिल कर आत्मनिर्भरता की ओर बढ़ें। सरकार की नीतियों व योजनाओं पर निर्भरता को कम करें और खुद की ताकत को बदलाव का हिस्सा बनाएं।

◆ ◆ ◆

झारखंडी हो विकास का केंद्र बिंदु

सालखन मुर्मू
अध्यक्ष, झारखंड दिशोम पार्टी

झारखंड क्यों बना? किसके लिए बना? झारखंड का त्वरित विकास कैसे हो? इसका उत्तर झारखंड प्रदेश के निर्माण को सार्थक और भूमिपुत्रों के सपनों को सच बना सकता है। झारखंड प्रदेश का निर्माण बिरसा मुंडा के जन्मदिन पर किया गया अर्थात झारखंड का अपना एक इतिहास और भूगोल है। आज इसकी अवहेलना जारी है। यह झारखंड निर्माण के मूल उद्देश्य के खिलाफ है। बिहारी के लिए बिहार, बंगाली, उड़िया के लिए बंगाल और उड़ीसा की तर्ज पर वृहद झारखंड के आदिवासियों ने 'सिदो मुर्मू और बिरसा मुंडा के संघर्ष और सपना-आबुआ दिशुम-आबुआ राज' के लक्ष्य को संजोकर झारखंड प्रांत का सपना देखा था। लेकिन, आज यह चकनाचूर होता जा रहा है। आज का झारखंड एक और बिहार बनने को अग्रसर है, जबकि झारखंड बनाने के दो मूल उद्देश्य थे। (1) बिहार की आंतरिक उपनिवेशी शोषण से मुक्ति और आदिवासी को न्यूक्लियस बनाकर झारखंडी पहचान (झारखंडी उपराष्ट्रीयता) को स्थापित करना। (2) झारखंडी (आदिवासी + मूलवासी) का त्वरित सर्वांगीण विकास करना।

नीतिगत फैसले की जरूरत : झारखंड बने 11 वर्षों में सभी प्रमुख नेता और पार्टियों ने प्रत्यक्ष-अप्रत्यक्ष सरकारें बनाईं, चलाईं। लेकिन, किसी भी सरकार ने झारखंड क्यों बना और किसके लिए बना को स्थापित और समृद्ध करने की दिशा में कोई भी नीतिगत फैसला नहीं लिया। उल्टे संविधान, कानून और मानवाधिकार का खुद उल्लंघन किया है। इसका नतीजा है, जिन्होंने झारखंड मांगा था, झारखंड के लिए संघर्ष किया था, वे आज हाशिये पर चले गए हैं। जिन्होंने झारखंड का विरोध किया था, वे आज झारखंड के मालिक बन बैठे हैं। यह एक अजीब विडंबना है। इसके लिए सभी सरकारें जिम्मेदार हैं।

झारखंडी उपराष्ट्रीयता को स्थापित करने की बजाय इसे बर्बाद करने का ही काम शिबू सोरेन, अर्जुन मुंडा, बाबूलाल मरांडी, मधु कोड़ा ने किया है। ताजा नमूना बांग्ला, उड़िया भाषा को झारखंड में मान्यता देना और भोजपुरी, मैथिली, मगही को भी मान्यता देने की पहल है। झारखंड की राजनीति में आज मुद्रा हावी है। झारखंडी जन और उनके जनमुद्दे झारखंड के राजनीतिक जनमुद्दे नहीं बन सके हैं। केवल वोट, नोट और लूट के लिए नेता और पार्टियां झारखंड में बदनाम हो चुकी हैं। कोई भी बाहरी नोटों की थैली से रातों रात झारखंड का राज्यसभा सांसद बन बैठता है। मुद्रा की मार ने सत्ता पर काबिज आदिवासी मुख्यमंत्रियों को खुद अपने आदिवासी समाज के साथ धोखेबाजी के लिए मजबूर कर दिया है। आज अपने झारखंड में आदिवासी भाषा, संस्कृति, परंपरा, सरना धर्म और अस्तित्व की रक्षा का सर्वाधिक खतरा है। सर्वत्र विस्थापन-पलायन जारी है। आदिवासी आबादी झारखंड में लगातार घट रही है। आदिवासियों के खिलाफ अन्याय, अत्याचार, शोषण चरम पर है। झारखंड के लगभग सभी जिलों में नक्सली अपना पैर फैला चुके हैं। इसके पीछे निश्चित एक कारण भयंकर आदिवासी असंतोष है। झारखंड के प्रमुख नेताओं ने जहां अपने आदिवासी समाज को धोखा दिया है, वहीं आदिवासी जन को भी ऐसे धोखेबाजों का साथ देना गलत है। उन्हें सबक सिखाना होगा। इनका सर्वत्र विरोध करना होगा और झारखंडी जनमुद्दों पर आधारित एक राजनीतिक विकल्प खड़ा करना होगा वरना आदिवासी समाज का सर्वनाश निश्चित है। मूलवासी समाज भी हाशिये पर चला जाएगा।

मूलवासियों की रक्षा : झारखंड के सर्वांगीण विकास के लिए शांत चाहिए और शांति के माहौल के लिए भूमिपुत्रों को न्याय देना होगा। न्याय देने के लिए संविधान और कानून को लागू करना होगा। सकारात्मक नीति-निर्धारण करना होगा। झारखंड में संविधान (पांचवीं अनुसूची, मौलिक अधिकार आदि), कानून (सीएनटी-एसपीटी कानून, वन अधिकार कानून 2006, पेसा कानून 1996, समता फैसला 1997, एससी-एसटी उत्पीड़न कानून 1989, टीएसी आदि) और मानवाधिकार कानून सख्ती से लागू करने होंगे। साथ ही झारखंड मांगने वाले झारखंडियों को शिक्षा, नौकरी, व्यवसाय, ठेकेदारी आदि में प्राथमिकता मिले। इसके लिए झारखंड में अविलंब डोमिसाइल (स्थानीयता) नीति, 73 प्रतिशत संयुक्त आरक्षण नीति और वर्ग तीन और चार की नौकरियों को प्रखंडवार भरने की नियोजित नीति बनानी चाहिए। इसके बगैर स्थानीय लोग छले जाते रहेंगे। दूसरे सभी प्रांतों में स्थानीय नीति लागू है।

माननीय झारखंड उच्च न्यायालय ने भी 24.11.2002 के अपने फैसले में डोमिसाइल को परिभाषित करने का निर्देश दिया था, जिसकी आजतक किसी सरकार ने पालन नहीं किया है। अर्थात सभी सरकारें स्थानीय विरोधी प्रमाणित हुई हैं। माननीय सुप्रीम कोर्ट ने 13.07.2010 को तमिलनाडु में 69 प्रतिशत आरक्षण को जायज बताते हुए 50 प्रतिशत आरक्षण के सीमा बंधन को खोल दिया है तो झारखंड में सितंबर 2001 को घोषित 73 प्रतिशत संयुक्त आरक्षण क्यों लागू नहीं है। डॉ. भीमराव अंबेदकर के प्रयासों से एससी-एसटी को एमएलए-एमपी, आइएएस-आइपीएस और शिक्षण संस्थानों में आरक्षण नहीं मिला होता तो क्या वे कभी एमएलए-एमपी, आइएएस-आइपीएस, डॉक्टर, इंजीनियर, अफसर आदि बन पाते? शायद नहीं। अतः पिछड़े और कमजोर जातियों-वर्गों के लिए सहयोगी नीति-निर्धारण झारखंड में जरूरी है, तभी उन्हें न्याय और अधिकार मिल सकेंगे।

झारखंडी उपराष्ट्रीयता : झारखंडी सपनों को सार्थक बनाने के लिए झारखंडी उपराष्ट्रीयता की स्थापना के साथ-साथ समग्र विकास की परिकल्पना भी जरूरी है, लेकिन आज झारखंड में विकास भूमिपुत्रों के लिए विनाश साबित हो रहा है। चूंकि विकास का केंद्रबिंदु झारखंडी नहीं बल्कि मुद्रा और पूंजी पर आधारित लाभ की प्रतिस्पर्द्धा है। मुद्रा ने झारखंड के नेताओं और पार्टियों को अपने निजी स्वार्थों के लिए जकड़ लिया है। इसलिए सभी सरकारों ने बड़ी-बड़ी कंपनियों के साथ 100 से ज्यादा एमओयू कर झारखंडी सपनों के साथ झारखंड मांगने वालों को ही विस्थापन-पलायन को मजबूर कर उजाड़ने का महापाप किया है। झारखंड का प्रारंभिक विकास कृषि, वन, ग्रामीण विकास और गुणवत्तापूर्ण शिक्षा और स्वास्थ्य क्षेत्रों पर होना जरूरी है। औद्योगिक क्रियाकलापों को संतुलित ढंग से जनहित में धीरे-धीरे आगे बढ़ाया जा सकता है। झारखंड के समग्र विकास के लिए आधारभूत संरचना (रोड, पुल, भवन आदि) और औद्योगिक विकास भी जरूरी है। मगर किसके लिए? झारखंडी जनता के लिए या पूंजीपतियों के लिए?

जनता और सरकार दोनों को तय करना है कि झारखंड में विकास का मॉडल कैसा हो? यह प्रश्न राष्ट्र के संदर्भ में भी लागू होता है। आज भ्रष्टाचार रूपी दानव ने 'विकास' को भी निगल लिया है। अतः विकास के लिए भ्रष्टाचार और लूट को समाप्त करने हेतु भारतीय जनतंत्र में चुनाव सुधार जरूरी है, ताकि धनबल, बाहुबल आदि से गलत लोग जनप्रतिनिधि न बन सकें। अंग्रेजों से मिली आजादी के सपनों को सच बनाने के लिए भारत को गांवों का भारत बनाना है या इंडिया? हमें तय करना होगा। उसी प्रकार गांवों और वनों से समृद्ध झारखंड को उजाड़कर शहरों और उद्योगों का झारखंड बनाना है या नहीं? अंत में झारखंड और भारत के सभी नागिरकों को गुड गवर्नेंस अर्थात सुशासन दिए बगैर कोई भी विकास का मॉडल विफल होना तय है। अतः झारखंड के त्वरित विकास के लिए सुशासन जरूरी है। सुशासन के लिए जनभागीदारी सुनिश्चित करना होगा। झारखंड में 32 वर्षों के बाद पेसा कानून के तहत पंचायत चुनावों से जनभागीदारी की गारंटी तय हो सकती है। लेकिन, दुर्भाग्य आज की सरकारें इसका संपूर्ण फायदा नहीं उठा रही है। नोबेल पुरस्कार विजेता प्रोफ़ेसर अमर्त्य सेन के अनुसार जनता की खुशहाली और आजादी ही विकास का सही मापदंड है। झारखंड के त्वरित विकास का तानाबाना बुनने में झारखंडी जन और झारखंडी जनमुद्दों पर खास ध्यान देना आवश्यक है। राजनीतिक अस्थिरता से झारखंड के विकास को उतना खतरा नहीं है, जितना विकास की नीतिगत अस्थिरता से। अतः झारखंड क्यों बना, किसके लिए बना और सही विकास का मॉडल क्या होना चाहिए की अवधारणा को स्पष्ट किए बगैर झारखंड शांति और प्रगति के पथ पर आगे नहीं बढ़ सकेगा। ◆ ◆ ◆

'विनाश' की कीमत पर 'विकास' नहीं

हेमंत सोरेन
पूर्व उप मुख्यमंत्री
झारखंड

**'अतीत से लेकर सबक, नींव मजबूत बनानी होगी।
अधूरे कामों को पूरा कर, नई शुरुआत करनी होगी।'**

राज्य गठन के बाद से अधिकांश समय राज्य का शासन केंद्र के अधीन (राष्ट्रपति शासन) रहा। बाकी समय में राज्य का शासन जिन जनप्रतिनिधियों ने संभाला, उनमें से कई आज जेल में हैं। यह राज्य के विकास की स्थिति का आकलन करने के लिए काफी है। इस अवधि में व्यवस्था में इतनी खामियां आ गईं, जिन्हें दुरुस्त करने में वर्षों लग सकते हैं।

जनप्रतिनिधियों द्वारा लिये गए गलत निर्णयों का असर 20 वर्ष तक दिखेगा। अलग राज्य की परिकल्पना करनेवाले लोग, राज्य अलग करने में शामिल आंदोलनकारी आज किनारे खड़े होकर राज्य की बदहाली पर आंसू बहा रहे हैं। राज्य अलग करने में महत्वपूर्ण भूमिका निभानेवाले दिशोम गुरु शिबू सोरेन ने जिन सपनों को लेकर आंदोलन खड़ा किया, जिन सपने को लेकर कई आंदोलनकारियों ने अपना घर-परिवार छोड़ दिया, वे आज भी 'सपने' ही हैं। हमें सोचना होगा कि जिस ईमानदारी से हमारे पूर्वजों ने अलग राज्य के लिए कुर्बानियां दीं, उतनी ईमानदारी और उसी भावना के साथ हम राज्य को विकास के रास्ते में आगे ले जा रहे हैं? तो जवाब मिलेगा, नहीं।

बहुत सोच-विचारकर आदरणीय गुरुजी के मार्गदर्शन में यह सरकार बनी है। इस सोच के साथ कि हम गुरुजी के सपनों को पूरा करेंगे। जिस उद्देश्य के साथ राज्य अलग हुआ है, उस उद्देश्य को पाने में हम कामयाब होंगे। इस उद्देश्य को पाना इस सरकार का लक्ष्य भी होगा। राज्य में विगत दो वर्षों से सुखाड़ की गंभीर स्थिति होने, राज्य कर्मियों के लिए पुनरीक्षित वेतनमान लागू किए जाने के कारण वित्तीय स्थिति पर भारी दबाव पड़ा, जबकि तेरहवें वित्त आयोग की अनुशंसा के कारण हिस्सेदारी में कमी आई।

सरकार ने इसे चुनौती के रूप में लिया। राज्य बुलंद हौसलों के साथ इन सारी स्थितियों का सामना कर जनता की अपेक्षाओं पर खरा उतरने में सक्षम हुआ। केंद्रीय करों के हिस्से में कुल 0.56 प्रतिशत की कमी आई है, जिसके फलस्वरूप राज्य को 5 वर्षों में 8,100 करोड़ रुपये से वंचित रहना पड़ेगा। इस मुद्दे को हमें भारत सरकार के समक्ष दृढ़ता से रखना होगा। इस मुद्दे पर सभी राजनीतिक दलों को भी एकजुटता दिखाकर एक मिसाल कायम करनी होगी।

विकास के लिए स्थिर सरकार जरूरी : एक साल के कार्यकाल में मैंने अहसास किया है कि राज्य के विकास के लिए एक स्थिर और मजबूत सरकार जरूरी है। तभी व्यवस्था दुरुस्त हो सकती है। स्थिर सरकार में ही हम विकास की परिकल्पना कर सकते हैं। अभी जो मांडू उपचुनाव हुआ है, उससे यही संदेश गया कि प्रत्येक व्यक्ति को विकास की जरूरत है। इससे निश्चित रूप से सरकार को स्थायित्व मिलेगा। सरकार स्थिर होगी। हमारी पार्टी झारखंड मुक्ति मोर्चा सरकार को मजबूत बनाने के लिए हर संभव प्रयास कर रही है। पार्टी की यही कोशिश रही है।

थोपी हुई हैं राज्य की समस्याएं : राज्य की अपनी कोई समस्या नहीं है। यहां की सभी समस्याएं दूसरे द्वारा

सृजित हैं। झारखंड का मुख्य संसाधन खनिज है। इसका यहां इतिहास रहा है। यहां के खनिज पर कई राज्यों की अर्थव्यवस्था टिकी है। दूसरे राज्यों के लोगों को रोजगार मिला, लेकिन यहां के लोगों को नहीं। यहां जो भी सार्वजनिक क्षेत्र के उपक्रम चल रहे हैं, वे भारत सरकार के हैं। भारत सरकार के मार्गदर्शन में चल रहे हैं। इसलिए यहां के स्थानीय लोगों को रोजगार नहीं मिल सका। यहां के शिड्यूल्ड एरिया के लोग जहां थे, वहीं रह गए हैं। पूरे देश के शिड्यूल्ड एरिया की यही स्थिति है। यह एक गंभीर बात है। मेरा मानना है कि सभी कमियों और खामियों पर हमें चिंतन करना होगा। तभी राज्य को आगे बढ़ाया जा सकता है।

'विकास' के लिए सामूहिक सहभागिता जरूरी : यह भी उल्लेखनीय है कि एक के विकास से राज्य का विकास संभव नहीं है। इसमें सामूहिक सहभागिता जरूरी है। यहां के लोगों को सिर्फ खाना नहीं, पानी, स्वास्थ्य, शिक्षा, जमीन, रोजगार की भी जरूरत है। सरकार की सभी चीजें आम लोगों के लिए उपलब्ध हों, इसे सुनिश्चित करना प्रमुख समस्याओं में एक है। हमें यह भी ख्याल रखना होगा कि विकास 'विनाश' के साथ न हो। हमारे खनिज संसाधन सीमित हैं।

ये कभी न कभी खत्म हो जाएंगे। इसलिए हमें आनेवाले सौ साल को ध्यान में रखकर ही इन संसाधनों के उपयोग का खाका तैयार करना होगा। यदि हम अभी इसपर ठोस निर्णय नहीं लें तो आज जिस जमीन पर हम बैठते हैं, एक न एक दिन वह भी समाप्त हो जाएगी। हमें वैकल्पिक संसाधनों की भी खोज करनी होगी। खाड़ी देशों से हमें सीख लेनी होगी। उनका तेल खत्म होने को है तो वे आज टूरिज्म को बढ़ावा दे रहे हैं। अपनी मिट्टी का ही निर्यात कर रहे हैं। इन देशों ने अगले पांच सौ साल को ध्यान में रखकर विकास का खाका खींचा है। हमें भी इस पर माइक्रो लेवल पर काम करना होगा। हमारे यहां भौगोलिक व सामाजिक संरचना प्रकृति से जुड़ी है। इसलिए हमें प्राकृतिक संसाधनों का सोच-समझकर सही उपयोग करना होगा। हमें अपना अस्तित्व खोकर विकास नहीं चाहिए। ऐसा विकास नहीं चाहिए जो हमारे समाज और संस्कृति की धज्जियां उड़ा दे। बाद में एक बड़ी समस्या खड़ी कर दे। पंजाब, महाराष्ट्र और दक्षिणी राज्यों ने अपनी भाषा-संस्कृति को बचाकर ही विकास का रास्ता चुना है।

राज्य के विकास में आगे आएं युवा : आज नौजवानों का भविष्य कहां जा रहा है, हमें इसकी चिंता है। नौजवानों का भविष्य चौपट न हो, किसानों की खेती की समुचित व्यवस्था हो, यह सरकार के समक्ष चुनौती है। सरकार भी इसे चुनौती के रूप में लेते हुए इस दिशा में कारगर उपाय कर रही है। आज के युवाओं पर काफी दबाव है। देश के प्रति, राज्य के प्रति एवं समाज के प्रति उनकी जिम्मेदारी है। भटके युवाओं को सही राह पर लाने के लिए सरकार प्रयत्नशील है। इसके लिए राज्य युवा आयोग का गठन सरकार की सोच है। हम राज्य के युवाओं से कहना चाहेंगे कि सरकार की योजनाएं जरूरतमंदों तक पहुंचें, इसकी निगरानी वे स्वयं करें। युवाओं को अपने अधिकारों के साथ-साथ अपने कर्तव्यों के प्रति भी जागरूक और सचेत रहना होगा। देश में एक अन्ना इतना बड़ा आंदोलन खड़ा कर सकते है तो हमारे राज्य के हर गांव और शहर में अन्ना ही अन्ना हैं। युवाओं को सिर्फ अपने अंदर झांकना है।

उन्हें अपनी ताकत पहचाननी है। युवा संकल्प लें तो राज्य को भ्रष्टाचारमुक्त बना सकते हैं। अधिकारियों और कर्मचारियों की कार्यशैली पर लगाम लगा सकते हैं। नेताओं को जवाबदेह बना सकते हैं। युवाओं को यह भी सोचना होगा कि सिर्फ नौकरी या रोजगार प्राप्त करना उनका लक्ष्य नहीं हो, बल्कि राज्य और समाज को सही दिशा में ले जाने की जिम्मेदारी भी उनकी ही है।

विपक्ष विकास के लिए करे विरोध : विपक्ष में शामिल पार्टियों को हर बात का विरोध करने की अपनी प्रवृत्ति बदलनी चाहिए। विपक्ष विकास के लिए सत्तापक्ष का विरोध करे तो कुछ बात बने। विरोध सिर्फ विरोध करने के लिए न हो, बल्कि विरोध विकास की जिद के लिए हो। दोनों पक्षों का एक ही लक्ष्य होना चाहिए, राज्य का विकास। विकास की गति बाधित करनेवालों से सवाल करना होगा कि पार्टी हित बड़ी है या फिर राज्य हित? सत्ता पक्ष को विपक्षी पार्टियों पर तथा विपक्ष को सत्ता पक्ष पर विश्वास करना होगा। अधिकारियों और नेताओं को जनता का विश्वास जीतना होगा।

सरकार के निर्णयों पर 'सवाल' नहीं : एक साल के कार्यकाल में सरकार ने जो निर्णय लिये हैं, उन पर कोई उंगली नहीं उठा सकता। एक भी निर्णय को गलत नहीं ठहराया जा सकता। सभी निर्णयों के परिणाम दिख रहे

हैं, । हमने राजनीति से हटकर राज्य की तीन करोड़ जनता के हित में कई निर्णय लिये। क्योंकि हम जानते हैं कि हमारा प्रथम उद्देश्य पूरे राज्य का संपूर्ण विकास है। जहां तक मेरे विभाग की बात है, मेरे सभी विभागों में अधिकारियों/ कर्मचारियों की लंबित समस्याएं नहीं हैं। जिन्हें प्रोन्नति मिलनी चाहिए, उन्हें प्रोन्नति मिली है। सभी को वाजिब हक मिला है। वित्त व्यवस्था ऐतिहासिक रही है।

खनन में काफी रिसोर्स जेनेरेट हुए हैं। शायद सबसे अधिक। वाणिज्य कर वसूली का ग्राफ बढ़ा है। पहली बार ई-फाइलिंग की व्यवस्था शुरू की गई है। पहले इसके लिए लोग दर-दर भटकते थे। मेरे विभागों वित्त, शहरी विकास, आवास, पेयजल स्वच्छता, खान व भूतत्व और पंचायती राज विभाग के कामकाज में स्पष्ट बदलाव आया है। राज्य के किसानों को झारखंड कृषि कार्ड उपलब्ध कराने की योजना है। किसानों को हर प्रकार की मदद पहुंचाने के लिए सरकार गंभीर और संवेदनशील है। हमें कृषि, उद्योग, शिक्षा, स्वास्थ्य और कल्याण जैसे क्षेत्रों में संतुलित विकास सुनिश्चित करना है।

पूरी पारदर्शी सोच व कार्यप्रणाली के साथ हम आगे बढ़ भी रहे हैं। राज्य में पंचायती राज की कल्पना 32 वर्ष बाद साकार हुई है। हमारी सरकार ने इसे एक व्यवस्थित रूप दिया है। इसके लिए झारखंड राज्य नियमावली, 2011 भी बन गई है। हमें मिलजुलकर इस व्यवस्था को सशक्त बनाना है। राज्य का उज्ज्वल भविष्य गांवों से ही होकर आएगा। इसके लिए पंचायती राज संस्थाओं को वित्तीय व अन्य अधिकार सौंपने के लिए सरकार प्रतिबद्ध है।

राज्य के चौतरफा विकास के लिए आधारभूत संरचना पर विशेष जोर दिया जाना आवश्यक है। सरकार द्वारा आधारभूत संरचना की ठोस बुनियाद, ग्रामीण अर्थव्यवस्था की मजबूती एवं औद्योगिक माहौल को पैदा किए जाने के लक्ष्य का खाका तैयार किया गया है। संसाधनों में बढ़ोतरी कर राजस्व अधिकाई बरकरार रखना, राज्य के सकल घरेलू उत्पाद में 14 प्रतिशत की दर से वृद्धि करना, राज्य कोषीय घाटे को सकल घरेलू उत्पाद के तीन प्रतिशत तक सीमित रखना, औद्योगिक विकास के लिए सड़क जैसी आधारभूत संरचना को सदृढ़ किया जाना, ऊर्जा के क्षेत्र में सरप्लस राज्य के रूप में विकसित होना, सभी के लिए शिक्षा उपलब्ध कराना, ग्रामीण विकास को प्राथमिकता देना, राज्य में रोजगार के अन्य अवसरों का सृजन किया जाना, कमजोर वर्गों के लिए सामाजिक सुरक्षा को बढ़ावा देना आदि हमारा मुख्य उद्देश्य है।

वक्त आ गया है कि हम अपने अंदर झांकें और पूछें कि क्या राज्य अपने संसाधन और संपदा के अनुरूप प्रगति कर पाया है। अगर हम अभी नहीं चेते तो आनेवाली पीढ़ी हमें कभी माफ नहीं करेगी। हमारे पूर्वजों ने लंबे संघर्ष, शहादत और बलिदान के बाद हमें यह राज्य दिलाया है। अब हमारी बारी है कि हम पूर्वजों के सपनों को पूरा करें। देश का अव्वल राज्य बनाने के लिए सभी को संकल्प लेना होगा। अंत में, 'सरकार की कमान युवाओं ने संभाली है। आमजनों का लेकर विश्वास, विकास की ज्योति जलानी है।'

◆ ◆ ◆

चाहिए विकास का झारखंडी मॉडल

प्रभाकर तिर्की
आजसू के
संस्थापक अध्यक्ष

भारत की आजादी के कुछ दशकों तक झारखंड आंदोलन आर्थिक शोषण, सामाजिक उत्पीड़न एवं पलायन, विस्थापन इत्यादि समस्याओं तक सीमित था। क्योंकि झारखंड क्षेत्र में विकास की बड़ी परियोजनाओं के कारण यहां के लोगों का बड़े पैमाने पर विस्थापन हुआ था। इसके बदले समय पर न तो उचित मुआवजा मिला और न ही नौकरी। इस कारण बाद के दशकों में आंदोलन का स्वरूप विकसित हुआ एवं सामाजिक, सांस्कतिक भाषाई पहचान और अस्तित्व के मुद्दे सामने आए।

झारखंडी विचारधारा और दर्शन : झारखंड नवनिर्माण एवं शोषण विहीन राज्य झारखंडी विचारधारा और दर्शन से ही निर्देशित होता है। झारखड में शोषण के खिलाफ लगातार होनेवाले संघर्ष, जल-जंगल और जमीन की रक्षा की मनोभावना, पूंजीवाद एवं उपनिवेशवाद का विरोध सिर्फ झारखंड के हित से ही नहीं, बल्कि संपूर्ण दुनिया के लोगों के जीवन अस्तित्व की रक्षा से जुड़े सवाल हैं। ग्लोबल वार्मिंग, भ्रष्टाचार, गंभीर रोगों का खतरा, पर्यावरणीय असंतुलन, वायुमंडलीय प्रदूषण, भूगर्भ जल का संकट, जलवायु की अनिश्चितता जैसी कई गंभीर समस्याओं से झारखंड जूझ रहा है। झारखंड आंदोलन इन्हीं समस्याओं की दूरदर्शी चिंताधारा से निकलकर व्यवस्था परिवर्तन का आंदोलन था, जिसकी उपेक्षा के कारण आज यह संकट हम देख रहे हैं। दुर्भाग्य से इन गंभीर बातों को सरकारी स्तर पर कभी भी समझने की कोशिश नहीं हुई ।

नए दौर का उपनिवेश : दरअसल हम सतही तौर पर सिर्फ राज्य चलाने की खानापूर्ति कर अपने संसाधनों का दुरुपयोग कर रहे हैं। विकास का रोडमैप बनाने से पहले हमने यह नहीं समझा कि हमारे ऊपर आज भी विभिन्न रूपों में शोषणकारी और उपनिवेशवादी शक्तियां हावी हैं। ये झारखंडी पहचान और अस्मिता को तबाह करने को उत्सुक हैं। जल, जंगल और जमीन पर हमारे मालिकाना हक को नकारने की कोशिश और हमारे संवैधानिक अधिकारों का हनन कर हमारा अस्तित्व खत्म करने की साजिश हो रही है। यह दूसरी गुलामी की ओर बढ़ने की प्रक्रिया है। इसमें हमारे शासक बड़ी सक्रियता से भागीदारी निभा रहे हैं। व्यक्तिवादी स्वार्थी राजनीति का इससे बड़ा उदाहरण और क्या हो सकता है?

पलायन का मर्म समझें : विकास योजनाओं के नाम पर जहां एक ओर बड़े पैमाने पर विस्थापन हुआ, वहीं उसी अनुपात में पलायन भी हुआ। विकास योजनाओं के नाम पर सरकार ने गांव के लोगों से यह कह कर जमीनें लीं कि उन्हें रोजगार मिलेगा। लेकिन प्रशासनिक बेईमानी के कारण लोग ठगे गए। विस्थापितों को उनकी भूमि के एवज में कम मूल्य पर मुआवजा दिया गया। किसी-किसी परियोजना में मुआवजा मिला ही नहीं। लोग दर-दर की ठोकर खाने को मजबूर हुए। कितने लोग इस राज्य से अन्य प्रदेशों में पलायन कर गए, इसका सही आकलन राज्य सरकार ने भी कभी करने की कोशिश नही की। झारखंड के लोग अन्य राज्यों के ईंट भट्ठों में काम करने के लिए सस्ते मजदूर के रूप में जाने लगे। उसी तरह अन्य राज्यों में कई तरह के कार्यों के लिए सस्ते मजदूर के रूप में झारखंड के लोगों की मांग होने लगी। पंजाब विश्वविद्यालय ने अपने एक सर्वेक्षण में लिखा था कि सिर्फ पंजाब में बाहर से आनेवाले कृषि मजदूरों की संख्या करीब 15 लाख है, जिसमें

80 प्रतिशत लोग झारखंड से आते हैं। जैसे-जैसे झारखंड में गरीबी बढ़ती गई, वैसे-वैसे लोग रोजी-रोटी के लिए अन्य प्रदेशों में जाने लगे। राज्य सरकार ने कभी इनकी खोज-खबर लेने की जरूरत नही समझी। दक्षिणी छोटानागपुर के कई जिलों से तो मजदूरों के पलायन का सिलसिला स्थायी हो गया है। सबसे ज्यादा पलायन संताल परगना से होता है। उसी प्रकार दक्षिणी छोटानागपुर के गुमला, लोहरदगा, पलामू, सिमडेगा, रांची आदि जिलों से सबसे ज्यादा पलायन होता है।

उत्तरी छोटानागपुर के हजारीबाग और गिरिडीह जिले से बहुत बड़ी संख्या में लोग रोजी-रोटी की तलाश में अन्य राज्यों के बडे शहरों में चले जाते हैं। सिर्फ संताल परगना से प्रति**वर्ष तीन** लाख लोग रोटी के लिए बंगाल और दिल्ली जैसे प्रदेशों में चले जाते हैं। मेरा मानना है कि सरकार क्षेत्रवार पलायन का विश्लेषण कर गरीबों को अपने प्रदेश में ही रोजी-रोजगार के साधन उपलब्ध कराए।

अमानवीय अत्याचार से मुक्ति मिले : मजदूरों के साथ अन्य प्रदेशों में कई प्रकार की अमानवीय घटनाएं घटती हैं, जिसे देखने वाला कोई नहीं है। अक्सर सीधे-सादे मजदूरों को काम कराकर पैसे नहीं देने और कई-कई महीनों तक बंधुआ बनाकर काम कराने की घटनाएं सामने आती रहती हैं। विशेष कर महिला मजदूरों को शारीरिक शोषण का शिकार होना पड़ता है। कई बार मजदूरों की हत्या तक कर दी जाती है। राज्य सरकार ने इन मजदूरों के बारे में पूरी सूचनाएं जमा कर डाटा बैंक बनाने का दावा किया था, मगर प्रशासनिक लापरवाही के कारण यह कार्य नहीं हो पा रहा है।

सरकार के श्रम कानून के अंतर्गत अंतरराज्यीय पलायन के संदर्भ में मजदूरों के लिए दो स्तर पर कानून बनाए गए हैं। पहला तो उस राज्य में जहां से मजदूर काम के लिए बाहर जाते हैं, दूसरा जिस राज्य में वे काम करने के लिए जाते हैं। कानून के मुताबिक दोनों राज्यों के श्रम विभाग को ऐसे मजदूरों का पंजीयन करना होता है। लेकिन ऐसा किसी राज्य में नहीं होता है।

श्रम कानून के अंतर्गत स्थानीय स्तर पर जिन गांवों से लोग अन्य जगहों पर जाते हैं, वहां के पुलिस थानों, प्रखंड कार्यालयों को जिम्मेदारी सौंपी गई है कि वे इन मामलों को देखें और अद्यतन रिपोर्ट तैयार करें। लेकिन यह काम भी सरकारी रवैये के कारण नहीं हो पा रहा है।

मातृभाषा, साहित्य एवं संस्कृति : हमारी भाषा और साहित्य, हमारे पर्व-त्योहार, हमारी सांस्कृतिक पहचान के वाहक हैं, जो पीढ़ी दर पीढ़ी आगे बढ़ती हैं और अलग पहचान बनाती हैं। किसी भी क्षेत्र में शिक्षा के विकास का मापदंड यही होता है कि हम अपनी भाषा-संस्कृति, अपनी विचारधारा, अपने आदर्श पुरुषों, अपने इतिहास के संस्मरणों को विकसित कर व्यापक समाज तक कैसे पहुंचाते हैं। राज्य में 32 आदिवासी समुदायों के साथ-साथ कई और क्षेत्रीय एवं स्थानीय भाषाएं हैं। इसी तरह सामाजिक परंपराएं, गीत-संगीत एवं नृत्य भी हैं। झारखंड की यह समग्र पहचान विलुप्त होने के कगार पर है। सरकार इनकी रक्षा के लिए तत्काल उपाय करे।

विकास का झारखंडी संदर्भ : पलायन का इतना लंबा संदर्भ देने का मेरा यही मकसद था कि सरकार यह जान पाए कि झारखंड के लोग किन हालात में जी रहे हैं। झारखंड के लोगों ने क्या इसी जीवन की कल्पना लिये अबुआ राज का नारा दिया था। बात यहां विकास के रोडमैप की नहीं, बल्कि विकास के झारखंडी संदर्भ को गहराई से समझने की है। औद्योगिकरण विकास है तो उसका कितना लाभ स्थानीय लोगों को मिला, इसका उदाहरण मैं ऊपर दे चुका हूं। रोडमैप तो कई हो सकते हैं, लेकिन जब तक झारखंडियों के नजरिये से विकास की परिभाषा नहीं गढ़ी जाएगी, तब तक विकास की कहानी अधूरी रहेगी।

◆ ◆ ◆

स्थिर सरकार आवश्यक

यशवंत सिन्हा
पूर्व केंद्रीय मंत्री व हजारीबाग के सांसद

झारखंड राज्य के निर्माण में भारतीय जनता पार्टी की अहम भूमिका रही। केंद्र में जब अटल बिहारी वाजपेयी के नेतृत्व में राजग की सरकार थी तो उस समय छत्तीसगढ़ और उत्तराखंड के साथ झारखंड का भी निर्माण हुआ। इसके पीछे सोच यही थी कि अलग राज्य के रूप में ये प्रदेश तेजी से विकास के पथ पर आगे बढ़ेंगे। 11 वर्षों के बाद इसका मूल्यांकन करना मौजूं होगा कि आखिरकार हमारी क्या उपलब्धियां रहीं। अगर ये उपलब्धियां हमारी अपनी अपेक्षाओं और आम जनता की आकांक्षाओं के अनुरूप नहीं रहीं, तो क्यों?

राजनीतिक उथल-पुथल : सबसे पहला कारण जिसके चलते झारखंड का अपेक्षित विकास नहीं हुआ, वह था राजनीतिक अस्थिरता। नवगठित झारखंड में जो पहली सरकार बनी, उसमें किसी दल का बहुमत नहीं था। निर्दलीयों के सहयोग से चलने वाली सरकार स्थिर नहीं रह सकी और आशानुरूप परिणाम नहीं मिले। वर्ष 2005 और 2009 के विधानसभा चुनावों में भी खंडित जनादेश मिला और मिली-जुली सरकारों का गठन हुआ। लेकिन, इन खंडित जनादेशों के बावजूद मतों का सर्वाधिक प्रतिशत भाजपा के पक्ष में रहा और स्वाभाविक रूप से उसी ने अधिक समय तक राज्य की सरकार का नेतृत्व किया और आज भी कर रही है।

इस राजनीतिक अस्थिरता में एक नाटकीय मोड़ तब आया, जब कांग्रेस ने चोर दरवाजे से सत्ता पर अधिकार किया। एक निर्दलीय विधायक मधु कोड़ा को मुख्यमंत्री बनाकर भारत में प्रजातंत्र के साथ घिनौना मजाक किया गया, जिसका नतीजा सबके सामने है- चार हजार करोड़ का घोटाला, कोड़ा सहित उनके कई मंत्रियों का जेल में होना, झारखंड का कलंकित होना और राज्य का एक लूटखंड के रूप में पहचान बनना। मुख्यमंत्री कमजोर और समर्थन करने वाले लोग और दल मजबूत बने रहे। इस परिस्थिति ने अबर देवी जबर बोका की कहावत को चरितार्थ किया।

विस की सीटें बढ़ाई जाएं : झारखंड की पहली जरूरत राजनीतिक स्थिरता की है। जनता खंडित जनादेश न दे और किसी एक दल या राजनीतिक दलों के किसी गठबंधन को बहुमत दे। राजनीतिक स्थिरता की दिशा में दूसरा महत्वपूर्ण कदम यह हो सकता है कि विस की सीटों की संख्या बढ़ाकर कम से कम 120 कर दी जाए, ताकि तुलनात्मक रूप से सरकार कुछ अधिक स्थिर हो सके।

ये दोनों ही स्थितियां भविष्य में पैदा की जा सकती हैं। वर्तमान में झारखंड के विकास का एक रास्ता यह हो सकता है कि तमाम राजनीतिक सीमाओं के बावजूद कुछ मूलभूत समस्याओं के निदान के लिए एक ठोस, प्रभावी और समय सीमाबद्ध कार्यक्रम प्रारंभ किया जाए। साथ ही जो कार्यक्रम अभी चल रहे हैं, उन्हें प्रभावी ढंग से लागू किया जाए। इस दिशा में झारखंड की वर्तमान सरकार ने राइट टू सर्विस एक्ट पारित कर एक सकारात्मक और ठोस कदम उठाया है। इस कानून से सरकारी अधिकारी और कर्मचारी एक निश्चित समय सीमा के भीतर कार्यों के निष्पादन के लिए बाध्य होंगे और ऐसा नहीं करने पर उन्हें अपनी तनख्वाह से जुर्माना भरना पड़ेगा।

खनिज संपदाओं का उपयोग : झारखंड के विकास के लिए दूसरी प्राथमिकता राज्य की खनिज नीति के

संबंध में होनी चाहिए। राज्य में खनिज संपदा का अकूत भंडार है। इस संपदा का बेहतर और प्रभावी ढंग से इस्तेमाल की संभावनाएं हैं। इसके लिए पूंजी को आकर्षित करना होगा। इस क्षेत्र में अधिक से अधिक पूंजी निवेश हों और खनिजों का तार्किक, उपयोगी और राज्य के लोगों के लिए लाभप्रद दोहन हो। यह तभी संभव है, जब राज्य में आधारभूत संरचनाओं का विकास तेजी से हो।

सड़क, पुल, पुलिया आदि का निर्माण और नई रेल परियोजनाओं को जल्द से जल्द पूरा किया जाए। हजारीबाग को जोड़ने वाली रेल लाइन योजना भी बहुत दिनों से लंबित है, जिसे जल्द से जल्द पूरा करने की आवश्यकता है। विकास के मार्ग में सबसे बड़ी बाधा लालफीताशाही, भ्रष्टाचार और उग्रवाद है। इन समस्याओं पर तत्काल काबू पाने की जरूरत है। राज्य में कोयला का उत्पादन बहुत होता है। इसकी कीमत भी लगातार बढ़ती रही है। लेकिन भार आधारित रॉयल्टी के कारण राज्य को राजस्व की भारी क्षति होती है। अतः मूल्य आधारित रॉयल्टी दी जाए। एक और गंभीर समस्या खनिजों के अवैध उत्खनन की है, जिसे प्रभावी ढंग से रोकना अत्यंत आवश्यक है।

उग्रवादियों पर नकेल : उग्रवादी हिंसा से भी राज्य को भारी नुकसान पहुंचा है। इस समस्या के समाधान के लिए भी गंभीर प्रयास की जरूरत है। विकास कार्यों को हमें गांव-गांव तक पहुंचाना होगा। यह काम एक निश्चित समय सीमा के भीतर करना होगा। योजनाओं की संख्या कम की जाए और योजनाएं किसी समूह विशेष को टारगेट न कर, क्षेत्र विशेष की जरूरतों को ध्यान में रखकर बनाई जाएं।

आजादी के 63 वर्षों के बाद भी मूलभूत सुविधाओं को हम गांव-गांव तक और आमजन तक पहुंचाने में असफल रहे हैं। सबसे पहले भूख के निदान के लिए ठोस प्रयास होने चाहिए। जन वितरण प्रणाली, लाल कार्ड आदि व्यवस्था को दुरुस्त करने की जरूरत है। देश में अनाज का पर्याप्त भंडार है और राज्य के पास भी इतने संसाधन अवश्य हैं कि वह इस बात की गारंटी करे कि कोई भी व्यक्ति भूखा न रहे। इस दिशा में पांच रुपये में मुख्यमंत्री की दाल-भात योजना एक सराहनीय कदम है।

मौलिक समस्याओं का समाधान : गांवों में कैसी गरीबी है, इसे समझने के लिए सुदूर गांवों की यात्रा करनी होगी। मैं बड़ी ईमानदारी से यह बात कहना चाहता हूं कि गांवों की समस्याओं की जो समझ आज मुझमें है, वह दस साल पहले नहीं थी। सड़क, पेयजल, स्वास्थ्य, शिक्षा संबंधी मूलभूत सुविधाओं का अभाव है। हमें टारगेट कर इन पर काम करना होगा। इन विभागों से जुड़े जो भी लोग कोताही बरतते हैं, उनके खिलाफ सख्त कार्रवाई की जानी चाहिए।

सरकारी अधिकारी, कर्मचारी, डॉक्टर आदि प्रखंड मुख्यालयों में रहें। यह सुनिश्चित किया जाए कि स्वास्थ्यकर्मी, शिक्षक आदि अपनी पदस्थापना के स्थान पर ही निवास करें। राज्य में सरकारी कर्मचारियों, अधिकारियों और शिक्षकों के पद बड़ी संख्या में रिक्त हैं। इन पदों पर तत्काल योग्य लोगों की नियुक्ति की जरूरत है। इससे युवाओं की बेरोजगारी भी दूर होगी और उन्हें समाज में सक्रिय योगदान देने का अवसर भी मिलेगा। झारखंड में आदिवासियों की आबादी लगभग 27 प्रतिशत है। इनके कल्याण के लिए बनी योजनाओं का लाभ हर आदिवासी तक पहुंचाने की जरूरत है। आदिवासी समुदाय के कुछ लोगों का तो विकास हुआ है, लेकिन अधिकतर लोग विकास की किरणों से अब भी कोसों दूर हैं। इनके विकास के लिए जो कार्य हुए हैं, उनका भौतिक सत्यापन किया जाए। भ्रष्टाचार की पोल स्वतः खुल जाएगी। अनुसूचित जातियों और पिछड़ी जातियों की भी एक बहुत बड़ी आबादी राज्य में है। यही बात धार्मिक अल्पसंख्यकों के संबंध में भी कही जा सकती है। इसके अलावा अन्य सामाजिक वर्गों के गरीब हैं। योजनाएं गरीबी को टारगेट कर बनाई जाएं, ताकि समावेशी विकास हो सके।

शिक्षा के जरिये विकास का रास्ता : उच्च शिक्षा के क्षेत्र में भी सुधार की बहुत जरूरत है। सरकारी महाविद्यालयों की संख्या काफी कम है। संबद्ध महाविद्यालयों ने राज्य की उच्च शिक्षा का भार उठा रखा है। सरकार को तुरंत वित्त रहित शिक्षा नीति समाप्त कर इन कॉलेजों में काम करने वालों को राहत देनी चाहिए। साथ ही इन महाविद्यालयों को आधारभूत संरचना के विकास के लिए आर्थिक सहायता दी जाए।

सरकारी कॉलेजों और विश्वविद्यालय के विभागों में शिक्षकों की भारी कमी है, जिसे अविलंब दूर करने की जरूरत है। तकनीकी शिक्षा के लिए छात्रों का पलायन रोकने के लिए जल्द से जल्द तकनीकी संस्थान खोलने की जरूरत है। अकेले कर्नाटक राज्य में 147 इंजीनियरिंग कॉलेज हैं। केवल बेंगलूर में लगभग 100 इंजीनियरिंग

कॉलेज हैं। हाल के वर्षों में ओड़िशा जैसा राज्य भी तकनीकी शिक्षा के केंद्र के रूप में उभरा है। झारखंड से बाहर जाकर पढ़ने वाले छात्र-छात्राओं के साथ अनुमानतः लगभग चार सौ करोड़ रुपये भी बाहर चले जाते हैं। झारखंड की जैसी जलवायु है, उसमें पूरी संभावना है कि हजारीबाग और रांची जैसे शहरों को शिक्षा के केंद्र के रूप में विकसित किया जा सके।

यह काम जमशेदपुर और धनबाद जैसे जिलों में भी किया जा सकता है। आवश्यकता है कि हम ईमानदारी से प्रयास करें और सभी राजनीतिक दल इसमें सहयोग करें।

रोजगार सृजन के स्वाभाविक उपाय : गांवों में गरीबी के कारण मजदूरों का पलायन चरम पर है। झारखंड की बेटियों को रोजगार के लिए महानगरों में जाना पड़ता है, जहां वे आर्थिक और यौन शोषण का शिकार बनती हैं। मुख्यमंत्री लाडली लक्ष्मी योजना इस दिशा में एक सकारात्मक कदम है। बिहार ने पलायन रोकने की दिशा में बहुत ही महत्वपूर्ण काम किया है और इसके परिणाम दिखने लगे हैं।

झारखंड सरकार पलायन को रोककर झारखंडियों को न केवल रोजगार दे सकती है, बल्कि राज्य के मान-सम्मान की रक्षा भी कर सकती है। लेकिन हमें यह ध्यान रखना चाहिए कि बाह्य हस्तक्षेप करके हम बार-बार सुविधाएं एवं राहत कब तक देते रहेंगे। आवश्यकता इस बात की है कि ऐसी आधारभूत संरचना खड़ी की जाए, जिससे रोजगार के अवसर स्वाभाविक रूप से सृजित होते रहें। इसके लिए अच्छी प्रशासनिक व्यवस्था, सड़क एवं यातायात के अन्य साधन, बिजली की निर्बाध उपलब्धता को हमें सुनिश्चित करना होगा।

◆ ◆ ◆

विकास किसके लिए और कैसे, पहले यह तय हो

ज्ञानशंकर मजूमदार
सचिव, राज्य कमेटी
सीपीआइ (एम)

आज झारखंड देश का तीसरा सबसे गरीब राज्य है। इस लिहाज से विकास के एजेंडे में पहली प्राथमिकता किसे मिलनी चाहिए, इसका जवाब सामान्य लोकतंत्र में बेहद आसान है। लेकिन, झारखंड के शासकों के पास इसका जवाब नहीं है। विकास को जीडीपी के बदले मानव विकास सूचकांक की कसौटी पर देखना अधिक न्यायोचित होगा। 12 फीसदी जीडीपी की सच्चाई का आईना यह है कि मानव विकास सूचकांक में भारत का स्थान दुनिया में 123वां है।

ऐसे में भारत के सर्वाधिक पिछड़े राज्यों की सूची में शामिल झारखंड में मानव विकास सूचकांक की असलियत क्या होगी, इसका अंदाजा लगाया जा सकता है। मतलब यह कि जीडीपी के बदले मानव विकास को ध्यान में रखते हुए विकास का रोडमैप तैयार किया जाए।

सबको मिले भोजन : झारखंड में 45 लाख टन अनाज की जरूरत है। इसके मुकाबले महज 22 लाख टन खाद्यान्न की पैदावार होती है, वह भी इंद्र देवता बहुत अधिक मेहरबान रहें तब। साफ है कि आधे से अधिक लोग भूखे हैं या रोजी-रोटी के लिए किसी अन्य साधनों पर निर्भर हैं। इससे पलायन की स्थिति और विवशता को भी आंका जा सकता है। सरकार का सारा ध्यान लोगों को रोटी उपलब्ध कराने की ओर होना चाहिए।

जमीन से है जीवन : आजादी के बाद से ही झारखंड के लोगों को विकास के नाम पर उजाड़ने की परंपरा चली हुई है। 15 लाख से अधिक लोग विस्थापन के कारण तबाह हो चुके हैं। सवाल है कि क्या लोगों को उजाड़ना ही विकास है। जो लोग अपनी जमीन पर खेती कर किसी तरह गुजर-बसर कर लेते हैं, उनकी तबाही के लिए देशी-विदेशी कंपनियों के साथ 104 एमओयू करार कर लिये गए हैं।

आश्चर्यजनक है कि इनमें से अधिकतर करार स्टील एंड पावर सेक्टर के लिए हुए हैं। क्या झारखंड के लोग स्टील और बिजली ही खाएंगे। सरकार पूंजीपतियों द्वारा नियंत्रित होकर उसी के हित में काम कर रही है। माइनिंग लीज हासिल कर लूट का खुला मैदान तैयार करना ही एकमात्र मकसद रह गया है। अगर वाकई झारखंड के वंचितों, गरीबों का हित सरकार चाहती है तो जबरन जमीन अधिग्रहण की प्रक्रिया पर तुरंत रोक लगाए। जब तब पुनर्वास की न्यायसम्मत व्यवस्था न हो, तब तक उद्योग, खनन या रीयल इस्टेट के लिए किसी को न उजाड़ा जाए। इसके लिए नीति नहीं कानून बनाने की जरूरत है।

खेती पर दें जोर : झारखंड में कृषि के क्षेत्र में तमाम संभावनाओं के बावजूद इसे नजरअंदाज कर दिया गया है। सरकार समय पर खाद-बीज की व्यवस्था नहीं करेगी, तो खेती बर्बाद ही होगी न। जमीन छीनने से अच्छा है कि खेती के क्षेत्र में विशेष ध्यान देकर उसी को झारखंड की बड़ी आबादी के लिए रोजगार का जरिया बना दिया जाए।

सिंचाई सुविधा बहाल हो : 13 फीसदी कुल सिंचित भूमि होने के सरकारी दावे के विपरीत सच्चाई यह है कि पांच फीसदी किसानों को भी सरकारी सिंचाई व्यवस्था का लाभ नहीं मिल पाता है। पलामू हर साल सुखाड़ की मार झेलता है, वहां सिंचाई की व्यवस्था नहीं होती। लेकिन, जहां डैम बनाने की जरूरत नहीं, वहां डैम बनाने का काम शुरू कर दिया जाता है।

स्वर्णरेखा मल्टीपर्पस प्रोजेक्ट की सच्चाई सामने है, जो चार दशक में भी पूरा नहीं हो पाया है। जितने भी चेक डैम्स हैं, नहर हैं, वे बेकार हो गई हैं। इनकी मरम्मत कर खेतों तक पानी पहुंचाया जा सकता है।

खाद-बीज, परामर्श : सरकार किसानों को समय पर खाद, बीज उपलब्ध कराने की व्यवस्था करे। जरूरत पड़ने पर किसानों को विशेषज्ञों का परामर्श भी उपलब्ध कराए। इससे संबंधित योजनाएं तो हैं, लेकिन उसे गंभीरता और ईमानदारी के साथ लागू कराने की जरूरत है। 400 रुपये क्विंटल की दर से मिलने वाले डीएपी खाद की कालाबाजारी कर 1000 रुपये में बेचा जाता है। सरकार को इसे रोकने के लिए टास्क फोर्स बनाने की जरूरत है।

ऋण से मुक्ति : ग्रामीण इलाकों में बैंकिंग सिस्टम पूरी तरह फेल है। यही वजह है कि आज भी 80 फीसदी से अधिक ऋण साहूकारों से लिये जाते हैं। गरीबों, किसानों को आसानी से सरकारी ऋण नहीं मिलने की वजह से मजबूर लोग साहूकारों-महाजनों के चंगुल में फंसते हैं। लोगों को कर्ज में डूबने से रोकने के लिए ठोस उपाय करने होंगे।

5वीं अनुसूची के प्रावधान लागू हों : झारखंड के अधिसूचित क्षेत्रों में आदिवासियों, दलितों, पिछड़ा वर्ग के लोगों को संविधान की पांचवीं अनुसूची के तहत सुरक्षा दी गई है। जमीन की रक्षा, महाजनों-साहूकारों से मुक्ति और शराब-नशाबंदी जैसे कई प्रावधान इस अनुसूची में किए गए हैं, जिनका यहां खुल्लम-खुल्ला उल्लंघन हो रहा है। छोटानागपुर काश्तकारी अधिनियम-1908 की धारा 46-2 (बी) में स्पष्ट तौर से अंकित है कि दलितों, पिछड़े वर्ग के लोगों की जमीन अहस्तांतरणीय है।

इसी तरह धारा-2 (ए) के तहत आदिवासी जमीन की रक्षा के प्रावधान हैं। लेकिन, इसकी सच्चाई से हम सभी वाकिफ हैं, तो सरकार की नीयत अगर साफ है तो वह आदिवासियों, दलितों और पिछड़ा वर्ग के लोगों की जमीनों की रक्षा करे।

शहरों में ग्रीनलैंड के नाम पर गरीब आदिवासियों को उजाड़ दिया गया। अर्बन सीलिंग एक्ट के साथ छेड़छाड़ करते हुए ट्राइबल लैंड भी पूंजीपतियों के हाथों सौंप देने की कवायद जारी है।

पेसा कानून का मजाक : पेसा कानून के तहत ग्रामसभा को उसके अधिकारों से अब तक वंचित रखा गया है। गुमला के डीसी ने सड़क निर्माण के लिए जमीन अधिग्रहण के वास्ते ग्रामसभा प्रतिनिधियों, मुखिया आदि की बैठक बुलाई है। यह सरासर पेसा कानून के प्रावधानों का उल्लंघन है, जिसमें कहा गया है कि जमीन अधिग्रहण का मसला ग्रामसभा के क्षेत्राधिकार में आता है। मतलब यह कि पंचायत चुनाव के बाद भी प्रशासन ही पंचायतों को चला रहा है। इस व्यवस्था को तुरंत बदलने की जरूरत है। पंचायतों को मजबूत लोकतांत्रिक स्वशासी इकाई के रूप में मान्यता देनी होगी।

जंगल पर अधिकार : वनाधिकार कानून-2006 आने के बावजूद झारखंड में महज 13 हजार लोगों को जमीन का पट्टा मिल सका है, जबकि ओड़िशा में 1.75 लाख लोगों को जमीन का पट्टा मिल चुका है। तो सरकार पारंपरिक वन निवासियों, आदिवासियों के हित के प्रति कितनी गंभीर है, इसे समझना मुश्किल नहीं। सरकार को चाहिए कि तुरंत इस कानून को प्रभावी तरीके से लागू कराए। अगर आदिवासियों के हित की बात उनके भाषणों तक सीमित नहीं है तब।

वितरण प्रणाली : सार्वजनिक वितरण प्रणाली पूरी तरह फेल है। गरीबों को सरकारी योजनाओं का लाभ मिले, इस पर सरकार गंभीरता से काम करे। अर्जुन सेनगुप्ता, सुरेश तेंडुलकर कमेटी ने माना है कि 70 से 80 फीसदी लोग 20 रुपये दैनिक आमदनी पर जीवित हैं। इस हिसाब से क्या झारखंड में सिर्फ 25 लाख ही बीपीएल परिवार होंगे। कहने का मतलब यह है कि गरीबों की हकमारी के सारे उपाय कर लिये गए हैं।

दूसरी तरफ शिक्षा का क्षेत्र हो या चिकित्सा का, हर सेवा कांट्रैक्ट बेसिस सर्विस बनकर रह गई है। हर विभाग में मानव संसाधनों की कमी है।

नक्सलवाद एक पॉलिटिकल फोर्स : नक्सल आंदोलन को हथियार के बल पर दबाया नहीं जा सकता। वह एक मिलिट्री फोर्स नहीं, पॉलिटिकल फोर्स है। इसके अंत के लिए राजनीतिक स्तर पर पहल की जरूरत है। बंदूक का जवाब बंदूक से देना लोकतांत्रिक राजनीति के माकूल नहीं। बातचीत के जरिये इसे सुलझाया जाए।

लघु-कुटीर उद्योग को बढ़ावा दें : बड़े उद्योगों से बड़े पैमाने पर विस्थापन होता है, जबकि उसका लाभ स्थानीय लोगों को नहीं मिल पाता है। इसके मुकाबले लघु-कुटीर उद्योगों के जरिये बड़े पैमाने पर रोजगार का सृजन संभव है। स्थानीय शिल्प को बाजार से जोड़ा जा सकता है। इसके अलावा जो पहले से बंद पड़े उद्योग हैं, सरकार उन्हें जीवित करने का प्रयास करे।

सांस्कृतिक विकास :झारखंड एक सांस्कृतिक इकाई है। भाषाई विविधताएं हैं। स्थानीय भाषाओं को दूसरी राज्यभाषा का कागजी दर्जा दे देने भर से कुछ नहीं होगा। अपनी सांस्कृतिक पहचान बनाने के लिए जरूरी है कि स्थानीय भाषाओं की लिपि विकसित की जाए।

संताल भाषा की ओलचिकी लिपि को और उपयोगी बनाने के प्रयास किए जाएं। स्थानीय भाषाओं में पढ़ाई की व्यवस्था की जाए। मातृभाषा में शिक्षा मिले तो अधिक सुगमता से बच्चे पढ़ाई को ग्रहण कर पाएंगे। इसी तरह साहित्य, नृत्य संगीत को भी व्यापक आयाम देने के प्रयास हों। ◆ ◆ ◆

खेती-किसानी

सुझाव मेज तक है, किसान तक नहीं

डॉ. सुमन सहाय
चेयरपर्सन, जीन कैंपेन

सिंचाई में निवेश की जरूरत : ऐसा नहीं है कि सरकार कृषि की बदहाली के पीछे के कारणों से अनभिज्ञ है। यहां की जमीन व कृषि का पैटर्न कौन नहीं जानता। पारंपरिक कृषि के तौर-तरीकों व कृषि विशेष पर निर्भरता की बात शायद ही सरकार को न पता हो। सबसे बड़ी समस्या सिंचाई की है। प्रतिवर्ष 1200-1500 मिलीमीटर बारिश होती है, लेकिन खेतों को पानी नहीं मिलता।

महाराष्ट्र के औरंगाबाद ने सूखा इलाका होने के बावजूद जल संरक्षण व तमाम तरीके अपनाकर फसल उत्पादन में काफी तरक्की की है। हमारे यहां सिंचाई के नाम पर लिफ्ट इरिगेशन है। 100 में से 90 काम नहीं कर रहीं। सिर्फ व्यवस्था मुहैया करा देना ही तो काफी नहीं है, उसके रख-रखाव की भी जिम्मेदारी लेनी होगी। इस व्यवस्था को ठीक करना कोई मुश्किल काम भी नहीं है। अब तो नरेगा से भी आप इसे जोड़ सकते हैं। केंद्र की ओर से विभिन्न योजनाओं को लेकर करोड़ों रुपये आते हैं। आखिर ये पैसे जाते कहां है? राष्ट्रीय कृषि विकास योजना के तहत ही 25 हजार करोड़ रुपये आते हैं। पैसा है, लेकिन निवेश कहां है?

मिट्टी की प्रकृति को समझने की जरूरत : हम सब झारखंड की मिट्टी से भली-भांति परिचित है। पहाड़ी जमीन है। अधिकतर भूमि अम्लीय है। किसानों को इस बात की जानकारी कौन देगा कि किस तरह की मिट्टी में कौन सी फसल उगानी चाहिए। पोषक तत्वों की मौजूदगी के हिसाब से अलग-अलग तरह की प्रजातियां लगाई जा सकती है। यदि मिट्टी में पोषक तत्व नहीं होंगे, तो अच्छी फसल की उम्मीद कैसे की जा सकती हैं? किसानों को सही जानकारी देने की सरकार को व्यवस्था करनी होगी। f

मट्टी रिसर्च को बढ़ावा देने की जरूरत है। आप बाहर के राज्य के एक्सपर्ट को बुलाएं। नागपुर में मिट्टी रिसर्च पर कई काम हो रहे हैं। लेकिन, एक फसल पर निर्भर होकर हम रह गए हैं। इससे मिट्टी की उर्वरता पर असर पड़ता है। हमें दो फसल को उगाने की व्यवस्था व तरीके ईजाद करने होंगे। केंद्र सरकार की स्कीम के तहत एक वैन गांव-गांव तक जाती है, जो ऑन द स्पॉट मिट्टी की जांच कर फसलों संबंधी सुझाव देती है। आखिर इस गोजना को हम झारखंड में क्यों नहीं लागू कर सकते? पंजाब का उदाहरण लें, वहां ऑटोमेटिक मशीन से किसान खुद मिट्टी की जांच करते हैं, उसी अनुरूप फसल लगाते हैं।

हाइब्रिड बीज पर से निर्भरता घटे : एक बड़ी समस्या बीज को लेकर भी है। परंपरागत तरीके से फसल उगाने के साथ किसान अगली बार के लिए बीज का संरक्षण खुद कर लेता था। जलवायु, मिट्टी के हिसाब से बीज की प्रकृति वे खुद तय कर लेते थे। अब इसकी जगह आप हाइब्रिड बीज को बढ़ावा दे रहे हैं। जबकि अच्छी तरह जानते हैं कि हाइब्रिड बीजों से फसल उत्पादन तभी संभव है, जब पर्याप्त मात्रा में पानी उपलब्ध हो। दूसरा समय पर बीज उपलब्ध नहीं होता।

पंजाब व आंध्रप्रदेश से आप बीज मंगाते हैं। दोनों राज्य समय पर फसल लगाते हैं, इसके बाद जो बचता है, वहीं यहां के किसानों को मिलता है। अच्छे बीज तो वे पहले इस्तेमाल कर लेते हैं। मुझे लगता है कि झारखंड के किसानों को खुद के बीज उत्पादन का प्रशिक्षण देना चाहिए। इसे भी किसान आमदनी का जरिया बना सकते हैं। इन बीजों से वर्तमान में जो खेती हो रही है, उससे चौगुना उत्पादन संभव है। झारखंड गठन के बाद अब

तक किसानों को फर्टिलाइजर समय पर नहीं मिला। सरकार कहती है कि उर्वरकों की कमी नहीं होती, तो फिर किसानों तक समय पर उर्वरक क्यों नहीं पहुंचता। हिमाचल प्रदेश से सबक लेना चाहिए। वहां गांव-गांव सरकारी ट्रक जाता है। उसमें कृषि की सारी चीजें होती हैं-खाद, बीज, उपकरण आदि। सरकार को किसान तक पहुंचने की जरूरत है।

हकीकत : खर्च में भी पीछे विभाग

वर्ष	योजना बजट	खर्च	प्रतिशत
2002-03	4500	1152	25.60
2003-04	5249	4290.6	81.74
2004-05	5600	4265.24	76.17
2005-06	8000	7266.92	90.84
2006-07	9125	8790	96.33
2007-08	11600	9596.4	82.73
2008-09	14850	13966.5	94.05
2009-10	16000	13276	82.98
2010-11	29849	18693	62.63
2011-12	36000	685	0 .02

भुगतने होंगे गंभीर परिणाम : हाल ही में जम्मू में एक कांफ्रेंस में भाग लेने गई थी। वहां मिस्र के प्रतिनिधि आए थे। उन्होंने कहा कि हाल में जो बड़े पैमाने पर आंदोलन हो रहे हैं, उनकी बुनियाद लोकतंत्र से अधिक अनाज का उपलब्ध न होना है। उनके पास खाने को नहीं है, इसी को लेकर युवा सड़कों पर उतर आए। स्थिति झारखंड में भी कुछ ऐसी ही है। झारखंड के अधिकतर किसान तीन से सात महीने तक का अनाज ही उगा पाते हैं। सरकार सिर्फ सबके घरों में भरपेट खाने लायक अनाज उपलब्ध करा दे, तो यहीं काफी होगा।

रुचि के अनुसार रोजगार : कृषि कार्य के अलावा आदिवासियों के प्रचलित काम-धंधों को बढ़ावा देना चाहिए। आदिवासी सूअर पालन करते हैं। बीएयू में कुछ साल पहले एक नस्ल विकसित हुई थी तांस्वार्थ। देसी नस्ल के साथ संकर कर नई नस्ल तैयार कर सकते हैं। जहां तक बाजार की बात है, तो बोकारो, जमशेदपुर, कोलकाता आपके पास है।

मछलीपालन की भी यहां बड़ी संभावना है। जहां तक बाजार की बात है, तो मैं यह कहना चाहूंगी कि जब उत्पादन होता है, तो बाजार खुद-ब-खुद मिल जाता है। अब धान की मार्केटिंग नहीं हो सकती। हम अपने लायक ही नहीं उपजा पाते, तो फिर दूसरी जगह बेचने की बात ही बेमानी है। हमारे यहां की सब्जी कहां नहीं जाती। झारखंड की सब्जियां कोलकाता व दिल्ली के बाजारों में मिल जाएंगी। पतरातू में सब्जी का उत्पादन काफी अधिक होता है। वहां तक ट्रक पहुंचता है या नहीं। थोड़ी-बहुत भी सुविधा मिल जाएं, तो काफी आगे जा सकते हैं।

समय से मिले मौसम की जानकारी : सरकार की ओर से किसानों को छोटी-से-छोटी जानकारी देनी चाहिए। दरअसल, जलवायु परिवर्तन तेजी से हो रहा है। पिछले पांच सालों में झारखंड में बारिश का पैटर्न देखें, तो कभी समय पर वर्षा नहीं हुई। लेकिन, इससे निपटने के लिए हमारे पास कोई रणनीति है क्या? परंपरागत तरीके से किसान खेतों में जून आते ही बीज डाल देते हैं। लेकिन, जब समय आता है तो बारिश नहीं होती। बीज खराब हो जाता है। इसके बाद बाहर से मंगवाने की जिद्दोजहद शुरू हो जाती है।

मौसम विभाग की ओर से उन्हें समय रहते यह जानकारी दे दी जाए, बारिश इतने दिनों बाद होगी, आप कुछ दिनों बाद बीज लगाएं, तो किसानों को लाभ पहुंचेगा। सरकार के पास सारे हल हैं, लेकिन उसे जमीन पर उतारने की इच्छाशक्ति होनी चाहिए। सरकार गैर-सरकारी संस्थाओं या स्थानीय स्तर पर इन सब चीजों का जिम्मा क्यों नहीं देती। झारखंड में कृषि तब सफल हो पाएगी, जब टिकाऊ होगी। राज्य में फसल बीमा की तो बात ही छोड़िए।

◆ ◆ ◆

कृषि को चाहिए नई ऊर्जा

मो. जाकिर
अर्थशास्त्री

खाद्यान्न उत्पादन में झारखंड स्वाबलंबी बन सकता है, लेकिन उत्पादन में इतना उतार-चढ़ाव का मुख्य कारण है खेती की मॉनसून पर अत्यधिक निर्भरता। राज्य का औसत वर्षापात 1330 मिलीमीटर है, जिसमें जून से सितंबर तक 70 से 80 प्रतिशत वर्षा होती है। राज्य में खरीफ मौसम में लगभग 25 से 26 प्रतिशत सिंचित क्षेत्र है, जबकि रबी मौसम में यह 10 से 12 प्रतिशत सिंचित क्षेत्र होता है। भारत में 40 प्रतिशत कृषि क्षेत्र के लिए सिंचाई की व्यवस्था है। झारखंड में सिंचाई के साधन हैं-नहर (17.53 प्रतिशत), तालाब (19.07 प्रतिशत), नलकूप (8.4 प्रतिशत), कुआं (29.38 प्रतिशत), अन्य (25.37 प्रतिशत)। अतः अगर राज्य में खाद्यान्न उत्पादन बढ़ाना है तो सिंचाई की उत्तम व्यवस्था करनी होगी। इसके लिए कुआं, छोटे-बड़े तालाब का निर्माण करवाना एवं चेकडैम बनवाना उपयुक्त होगा। झारखंड में धान, गेहूं और मकई की उत्पादकता दर प्रति हेक्टेयर राष्ट्रीय उत्पादकता दर से काफी कम है। वहीं दलहनी फसलों तथा राई एवं सरसों की उत्पादन दर राष्ट्रीय औसत से अधिक है।

दलहन की खेती जरूरी : झारखंड में दलहनों की खेती अधिक क्षेत्र में करने की जरूरत है जो राज्य एवं देश दोनों के लिए फायदेमंद है, क्योंकि भारत में दलहनों का उत्पादन लगभग स्थिर है और इसकी मांग बढ़ती जा रही है, जिसके कारण काफी मात्रा में दलहन आयात करना पड़ता है।

वैज्ञानिक युग में कृषि क्षेत्र में उर्वरक का उपयोग बढ़ा है। झारखंड के किसान 67.6 किग्रा प्रति हेक्टेयर उर्वरक का उपयोग करते हैं, जबकि राष्ट्रीय औसत 104.5 किग्रा प्रति हेक्टेयर है। अतः झारखंड के किसानों को समय पर उचित मात्रा में उर्वरक उपलब्ध करवाने की आवश्यकता है। सब्जी उत्पादन में झारखंड स्वाबलंबी है। झारखंड में सब्जी उत्पादन 2010-11 में 3899792 मीट्रिक टन हुआ। सब्जी में सबसे अधिक आलू उपजाया जाता है, जिसकी खेती साल में दो बार यहां के किसान करते हैं। झारखंड से कई राज्यों जैसे औड़िशा, बंगाल, मध्यप्रदेश, उत्तर प्रदेश आदि में सब्जी बड़े पैमाने पर भेजी जाती है।

सब्जी उत्पादन में संभावनाएं : सब्जी जल्द खराब होने वाली वस्तु है, जिसके कारण किसान इसे यथाशीघ्र बेच देना चाहते है, जिसका फायदा बिचौलियों एवं दलालों को मिलता है। बिक्री योग्य सब्जियों की सफाई, ग्रेडिंग, पैकिंग, परिवहन एवं विपणन से वंचित होने के कारण बड़े कृषक अब बहुराष्ट्रीय कंपनियों को अपना उत्पाद बेच रहे हैं, लेकिन छोटे किसानों की स्थिति यथावत बनी हुई है।

वहीं फलों की खेती में झारखंड काफी पीछे है। दूसरे राज्यों से फल आयात करने पड़ते हैं। 2010-11 में कुल फलों का उत्पादन 6.38 लाख मीट्रिक टन हुआ।

अन्य विकल्पों को मिले बढ़ावा : झारखंड में औषधीय पौधे एवं सुगंधित पौधे की खेती के अच्छे आसार हैं, इनमें सफेद मूसली, आंवला, अश्वगंधा, ब्राह्मी, अदरक, पुदीना, लहसून, नींबू घास, रतन जोन, धतूरा प्रमुख हैं। साथ ही कुटीर उद्योग के रूप में मधुमक्खी पालन, पशु पालन, मशरूम उत्पादन, लाह एवं रेशम-तसर उत्पादन को बढ़ावा देना चाहिए। इसके अतिरिक्त जंगलों में अनेक उत्पाद जैसे महुआ, बीड़ी-पत्ता, विभिन्न प्रकार के बीज, बांस, साल की लकड़ी आदि से कृषकों की आय बढ़ाई जा सकती है। वर्तमान में झारखंड में खाद्यान्नों की कमी है। यही नहीं दूध, फल तथा मछली के लिए भी अन्य राज्यों पर निर्भर रहना पड़ता है, जबकि राज्य में सभी तत्व मौजूद हैं, जिनसे इन कमियों को पूरा किया जा सकता है। इसके लिए विभिन्न सरकारी योजनाओं को ईमानदारी से लागू करने की आवश्यकता है।

बंजर भूमि पर करनी होगी आमदनी की खेती

डॉ. प्रशांत कुमार
विवि प्राध्यापक व समन्वयक, राष्ट्रीय बागवानी मिशन, बीएयू

झारखंड की अधिकांश जमीन ढालू व पठारी है। यह राज्य मध्यम तापमानवाले उपोष्ण कटिबंधीय जलवायु क्षेत्र में आता है। इस लिहाज से अनेक तरह की बागवानी फसलों की अनंत संभावनाएं हैं।

औसतन वर्षा 1100-1250 मिलीमीटर होती है, लेकिन भूमि ऊंची-नीची होने के कारण 70 फीसदी पानी बहकर नदी-नालों में चला जाता है, जिसका सही उपयोग नहीं के बराबर है। 82 फीसदी वर्षा जून से सितंबर माह के बीच हो जाती है। जल धारण क्षमता कम होने के चलते उपजाऊ मिट्टी के अधिकतर भाग को भी नुकसान होता है।

मुख्य दो बातें महत्वपूर्ण हैं ■ जलवायु व क्षेत्रीय विभिन्नता के चलते बागवानी फसलों में आर्थिक प्रगति की संभावनाएं निहित हैं, लेकिन मृदा में जल धारण क्षमता प्रबंधन की आवश्यकता है। ■ आर्थिक संसाधनों की कमी एक बड़ी समस्या है, जो एकल फसल वर्तमान में धान फसल पर आधारित है। अतः खाद्य पोषण की सुरक्षा व आर्थिक संपन्नता उचित जल प्रबंधन पर आधारित बागवानी फसलों के क्षेत्र विस्तार द्वारा सुनिश्चित की जा सकती है।

पारंपरिक खेती में राज्य के कृषकों द्वारा उठाई जानेवाली कठिनाइयों में सबसे प्रमुख है, उनके उत्पाद का उचित मूल्य न मिलना। प्रचलित कृषि तकनीकों में वांछित सुधार द्वारा उद्यानिक फसल उगाकर अपेक्षाकृत कम मूल्य पर क्षेत्रीय आवश्यकताओं की पूर्ति के साथ-साथ उन उत्पादों को बाहर भेजा सकता है। उद्यानिक फसलें न केवल कृषि के विविधिकरण का एक विकल्प है, वरन खाद्य व पौष्टिक सुरक्षा का महत्वपूर्ण अंग भी है। वर्ष 2005 से इस राज्य में राष्ट्रीय बागवानी मिशन के अंतर्गत सब्जी बीज उत्पादन, फल वृक्षों का विस्तार क्षेत्र, फूलों की खेती, मसालों की खेती, मशरूम उत्पादन व अन्य तरह के कार्यों का क्रियान्वयन बहुत द्रुत गति से किया जा रहा है, फिर भी वांछित सफलता का आयाम सीधा रास्ता नहीं है। कुछ बिंदुओं पर सोच आवश्यक है।

■ फलों से पोषण सुरक्षा
■ सब्जियों से पोषण सुरक्षा
■ फूलों के उत्पाद से आर्थिक समृद्धि
■ मशरूम उत्पाद से विदेशी मुद्रा का अर्जन

वैसे तो यह राज्य सब्जी उत्पादन में अग्रणी है। करीब 2. 50 लाख हेक्टेयर भूमि से 35.00 लाख टन सब्जी का उत्पादन होता है। लगभग फलों का विस्तार क्षेत्र बढ़कर 1.04 लाख हेक्टेयर हो गया है। फिर भी उत्पादन व उत्पादकता की दृष्टि से सफलता नहीं मिली है, जिसका प्रयास चल रहा है।

झारखंड राज्य के अंतर्गत आनेवाले जिलों का वर्गीकरण किया जाए, तो

■ उत्तर-पूर्वी पठारी क्षेत्र (जोन 8)

इसमें रांची, हजारीबाग, बोकारो, गिरिडीह, कोडरमा, धनबाद, देवघर, गोड्डा, दुमका, साहेबगंज, पाकुड़ व जामताड़ा जिला सम्मिलित हैं। इस क्षेत्र में बेमौसमी सब्जी, लीची, आम, नींबू तथा फूलों की खेती की अपार संभावनाएं सन्निहित है।

■ पश्चिमी पठारी जोन (जोन 5)

इसमें लोहरदगा, गुमला, लातेहार, पलामू, गढ़वा और चतरा जिला का क्षेत्र आता है। यहां के लातेहार पलामू व गढ़वा में आंवला, बेर तथा नींबू वर्गीय फसलों की अपार संभावनाएं हैं।

■ दक्षिणी-पूर्वी जोन (जोन 6)

इस क्षेत्र के अंतर्गत जमशेदपुर, खरसावां, चाइबासा, सिमडेगा जिले के क्षेत्र आते हैं। यहां पर काजू, शरीफा, कटहल की अपार संभावनाएं हैं। काजू के अंतर्गत लगभग क्षेत्र विस्तार 3000 हेक्टेयर के करीब है। उत्पादन की शुरुआत हो चुकी है, लेकिन गुणवत्ता सुधार हेतु कार्य चल रहा है। झारखंड में कुल चार लाख हेक्टेयर जमीन में अम्लीयता की समस्या है (पीएच 5.5)। संथाल परगना की दो लाख हेक्टेयर जमीन में इस तरह की समस्या है। इसका निराकरण चूने के प्रयोग से किया जाता है। पौधों की बढ़वार के लिए अनुकूल परिस्थिति उत्पन्न कर उत्पादकता व उत्पादन बढ़ाया जा सकता है। अनुसंधान के माध्यम से यह साबित हो चुका है कि खाद्यान्न फसलों के स्थान पर अथवा खाली पड़ी बंजर, परती व बेकार जमीन पर फलदार पौधों की खेती की जाए तो उससे खाद्यान्न फसलों की तुलना में 2-3 गुना ज्यादा आमदनी हो सकती है। सरकार के अथक प्रयास के बावजूद लगभग 45 लाख टन खाद्यान्न का उत्पादन होता है, जो राज्य की आवश्यकता का मात्र आधा है। ऐसे में हमारी सोच क्या होनी चाहिए, पूरे कृषि के लिए कार्यक्रम की दशा व दिशा क्या होनी चाहिए, अनुमान लगाया जा सकता है।

■ फल आधारित बहुस्तरीय फसल प्रणाली

■ नए बागों के लिए अंतरसस्यन प्रणाली

■ जलछाजन क्षेत्रों का विकास

■ संकर बीजों का उत्पादन

यानी बाग की प्रारंभिक अवस्था में अपेक्षाकृत लंबी विकास अवधि व बड़े आकार वाले फल-पौधों जैसे आम, कटहल, आंवला तथा लीची के बीच की उपलब्ध भूमि में कम बढ़ने व अल्प विकास अवधि वाले पूरक फलों जैसे अमरूद, शरीफा, सतालू तथा पपीता आदि की रोपाई की जा सकती है, वहीं शेष स्थान में सब्जियां व पुष्प की खेती की जा सकती है। आधार फल वृक्षों का आकार बढ़ने पर पूरक फल-वृक्षों को हटा दिया जाता है तथा छाया में हल्दी व अदरक की खेती जा सकती है। आय की अधिकता, भू-क्षरण की समस्या से निदान, भूमि की उर्वरता का विकास व पर्यावरण सुरक्षा में योगदान संभव है। ◆ ◆ ◆

वर्तमान समस्याएं

■ गुणवत्तायुक्त पौध सामग्री की आवश्यकता है। लगभग 30 लाख फलवृक्ष पौधों की जरूरत है, लेकिन अपने स्रोतों से पूर्ति मात्र एक लाख फल-वृक्ष की है।

■ पुष्प उत्पादन हेतु पौध सामग्री की कमी है। मुख्य रूप से पौध (गुलाब), कंद (ग्लैड), सभी तरह की अच्छी किस्में बाहर से खरीदी जाती हैं।

■ मशरूम उत्पादन के लिए स्पान के उत्पादन की काफी कमी है। सालों भर इससे खेती में व्यवधान आता है।

■ मसाले की खेती में बड़ी संभावना के बावजूद कई तरह की समस्याएं हैं। हल्दी, अदरक व मिर्च की खेती सफलापूर्वक की जा सकती है। लेकिन, बीज व कंद का उत्पादन नहीं होता।

किसानों की सुरक्षा के साथ खाद्य सुरक्षा

पीके वर्मा
झारखंड अल्टरनेटिव
डेवलेपमेंट फोरम

सरकार अफसोस करती है कि कृषि विकास दर केवल 2 प्रतिशत है, जबकि औद्योगिक विकास दर 8 से 9 प्रतिशत है। लेकिन यह भी तो सोचना होगा कि खेती के विकास के लिए हमने किया ही क्या और इस क्षेत्र की असीम संभावनाओं को हमने कितना विस्तार दिया, किसानों को कितनी सुविधाएं मुहैया कराईं। आयरन, स्टील की फैक्ट्रियां लग रही हैं और खेती की जमीन सिमटती जा रही है। तो क्या झारखंड के लोग भोजन के बदले स्टील खाएंगे?

इस संदर्भ में कृषि उत्पादकता बढ़ाने की सरकार की वर्तमान नीति का उल्लेख प्रासंगिक –

- **अन्य लाभकारी और पौष्टिक फसलों के बजाय सिर्फ चावल व गेहूं की खेती को अत्यधिक प्रोत्साहन**
- **प्रयोगशाला में विकसित उच्च कीमत और उच्च उपज वाले संकर धान व गेहूं के बीजों का प्रचार, जिसके लिए भारी मात्रा में उर्वरक, यूरिया व खाद की आवश्यकता होती है।**
- **उपरोक्त मदों की खरीद के लिए किसानों को ऋण व उर्वरक में सब्सिडी दे रही है।**
- **समय-समय पर कृषि ऋण में छूट दे रही है।**
- **कर्ज में डूबा किसान लाचार होकर सिर्फ खेतीबाड़ी ही नहीं छोड़ता, बल्कि गांव-घर छोड़कर भाग जाता है, क्योंकि परिवार की जिम्मेदारी उसे उठानी होती है।**

खत्म हो रही पारंपरिक खेती : इन सबका परिणाम अंततः किसानों को और अधिक गरीब बना देता है। अत्यधिक उर्वरकों, कीटनाशकों के उपयोग से जहां मिट्टी की उर्वरता खत्म हो रही है, वहीं बीज के लिए भी किसानों को पूरी तरह बाजार पर निर्भर बना दिया गया है। बाजरा, ज्वार, मडुआ जैसे कई अनाजों का तो क्रमिक लोप हो चुका है।

झारखंड जो अपनी जैव विविधता के लिए विख्यात था, जहां सैकड़ों किस्म के धान की खेती होती थी, उसे पूरी तरह नष्ट कर दिया गया। पारंपरिक खेती कर जहां किसान कई तरह की फसलें उगाते थे और भोजन के जरिये पौष्टिकता की खुराक लिया करते थे, वह अब देखने को नहीं मिलता।

नहीं मिलता संतुलित खुराक : धान की खेती करने से चावल तो हो जाता है, उससे पेट भी भर जाता है, लेकिन भरपेट अनाज और पौष्टिक तत्वों की संतुलित खुराक में अंतर होता है। झारखंड में व्याप्त भयानक कुपोषण का यह भी एक अहम कारण है।

दूसरी तरफ एक ही तरह की फसल लगाने के प्रचार के पीछे मकसद यही है कि मिट्टी की उर्वरा शक्ति को खत्म कर दिया जाए ताकि फर्टिलाइजर, कीटनाशकों का बाजार गर्म रहे। किसान कर्ज लेकर खाद, बीज, उपकरण, उर्वरक खरीदते रहें और मुनाफा कंपनियों तक पहुंचता रहे। इसका अंतिम परिणाम यही होगा, आज किसान भूखे हैं और कल हम सभी होंगे। झारखंड बनने के बाद से ही किसानों के खेत बड़े उद्योगों, शहरी केंद्रों के विस्तार, सेज आदि के कारण सिकुड़ते जा रहे है। वास्तव में हमारे नेता गांवों का शहरीकरण करना चाहते हैं तथा अनाजों का आयात करना चाहते हैं। सिर्फ चावल व गेहूं की खेती के लिए दबाव के कारण,

इसे बेचने के लिए उन्हें बाजार पर निर्भर रहना पड़ता है।

अपनानी होगी जैविक विधि : सबसे पहले तो उपरोक्त वर्णित प्रक्रिया को किसानों के हित के नजरिये से देखना होगा। उसके बाद 70 या 80 या 90 साल पहले की कृषि विधि की ओर वापस चलना होगा। हमारे पास तब स्वयं प्रकृति द्वारा विकसित स्वदेशी बीज था, जिसको हम खेती के लिए संरक्षित व संग्रहित करते थे। इस तरह हमने बीज के लिए कभी पैसों का भुगतान नहीं किया।

हम मिट्टी की उर्वरा शक्ति बढ़ाने के लिए प्रकृति की मदद से जैविक खाद का निर्माण करते थे और इस प्रकार उर्वरकों, कीटनाशकों के लिए भी बाजार पर निर्भर रहना नहीं पड़ता था। हमने फसलों व सब्जियों की विविधता को बढ़ाया था, इसलिए हमारा आहार पौष्टिक था और इसके लिए हमारी निर्भरता बाजार पर नहीं थी। आज हमारे पास खेती व खाद बनाने की विकसित जैविक विधियां है, जो केवल एक या दो नहीं बल्कि सभी फसलों की उत्पादकता को बढ़ाती है। इससे मिट्टी की उर्वरता बनी रहती थी, समय बीतने के साथ यह कम होने के बजाय बढ़ती रहती थी। किसानों को खेती के लिए ऋण नहीं लेना पड़ता था । ◆ ◆ ◆

तरक्की खुद की बदौलत

देविंदर शर्मा
खाद्य व कृषि
नीति विश्लेषक

वर्तमान में केंद्र सरकार की पूरी कोशिश दूसरी हरित क्रांति लाने की है। सरकार ने इसके लिए पिछले बजट में 400 करोड़ रुपये आवंटित किए थे। इनमें झारखंड के अलावा बिहार, पश्चिम बंगाल व ओड़िशा भी शामिल हैं। इसी राह पर झारखंड की सरकार भी चल रही है।

झारखंड का परिदृश्य अलग : हरित क्रांति में पंजाब के मॉडल को अपनाने पर हम पूरा जोर देते हैं। लेकिन, यह भूल जाते हैं कि पंजाब का भौगोलिक परिदृश्य झारखंड से पूरी तरह भिन्न है। झारखंड का 47 फीसदी क्षेत्र टांड क्षेत्र है। यह प्लेटो है, जहां पानी का ठहराव नहीं होता। पानी के बहाव के कारण मृदा अपरदन भी उसी तेजी से होता है।

खरपतवार के अलावा मिट्टी में इतनी भी उर्वरता नहीं होती कि खरपतवार के अलावा कुछ और हो सके। दूसरा 29 फीसदी जंगल है। इस तरह 75 फीसदी भूमि खेती से बाहर हो गई। तो फिर यह कैसे संभव है कि यहां की भूमि दूसरी हरित क्रांति को जन्म देगी। मिट्टी में उर्वरता नहीं, सिंचाई की व्यवस्था नहीं, ऐसी भूमि पर कैसी खेती करेंगे और क्या उम्मीद करेंगे।

पानी व मिट्टी पर हो जोर : हमें ऐसा मॉडल चाहिए, जिससे टांड क्षेत्र को उपजाऊ बना सकें। दरअसल, झारखंड को एग्रोफोरेस्ट्री मॉडल चाहिए, जो खेत से जंगल तक विकसित करे। टांड भूमि में दो चीजें बहुत जरूरी हैं, पहला जल संग्रहण व दूसरा मृदा संरक्षण। सरकार को इस ओर बड़ा अभियान चलाना चाहिए। इसके लिए नई व्यवस्था करनी चाहिए। पानी का संरक्षण कर लें, ऊपजाऊ मिट्टी को रोक लें, तो किसानों की समस्याएं काफी हद तक हल हो जाएंगी। दूसरा झारखंड में एग्रोफोरेस्ट्री मॉडल काफी उपयुक्त रहेगा।

पशुपालन को दें बढ़ावा : पशुपालन को भी अधिक बढ़ावा दिया जाना चाहिए। क्यों न झारखंड को डेयरी स्टेट ऑफ इंडिया के रूप में बदलने का अभियान चलाएं। यहां की बंजर भूमि का उपयोग चारा उगाने में किया जा सकता है। लेकिन, हमें पशुओं की नस्ल पर भी ध्यान देना होगा।

हाल ही में मैं ब्राजील गया था। वहां गाय का अधिक उत्पादन करनेवाली 80 नस्लों में गुजरात की नस्ल पहले तीन नंबर पर थी। मेरा यह कहना है कि जब ब्राजील हमारी गायों को प्रोमोट कर सकता है, तो हम अपनी नस्लों को क्यों नहीं कर सकते। दूसरी चीज किसानों को इसकी कीमत फैट के ऊपर नहीं मिलनी चाहिए। उन्हें पौष्टिक तत्व के ऊपर कीमत मिलनी चाहिए। जो देशी नस्ल में ही पाए जाते हैं। दूसरा नन टिंबर प्लांट के उत्पादन पर भी अधिक जोर देना होगा। हमें फोरेस्ट्री को भी अधिक बढ़ावा देना होगा।

आंध्र से सबक : खेती के लिए आंध्रप्रदेश का मॉडल झारखंड में अधिक उपयुक्त है। वहां के 23 में से 21 जिलों में खेती होती है। लेकिन पेस्टीसाइड का प्रयोग नहीं होता। कुल 40 लाख एकड़ में खेती की जाती है। आश्चर्य होगा कि 20 लाख एकड़ में उर्वरक का प्रयोग नहीं किया जाता। लेकिन, पैदावार काफी अच्छी है। कीटनाशकों का प्रयोग नहीं होने से केमिकल युक्त अनाज नहीं उगते।

खाद्य आत्मनिर्भरता बढ़ी है। दरअसल, हमें ऐसी खेती चाहिए, जो नक्सलवाद को पैदा न करे। खेती की तबाही का सीधा जुड़ाव नक्सलवाद से है। झारखंड में पहले से ही यह समस्या विकट है। तो यहां हमें अपना

मॉडल विकसित करना होगा, जिससे अपनी जमीन पर अपनी सुविधा अनुसार फसल उगा सकें।

चक्रीय मॉडल : खेती के मॉडल के मामले में हम दूसरे राज्यों की ओर क्यों देखे, जब अपने राज्य में ही सफल मॉडल उपलब्ध हो। पलामू के पीआर मिश्रा ने खेती की चक्रीय विकास प्रणाली विकसित की थी। वे वन विभाग में कार्यरत थे।

रिटायर्ड होने के बाद उन्होंने पलामू में इसका सफल प्रयोग किया। हरियाणा में एक गांव है सुखो माजरी। वहां आज भी इस विधि से खेती की जाती है। उनके मॉडल से इंदिरा गांधी काफी प्रभावित थी। उन्होंने इस मॉडल को पूरे देश में अपनाने की वकालत की थी। इस मॉडल में गांव के किसानों से लीज पर जमीन ली जाती है। किसानों को खेती का प्रशिक्षण दिया जाता है। उत्पादन के लाभ में 30 फीसदी मालिक की, 30 फीसदी काम करनेवालों की, 30 फीसदी समाज की होती है, वहीं 10 फीसदी इमरजेंसी के लिए रखा जाता है। यह गांव के विकास का कंप्लीट मॉडल है। वे जिस प्रदेश के हैं, वही उन्हें भुला दिया गया है। यह मॉडल झारखंड के लिए कारगर है। वे उर्वरकों की जगह वर्मीकंपोस्ट का उपयोग करने जोर देते थे। उर्वरकों को खत्म करने का यह बेहतरीन मॉडल है।

अलग रास्ता अपनाएं : झारखंड में हर वर्ष बीज को लेकर मारामारी रहती है। हम हरित क्रांति की बात करते हैं, तो पंजाब के मॉडल को अपनाते हैं। अधिक उपज के लिए हाइब्रिड बीज के उपयोग पर जोर देते हैं। सरकार भी इसे बढ़ावा दे रही है। इसके लिए बाहर से बीज मंगवाती है। हाइब्रिड बीज को लगाने के लिए दोगुना पानी की जरूरत पड़ती है। अधिक कीटनाशक व उर्वरक प्रयोग करने पड़ते हैं। इससे अगले दस साल तक तो अच्छी उपज की जा सकती है, लेकिन उसके बाद यह मिट्टी की उर्वरकता को सोख लेती है। पंजाब में अब क्या हो रहा है। वहां की मिट्टी भी बंजर होती जा रही है।

◆ ◆ ◆

उर्वर होगी मिट्टी तो लहलहाएगी फसल

डॉ. बीके अग्रवाल
कृषि वैज्ञानिक

झारखंड राज्य वन एवं खनिज संपदा में धनी, लेकिन कृषि क्षेत्र में अत्यंत पिछड़ा हुआ है। इस राज्य को खाद्यान के मामले में आत्मनिर्भर बनाने हेतु वर्तमान उपज को बढ़ाकर दुगना करना होगा। इसके लिए मृदा उर्वरता की स्थिति एवं उनकी समस्याओं की जानकारी होना अतिआवश्यक है, ताकि हमारे गरीब किसान कम लागत में अच्छी उपज प्राप्त कर सके।

49 फीसदी अम्लीय भूमि : झारखंड में लगभग 10 लाख हेक्टेयर कृषि योग्य भूमि अम्लीय भूमि (पीएच 5.5) के अंतर्गत आती है, जो कि कुल भौगोलिक क्षेत्र का 49 प्रतिशत है। यदि हम विभिन्न एग्रो-क्लाइमेटिक जोन में पड़नेवाली जिलों में अम्लीय भूमि की स्थिति को देखें तो उत्तरी पूर्वी पठारी जोन (जोन 4) के अंतर्गत जामताड़ा, धनबाद, बोकारो, गिरिडीह, हजारीबाग व रांची में कुल भौगोलिक क्षेत्र का 50 प्रतिशत से अधिक अम्लीय भूमि है, जिसका पीएच 5.5 कम है। इसी तरह पश्चिमी पठारी जोन में सिमडेगा, गुमला एवं लोहरदगा में 69 प्रतिशत से 72 प्रतिशत तक अम्लीय भूमि की समस्या है, जबकि पलामू, गढ़वा एवं लातेहार में अम्लीय भूमि का क्षेत्रफल 16 प्रतिशत से कम है। दक्षिण-पूर्वी पठारी जोन (जोन 6)में अम्लीय भूमि की समस्या सबसे ज्यादा है। इस जोन के अंतर्गत आनेवाले तीनों जिलों सरायकेला, पूर्वी एवं पश्चिमी सिंहभूम में अम्लीय भूमि 70 प्रतिशत के करीब है। इस प्रकार हम कह सकते हैं कि झारखंड प्रदेश में अम्लीय भूमि की समस्या मुख्य समस्या है।

उत्पादन पर पड़ता है प्रतिकूल असर : अम्लीय भूमि में गेहूं, मक्का, दलहन एवं तिलहनी फसलों की उपज संतोषप्रद नहीं हो पाती है। इस प्रकार की भूमि में अनेक पोषक तत्वों की उपलब्धता में कमी हो जाती है। अधिक मृदा अम्लीयता के कारण एल्युमिनियम, मैगनीज एवं लोहा अधिक घुलनशील हो जाते हैं और इन तत्वों की अधिक मात्रा में उपलब्धता से पौधों पर हानिकारक प्रभाव पड़ता है। अम्लीय भूमि में मुख्यतः फॉस्फेट, सल्फर, कैल्शियम एवं बोरोन की कमी होती है। इसके साथ - साथ सूक्ष्म जीवियों की संख्या व कार्यकुशलता में कमी आ जाती है, जिसके कारण नाइट्रोजन की स्थिरीकरण व कार्बनिक पदार्थों का विघटन कम हो जाता है। इस प्रकार हम देखते हैं पौधों के लिए आवश्यक पोषक तत्वों में असंतुलन के कारण पैदावार में कमी हो जाती है।

मृदा प्रबंधन जरूरी : ऐसी भूमि, जिसका पीएच मान 5.5 से नीचे हो, वहां अधिक पैदावार हेतु मृदा प्रबंधन जरूरी है। इसके लिए ऐसे पदार्थों का प्रयोग करना चाहिए, जो भूमि की अम्लीयता को उदासीन कर विभिन्न तत्वों की उपलब्धता बढ़ा सके। चूने का प्रयोग कर भूमि की अम्लीयता कम कर पैदावार बढ़ाई जा सकती है। इसके लिए बजारू चूना खेतों में डालने के काम लाया जा सकता है। जब फसलों की बुआई के लिए कुंड खोला जाए, इसमें चूने का चूर्ण 2-4 क्विंटल प्रति हेक्टेयर की दर से डालने के बाद उसे पैर से ढंक देना चाहिए। उसके बाद फसलों के लिए अनुशंसित उर्वरकों एवं बीज की बुआई करनी चाहिए। चूने के स्थान पर वेसिक स्लैग, प्रेस मड, डोलोमाइट, पेपर मिल स्लज इत्यादि का भी प्रयोग किया जा सकता है।

मुख्य पोषक तत्व : मुख्य पोषक तत्वों में मुख्य रूप से झारखंड में फॉस्फोरस एवं सल्फर की कमी पाई जाती

है। कुल भौगोलिक क्षेत्र का 66 प्रतिशत भाग में फॉस्फोरस एवं सल्फर की कमी पाई जाती है। पोटैशियम की स्थिति कुल भौगोलिक क्षेत्र के 51 प्रतिशत भाग (108 - 280 किलोग्राम प्रति हेक्टेयर) में तथा नाइट्रोजन की स्थिति 70 प्रतिशत भाग (280 - 560 प्रति हेक्टेयर) में मध्यम है। आर्गेनिक कार्बन 47 प्रतिशत भाग में मध्यम स्थिति में है (0.5 - 0.75 प्रतिशत)।

फॉस्फोरस : जिलेवार यदि मुख्य पोषक तत्वों की स्थिति पर हम गौर करें तो हम पाते हैं कि झारखंड क्षेत्र के आधा से ज्यादा जिलों में फॉस्फोरस की कमी है। गुमला , पूर्वी सिंहभूम, सिमडेगा, गोड्डा, सरायकेला एवं पश्चिमी सिंहभूम में 80 प्रतिशत से अधिक मिट्टी में फॉस्फोरस की उपलब्धता बहुत कम है।

क्या करें : स्फूर (फॉस्फोरस) की कमी विशेषतः दलहन एवं तेलहन फसलों की उपज को प्रभावित करता है। फसल विलंब में पकती है एवं बीजों या फलों के विकास में कमी आती है। ऐसे क्षेत्र जहां पर स्फूर की कमी आती है। ऐसे क्षेत्र जहां पर स्फूर की कमी हो मिट्टी जांच प्रतिवेदन के आधार पर सिंगल सुपर फॉस्फेट या डीएपी का प्रयोग करना चाहिए। लाल एवं लैटेरेटिक मिट्टियों में जिसका पीएच मान 5.5 से कम हो रॉक फॉस्फेट का उपयोग लाभदायक होता है।

सल्फर : पश्चिमी सिंहभूम, लातेहार व लोहरदगा जिलों में सल्फर की कमी 60 प्रतिशत से 80 प्रतिशत तक है। गढ़वा, हजारीबाग, गुमला, देवघर, गोड्डा, रांची, सरायकेला, पाकुड़, दुमका, पूर्वी सिंहभूम, साहेबगंज में 30 से 58 प्रतिशत तक सल्फर की कमी पाई गई है। इसके अलावा अन्य जिलों में इसकी उपलब्धता संतोषजनक है।

क्या करें : जिन जिलों में सल्फर की कमी ज्यादा पाई जा रही है, वहां पर एसएसपी का प्रयोग कर इसकी कमी पूरी की जा सकती है। इसके अलावा फॉस्फोजिप्सम का प्रयोग भी सल्फर मुक्त खाद्य का प्रयोग लाभदायी होता है। पोटाश पौधों की वृद्धि एवं विकास के लिए आवश्यक है। यह पौधों को कीड़े एवं बीमारी से बचाने में मदद करता है। साथ ही साथ सूखे की स्थिति में फसल की जल उपयोगी क्षमता को बढ़ाता है।

पोटैशियम: उपलब्ध पोटैशियम की कमी पूर्वी एवं पश्चिम सिंहभूम तथा धनबाद में कुल भौगोलिक क्षेत्र का 30 प्रतिशत से 50 प्रतिशत तक है। अन्य जिलों में कमी का स्तर 5 से 25 प्रतिशत तक है।

क्या करें : अनुसंधान से यह पाया गया है कि कुछ फसलों जैसे मक्का आदि में पोटैशियम की ज्यादा जरूरत पड़ती है। ऐसा माना जाता है कि झारखंड की मिट्टियों में पोटाश पर्याप्त मात्रा में है, परंतु वास्तव में स्थिति ऐसी नहीं है, अतः जो किसान भाई फसलों से अधिक उपज लेना चाहते है, उन्हें पोटाश युक्त खाद्य का प्रयोग करना चाहिए। आमतौर पर पोटाश उर्वरक के रूप में म्यूरेक ऑफ पोटाश (पोटैशियम क्लोराइट) का उपयोग करना चाहिए।

नाइट्रोजन :उपलब्ध नाइट्रोजन की स्थिति कुछ जिलों (गुमला, देवघर, क सिमडेगा एवं लोहरदगा) को छोड़कर सभी जिलों में मध्यम है। आर्गेनिक कार्बन की स्थिति नाइट्रोजन के जैसा ही है।

क्या करें : नाइट्रोजन पौधों की बढ़वार हेतु बहुत आवश्यक तत्व है, परंतु इसका असंतुलित व्यवहार मिट्टी के स्वास्थ्य के लिए हानिहारक है। अतः किसान भाई को फसलों के आधार पर नाइट्रोजन के साथ -साथ अन्य पोषक तत्वों का भी प्रयोग करना चाहिए। ◆ ◆ ◆

सिर्फ उद्योग की ओर देखा कृषि की ओर नहीं

रमेश शरण

अर्थशास्त्री

झारखंड में कृषि कई चीजों पर निर्भर करती है। सबसे बड़ी समस्या सिंचाई के लिए वर्षा पर निर्भरता है। इस कारण हर वर्ष पैदावार में उतार-चढ़ाव लगा रहता है। दूसरी यहां क्षेत्रीय विषमता अधिक है, जिसके कारण एक जैसी कृषि संभव नहीं है। यहां की 59 फीसदी आबादी कृषि आधारित है। यहां की कृषि की उत्पादकता कम है, इसको समझने के लिए हमें यहां के राजनीतिक अर्थशास्त्र को समझना होगा।

दरअसल, यहां हमेशा से केवल खनिज व उद्योग की बात की जाती रही। कृषि की संभावना को लेकर कोई चर्चा नहीं होती थी। बिहार के साथ रहते हुए भी और अलग झारखंड बनने के बाद भी कृषि हमेशा से उपेक्षित रहा। उदाहरण के लिए एचइसी को ले सकते हैं। इसके लिए टांड या बंजर भूमि का उपयोग नहीं किया गया, बल्कि जोत भूमि पर इसकी स्थापना की गई। इन इलाकों में आप जाकर देखें, यहां आज भी छिटपुट खेती दिख जाएगी।

डैम, लेकिन सिंचाई के लिए नहीं : बिहार में जितने डैम का निर्माण किया गया, उनमें से 75 फीसदी झारखंड में पड़ता था। लेकिन सिंचाई की स्थिति बद से बदतर होती गई। इसके पीछे कारण यह था कि जितने भी डैम बने, उनका उद्देश्य कृषि में सिंचाई के लिए नहीं, बल्कि उद्योगों की जरूरतों को पूरा करने के लिए था। कहने के लिए डीवीसी, तमाड, चांडिल जैसे कई हैं।

हकीकत है कि वर्ष 1957 में जहां दो लाख 57 हजार हेक्टेयर में सिंचाई होती थी, वह घटकर एक लाख 90 हजार हेक्टेयर पहुंच गई। इससे सिंचाई हो सकती है, इस बाबत सोचा ही नहीं गया। डीवीसी है तो झारखंड में, लेकिन इसका लाभ बंगाल उठाता है। आज भी विभाग का सारा खर्च बड़े डैमों पर है, लेकिन इसका लाभ छोटे किसानों को नहीं मिलता।

खनन व उद्योग से खत्म हो रही कृषि : बड़े-बड़े उद्योगों व खनन कार्य से मिट्टी बर्बाद हो रही है। पेड़-पौधे काटे जा रहे हैं। जगह-जगह ओपन कास्टिंग हो रही है। जंगल को तेजी से काटा जा रहा है। यह सब मिट्टी के क्षरण के लिए जिम्मेवार है। वर्षा जल को रोकने में हम असमर्थ हो जाते हैं, जिससे ऊपजाऊ मिट्टी बहकर चली जाती है।

सुखाड़ की समस्या विकट : झारखंड में बारिश कम नहीं होती, लेकिन यदि समय पर नहीं होती, तो यह किस काम की। दूसरा वर्षा जल का संचयन भी हम नहीं कर पाते। इसे रोकने की कोई कारगर नीति या उपाय नहीं है हमारे पास। यही कारण है कि बार-बार हमें सुखाड़ का सामना करना पड़ता है। जून में बारिश हुई, जुलाई में नहीं। किसान जो प्लानिंग करते हैं, उस मुताबिक बारिश नहीं हुई, तो फसल तो सूखेगी ही।

नहीं होती सर्दियों में वर्षा : सर्दियों में होनेवाली वर्षा काफी कम हो गई है। रबी की फसल तो नहीं के बराबर हो रही है। दलहन व तेलहन की फसल नहीं लगाई जा रही है। टांड़ क्षेत्र में होनेवाली खेती खराब हो रही है। दलहनी फसल नहीं लगने से फसल चक्र गड़बड़ा जाता है। एक फसल के बाद दलहनी फसल लगाने से खेतों में उर्वरता बनी रहती है। लेकिन बार-बार एक ही फसल लगाएंगे, तो मिट्टी की क्षमता खत्म होगी।

क्षेत्रीय विषमता का असर : झारखंड के अलग-अलग क्षेत्र में भूमि की संरचना व प्रकृति भी अलग-अलग

है। कहीं ऊपरी जमीन है, तो कहीं निचली जमीन। इस लिहाज से अलग-अलग क्षेत्रों में फसलें भिन्न प्रकार की लगानी होगी। पहली हरित क्रांति में झारखंड को विशेष तरजीह नहीं दी गई। पश्चिम बंगाल में भूमि सुधार कर उत्पादन को बढ़ा लिया गया, लेकिन झारखंड में ऐसा संभव नहीं हो सका। हम हरित क्रांति को ला सकते हैं, लेकिन इसकी प्रक्रिया यहां की भौगोलिक प्रकृति के अनुरूप होनी चाहिए। नरेगा की स्कीम को खेती की क्वालिटी सुधारने में प्रयोग कर सकते हैं। हमें धान की क्वालिटी सुधारने के साथ ही तेलहन व दलहन पर भी ध्यान देना होगा।

सरकारी पहल जरूरी : पंजाब में हरित क्रांति सबसे अधिक सफल हो पाई तो उसमें सरकारी प्रयास भी एक बड़ा कारण था। हमारे यहां के किसानों के पास धान के बीज खरीदने की क्षमता नहीं होती। वहीं यहां के किसान जो धान उपजाते हैं, उसकी खरीद सरकार नहीं करती। पंजाब में किसानों का अनाज सरकार खरीदती है। हमारे किसानों को प्रोक्योरमेंट प्राइस नहीं मिल पाता।

झारखंड के किसानों के लिए उर्वरक को ले केंद्र की ओर से कोई कोटा निधार्रित नहीं है। पंजाब में स्थिति विपरीत है। वहीं बीज भी उनको देरी से मिलता है।

नहीं मिलता ऋण : एक समस्या हो तो बताएं, किसानों को बैंक से ऋण नहीं मिलता। किसान क्रेडिट कार्ड नहीं बन पाया। बैंक किसानों को ऋण देने के लिए तैयार नहीं। किसानों को संस्थागत ऋण नहीं मिलता। ऋण प्रदान करने को लेकर कानूनी प्रक्रिया भी सरल नहीं है। सरकार के पास कोई लैंड रिकॉर्ड नहीं है। इसका कारण यहां जमीन मामलों में व्याप्त भ्रष्टाचार व अनियमितताएं हैं। आदिवासी भूमि का इस्तेमाल गैर-आदिवासी कर रहा है। किसकी जमीन पर कौन हल चला रहा है, पता नहीं चलता। ऐसे में ऋण की प्रक्रिया जटिल हो जाती है। सरकार को स्टांप ड्यूटी खत्म कर देनी चाहिए।

इंफ्रास्ट्रक्चर का निर्माण जरूरी : सरकारी स्तर पर गंभीर प्रयास हो तो किसानों को भरपूर प्रोत्साहन मिल सकता है। 1980 मिलेनियम वेल स्कीम आया था। जमीन में कुआं व मोटर पंप लगाने की शुरुआत हुई। यही कारण है कि जिन क्षेत्रों में यह लगा, वहां सब्जी की खेती अब भी अच्छी खासी होती है। रांची से बेड़ो तक का इलाका देखिए। लेकिन, यहां भी सरकारी स्तर पर काफी कमी है। इसे लेकर नियंत्रित बाजार नहीं है। किसान अपने खेत से सब्जी लेकर बाजार तक पहुंचता है, तो पूरी की पूरी बेच कर जाना उसकी मजबूरी होती है। औने-पौने दाम पर वह बेच देता है। इसकी प्रोसेसिंग की व्यवस्था यहां नहीं है। कोल्ड स्टोरेज का अभाव है। कोल्ड स्टोरेज होता तो किसान बाजार में अपने उत्पाद रख कर चले जाते। बाद में कभी आते तो उसे बेचते। इन बुनियादी सुविधाओं के न होने से बिचौलिये हावी रहते हैं। को-ऑपरेटिव सोसाइटी नहीं है।

◆ ◆ ◆

करनी होगी परंपरागत खेती

घनश्याम
विचारक

आजादी के बाद देश में जो अर्थनीति अपनाई गई, वह मिश्रित अर्थव्यवस्था की थी। उस समय यह दबाव अपने ऊपर था कि भारत, अमेरिका और रूस, जो उस समय की दो ध्रुवीय ताकत थी, को एक साथ खुश रखा जाए। प्रथम प्रधानमंत्री जवाहर लाल जी बहुत हद तक इस संतुलन को अपनी मिश्रित अर्थव्यवस्था से बनाए रखने में कामयाब हुए। लेकिन, इस मिश्रित अर्थव्यवस्था में निजी और सरकारीकरण की प्रक्रिया में महज उद्योगों के विकास पर विशेष ध्यान दिया गया। परिणामतः भारत जैसा देश, जिसकी अधिकांश आबादी कृषि पर निर्भर थी, उपेक्षित होती चली गई। गांव उपेक्षा का शिकार हुआ। मुल्क को राजनैतिक आजादी जरूर मिली, पर गांव गुलाम होता चला गया। खेती के उपेक्षित होने से किसान मजदूर बनने लगे और गांवों से पलायन कर शहरों की तरफ जाने लगे।

गांव के हुनर और ज्ञान शहर की शोभा बढ़ाने लगे। इससे खेती पिछड़ती चली गई। वर्ष 1965 आते-आते देश भयंकर खाद्य संकट का शिकार होने लगा। वर्ष 1966-67 के अकाल ने गांव की पीड़ा को समझने का अवसर प्रदान किया। इस पीड़ा से उपजा 'ग्रो मोर फूड' का नारा। पंडित जवाहर लाल जी के बाद जब लाल बहादुर जी देश के प्रधानमंत्री बने तो उन्होंने गांव की गरीबी और किसानों की बदहाली को दूर करने के तरीके अपनाए और जय जवान, जय किसान का आकर्षक नारा दिया। वर्ष 1961-62 की चीन से हुई पराजय ने उनको जवानों को सशक्त करने और किसानों को आत्मनिर्भर बनाने की दिशा में मोड़ दिया। देश अब 'ग्रो मोर फूड' के नारे से लैस हो खेती के आधुनिक तरीके अपनाता चला गया।

खेती के आधुनिक तरीके ने गांव के ज्ञान और किसानों के हुनर को ही नहीं नकारा, बल्कि खेती की परंपरागत प्रक्रिया को भी नकार दिया। बाबा आदम से चले आ रहे विभिन्न प्रकार के बीज, पशुधन और जंगल पर निर्भर खेती को मशीन और पूंजी का पिछलगा बना दिया। बड़े पैमाने पर रासायनिक खाद और संकर बीज के साथ-साथ ऐसे यंत्र और उपकरण खेती में प्रयोग होने लगे, जिनकी उपलब्ध्ता यहां नहीं थी। परिणामतः हमें विदेश से मशीन, रासायनिक खाद और दवाएं मंगानी पड़ीं।

दो दशक तक उपज काफी बढ़ी और लगा देश अनाज के मामले में स्वावलंबी बन गया है। लेकिन, अनाज के रूप में अपने पास उन्नत धन और गेहूं थे। अन्य प्रकार के सैकड़ों किस्म के धान और मोटे किस्म के अनाज के अस्तित्व समाप्त होने लगे। परिणामतः देश भयंकर कुपोषण और रक्तहीनता का शिकार होता चला गया। अब खाद्य संकट का भी दौर शुरू हो गया। कुपोषण और महिलाओं की रक्तहीनता ने इस आधुनिक उपज और समय का पर्दाफाश कर दिया है। इसलिए अब सिर्फ देश और दुनिया परंपरागत खेती और जैविक पद्धति की ओर मुखातिब होने लगे हैं। आधुनिक खेती और रासायनिक खेती के पैरोकार डॉ. स्वामीनाथन भी अब इस ओर मुड़ गए हैं।

जहां तक परंपरागत खेती और जैविक पद्धति की बात है, तो इसमें झारखंड की पद्धति से बहुत कुछ सीखा जा सकता है। झारखंड की खेती का विकास यहां के पूर्वजों ने यहां की भू-आकृति, भू-संस्कृति और जलवायु को ध्यान में रखकर किया था। हमारे लिए महज पेट भरने की विधि नहीं थी खेती और न यह महज रोजगार

थी। खेती हमारी संस्कृति और सभ्यता में रची बसी भू-सांस्कृतिक धरोहर थी। इसको जंगल, पशुधन और कुटीर उद्योग तथा लोक ज्ञान के आधार पर मौसम के अनुरूप सजाया-संवारा गया था। हमारे पूर्वजों को यहां की भू-आकृति और जलवायु का व्यावहारिक ज्ञान था।

किस मौसम में हवा की रफ्तार और रुख कितनी और किधर की ओर होती है, इसको ध्यान में रखकर खेतों का निर्माण किया जाता था। खेतों की बनावट में वर्षा की मात्रा और पानी के बहाव के रुख को ध्यान में रखा जाता था। जंगल से बहकर आने वाली हरित खाद कितनी मात्रा में खेतों को मिलेगी? क्या इससे खेतों की उर्वरा बरकरार रहेगी? या फिर इसमें अतिरिक्त सजीव खाद का इस्तेमाल करना पड़ेगा? इसकी भी जानकारी रखते थे। किस मौसम में किस तरह की खेती की जरूरत है तथा लोगों को मौसम के अनुरूप किस तरह के अनाज या खद्यान्न की जरूरत है, को भी ध्यान में रखकर खेती की जाती थी। खेती की विविधता और विभिन्नता ने भी हमारी संस्कृति को विविधतापूर्ण बनाया।

इसी प्रकार खेती को कितने पानी की जरूरत है? अतिरिक्त पानी जो प्रकृति हमें देती है, का इस्तेमाल कैसे किया जाए? इस पानी में कौन-कौन से जलजीव तैयार किये जाएं, जो मानव समाज के लिए जरूरी है, इस पर भी ध्यान रखा जाता था। प्रोटीन और विटामिन की मात्रा को संतुलित रखेगी या नहीं, का भी ज्ञान अपनी परंपरागत खेती करने वालों को थी। खेती की नमी कैसे बरकार रहेगी तथा उसकी जैविकता कैसे विकसित और पुष्ट होती रहेगी, इसका भी समुचित ज्ञान हमारे समाज के पास था। भोजन का मतलब महज पेट भरना नहीं होता, बल्कि उसमें रस, सुगंध, स्वाद और शरीर की जरूरत के अन्य तत्व कैसे समाहित रहे, इस पर विशेष ध्यान दिया जाता था। किस मौसम में किस तरह की सब्जी, किस तरह के फल, किस तरह के तेलहन और दलहन चाहिए, इसकी भी व्यवस्था की जाती थी।

खेतों के प्रकार को ध्यान में रखकर अनाज, सब्जियां या अन्य मसाले तथा तेलहन उपजाए जाते थे। कम पानी में कौन अनाज हो सकता है? और अधिक पानी के प्रहार को कौन अनाज सह सकता है? इसकी जानकारी का इस्तेमाल अपने पूर्वज करते थे। खेती पूंजी और बाजार के लिए नहीं बल्कि जीवन और जीविका को संपुष्ट और सुव्यवस्थित करने के लिए की जाती थी। इस तरह अपनी खेती पूरी तरह से स्वावलंबी थी। तकनीक और श्रम के अर्थ में खेती परस्परावलंबी थी। इसलिए यहां 'मदइत' की व्यवस्था पनपी थी। श्रम और साधन के मामले में सभी समुदाय एक-दूसरे पर निर्भर थे। खेती, श्रम और साधन के बीच अन्योन्याश्रित संबंध थे। यहां से समाज में सामुदायिक भावना पनपती थी। समाज में बंधुता और बहनापा का भाव विकसित होता था। यानी परंपरागत खेती समाज के विभिन्न धर्मो, संप्रदायों और समुदायों को जोड़ने का सजीव साधन थी।

◆ ◆ ◆

कृषि योजनाओं में कृषकों की सहभागिता जरूरी

जटाशंकर चौधरी
निदेशक, समेति

अस्तित्व में आने के समय झारखंड का खाद्यान्न उत्पादन लगभग 22 लाख मीट्रिक टन था, जबकि इसे आत्मनिर्भर बनाने के लिए 50 लाख मीट्रिक टन खाद्यान्न की आवश्यकता है। हालांकि, इस वर्ष वर्षा की अच्छी स्थिति व कृषकों की सहभागिता तथा कृषि एवं गन्ना विकास विभाग अंतर्गत आत्मा, समेति द्वारा किए जा रहे प्रयास से 50 लाख मीट्रिक टन खाद्यान्न उत्पादन रहने की संभावना है। खाद्यान्न के लिए हमारा राज्य मुख्यतः धान की खेती पर आश्रित है, जिसमें लगभग16.92 लाख हेक्टेयर में धान की खेती की जाती है, जो कुल आच्छादित क्षेत्र का 70 प्रतिशत है। फिर भी विडंबना यह है कि राज्य निर्माण के बाद सारे किसानों तक सही समय पर सूचनाओं को हम नहीं पहुंचा पा रहे हैं। कृषि प्रसार को संपादित करने के लिए प्रसारकर्मी, कार्यकर्ता, पदाधिकारियों की आवश्यकता होती है, लेकिन प्रखंड स्तर पर करीब दो तिहाई जन सेवक के पद रिक्त हैं। प्रखंड कृषि पदाधिकारी तथा समकक्ष का आधा से ज्यादा पद खाली है। जिला अनुमंडल तथा मुख्यालय स्तर पर भी दो तिहाई पद रिक्त है, ऐसे में कृषि प्रसार की परिकल्पना नहीं की जा सकती है। राज्य में भी कृषि एवं गन्ना विकास विभाग द्वारा राज्य सरकार के सहयोग से कृषक हित में उनकी आवश्यकताओं को ध्यान में रखकर कई कार्यक्रम चलाए जा रहे हैं, ताकि प्रदेश में कृषि का समेकित विकास हो सके एवं अधिक से अधिक आच्छादन पूरा करते हुए कृषि प्रसार को सुदृढ़ किया जा सके। क्षेत्रीय कृषि को अधिक उत्पादनशील बनाने के साथ-साथ कृषि उत्पाद को गुणवत्तापूर्ण एवं मूल्यवर्धक भी बनाना होगा, ताकि राष्ट्रीय बाजार में हम अपनी पहचान बना सकें। इसके लिए ठोस कृषि अर्थव्यवस्था की स्थापना करने पर बल दिया जा रहा है, जो खाद्य सुरक्षा प्रदान कर सकें। नई कृषि नीति किसानों के आर्थिक विकास के लिए, जीवन स्तर सुधारने के लिए एवं गांवों से पलायन रोकने के लिए ग्रामीण क्षेत्रों में ही रोजगार सृजित करने की रणनीति बनाई जा रही है। कृषि प्रसार के उद्देश्यों को प्राप्त करने के लिए पहले तो सभी किसान भाइयों, कृषि प्रसार कर्मियों तथा अनुसंधानकर्मियों को अपनी मानसिकता एवं काम करने की प्रवृत्ति में परिवर्तन लाना होगा। वर्तमान में कृषि प्रसार प्रणाली में भी व्यापक परिवर्तन हो रहा है। वर्तमान कृषि प्रसार प्रणाली में अनुसंधानकर्मी एवं कृषि वैज्ञानिक अपने ढंग से अपनी प्रयोगशाला में अनुसंधान पर नए तकनीकी ज्ञान का विकास कर रहे हैं और कुछ प्रयोगों के बाद इसे अनुशंसित कर देते हैं। प्रसारकर्मी इस तकनीकी ज्ञान को किसानों तक पहुंचाते हैं। किसान इस तकनीकी ज्ञान का उपयोग अपने खेतों में करते हैं। किसानों के खेत में कुछ तकनीक सफल होते हैं और कुछ असफल। तकनीकों की सफलता या असफलता के कारणों की जानकारी एवं किसानों की प्रतिक्रिया वापस अनुसंधानकर्मियों या कृषि वैज्ञानिकों को दी जाती है, ताकि वे आवश्यकतानुसार तकनीक में परिवर्तन कर सके। साथ ही कुछ मुख्य कमियां वर्तमान कृषि प्रसार प्रणाली की हैं, जो निम्नलिखित हैं।

सहभागिता की कमी : जो भी कृषि से संबंधित योजनाएं या कार्य हो रहे हैं, वे सभी किसानों के हित में है। लेकिन, किसानों की योजना बनाने से लेकर क्रियान्वयन तक पूर्ण रूपेण भागीदारी नहीं हो पाती है। यदि किसानों को भी भागीदार बनाया जाए, तो उनमें योजना के प्रति अपनापन की भावना पनपती और योजनाओं के सफल होने की संभावना बढ़ जाती।

जरूरतों की अनदेखी : किसानों की समस्याएं क्या हैं? उनकी क्या जरूरतें हैं? वे क्या चाहते हैं? यह सभी बातें उनसे ज्यादा और कोई नहीं जान सकता है। वे अपनी मिट्टी तथा भौगोलिक परिस्थितियों से भली-भांति परिचित हैं। यह दुर्भाग्य की बात है कि उनकी आवश्यकताओं को ठीक तरह से नहीं समझा जाता है, जबकि

सारा काम उन्हीं के विकास के लिए किया जाना है।

स्थानीय तकनीक का अभाव : वैज्ञानिकों द्वारा अनुशंसित कृषि तकनीक, बीज या अन्य अनुशंसाएं हर कृषि पारिस्थितिकी क्षेत्रों में एक समान परिणाम नहीं देती हैं। ऐसी स्थिति में तकनीक का असफल होना स्वाभाविक है तथा इससे किसानों के विश्वास पर प्रतिकूल प्रभाव पड़ता है।

एकतरफा कृषि प्रसार : कृषि प्रसार दोतरफा प्रसार पद्धति है। वैज्ञानिकों से किसानों तक ज्ञान के बहाव को एकतरफा और किसानों की प्रतिक्रियाओं या समस्याओं को वापस वैज्ञानिकों तक पहुंचने को दोतरफा प्रसार कहते हैं। लेकिन सिर्फ एकतरफा यानी वैज्ञानिकों से किसानों तक ज्ञान का बहाव हो रहा है। वैज्ञानिकों को मालूम नहीं हो पा रहा किन तकनीकों में किस तरह का बदलाव करें।

उत्पादन आधारित लक्ष्य : आज तक कृषि प्रसार का मुख्य लक्ष्य सिर्फ उत्पादन बढ़ाना है। पहले हमारे देश की प्राथमिकता खाद्यान्न उत्पादन में आत्मनिर्भरता हासिल करना था। उस वक्त इसकी सख्त आवश्यकता भी थी। आज कुछ फसलों एवं सब्जियों का इतना अधिक उत्पादन हो रहा है कि इसका बाजार भाव उत्पादन लागत से भी कम हो जाता है। अधिक उत्पादन के साथ बाजार की मांग को भी कृषि प्रसार का आधार लक्ष्य बनाना होगा, ताकि किसानों को कृषि उत्पाद का उचित मूल्य मिल सके।

कर्मियों की कमी : वर्तमान में कृषि प्रसार कर्मियों की संख्या काफी कम है, झारखंड के संदर्भ में देखें तो यह और भी कम है। कृषि प्रसार का सारा जिम्मा इन्हीं प्रसारकर्मियों पर है। साथ ही इन्हें अन्य गैर कृषि कार्य भी सौंपा जाता है। इससे कृषि प्रसार कार्यकम प्रभावित हो रहा है। कृषि प्रसार के क्षेत्र में हमेशा मानव बल की आवश्यकता होती है, क्योंकि कृषि प्रसार में किसान गोष्ठी, कृषक वैज्ञानिक प्रशिक्षण अंतरमिलन कार्यक्रम, प्रक्षेत्र दिवस, आदि करने होते हैं, ताकि कृषकों का क्षमता विकास एवं ज्ञानवर्धन हो सके। वर्तमान में आधा से ज्यादा प्रखंड कृषि पदाधिकारी तथा समकक्ष जन सेवकों का पद खाली पड़ा है। ऐसे में कृषि प्रसार की परिकल्पना मुश्किल है।

गैर कृषि कार्यों में उपयोग : वर्तमान समय में हर विभाग मानव बल की कमी से जूझ रहा है, प्रखंड स्तर पर बहुत सी गैर कृषि योजनाएं चलाई जा रही हैं, मानव बल की कमी होने के कारण मौजूदा प्रसार कर्मियों को भी गैर कृषि कार्यों में लगाया जाता है।

कृषि कार्यालय का अभाव : कृषि प्रसार को सुदृढ़ करने के लिए कृषकों के क्षमता विकास एवं ज्ञानवर्धन की आवश्यकता पड़ती है, जिसके लिए मौलिक संसाधन जरूरी है, जैसे-भवन, प्रशिक्षण स्थल आदि। वर्तमान में प्रखंड स्तर पर किसी भी प्रकार का स्वतंत्र कृषि कार्यालय नहीं है, जहां कृषक , वैज्ञानिक एवं प्रसार कर्मी बैठक कर बात कर सकें।

विशेषज्ञों की कमी : कृषि विज्ञान केंद्र में वैज्ञानिकों व विशेषज्ञों के स्वीकृत बल के विरुद्ध नियुक्ति नहीं होने के कारण तकनीकी हस्तांतरण में कठिनाई हो रही है। कृषि क्षेत्र में विशेषज्ञ यथाः शस्य विज्ञान, मृदा विज्ञान, कृषि प्रसार, पौधा संरक्षण, उद्यान, मत्स्य, पशुपालन, वानिकी, आदि विषय के विशेषज्ञों की आवश्यकता पड़ती है।

तकनीकी हस्तांतरण में विविधता : कृषि एवं संबद्ध क्षेत्र के विभागों द्वारा अपने-अपने कार्य क्षेत्र में कृषि प्रसार का कार्य अपने स्तर से किया जा रहा है और हरेक कृषि एवं संबद्ध क्षेत्र का एक ही उद्देश्य है कि कृषक नई तकनीक को अपनाते हुए अपनी आय में वृद्धि कर सकें, लेकिन तकनीकी हस्तांतरण में विविधता होने के कारण योजनाओं का अनुमानित फलाफल नहीं हो रहा है।

निजी क्षेत्र की भागीदारी में कमी :वर्तमान में कृषि प्रसार के क्षेत्र में बहुत सी गैर सरकारी संस्थाएं एवं कंपनियां कार्यरत है, इनके द्वारा भी कृषकों के बीच कृषि प्रसार का काम युद्ध स्तर से चलाया जा रहा है, लेकिन सरकार द्वारा चलाई जा रही कृषि उपयोगी योजनाओं में पूर्णरूपेण भागीदारी नहीं हो पा रही है, जिसके कारण प्रसार कार्य करने के बावजूद कृषकों को फायदा पूरी तरह नहीं पहुंच पा रहा है। हालांकि, इन कमियों को दूर करने के लिए नई कृषि प्रसार पद्धति का विकास किया गया है, जिसे संशोधित आत्मा स्कीम, 2010 का स्वरूप दिया गया है। इसमें विशेषज्ञों की कमी को पूरा करते हुए कृषि प्रसार की गतिविधियों को बल दिया गया है।

◆ ◆ ◆

मेडिसिनल फार्मिंग : गरीबी की दवा

डॉ. कमलेश प्रसाद
आयुर्वेद विशेषज्ञ

हम अपनी जड़ों की ओर लौट रहे हैं। हर्बल, आयुर्वेदिक, प्राकृतिक, इन सबकी जरूरत हमें एक बार फिर से महसूस होने लगी है। रसायन विज्ञान और चिकित्सा विज्ञान के क्षेत्र में तमाम तरक्की के बावजूद आयुर्वेद और हर्बल मेडिसिन की मांग बनी हुई है। झारखंड वनों से अच्छादित प्रदेश है। स्थानीय लोग न सिर्फ वनों में निवास करते आए हैं, बल्कि यह उनकी आजीविका का एक महत्वपूर्ण जरिया पहले भी था और आज भी है।

वनों में निवास करने के कारण स्थानीय लोग अपनी पारंपरिक चिकित्सा हेतु वन में मौजूद औषधियों का भी प्रयोग करना अपने आप सीख गए। दुरूह और दुर्गम जगहों पर रहने के कारण, जहां न आवागमन के साधन हैं और न ही आधुनिक चिकित्सा की कोई सुविधा, वहां जंगलों से प्राप्त जड़ी-बूटियां और औषधियां ही आपात स्थिति में काम आती हैं। झारखंड के जंगलों में पाए जानेवाले इन मूल्यवान पौधों, औषधियों को बड़े पैमाने पर रोजगार का साधन बनाया जा सकता है। वैसे लोगों की संख्या बेहद कम है, जो इन वनौषधियों का ज्ञान रखते हैं। वैसे लोगों को चिह्नित कर उनके पारंपरिक ज्ञान का इस्तेमाल इस काम के लिए किया जा सकता है।

एग्रीकल्चर सेक्टर को महज धान, मक्का तक सीमित कर देना झारखंड के साथ अन्याय होगा। बायोडायवर्सिटी बोर्ड भी मानता है कि झारखंड में अनेक दुर्लभ प्रजातियों के पेड़-पौधे, जड़ी-बूटी और वनौषधियां पाई जाती हैं। अगर सरकार चाहे तो अपनी इन प्राकृतिक विरासतों का इस्तेमाल आमदनी बढ़ाने में कर सकती है। आज जब दुनिया फिर से आयुर्वेद और प्राकृतिक चिकित्सा प्रणाली को अपना रही है, तब झारखंड में इसकी संभावनाओं को विस्तार दिया जा सकता है। इसके लिए बड़े पैमाने पर राज्य के विभिन्न इलाकों में मेडिसिनल फार्मिंग को बढ़ावा दिया जा सकता है। गुमला, सिमडेगा, कोल्हान, रांची जैसे क्षेत्रों की मिट्टी और जलवायु इसकी खेती के लिए बेहद उपयुक्त है। एग्रीकल्चरल वेस्टलैंड का विकास कर उन पर औषधीय पौधे उगाए जा सकते हैं।

प्राकृतिक औषधियों की मार्केट डिमांड : आज जब कई बार आधुनिक चिकित्सा प्रणालियां फेल हो जाती हैं, लोग आयुर्वेद और प्राकृतिक चिकित्सा प्रणाली की ओर जाते हैं। इनमें लोगों का विश्वास काफी बढ़ गया है। ऐसे में जब हमारे राज्य को अनमोल वन संसाधनों और बेहतरीन आबोहवा का तोहफा प्रकृति ने दिया है, तो उसका इस्तेमाल हम कई तरीकों से कर सकते हैं। हर कोई जानता है कि आज के केमिकल युग में वनौषधियों की मार्केट डिमांड कितनी हैं। तमाम तरह की कॉस्मेटिक कंपनियां अपने उत्पाद यह कहकर बेचती हैं कि ये विशुद्ध रूप से प्राकृतिक है, जिसे दुर्लभ वनौषधियों से तैयार किया गया है।

एलोवेरा की तो डिमांड तो इतनी है कि लड़कियां इसके लिए बड़ी राशि खर्च करने के लिए तैयार रहती हैं। इसके अलावा सैकड़ों ऐसे जंगली पेड़-पौधे हैं, जिनका इस्तेमाल जटिल रोगों के लिए दवाएं तैयार करने हेतु किया जाता है। झारखंड में जहां-तहां ऐसे बहुमूल्य पेड़-पौधे नजर आ जाते हैं। इनकी पहचान कर इनके संरक्षण और संवर्धन के उपाय करने होंगे। राज्य के विभिन्न इलाकों में मेडिसिनल प्लांट की नर्सरियां बनाने की दिशा में ठोस और गंभीर प्रयास करने की जरूरत है।

बायोडायवर्सिटी बोर्ड के गठन के बाद ऐसी आस जगी कि ऐसे पेड़-पौधों की विस्तृत जानकारी को सूचीबद्ध

किया जा सकेगा। लेकिन, इन जानकारियों का कैसे बेहतर उपयोग हो और कैसे इसे एक उद्योग का रूप दिया जाए, इसे लेकर योजना बनाने की जरूरत है।

किसानों को प्रोत्साहन और प्रशिक्षण : मेडिसिनल प्लांट की खेती के लिए किसानों को उम्दा प्रशिक्षण देने की व्यवस्था करनी होगी। झारखंड के अधिकतर इलाकों में धान और सब्जी की खेती होती है, जिससे किसानों को अधिक आमदनी नहीं होती है। मेडिसिनल प्लांट की वैश्विक मांग के कारण ये वैश्विक बाजार में काफी महंगे मिलते हैं। वनौषधियों की खेती को बढ़ावा देकर झारखंड में बड़े पैमाने पर रोजगार का सृजन किया जा सकता है। इस पर शोध कार्य कर स्थानीय स्तर पर ही कई तरह के उत्पाद बनाए जा सकते हैं।

झारखंड की नर्सरियां : राज्य के प्रथम वन मंत्री यमुना सिंह की पहल पर गोला, पेटरवार, बोकारो में मेडिसिनल नर्सरियां लगाई गईं। लेकिन कुछ ही दिनों में ये बंद हो गईं। दरअसल, मेडिसिनल प्लांट के क्षेत्र में सरकार ने कभी ध्यान दिया ही नहीं। इसके विकास के लिए कभी कोई ठोस प्रोजेक्ट भी नहीं बना। नए उत्पादन केंद्रों की स्थापना और इसकी मार्केटिंग की ओर भी ध्यान नहीं दिया गया।

अगर सरकार ठोस योजना के तहत काम करे और झारखंड की वनौषधियों का बेहतर उपयोग करे तो स्थानीय लोगों के परंपरागत ज्ञान का इस आधुनिक युग में भी प्रभावशाली इस्तेमाल संभव हो सकेगा। राज्य के हर इलाके की मिट्टी और जलवायु विभिन्न तरह के औषधीय पौधों की खेती के लिए उपयुक्त है। जरूरत इस बात है कि इन संभावनाओं को कैसे विस्तृत रूप दिया जाए। ◆ ◆ ◆

और कितना वक्त चाहिए
झारखंड को?

जल, जंगल व जमीन

कब पानीदार होंगे हम

आनंद मिश्र
पत्रकार

विभाग स्वयं स्वीकारते हैं कि जिस सेक्टर को जितना पानी दिया जाना चाहिए उतना नहीं दिया जा पा रहा है। औसतन 1400 मिमी वर्षा होने के बावजूद राज्य पानीदार नहीं हो पा रहा है। वर्षा का पानी नालों में बह जा रहा है। मैग्गसेसे पुरस्कार विजेता जलपुरुष राजेंद्र सिंह भी कहते हैं कि यदि झारखंड में पानी पर आत्मनिर्भरता नहीं बढ़ती है तो यहां स्थिति विस्फोटक हो सकती है।

शहरी-ग्रामीण क्षेत्र में पानी की स्थिति : शहरी क्षेत्रों में प्रतिव्यक्ति 135 लीटर व ग्रामीण क्षेत्रों में 40 लीटर पानी की प्रति व्यक्ति आवश्यकता का आकलन राष्ट्रीय स्तर पर किया गया है। हम यह आवश्यकता पूरी नहीं कर पा रहे हैं। स्थिति यह है कि सूबे के 24 शहरी निकायों में 1616.95 लाख गैलन पानी की आवश्यकता है जबकि उपलब्धता महज 734.35 लाख गैलन है। ग्रामीण क्षेत्रों की वस्तुस्थिति भी तकरीबन यही है। विभागीय दावे की मानें तो ग्रामीण क्षेत्रों को 40 लीटर प्रतिदिन प्रति व्यक्ति पानी की आवश्यकता है और उन्हें 61 लीटर मुहैया कराया जा रहा है। हालांकि विभागीय दावा चाहे जो कहे, पर ग्रामीण इलाकों में लोगों को पानी के लिए तरसते देखा जा सकता है।

कृषि उपलब्धता : झारखंड का कृषि क्षेत्र भी पानी की मार झेल रहा है। यहां 23 लाख हेक्टेयर खेती योग्य भूमि पर महज 10-12 फीसदी पर ही सिंचाई की सुविधा मुहैया हो पाई है। यह दावा कृषि विभाग का है, जल संसाधन विभाग की मानें तो 34 फीसदी भूमि पर खेती के लिए पानी मुहैया कराया गया है। हालांकि यह भी राष्ट्रीय औसत 67 प्रतिशत से काफी कम है। जल संसाधन विभाग की 7 बड़ी सिंचाई योजनाएं व 21 मध्यम सिंचाई योजनाएं वर्षों से लंबित हैं। खेतों को महज 3813.17 मिलियन क्यूबिक मीटर पानी ही मिल पा रहा है, जबकि आवश्यकता 10592.15 मिलियन क्यूबिक मीटर से अधिक की है।

उद्योग की आवश्यकता : पानी के लिए उद्योग भी तरस रहे हैं। उद्योगों को करीब 4338 मिलियन क्यूबिक मीटर पानी चाहिए, जबकि उन्हें मिल मात्र 3790 मिलियन क्यूबिक मीटर ही रहा है। राज्य में अभी उद्योगों का जाल बिछाया जाना है। जितने एमओयू हुए हैं, वहीं अगर धरातल पर आ गए, तो इससे करीब दोगुना अधिक पानी की जरुरत होगी।

भू-गर्भ जल का हो रहा अंधाधुंध दोहन : झारखंड में भू-गर्भ जल का अंधाधुंध दोहन हो रहा है। यहां अन्य राज्यों से 2.5 गुना अधिक भू-गर्भ जल का दोहन हो रहा है। स्थिति यह कि आज शहरी क्षेत्रों में 60 फीसदी व ग्रामीण क्षेत्रों में 93 फीसदी पानी की आपूर्ति भू-गर्भ जल से की जा रही है। पेयजल एवं स्वच्छता विभाग के आंकड़े बताते हैं कि 2004 से 2009 के बीच भ-ूगर्भ जल का दोहन दोगुना बढ़ा है। झारखंड गठन के 11 साल बाद भी सरकार महज 7 फीसदी ग्रामीण क्षेत्रों में पेयजल के लिए पाइपलाइन की व्यवस्था कर पाई है। शेष 93 फीसदी आबादी चुआं, कुआं, चापाकल या अन्य स्रोतों पर निर्भर है।

शहरी क्षेत्रों में भी महज 40 फीसदी आबादी को ही पेयजल की आपूर्ति पाइपलाइन से की जा रही है। शेष भूगर्भ जल पर निर्भर है। ग्रामीण क्षेत्रों में पेयजल संकट से लोगों को निजात दिलाने का सरकार को सबसे सहज तरीका चापाकल लगाना ही सूझा। स्थिति यह है कि वर्ष 2002 में जहां प्रत्येक 91 व्यक्ति पर एक

चापाकल था, वह अब घटकर 61 पर पहुंच गया। राष्ट्रीय औसत 250 व्यक्ति पर एक व्यक्ति का है। झारखंड में चापाकलों की संख्या 3.50 लाख हो गई है। सूबे में औसतन 140 लीटर पानी प्रति व्यक्ति के हिसाब से भू-गर्भ जल का दोहन किया जा रहा है।

झारखंड राज्य जल नीति -2011 : पानी पर पहला हक मनुष्य व पशु का

झारखंड में मौजूदा उपलब्ध जल संसाधन पर पहला हक मनुष्य व पशु का है, इसके बाद ही इसे अन्य क्षेत्रों में उपयोग की अनुमति दी जाएगी । राज्य सरकार ने अपनी प्रस्तावित 'जल नीति' में इसे आधार बनाया है। पहली बार जल संसाधन विभाग द्वारा बनाई गई जल नीति का प्रारूप फाइनल कर लिया गया है और सुझावों के बाद इसे अमल में लाया जाएगा।

जल नीति में जल आयोग का गठन व बढ़ती हुई शहरी आबादी की जरूरत को ध्यान में रखते हुए शहरों के पास जलाशयों के निर्माण पर जोर दिया गया है। जल के उपयोग की प्राथमिकता के तहत पशुधन सहित मानव के पीने, स्वच्छता और सफाई जैसी आवश्यकताओं को सबसे ऊपर रखा गया है। इसके बाद कृषि सिंचाई, मत्स्य पालन को प्राथमिकता दी गई। जल विद्युत विकास व कृषि आधारित उद्योगों को प्राथमिकता कृषि के बाद तय की गई है। इसके बाद औद्योगिक विकास तथा अन्य प्रयोजन के लिए जल का उपयोग किया जा सकेगा। जल संरक्षण के तमाम उपायों का भी जिक्र किया गया है। प्रदूषण पर लगाम लगाने के लिए भी सख्त प्रावधान किए गए हैं। सामान्य रूप से जल नीति की समीक्षा प्रत्येक पांच वर्ष के पश्चात की जाएगी।

राज्य जल योजना : विविध जल उपयोगों के बीच समुचित समन्वय स्थापित करते हुए संतुलित विकास को बढ़वा देने के लिए सरकार विभिन्न नदी बेसिनों अभिकरणों द्वारा विकसित जल संसाधन विकास तथा प्रबंधन योजनाओं के आधार पर राज्य जल संसाधन योजना तैयार करेगी।

अंतरराज्यीय जल भागीदारी : सभी अंतरराज्यीय जल भागीदारी समझौते के प्रदर्शन का मूल्यांकन होगा, ताकि राज्य के हित संरक्षण के लिए जरूरी कदम उठाए जा सकें।

राज्य के जल संसाधन : राज्य के अंतर्गत सतह या उपसतह पर उपलब्ध कुल जल अथवा राज्य से गुजरने वाले सभी नालों तथा राज्य के भीतर के जलस्रोत राज्य के जल संसाधन के रूप में परिभाषित होंगे। अनुमानित जल संसाधन की औसत वार्षिक उपलब्धता सतहजल 27.726 किमी तथा उपसतह के 5.251 किमी में विद्यमान है। इस औसत वार्षिक उपलब्धता का 50 प्रतिशत से अधिक राज्य के 16 नदी बेसिनों में से पांच प्रमुख नदी बेसिनों (स्वर्णरिखा, दामोदर, बराकर, उत्तरी कोयल, गुमानी व दक्षिणी कोयल) में पाया जाता है।

कृषि योग्य भूमि के लिए सिंचाई : दस वर्ष के भीतर राज्य के प्रत्येक कृषि योग्य भूखंड में सिंचाई सुविधा उपलब्ध कराने के लिए प्रत्येक नदी बेसिन में एग्रो क्लाइमेटिक जोन के आधार पर चरणबद्ध ढंग से एक योजना अपनाई जाएगी। इस योजना का प्रारंभिक कार्य राज्य में उपलब्ध सभी कृषि योग्य भूखंड तथा सिंचाई संसाधन-परियोजना का कंप्यूटरीकृत डेटा बेस तैयार करना होगा।

सिंचाई पद्धति के लिए कृषक प्रबंधन : सिंचाई प्रबंधन में जल उपयोक्ता संघ के माध्यम से कृषकों की भागीदारी को अनिवार्य किया जाएगा। महिलाओं की भागीदारी सुनिश्चित की जाएगी। लघु सिंचाई के लिए पारंपरिक जलस्रोतों के प्रबंधन एवं संवर्धन का कार्य पंचायती राज संस्थाओं के माध्यम से किया जाएगा।

घरेलू उपयोग के लिए जल : घरेलू उपयोग के लिए शहरी तथा ग्रामीण दोनों क्षेत्रों की संपूर्ण आबादी को पर्याप्त मात्रा में जल सुविधा उपलब्ध कराई जाएगी। किसी उपलब्ध जल संसाधन की पहली प्राथमिकता पर्यावरण विज्ञान एवं मानव और पशुओं के लिए पेयजल की आवश्यकता होगी। नहर तथा नदी जल को बर्बादी के बचाने के लिए यथासंभव जलाशयों से पेयजलापूर्ति प्राप्त करने के लिए पाइपलाइन बिछाई जाएगी।

विशेष योजना : शहरी क्षेत्रों के साथ-साथ ग्रामीण क्षेत्रों में आबादी बढ़ने के कारण पेयजल की मांग में वृद्धि हुई है। 1991-2001 तथा 2001-2011 दशक के दौरान राज्य की जनसंख्या दशकीय वृद्धि का क्रमशः 24.55 व 22.34 प्रतिशत पहुंच गया है। राज्य में स्वच्छ पेयजल की बढ़ती मांग को पूरा करने के लिए गाद की सफाई तथा अन्य तकनीकी उपायों को अपनाकर पेयजलापूर्ति वाले विद्यमान जलाशयों की क्षमता में टिकाऊ वृद्धि के लिए एक समयबद्ध कार्ययोजना तैयार की जाएगी। अल्प उपायों के तहत पेयजलापूर्ति पाइपलाइनों में रिसाव को रोकना शामिल है, जबकि दीर्घकालिक उपायों के तहत अन्य उपाय तलाशे जाएंगे।

औद्योगिक उपयोग के लिए जल : प्राथमिकता के अधीन रखे गए क्षेत्रों की आवश्यकता की पूर्ति के बाद नदी बेसिन में उपलब्ध जल उद्योगों को आवंटित किया जाएगा। प्रदूषण फैलाने वाले सभी उद्योगों को वॉटर ट्रीटमेंट प्लांट लगाना होगा। उपचारित बेकार जल के पुनःचक्रण या पुनरुपयोग को बढ़ावा दिया जाएगा।

निजी क्षेत्र की भागीदारी : राज्य के प्रत्येक नदी बेसिन में निजी उद्योगपतियों, व्यावसायिक उद्यम तथा जल सेवा प्रदाताओं की संपूर्ण एवं प्रभावी भागीदारी अपेक्षित होगी।

जल की गुणवत्ता : राज्य के सतह जल एवं उपसतह जल में प्रदूषित बहिःस्राव के नियंत्रण के लिए जल अधिनियम के अधीन राज्य सरकार किसी प्राधिकृत एजेंसी द्वारा एक कार्यक्रम चलाया जाएगा। राज्य के जल संसाधन में प्रदूषण फैलानेवालों, प्रदूषण में सहायक या प्रदूषण को उकसाने वालों को राज्य की विधि एवं विनियम के उपबंध के अनुसार सुसंगत राज्य अभिकरण द्वारा दंडित किया जाएगा।

सूखा प्रबंधन : राज्य के सर्वाधिक सूखाग्रस्त क्षेत्रों में सूखे की स्थिति का प्रभावी ढंग से मुकाबला करने के लिए सूखा पूर्वानुमान तथा मूल्यांकन के लिए एक व्यवस्थित दृष्टिकोण अपनाया जाएगा। उपलब्धता में कमी के दौरान जल प्रयोक्ताओं के विविध क्षेत्रों के बीच बराबर की हिस्सेदारी होगी, चाहे वह ऊंचाई वाले क्षेत्र में हो या नीचेवाले क्षेत्र में। जल संसाधन विकास कार्यों में सूखे से बचाव के उपायों को प्राथमिकता दी जाएगी।

◆ ◆ ◆

राज्य में भूमिगत जल नहीं है पर्याप्त

नीतीश प्रियदर्शी
पर्यावरणविद

झारखंड में आबादी गुणात्मक तरीके से बढ़ रही है। पूरे सात महीने भीषण पेयजल संकट के आगोश में रहती है। पैर पसारते शहरों की मांग पूरी करने के लिए भूमि की परत-दर-परत के नीचे से अविवेकपूर्ण जल दोहन का सिलसिला बढ़ता ही जा रहा है। 800 से 1200 फीट तक गहरे नलकूपों की खुदाई व पंपों से जल को सींचना विज्ञान का दुरुपयोग-सा लगता है। इसके बाद भी जल मिलने की संभावना क्षीण होती जा रही है। झारखंड में इसकी शुरुआत करीब तीस वर्ष पहले डीप बोरिंग मशीन की घनघनाहट के साथ हुई। इसके पहले बहुत हुआ तो लोग कुआं खुदवाते थे। ज्यादा आबादी सप्लाई जल पर ही निर्भर थी। जो कभी-कभार ही अनियमित होती थी। उसके बाद प्रशासनिक लापरवाही के चलते सप्लाई का पानी अनियमित आपूर्ति का शिकार होता गया तथा कई बार हफ्ते में तीन दिन, कभी लगातार ही तीन-चार दिन गायब रहने लगा। इससे मजबूर होकर लोगों को भूमिगत जल पर निर्भर होना पड़ा। उपेक्षित व अनियमित जलापूर्ति के फलस्वरूप उस समय से आज तक लगातार डीप बोरिंग की संख्या तेजी से बढ़ने लगी।

यह जानकर आश्चर्य होगा कि रांची के भूमिगत जल का सर्वे आजादी के पहले हो चुका था। यह वर्ष 1946 की बात है, जब ब्रिटिश भूवैज्ञानिक जेबी ऑडेन ब्रिटिश सेना के हेडक्वार्टर की स्थापना के लिए स्थान का चयन कर रहे थे। तब उन्होंने कहा था कि रांची की कायांतरित चट्टानें सालों भर भूमिगत जल देने में सक्षम नहीं है तथा गर्मी शुरू होते ही भूमिगत जल सूख जाएगा।

झारखंड की भूगर्भीय संरचना ज्यादातर कायांतरित चट्टानों से निर्मित है, जो वस्तुतः अपारगम्य है व इसमें पानी को रोककर रखने की क्षमता भी बहुत कम है। इनमें भंडारित जल जो इन चट्टानों के अपरर्दित हुए ऊपरी चट्टानों में जमा है, इनकी गहराई ऊपरी सतह से बमुश्किल 10 मीटर है। ऊपर से अंधाधुंध बड़ी-बड़ी इमारतों के बनने से भूमिगत जलस्रोतों पर दोहरी मार पड़ी है। दो बोरिंग के बीच की दूरी कम से कम एक किलोमीटर होनी चाहिए, लेकिन झारखंड में यह घटकर पांच मीटर तक सिमट गया है। इसके चलते भी भूमिगत जल का स्तर खतरनाक स्थिति से भी अधिक गिर रहा है। आज कल हम लोग रूफ टॉप वाटर हार्वेस्टिंग या ग्राउंड वाटर रीचार्जिंग की बात करते हैं। कुछ हद तक तो यह काम कर सकता है, लेकिन झारखंड की चट्टानों की संरचना को देखते हुए हम इस पर निर्भर नहीं कर सकते, क्योंकि झारखंड की चट्टानों में पानी सोखने की क्षमता ज्यादा नहीं है तथा यह केवल उन्हीं स्थानों पर सफल हो सकता है, जहां की चट्टानों में लंबी दरार या फॉल्ट मौजूद हो।

भूमिगत जल वास्तव में वर्षाजल ही है, जो गुरुत्वाकर्षण के कारण भूमि में समा जाता है। इधर, हाल के वर्षों में झारखंड में वन कटाई तथा बदलती जलवायु के चलते वर्षा अनियमित हो गई है, जिसका असर भूमिगत जल पर पड़ने लगा है। यही नहीं पर्याप्त वर्षा होने के बावजूद 40 फीसदी वर्षा जल ऊपर से बहकर निकल जाता है। देर अब भी नहीं हुई है।

पेयजल की समस्या से अब भी मुक्ति मिल सकती है। प्रकृति ने भूमिगत जलस्तर को बरकरार रखने के लिए अपनी ओर से कई छोटी-बड़ी नदियों को रांची तथा अन्य शहरों से प्रवाहित किया है। यदि हम इनकी सफाई कर छोटे-छोटे बांधों का निर्माण कर दे तो भूमिगत जल का स्तर बनाए रखा जा सकता है। साथ ही कृत्रिम जलागारों को उपयुक्त स्थानों पर निर्मित करने से वर्षा के जल को एकत्रित किया जा सकता है। ◆ ◆ ◆

सिर्फ चिंता जताने से कुछ नहीं होगा

गोपाल कृष्ण
पर्यावरणविद

क्या होता है जब शहर पानी से दूर हो जाते है? बहुत से प्राचीन शहर पानी की कमी के कारण उजाड़ हो चुके हैं। आधुनिक शहर भी उसी दिशा में अग्रसर है। ऐसा परिदृश्य उत्पन्न होने का कारण है, पानी की अनुपलब्धता, उच्च प्रदूषित पानी व इसकी प्रतिस्पर्धात्मक मांग। ध्यान देने की जरूरत है कि हम गांवों के जल संसाधन को बचाने के क्या उपाय कर सकते हैं। इतिहास गवाह है, जब भी बड़े शहर नष्ट हुए हैं, लोगों ने गांवों में ही शरण ली है। पानी की कमी की शुरुआत योजना व नीति निर्माताओं द्वारा जमीन को पानी से जुदा करने से होती है। ऐसी आशा थी कि 2000 के बाद झारखंड में इस समस्या के निदान के लिए एक नई जमीन तैयार होगी। लेकिन, राज्य जल नीति-2011 में कई चीजों को छोड़ दिया गया। पिछली सरकारों की प्राकृतिक संसाधनों पर प्रतिगामी शासन नीति का प्रभाव वर्तमान नीति निर्माताओं में भी दिखाई देता है। इस प्रकार सिर्फ सरकारें बदलती हैं, नीतियां वही रह जाती हैं। नीतियां चुनौतियों को स्पष्ट नहीं करतीं।

झारखंड की अधिसंख्य बड़ी नदियां प्रदूषित हैं। दामोदर नदी का गृह राज्य झारखंड है, जो भारत की नदियों में सबसे अधिक प्रदूषित है। दामोदर नदी आज एक सिकुड़ी मलजल ढोने वाली नहर में तब्दील हो चुकी है। निजी व सार्वजनिक दोनों तरह के प्रदूषणकारी उद्योग बेपरवाह अपने उद्योग का संचालन करते हैं। 130 मिलियन लीटर औद्योगिक अपशिष्ट व 65 मिलियन लीटर अनुपचारित घरेलू जल प्रतिदिन दामोदर में गिरता है। पश्चिमी सिंहभूम की कारो नदी नोवामुंडी, गुआ व चिरिया के लौह अयस्क खानों के लाल आक्साइड से प्रदूषित है। स्वर्णरेखा नदी की वर्तमान दुर्दशा इसके आसपास के खतरनाक उद्योगों के कारण है। राज्य के प्रदूषण नियंत्रण बोर्ड ने माना है कि यूरेनियम मिल व यूरेनियम कारपोरेशन ऑफ इंडिया, जादूगोड़ा का रेडियोधर्मी कचरा स्वर्णरेखा व इसकी सहायक नदियों में मिलता है।

जल नीति में इस तरह के गंभीर मुद्दों की अनदेखी की गई है। आर्सेनिक, मरकरी, क्रोमियम, निकेल जैसी विषाक्त धातुओं के दामोदर व इसकी सहायक नदियों में मिलने से इनकी गुणवत्ता में कमी आई है। झारखंड राज्य जल नीति- 2011 में माना गया है कि राज्य के कुछ प्रखंडों जैसे चास, रातू, धनबाद, रामगढ़, गोड्डा, जमशेदपुर सदर, झरिया व कांके में भूमिगत जल का अत्यधिक शोषण हुआ है। लगातार हो रहे इस शोषण को बहुत देर होने से पहले बंद करना आवश्यक है।

विशेष रूप से इन क्षेत्रों व अन्य सभी प्रखंडों में भी भूमि उपयोग के प्रति कोई कदम उठाए बिना पारिस्थितिकी तंत्र को नष्ट होने से नहीं रोका जा सकता, जो वाटर रीचार्ज को बनाए रखता है। राज्य स्तर व नदी बेसीन स्तर पर बनने वाली नई संस्थागत व्यवस्था के उद्देश्य को दर्शाने में ये नीतियां सक्षम हैं, लेकिन इन्हें क्रियान्वित करने की आवश्यकता है, जो अब तक नहीं किया गया है। नीति कहती है 'किसी भी उपलब्ध संसाधन पर पारिस्थितिकी, मानव तथा जानवरों के पीने के पानी की जरूरत पहली प्राथमिकता होगी।' लेकिन प्राथमिकताएं बदल सकती हैं। नीति पशुओं के पीने के पानी की जरूरत को स्वीकार करता है। इसे राज्य के सभी शहरों व प्रखंड में लागू किए जाने की जरूरत है। लेकिन, नीति में इस बात का खुलासा नहीं है कि किस प्रकार एसिड

जल निकासी, कोयला हैंडलिंग संयंत्र के तरल अपशिष्ट, कोलियरी कार्यशालाओं व खानों से निकलने वाले ठोस अपशिष्ट जो क्षेत्र में गंभीर जल प्रदूषण के कारक हैं और जिनका प्रतिकूल प्रभाव मछलियों व जलीय जीवन पर पड़ रहा है, उससे कैसे निपटा जाए।

नीति में संयुक्त राष्ट्र की संकल्पना 'सुरक्षित व साफ पीने का पानी का अधिकार' को शामिल किए जाने की जरूरत है। अगर राज्य के सभी 81 विधायक व 14 सांसद अपने विधायी क्षेत्र में भूमि व जल पर्यावरण की स्थिति को लेकर चिंतित हैं, तो प्रथम कदम के रूप में अपने निर्वाचन क्षेत्र में जल संसाधन के स्रोत का सर्वेक्षण व नक्शा तैयार कर भूत, वर्तमान व भविष्य के इस प्राकृतिक संपदा की स्थिति का खुलासा कर सकते हैं। फलतः वे पर्यावरण व जल स्रोतों को बचाने व सही उपयोग के लिए सामूहिक प्रयास कर सकते हैं। यह बेहद आवश्यक है, क्योंकि मौजूदा संस्थान चुनौतियों से निपटने में बौना साबित हो रहा है।

पानी की गुणवत्ता, मात्रा व भूमि उपयोग का मुद्दा एक-दूसरे से जुड़ा है। किसी एक समस्या का समाधान अलग से नहीं किया जा सकता। एक पहलू जिसे पहचाना नहीं जा सका है, वह है औद्योगीकरण व शहरीकरण की वर्तमान पद्धति जो हमेशा से ही नदियों को प्रदूषित करेगी। इसलिए बड़े पैमाने पर नीतियों में परिवर्तन की आवश्यकता है। वर्तमान व्यवस्था प्रदूषण को बढ़ावा देने वाले को अधिक को अधिक समर्थन देती है, उनका नहीं जो इन समस्याओं से लड़ना चाहते हैं। वे संस्थाएं या समुदाय जो प्रदूषण को कम करना व इसका निगरानी करना चाहते हैं, को मजबूत करने की आवश्यकता है। जल स्रोतों को बचाना हमारी नीतियों, कार्यक्रमों व परियोजनाओं का एक अभिन्न अंग हो गया है। नदी घाटियों से नदियों के हो रहे विच्छेदन के प्रतिकूल परिणाम के संदर्भ में वर्तमान नीतियों में परिवर्तन की जरूरत है।

झारखंड में पानी की मात्रा व गुणवत्ता की स्थिति को जानने के लिए राज्य को सभी 24 जिलों के 212 प्रखंडों के 79 लाख हेक्टेयर भौगोलिक क्षेत्र के सभी जल स्रोतों पर एक श्वेत पत्र के साथ सामने आना चाहिए। स्वर्णरेखा, दामोदर, बराकर, उत्तरी कोयल, गुमानी और दक्षिणी कोयल नदियों और इनकी बाढ़ के मैदानों के वर्तमान व भविष्य के खतरे को देखते हुए विधानसभा को राज्य के नागरिकों को प्रदूषण, जल स्रोतों तथा उनके आसपास की भूमि के अदूरदर्शी शोषण के खिलाफ शून्य सहिष्णु नीति अपनाने के लिए सशक्त करना चाहिए। राज्य जल नीति, खनन के लिए खोई कृषि भूमि की मात्रा के वास्तविक आंकड़ों के बिना अधूरी रहेगी। और यह आंकड़ा उपलब्ध नहीं है।

यह आवश्यक है, क्योंकि भूमि और जल सहअस्तित्व में होते हैं। राज्य में बोतल बंद पानी और वाटर प्यूरीफायर की वार्षिक बिक्री का आंकड़ा भी अनुपलब्ध है। इन आंकड़ों से नियामक एजेंसियों के प्रभाव, क्षमता और चुनौतियां स्पष्ट हो सकेंगी। हमें अब और अधिक भ्रम में नहीं जीना चाहिए कि प्रदूषण किसी भी स्तर तक बढ़ जाए, हम अपने जल स्रोतों को बचाने के लिए उपचार संयंत्रों का निर्माण कर लेंगे। हमें वर्तमान व भावी पीढ़ियों के लिए पानी के स्रोतों को बचाने के सुरक्षित कदम उठाने होंगे। अगर हम इसे नहीं सहेज पाते हैं, तो यह हमारे द्वारा किया गया नरभक्षण का कार्य माना जाएगा। पर्यावरणीय सेवाएं हमारे अस्तित्व से परे नहीं हैं।

◆ ◆ ◆

जल संसाधनों की रक्षा अभी नहीं तो कभी नहीं

कुमार संजय
सीएसई शोधकर्ता

झारखंड में जल संसाधनों के विकास एवं विस्तार के बजाय सिर्फ मुनाफे पर आधारित औद्योगिक एवं आर्थिक विकास के लिए इसका व्यापक पैमाने पर अतिक्रमण किया गया। यह दोहन लगातार जारी है। जल सहित प्राकृतिक संसाधनों पर से स्थानीय व देशज समुदायों के अधिकार खत्म हो जाने से सामुदायिक जल प्रबंधन में लोक भागीदारी कम होने लगी।

कई बार जनविरोधी सरकारी नीतियों, हस्तक्षेपों एवं कार्यक्रमों के खिलाफ स्थानीय समुदायों ने प्रतिरोध एवं संघर्ष का स्वर भी उठाया। खूंटी, तोरपा एवं तपकरा में एमएनसी (मल्टी नेशनल कंपनी) के खिलाफ आदिवासी समूहों द्वारा अपने जल संसाधनों की रक्षा के लिए किए गए संघर्ष के आह्वान के व्यापक मायने निकलते हैं। तथाकथित विकास के नाम पर भूमि और जल संसाधनों के अधिग्रहण की प्रक्रिया से लाखों झारखंडी विस्थापित भी हुए और राज्य के वेटलैंड और वाटर बॉडीज की स्थितियां भी बद से बदतर होती चली गई। वेटलैंड और वाटर बॉडीज के उपयोग को लेकर कृषि, उद्योगों और शहरी वितरण के बीच अंतर्विरोध ने स्थिति को और भी असमंजसपूर्ण बना दिया है। गौरतलब है कि नए तरीके से क्षेत्र के विकास हेतु पानी की जरूरतों एवं वाटरबॉडीज के संरक्षण-संवर्धन पर मुकम्मल एवं गहन विचार-विमर्श आज तक देखने को नहीं मिला। ग्रामीण विकास की सबसे महत्वाकांक्षी योजना मनरेगा का सबसे मुख्य काम जल संरक्षण एवं संवर्धन को व्यापक पैमाने पर बढ़ावा देना है।

झारखंड में मनरेगा अपना लक्ष्य पाने में अप्रत्याशित रूप से नाकाम रहा। किसी भी जिले में जलस्रोतों के विकास-विस्तार में मनरेगा को सही ढंग से लागू नहीं किया गया। केंद्रीय ग्रामीण विकास मंत्रालय की रिपोर्ट भी यही बताती है। ऐसे में झारखंड के जल संसाधनों का नियोजन, विकास और प्रबंधन राज्य के समावेशी विकास और राष्ट्रीय दृष्टिकोण से संचालित करने की जरूरत है।

हास्यास्पद है कि पानी से जुड़े ठोस आंकड़े भी राज्य सरकार के पास नहीं हैं। इस्तेमाल करने योग्य जल संसाधनों को और अधिक बढ़ाने के लिए अंतरबेसिन स्थानांतरण, भूजल का कृत्रिम पुनर्भरण और गैर-पारंपरिक विधियों के साथ-साथ वर्षा जल संचयन के पारंपरिक तरीकों को भी अपनाना होगा। इन तकनीकों को विस्तार देने के लिए अनुसंधान की जरूरत है, ताकि इन्हें प्रभावी तरीकों से लागू कराया जाए। जहां तक संभव हो, झारखंड में जल संसाधन विकास परियोजनाएं एक एकीकृत और बहु-अनुशासनिक उद्देश्य के तहत बनाए जाएं। वंचित वर्गों सहित मानव और पर्यावरण के पहलुओं को ध्यान में रखना झारखंड में अनिवार्य होगा। झारखंड में पानी का मतलब केवल पेयजल नहीं है, बल्कि यह एक सांस्कृतिक मामला भी है। इसकी अनदेखी नहीं की जा सकती।

जन उपयोग के लिए पानी का वितरण पहली प्राथमिकता हो। खेतों को पानी नहीं मिलेगा तो अनाज संकट स्वाभाविक है। इन प्राथमिकताओं के बाद पानी का इस्तेमाल पनबिजली, उद्योग वगैरह के लिए किया जा सकता है। सूखा प्रभावित क्षेत्रों की जरूरतों को मानवीय तरीके से समझते हुए जल संसाधनों के उपयोग की जननीति बननी चाहिए। भविष्य को ध्यान में रखते हुए झारखंड के जल संसाधन सुविधाओं की भौतिक और

वित्तीय स्थिरता पर पर्याप्त जोर देना होगा। विभिन्न उपयोगों के लिए जल पर भार को संतुलित करना होगा, ताकि संचालन और रख-रखाव पर अतिरिक्त व्यय करने की जरूरत न पड़े।

वेटलैंड और वाटरबॉडीज का क्षरण जारी : डेवलपमेंट विजन एवं माइंडसेट का अभाव और गैरवाजिब कार्य नीति-कार्य संस्कृति, इन्हीं कारणों से संसाधन परिपूर्ण एवं असीम संभावनाओं से भरे झारखंड के वैटलैंड एवं वाटरबॉडीज का जनोपयोग में विकास नहीं हो सका। इसका नतीजा यह हुआ कि विकास के प्रायः सभी मानकों पर झारखंड आज उस राह पर खड़ा है, जहां एक वैकल्पिक व सुसंगत स्ट्रैटजिक डेवलपमेंट मॉडल की तलाश की जा रही है। बेहद अफसोस की बात है कि झारखंड के विकास के एजेंडे में गुणवत्तापूर्ण वाटर गवर्नेंस शामिल नहीं है। वाटर गवर्नेंस की नगण्यता एवं इस पर समझ की कमी ने झारखंड में पानी के सवाल को गंभीर बना दिया है।

जलस्रोतों के मृत होने की प्रक्रिया को इसकी गवाही के तौर पर देखा जा सकता है। डायरेक्ट्री ऑफ एशियन वैटलैंड की एक रिपोर्ट के मुताबिक झारखंड के जलस्रोत हर वर्ष 5 प्रतिशत की दर से कम हो रहे हैं, जबकि भारत के 27,403 में से लगभग 2,000 वेटलैंड झारखंड में हैं। झारखंड की प्रमुख नदियों स्वर्णरेखा, दामोदर, बराकर, कोयल, कारो तथा 11 नदी बेसिन राज्य के महत्वपूर्ण जल संसाधन हैं। लेकिन खनन स्थलों से निकलने वाले दूषित प्रवाह ने खनन क्षेत्रों की धाराओं एवं भूगर्भीय जल को बुरी तरह प्रदूषित किया है।

पर्यावरण संतुलन की अनदेखी कर औद्योगिक विकास, अनियंत्रित शहरी विकास, बेतहाशा जनसंख्या वृद्धि तथा त्रुटिपूर्ण कानूनों के कारण झारखंड के जलस्रोत, नदियां, तालाब तथा अन्य वेटलैंड तबाह होते गए। पेयजल, स्वच्छता, सिंचाई के साधन, एक्वाकल्चर तथा आजीविका के जलीय साधनों पर न सिर्फ काफी बुरा असर हुआ, बल्कि अर्थव्यवस्था भी प्रभावित हुई है।

इनके गांव में भी जल संकट

झारखंड के नीति नियंता खुद अपने गांव में पेयजल संकट को दूर करने में असमर्थ रहे हैं। पूर्व मंत्री चंद्रप्रकाश चौधरी को छोड़ दें, तो अधिकतर पूर्व मंत्री के गांव में पानी की कमी बनी रहती है।

महिला व बाल कल्याण मंत्री बिमला प्रधान के गांव में 20 से 25 परिवार बसते हैं। कुल तीन हैंडपंप है गांव में, जिनमें से दो हमेशा खराब ही रहते हैं। अधिकतर कुएं सूखे हैं।
बिमला प्रधान, पूर्व महिला व बाल कल्याण मंत्री, गांव : बाघडेगा, जिला : सिमडेगा

परिवहन मंत्री चंपई सोरेन के गांव झिलिंगोरा में तीन हजार ग्रामीणों के लिए 15 हैंडपंप हैं। इनमें से सात काम नहीं करते। अधिकतर ग्रामीण खरकई नदी पर निर्भर है। नदी में भी पानी नहीं के बराबर है। **चंपई सोरेन, पूर्व परिवहन मंत्री गांव : झिलिंगोरा, जमशेदपुर**

अल्पसंख्यक कल्याण व सहकारिता मंत्री हाजीहुसैन अंसारी के गांव पिपरा में कुल 15 हैंडपंप व 10 कुएं हैं। भूजल स्तर नीचे जाने से हमेशा पानी की कमी बनी रहती है। **हाजीहुसैन अंसारी, पूर्व अल्पसंख्यक कल्याण एवं सहकारिता मंत्री, गांव : पिपरा, प्रखंड मधुपुर।**

मुख्यमंत्री अर्जुन मुंडा के कोल्हान प्रमंडल में 40 फीसदी हैंडपंप खराब पड़े हैं। गौरतलब है कि अर्जुन मुंडा सबसे लंबी अवधि तक झारखंड के सीएम रहे हैं।
अर्जुन मुंडा, पूर्व मुख्यमंत्री

इनके गांव की कहानी भी ठीक नहीं है। गांव की आबादी 531 है, जबकि ग्रामीणों को शुद्ध पेयजल के लिए दो किमी दूर जाना पड़ता है।
शिबू सोरेन, झामुमो, गांव : नेमरा, गोला प्रखंड, जिला : रामगढ

जल का सवाल राजनीतिक एजेंडे में नहीं : जल संसाधनों का संरक्षण, संवर्धन एवं प्रबंधन राज्य एवं देश के सम्पूर्ण राजनीतिक माहौल से अलग नहीं है, क्योंकि जल है तो जीवन है, की हकीकत से हम भाग नहीं सकते। राष्ट्रीय जल नीति की तरह झारखंड की प्रस्तावित जल नीति का उद्देश्य भी अन्य नीतियों की ही तरह स्पष्ट नहीं है। राज्य के जलअधिकारियों की चुप्पी इस जलनीति की सबसे गंभीर कमी है।

जल नीति का ड्राफ्ट सिर्फ वृहद निर्माण तथा कॉरपोरेट तंत्र को ही अधिकारपूर्ण बनाने का प्रयास मात्र है।

यह बिल पानी का निजीकरण कर विशेष वर्ग का हित साधने और गरीबों को पीने के पानी से भी वंचित करता हुआ प्रतीत होता है।

जलनीति में जनहित गौण : प्रस्तावित बिल में आम लोगों के पानी से जुड़े सवाल का खास जवाब नहीं मिल रहा। सामाजिक विकास की अनदेखी करके बहुराष्ट्रीय कंपनियों के उद्योगों को बेरोक-टोक जल मिल सके, कुछ ऐसी व्यवस्था इस जलनीति में की जा रही है। ऐसे में सवाल उठता है कि वाटर गवर्नेंस है कहां? आजादी के समय देश में प्रति वर्ष प्रति व्यक्ति पानी की उपलब्धता 5000 क्यूबिक मीटर थी, जबकि उस समय आबादी चार सौ मिलियन थी। यह उपलब्धता वर्ष 2000 में कम होकर दो हजार क्यूबिक मीटर रह गई और आबादी एक हजार मिलियन पार कर गई। 2025 में यह घटकर 1500 क्यूबिक मीटर रह जाएगी, जबकि आबादी 1390 मिलियन हो जाएगी।

यह आंकड़ा वर्ष 2050 तक 1000 क्यूबिक मीटर ही रह जाएगा और आबादी 1600 मिलियन को पार कर जाएगी। झारखंड हाइकोर्ट ने जलस्रोतों के अतिक्रमण पर गहरी नाराजगी जाहिर करते हुए निर्देश दिया था कि जलस्रोतों का संरक्षण और उसमें पानी की उपलब्धता सरकारी मशीनरी सुनिश्चित करे। चीफ जस्टिस भगवती प्रसाद ने कहा था कि राज्य के अधिकतर जलस्रोत, नदियां, तालाब व पोखर सूख रहे हैं। संबंधित सरकारी एजेंसियां इनकी रक्षा करने में विफल हैं। एसी चैंबर में बैठकर सिर्फ शपथ दायर करने से काम नहीं चलेगा, राजधानी के आधे तालाब गायब हो गए हैं।

योजना आयोग के मुताबिक देश का 35 फीसदी इलाका पानी की समस्या से जूझ रहा है। योजना आयोग भले ही जल संकट की सारी जिम्मेदारी कृषि क्षेत्र पर डाले, लेकिन हकीकत यह है कि जल संकट गहराने में उद्योगों की अहम भूमिका है। असल में अधिकाधिक पानी फैक्ट्रियां ही पी रही हैं। साथ ही दूषित जल को नदियों में बहा दिया जा रहा है।

विश्व बैंक भी मानता है कि कई बार फैक्ट्रियां एक ही बार में उतना पानी जमीन से खींच लेती हैं, जितना एक गांव पूरे महीने में भी नहीं खींच पाता। ग्रामीण विकास मंत्रालय के संयुक्त सचिव ए भट्टाचार्य कहते हैं कि कृषि जिस रफ्तार से जमीन से पानी लेती है, प्रकृति उसकी पूर्ति कर देती है। यदि यह खत्म हो गया, तो सारा विकास धरा का धरा रह जाएगा। सवाल यह उठता है कि जिस देश में भू-जल व सतही जल की उपलब्धता 2300 अरब घनमीटर हो और जहां नदियों का जाल बिछा हो और सालाना औसत वर्षा सौ सेमी से भी अधिक होती है, वहां पानी का अकाल क्यों है? असलियत यह है कि वर्षा से मिलने वाले जल में से 47 फीसदी पानी नदियों में चला जाता है, जो भंडारण-संरक्षण के अभाव में समुद्र में जाकर बेकार हो जाता है। इसे बचाया जा सकता है।

जल संरक्षण व प्रबंधन के प्रति गंभीरता : वर्षा जल का संरक्षण और उसका उचित प्रबंधन ही एकमात्र रास्ता है। यह तभी संभव है, जब जोहडों, तालाबों के निर्माण की ओर विशेष ध्यान दिया जाए। पुराने तालाबों को पुनर्जीवित किया जाए। खेतों में सिंचाई हेतु पक्की नालियों का निर्माण किया जाए या पीवीसी पाइप का उपयोग किया जाए। बहाव क्षेत्र में बांध बनाकर पानी को इकट्ठा किया जाए ताकि वह समुद्र में बेकार न जा सके। बोरिंग-ट्यूबवेल पर नियंत्रण लगाए जाएं। उन पर भारी कर लगाया जाए, ताकि पानी की बर्बादी रोकी जा सके। जरूरी यह भी है कि पानी की उपलब्धता के गणित को शासन व समाज समझे। यह आमजन की जागरूकता-सहभागिता से ही संभव है।

भू-जल संरक्षण की खातिर देशव्यापी अभियान चलाया जाना अतिआवश्यक है, ताकि भूजल का समुचित नियमन हो सके। भू-जल के 80 फीसदी हिस्से का इस्तेमाल तो हम कर ही चुके हैं और इसके बाद भी उसके दोहन का काम जारी है। विडंबना यह है कि पानी के मामले में इतने भयावह हालात होने पर भी न हम और न हमारी सरकार स्थिति को गंभीरता से ले रही है। वह गेंद को राज्यों के पाले में फेंक कर अपना कर्तव्य निभा देती है, जबकि राज्यों की उदासीनता जगजाहिर है। जलसंरक्षण के लिए समाज को आगे आना बेहद ही जरूरी है।

◆ ◆ ◆

राज व समाज मिलकर करें प्रयास

राजेंद्र सिंह
जल संरक्षण विशेषज्ञ

झारखंड में खूब पानी है। एक तरह से पानीदार राज्य है। जनसंख्या की जरूरत से ज्यादा। दरअसल, जंगल की कटाई के कारण वर्षा का जल बह जाता है। धरती का पेट खाली हो गया है। भूजल भंडार सूख गए हैं। झारखंड में वर्षा जल को सहेजने की जरूरत है। नदियों को प्रदूषण, अतिक्रमण व माइनिंग से बचाने की जरूरत है। यदि झारखंड समाधान चाहता है, तो छोटे-छोटे चेक डैम व बांध बनाएं, जिससे वर्षा का जल धरती के अंदर के भंडार में इकट्ठा हो सके। धरती के ऊपर भू-जल भंडार बनाने के बजाय धरती के अंदर भू-जल भंडार का उपयोग अधिक अच्छा व अनुकूल है।

भू-जल भंडार में वर्षा का पानी पहुंचेगा तो नदियां नहीं सूखेंगी। नदियों के जल से खेतों में सिंचाई व पेयजल की जरूरत का काम ठीक से हो सकेगा। कोल और आयरन इंडस्ट्री ने राज्य की स्वर्णरिखा और दामोदर जैसी नदियों का अस्तित्व संकट में डाल दिया है। विकास जरूरी है, लेकिन नदियों की कीमत पर नहीं। झारखंड प्राकृतिक संसाधनों से परिपूर्ण है। राज्य में एक जल नीति होनी चाहिए। जिसकी भूमि, उसका जल के सिद्धांत को खत्म कर सबको पानी उपलब्ध कराना चाहिए। राष्ट्रीय जल नीति में पेयजल को सबको ऊपर रखा गया है। इंडस्ट्री को पांचवां स्थान मिला है, लेकिन झारखंड में अब भी इंडस्ट्री को प्राथमिकता दी जा रही है।

नदी नीति जरूरी : झारखंड को नदी नीति बनानी चाहिए, जिससे नदियों का जीवन और आजादी सुरक्षित बनी रह सके। नदियों को पर्यावरणीय प्रवाह प्रदान कर नदियों की भूमि का अतिक्रमण रोकने के लिए नदी के प्रवाह क्षेत्र, बाढ़ क्षेत्र व जलागम क्षेत्र का छिल्लीकरण एवं सीमांकन किया जाए। नदियों की भूमि को नदियों के लिए ही काम में लिया जाए। नदियों में खनन प्रतिबंधित हो। साथ ही नदी के किनारे उद्योगों के अपशिष्ट या प्रदूषित ओवरबर्डेन न डाले जाएं। नदियों से सभी दूषित जल को अलग रखा जाए। झारखंड की किसी भी नगरपालिका, नगरनिगम, नगर पंचायत व ग्राम पंचायत को गंदे नाले नदी में डालने के लिए सख्ती से रोका जाए। ऐसी नदी नीति और जल नीति के कानून झारखंड में बनें, जिससे गरीब से गरीब इंसान की जल जरूरत पूरी करने का हक सुनिश्चित हो। भू-जल के शोषण पर रोक लगा कर खेती और उद्योगों में केवल सतही जल का उपयोग करने की जरूरत है।

सामुदायिक विकेंद्रित जल प्रबंधन : झारखंड की जल नीति में जल के निजीकरण की जो खामियां हैं, उनको बदलकर सामुदायिक जल विकेंद्रित जल प्रबंधन को बढ़ावा दिया जाना चाहिए। झारखंड में एक तरफ जल का संरक्षण और दूसरी तरफ अनुशासित उपयोग करनेवाली विधि लागू हो। झारखंड सजीव खेती के लिए सबसे उत्तम क्षेत्र है। सजीव खेती में कम जल की खपत होती है। इसी में झारखंड की खुली खदानों के क्षेत्र में जहां जल के भंडार हैं, उनमें गहरी पलनेवाली मछलियों तथा सामुदायिक खेती को उपयोग करने की इजाजत एवं प्रबंधन समुदाय को दिया जाए। झारखंड में खनन से पानी का बहुत दुरुपयोग व शोषण होता है, इस पर रोक लगे। झारखंड राज्य आज बेपानी हो गया है। इसको पानीदार बनाने के लिए लिए राज व समाज दोनों को तैयार हो अच्छी कोशिश करनी पड़ेगी।

जल का अनुशासित उपयोग : झारखंड के सरकारी जल संस्थानों को झारखंडी समुदायों में मूल्यवान जल को अनुशासित उपयोग करने का अहसास कराना होगा। इसके लिए शिक्षण पाठ्यक्रमों में जल विषय पर उपयुक्त और जरूरी पाठ्यसामग्री तैयार करनी होगी। इस तरीके से समाज की जल जरूरत पूरी करनेवाला प्रबंधन सिखाना पड़ेगा। झारखंड सरकार को एक समग्र नदी नीति और जल नीति बनानी पड़ेगी। सब मिलकर प्रयास करेंगे, तभी झारखंड में जल संकट से स्थायी निजात मिल सकेगी। ◆ ◆ ◆

बूंद-बूंद को अमृत समझना होगा

मेघनाथ
फिल्म निर्माता

30 साल पहले जब मैं लोहरदगा, महुआडांड़, नेतरहाट जाता था, तो रास्ते भर पहाड़ी नालों और झरने के न सिर्फ सुंदर दृश्य दिखते थे, बल्कि उनकी गुर्राती आवाज से कानों में प्रकृति का राग गूंजने लगता था। इलाके के पुराने लोगों से अगर पूछें तो वे बीते समय को आज की तबाही से तुलना कर सारे पहाड़ी नालों और झरनों की बातें बताएंगे। मतलब यह कि ज्यों-ज्यों हम औद्योगिक विकास की ओर आगे बढ़े, त्यों-त्यों हमारे प्राकृतिक संसाधनों का नाश हुआ।

आज एक बोतल पानी के लिए 12 रुपये खर्च करने के लिए हम मजबूर हो चुके हैं। दरअसल, जो चीजें हमें आसानी से मिल जाती हैं, उसका मोल हम नहीं समझ पाते। प्रकृति ने जिन संसाधनों का उपहार झारखंड को दिया, वही उसके लिए अभिशाप साबित हुआ और हो रहा है। पानी का सवाल भी इससे जुदा नहीं है। अभी देखिए, मेरा कुआं-तेरा कुआं, उसका चापाकल, इसका तालाब, जैसे भाव समाज में आ गए हैं।

पहले तो ऐसी मारामारी की स्थिति नहीं थी, लोग पानी पिलाना पुण्य समझते थे। इसका जवाब बेहद आसान है, हमने कभी भी प्रकृति के उपहार को सहेज कर रखने की कोशिश नहीं की। राजस्थान में सालाना बारिश 500 मिमी से अधिक नहीं होती, लेकिन वहां के लोग बूंद-बूंद को अमृत समझ कर बचाते हैं, उनका संरक्षण करते हैं। हमारे यहां राजस्थान की तुलना में तीन गुना अधिक वार्षिक वर्षा होती है। इसके बावजूद हमारी फसल ही नहीं, हमारे कंठ भी सूखे रह जाते हैं। कारण, पानी को लेकर कभी भी समाज और सरकार सचेत नहीं हुई। जल चेतना का विकास ही नहीं हो सका। जब भी जल संकट, सिंचाई सुविधा की बात हुई, तो बड़े-बड़े डैमों और नदी परियोजनाओं को हम पर जबरन थोप दिया गया।

स्वर्णरेखा, डीवीसी के उदाहरण से इस बात को समझना मुश्किल नहीं कि बड़े डैमों से कितनी फसलें सींची गईं, कितने लोगों को पीने का पानी मिला। मकसद, साफ है कि किसी भी तरह झारखंड के संसाधनों का व्यापारिक इस्तेमाल कर लिया जाए, चाहे लोगों की जान जाए, चाहे गांव के गांव उजड़ें, चाहे नदी, नाले, झरने, सब मर जाएं और लोग तरपते रहें। हमलोग अगर बड़े-बड़े डैमों का विरोध कर रहे हैं तो पलामू में हमने इसका व्यावहारिक विकल्प तैयार करके भी दिखाया, वह भी दो दशक पहले ही। पानी चेतना मंच बनाकर पलामू के विभिन्न गांवों में 127 चेक डैम, आहर बनाए। सरकार को दिखाया कि दस गुना कम खर्च म्पर भी डैम बनाए जा सकते हैं, वह भी लोगों को उजाड़े बगैर। झारखंड की भौगोलिक बनावट के कारण पानी यहां ठहर ही नहीं सकता। इसे समझे बगैर नीतियां और परियोजनाएं बनती रहीं हैं।

दो-तीन दशक पहले जल संसाधन पूरे गांव की संपत्ति होती थी और उसका उपयोग-उपभोग सब मिलकर करते थे। मजबूत मेंड़ पानी को रोकने का काम करते थे, जिससे भूमिगत जल स्तर बना रहता था। साथ ही पोखर, तालाब भी कभी नहीं सूखते थे। गलत नीतियों और योजनाओं का नतीजा है कि झारखंड में कुल सिंचित भूमि का प्रतिशत आज के मुकाबले 60 साल पहले अधिक था।

पेड़-पौधों की भरमार के कारण पानी के बहने की गति धीमी थी, जिस कारण जमीन में समाने का अतिरिक्त वक्त वर्षाजल को मिल पाता था। आज जब जंगल उजड़े, उद्योगों, खनन के लिए खेती नष्ट हुईं, तब ढलुआ बनावट के कारण न तो पानी ठहर रहा है और न ही प्राकृतिक जल संसाधनों का प्राकृतिक चक्र और वार्षिक भरण ही संतुलित और स्वाभाविक ढंग से चल रहा है। गांवों में जल संकट का मतलब सीधे तौर पर भूख और अकाल से जुड़ जाता है। खेती मारी जाती हैं। पानी चेतना मंच ने 30 साल पहले ही इस स्थिति से निपटने के लिए क्रिटिकल इरिगेशन सिस्टम को डेवलप किया था। स्लोप वाली जमीन पर शृंखलाबद्ध कई चेक डैम्स,

आहर, तालाब, पोखर बनाकर साबित किया था कि छोटी-छोटी योजनाएं किस तरह हिल एरिया में जल संकट को दूर करने में क्रांतिकारी साबित हो सकती हैं। 30 फीट चौड़े और 40 फीट लंबे क्षेत्र को हापा का रूप दिया जा सकता है, जिसमें वर्षाजल बहने के बजाय जमा हो जाए। फसल के मौसम में जब मॉनसून अनियमित होगा तो आपात स्थिति में यह हापा किसानों के लिए जीवन जल से कम नहीं होगा। झारखंड जहां पहाड़ी नालों, पाइनों की भरमार है, वहां यह मॉडल तो और भी कारगर साबित होगा।

सरकार ने भी अंततः चेक डैम, आहर, पाइन, कुएं, तालाब के महत्व को स्वीकार किया, जिसकी वकालत हम लोग 30 साल पहले से करते आए हैं। शहरों में जल संकट के कारणों को असंगत योजना और सामुदायिक चेतना के अभाव के रूप में देखना उचित होगा। रांची में 60 के दशक में तीन डैम बनाए गए। चार-पांच दशक पहले रांची की जनसंख्या आज के मुकाबले करीब 15 गुना कम रही होगी, लेकिन पेयजल के लिए गोंदा, कांके और रुक्का डैम मौजूद थे।

आज राजधानी की आबादी 12 लाख को पार कर गई है और तीनों डैमों की जल धारण क्षमता 50 से 60 फीसदी कम हो गई है। कारण कि इन डैमों की कभी सफाई नहीं हुई। कई फीट तक इसमें गाद भरी है। गाद के कारण डैम के रीचार्ज पॉकेट्स भी बंद हो गए हैं, जिससे जलग्रहण क्षेत्र में भी जल भरण नहीं हो पा रहा है। इसी तरह अनियंत्रित शहरीकरण ने प्रकृति के सारे नियम-कानूनों को तोड़ते हुए अपनी राह बनाई है। भू-माफिया की मजबूत मौजूदगी ने शहरों की हरियाली को उजाड़ दिया है। वाटर हार्वेस्टिंग को क्यों नहीं अपनाया जा रहा, इसका जवाब लचर और भ्रष्ट व्यवस्था से अपने आप मिल जाता है। पानी का अगर सिर्फ पीने के लिए उपयोग हो तो संकट कभी नहीं आएगी। झारखंड जिसे औद्योगिक राज्य घोषित कर दिया गया, वहां कल-कारखानों द्वारा पानी का सबसे अधिक दोहन होता है और जल संसाधनों पर उसी बेरहमी से अत्याचार भी। हर संकट तो एक-दूसरे से जुड़े हैं, जिसे संपूर्णता के साथ समझने की कोशिश नहीं की गई। जिस दिन ऐसा होगा, उसी दिन रिच लैंड-पूअर पीपुल के बदले रिच लैंड-रीच पीपुल का समाज बन जाएगा झारखंड।

गंभीरता से करना होगा विचार

जल संरक्षण के प्रति सामुदायिक चेतना जरूरी है, वरना जल संकट का अंतिम अंजाम भुगतने के लिए सबको तैयार रहना होगा।

- अपलैंड के स्लोप पर आहर बनाकर पानी को रोका जा सकता है।
- चेक डैम की शृंखला इस तरह तैयार करनी होगी कि अधिक से अधिक पानी को हम ज्यादा से ज्यादा समय तक रोक सकें।
- छोटे-छोटे डैमों, आहर, पोखर, तालाबों को प्राथमिकता देनी होगी।
- प्रदान जैसी संस्था ने 1991 में दिखा दिया था कि लिफ्ट इरिग्रेशन सिस्टम को अगर ईमानदारी से लागू कराया जाए तो इससे कितना लाभ मिल सकता है।
- पानी जहां गिरे, उसे वहीं रोकने के उपाय किए जाएं।
- जंगलों की हरियाली फिर से वापस लानी होगी। वेस्टलैंड को हरा-भरा करने के ठोस उपाय करने होंगे।
- कोल माइनिंग समेत वैसे उद्योगों को बंद करने की जरूरत है जिनमें पानी की बहुत अधिक जरूरत होती है।
- लैंड कंजर्वेशन डिपार्टमेंट पूरी तरह नाकाम हो गया है। उसे फिर से सक्रिय बनाना होगा, ताकि मिट्टी में पानी को पकड़कर रखने की क्षमता कायम हो सके। पानी के बहाव के कारण मृदा अपरदन ने उपजाऊ मिट्टी को बर्बाद हो गया है।
- पुराने जलस्रोतों को फिर से जीवित करना होगा।

◆ ◆ ◆

जल त्रासदी की ओर बढ़ता झारखंड

डॉ. एमपी मिश्रा
पर्यावरणविद

इस पृथ्वी की, और इसके संसाधनों की चिंता करने वाले महापुरुष वर्षों से जनमानस को सचेत करने की कोशिशें कर रहे हैं, परंतु कुछ भी सार्थक नहीं हो पा रहा है। जल के अतिशय उपयोग, दुरुपयोग, भूमिगत जल का अत्यधिक दोहन, निर्माण-कार्यों में जल की बर्बादी, बहुमंजिली इमारतों में बसनेवालों द्वारा भूमिगत जल का अत्यधिक दोहन, मिनरल वाटर उद्योग, फैक्ट्रियां, विद्युत उत्पादक संयंत्रों द्वारा जल की बर्बादी, घरेलू, नगरीय तथा औद्योगिक जल प्रदूषण आदि कुछ ऐसी गतिविधियां हैं, जो सामूहिक रूप से एक भयानक जल त्रासदी को आमंत्रित कर रही हैं। यदि इस आसन्न जल त्रासदी की रूपरेखा का आकलन करना है, तो झारखंड की सूखती नदियों, गिरते भूमिगत जल स्तर, भूमिगत जल में बढ़ता खनिज पदार्थों का सांद्रण, लुप्त होते तालाबों, सूखते झरनों, खेतों में भटकते हुए पशुओं की मौतों, पशु वधशालाओं की तरफ बढ़ती पशुओं की कतारों इत्यादि का अवलोकन, विश्लेषण और मनन किया जा सकता है।

सूखतीं नदियां : पिछले एक दशक से भी अधिक समय से झारखंड में प्रत्येक वर्ष जल की कमी विशेषतः ग्रीष्मकाल में अनुभव की जा रही है। कुएं और चापाकल ग्रीष्म ऋतु के आने के पहले से ही सूखने लग जाते हैं। यहां की नदियां मार्च माह के पहले से ही सूखने लग जाती हैं और अप्रैल माह तक बालू की चमकीली रेखाओं के रूप में सिमट कर रह जाती हैं। पिछले वर्ष झारखंड की अधिसंख्य नदियां मार्च माह के अंत तक सूख चुकी थीं और नगरीय जल आपूर्ति के लिए बांधों के पीछे संग्रहित वर्षा का जल भी काफी हद तक सूख चुका था। ऐसी स्थिति में नदियों की कछारों में बसे हुए लोग गंभीर जल संकट से जूझने लगे थे। पेयजल के लिए डीप बोरिंग के जल पर आश्रित लोगों को खनिजों से समृद्ध गाढ़ा पानी पीना पड़ रहा था!, क्योंकि पूरे राज्य में भूमिगत जल स्तर नदियों की कछारों में भी उत्तरोत्तर नीचे गिरता जा रहा है।

गत वर्ष की स्थिति तथा जल की बर्बादी की दर को ध्यान में रखते हुए आसानी से यह निष्कर्ष निकाला जा सकता है कि इस वर्ष और आनेवाले वर्षों में राज्य को गंभीर जल संकट का सामना करना पड़ सकता है। वर्षा कम होने से इस वर्ष अभी से अधिकांश नदियों में बहुत कम पानी बचा है। गत वर्ष मार्च माह से ही लोगों को सूखी नदियों के बालू की खुदाई करके पीने योग्य पानी का संग्रह करना पड़ रहा था। पानी लाने की यह पद्धति कछारों में बसनेवालों के लिए रोजमर्रा के कार्यक्रम का हिस्सा बन चुकी थी। पिछले एक दशक से यही कहानी प्रत्येक वर्ष दोहराई जा रही है। लोग नियति के साथ जीना सीख रहे हैं, लेकिन कबतक?

पलामू की जीवन रेखा कोयल नदी अप्रैल माह तक पूरी तरह सूख जाती है। सर्वेक्षण बताते हैं कि इस नदी की कछार में भूमिगत जल का स्तर तेजी से गिर रहा है। डालटनगंज क्षेत्र में कोयल नदी, गढ़वा क्षेत्र की कनहर नदी, लातेहार की औरंगा और कोयल नदियां, कोडरमा क्षेत्र की बराकर और मोहाना नदियां, चतरा क्षेत्र की जाम, नीलांजन और सातवाहिनी नदियां, लोहरदगा क्षेत्र की शंख और कोयल, गुमला क्षेत्र की शंख और पालमारा नदियां गत वर्ष अप्रैल माह तक सूख चुकी थीं। झारखंड क्षेत्र से जल का संग्रह करके यहां के खदान क्षेत्रों से गुजरकर पश्चिम बंगाल को पार करके समुद्र से मिलनेवाली दामोदार नदी गत वर्ष अप्रैल के मध्य तक सूख चुकी थी। यदि इन परिस्थितियों पर गंभीरता से विचार करें, तो आनेवाले दिनों में यह राज्य एक भयावह जल त्रासदी की ओर बढ़ता हुआ प्रतीत होता है।

भूमिगत जल में खनिजों का सांद्रण : भूमिगत जल निदेशालय की एक सर्वेक्षण रिपोर्ट के अनुसार इस

राज्य के कई क्षेत्रों के भूमिगत जल मं आर्सेनिक एवं कुछ अन्य खनिजों की मात्राएं खतरनाक स्तर तक बढ़ चुकी हैं। साहेबगंज, राजमहल और पलामू के विभिन्न क्षेत्रों से लिये गए भूमिगत जल के कुल 2500 नमूनों में से लगभग 250-300 नमूनों में खतरनाक स्तर तक आर्सेनिक पाया गया था।

उत्तरोत्तर बढ़ती हुई बहुमंजिली इमारतों के कारण डीप बोरिंग द्वारा भूमिगत जल का दोहन और दुरुपयोग नए राज्य के गठन के बाद से तेजी से बढ़ता जा रहा है। दूसरी ओर वन विनाश के कारण भूमि की सतह मृदा रंध्रों के बंद हो जाने से वर्षा जल का शोषण नहीं कर पा रही है। झारखंड की पठारी भूमि और इसके अंदर पाई जानेवाली चट्टानें भी बहुत हद तक जल के अंतः शोषण हेतु उपयुक्त नहीं है। इस प्रकार वर्षा के जल का रिसाव भूमिगत जल के दोहन की तुलना में बहुत कम है।

बढ़ती हुई अपार्टमेंट सभ्यता पूर्णतः भूमिगत जल पर आश्रित है। भूमि के अंदर जल की मात्रा के घटने से उस जल में चट्टानों से निकलकर घुल जानेवाले खनिजों की मात्रा बढ़ती चली जाती है और उस जल को पीनेवाले खतरनाक बीमारियों के शिकार होने लगते हैं।

विलुप्त होते पारंपरिक तालाब : झारखंड के पूर्वजों ने अपनी वैज्ञानिक सोच के कारण यहां की पारिस्थितिक संरचना को ध्यान में रखकर प्रायः सभी क्षेत्रों में पारंपरिक तालाब खुदवाए थे। उन तालाबों में से बड़ी संख्या में तालाबों का नामोनिशान मिट चुका है। अत्यधिक मात्रा में तालाबों में गाद जमा होते रहने से तालाबों का छिछला हो जाना और उनकी सफाई न किया जाना, तालाबों के लुप्त होने का एक कारण हो सकता है। लेकिन प्रायः ऐसा नहीं है।

अधिसंख्य तालाबों को अवैध रूप से कब्जा करके उन पर निर्माण किए जा चुके हैं। यही कारण है कि बहुत से तालाब बुजुर्गों द्वारा सुनाई जानेवाली कहानियों तक सीमित हो चुके हैं। उल्लेखनीय है कि पारंपरिक तालाबों द्वारा जल का संरक्षण तो होता ही था, ये स्थानीय सूक्ष्म जलवायु को भी नियंत्रित रखते थे। इनसे स्थानीय जल चक्र भी सुचारू रूप से चलता रहता था। लेकिन इन तालाबों के विलुप्त होने से स्थानीय जलवायु में परिवर्तन, वर्षा में कमी तथा जैवविविधता की हानि जैसी अन्य समस्याओं ने सिर उठाना प्रारंभ कर दिया है।

सूखते जल प्रपात : झारखंड के सूखते जल प्रपात भी आनेवाले जल संकट की ओर इशारा कर रहे हैं। जंगलों से गुजरनेवाले झरने जो वर्षभर जल के स्थायी स्रोत बने रहते थे और संपूर्ण क्षेत्र की पारिस्थितिकी को नियंत्रित करते थे, तेजी से समाप्त होते जा रहे हैं। राज्य के बहुत से जलप्रपात फरवरी माह से ही सूखने लग जाते हैं। जोन्हा, सीता तथा हिरनी जल प्रपात जो वर्षभर भ्रमणार्थियों के आकर्षण के केंद्र बने रहते थे, अब जाड़े के मौसम में ही सूखने लगते हैं। यद्यपि विश्वास नहीं होता तथापि यह उल्लेखनीय है कि कुछ कथित पर्यावरणविद इसे जलवायु परिवर्तन का प्रभाव मानते हैं, जो हास्यास्पद है। जल संकट से जुड़ी इन समस्याओं का वस्तुतः जलवायु परिवर्तन से कोई संबंध नहीं है।

नागरिक भावना : उपदेशों की आधुनिक परंपरा में सभी दूसरों को सिखाते हैं और दूसरों पर दायित्व मढ़ते हैं। यहां मानव बस्तियों में न तो जल निकासी की समुचित व्यवस्था है, न तो इच्छाशक्ति। सभी सरकार को दोषी ठहराते हैं। शहरी क्षेत्रों की कुछ अच्छी कॉलोनियों में भी ऐसे नाले हैं, जिनकी कोई मंजिल नहीं। सभी प्रकार के कचरे नालियों में फेंके जाते हैं। बंद नालियों में सड़ते हुए कचरे तरह-तरह की बीमारियों को जन्म देते हैं। ये नालियां वर्षाकाल में सड़कों से होकर बहती हैं। यदि संपूर्ण समाज घर का कचरा नालियों में डालता है, तो क्या निगम कर्मचारियों के भरोसे नालियां साफ रह सकती हैं। झारखंड के शहरी क्षेत्रों में ऐसे उदाहरण कभी नहीं आते, जहां नागरिक समितियों ने जल संरक्षण के लिए कोई नवाचार किया हो। अलबत्ता ग्रामीण समाज से ऐसे उदाहरण मिलते हैं, जहां ग्रामीणों ने जंगल बचाने और जल का संरक्षण करने का कोई प्रयास किया हो। परंतु कमजोर, मासूम और गरीब ग्रामीण जनता माफिया ताकतों से कैसे लड़ेगी? तो क्या माफिया ताकतों को पर्यावरण संरक्षण की बातें समझ में नहीं आती हैं। प्राकृतिक संसाधन संयुक्त धरोहर है, जिनकी सुरक्षा तभी संभव है, जब सभी मिलकर संयुक्त प्रयास करें। जल संसाधनों के विनाश से उत्पन्न त्रासदी में सबको भागीदार बनना पड़ेगा। तो त्रासदी रोकने के लिए क्या सभी की भागीदारी आवश्यक नहीं है? जरूरत है नागरिक भावना के साथ नैतिक मूल्यों को अपनाने की।

◆ ◆ ◆

चाहिए समावेशी जल नीति

डॉ. उदय कुमार
स्नात्तकोत्तर भूगर्भ विज्ञान विभाग, रांची विवि

जल की एक-एक बूंद जिंदगी के लिए' झारखंड की प्रस्तावित जल नीति का यह मूल मंत्र राज्य के सर्वांगीण विकास में जल की महत्ता को दर्शाता है। प्राकृतिक संसाधनों पर आधारित आर्थिक विकास के परिक्षेत्रों यथा कृषि तथा उद्योग में जल एक अत्यंत ही महत्वपूर्ण संसाधन है, जिसकी सतत उपलब्धता इनके टिकाऊ विकास की गारंटी होती है। झारखंड यद्यपि खनिज संसाधनों से परिपूर्ण भूभाग है, यहां की अर्थव्यवस्था का मूल आधार कृषि ही है, जिसके विकास में जल सबसे प्रमुख संसाधन है। झारखंड में धरातल की संरचना तथा पहाड़ों के विन्यास के कारण वर्षा जल का असमान वितरण होता है, हालांकि यहां वर्षा 100-140 सेमी तक होती है। विशेषकर राज्य के पूर्वी तथा उत्तर पश्चिमी भाग सामान्य से कम वर्षा प्राप्त करते हैं। खासकर, गढ़वा, चतरा, संतालपरगना क्षेत्र आदि इस प्राकृतिक असमानता के शिकार होते रहे हैं। राज्य की प्रमुख पांच नदियों की प्रवाह प्रणाली यथा दामोदर, स्वर्णरिखा, उत्तरी कोयल, दक्षिणी कोयल तथा गुमानी का उद्‌गम इसी भूभाग पर होता है। जो सतही जल प्रणाली की 60 प्रतिशत हिस्सेदारी है।

राज्य के कृषि क्षेत्र नदी घाटियों में ही अवस्थित है तथा उद्योगों का तंत्र भी मुख्यतः दामोदर तथा स्वर्णरेखा घाटी में ही फैला हुआ है। अतः अब नदी परितंत्र की प्राकृतिक अवस्था में किसी भी परिवर्तन का प्रभाव सीधं कृषि तथा औद्योगिक विकास पर पड़ता है। औद्योगीकरण तथा इससे संबंधित शहरीकरण की आंधी का प्रभाव राज्य के जल स्रोतों पर भी पड़ा, जो वर्तमान में इनके प्रदूषण तथा उपलब्धता में कमी के रूप में हमारे समक्ष है तथा जिसका सीधा परिणाम भूगर्भीय जल का अंधाधुंध दोहन है। राज्य में जल के संबंध में नीति का अभाव तथा कानूनी प्रावधानों का धुंधलापन इस समस्या के निदान में स्पीड ब्रेकर की भूमिका निभा रहे हैं। राज्य की प्रस्तावित जल नीति में आर्थिक विकास, गरीबी उन्मूलन तथा क्षेत्रीय असंतुलन में कमी लाने के लिए जल प्रबंधन पर विशेष बल देने तथा इन लक्ष्यों की प्राप्ति हेतु नदी बेसिन आधारित जल प्रबंधन, इस प्रबंधन में उपयोग करनेवाले जनमानस की सीधी भागीदारी तथा नई तकनीकों के समावेश की चर्चा है। नदी बेसिन आधारित विकास की अवधारणा का प्रणेता भी झारखंड रहा है। जहां दामोदर बेसिन परियोजना का, जो स्वतंत्र भारत की पहली बहूद्देश्यीय नदी घाटी परियोजना है, प्रयोग हुआ। इस परियोजना में जल को विकास के एक साधन के बजाय आर्थिक संसाधन के रूप में रखा गया, जिसका परिणाम यह है कि राज्य में दामोदर बेसिन के चार बांधों के डूब क्षेत्र तो है, पर इन पर आधारित सिंचाई प्रणाली नहीं है। जनमानस की सीधी भागीदारी का न होना इसका एक कारण है। झारखंड राज्य पंचायत अधिनियम में भी गैर अनुसूचित क्षेत्रों में ग्रामसभाओं को मात्र जल प्रबंधन का अधिकार है, लेकिन अनुसूचित क्षेत्रों की भांति स्वामित्व तथा प्रबंधन का अधिकार नहीं है। इस प्रावधान का दुरुपयोग कुछ राज्यों में जल प्रणाली के निजीकरण के रूप में भी हुआ है। प्राकृतिक संसाधनों के संदर्भ में कानूनी समानता से प्रबंधन सुव्यवस्थित हो सकता है। राज्य की धरातलीय विशेषताओं के कारण नहरों द्वारा व्यापक सिंचाई प्रणाली संभव नहीं है। अतः यहां का पारंपरिक जल प्रबंधन व्यवस्था सतही जल के प्रबंधन पर आधारित रही है। राज्य के अल्प वर्षा क्षेत्रों में पारंपरिक जल प्रबंधन तकनीक जैसे आहर, पइन, तालाब आदि सबसे अधिक पाए जाते

हैं। संभवतः यहां के जनमानस ने जल की महत्ता को सही रूप में पहचाना हो। सतही जल प्रबंधन प्रणाली जो वर्तमान में जल छाजन कार्यक्रम के रूप में सक्रिय है, के वैज्ञानिक प्रबंधन से भूगर्भीय जल भंडार का भी पोषण होता है। यह भूगर्भीय जल राज्य की नदी प्रणाली के कुल जल प्रवाह का एक तिहाई भाग प्रदान करती है। फलतः वर्षाविहीन काल में भी नदियों में कुछ जल प्रवाह होता रहता है। नदियों के उद्गम क्षेत्रों में वर्षा जल के प्रवाह को जलछाजन तकनीकों से धीमा कर नदी बेसिन में जल के प्रवाह काल को बढ़ाया जा सकता है। वर्षा आधारित नदियों के क्षेत्र में यह प्रक्रिया ज्यादा लाभदायी होती है। राज्य में मात्र 22 प्रतिशत क्षेत्र में ही कृषि संभव हो पाती है, जबकि करीब 30 प्रतिशत कृषि योग्य भूमि परती ही रह जाती है। करीब पांच प्रतिशत कृषि योग्य बंजरभूमि भी है, जो मुख्यतः उच्च भूभागों (टांड़) में अवस्थित है, जहां सतही जल प्रबंधन कर नीचे के प्रवाही भाग में जल की उपलब्धता को बढ़ाया जा सकता है। शहरी क्षेत्रों में भूगर्भीय जल का दोहन अति तीव्र गति से हो रहा है। फलतः भूगर्भीय जलस्तर तेजी से नीचे जा रहा है। शहरी जीवन पद्धति में कुल जल उपयोग का मात्र एक चौथाई ही पेय तथा खाद्यसंबंधी क्षेत्रों में होता है तथा शेष गैर भोज्य क्षेत्रों में ही होता है। केंद्रीय भूगर्भीय जल प्राधिकरण ने देश के अनेक भागों में भूगर्भीय जल के अवैज्ञानिक दोहन पर रोक लगाई है। अनेक राज्य सरकारों ने भवन अधिनियम में रूफ टॉप रेनवाटर हार्वेस्टिंग को आवश्यक बना दिया है। आंध्रप्रदेश, केरल, तमिलनाडु, कर्नाटक, पश्चिम बंगाल, लक्षद्वीप, पांडिचेरी आदि ने इसे आवश्यक विधायी प्रावधान बना दिया है। केरल में 100 वर्गमीटर से बड़े भवनों में इन जल संरक्षण प्रावधानों का निर्माण आवश्यक कर दिया है। भूगर्भीय जल के प्रबंधन संबंधी प्रावधानों की आवश्यकता झारखंड की जल नीति में प्रमुखता से होनी चाहिए, ताकि कारगर नियमों तथा जनभागीदारी से इसका कार्यान्वयन किया जा सके। झारखंड का एक बड़ा हिस्सा खनन तथा इससे संबंधित कार्य कलापों से प्रभावित है। खुली खदानों, विशेषकर कोयला खदानों में खनन कार्य समाप्ति के बाद उस स्थल को अपने वास्तविक रूप में लाने का प्रावधान है, जिससे मृदा जल का वानस्पतिक संसाधन पुनर्जीवित हो सके। कारगर वैधानिक प्रावधानों की कमी से खनन क्षेत्रों की जल प्रणाली अस्त-व्यस्त होती जा रही है। खनन आधारित उद्योगों ने जल प्रदूषण की समस्या को इतना बढ़ा दिया है कि दामोदर नदी का जल किसी भी मानवोपयोगी कार्य के लिए सुरक्षित नहीं है। कुछ ऐसी ही स्थिति स्वर्ण रेखा तथा अन्य सतही जल प्रणालियों की हो रही है।

लक्ष्य प्राप्ति हेतु कुछ प्रमुख आयाम विचारणीय है

- सतही और भूगर्भीय जल के सांयुक्तिक प्रयोग की नीति
- शहरी तथा औद्योगिक क्षेत्रों में रेन वाटर हार्वेस्टिंग प्रक्रिया का अनुपालन आवश्क हो।
- भूगर्भीय जल के दोहन पर नियंत्रण का प्रावधान
- उद्योगों में उपयोग में लाए जानेवाले जल का पुनर्चक्रण
- लघु जल स्रोतों के उद्गम क्षेत्र में जल छाजन विकास कार्यक्रमों की प्राथमिकता
- सतही जल प्रदूषण को रोकने के लिए कारगर कानूनी प्रयास।
- जल प्रबंधन तथा उपयोग की कुशलता के आधार पर उद्योगों में रेटिंग व्यवस्था- रेटिंग के आधार पर आर्थिक लाभ तथा दंड दोनों का प्रावधान हो।

◆ ◆ ◆

बूंद-बूंद सहेजने की जरूरत

सुधीर प्रसाद

प्रधान सचिव, पेयजल स्वच्छता विभाग

जल संकट झारखंड की ही नहीं पूरे विश्व की समस्या है। पानी की एक-एक बूंद का संरक्षण आवश्यक है। पृथ्वी पर उपलब्ध पानी का 97 फीसदी समुद्री जल है। एक प्रतिशत पानी ग्लेशियर में है। केवल 2 प्रतिशत पानी मनुष्यों के उपयोग के लायक है। झारखंड में तो वैसे ही जल स्रोतों पर संकट है। यह विडंबना है कि अच्छी बारिश होने के बावजूद अधिकतर समय यहां जल संकट बना रहता है। दर-असल, हमारे यहां जल संरक्षण के पर्याप्त तरीके होने के बावजूद इसे लेकर सक्रियता का अभाव दिखता है।

खेती की बात करें तो उसके लिए पानी अनिवार्य है, लेकिन सिंचाई के लिए भी हम यहां जल का संरक्षण नहीं कर पाते। शहरों का जिस तरह से विस्तार हो रहा है, बड़े-बड़े भवन बन रहे हैं, उनमें रहने वालों की जल संबंधी जरूरतें भी बढ़ रही हैं। इनको पूरा करने के लिए भू-जल का दोहन तेजी से हो रहा है। लेकिन भू-जल का स्तर कैसे बढ़े, इसे लेकर कोई जागरूक नहीं। जब भी जल की समस्या आती है, हम सरकार व संबंधित विभागों की निष्क्रियता पर सवाल उठाते हैं। पानी असीमित है, यह सोचना उचित नहीं है। पानी के संरक्षण के प्रति सभी को जिम्मेदार होना पड़ेगा।

जिम्मेदारी सबकी : झारखंड में वर्षा लगभग हर वर्ष सामान्य से बेहतर होती है। यहां सिर्फ वर्षा में वितरण की समस्या है, कहीं अधिक वर्षा होती है, कहीं कम। अगर हम इस वर्षा जल का संरक्षण करें व इसका उचित तरीके से उपयोग करें तो हमें पानी की समस्या कभी नहीं होगी। झारखंड में वर्षा का अधिकतम (70 फीसदी लगभग) जल यूं ही बहकर बेकार चला जाता है।

अगर हम 2010 के आंकड़े को देखें तो पाते हैं कि इस वर्ष भी झारखंड में वर्षा सामान्य से बेहतर हुई थी। जहां राजस्थान, पंजाब व गुजरात में वर्षा क्रमशः 494 मिमी, 843 मिमी हुई थी, वहीं झारखंड में इससे दोगुनी 1430 मिमी वर्षा हुई। बावजूद इसके, हम इन राज्यों की तुलना में अपनी जरूरतों को पूरा करने में असक्षम महसूस करते हैं। दरअसल, हम आनेवाले खतरों को लेकर सचेत नहीं है। हमारे यहां की भौगोलिक परिस्थिति भिन्न है, लेकिन खुद के प्रयास से हम जल संरक्षण के तरीके तो अपना सकते हैं।

सम्मानित हों जागरूक लोग : देश-दुनिया में कई ऐसे लोग है, जो खुद की बदौलत व पारंपरिक तरीके से प्रकृति के संरक्षण में अपनी भूमिका निभा रहे हैं। विभिन्न इलाकों में ऐसे लोग अवश्य मिल जाएंगे, जो खुद की अपनी तकनीक विकसित कर समस्याओं से निजात पाने में सक्षम हुए हैं। वहीं कई संस्थाएं भी ऐसी हैं, जो लोगों को जागरूक कर उन्हें जल संरक्षण के तरीके बता रही है। ऐसे लोगों व संस्थाओं को सम्मानित करने की जरूरत है। पानी बचाने के लिए एक अभियान चलाना होगा।

व्यवहार में हो चिंताएं : आज शहरों में बड़ी-बड़ी बिल्डिंगें बन रही हैं, उनमें वर्षा जल संरक्षण को लेकर निर्धारित मानकों का भी पालन नहीं हो पाता। थोड़ी भी ऐसी जगह नहीं छोड़ी जाती, जिनसे होकर वर्षा जल धरती में प्रवेश कर सके। पानी को बचाने की मुहिम पूरे देश में चल रही है, लेकिन बहुत कम लोगों को इसकी परवाह रहती है। क्या हमें पता है रोजाना हम कितने पानी की खपत करते हैं। प्रति व्यक्ति पानी खपत रोजाना 140 लीटर है। पीने में पांच लीटर, पकाने में 20 लीटर, नहाने में 50 लीटर बर्तन धोने में, कपड़ा धोने में 35 लीटर व शौच में 15 लीटर पानी की खपत करते हैं। यदि हम चाहें तो नहाने, कपड़ा धोने में कम से कम 50 लीटर प्रतिदिन का संरक्षण कर सकते हैं। ◆ ◆ ◆

पानी बचाइये तो जीवन बचेगा

अशोक भगत
सचिव, विकास भारती

वर्षा के पानी को अपने स्थानों पर रोकना कोई एकांगी कार्य नहीं है, बल्कि इसके लिए अन्य कार्य साथ-साथ करने पड़ेंगे। इसके लिए साामाजिक पहल कर एक ओर जहां जनजागरूकता की आवश्यकता है, वहीं दूसरी ओर सरकार की योजना में भी इसे प्राथमिकता की सूची में लाना होगा। नदियों के साथ हो रहे अतिक्रमण और ग्रामीण क्षेत्रों के पहाड़ों को विभिन्न कारण से तोड़ना, नदियों को खदानों की वाशरियों के कारण भरा जाना, नदियों पर बड़े-बड़े बांध बनाकर मेगाप्रोजेक्ट के नाम पर पानी का औद्योगिक घरानों द्वारा अनधिकृत रूप से दोहन, नदियों-तालाबों-झीलों सहित सभी जलाशयों को कृषि उद्योग एवं मल्टी कॉम्प्लेक्स के लिए भरा जाना, पहाड़ों एवं जंगलों से लगातार वृक्षों का काटा जाना, वर्षा के कारण भूमि कटाव के कारण नदियों की गहराई कम होना, अनेक ऐसी समस्याएं हैं, जिन्हें सरकार को सख्त कानून द्वारा ही समाधान देना है। केवल वर्षाजल संग्रह के उपाय मात्र से बात नहीं बनेगी। नदियों-जलाशयों के दुश्मनों से पानी बचाने को साथ-साथ प्रयास करना होगा।

▶ खेत का पानी खेत में अर्थात वर्षा की हर बूंद उसी खेत में इस्तेमाल हो, जहां वह गिरती है। इसके लिए मेड़बंदी, कंटूरिंग एवं खेत के छठे भाग में वर्षा जल संग्रहण गड्ढा बनाया जा सकता है।

▶ झारखंड के पानी की हर बूंद एवं मिट्टी के हर कण को बाहर नहीं जाने देना अर्थात मिट्टी कटाव को रोकने हेतु पहाड़ों की तोड़ाई एवं जंगल-पहाड़ों से वृक्ष कटाई रोकना होगा। अधिक से अधिक पौधरोपण कर बहते पानी को रोकने का प्रयास एवं मिट्टी का संरक्षण करना होगा।

▶ बड़े बांध की जगह नदियों पर 3 से 4 फीट ऊंचाई के छोटे-छोटे चेक डैम हर 200-300 मीटर की दूरी पर बनाकर नदियों में वर्ष भर जलस्तर बनाए रखने का प्रयास करना चाहिए।

▶ भूगर्भ जल स्तर ऊंचा हो, इस निमित्त हर स्तर पर अधिकतम पौधरोपण करना एवं वाटर हार्वेस्टिंग सिस्टम का उपयोग करना लाभकारी हो सकता है।

▶ नदियों, झीलों, तालाबों की गहराई बढ़ानी होगी। नए बन रहे तालाबों का आकार एवं गहराई पुराने जमाने के तालाबों के अनुसार बड़ा बनाना, ताकि उसमें वर्षभर पानी रह सके। झारखंड में कुआं का उपयोग सफल रहा। अतः अधिक से अधिक कुओं का निर्माण हो इसकी व्यवस्था सरकार बजट में करे।

▶ नदियों-जलाशयों एवं चुआं-डाड़ी-झरना जैसे अन्य प्राकृतिक जलस्रोतों का सर्वेक्षण कर ग्रामीण तरीके एवं परंपराओं को आधार बनाकर उसे उपयोगी बनाया जाए। गैर संवैधानिक तरीकों से नदियों-जलाशयों को उपयोग के लिए किए जा रहे विदोहन को हर हाल में रोकना होगा।

▶ गांव-गांव में हर किसान को कम पानी द्वारा सिंचाई पद्धति के तरीके का प्रशिक्षण एवं साधन उपलब्ध करवाना जैसे स्प्रिंकलर, डीप इरिगेशन सिस्टम आदि। कम समयावधि एवं कम पानी की आवश्यकता वाली कृषि फसलों को बढ़ावा देना होगा।

▶ पानी बचाने, संग्रहण एवं इसके उपयोग हेतु एक ओर जहां व्यापक जनांदोलन का सामाजिक प्रयास आवश्यक है, वहीं दूसरी ओर कानूनी रूप से वर्तमान समय में उपलब्ध नदियों एवं जलाशयों का संरक्षण तथा नए स्थायी जलाशयों का निर्माण एवं विकास के लिए सरकारी तंत्र पर जनदबाव तथा राजनीतिक इच्छाशक्ति का होना भी आवश्यक है। ◆ ◆ ◆

जंगल नहीं तो जल नहीं

अनिल प्रकाश
नदी रक्षा आंदोलन में सक्रिय

1947 के बाद से अब तक झारखंड के इलाकों में अरबों रुपये खर्च कर बांधों वाली बड़ी सिंचाई परियोजनाएं चलाई गईं। इनसे सिंचाई का क्षेत्र बढ़ने की आशा थी। लेकिन सिंचित क्षेत्र का प्रतिशत बढ़ने के बजाये घट गया। अंग्रेजी राज में पोखर, आहर, चेक डैम तथा अन्य परंपरागत सिंचाई के साधन तथा जलस्रोत की सालाना साफ-सफाई और मरम्मत का काम स्थानीय जमींदारों तथा डिस्ट्रिक्ट बोर्ड की होती थी। लेकिन आजादी के बाद प्रशासनिक अधिकारियों और जनप्रतिनिधियों ने इनकी घोर उपेक्षा की। इनकी साफ-सफाई तथा मरम्मत पर कोई ध्यान नहीं दिया गया। नतीजा यह हुआ कि बड़ी सिंचाई परियोजनाएं तो बेकार साबित हुईं ही, परंपरागत जलस्रोतों के समाप्त हो जाने से सिंचाई का क्षेत्र कम होता गया और जल संकट विकराल होता गया। झारखंड सरकार ने हाल के वर्षों में एक लाख तालाब बनाने की योजना चलाई। इसके तहत तालाब तो बने और लोगों को रोजगार भी मिले, लेकिन ज्यादातर तालाब जल संचय और सिंचाई के लिए कारगर साबित नहीं हुए।

सरकारी स्तर पर चलाई गई इस योजना के लिए जिन गांवों में तालाब बनाए गए, उन गांवों के स्थानीय निवासियों से न तो विचार-विमर्श किया गया और न उन्हें कोई महत्व दिया गया। नतीजा यह हुआ कि इस बात पर ध्यान नहीं दिया गया कि निर्माणाधीन तालाब की ओर पहाड़ या जमीन की ढलान से वर्षा का पानी आएगा या नहीं। स्थानीय समुदायों को इन तालाबों के निर्माण की जिम्मेदारी और प्रबंधन का अधिकार दिया गया होता तो ये तालाब बड़े उपयोगी होते। अब इस गलती को सुधार लिया जाना चाहिए।

झारखंड का शाब्दिक अर्थ है पेड़-पौधे और वनों का प्रदेश। विविध प्रकार के पेड़-पौधों और झाड़ियों से युक्त वन वातावरण से कार्बन डायॉक्साइड सोखकर और ऑक्सीजन छोड़ते हैं। इससे वातावरण संतुलित रहता है और ग्लोबल वार्मिंग के खतरे भी कम होते हैं। इतना ही नहीं, पेड़-पौधे अपनी जड़ों के माध्यम से भूमि के अंदर जल का संचय भी करते हैं, जिससे धरती सरस बनी रहती है। लेकिन, हमारे लिए विनाश की शुरुआत अंग्रेजों ने ही कर दी थी। रेल की पटरियों के लिए बड़े पैमाने पर पेड़ों की कटाई शुरु हुई थी। वनवासियों और स्थानीय समुदायों के प्रबल प्रतिरोध के बावजूद वन विनाश का सिलसिला बढ़ता गया।

अंग्रेजों के जाने के बाद तो उद्योगों, खदानों तथा बांधों के निर्माण के क्रम में बड़े पैमाने पर जंगलों की कटाई हुई। उस समय बिहार के तत्कालीन मुख्यमंत्री डॉ. श्रीकृष्ण सिंह का नारा था - जंगलों को काटकर, पत्थरों को तोड़कर हमें आगे बढ़ना है। उस समय झारखंड बिहार का ही हिस्सा था।

झारखंड का निर्माण भी उसी नारे के परिणामों से हुए विस्थापन और पीड़ा से उत्पन्न आंदोलन के कारण हुआ था। सत्ता में आने के बाद झारखंड आंदोलन के कर्णधारों ने भी पुरानी नीति जारी रखी। बड़ी-बड़ी परियोजनाओं के कारण झारखंड के परंपरागत जलस्रोत-झरने-जोरियो आदि सूखने लगे। गर्मी के मौसम में कुएं भी सूखने लगे। चापाकल भी सूख जाते हैं। डायमंड रिंग से गहरी बोरिंग कर जब बिजली और डीजल के पंपों से धरती के अंदर का पानी बड़े पैमाने पर खींचा जाने लगा और रासायनिक खादों के प्रयोग से खेती में पानी की जरूरत जैविक खेती की तुलना में नौ गुना बढ़ गई तो भूमिगत जल का स्तर तेजी से गिरने लगा। वनों को पुनर्जीवित करने के नाम पर सोशल फॉरेस्ट्री की शुरुआत की गई और बड़े पैमाने पर यूकोलिप्टस और अकेशिया के पेड़ लगाए गए। इस कार्यक्रम ने जल संकट और भी गहरा बना दिया, क्योंकि ये पेड़ भूमि में वर्षाजल का संचय नहीं करते। उल्टे हर रोज बड़ी मात्रा में धरती के अंदर का जल सोख लेते हैं। यूकोलिप्टस पानी वाले दलदली इलाकों के लिए उपयोगी है न कि जल के अभाव वाले पठारी इलाकों के लिए। इन पेड़ों के नीचे न

झाड़ियां लगती हैं और न इन पर कोई चिड़िया बैठती है। इनके पत्तों में अम्लीयता होती है, जो जमीन को बंजर बना देती है। वर्षाजल को जमीन के अंदर संचित कर सकने वाले सघन वनों को पुनर्जीवित करने के लिए पेड़ लगाने की जरूरत भी नहीं पड़ती। जिस इलाके में ऐसे वन उगाने हों, उसके चारो ओर से कंटीले तारों की फेंसिंग कर दी जाए या आठ-नौ फीट गहरी और उतनी ही चौड़ी खाई खोद दी जाए, ताकि उस इलाके में कुछ वर्षों तक पशु न जा सकें। दस वर्षों में ही वह इलाका सघन वन में तब्दील हो जाएगा। चिड़ियां स्वतः ही पेड़-पौधों के बीज वहां गिरा देंगी। देश के अनेक भागों में इस तरीके से सफल वनीकरण हुआ है। इसमें ज्यादा धन की जरूरत नहीं पड़ती।

सातो गांव की सूखे पर जीत : गुमला जिले के बिशुनपुर प्रखंड का सातो गांव, लगातार सूखे से आक्रांत झारखंड में अपने पैरों पर खड़ा है। यहां के एक भी आदमी को काम की खोज में बाहर नहीं जाना पड़ा हैं। यह गांव अपनी जरूरत से अधिक उत्पादन करता है, बेचता है, खुशियां मनाता है, संक्रांति के दिन समवेत उत्सव का आयोजन करता है, किसान मेला लगाता है। कठिन पहुंच के दुर्गम वन प्रांतर में बसे इस गांव सातो नवाटोली को 1986 में एक वरदान मिला था। वरदान प्रकृति का, लेकिन इसे उतारा था किसी के मार्गदर्शन, पाथेय और समर्पण ने तथा गांव के समेकित प्रयास ने। बना था सातो बांध, सातो पहाड़ी के ऊपर झिरिहिरी नदी में, उसके अविरल प्रवाहित बिखरे जलस्रोतों को सहेज कर। विकास भारती के अशोक भगत ने व्रत लिया था, गांव में शिव की जटा में उलझी गंगा का अवतरण कराएंगे और बंजर भूमि से सोना उगाएंगे।

गांव के लोगों ने अपनी श्रम शक्ति को सही दिशा दी। पहाड़ी-पाटकोना पर बांध बना ऊपर की झिरहिरी को नीचे उतर लाए। और सालों भर सिंचाई के लिए पानी उपलब्ध हो गया। साल भर पानी मिलने से इंच-इंच भूमि दो फसली है, हर घर में दुधारू पशु है। गांव के 70 किसान बीज के लिए धान, मडुआ व मटर बेचते हैं। अगर सड़क होती तो ये साग-सब्जी का अधिक उत्पादन करते। यहां स्वयं सहायता समूह की महिलाएं अचार-जेली बनाती हैं। ग्राहकों का अभाव तो है, पर स्वाद अनोखा है। गांव के किसी किसान के ऊपर साहूकार या अन्य किसी का कर्ज नहीं है, सरप्लस है पहाड़ियों के आंगन में बसा सातो गांव। गांव में किसान क्लब है, उच्च विद्यालय है और है हर चेहरे पर मुस्कान। यह सातो गांव, सरकार की समस्त योजनाओं, सिंचाई उपक्रमों व ग्रामीण विकास की अवधारणाओं को मुंह चिढ़ाता है। और झकझोरता है कि कब हम वास्तविक मूल्यांकन आधारित योजना बनाएंगे, कार्यान्वित करेंगे और आम आदमी कब इन्हें अपना समझेगा व सहभागी बनेगा।

सुखाड़ में भी बंपर फसल : राजधानी रांची से 165 किलोमीटर दूर गुमला जिले के बिशुनपुर प्रखंड का पहाड़ों से घिरा घने जंगलों के बीच एक 400 लोगों का गांव है-सातो नवाटोली। यहां के ग्रामीणों ने यह साबित कर दिखाया कि अगर हौसले बुलंद हों, दूरदर्शिता हो, सहयोग और श्रम साथ हो तो असंभव को भी संभव बनाया जा सकता है। सातो गांव आरंभ से ही पूर्ण रूप से असिंचित था। यह गांव जो 100 प्रतिशत कृषक परिवारों का ही निवास था, की कृषि पूर्णरूप से वर्षा पर निर्भर थी।

फलतः यहां के लोग हमेशा भुखमरी के शिकार रहते थे। 1964-65 के सूखे ने यहां दर्जनों जिंदगियां लील ली, जिसने यहां के लोगों को अंदर तक हिला दिया। इस घटना ने इन्हें 1200 फुट ऊंची घाघरी नदी की धारा को नीचे लाने को प्रेरित किया। इसके लिए पहाड़ी पर एक चेक डैम बनाकर बहती धारा के जल को संग्रहित, संरक्षित व फिर इसी जल से सिंचाई की रणनीति बनाई गई। लेकिन साधनों, संसाधनों व धन के अभाव के कारण इसे धरती पर उतार पाना असंभव था। इसी बीच 1983 में बुलंद हौसले वाले एक युवक का गोरखपुर से उन ग्रामीणों के बीच आगमन हुआ, जिसका नाम है अशोक भगत। जिसने ग्रामीणों के साथ कंधे से कंधा मिला संघर्ष आरंभ किया, निर्माण के सभी संसाधनों की व्यवस्था में लग गया।

ग्रामीणों ने भी इसके प्रति सरकारी पदाधिकारियों, अभियंताओं को समझाने का प्रयास किया, लेकिन निराशा ही हाथ लगी। सरकारी अभियंताओं को बात समझ नहीं आई। ग्रामीणों ने संघर्ष जारी रखा। मेहनत रंग लाई। 1986 में चेक डैम तैयार हो गया। पिछले तीन वर्ष सूखे के बाद भी यहां अच्छी फसल हुई और इस वर्ष भी खूब अच्छी फसल काटे जाने का दावा किया गया। जहां आसपास के गांव के लोग पलायन करते रहे, यहां के लोग सर्वाधिक फसलों की खुशियां मनाते रहे। सातो गांव हर साल मकर संक्रांति के दिन जतरा आयोजित कर खुशियां मनाता है व आसपास के गांववालों को आमंत्रित कर भोजन भी कराता है। ◆ ◆ ◆

झारखंड की गंगोत्री : मृत्युशैया पर जीवनरेखा

निराला
झारखंड विषयों के जानकार

नगड़ी पहुंचने पर हम बेसुध हुए से कोयल नदी के उद्गम स्रोत को ढूंढते फिर रहे थे। यूं ही हमें भटकते देख वहीं के ग्रामीण रथुआ महतो ने हमसे पूछ ही लिया। क्या खोज रहे हैं बाबू। हमने पूछा दादा यहां कोयल नदी का उद्गम स्थल है ना। उन्होंने एक व्यंग्यात्मक मुस्कान के साथ हमें देखा और जो बताया तो हम भी हैरान हुए बिना नहीं रह सके और कहा यही तो है कोयल का उद्गम, जहां आप खड़े हैं। यदि उन्होंने हमें न टोका होता या बताया होता तो न जाने और कितनी देर तक हम उसी परिधि में घूमते रहते, जहां हम पिछले 20-25 मिनटों से भटक रहे थे।

यह पलामू की जीवन रेखा समझी जानेवाली कोयल नदी का उद्गम स्थल है। और सबसे मजेदार बात ये कि थक-हार कर हम जिस पत्थर पर बैठे थे, वह कोई साधारण पत्थर नहीं बल्कि कटकन चुआं का मुख्यद्वार था। आप सोच रहे होंगे कटकन चुआं का अर्थ क्या है? दरअसल पानी के उद्गम स्थल या स्रोत को यहां चुआं कहते हैं और यह कटकम चुआं कोयल नदी का उद्गम स्थल है। पहले तो हमें हैरानी हुई लेकिन जब मिट्टी की दरारों के बीच पड़े पत्थर के दो पाट, तालाबनुमा शक्ल में जमीन का एक टुकड़े को हमने देखा तो यह विश्वास हो गया और यह आभास भी कि यहां कोई न कोई जलस्रोत या जलाशय तो जरूर रहा होगा। लेकिन, इस उद्गम स्थल पर पानी की एक बूंद तक का नामो-निशान नहीं था। हमारी हैरानी और परेशानी को रथुआ भांप लेते हैं और भर्रायी आवाज में कहते हैं कि अब तो यहां कोयल के स्रोत से सिर्फ बरसात में ही पानी निकलता है, जबकि कुछ वर्ष पूर्व यहां अविरल जलधारा बहती थी। वो सामने जलाशय देख रहे हैं न, यहां पहले हमेशा पानी भरा रहता था और सामने वाला जलाशय भी भरा रहता था। लोग बच्चों को तो पास में फटकने तक नहीं देते थे।

पानी तो इतना रहता था कि सिर्फ हमारा गांव नहीं बल्कि इससे आस-पास के इलाके के गांवों का भी पानी का काम यहीं से चलता था। आश्चर्यजनक किंतु सच यह है कि रांची से सटे नगड़ी के जिस इलाके में हम पहुंचे थे, वहां लगभग एक किलोमीटर की परिधि से झारखंड की तीन-तीन प्रमुख नदियां निकलती हैं। कोयल, कारो और सबसे अहम स्वर्णरेखा नदी। लेकिन दुखद यह है कि आज इन नदियों के उद्गम स्थल वाले इलाके बिन पानी, पानी की तलाश में पसीने से पानी-पानी हुए जा रहे हैं।

गायब हुए सोने के कण : कोयल नदी के उद्गम स्थल के निकट ही पांडु गांव है। यहां का रानीचुआं स्वर्णरेखा नदी का उद्गम स्थल है। रानीचुआं पहुंचते ही पानी की महीन किंतु अविरल धारा निकलती हुई दिखती है, जिसे कुआंनुमा आकार में घेर दिया गया है। कुएं के बगल में ही एक छोटे से शिवलिंग की भी स्थापना कर दी गई है, ताकि इसकी अविरल धारा गंगा की तरह ही बनी रहे। यहां के टाना भगतों ने जनेऊनुमा धागों के साथ सफेद झंडा चुआं के किनारे लगा दिया है।

सच तो ये है कि जहां इन आध्यात्मिक व आत्मीय कोशिशों का असर एक हद से ज्यादा भला कैसे हो सकता है! लेकिम आध्यात्मिकता पर वैज्ञानिकता की सोच हावी होती जा रही है और यह सवाल मन में घुमड़ रहा है कि इन जलस्रोतों का अब तक कायदे से वैज्ञानिक अध्ययन क्यों नहीं हो सका है, जिससे जल की संभावना को हकीकत में बदला जा सके। हालत इतने बिगड़ चुके हैं कि रानीचुआं से एक पतली नालीनुमा जलधारा बहती

नजर आती है और इससे आस-पास के दो चार-खेतों को ही पानी मिल पाता है। हां, बस इस बात से मन को तसल्ली दी जा सकती है कि घास चरते मवेशियों की प्यास बुझ जाती है। नगड़ी एक ऐसा स्थान है, जो सब्जियों के बाजार के लिए जाना जाता रहा है। लेकिन इन तीन-तीन नदियों के उद्‌गम स्थल पर आज खेती भी खून के आंसू रो रही है। रानी चुआं के पास ही मवेशियों को चराते हुए एतवा मिलते हैं और उन दिनों को याद करते हुए कहीं खो-से जाते हैं, जब बंधेया, पांडु, डोकाटोली, साहेर, खूंटा आदि गांवों में पानी की पूरी जरूरत इसी जलस्रोत से पूरी होती थी। फिर यकायक जैसे अतीत में गोते लगाने लगते हैं और फिर सहसा उनकी आंखों में एक चमक दिखती है। वो बताते हैं कि कैसे साठ-सत्तर के दशक में आए अकाल को इसी जलस्रोत ने मात दी थी। पांडु गांव के माताराम भी वहीं मिले और एतवा की बातों को आगे बढ़ाते हुए कहते हैं कि आपको एक खास बात बताता हूं शायद यह कम लोग ही जानते होंगे।

एक समय था, जब तीनों नदियों के स्रोता आपस में एक सुरंग से जुड़े हुए थे। तब बच्चे एक स्रोत में बांस बांधकर दूसरे में निकलने का इंतजार करनेवाला खेल भी खेलते थे। यह कितना सच है और कितना मिथ यह कहना तो मुश्किल है, परंतु यह सच इन सब पर भारी है कि यहां के लोगों ने जल का अभाव कभी नहीं झेला। वैसे एक मिथ इस इलाके के लोकमानस में गहराई से रचा-बसा है कि अज्ञातवास के समय पांडव यहां आकर रहे थे, इसीलिए गांव का नाम पांडु है। और खास बात ये कि स्वर्णरिखा के उद्‌गम का नाम रानीचुआं इसलिए पड़ा क्योंकि एक बार जब इस निर्जन इलाके में रानी द्रौपदी को प्यास लगी तो अर्जुन ने बाण मारकर इसी स्थल से पानी निकाला था, जो आज भी विद्यमान है स्वर्णरिखा के रूप में। पता नहीं इस मिथ में कितनी सच्चाई है। वैसे भी मिथ का अपना आधार होता है। सच या झूठ के दायरे से वह थोड़ा बाहर होता है। यह पता नहीं कि पांडू गांव, पांडव के अज्ञातवास और अर्जुन के बाण से निर्मित रानीचुआं की कहानी कितनी सच है? लेकिन यह मिथ कतई नहीं है कि स्वर्णरिखा झारखंड की गंगा की तरह है और इसके उद्‌गम तक पहुंचना रोमांचकारी कम और निराशाजनक ज्यादा रहा। खेती, पर्यटन और धार्मिक-आध्यात्मिक केंद्र के नजरिये से संभावनाओं से भरे इस इलाके में अब मिथ का प्रभाव कम और हकीकत के फसाने ज्यादा सुनाई पड़ते हैं। पानी बीच मीन पियासी, वाटर-वाटर एवरीव्हेयर-बट नॉट ए ड्रॉप टू ड्रिंक और मृत्युशैया पर पड़े जीवन रेखा के फसाने।

◆ ◆ ◆

न प्रकृति राग छेड़ती है, न मोर नाचता है

दयामनी बारला

आदिवासी अस्तित्व के लिए संघर्षरत

विश्व में आदिवासियों की पहचान जल-जंगल-जमीन-पर्यावरण के जीवंत संबंध से है। जंगल, जमीन, नदी, पहाड़, झरना, माटी आदिवासी समाज के लिए संपत्ति नहीं, बल्कि धरोहर है। इतिहास गवाह है, जब तक आदिवासी जल-जंगल-जमीन के साथ जुड़ा हुआ है, तभी तक वह आदिवासी है। एक दूसरे को अलग कर न आदिवासी समाज की कल्पना की जा सकती है, न ही जल-जंगल-जमीन और पर्यावरण की। आदिवासी समाज की भाषा, संस्कृति, नदियों में बहते पानी, आकाश में मंडराते बादल, प्रकृति की गोद में उगे- घास-फूस, फूल-पत्ता और आकाश में उड़ती चिड़ियों की चहक के साथ विकसित हुई है।

विश्व सभ्यता और संस्कृति के विकास का इतिहास गवाह है- देश के जिस भी हिस्से में आदिवासी बसे, घने जंगल-झाड़ को सांप, बिच्छू, बाघ-भालू से लड़कर आबाद किया। उन्होंने रहने लायक गांव बसाए, खेती-किसानी को आगे बढ़ाया। छह माह खेतों में अन्न पैदा कर खुद भी खाते हैं और दूसरों को भी खिलाते हैं। छह माह प्रकृति खुद इन्हें वनोपज से खिलाती है। दोनों के बीच मां-बेटे का रिश्ता है। यह दशकों से हमें पीढ़ी-दर-पीढ़ी जीवन देता आया है और आगे भी देता रहेगा। आदिवासी समाज जंगल से जितना लेता है, उसका दोगुना उसे देता भी है। आदिवासी दो पेड़ काटता है-तो दस पेड़ लगाता भी है।

आदिवासी समाज के लिए जंगल सिर्फ पेड़-पौधे ही नहीं हैं, बल्कि आदिवासी समाज के इतिहास, परंपरा, भाषा-संस्कृति, पहचान के साथ आजीविका और स्वस्थ जीवन का मूल आधार भी है। जंगल के जानवर आदिवासी समाज के मित्र हैं। आदिवासी समाज और जंगल देश के पर्यावरण के प्रमुख आधार हैं, क्योंकि जंगल जहां है, आदिवासी समाज भी वहीं है। आदिवासी समाज के बिना न हम जंगल की कल्पना कर सकते हैं और न ही पर्यावरण की। सरई फूल आदिवासी समाज का सरहुल त्योहार है तो करम पेड़ आदिवासी समाज का करमा परब है। जहां सखुआ का जंगल है, वहीं-घने बादल भी मंडराते हैं और जहां बादल मंडराते हैं, वहीं मोर पंख फैलाकर बादल का आनंद लेते हैं। जंगल और समाज का यह ताना-बाना, हमें लोकगीतों में मिलता है-गाते हैं

बोने के बोने में झाईल मिंजुर रे....2, बोने में झाईला मिंजुर सोभाय रे....2

प्रकृति और समाज के बीच के रिश्ते और लोगों के आपसी जीवंत रिश्ते को भी हम गीतों में बयान करते हैं :गीत है-

कहां रे कोरोया (संगी-साथी) डेरा तोरा....2, कहां रे कोरोया बसा तोरा....2, जंगल में डेरा तोरा पहाड़ में बसा तोरा, कहां रे कोरोया डेरा तोरा..2, कहां रे कोरोया बसा तोरा....2

यही कारण है कि देश के किसी भी हिस्से में इनके हाथ से जंगल-जमीन छीनने की कोशिश की गई- आदिवासियों ने इसका जीजान से विरोध किया। और यह आज भी जारी है। आदिवासियों के संघर्ष को झारखंड से लेकर विश्व स्तर पर देखें। सबका कारण अपने जल-जंगल-जमीन की रक्षा करना ही है। 1800 के दशक का इतिहास बताता है जब भारत के झारखंड इलाके में आदिवासियों के हाथ से जंगल-जमीन अंग्रेज द्वारा

छीने जाने लगे, तब इसके विरोध में पूरे संताल परगना और छोटानागपुर के आदिवासी 1900 के दशक तक समझौता विहीन शहादती संघर्ष रचते रहे। इसी दौरान अमेरिका के आदिवासियों के हाथों से भी जंगल-जमीन अंग्रेज छीन रहे थे। आदिवासियों को जबरन जंगल-जमीन अपने हाथ सौंपने, बेचने पर मजबूर किया जा रहा था। तब आदिवासी नेता-लॉड शियाटेले ने अंग्रेजों से कहा था-हम अपनी मां का सौदा कैसे कर सकते हैं? हम शुद्ध हवा, शुद्ध पानी, सूरज की रोशनी, समुद्र की लहरों, नदी-झरनों को कैसे बेच सकते हैं? यह कतई संभव नहीं है। झारखंड में शहादती संघर्ष का परचम लहराने वाले कोयल-कारो जनसंगठन के बुजुर्ग अगुवा मंगरा गुड़िया के गीत पूरे झारखंड के जंगलों में गूंज रहे हैं-

अन्न- होले बदालय, धन होले बदालय, धरती मांय के कैसे रे बदलाय..2
सोना होले बदलाय, रूपा होले बदलाय, धरती मांय के कैसे रे बदलाय?

छोटानागपुर और संताल परगना इलाके में अंग्रेजों ने आदिवासियों के हाथ से जंगल छीनने के कई हथकंडे अपनाए। सामुदायिक धरोहर को व्यक्तिगत संपत्ति बना दी। जंगल पर कब्जा करने के लिए 1800 से लेकर 1947 तक के बीच दर्जनों वन-कानून बनाए गए, कभी रिजर्व वन के नाम पर जंगल पर आदिवासियों के अधिकार को समाप्त किया गया, तो कभी पब्लिक फॉरेस्ट के नाम पर। यही नहीं वन आश्रयणी कानून के तहत भी लाखों आदिवासी गांवों को जंगल से हटा दिया गया।

आजादी के बाद आदिवासी समुदायों के हाथ से बाकी बचे जंगल को भी लूटने की कोशिश की गई, वह भी कानूनी हथकंडे से। कभी सामुदायिक वन प्रबंधन के नाम पर तो कभी किसी अन्य कानून के नाम पर। वन कानून-2006 भी आदिवासियों को जंगल-जमीन से बेदखल करने की ही साजिश है। आज विश्व के पूंजीपति हमारे पानी, जंगल, गांव, झरना, खेत-खलिहान, नदियों से मुनाफा कमाने के लिए आंखें गड़ाए हुए हैं। सभी अपनी पूंजी हमारी धरोहर के दोहन के लिए निवेश करने की होड़ में हैं।

राज्य गठन के दस सालों में राज्य और केंद्र सरकार ने 104 से अधिक कंपनियों के साथ एमओयू किए है। इनमें से 98 कंपनियां स्टील उत्पादक हैं। प्रत्येक कंपनी को अपना उद्योग चलाने के लिए-कारखाना लगाने के लिए जमीन, पावर प्लांट के लिए जमीन, आयरन ओर माइंस, कोल मांइस, पानी के लिए डैम, टाउनशिप, बाजार, आवागमन-रेल सेवा, सड़क सेवा आदि के लिए जमीन चाहिए। इस तरह से प्रत्येक कंपनी को विभिन्न स्ट्रक्चर, बुनियादी व्यवस्थाओं के लिए विभिन्न इलाकों में 50-60 हजार हेक्टेयर जमीन चाहिए। यदि 104 कंपनियों को जमीन उपलब्ध कराई जाए, तो झारखंड के किसानों, आदिवासियों, मूलवासियों के हाथ एक इंच भी जमीन-जंगल नहीं बचेगा।

औद्योगीकरण और वर्तमान विकास मॉडल ने जिस तेजी से आदिवासी समाज को उजाड़ा है, उसी रफ्तार से देश का पर्यावरण भी प्रदूषित हो रहा है। जंगल के उजड़ने से पर्यावरण पर काफी बुरा असर पड़ा है। नदी-नाले सूखने के साथ प्रदूषित हो गए हैं। जंगल की हरियाली मुरझाने लगी है। पेड़-पौधे सूख रहे हैं, उनमें फल-फूल नहीं लग रहे हैं। जंगल से पैदावार घट रही है। लाह, कोकाण आदि की पैदावर प्रभावित हो रही है। मधु का उत्पादन भी घटता जा रहा है। जंगलों में जीवित रहने वाले जीव स्वतः समाप्त होते जा रहे हैं। जंगल में मौजूद हजारों जैविक विविधता-जड़ी-बूटी नष्ट हो रही हैं। इसका प्रतिकूल प्रभाव पूरी अर्थव्यवस्था पर पड़ रहा है।

◆ ◆ ◆

बहुत चलाई तुमने आरी और कुल्हाड़ी

कुमार मनीष अरविंद
भारतीय वन सेवा, वन प्रमंडल पदाधिकारी, बोकारो

वन एवं वन्य प्राणियों के महत्व और उनकी सुरक्षा के प्रति चिंता को सिर्फ समाज के तथाकथित उच्च वर्ग के अंग्रेजीदां तबकों तक सीमित रखकर हम अपनी इन अमूल्य धरोहरों को बचा नहीं सकते। इनकी रक्षा तो वास्तव में उन्हीं आमलोगों को करनी है, जो जंगलों में और उसके आसपास रह रहे हैं। उन्हें उनकी भाषा में बुनियादी बातें मनोरंजक तरीके से बतानी होंगी। तभी हम उनसे वन एवं वन्यप्राणियों के संरक्षण के संदर्भ में सकारात्मक व्यवहार और सहयोग की आशा कर सकते हैं।

हमारे वनकर्मियों का सीधा संपर्क ग्रामीणों से रहता है। उनकी भाषा में और सरल तरीके से यह बताए जाने की आवश्यकता है कि उन्हें वनों और वन्यप्राणियों की सुरक्षा करनी है। वन कर्मियों को अपने काम में अपनी आत्मा की शक्ति लगाने के साथ भावनात्मक रूप से जुड़ने की जरूरत है। जंगल को समझना हो, तो पदयात्राएं करनी होंगी। सड़क मार्ग से गाड़ियों में बैठ कर घूम आने से जंगल को देखा तो जा सकता है, परंतु समझा नहीं जा सकता है।

पर्यावरण रक्षा के नाम पर बड़े पैमाने पर पाखंड : इस सच को नकारा नहीं जा सकता कि पर्यावरण रक्षा के नाम पर बड़े पैमाने पर पाखंड और दुरभिसंधियों का बोलबाला अनेक स्तरों पर है। इन पाखंडों के संदर्भ में भी सही जानकारी आम लोगों तक अवश्य पहुंचनी चाहिए, ताकि वे गलत और सही की पहचान करने में सक्षम हो सकें और उन्हें कोई गलत बातों में फंसाकर ठग न सके। पर्यावरण प्रदूषण से मुक्ति अगली पीढ़ी के लिए आवश्यक है।

विकास की अंधी दौड़ में मानव बीमार पीढ़ी खड़ा कर रहा है। अगर प्रदूषण का दौर नहीं रोका गया तो विध्वंस निश्चित है। पृथ्वी पर बहुत सारी प्रजातियां आईं, यहां लाखों वर्ष रहीं और बाद में विलुप्त हो गईं। अगर मानव ने प्रदूषण पर काबू नहीं पाया तो इसका भी अस्तित्व समाप्त हो जाएगा।

जल, हवा व धरती सब प्रदूषित : मानव की अनदेखी से जल, हवा व धरती सब प्रदूषित हो रहे हैं। बोकारो की उत्तर दिशा में सीसीएल की खदान हैं। यहां के अधिसंख्य लोग दमा के मरीज हैं, क्योंकि यहां वायु प्रदूषण है। यहां नदी में स्लरी डाली जाती है। शहरों का गंदा जल नदी में प्रवाहित किया जाता है। इससे नदी का जल जहरीला होता जा रहा है। साथ ही नदी के अस्तित्व पर संकट के बादल छा गए हैं। भूमि में कचरा को डंप किया जा रहा है। इससे भूमि प्रदूषित हो रही है। साथ ही भूमिगत जल के प्रदूषित होने का खतरा बढ़ गया है। प्रदूषित जल का व्यवहार करने के कारण लोग बीमार पड़ जाते हैं। प्रदूषण की मार झेल रहा मानव शारीरिक व मानसिक रूप से कमजोर होता जा रहा है।

पर्यावरण प्रदूषण को दूर करना ही प्राथमिकता होनी चाहिए। हास्यास्पद है कि जिस राज्य के 29.6 फीसदी भूभाग पर वन हों, वहां वन विभाग में कर्मचारियों, अफसरों का टोटा है। आइएफएस से लेकर फॉरेस्ट गार्ड तक के कई पद खाली हैं। ऐसे में जिस विभाग पर वनों के संरक्षण और प्रबंधन की जिम्मेदारी है, वह अपने काम को कितने प्रभावी तरीके से अंजाम देता होगा, इसका अंदाजा लगाया जा सकता है। इस कारण विभागीय कर्मचारियों-अधिकारियों पर वर्कलोड काफी है और काम प्रभावित हो रहा है। यही वजह है कि जंगल में लकड़ी माफिया ही नहीं, वन्य प्राणियों की तस्करी का भी सिलसिला चल रहा है। विभाग की कई योजनाएं भी इस वजह से प्रभावित हो रही हैं। ◆ ◆ ◆

हम न बच पाएंगे जंगल बिन

एतवा मुंडा
युवा लेखक, सामाजिक कार्यकर्ता

जंगल के बिना आदिवासी समाज व संस्कृति अधूरी है। प्राकृतिक संपदाओं जल-जंगल-जमीन की रक्षा के लिए आदिवासी समाज आदिकाल से ही कार्यरत है। भगवान बिरसा मुंडा ने भी इन्हीं की रक्षा के लिए कुर्बानी दी। लेकिन, आज वन प्रक्षेत्रों में रहनेवाले आदिवासियों को जंगल से बेदखल करने की साजिश की जा रही है। झारखंड के 11वें साल में जनता, जंगल और आदिवासियों का जीवन स्तर लगातार दुखद स्थिति की ओर बढ़ रहा है। झारखंड की संस्कृति आदिवासी मूलवासी आधारित है, जिसमें जल-जंगल-जमीन की प्रधानता है।

झुंड़खंड : झुंड़ का मतलब जंगल-झाड़ी और खंड का अर्थ है एक हिस्सा। झुंड़खंड से ही झारखंड बना है। उस झुंड़खंड को तो राज्य का दर्जा मिले 11 साल हो गए, लेकिन दुर्भाग्य है कि यहां जंगल और आदिवासियों की समृद्धि के बजाय आदिवासी और जंगल का सफाया होता जा रहा है। जहां आदिवासी हैं, वहीं जंगल है। और जहां आदिवासियों की जनसंख्या समाप्त हो गई है, वहां जंगल भी खत्म हो गए हैं। अवशेष के रूप में चट्टानें और पत्थर बच गए थे, लेकिन, उन्हें भी क्रसर निगल रहा है। कई दशक पहले रांची एक गांव था। जो रिची बुरू के नाम से जाना जाता था। फांसी टुगंरीया जो अब पहाड़ी मंदिर के रूप में जाना जाता है, वही इसकी मुख्य पहाड़ी थी। रिची यानी बाज पक्षी। रिची के नाम पर ही मुंडारी भाषा से रांची का नामकरण हुआ। तब यहां घना जंगल हुआ करता था। और इन जंगलों के गांव में आदिवासी मुंडा, उरांव, खड़िया, बिरहोर, हो, संथाल आदि रहा करते थे। चारों ओर घने जंगलों, नदी, नालों से सुशोभित झुंड़खंड में शेर, बंदर, भालू, मयूर, हाथी, सूअर, सांप, बिच्छू, रंग-बिरंगे पशु-पक्षी और गांव के लोग बड़े प्यार और खुशियों के साथ रहते थे। बाहरी आबादी के आगमन के साथ रांची शहर के रूप में विकसित होने लगी। आज उजड़ी सी रांची सबके सामने है। सिर्फ नाम मात्र के आदिवासी गांव, पूजा स्थल- सरना, अखड़ा बचे हैं। रांची के तमाम औद्योगिक क्षेत्र भी आदिवासी गांवों पर ही बने हैं। पूरी की पूरी रांची में आदिवासी गांव, अखड़ों और जंगल की भरमार हुआ करती थी। आज के हालात में इन बातों पर विश्वास करना मुश्किल है, पर यह सच है। कोकर एक मुंडारी भाषा का शब्द है, जिसका मतलब होता है- उल्लू पक्षी। इस इलाके में जब घना जंगल था, तो कोकर नदी में पवित्र पानी बहता था। यहां के नदी किनारे बड़े-बड़े पेड़ों के कोटरों में बड़ी संख्या में कोकर यानी उल्लू रहा करते थे। रात में उड़ते हुए बड़ी तेज स्वर में कोरकच-कोरकच के गीत गाते थे। इसी पक्षी के नाम से कोकर गांव का नामकरण हुआ। यह एक आदिवासी बहुल गांव था, जिसमें मुंडा, खड़िया, उरांव रहते थे। लेकिन आज वे आदिवासी कहां चले गए? किसी को यह मालूम नहीं है। गली-कोचा में नाम मात्र के आदिवासी समुदाय मिलेंगे। जहां पर छोटा सा नाम मात्र का सरना स्थल बचा हुआ है। कोकर नदी कचरा पानी ढोने वाले गंदे नाले के रूप में बह रही है। इसी नदी के पास अमर शहीद भगवान बिरसा मुंडा का समाधि स्थल है। यह एक ऐतिहासिक नदी है, जिसे मार दिया गया है। आज यही कोकर औद्योगिक क्षेत्र रांची कहलाता है। पहले मुंडा मोराबादी को मारांबादी कहते थे, आज वह मोरहाबादी के नाम से जाना जाता है। इसी तरह दुरांग दा से- डोरंडा बना। इसी तरह आदिवासियों के जंगल-नदी और कई गांव मिट गए। इससे साफ जाहिर है कि आदिवासी है तो जंगल है, तो आदिवासी समाज है।

जंगल और आदिवासी : झारखंड के आदिवासी अपनी संस्कृति, भाषा, मर्यादा, सभ्यता, जल-जंगल-जमीन,

पूर्वजों की धरोहरों को बचा कर रखने के लिए हमेशा से संघर्षरत रहे हैं। जिस तरह जंगल है तो आदिवासी है, उसी तरह आदिवासी हैं तो जंगल है। इन दोनों में से किसी एक की मौत हो जाने से दूसरे की जान अपने-आप निकल जाएगी। झारखंड में जंगल और आदिवासी दोनों मौत की दहलीज पर हैं।

आदिवासियों ने किसी धरोहर की तरह जंगल, पहाड़, नदी, गांव, खेत- खलिहानों को अब तक बचाए रखने का जी-जान से जतन किया है। लेकिन, देशी-विदेशी कंपनियों ने दशकों से आतंक मचा रखा है। यही वजह है कि राज्य में एक ओर अमीर जहां और अमीर होते जा रहे हैं, वहीं गरीब और गरीब होते जा रहे हैं। इसने अमीर-गरीब के बीच हिंसक संघर्षों की शुरुआत कर दी है।

आज हिंसक, खूंखार, लूटखंड के रूप में झारखंड की छवि दिखाई दे रही है। जबकि झारखंड का मान-सम्मान और अस्तित्व, गांव, जंगल, पहाड़, नदी, झरनों, अखड़ों और आदिवासी भाषा-संस्कृति में विद्यमान है। इसे जड़ से मिटाने की कोशिश की जा रही है- झारखंड चला श्मशान-वनांचल छू रहा है आसमान, आदिवासी और जंगल को उजाड़ो और और विकास का नया मॉडल तैयार करो। इसी उद्देश्य से भू-अर्जन, पुनर्वास और पुनर्व्यवस्थापन विधेयक-2011 लाया गया है।

झारखंड के गांवों में, जंगलों में बसे लोगों को उजाड़ कर पुनर्वास देना, सरासर मानवाधिकार का हनन है। पलायन और विस्थापन ने झारखंडी आदिवासियों को अपनी भाषा, संस्कृति, सभ्यता व जल, जंगल- जमीन से जुदा कर दिया है। राज्य गठन के 11 सालों में हर बार आदिवासी मुख्यमंत्री ही बने, लेकिन जिन पर आदिवासियों का जीवन आधार टिका है, उनकी सरासर अनदेखी की गई। जंगल और आदिवासियों के मुद्दे विकास के एजेंडे से गायब हो गए, बल्कि उन्हें उजाड़ने का ही काम अधिक हुआ।

आज भी राज्य के हर कोने में झारखंडी समुदाय जल, जंगल, जमीन और अपने अधिकारों की रक्षा के लिए बिरसा मुंडा के उलगुलान के रास्ते संघर्ष कर रहे हैं। आदिवासियों के लिए यह धरती अपनी मां है और उस पर विद्यमान नदी, जंगल, पहाड़, खेत-खलिहान उनके अंग हैं। आजादी के बाद से ही आदिवासियों द्वारा सुरक्षित जंगलों को रिजर्व फॉरेस्ट घोषित कर दिया गया है। लेकिन, आज भी उन जंगलों की रक्षा गांव में रहने वाला आदिवासी समाज ही करता है, न कि वन अधिकारी। लेकिन, वन विभाग उन ग्रामीणों के बीच जंगल का माफिया बन बैठा है। जंगल का संरक्षण ग्रामीण आदिवासी करते हैं और जंगल का लाभ वन विभाग उठाता है। जब गांव वाले आवाज उठाते हैं तो वन विभाग के वनपाल कर्मी कहते हैं कि जंगल उनका है। हमारे कार्यालय में नक्शा है, हम नक्शे की ड्यूटी करते हैं, जब तक नक्शा है, तब तक नौकरी पक्की है। जंगल में ड्यूटी करने की कोई जरूरत नहीं है। वन सुरक्षा कर्मी वर्दी और नक्शे के लिए ही तनख्वाह लेते हैं। आदिवासियों का मानना है कि जंगल हमारे पूर्वजों की धरोहर है। जंगल के बिना झारखंड अधूरा है, यह मुंडारी गीत हमें प्रेरणा देता है-

छोटानागपुर वीर दिसुम, मुंडा कोआ बाईयान दिसुम, एलाबू होरोया आबू एलाबू जांगिआ, झारखंड वीर बेगार सामागेआ।

वीर रंगे उतुः-मांडी, बुरू रंगे राणु जिंआड़, एलाबू होरोया आबू एलाबू जांगिआ, झारखंड वीर बेगार सामागेआ।

वीर रंगे रूतुः बनाम, बुरू रंगे सुसुन कराम्, एलाबू होरोया आबू एलाबू जांगिआ, झारखंड वीर बेगार सामागेआ।

छोटानागपुर जंगल राज्य (झारखंड) मुंडाओं द्वारा बसाया गया है। आओ हम इसका संरक्षण करें, पहरा करेंगे, जंगल के बिना झारखंड राज्य अधूरा है। जंगल में ही सब्जी- भोजन, जंगल से ही दवा दारू (जड़ी बूटी), जंगल से ही रुपया-पैसा, जंगल से ही घर द्वार, जंगल में ही बांसुरी और बनम, जंगल से ही नृत्य-संगीत और खुशियां होती है, आइए हम मिलकर झारखंड के जंगलों की सुरक्षा करें। झारखंड के जंगल-नदी, पहाड़ को बचा कर ही हम झारखंड राज्य के मान-सम्मान को बचा सकते हैं। और बिरसा मुंडा के सपनों के झारखंड का नवनिर्माण कर सकते हैं। ◆ ◆ ◆

खुशहाली के लिए राज्य को चाहिए स्पष्ट वन नीति

अजय कुमार मिश्र
अपर प्रधान मुख्य
वन संरक्षक

झारखंड राज्य के सृजन पर यहां की जनता ने चांद और सितारों की तमन्ना की थी। उन्होंने चाहा था अमन-चैन, विकास में भागीदारी और अविभाजित बिहार के क्षत्रपों के इस पठारी क्षेत्र के विकास के प्रति उदासीनता से मुक्त होकर एक सक्रिय सतत रोजगारपरक व्यवस्था। प्रत्येक प्रदेश की अपनी विशेषताओं के कारण अलग-अलग प्राथमिकताएं होती हैं।

झारखंड प्रदेश छोटानागपुर एवं संताल परगना के पहाड़ी-पठारों का भू-भाग है। वनों से आच्छादित होने के कारण यहां के निवासियों का वनों के साथ गतिमान निर्भरता है। कोयले और लोहे के अकूत भंडार तथा अन्य खनिज पदार्थों की उपलब्धता के कारण प्राकृतिक वन एवं पर्यावरण के संरक्षण के साथ रोजगार सृजन एवं औद्योगिक विकास में सामंजस्य रखने की दिल और दिमाग को झकझोरनेवाली चुनौतियां हैं। अशिक्षित एवं शिक्षित बेरोजगारों की फौज को गुमराह करते नक्सली, उपद्रवी एवं उग्रवादी संगठनों की चुनौती है। पानी के अभाव में दम तोड़ती खेतीबाड़ी पर आधारित ग्राम जीवन का बेबस पलायन है। झारखंड की 80 प्रतिशत आबादी प्रत्यक्ष तौर पर यहां के पठारी भू-भाग पर आश्रित है। छोटानागपुर एवं राजमहल पहाड़ी शृंखलाओं के बीच फैले पठारी भू-भाग 29 प्रतिशत क्षेत्र अधिसूचित वन भूमि हैं। शेष भूमि का 48 प्रतिशत भूमि सालों भर परती रह जाती है। इसका कारण पथरीली होना तथा जल का अभाव होना है।

अधिकतर क्षेत्र ऊबड़-खाबड़ एवं ऊंचा-नीचा होने के कारण नहरों के जाल से सिंचाई के संसाधन उपलब्ध नहीं कराए जा सकते है। इस 48 प्रतिशत भूमि के वर्ष भर परती रह जाने के कारण एक बड़ा भू-भाग उत्पादन चक्र के बाहर रह जाता है। भू-क्षरण के कारण ढालू भूमि का उपजाऊ भाग नदी-नालों में बह कर बंगाल की खाड़ी में चला जाता है। इस गंभीर राष्ट्रीय क्षति का आकलन किसी ने किया नहीं है और इसकी गंभीरता इससे बढ़ जाती है कि इस उपजाऊ भूमि को बंगाल की खाड़ी से वापस यहां के पठारों पर लाया जाना असंभव है। नदियों को जोड़ने की महत्वाकांक्षा है, लेकिन आंखों के सामने से तेजी से ओझल होती उपजाऊ मिट्टी को कौन और कैसे रोके, इस पर चर्चा तक नहीं ।

झारखंड राज्य में प्रतिवर्ष 1000 मिमि से 1400 मिमि तक वर्षा होती है। अधिकतर क्षेत्र ढालू होने के कारण तथा जल-संचयन की व्यवस्था नहीं हो पाने के कारण नदियों और नालों के माध्यम से वर्षा से प्राप्त सारा जलस्रोत हमारे हाथों से निकल जाता है। राज्य के पलामू, गढ़वा, लातेहार, चतरा आदि जिलों में विशेष रूप से सुखाड़ की स्थिति उत्पन्न हो जाती है।

झारखंड राज्य के वन क्षेत्रों में कोयला, लोहा, बॉक्साइट, मैगनीज, क्रोमाइट आदि खनिजों की भरमार है। इनके खनन एवं उपयोग के लिए कई सरकारी एवं निजी संस्थाएं बेचैन हैं। खनिजों के अत्यधिक और बेतहाशा दोहन से यहां के जन, जल, जमीन, वन एवं पर्यावरण के लिए एक गंभीर खतरा उत्पन्न हो गया है। नदी-नालों का पानी प्रदूषित ही नहीं, बल्कि सूख रहा है। जमीन के भीतर आग लगी है। वन एवं पर्यावरण के साथ सामंजस्य स्थापित कर खनिजों के निष्कासन और उद्योगों से रोजगार सृजन करने के कार्य झारखंड राज्य के

परिप्रेक्ष्य में एक महत्वपूर्ण आयाम है। इस सामंजस्य में ही इस राज्य की खुशहाली का भविष्य छिपा है। राज्य के लिए स्पष्ट वन नीति की आवश्यकता है। शुक्र है कि यहां के अधिसंख्य गांवों में सामुदायिक निर्णय लेने की प्रवृत्ति बची हुई है। प्राकृतिक संसाधनों का सामुदायिक प्रबंधन एक महत्वपूर्ण विषय है। कुछ पहल वन विभाग, झारखंड ने वन संरक्षण एवं प्रबंधन समितियां बनाकर की है। लेकिन, इस संस्थाओं को सरकारी विभाग का प्रसार के बदले पारंपरिक, स्वतः स्फूर्त, सामुदायिक व्यवस्था में समावेश करने की आवश्यकता है। हमारी पारंपरिक अर्थव्यवस्था में खेती को सबसे उत्तम रोजगार माना गया था। तथाकथित हरित क्रांति के बावजूद कृषि लागत और उत्पादन में असंतुलन तो आ ही गया है, ग्रामीणों-किसानों में खेती के प्रति निराशा का भाव भी देखा जा रहा है।

जल संरक्षण के साथ बंजर, परती, जहरीली होती भूमि को बचाना सर्वोच्च प्राकृतिक प्राथमिकता है। रासायनिक खादों के स्थान पर जैविक खादों का उपयोग आवश्यक हो गया है। गोबर और वानस्पतिक अपशिष्टों - भूसा, पुआल, सब्जी के छिलके जैसे कचरों को मिलाकर बहुत-से कंपोस्ट बनाए जाते हैं, जिनमें सबसे अधिक लाभदायक हैं-वर्मी कंपोस्ट या केंचुआ खाद। ऋषि पराशर ने भी वेद में इसकी उपयोगिता बताई है। जमीन को उपजाऊ बनाने में केंचुओं का उल्लेखनीय योगदान होता है। मिट्टी को भुरभुरा करने और फसल की जड़ों तक मिट्टी को उपजाऊ बनाने के कारण केंचुए कृषक मित्र कहे जाते हैं। जमीन विकास का अगला कदम जल संरक्षण है। इसका सबसे कारगर उपाय है वर्षा के पानी को खेत में ही पकड़ लेना। इस इलाके के आदिवासी एवं ग्रामीण वर्षा के पानी को पकड़ कर उसका महत्तम उपयोग करने की अच्छी जानकारी रखते हैं, उसी का उपयोग किया जाना है।

इस तकनीक के कारण मिट्टी के कटाव-बहाव में भी कमी आ जाती है। वर्षा का जल या तो जमीन के नीचे जाए या वाष्पित होकर ऊपर जाए, लेकिन सतह के ऊपर बहकर कम-से-कम जाए। जल संरक्षण का यह मूल मंत्र है। झारखंड में व्यापक रूप से फैले टांड़, परती भू-भाग में कंद-मूल, फल-फूल, ईंधन, लकड़ी, औषधि आदि पौधों की व्यापक खेती कर उत्पादन चक्र में लाने की आवश्यकता ही नहीं मजबूरी है। वनभूमि के बाहर बेकार पड़े इस व्यापक भू-भाग को उत्पादन चक्र में लाने से स्थानीय तौर पर उगनेवाली फसलें, घास, वनस्पति, वृक्ष आदि सभी अलग-अलग स्तर पर उगाए जा सकते हैं। इससे (1) लाखों एकड़ बेकार पड़ी जमीन में उपयोगी हरियाली लाकर उत्पादन चक्र में लाया जा सकेगा। (2) हजारों लोगों के लिए रोजगार सृजन होगा (3) प्राकृतिक वन भूमि पर बढ़ते जैविक दबाव को कम किया जा सकेगा तथा (4) स्थल विशेष की जैविक विविधता भी फिर से दृढ़ होकर निखरने लगती है, जिससे पर्यावरण संतुलन बेहतर होता है। हजारों ग्रामीणों के पास एक एकड़ से अधिक जमीन है, लेकिन वे बदहाल हैं। लेकिन पलामू के कृषक अर्जुन सिंह एक एकड़ में कृषिवानिकी कर परिवार का पालन-पोषण कर अपने आपको सरकारी कर्मचारी से बेहतर स्थिति में बताते हैं।

घाटशिला के देवजीत ने 20 एकड़ में 16 हजार सागवान के पौधे उगाए थे तीन लाख लागत पर, जो 15 वर्षों में लगभग 8 करोड़ की संपत्ति हो गई है। लेकिन झारखंड में वनोत्पादों की बिक्री में परमिट की कठिनाई है। हरियाणा में अनाज एवं सब्जियों की तरह निजी जमीन पर, उगाई गई काष्ठ एवं वनोत्पाद की खुली बिक्री की अनुमति से किसान खुशहाल हुए हैं एवं हरियाली चारों ओर द्रष्टव्य है। झारखंड में कृषि-वानिकी के वनोत्पाद की खुली बिक्री की अनुमति से कृषि-वानिकी को प्रोत्साहन मिलेगा। ग्रामीणों एवं आम जन के पास संसाधन एवं शुरुआती पूंजी नहीं है। संसाधन सरकार के पास है। तलाश है बहादुर भगीरथों की, जो संसाधनों की गंगा को बिचौलिये प्रदूषकों से बचाकर सीधे ग्रामीणों एवं आम जन के स्वतः स्फूर्त, सशक्त सामुदायिक संस्थाओं तक पहुंचाएं और उपयोगी बनाएं।

◆ ◆ ◆

कहां गईं सारंडा की तितलियां... ?

मुन्ना झा
ग्रीन पीस

यदि आप विदेशी हैं या शहरी देशवासी जिन्हें पूंजीवादी सोच के साथ आर्थिक विकास की दौड़ में शामिल होने की इच्छा है और केवल दिल्ली, मुंबई जैसे शहरों तक घूमे हैं, तो मुमकिन है आप इस देश को विकसित राष्ट्रों की श्रेणी में आराम से रख देंगे। जैसा कि पिछले दिनों ओबामा ने भी माना। कभी सांप, बाघ और जंगलों के लिए मशहूर भारत में आज जंगल शब्द के मायने ही बदल गए हैं। और जब भी कोई अनुचित या असभ्य आचरण करता है तो कहा जाता है- जंगली हो क्या। शहरी समाज की इस मानसिकता पर दुख कम और तरस अधिक आता है। जाहिर है कि झारखंड में शासन का असल नियंत्रण और कार्यपालिका के लोगों को देखें तो साफ पता चलेगा कि वे भी इसी तरह की मानसिकता से ग्रसित हैं, जो जंगल और जंगलवासी को असभ्य मानते हैं।

झारखंड में वन और वनवासियों की स्थिति इस एक सच्चाई से सामने आ जाती है। फिर यह तो साल-दो साल नहीं, बल्कि सदियों से चला आ रहा मामला है। आज जिस आर्थिक विकास का हम दंभ भरते हैं, उसमें इस सच्चाई से नहीं भाग सकते कि विकास की यह इमारत इन वनवासियों की लाशों पर बनी हैं। औद्योगिक क्रांति के बाद से ही इसकी जड़ें तलाशी जा सकती हैं। जाहिर है कि कथित विकसित भारत की आत्मा किसी गांव या जंगल में नहीं बसती। तो क्या उदीयमान भारत की आत्मा चमचमाती दिल्ली, मुंबई, कोलकाता, चेन्नई और आइटी हब बेंगलूर में बसती है? आज जब हम दिल्ली, रांची और जमशेदपुर में बैठकर नए साल के जश्न की तैयारियों में डूबे हैं। ठीक इसी वक्त जल-जंगल-जमीन बचाने के लिए छत्तीसगढ़ के बस्तर, ओड़िशा के नियामगिरी से लेकर झारखंड के सारंडा के जंगलों तक के विनाश की रूपरेखा बनाई जा रही होगी। जिस रफ्तार से सरकार जंगलों को कॉरपोरेट हाथों में बिना किसी हिचक के देती जा रही है, उससे जंगलों और जंगल में रहनेवाले आदिवासियों के अस्तित्व पर ही खतरा मंडराता नजर आता है।

हर दावे पर शक : जहां एक ओर साल-दर-साल विभिन्न संस्थाओं के आंकड़ों में जंगलों का क्षेत्रफल सिमटता जा रहा है, वहीं विभाग अपनी कारस्तानी को छुपाने के लिए मनगढ़ंत किस्सों, कहानियों, आंकड़ों का दांव खेलता रहता है। झारखंड में वनों की स्थिति क्या है, इसे जानने के लिए हमें सरकार के आंकड़ों के बजाए अपनी आंखोंदेखी पर विश्वास करना होगा। जिन इलाकों से अभी हम गुजरते हैं, क्या वाकई वह जगह इसी तरह उजाड़ था? अधिकतर मामलों में इसका जवाब नहीं ही मिलेगा।

जंगल में विचरने वाले जानवर विलुप्त हो रहे हैं। मैंने ग्रीन पीस के लिए अध्ययन के दौरान पाया कि सारंडा, जहां तितलियों की हजारों प्रजातियां थीं, वहां इनकी बहुरंगी उड़ानें देखने को कम ही मिलती हैं। इसी तरह अन्य जंगली पशु-पक्षी भी विलुप्ति के कगार पर हैं। दरअसल, सरकार को मालूम भी नहीं कि ये जंगल कितनी जैवविविधताओं के मामले में धनी हैं। ऐसे में हम किस विभाग की बात करें और किस नीति की बात करें। यह झारखंड जैसे राज्य में जीने-मरने के सवाल से कम नहीं कि जंगल में होने वाली हरेक बाहरी गतिविधि से पूरा का पूरा जंगल तंत्र, उसमें बसने वाले मानव, पशु-पक्षी सब प्रभावित होते हैं। झारखंड के जंगलों को केवल पर्यावरण के नजरिये से देखना अनुचित होगा। पूरा जंगल एक सजीव माहौल का निर्माण करता है, जिसमें न सिर्फ जंगली पेड़-पौधे, बल्कि मनुष्य तक एक साथ मिलकर रहते हैं। छोटानागपुर, संताल

परगना से लेकर सारंडा तक फैले सखुआ के जंगलों के बीच बसी एक संपूर्ण जंगली और गैर-जंगली बस्तियों में सारी चीजें इन्हीं जंगली परिस्थितियों से ही निकली हैं।

ऊंची-नीची पहाड़ियों, गहरी खाइयों, पठारों के साथ जंगल, जलवायु की दशाओं में परिवर्तन और उनके साथ बदलती मानवीय बस्तियों में भी जंगल के तत्व ढूंढ़े जा सकते हैं। कल-कल बहती नदी, नालों के बीच पशु, पक्षी, हाथियों के अनेक झुंड एक ऐसे पारितंत्र का निर्माण करते हैं, जिसमें मनुष्य और प्रकृति के बीच निकटतम संभावित संबंध देखने को मिलता है। गांवों में बसे आदिवासियों का जीवन उसी तरह छल-प्रपंच से दूर है, जिस तरह प्रकृति की निश्छलता। झारखंड के घने जंगल दो दशक पहले तक दुनिया भर के शोधकर्ताओं, वैज्ञानिकों, सैलानियों में जिज्ञासा का भाव पैदा करते थे। एक ओर जहां रांची से लेकर नेतरहाट की पहाड़ियां सालों भर हरियाली की चादर ओढ़े रहती थीं, तो वहीं दूसरी ओर सारंडा के घने साल जंगल में हाथियों के झुंड प्रकृति के अद्‌भुत और विहंगम दृश्य पैदा करते थे।

निर्जीव हुई जंगल की सजीवता : इन जंगलों में बसे हजारों आदिवासी गांव बिना बाहरी डर-भय के सैकड़ों संस्कृतियों को अपने में समेटे सजीवता की मिसाल है। मांदर के स्वर, तीर-धनुष, महुआ के फूल, आम के पत्ते, झरने, मुर्गा, बकरी, बत्तख, ये जंगल और आदिवासी जीवन की पहचान रहे हैं। लेकिन पिछले एक-डेढ़ दशक में बहुत कुछ बदला है। झारखंड की खुशहाल जंगल और आदिवासी जीवन तेजी से विकासवाद की भेट चढ़ने लगी है। पूंजीवाद से उपजे आर्थिक विकास की बेलगाम अंधी दौड़ ने दुनिया भर के महत्वपूर्ण जंगलों के साथ-साथ झारखंड के जंगलों और पहाड़ियों को भी बर्बाद करने का काम किया है। झारखंड मे छोटानागपुर, संथाल परगना और सारंडा की ज्यादातर पहाड़ियां और जंगल खनिज संपदाओं मसलन लोहा, सोना, अभरक, तांबा, कोयला, यूरेनियम, मैग्नीज के नाम पर बर्बाद होते रहे हैं।

15 नवंबर, 2000 से अब तक झारखंड सरकार ने बड़ी-बड़ी कॉरपोरेट कंपनियों के साथ लगभग 104 समझौते पर दस्तखत किए हैं। सेंसेक्स की बढ़ती ऊंचाइयों में हमें याद भी नहीं रहता कि आज भी हमारे जंगलों में रहनेवाले लोग बुनियादी सुविधाओं से वंचित हैं। कोयले के अंधाधुंध खनन ने आज नॉर्थ कर्णपुरा, साउथ कर्णपुरा, इस्ट बोकारो, वेस्ट बोकारो, झरिया, डालटनगंज के उटार के जंगलों को तबाही के मुहाने पर ला खड़ा किया है। यही स्थिति पश्चिमी सिंहभूम के सारंडा में लौह अयस्क खनन से हुई है। नवामुंडी और जामदा से लेकर चाईबासा तक अयस्क खनन का असर स्थानीय आबादी और जंगलों को देख कर महसूस किया जा सकता है।

तबाही का सही आकलन नहीं : खनन करनेवाली छोटी-बड़ी कंपनियों ने गैरकानूनी रूप से सघन सारंडा को भीतर ही भीतर खोखला कर दिया है। नेतरहाट की पहाड़ियां बॉक्साइट खनन से अपनी सुंदरता खोने लगी है। लोहरदगा के इलाके भी बॉक्साइट खनन से तबाह हो रहे हैं। सारंडा ही नहीं, बल्कि झारखंड के तमाम जंगलों और जंगल में रहने वाले लोगों की स्थिति दयनीय है। इन इलाकों के आदिवासी पीने के पानी से लेकर भोजन, स्वास्थ्य, रोजगार, हर काम के लिए जंगल पर ही निर्भर रहे हैं और आज भी हैं। सरकार भले ही अपने स्तर से जंगल के इन गांवों में सुविधाएं पहुंचाने में नाकाम रही हों, लेकिन उसने इन वनवासियों को उजाड़ने का पूरा मसौदा जरूर तैयार कर रखा है। नक्सलग्रस्त घोषित इन इलाकों की सुधि अगर सरकार ने पहले ही ली होती तो स्थिति आज इतनी दुखदायी न होती। आज किसी भी सरकारी या गैरसरकारी संस्था के पास ऐसा कोई आंकड़ा नहीं है, जिससे इस इलाके में जंगल और जंगलवासियों के संदर्भ में हुई तबाही का सही-सही आकलन किया जाए। झारखंड में जंगल ही जीवन का दर्शन है। विकास प्रक्रिया में जंगल और मनुष्य के बीच एक अनमोल रिश्ते की शुरुआत हुई, जिसकी हम अवहेलना नहीं कर सकते। सांस लेने से लेकर, वर्षा, भोजन, आशियाना सब जंगल की ही मेहरबानी है। दुनिया भर में मशीनी इतिहास के प्रारंभ की कहानी भी जंगलों से ही शुरू होती है। झारखंड के जंगलों में ऐसे में ढेरों देसी तकनीक के दर्शन होते हैं, जो मनुष्य की विकास प्रक्रिया में उसके जीवन को आसान बनाने के क्रम में जंगल ने ही उसे मुहैया कराई हैं। दिल्ली, मुंबई और बड़े शहरों की चकाचौंध में हम अक्सर देश के जंगलों और वहां रहने वाले लोगों को भूल जाते है। लेकिन हमें यह हमेशा याद रखना होगा कि चाहे हम कितना भी विकास कर लें, सांस तो लेनी ही पड़ेगी, तो उसके लिए हवा कहां से आएगी? ◆ ◆ ◆

ऐतिहासिक अन्याय झेला है वनवासियों ने

संजय बसु मल्लिक
जंगल बचाओ आंदोलन

जंगल और जमीन पर खोए अधिकार को दोबारा पाने का मौका ठीक 11 बरस पहले आया। सदियों से बहुप्रतीक्षित झारखंड के सपनों को पूरा करने के लिए ढेरों लोगों ने जानें दीं, कइयों को जल में सड़ना पड़ा। लेकिन झारखंड बना तो बस नाम में ही जंगल-झाड़ का बोध रह गया, लेकिन इस संदर्भ में जन भावनाओं को नकारने का सिलसिला उसी तरह चलता रहा, जिस तरह सदियों से चलता आया था। जंगलों के प्रदेश में जंगल बहुत तेजी से गायब हो रहे हैं, पहाड़ियों को नंगा किया जा रहा है। भूखे लोग और बंजर जमीन बच रही है।

1999 के स्टेट ऑफ फॉरेस्ट रिपोर्ट के अनुसार झारखंड में 22 लाख हेक्टेयर में जंगल था, जबकि इससे महज दो साल पहले 1997 में प्रकाशित रिपोर्ट में 26 लाख हेक्टेयर जंगल होने की बात कही गई थी। आइएसएफआर-2009 के रिपोर्ट से भी जाहिर होता है कि इसमें कोई सुधार नहीं हुआ है। इस क्षेत्र की यह दुर्दशा न सिर्फ झारखंडी समाज बल्कि पूरे देश के लिए चिंताजनक है। वन विनाश का सबसे ज्यादा असर प्रदेश के आदिवासियों पर पड़ा है। जंगल और खेतों को हुए हुए पर्यावरणीय नुकसान ने उनकी जिंदगी को दुष्कर बना दिया है। जंगलों की बर्बादी ने उनकी संस्कृति और आध्यात्मिक जीवन को बहुत बुरी तरह प्रभावित किया है। पलायन की विभीषिका के बीच इस पूरी घटना का सामाजिक-अर्थिक संदर्भ समझा जा सकता है।

गलती कहां हुई? जंगल की जमीन पर अधिकार व नियंत्रण के लिए बनाई गई वन नीति की समीक्षा आजादी के बाद कभी नहीं की गई। राज्यों की वन नीतियों ने भी जंगल पर निर्भर लोगों को जंगल से अलग-थलग कर दिया। आज की इन नीतियों के आधार पर जंगलों को न तो बचाया जा सकता है और न ही उन्हें पुनर्जीवित किया जा सकता है। वन अधिकार कानून-2006 में भी कई चालाकियों की गुंजाइश छोड़ ही दी गई है। समस्या की जड़ें ब्रिटिश काल में ही तलाशी जा सकती है, जब झारखंड के घने जंगलों को औपनिवेशिक सरकार ने अपना खास आशियाना बना लिया था।

अंग्रेजों ने लोगों को जंगल साफ कर धान के खेत बनाने के लिए बाध्य कर दिया था। जहां भी संभव हो सका, ऐसा किया गया और शेष जंगल को दोहन के लिए छोड़ दिया गया। गांव के पास के जंगल के एक छोटे से हिस्से को ग्राम-वन के रूप में चिह्नित किया गया। साथ ही उन्हें जमींदारी की दया पर छोड़ दिया गया। इस प्रकार झारखंड के जंगलों पर से स्वामित्व व प्रबंधन के अधिकार से लोगों को बेदखल कर दिया गया। मुंडाओं ने अपने पुरखों की जमीन और जंगल बचाने के लिए लगभग सौ बरस (1817-1908) तक लड़ाई लड़ी। मुंडाओं ने औपनिवेशिक सत्ता को समझौते के लिए मजबूर कर दिया। 1908 में छोटानागपुर काश्तकारी अधिनियम आया। इसके बावजूद पुरखों की जमीन व जंगल पर उनके अधिकार बहाल नहीं किए गए। मुंडाओं के तीन हजार गांवों में से केवल 156 को मान्यता दी गई। इन गांवों को मुंडारी खूंटकट्टी गांव और ग्रामीणों के अधिकार को मुंडारी खूंटकट्टी अधिकार कहा गया।

संरक्षित जंगल दरअसल गांव के प्राकृतिक संसाधनों का हिस्सा था। चिरस्थायी बंदोबस्ती की शुरुआत के बाद जमींदारों ने उन जंगलों पर कब्जा कर लिया और अपनी निजी संपत्ति बन ली। जमींदारों व अन्य भू-स्वामियों

ने खनन कार्य के लिए जंगल को बर्बाद का दिया। 20वीं सदी के पूर्वार्द्ध तक जंगलों की हालत इतनी खराब हो गई थी कि केंद्र और राज्य सरकार दोनों ने जंगलों के कटने और खत्म होने पर चिंता जताई और मालिकों से कहा कि वे स्वयं भारतीय वन अधिनियम के तहत उसे ग्रामवन घोषित करें, जिसका प्रबंधन वन विभाग करेगा। लोभी जमींदारों द्वारा इस अधिनियम की अवहेलना करने के बाद सरकार ने इन वनों को निजी संरक्षित जंगल के रूप में अधिग्रहित करने के लिए बिहार प्राइवेट फॉरेस्ट एक्ट, 1946 बनाया। वन विभाग ने मालिकों के साथ मुनाफे में हिस्सेदारी करने का वादा किया, पर इस शर्त पर कि हानि होगी तो सरकार उसका वहन करेगी।

जमींदारी उन्मूलन के बाद निजी संरक्षित जंगल सरकार के जिम्मे डाल दिए गए और उन्हें पुनः भारतीय वन अधिनियम, 1927 द्वारा संरक्षित जंगल के रूप में अधिसूचित किया गया। इसके अलावा जो जंगल बचे उसे रिजर्व फॉरेस्ट यानी आरक्षित वन कहा गया। लकड़ी की जरूरतों व उसके अन्य उत्पादों को बेचकर लाभ कमाने के लिए इन वनों को सीधे सरकार के नियंत्रण में रखा गया। विभाग ने जंगल पर निर्भर कुछ लोगों को जंगल में बसने को बाध्य कर दिया, ताकि वे मजदूर के रूप में विभाग का काम करें। ऐसी बंदोबस्ती को वनग्राम कहा गया। वनों के आरक्षण की घोषणा करने से पहले गांववालों को सूचित भी नहीं किया गया, सहमति लेना तो दूर।

आजादी के बाद की स्थिति : आजादी के तुरंत बाद बिहार सरकार ने बिहार निजी वन अधिनियम-1947 पारित किया। यह दरअसल बिहार निजी वन अधिनियम-1946 का कुछ संशोधन के साथ नवीन संस्करण मात्र था। जिन मालिकों, जमींदारों और मुंडारी खूंटकट्टीदारों के जंगल निजी सुरक्षित वन माने जाते थे, जिनके प्रबंधन का जिम्मा सरकार ने ले लिया था। जब जमींदारी खत्म हुई और भूमि सुधार अधिनियम लागू हुआ, तब ये सारे जंगल सरकार को दे दिए गए। आगे चलकर झारखंड में जंगल में रहने वालों और राज्य के बीच तीखे संघर्ष हुए। राज्य जंगल पर लोगों के नियंत्रण पर ज्यादा से ज्यादा प्रतिबंध लगाता रहा। इसकी वजह से भारी असंतोष उपजा। कई खूनी मुठभेड़ हुए। अपनी जकड़ को और भी मजबूत बनाने के लिए 1980 में एक वन विधेयक का मसविदा तैयार हुआ।

इस विधेयक में वन विभाग के पुलिस बल को और ज्यादा अधिकार देने और देश के जंगलों के प्रबंधन को केंद्रीकृत करने का प्रस्ताव किया गया। भारी विरोध के कारण सरकार इसे रोकने पर मजबूर हुई। समुदाय के मालिकाना हक की धारणा के आधार पर सामुदायिक वन प्रबंधन की परिकल्पना पर विचार करने के लिए ऐसा किया गया। यदि इस नीति का कार्यान्वियन ईमानदारी से किया जाए तो यह मुंडारी खूंटकट्टी गांवों के निजी संरक्षित जंगलों और भूंइहरी गांवों के संरक्षित जंगलों पर लोगों के पारंपरिक अधिकारों को वापस दिलाने की दिशा में एक कदम होगा। ग्रामवन में जंगलों की बर्बादी और बेदखली ने लोगों को काफी मुसीबत में डाला है। केंद्रीय पंचायती राज विस्तार अधिनियम-1996 के अंतर्गत ग्रामसभा को ग्राम वनों पर नियंत्रण और प्रबंधन का अधिकार है, इसलिए कम्यूनिटी फॉरेस्ट मैनेजमेंट के क्रियान्वयन की जिम्मेदारी ग्रामसभा की ही होनी चाहिए। लेकिन दुर्भाग्य से ऐसा नहीं हो रहा। वनाधिकार कानून को भी वनवासियों के जंगलों पर अधिकार के रूप में प्रचारित किया गया। झारखंड के जंगलों या उसके आसपास आदिकाल से ही जो समुदाय रहते आए हैं, उनको अब तक असली न्याय नहीं मिल पाया है। ◆ ◆ ◆

बेजुबान की कौन सुनेगा ?

आनंद कुमार

वन क्षेत्र पदाधिकारी, विश्व खाद्य कार्यक्रम, खरसावां (यूनिट क्लोज्ड)

सदियों पुराना सारंडा का जंगल झारखंड की शान था। पूरे एशिया में इसकी एक पहचान थी। इसे यूनिफॉर्म साल सेलेक्शन के लिए प्रसिद्ध माना जाता था, पर आज यह बदहाल है। सखुआ जंगल के सारे पुराने पेड़ (मदर ट्री) काट डाले गए। अब वहां मात्र पुटुस की झाड़ी और सखुआ के पोल ही सारंडा की कहानी बयां कर रहे हैं। आज सारंडा वन में कोई भी वन अधिकारी नहीं रहता, वहां नक्सलियों की हुकूमत चलती है।

जानकार बताते हैं जंगल का थोड़ा बहुत अस्तित्व नक्सलियों की वजह से ही वजूद में है, क्योंकि नक्सलियों के छिपने का पनाहगार ये वन प्रदेश ही हैं। ठीक इसी प्रकार पलामू जिले के वनों का भी गौरवशाली इतिहास रहा है। वर्ष 1973 में यहां पलामू टाइगर रिजर्व की स्थापना की गई। उस वक्त वहां 46 की संख्या में रॉयल बंगाल टाइगर थे। जो आज सरकारी आंकड़ों के अनुसार मात्र छह रह गए हैं। स्थानीय जानकार बताते हैं कि यहां सिर्फ दो से तीन टाइगर ही बचे हैं। यदि जांच हुई तो फर्जी आंकड़ों के सहारे व्याघ्र परियोजना के केंद्र सरकार एवं राज्य सरकार द्वारा बाघों के विकास पर बहाए गए अरबों रुपये के घोटाले का पर्दाफाश हो जाएगा और कई अधिकारी सलाखों के पीछे होंगे।

हाथी झारखंड राज्य का राजकीय वन्यप्राणी घोषित है, लेकिन इसकी बदहाली पर वन अधिकारी मौन धारण किये हैं। आज वन विभाग हाथियों के पुनर्वास के नाम पर सिर्फ उनके झुंड को एक इलाके से दूसरे इलाके में भगाने एवं उस पर कागजी खर्च करने के दावे प्रस्तुत करता है, लेकिन ये दावे कितने खोखले हैं, यह सारंडा के जंगलों से सटे जमशेदपुर शहर के नजदीक देश का पहला हाथियों के संरक्षण के लिए बने एलिफेंट रिजर्व को देखकर पता चलता है। मैंने तीन हाथियों को जब्त किया था, जिसे वन प्रशासन दिखाता आ रहा है। औद्योगिक शहर से सटे होने के कारण वनों की अंधाधुंध कटाई ने जंगली हाथियों के अस्तित्व पर ही संकट खड़ा कर दिया है। नेपाल तथा अन्य राज्यों के हाथी दांत तस्करों के लिए झारखंड के वन प्रदेश सुरक्षित पनाहगाह बन गए हैं। आज आलम यह है कि राज्य के हाथियों के सारे कॉरिडोर बंद कर दिए गए हैं, जिससे उनका प्रजनन प्रभावित हो रहा है।

आज झारखंड के वन विभाग के पास इन जंगली हाथियों के पुनर्वास एवं पर्यवास की कोई ठोस योजना नहीं है। नतीजतन ये बेजुबान आम ग्रामीणों के जान-माल पर कहर बरपा रहे हैं। अलग राज्य गठन से अब तक 101 करोड़ रुपये का भुगतान सिर्फ मुआवजा बांटने में व्यय हो गया। हाल ही में खूंटी जिले में हाथियों को सरेआम बिजली के करंट से मार डाला गया। उधर चाईबासा में भी नेपाल के तस्कर हाथियों को मारकर दांत काट चलते बने।

फैला है भ्रष्टाचार : कितने दुख की बात है कि अधिकारियों पर भी हाथी दांत की तस्करी एवं हिरण के मांस खाने के आरोप लगे, जिसे संचिकाओं में दबा दिया गया। ठीक उसी प्रकार मुटा मगर प्रजनन केंद्र बना, लेकिन इसका लाभ यहां के वन अधिकारियों को हुआ, न कि नदियों को। आज यहां मात्र तीन मगर बचे हैं, जिस पर सरकार सालाना लाखों खर्च करने का दावा कर रही है। ऐसा ही हाल रांची से सटे कालामाटी में संरक्षित

वन्यप्राणी चित्तिदार हिरणों का है, जिन्हें मात्र दो वर्ग किलोमीटर में ठूंस-ठूंस कर भर दिया गया है। यहां इनके आपस में टकराने से अक्सर मौतें होती रहती हैं। यदि कभी किसी वायरस ने इन बेजुबानों पर हमला किया तो सारे बेमौत मारे जाएंगे।

जंगल में तस्करों का राज : धड़ल्ले से पेड़ों को सरेआम काटकर मिल मालिकों एवं तस्कर गिरोहों द्वारा खुलेआम अन्य राज्यों में लकड़ी की तस्करी जारी है। लेकिन वन अधिकारियों पर जरा सा भी असर नहीं होता है। रांची में ही आरा मशीन मालिकों की चांदी है, जबकि सुप्रीम कोर्ट के आदेश के आलोक में आरा मिलों की संख्या को जनसंख्या के आधार पर सीमित करना था, लेकिन ऐसा हो न सका। राज्य की वनभूमि का तो और भी बुरा हाल इन वन अधिकारियों ने कर दिया है। मात्र 25000 वर्ग किलोमीटर वन भूमि में से एक लाख 25 हजार हेक्टेयर वन भूमि अतिक्रमण के नाम पर वन अधिकारियों और भू-माफिया के हाथों खुलेआम बाजार दर पर बेच दी गई।

मैंने इस मामले में राज्य के मुखिया को पत्र लिख कर निगरानी विभाग के आला अधिकारियों को बेची गई वन भूमि का जिलावार रकबा के आंकड़ों के आधार पर जांच करने का अनुरोध किया। इस मामले में उलटे राज्य सरकार के वरिष्ठ अधिकारी ने मुझसे ही स्पष्टीकरण की मांग की व हलफनामा दायर कर वरीय अधिकारियों पर आरोपों के साक्ष्य मांगने के तहत अनुशासनिक कार्रवाई करनी शुरू कर दी। मैंने हलफनामे में 130 भारतीय वन सेवा के कैडर संख्या के विरुद्ध 68 वन अधिकारियों के विरुद्ध सरकारी राशि के गबन एवं अन्य आपराधिक मुकदमा में चल रही विभागीय कार्रवाई में भ्रष्ट अधिकारियों को संरक्षण एवं प्रोत्साहन देने का अरोप लगाया। साथ ही सरकार से 46 वन अधिकारियों की नियुक्ति की वैधता को चुनौती देकर उनकी बर्खास्तगी की मांग हलफनामे में की।

हो सीबीआइ जांच : झारखंड में प्राकृतिक संसाधनों का दोहन इस कदर हुआ है कि हर जगह सीबीआइ जांच चल रही है। चाहे जंगलों से लौह अयस्कों की तस्करी का मामला हो या कोयला, बॉक्साइट के अवैध उत्खनन का। सारंडा से लौह अयस्कों की तस्करी ने झारखंड की पहचान ही बदल डाली। केंद्र सरकार ने वहां के विकास के लिए एक्शन प्लान बनाया है। राज्य के वन विभाग का हाल यह है कि वनरक्षियों की बहाली 70 के दशक से नहीं हुई।

वनपाल की बहाली हुए 25 साल हो गए। 1990 से वन क्षेत्र पदाधिकारियों की नियुक्ति नहीं हुई है। वहीं भारतीय वनसेवा के अधिकारियों की फौज साल-दर-साल बढ़ती गई। वनरक्षियों की कुल संख्या 3883 के विरुद्ध 1009 है। वनपाल की संख्या बल 1062 है, जिनमें 415 रिक्त हैं। राज्य सरकार के भारतीय वन सेवा के पुनर्गठन प्रस्ताव को यदि केंद्र सरकार मान लेतां है, तो प्रत्येक जिले में छह अधिकारी भारतीय वनसेवा के होंगे। आज स्थिति यह है कि राज्य के प्रत्येक जिले में छह की संख्या में वनरक्षी एवं वनपाल तथा वन क्षेत्र पदाधिकारी नहीं है। वन संपदा, जो आदिवासियों, मूलवासियों की सांस्कृतिक पहचान है, उसकी रक्षा तो एसे संभव नहीं। यहां ईमानदार अधिकारियों की कोई कदर नहीं। मेरा 19 वर्ष के सेवाकाल में 21 बार स्थानांतरण हो चुका है। मैंने सुप्रीम कोर्ट में अपने स्थानांतरण को चुनौती दी है।

◆ ◆ ◆

जंगल से जुड़ा है अस्तित्व का मामला

रश्मि कात्यायन
वरिष्ठ अधिवक्ता

झारखंड के नाम से ही वन का आभास होता है। इसके बाद अपने आप सारे सवालों का जवाब मिल जाता है। वर्ष 2006 में वनाधिकार कानून लागू होने के बाद दशकों के संघर्ष का नतीजा निकला और 'अनुसूचित जनजाति व अन्य परंपरागत वन निवासी (वन अधिकारों की मान्यता) अधिनियम' के तहत वनवासियों को बहुत हद तक वनों पर अधिकार मिल गया। हालांकि, वन अधिकार कानून नाम देने से लगता है कि वन का पूरा स्वामित्व सौंप दिया जा रहा हो, जबकि ऐसा नहीं हैं।

इस कानून के अंतर्गत अधिकार सिर्फ उन्हें प्राप्त है, जो कम से कम 75 सालों से वन में निवास करते आ रहे हैं। और यह अधिकार तब तक बना रहेगा, जब तक ये वन में निवास करते रहेंगे। चाहे वह अनुसूचित जनजाति हो या फिर अन्य परंपरागत वनवासी। अनुसूचित जनजातियों और वन निवासियों के लिए जंगल ही भगवान है। उदाहरण के लिए सरना स्थल को ही लें, जो जंगल का ही हिस्सा है। सरना स्थल के चारों ओर विशाल खाली भू-भाग रक्षार्थ छोड़ने की परंपरा है। सरना स्थल पर तीर-धनुष नहीं ले जाने की परंपरा रही है।

जंगल में आत्मा का विचरण होता है, जिसे 'देशाउलि' कहते हैं। इसे ये वनवासी काटते या छूते भी नहीं हैं। ऐसा सिर्फ जनजातियों में है, जहां फूल की पूजा होती है। सरहुल पर्व में सरई फूल की फूलखौसी करते हैं। घने जंगल को काटकर रहने लायक आदिवासियों ने ही बनाया है। ये सारी बातें इनके प्रकृति पूजक और प्रेमी होने के भाव को स्पष्ट करती हैं।

यहां तक कि इनके नाम भी जंगल से ही निकले हैं। जैसे केरकेट्टा- चिड़िया, मिंज- मछली, कच्छप- कछुआ, सोरेन- पत्थर से निकले उपनाम हैं। ये सिर्फ उपनाम नहीं, बल्कि परंपरा से जुड़े लोक व्यवहार हैं। जैसे मिंज परिवार के लोगों के साथ मछली की रक्षा की जिम्मेदारी जुड़ी है। अर्थात इन्हें जल पर्यावरण से संबंधित विभाग का जिम्मा मिला।

ये परंपराएं बताती हैं कि अपनी आजीविका व संस्कृति के लिए ये जंगल पर ही निर्भर करते हैं। जल-जंगल-जमीन पर मालिकाना हक पाने के लिए झारखंड में सदियों से संघर्ष होते आए हैं। झारखंड बनने के 11 साल बाद भी चाहे एक सफल वन नीति तक न बन पाई हो, लेकिन इतने ही समय में झारखंड की सरकारें 110 एमओयू करने में सफल जरूर रहीं। यह तो यहां के इन प्रकृति पूजकों व प्रेमियों की जीवटता का ही फल है, जो किसी चमत्कारिक नेतृत्व के अभाव के बावजूद, यहां एमओयू का क्रियान्वयन नहीं हो सका।

ऐसे में वनों पर तो वनवासियों का ही स्वाभाविक हक बनता है, जिसे वनाधिकार कानून-2006 के जरिये पुख्ता किया गया। वनाधिकार अधिनियम-2006 लागू होने के बाद भी स्थिति बहुत नहीं बदली। ऐसा क्यों, तो इसका जवाब है- 'सैयां भयो कोतवाल तो डर काहे का'। हालांकि वन कानून में सुधार की गुंजाइश है, फिर भी कानून अच्छा है। वन कानून में उपयुक्त मात्रा में लकड़ी काटने, उपयुक्त कृषि करने, मवेशी चराने, महुआ का फल प्राप्त करने, लाह लेने व लाह लगाने सहित अन्य वनफलों व वनोत्पादों के उपभोग का अधिकार दिया

गया है। अर्थात इसमें यह भाव भलीभांति समाहित है कि वन की रक्षा में ही सबका हित है। वन पर समुदाय के हक को दर्जा मिला है। इस कानून का सही से अनुपालन हो, तो वन, पर्यावरण, अनुसूचित जनजातियों व अन्य परंपरागत वनवासियों सहित पूरे मानव समुदाय का कल्याण होगा।

वन अधिकार कानून की मुख्य बातें

- समुदाय द्वारा परंपरागत रूप से उपयोग की गई वनभूमियों को सामुदायिक वन माना जाएगा।
- अनुसूचित जनजातियां जो मूलतः वनों में रहती हैं और आजीविका की वास्तविक जरूरतों के लिए वनभूमि या वनों पर आश्रित हैं, वे इस कानून का लाभ उठाने के हकदार हैं।
- किसी भी क्षेत्र को नाजुक वन्यजीव निवास स्थान तभी माना जाएगा, जब समुदाय इस पर सहमत हो कि उनकी स्थिति के कारण वन्यप्राणियों का प्राकृतिक आवास प्रभावित हो रहा है।
- लघु वनोपजों पर मालिकी का अधिकार। वनवासी जंगल जा सकते हैं, लघु वनोपज इकट्ठा कर सकते हैं और उनका इस्तेमाल भी कर सकते हैं।
- समुदायों को आरक्षित या संरक्षित वनों के प्रबंध पर नियंत्रण का अधिकार है। ग्रामसभा, उसके सदस्य, वन विभाग या किसी अन्य एजेंसी को पेड़ काटने से रोक सकते हैं।

इन प्रमुख प्रावधानों से साफ है कि वनवासियों को बहुत हद तक जंगल पर अधिकार मिल चुका है। लेकिन वन विभाग अपने पारंपरिक दंभ से अब तक निकल नहीं पाया है। यही कारण है कि कानून के लागू हुए पांच साल बीतने को हैं, लेकिन पट्टा देने के मामले में हमारा राज्य काफी पीछे है। झारखंड में वन और भूमि की रक्षा के लिए प्रथा व कानून पारंपरिक रूप से रहे हैं। इसका उदाहरण हमें खूंटकट्टी, भूंइहरी, कोड़कर व वनगांव के रूप में दिखलाई पड़ता है। खूंटकट्टी प्रथा मुख्यतः मुंडा आदिवासियों में है। इसका तात्पर्य किसी मुंडा या उसके परिवार के किसी पुरुष सदस्य द्वारा कृषि कार्य के लिए वनभूमि के हिस्से पर अधिकार करने से है।

भूंइहरी : झारखंड की आदिम भूमि व्यवस्था (खूंटकट्टी) का पुरातन अवशेष है, जो अब पुराने रांची जिला तक ही सीमित रह गया है। इसका अभिलेख पहली बार 1869-1880 के भूंईहरी सर्वे, जिसे राखाल दास सर्वे के नाम से जाना जाता है, में तैयार किया गया। 1880 के पश्चात किसी भी भूंईहरी टेन्योर की अनुमति नहीं है। भूंईहरी जमीन सिर्फ पुराने रांची जिले के 2484 गांवों में पाए जाते हैं। यह मुंडारी खूंटकट्टी का ही एक रूप है। यह भूमि सुधार अधिनियम 1950 के दायरे में नहीं आता है।

कोड़कर: यह रैयत द्वारा परती भूमि या टांड को कोड़कर तैयार किया गया धान का खेत है। कोड़कर निर्माण के समय यह भूमि तीन या चार वर्ष के लिए बेलगान होता है। बाद में लगान का निर्धारण होता था, जो सामान्य लगान दर से कम पर तय किया जाता था। वनगांव का मतलब ऐसे गांव से है, जो राजस्व गांव नहीं है। जहां जंगल में ही रहकर वन की संरक्षा व वनोत्पाद के उपभोग का अधिकार गांव के लोगों को होता है।

◆ ◆ ◆

जंगल बचा लें

परमात्मा सिंह
वन अधिकारी

राजधानी रांची खासकर चुटूपालू, ओरमांझी क्षेत्र आज पर्यावरणीय तबाही के कगार पर है। एक दिन की भी अब देरी, बड़ी भूल और महंगी साबित होगी। इसके लिए आने वाला वक्त हमें कभी माफ नहीं करेगा। कहते हैं, 'लम्हों ने खता की थी, सदियों ने सजा पाई है।' हमारे पूर्वजों या हममें से जिसने भी साल वनों से आच्छादित ओरमांझी की लहराती पहाड़ियों, खिलखिलाते सिकदरी हुंडरू फॉल की मौज, कांके सुतीआंबे गढ़ की शानो-शौकत एवं टैगोर हिल जैसे अनेक अविस्मरणीय प्राकृतिक नजारों का अवलोकन किया है, का मानना है कि हमारी रांची शिमला, ऊंटी, मसूरी या किसी भी हिल स्टेशन से कम नहीं थी। यहां का शांत वातावरण, खपरैल मकान, सखुआ का जंगल, उसके ऊपर मंडराते घने बादल और उसके बीच पंख फैलाकर नाचते मोर।

आदिवासी समाज का प्रकृति एवं जंगल से प्रेम अद्वितीय था। कहते हैं, आदिवासी समाज और जंगल के बीच मां-बेटे का रिश्ता है। वे कभी मां का सौदा नहीं करते। जरूरत के मुताबिक जितने पेड़ काटते हैं, उसका दस गुना लगा देते हैं। उनके सारे पर्व-त्योहार सरहुल, करमा आदि जंगलों पर ही आधारित है। वर्षों से ग्राम वन समिति बनाकर जंगल बचाते आ रहे हैं। दुर्भाग्यवश महज दो दशक पूर्व वर्ष 1990 के आसपास कुछ गलत नीतियों के कारण इस जंगल को वन माफिया की नजर लग गई। भोले-भाले आदिवासी समाज को बहला-फुसलाकर, झूठे प्रलोभन देकर उनके सारे कटहल, महुआ आदि वृक्षों को औने-पौने दाम में खरीदकर दक्षिण भारत में बेच दिया गया। यह उनके जीविकोपार्जन का सबसे बड़ा साधन था। उसके बाद आरंभ हो गया जंगल काटने का तांडव और अवैध खनन का महाप्रलय।

झारखंड बनने के बाद मेट्रो पैटर्न पर शहरी विनाश की आड़ में ऊंची-ऊंची इमारतें, चौड़ी सड़कें, रिंग रोड, राष्ट्रीय मार्ग का चौड़ीकरण, रेलवे निर्माण, मनरेगा अंतर्गत ग्रेड-1 सड़कों के निर्माण के नाम पर ओरमांझी, चुटुपालू आदि जंगलों को तो नेस्तनाबूद ही कर दिया गया। विकास के नाम पर सखुआ से भरे इन जंगलों को बेतरतीब तरीके से सिर्फ उजाड़ा ही नहीं गया, बल्कि उन्हें नंगा कर सैकड़ों क्रशर मशीनों से पाताल तक खोदकर बर्बाद किया जा रहा है।

देख कर तेरी दुर्दशा अब रहा जाता नहीं, जंगलों की यह व्यथा, अब सही जाती नहीं।

हम यह नहीं कहते कि विकास न हो, पर यह प्राकृतिक संसाधनों के विनाश पर नहीं। दोनों के बीच एक सामंजस्य हो-कहां खनन करना है, कहां नहीं। कहां कितने पेड़ काटने हैं और कितने लगाने हैं। पर्वतीय स्थलों का विकास बिना वहां के प्राकृतिक संसाधनों से छेड़छाड़ किए किया जाए। आज की रांची खूंटी मोड़ से धुर्वा तक ही सीमित नहीं है, बल्कि चुटूपालू से तुपुदाना तक फैल चुकी है, जिसका सीधा असर वनों पर पड़ा है। जंगल कटाई, भूमि अतिक्रमण, अवैध खनन चरम पर है।

नियमानुसार वन सीमा से 400 मीटर के अंदर खनन या क्रशर नहीं होना चाहिए। लेकिन, चुटूपालू, पिस्का, चपराकोचा, चेतनबाड़ी, झीरी, घपडीहा, सिकदरी में सैकड़ों क्रशर रात-दिन बेखौफ बदस्तूर चल रहे हैं। इन्हें देखकर फूट-फूटकर रोने को मन करता है-

हममें जज्बा है, जुनून है, कुछ कर गुजरने का, पर क्या करें हालात साथ नहीं देते

विवश मन देख रहा जंगल का चीरहरण, पर क्या करें हालात साथ नहीं देते।
जिसे सजाया-संवारा सदियों तक , वनों से शृंगार किया वादियों तक
आज उसे ही नंगा बेआबरू कर रहे, उसी के बेटे सभ्यता के नाम पर
जी करता है— पर क्या करें हालात साथ नहीं देते, अरे हम तो बदल कर रख देते, हालात को भी पर क्या करें, बेवफा हालात साथ नहीं देते।

आखिर किसके संरक्षण में दिन-दहाड़े इन प्राकृतिक संसाधनों की दुर्गति हुई है? क्यों नहीं खनन, वन विभाग, जिला प्रशासन इसे खनन प्रतिबंधित क्षेत्र घोषित कर उनका माइनिंग लीज समाप्त करता? हम इतने असंवेदनशील क्यों हो गए हैं? क्या हमारी नींद जंगल से आच्छादित इन खूबसूरत पहाड़ियों के नेस्तनाबूद होने के बाद ही टूटेगी? अब तो ग्राम वन प्रबंधन समितियों ने भी वनों की सुरक्षा करना लगभग छोड़ दिया है। उनका कहना है कि जिस जंगल को हमने वर्षों से रात-दिन जागकर बचाया, बढ़ाया, उसे सरकार की स्पष्ट नीति के अभाव में वन माफिया विकास के नाम पर यूं ही बर्बाद कर रहे हैं, उन्हें तो कुछ नहीं मिला। वे (गांववाले)ठगा सा महसूस कर रहे हैं। दूसरी ओर ओरमांझी की इस वन संपदा के सुरक्षार्थ पहले 14 वन रक्षी, एक वनपाल होते थे। रांची में आवागमन हेतु एकमात्र राष्ट्रीय मार्ग पर एक चेकनामा होता था, वहां आज मात्र एक वन रक्षी है, जो सेवानिवृत्ति के कगार पर है। सड़कों की संख्या अनेक हो गईं।

वन अपराधियों, क्रशर, खनन आदि समस्याएं काफी अधिक बढ़ गई हैं। विभाग में उच्चाधिकारियों की संख्या तो शत-प्रतिशत दुरुस्त है, लेकिन वनों की सुरक्षा हेतु मुख्य रूप से जरूरी वनरक्षी के लगभग 3883 पदों के स्थान पर मात्र 1009 कार्यरत हैं, जिनमें से अधिकतर सेवानिवृत्ति के कगार पर हैं, क्योंकि 1978 के बाद इस पद पर कोई बहाली नहीं हुई। वर्ष 2014 तक विभाग लगभग खाली हो जाएगा। उच्चाधिकारियों के अनुसार जंगलों की सुरक्षा ग्राम वन प्रबंधन समितियां कर रही हैं। वनरक्षी की कोई खास भूमिका नहीं। उनकी सोच बिल्कुल वास्तविकता से परे हैं। वे जंगल भ्रमण करते, तो वास्तविक स्थिति को जान पाते। अब जंगल को वन माफिया की दृष्टि से बिना वनरक्षी एवं ग्रामीणों के सहयोग से बचाना असंभव है। ऐसा नहीं कि सरकार के पास पैसे का अभाव है। अगर कमी है तो विभाग में सही नीति, दूरदृष्टि एवं दृढ़इच्छाशक्ति की। वन व्यवस्था के सुदृढ़ीकरण से वनों की सुरक्षा की जगह सुख-सुविधा का सुदृढ़ीकरण हो रहा है। आलीशान कार्यालय, आवास, गाड़ियां। जंगल गश्ती के नाम पर कुछ नहीं।

वनरक्षी की बहाली होने तक शिक्षा मित्रों की तर्ज पर चार हजार मासिक मानदेय पर तत्काल योजनामद से कम से कम पांच हजार वन मित्रों को अस्थायी तौर पर बहाल कर जंगल की सुरक्षा सुनिश्चित की जा सकती है। इस पर मुश्किल से 20 करोड़ रुपये वार्षिक खर्च ही आएंगे और जो अरबों खरबों की वन संपदा के सुरक्षार्थ कम राशि है। रोजगार का सृजन अलग से। पर यह निस्वार्थ काम क्यों करें भला? एक क्षतिपूरक वन रोपण (कैम्पा)योजना है-इसके तहत अरबों रुपये केंद्र सरकार की ओर से राज्य में आते हैं। लेकिन उनका उपयोग कहां होता है? एक तरफ स्थापित एवं वर्षों से ग्रामीणों द्वारा जी-जान से बचाए गए सखुआ जंगल बर्बाद हो रहे हैं, तो दूसरी ओर निजी स्वार्थ में पौधरोपण के नाम पर सिर्फ खानापूर्ति की जा रही है, जो परस्पर विरोधाभास है। विभाग को चाहिए अगले पांच वर्षों तक कोई वनरोपण कार्य (पथतट एवं शहरी छोड़कर) नहीं कर सिर्फ जंगलों की सुरक्षा भूस्तांतरण एवं सिल्वीकल्चर कार्य कर जंगल को पुनर्जीवित कर हरा-भरा करे। हां, इसके बदले ग्रामीणों की रैयती जमीन पर फलदार टिम्बर, आम, कटहल, आंवला, सागवान, गम्हार, शीशम आदि पौधों का रोपण कर उन्हें स्वाबलंबी बनाएं। जैसे घाटशिला में एक किसान ने अपने 20 एकड़ जमीन में मात्र तीन लाख की लागत से सागवान लगाकर मात्र 15 वर्षों में आठ करोड़ की संपत्ति खड़ी कर ली, जो किसी उद्योग से कम नहीं। इसी प्रकार आम, कटहल, आंवला बगान भी रैयती जमीन पर लगाकर इसे एक आर्थिक आंदोलन का रूप दिया जा सकता है। मैं इस लेख के माध्यम से सभी संबंधियों एवं पर्यावरणविदों से प्रार्थना करता हूं कि समय रहते वन संपदा को बचा लिया जाए अन्यथा आनेवाला वक्त हमें माफ नहीं करेगा। प्राथमिकता के तौर पर अविलंब ओरमांझी क्षेत्र में चल रहे तमाम खनन कार्य बंद किए जाएं। वनरक्षी बहाली पर वन मित्रों की प्रतिनियुक्ति इसी वित्तीय वर्ष में की जाए। जंगल की सुरक्षा हेतु निचले तंत्र को चुस्त-दुरुस्त किया जाए। गश्ती दल, गश्ती वाहन मुहैया कराएं जाएं। ◆ ◆ ◆

...क्यों कुचला हाथी ने हमें!

महादेव महतो
पेड़ों को राखी बांधो अभियान के प्रणेता

मुझे याद है जब 1987 में जंगली हाथी बांडी और पनिमाको गांव में घुस आए। बौखलाकर उन्होंने दो ग्रामीणों को मार डाला था। हाथी के आतंक की शिकार एक महिला भी हुई। मारे गए बांडी के भरत प्रजापति और पनिमाको की बुधनी देवी को देखने ग्रामीणों का हुजूम उमड़ पड़ा था।

गांववालों के लिए यह महज एक हादसा सरीखा था, जिसके पीछे छिपे कारणों से वे अनजान थे। मैं हाथियों के इस अप्राकृतिक व्यवहार को समझने में जुट गया। दरअसल, जंगलों की अंधाधुंध कटाई ने हाथियों के आवास को तबाह कर दिया था। जंगल की दुनिया में मस्त रहने वाले ये हाथी झुंड बनाकर गांवों का रुख करने को मजबूर हो गए थे। तो उन दो ग्रामीणों की हुई मौत का कारण हाथी हुए या हम मानव? पशु, पक्षी, मानव, जंगल, पेड़-पौधे, सब इसी प्रकृति के अंग हैं। सब एक-दूसरे से किसी न किसी रूप में जुड़े हैं। इनमें से कोई एक भी प्रभावित होने पर प्रकृति का संतुलन बिगड़ेगा ही। सिर्फ हाथी ही नहीं बल्कि अन्य हिंसक-अहिंसक जंगली पशु भी ऐसा करने पर मजबूर होंगे। इस बात पर हम चिंतन क्यों नहीं करते कि हाथी जैसा शाकाहारी, शांत जानवर इतना हिंसक क्यों हो गया है। आए दिन पूरे राज्य में हाथियों द्वारा गांवों, खेतों में मचाई गई तबाही की खबरें पढ़ने, सुनने को मिलती हैं। हाल के दिनों में हाथियों के हमलावर तेवर और भी तेज हुए हैं।

वन्य जीवों की सुरक्षा : इसे हम आसानी से रोक सकते हैं। हमें सबसे पहले इस मानसिकता से उबरना होगा कि यह धरती केवल मनुष्यों की है। धरती पर मौजूद तमाम प्राणियों के साथ एक संतुलित संबंध स्थापित करना होगा। इसके लिए उनका आश्रय जंगल उजड़ने से हर हाल में बचाना होगा। वन्यजीवों को सुरक्षा उपलब्ध कराने एवं पर्यावरण के संतुलन को बनाए रखने के लिए जंगल बचाने की मुहिम चलाने की जरूरत है। इसी कड़ी में चंद लोगों के साथ मिलकर वन्यजीव सुरक्षा समिति का गठन कर जंगल बचाव अभियान के लिए हम सक्रिय हो सकते हैं। लोगों को जागरूक करने का काम और तेजी से करना होगा। मैंने इस अभियान के तहत हजारों लोगों को जंगल बचाने के लिए प्रेरित किया है।

लोगों को अगर अपनी गलती का अहसास कराया जाए तो अधिक समर्पण के साथ जंगल को बचाएंगे। जंगल बचाव अभियान के तहत मैंने ग्रामीणों को पेड़ों को राखी बांधने को प्रेरित किया। इसके बाद देखा कि लोग उसकी रक्षा करने को प्रतिबद्ध हो गए और जंगलों को बढ़ना निरंतर जारी रहा। वर्ष 1995 में सात अक्टूबर को टाटीझरिया स्थित जंगल के पेड़ों का रक्षा बंधन करने का सफल समारोह हुआ। इसमें महिला-पुरुषों ने वृक्षों को राखी बांधकर जंगल बचाने की कसम खाई। वृक्षों को राखी बांधने का यह अभियान हर साल दुधमटिया में आयोजित किया जाता है। इसमें कई स्कूलों, संस्थाओं और आस-पास के गांवों के हजारों लोग शामिल होते हैं। मैं अपने काम को महिमामंडित नहीं कर रहा, बल्कि बस यह बताने की कोशिश कर रहा हूं कि थोड़े से ही प्रयास से लोगों को जागरूक किया जा सकता है। इसका सकारात्मक असर पर्यावरण के साथ-साथ समाज पर भी पड़ता है। जंगल को नुकसान पहुंचाना मानव समाज के लिए बड़ी क्षति होगी।

जंगल को भी जीने का हक : जंगल में आग लगाना खुद के घर में आग लगाने के बराबर है। जंगल, नदी, पहाड़ आदि को बचाए बिना मानव समाज किसी भी तरह उन्नति नहीं कर सकता। जंगल के छोटे से छोटे जीव-जंतु का भी बड़ा महत्व है, जिसका जीवन प्रभावित होने से पूरा का पूरा एक पारितंत्र प्रभावित हो जाता है। हम अपनी रक्षा एवं विकास के लिए मानवाधिकार पर जोर देते हैं, ठीक उसी प्रकार वन्यजीवों की रक्षा के लिए इन्हें भी जीने का अधिकार देना होगा।

इसके लिए जरूरी है कि जंगल जीवित रहे। जंगल है तो शुद्ध हवा है और जब तक शुद्ध हवा है तभी तक हम हैं। मैं गर्व के साथ कहता हूं कि सात अक्टूबर 1995 को दुधमटिया से शुरू किया गया रक्षाबंधन अभियान दूर-दूर तक फैल चुका है। अब ग्रामीणों ने कई एकड़ पर फैले जंगल को बचाने का संकल्प ले लिया है। आज की तारीख में हजारीबाग के अलावा चतरा, कोडरमा, रांची, गुमला, गिरिडीह में वृक्षों को राखी बांधी जा रही है।

लकड़ी माफिया पर लगाम : क्या हो रहा है, यह सबको पता है। जंगलों का विनाश पूरे पर्यावरण की मौत से जुड़ा है। इसके प्रभाव से हम चाहकर भी नहीं बच सकते। झारखंड प्राकृतिक रूप से बेहद संवेदनशील राज्य है। यह बात न तो लोगों को भूलनी चाहिए और न ही सरकार को। इतने दिनों में राज्य के विभिन्न इलाकों में जंगलों का लगातार नाश हुआ है। जो इलाके पहले कभी बेहद ही घने जंगलों से आच्छादित हुए करते थे, वहां बंजरता हावी होने लगी है। इसमें दोष किसका है? लकड़ी माफिया पर लगाम कसने के लिए कड़े कदम उठाने की जरूरत है।

वन विभाग अधिक से अधिक जागरूकता अभियान चलाए और लोगों को वनों की रक्षा के माध्यम से मानव अस्तित्व की रक्षा के लिए प्रेरित करे। छोटी-छोटी बातें भी बड़े परिणाम दे जाती हैं। जिस दिन पूरे जंगल और जंगल के समाज को हम अपना मानकर उनसे भावनात्मक रिश्ता कायम कर लेंगे, उसी दिन से झारखंड का कल्याण शुरू हो जाएगा। यह भी याद रखना होगा कि हमारे राज्य के लिए जंगल सिर्फ पेड़-पौधे नहीं, बल्कि यह हमारी आजीविका से भी जुड़ा है। जंगल हमें सालों भर आमदनी का जरिया उपलब्ध कराता है। ऐसे में हम जंगल को क्यों उजाड़ने पर उतारू हैं, जिससे न तो हमारा भला होगा और न ही जंगल में रहने वालों का।

◆ ◆ ◆

जंगल बचेगा, तो आदिवासी बचेगा

सुनील मिंज
लेखक,एक्टिविस्ट

पहाड़िया संताल परगना की प्राचीन आदिम जनजाति है। इस आदिवासी समुदाय की जिंदगी ही पहाड़ है। ये दामिन-ए-कोह के पर्वत शिखर पर 700-1000 फीट की ऊंचाई पर अवस्थित गांवों में सदियों से पहाड़, जंगल, पेड़-पौधे, जीव-जंतु, माटी-पानी, नदी-झरने और जड़ी-बूटियों के साथ रहते आए हैं। लेकिन, आज मानव जीवन के स्तर को सुधारनेवाला एक ही शब्द 'विकास' की वजह से इनकी जिंदगी पहाड़-सी हो गई है।

राजमहल पहाड़ को पीसकर झारखंड में विकास का रास्ता बनाया जा रहा है। फलतः पहाड़िया आदिवासी समाज का अस्तित्व आज अंतिम सांस ले रहा है। पहाड़िया समाज में गरीबी और भुखमरी की भीषण समस्याएं व्याप्त हैं। पहाड़िया के जीवन का आधार पहाड़ है, जिसे आज खोदा जा रहा है। बरहड़वा से लेकर साहेबगंज की सड़क या रेलमार्ग से यात्रा करते हुए आपको सभी पहाड़ियों को काटकर तोड़कर बोल्डर बनाने का दृश्य नजर आएगा।

बड़े पैमाने पर क्रशर चल रहे हैं। वैध भी, अवैध भी। आज राजमहल पहाड़ को खंड-खंड करने के लिए तकरीबन 600 क्रशर घनघना रहे हैं। यह पहाड़ पहाड़िया लोगों का है, जिसके लिए वे सरकार को मालगुजारी देते हैं। यह अलग बात है कि यह मालगुजारी नाममात्र की होती है। क्रशर के ठेकेदार डरा-धमकाकर पहाड़िया से पहाड़ लीज पर ले लेते हैं और पहाड़ काटते हैं। पहाड़िया पहाड़ पर खेती करते हैं। मकई और बारबट्टी की खेती वहां प्रमुख रूप से की जाती है। समतल भूमि पर धान भी उपजाया जाता है। वहां कटहल, इमली, आम की अच्छी फसल ली जाती है। बाजार में इसे बेचकर जरूरत की अन्य वस्तुएं खरीदी जाती हैं। पहाड़िया जलाऊ लकड़ी, बांस, चौखट आदि बेचकर पैसा कमाते हैं। अकाल के समय कंद-मूल, फल-फूल, तो बीमारी के वक्त जड़ी-बूटी का इस्तेमाल करते हैं। आज भी पहाड़िया कुएं के बजाय झरने के पानी का इस्तेमाल करते हैं। यानी पहाड़ियों के लिए पहाड़ ही जिंदगी है। लेकिन, अब पहाड़ों के कटने से उनकी जिंदगी बोझ-सी हो गई है। पहाड़ों के कटने से सदियों से प्रवाहमान जीवनदायिनी झरने सूखने लगे हैं। पहाड़ों के कटने से जीव-जंतु भाग गए हैं। मूल्यवान औषधीय पौधे खत्म हो रहे हैं। जंगल के कटने से वर्षा अनियमित हो गई है। इसलिए पहाड़िया समाज की आबादी तेजी से घट रही है।

सरकार के ही आंकड़े बताते हैं कि देश में पक्षियों की करीब 70 से अधिक प्रजातियां विलुप्त होने के कगार पर है। पहाड़िया ही नहीं, जंगल पर निर्भर झारखंड की कई जनजातियां इन्हीं पक्षियों की श्रेणी में आ गई हैं। वर्ष 2001 की जनगणना के मुताबिक बंजारा आदिवासियों की संख्या मात्र 374, खोंड की संख्या 196 रह गई है। बथूडी, गोडाइत और सवर आदिवासियों की जनसंख्या भी चार की संख्या को पार नहीं करती। आजादी के पूर्व के 50 साल में इनकी करीब 50 फीसदी आबादी विलुप्त हो चुकी है।

यह हालत सिर्फ पहाड़िया आदिवासी की नहीं है, उन तमाम आदिवासियों की भी है, जो अपनी आजीविका के लिए पूरी तरह जंगलों पर निर्भर हैं। बिरहोड़, कोरवा, असुर और बिरजिया-ये ऐसी ही आदिम जनजातियां

हैं, जो नेतरहाट के पठार पर सदियों से अपनी जिंदगी निबाह रहे हैं। उनके ऊपर दो योजनाओं की तलवार लटक रही है। एक तो बॉक्साइट खनन के कारण उनके रहवास उजड़ रहे हैं और दूसरा, नेतरहाट फील्ड फायरिंग पायलट प्रोजेक्ट से बेदखलीकरण का भय हमेशा सताता रहता है।

अगर ये यहां से उजड़ गए, तो पुनर्वास के डब्बेनुमा कॉलोनियों में वे जी नहीं सकेंगे। इसकी प्रमुख वजह यह है कि ये आदिवासी जंगल से जीते हैं और जंगल आदिवासियों से जीता है। यह उदाहरण भी सिर्फ आदिम जनजातियों के लिए लागू नहीं होती है। ये आदिवासी समुदाय भी अपने आर्थिक, सामाजिक और धार्मिक जरूरतों के लिए जंगल पर ही निर्भर है।

खेती करने के सारे उपकरण, घर बनाने की सारी लकड़ियां, जलाऊ लकड़ी, पशु चारे, जंगली फल-फूल और कंदमूल, जड़ी-बूटी और अन्य वनोत्पाद के लिए ये आदिवासी भी, जिसकी एक अच्छी खासी आबादी की आर्थिक स्थिति बेहतर है, जंगल पर आश्रित हैं। पिछले कई वर्षों से नियमित बारिश नहीं होने की वजह से आदिवासी समुदायों के बीच खाद्य असुरक्षा बढ़ी है। दूसरी ओर खनिजों के उत्खनन, उद्योग, विद्युत, परिवहन एवं संचार के कारण जंगलों पर काफी दबाव बढ़ा है। लगातार जंगलों की कटाई हो रही है। परिणामस्वरूप जंगल सिकुड़कर 11 प्रतिशत रह गया है। हालांकि, सरकारी आंकड़े 19 प्रतिशत है। रांची और खूंटी में 23 प्रतिशत, लोहरदगा में 18 प्रतिशत, पूर्वी सिंहभूम में 30 प्रतिशत, लातेहार में 41 प्रतिशत हजारीबाग, रामगढ़ में 40 प्रतिशत जंगल हैं और यही वन क्षेत्र आदिवासी इलाके हैं। इसीलिए इन जिलों में वनों का क्षेत्रफल 33 प्रतिशत से अधिक है। लेकिन इन तमाम इलाकों में खनन कंपनियों की गिद्ध दृष्टि पड़ चुकी है। अगर इन इलाकों में उत्खनन को सरकार द्वारा प्रोत्साहन दिया गया तो बचे-खुचे जंगलों का भी नाश हो जाएगा। इसके अलावा भी व्यावसायिक कारणों से जंगलों का विनाश हो रहा है। एक आकलन के मुताबिक पूरे भारत में जंगलों की कटाई की दर 4000 वर्ग किलोमीटर है।

झारखंड की भी यही स्थिति है। सरकारी वन संरक्षण की नीति कारगर साबित नहीं हो पा रही है। ऐसी स्थिति में समुदाय को ही वनों की रक्षा की जिम्मेदारी सौंपी जानी चाहिए। लेकिन, इसके उलट सरकार यहां वनाधिकार कानून-2006 के तहत मिले अधिकारों को भी आदिवासियों के सिपुर्द नहीं कर पा रही है। आज भी वन विभाग उन्हें अतिक्रमणकारी करार देकर जेलों में बंद करने से बाज नहीं आ रहा है। कहीं-कहीं पर आदिवासियों को माओवादी सफाया करने के नाम पर ऑपरेशन ग्रीन हंट चलाकर जंगलों से खदेड़ा जा रहा है, ताकि खाली पड़ी खनिज संपदा से भरी जमीन खनन कंपनियों के सिपुर्द की जा सके। ये कंपनियां सिर्फ और सिर्फ मुनाफे के लिए झारखंड आ रही हैं। पर्यावरण असंतुलन से उनका तनिक भी लगाव नहीं है। लेकिन, यहां के आदिवासियों को जंगल की बड़ी चिंता है। यही कारण है कि वे किसी भी बड़ी परियोजना का, जिससे जंगलों का नाश होनेवाला है, का कड़ा विरोध जताते हैं। क्योंकि आदिवासी जल-जंगल-जमीन के बगैर जी नहीं सकते। सरकार को आदिवासी संस्कृति के अनुसार विकास की नीति बनानी चाहिए।

इस सरकार को कम से कम 'विकास' शब्द को परिभाषित इसलिए करना चाहिए कि विभिन्न समाजों के लिए विकास के भिन्न-भिन्न अर्थ होते हैं। आज रांची से लेकर दिल्ली और अमेरिका तक जिस विकास का शोर मचा है, उसमें आदिवासियों की आर्थिक स्थितियां, सामाजिक रीति-रिवाज और राजनीतिक प्रतिबद्धताएं कहां दिखती हैं? सही बात बोलूं तो आजादी के बाद इस समाज के लिए सरकारी और गैर सरकारी एजेंसियों द्वारा करोड़ों रुपये खर्च किए गए, फिर भी उनका कोई खास भला हुआ, ऐसा दिखता नहीं है। इसे विकास नहीं, लूट कहते हैं। झारखंड अलग हुए 11 साल हो गए हैं। अब इसे और कितना वक्त चाहिए-लूट को विकास में तब्दील करने के लिए। ◆ ◆ ◆

करना होगा जंगल का सम्मान

बीरेन्द्र कुमार महतो
लेखक/एक्टिविस्ट

आदिवासियों का सदियों से जंगल से गहरा रिश्ता रहा है। वे शुरू से ही जंगल में रहते आए हैं, जंगल उनके जीवन का बुनियादी आधार रहा है। जंगल की इसी हरी-भरी गोद में उन्होंने अपने जीवन का हर व्याकरण सीखा और गढ़ा है। जंगल ने आदिवासियों को आश्रय प्रदान किया और आदिवासियों ने जंगल में उपलब्ध संसाधनों और पूरे पर्यावरण की रक्षा की। आज इस आदिवासी हक के लिए जरूरी है कि इतिहास के संदर्भ में नई दावेदारी पेश की जाए, ताकि इतिहास के अहम पहलू राजनीति का मार्गदर्शन कर सके। बात किसी एक प्रदेश की हो या पूरे देश की, जंगल महत्वपूर्ण है। 23 फीसदी भू-भाग पर ही जंगल हैं। लेकिन वास्तव में पांच या सात फीसदी से ज्यादा जंगल नहीं हैं।

भारतीय आबादी में आदिवासी महत्वपूर्ण अंश हैं और जबरदस्त तरीके से वह ठगे जाने का अनुभव करते हैं। भारत में एक लंबी पट्टी है, जिसमें आदिवासी मूल्य चेतना और आबादी का बंटवारा है। गुजरात से अरुणाचल प्रदेश तक 500-1000 किमी से भी अधिक चौड़ा एवं 2000 किमी लंबा यह इलाका है। कर्नाटक व केरल के दक्षिणी छोर को यदि छोड़ दिया जाए तो मोटे तौर पर यह आंध्र प्रदेश तक फैला है और भील-गौड-मुंडा-संताल सहित पूर्वोत्तर की आदिवासी संस्कृति का पुरातन-अधुनातन प्रतिनिधित्व करता है। यह वह इलाका है, जिसमें हजारों-लाखों वर्षों से मानव रहता आ रहा है। भारत में आदिवासियों का रहना, घूमना इसी जंगल पट्टी के आस-पास हुआ है। आदिवासी समाज मनोवैज्ञानिक रूप से यह सोचता व समझता है कि उसकी स्थिति जंगल के साथ ठीक मछली और पानी की तरह है।

आदिवासियों की पहली पसंद जंगल है। जब जंगल में कुछ नहीं मिलता है, तो ही वे शहर की ओर भागते हैं। ठीक वैसे ही जैसे कि सियार को जब मरना होता है तो वह जंगल से भागता है। आज हालात यह हो गई है कि आदिवासियों से तमाम विकल्प छीन लिये गए हैं। विवशता है। जंगल साफ कर दिए गए हैं। यह दौर ऐसा है कि यदि आदिवासी पलायन जारी रहा तो, तो इनकी पूरी नस्ल ही खत्म हो जाएगी। लेकिन इतिहास एक बात साफ बताता है कि आदिवासी हार नहीं मानते। जब कभी अस्मिता, अस्तित्व और स्वायत्तता का सवाल उठा, उसने संघर्ष का रास्ता अख्तियार कर लिया। सिद्धू-कान्हू, चांद-भैरव, बिरसा मुंडा जैसे लोगों ने अंग्रेजी साम्राज्यवाद को इसी बिना पर चुनौती दी। आदिवसियों की इस प्रतिरोध संस्कृति का कारक उस बुनियादी बनावट में है, जो उसे भू-सांस्कृतिक-पर्यावरणीय संरक्षण प्रदान करती है। इसी कारण वह प्रतिपक्षी से लड़ने को तैयार हो जाता है। बिना यह सोचे कि प्रतिद्वंद्वी कौन है और उसकी ताकत क्या है? जो भी उसे चुनौती देता है। उससे वह लड़ता है। वास्तव में स्वतंत्रता की असली लड़ाई तो आदिवासियों ने ही लड़ी। उसने कभी भी आत्मसमर्पण करना नहीं सीखा। कथित सभ्य लोग किसी भी युद्ध-संघर्ष की रणनीति बनाते हैं, लेकिन आदिवासियों के पास एक सूत्री एजेंडा जल-जंगल-जमीन की रक्षा है।

आज पूरी दुनिया तेजी से घटते वन क्षेत्र से काफी चिंतित है। कोई ओजोन परत में छेद होने से चिंतित है, कोई शेयर बाजार के गिरते मूल्यों को लेकर परेशान है तो कोई जंगल में मौजूद जैव-विविधता के पेटेंट के लिए संरक्षण चाहता है। लेकिन हजारों-लाखों वर्षों से जंगल पर आश्रित आदिवासियों की चिंता इन सबसे बिल्कुल ही अलग है। आदिवासी जंगल बचाना चाहते हैं अपने अस्तित्व और आनेवाली पीढ़ियों की खुशहाल जिंदगी के लिए। आधुनिक समाज की सोच ने जंगल को लाभ की वस्तु बना दिया है। लेकिन आदिवासियों के लिए जंगल एक पूरी जीवन शैली है। आजीविका का साधन है। आदिवासियों की जीवनशैली, कार्यशैली, जंगल

के दोहन का उनका तरीका अलग है। अपने नियम-कानून से वे पुरखों के जमाने से जंगल बचाते आ रहे हैं। आदिवासी अपने जरूरत के अनुसार जंगल से जितना लेते हैं बदले में उसे भी कुछ न कुछ देते हैं। उनकी इसी भावना और जंगल के प्रति उनके आदर से आज जंगल बचे हुए हैं।

जंगल का उपयोग करने में आदिवासियों के तौर-तरीके और नियम से महसूस होगा कि वन संरक्षण में उनकी सोच कितनी टिकाऊ और महत्वपूर्ण है। सर्वविदित है कि जंगल आदिवासियों का महज आर्थिक आधार ही नहीं, बल्कि उनकी बीमारियों का पूरा इलाज भी जंगली जड़ी-बूटियों से ही होता है। उनके देव स्थान भी जंगल में ही होते हैं यह कोई और नहीं बल्कि हरे-भरे पेड़-पौधे ही होते हैं जिन्हें वे श्रद्धापूर्वक पूजते हैं। लेकिन, आज जंगल पर एक तरह से सरकार के नाम पर वन विभाग के अधिकारियों और उनसे जुड़े ठेकेदारों का एकछत्र राज स्थापित हो गया है। इनकी सांठ-गांठ से जंगल में प्रतिदिन अवैध धंधा चलता है। पेड़ कटते हैं और बेसकीमती लकड़ियां बाजार में भेज दी जाती हैं। एशिया का सबसे घना जंगल सिंहभूम का 'सारंडा वन' माना जाता रहा है, लेकिन वह आज हर दिन बदशक्ल हो रहा है।

जंगल के संरक्षण के नाम पर कानून बनाकर आदिवासियों को जगल से अलग-थलग किया गया, लेकिन इन कानूनों पर टिका शासन ने जंगल को असुरक्षित बना डाला है। वन विभाग जंगल के प्राकृतिक नैसर्गिक रूप को प्रतिदिन बदल रहा है। झारखंड के संदर्भ में आज आदिवासी कल्याण के नए चिंतन और नई रणनीति पर विचार करना आवश्यक हो गया है, क्योंकि पुराने चिंतन और विकास की चालू अवधारणा ने उनके हितों की रक्षा कम की है, नुकसान अधिक पहुंचाया है। विकास की आक्रामक तकनीकी रणनीति, राष्ट्र-राज्य की दमनकारी शक्ति और व्यक्तिवादी भेदभावपूर्ण चिंतन ने आदिवासियों की जातीय और सामूहिकता की भावना पर आधारित चिंतन बोध व सामाजिक विकास प्रक्रिया को बाधित किया है। गलत प्राथमिकताओं और निहित स्वार्थों पर टिके अमानवीय तंत्र के कारण आदिवासी जीवन का बड़ी तेजी के साथ विघटन हुआ है। एक तरफ उन्हें परंपरा से तोड़ने की कोशिशें की गई हैं, तो दूसरी तरफ उन्हें आधुनिक जीवन और विकसित अर्थतंत्र से जोड़ा भी नहीं जा सका है। इससे आदिवासी एक अजीब किस्म के अलगाव बोध से ग्रस्त हैं। झारखंड जैसे नवगठित राज्य की वास्तविक पीड़ा भी यही है।

गौरतलब है कि विगत वर्ष 2006 में एक लंबे संघर्ष के बाद किसी तरह वन अधिकार कानून बना। लेकिन आदिवासी मंत्रालय के अधिकारी वन अधिकारों की सुरक्षा की जो हरी-भरी तस्वीर हाल-फिलहाल दिखा रहे हैं, वैसी स्थिति वास्तव में किसी प्रदेश की जमीन पर दिखाई नहीं दे रही है। आज भी वनोपज पर आधारित जीवनशैली जी रहे आदिवासियों से जल, जंगल, जमीन छीनने की कोशिशें लगातार जारी है। देश की अदालतों में वन अधिकार कानून के विरोध में सात याचिकाएं दायर हैं। इनमें चार तो सेवानिवृत्त वन अधिकारियों ने दायर की है। एक याचिका एक पूर्व जमींदार की है और दो ऐसे पर्यावरण संगठनों ने दायर की हैं, जिनकी सोच भद्रकुलीन है। फिलहाल पूरे देश में कोशिशें जारी है कि किस तरह वन अधिकार कानून की प्रक्रिया को अमल में आने से रोका जाए। अफसोस इस बात का है कि केंद्र का आदिवासी मंत्रालय इस सारी गतिविधियों पर निष्पक्ष है। यह उनकी मदद में जुटा है जो वन अधिकार कानून को अमल में नहीं आने देना चाहते। लेकिन इस कानून के बनने के बाद आदिवासी भी अब अपने अधिकारों के प्रति सजग हुए हैं। ऐसा गांव जहां आदिवासी पूरे तौर पर वनोपज पर ही अपना जीवन-यापन करते हैं वे अपने सामुदायिक वन स्रोतों की सीमा बांध रहे हैं। उनके संरक्षण की अपनी कोशिश कर रहे हैं।

वे अपने पारंपरिक वन क्षेत्र को बचाने का पूरा प्रयास स्थानीय स्तर पर व आंदोलनों के जरिये संगठित होकर कर रहे हैं। जंगल आधारित जीवनशैली, आदिवासियों का परंपरागत ज्ञान, जरूरतभर उपभोग, संरक्षण के लिए आदिवासियों की सोच, टिकाऊ दृष्टिकोण और कार्यशैली की अनदेखी कर, वन्यप्राणी, जैवविविधता के संरक्षण के नाम पर विदेशी सोच आधुनिक कह कर लादी जा रही है। इससे कुछ फायदा तो हो नहीं रहा, हां इससे आदिवासी और जंगल का सहअस्तित्व जरूर खत्म हो रहा है। हमें यह याद रखना होगा कि हजारों हजारों-लाखों वर्षों से आज तक जंगल की रक्षा आदिवासियों की संस्कृति व परंपरा के चलते ही हो पाई है जिसका बड़ा हिस्सा हम महज कुछ दशकों में साफ कर चुके हैं। अगर वास्तव में आने वाली पीढ़ी के लिए हमें जंगल की विरासत रखनी है, तो जंगल को लाभ के लिए, जीवन के लिए बचाने की सोच विकसित करनी होगी। जंगल का सम्मान करना सीखना होगा और अपनी सोच, संस्कृति में बदलाव लाना होगा। ◆ ◆ ◆

सारंडा, जहां कायम है जंगल राज

अनुपमा

यह एशिया का सबसे बड़ा साल जंगल है, लेकिन पिछले दस सालों में असलहों की भाषा ही यहां की मुख्य जुबान बनी है। नतीजा यह कि अब इसकी तुलना दंडकारण्य के दंतेवाड़ा और पश्चिम बंगाल के लालगढ़ से भी की जाने लगी है। 80 हजार हेक्टेयर में फैला यह विशालकाय क्षेत्र कभी अपनी खूबसूरती के लिए जाना जाता था, अब यह माओवादियों और पुलिस के बीच मुठभेड़ होने की वजह से चर्चा में आता है या फिर अवैध खनन के कारण।

सारंडा का सन्नाटा कभी जंगली जानवरों की चीत्कार-हुंकार से टूटता था, अब गोलियों की तड़तड़ाहट से टूटता है और फिर उसी सन्नाटे के आगोश में समा जाता है। इस जंगल में बसा छोटानागरा धार्मिक पर्यटक स्थल के रूप में मशहूर रहा है। बताया जाता है कि कभी यहां ओड़िशा के क्योंझर राज ने मानव निर्मित खालों से दो नगाड़े बनवाए थे, जो अब भी आस्था के केंद्र के तौर पर विराजमान हैं। लेकिन, अब छोटानागरा की नई पहचान भी है। अब वहां से जहां खून, बारूद, विस्फोट, वर्चस्व की भाषा का मुख्यमार्ग शुरू होता है। सारंडा की यात्रा के दौरान मिले विनय एक सवाल पूछते हैं- हमारे पुरखों ने जंगल-पहाड़ों की दुर्गमता से लड़ाई लड़ अपने रहने के लिए, अपनी खेतीबाड़ी के लिए जगह तैयार की।

जानवरों की खोह में इंसानों के आने-जाने के अवसर उपलब्ध कराए, लेकिन जब इसके एवज में वर्षों से पानी-बिजली की मांग करते रहे तो कोई सुनने को तैयार नहीं। बहाने लाख बने, लेकिन हमारे ही गांव के बगल में जब कंपनियां आती हैं तो उनके लिए दस दिनों के अंदर ही बिजली-पानी-सड़क आदि का इंतजाम हो जाता है। ऐसा क्यों? विनय का सवाल यक्ष प्रश्न की तरह है और इन्हीं सवालों के इर्द-गिर्द घूमते हुए सारे जवाब भी तलाशे जा सकते हैं कि आखिर सारंडा की सुंदरता को किसने नजर लगाई? इस सवाल का जवाब भी तलाशा जा सकता है कि नक्सलियों और पुलिसवालों, दोनों को ही सारंडा से इतना मोह क्यों है? सारंडा एरिया के थोलकोबाद, मनोहरपुर, छोटानागरा, जराईकेला, दीघा, भालूलता, बिमलागढ़, किरीबुरू के रास्ते गुजरते हुए साफ पता चलता है कि यह इलाका कितना दुर्गम-दुरूह रहा होगा और कितनी मेहनत से इसे यहां के मूल रहनिहारों ने रहने लायक तैयार किया होगा।

सारंडा के जंगलों में घूमते हुए रास्ते में अब भी हाथियों के समूह दिखते हैं। टेढ़े-मेढ़े रास्ते के साथ चारों ओर पहाड़ियां ही पहाड़ियां, तब लगता है कि सात सौ पहाड़ियों के इलाके में हैं। इन सबके बीच एक स्कूल में फुटबॉल मैच खेलतीं लड़कियों को देख भय के आलम में रोमांच का अनुभव होता है। लेकिन लगभग 80 हजार हेक्टेयर के क्षेत्रफल में फैले एशिया के सबसे बड़े जंगल में जितने किस्म के संकट हैं, उससे भयभीत होना स्वाभाविक है। कई जगहों पर सड़क को ही खलिहान बने देखना साफ बताता है कि इस रास्ते कभी-कभार ही कोई आता-जाता होगा।

कई जगहों पर उड़ी सड़कें बताती हैं कि यहां कभी विस्फोट हुआ है। सारंडा तबाही और बर्बादी के उस मुहाने पर पहुंच चुका है जहां से वापस आने की उम्मीद नहीं दिखती। सारंडा का ही एक हिस्सा है बंदगांव का इलाका। जहां जंगल माफिया ने पिछले दस वर्षों से तबाही मचा रखी है। बच्चों से जंगल कटवाते हैं। ग्रामीणों

का घर जला देते हैं। महिलाओं से दुष्कर्म करते हैं, लेकिन वहां कोई सजा देने-दिलाने को सामने नहीं आता। बावजूद इतनी विडंबनाओं के, सारंडा अब भी सारंडा है। पहचान की वह रेखाएं अब भी मौजूद हैं, जिसके लिए यह मशहूर रहा है।

छोटानगरा का मंदिर अब भी मन मोहता है। दक्षिण कोयल नदी में सुवर्ण कणों को देखना अब भी रोमांचित करता है। थोलकोबाद में अब भी ज्वालामुखी फटने के अवशेष दिखाई पड़ते हैं। टायबो जलप्रपात मनोहरी छटा बिखेरता है, जहां 116 प्रकार की प्रजातियों के पौधे मौजूद हैं। शंकराचार्य द्वारा स्थापित समीज आश्रम में वह बोर्ड अब भी दिखता है, जिस पर पूर्व प्रधानमंत्री पीवी नरसिंह राव के आने के साक्ष्य अक्षरों में मौजूद हैं। और सबसे खास है मनोहरपुर बाजार के किसी कोने से सूर्यास्त होते देखना। इसी सूर्यास्त को देखने दस साल पहले सैकड़ों की संख्या में ओड़िशा, बंगाल, बिहार के पर्यटक यहां पहुंचते थे। लेकिन अब ? सात सौ पहाड़ियों की बेटी और सघन साल वन सारंडा, जंगलों से तो उजाड़ हो चुका है, लेकिन वहां जंगलराज कायम जरूर हो गया है, जहां कोई नियम, कोई कानून और कोई संविधान लागू नहीं होता। आगे क्या कहूं...क्या लिखूं।

(लेखिका 'तहलका' पत्रिका से जुड़ी हैं।) ◆ ◆ ◆

वनौषधि को औषधि की जरूरत

डॉ. रामलाल राम
पूर्व यूनिवर्सिटी प्रोफेसर
एवं विभागाध्यक्ष,
वनस्पति विज्ञान विभाग,
मारवाड़ी महाविद्यालय

जंगल है तो वनौषधि है। झारखंड तो हमेशा से ही भारत का एक सघन वन क्षेत्र रहा है। यहां के जंगलों में निवास करनेवाले लोग प्राचीन काल से ही आजीविका और स्वास्थ्य के लिए वनों और वनौषधियों पर निर्भर रहे हैं। यह परंपरा आज भी जारी है। लेकिन झारखंड के गर्भ में छिपी अपार खनिज संपदा की खोज के लालच ने वनों के दुर्दिन की शुरुआत कर दी। 20 वीं सदी के प्रारंभ से इस क्षेत्र में खनन और औद्योगीकरण के विकास ने वनौषधियों के इन आश्रय स्थलों का निर्ममतापूर्वक विनाश किया है। वन प्राकृतिक परिवेश की अभिव्यक्ति है तथा सभी प्रकार के जीव और वनस्पति के आधार भी।

झारखंड की वन-संस्कृति ने यहां के आदिवासियों एवं पिछड़ों के जीवन के सभी पक्षों को गहराई से प्रभावित किया है। अभाव में भी हृष्ट-पुष्ट शरीर तथा खिलखिलाते चेहरों से युक्त यहां के आदिवासी वनौषधियों के विशेषज्ञ होते हुए भी आज महंगी आधुनिक चिकित्सा करवाने को बाध्य हो रहे हैं। इससे औषधीय महत्व के पौधों के प्रचार-प्रसार एवं संरक्षण पर प्रतिकूल प्रभाव पड़ रहा है। अभी भी जंगलों को उजड़ने से बचाकर अप्राकृतिक जीवन से उत्पन्न असाध्य रोगों से मानव मात्र को बचाया जा सकता है। आज ऐसे पौधों की पूरी जानकारी के साथ-साथ उनकी सुरक्षा और प्रसार की जरूरत पड़ी है।

प्राकृतिक वनस्पति को 'जलवायु का प्रतीक' कहा जाता है। पर इसकी प्रकृति धरातलीय संरचना, उच्चावच और मिट्टी द्वारा निर्धारित होती है। प्राकृतिक दशाओं की कुछ भिन्नता के कारण यहां के विभिन्न क्षेत्रों में वृक्षों के प्रकार उनकी ऊंचाई और सघनता भिन्न पाई जाती है।

झारखंड के वन मुख्यतः दो प्रकार के होते हैं, आर्द्र पर्णपाती एवं शुष्क पर्णपाती वन। आर्द्र पर्णपाती वनों का विस्तार झारखंड में अधिक है। इसके वृक्ष ऊंचे और मोटे होते हैं। सखुआ इस जंगल का सबसे प्रमुख वृक्ष है। आम, कटहल, जामुन, जुग्नफर आदि अन्य वृक्ष हैं, जिनमें पतझड़ के मौसम में भी पत्ते लगे रहते हैं। महुआ छोटानागपुर का सामान्य वृक्ष है, पर जंगलों में यह मुख्य रूप से पहाड़ी और ऊंचे शुष्क क्षेत्रों तक सीमित है। टून, शीशम, सागवान, हर्रे, करम, कुसुम और पैसार कुछ बहुमूल्य इमारती लकड़ियों के पेड़ यहां के मूल वृक्ष नहीं हैं, पर यहां इनका पर्याप्त विकास हुआ है। शुष्क पर्णपाती वनों के वृक्ष होते हैं और जंगल कम घने होते हैं। यहां के जंगलों में शीशम, खैर, बेर, पलास और छोटे बांस अधिक महत्वपूर्ण हो जाते हैं।

वनों के वितरण की दृष्टि से रांची, हजारीबाग, खूंटी, पलामू, चतरा, दुमका, लातेहार और सिंहभूम जिले अधिक महत्वपूर्ण है, जहां की लगभग आधी धरती जंगलों से भरी है। यातायात के सुगम साधनों के विकास के कारण रांची और हजारीबाग के जंगलों का सबसे अधिक दोहन हुआ है।

वन संपदा के विनाश में मानवीय हस्तक्षेप सबसे अधिक जिम्मेदार है। बढ़ती आबादी, वन प्रबंधकों, ठेकेदारों, बिल्डरों की अधिक लाभ अर्जित करने की प्रवृत्ति, वनों से आजीविका प्राप्त करने की जनजातियों की विवशता तथा सरकार की गलत नीति के कारण वनों का अंधाधुंध कटाव हुआ है। आग के कारण झारखंड के कई वर्गकिमी के जंगलों का नाश होता रहा है। इनमें से अधिकांश आग मनुष्यों द्वारा लगाई जाती है। लोग जाने-अनजाने जलती हुई बीड़ी-सिगरेट फेंक देते हैं या महुआ को चुनने के लिए पत्तों में आग लगा देते हैं। जंगल धू-धू कर जलने लगता है। धरती से सटे घास जड़ी-बूटी और झाड़ियां नष्ट तो होते ही हैं, ऊंचे पेड़ों के

मुलायम पत्ते और डालियां असमय ही झुलस जाते हैं।

तीसरा महत्वपूर्ण कारक भूमि अपरदन है। पेड़ों की जड़ें खासकर नाला अपरदन के कारण बाहर झूलने लगती है और वृक्ष बेसहारा होकर धराशायी हो जाती है। कल-कारखानों व खनन कार्य और बांधों का निर्माण झारखंड में वनों के व्यापक विनाश के विशेष कारण रहे हैं। इन कामों के लिए वनभूमि को आसान निशाना बनाया जाता रहा है। इससे जंगलों का नाश तो होता ही है, साथ ही प्रदूषण की समस्या भी उत्पन्न होती है। झारखंड के वनों में वनौषधियों का जो भंडार है, वह पूरे विश्व के जंगलों में नहीं है। सर्वेक्षण रिपोर्ट बार-बार कह रही है कि झारखंड की जड़ी-बूटियां निरंतर विलुप्त हो रही हैं। सर्पगंधा, कुसुम, रत्ति, आंवला, हर्रे, बहेड़ा आदि के फल, जड़ एवं छाल की व्यापक पैमाने पर इन जंगलों से चोरी हो रही है। वनाधिकार कानून तथा अन्य संवैधानिक प्रावधानों के तहत वनवासियों को वनोत्पादों के उपयोग की छूट दी गई है। इसका अवैध लाभ जंगल से बाहर के लोग उठा रहे हैं।

चोरी-छिपे इन जड़ी-बूटियों की बाहर के व्यापारियों को अच्छी रकम लेकर बेचते हैं। व्यापारी इन्हें उत्तर प्रदेश, मध्य प्रदेश, ओडिशा तथा पश्चिम बंगाल आदि राज्यों में भेजते हैं। तस्करी कार्य नेपाल के रास्ते धड़ल्ले से हो रहा है। पलामू के जंगलों में सोना छाल का वृक्ष पाया जाता है। इसकी चोरी करनेवाले लोग ऐसे गलत तरीके से छाल उतार लेते हैं कि कुछ दिनों बाद वह वृक्ष सूख जाता है। जड़ी-बूटियों और वनौषधियों के मामले में इतना धनी होने के बावजदू झारखंड में इसे बचाने और इसके जरिये रोजगार के सृजन की कोई नीति नहीं बनाई गई है। जंगल माफिया की नजर में तो ही पेड़ लकड़ी है और वे उसे व्यापारिक कामों के लिए काटते हैं। इन अनमोल औषधीय पेड़-पौधों का भी तेजी से नाश हुआ है। झारखंड के किसी भी इलाके में चले जाएं, जड़ी-बूटियों की परंपरागत जानकारी रखने वाले आदिम लोगों को तिरस्कृत छोड़ दिया गया है।

न तो अभयारण्य बना, न ही नेशनल पार्क : हमारा राज्य जब बिहार से अलग हुआ था, उस वक्त सबने सोचा था कि झारखंड के जंगलों और जंगलवासियों (जंगली जानवर सहित) के लिए अब न्याय के क्षण आ गए हैं। अर्थव्यवस्था में जंगलों की एक बड़ी भागीदारी होगी। लेकिन, झारखंड के जंगलों का कैसे बेहतर इस्तेमाल हो, इस पर अब तक कोई ठोस नीति या कार्ययोजना नहीं बनी है। विभाग अपना पूरा समय जंगलों को बचाने में ही लगता है। प्राकृतिक सुंदरता और वन्यजीवन को पर्यटन उद्योग का रूप देने की दिशा में कोई उल्लेखनीय काम नहीं हुआ। हां, इतना जरूर हुआ कि किसी वनक्षेत्र को बराह (सूअर) आरक्ष तो कभी गज आरक्ष घोषित करने के लिए तख्त जरूर टांग दिए गए। बगैर किसी योजना, सुरक्षा और पर्यटन सुविधा के राज्य के तमाम वन्यप्राणी अभयारण्य और राष्ट्रीय उद्यान बस सफेद हाथी साबित हो रहे हैं। सुरक्षा कारणों और जंगली जानवरों की गिनती मात्र की मौजूदगी वन्यजीव प्रेमी पर्यटकों के भीतर कोई खास उत्साह नहीं जगा पाता। पलामू का टाइगर रिजर्व इसका उदाहरण है।

देश भर के वन्यजीव प्रेमी पर्यटक छत्तीसगढ़ का रुख करते हैं। लेकिन झारखंड में वन्यजीवन का मजा लेने बाहर से आनेवाले पर्यटकों की संख्या न के बराबर है। सारंडा के जंगलों में एक दशक पहले तक बंगाल, ओड़िशा से पर्यटक जरूर आते थे, लेकिन सुरक्षा कारणों से अब उनकी संख्या लगभग शून्य हो चुकी है।पड़ोसी राज्यों छत्तीसगढ़ और ओड़िशा से तुलना की बात तो छोड़ दें, बिहार जैसे बेहद कम वनक्षेत्र वाले राज्य से भी हमारा झारखंड वन्यजीव पर्यटन के मामले में काफी पीछे है। झारखंड में 29.6 फीसदी भू-भाग पर वन होने के बावजूद सिर्फ एक बेतला राष्ट्रीय उद्यान है। यह नेशनल पार्क भी झारखंड बनने से पहले से (1986) मौजूद है। झारखंड बनने के बाद अब तक न तो एक भी वन्यप्राणी अभयारण्य बना है और न ही नेशनल पार्क। छत्तीसगढ़ में झारखंड के मुकाबले तीन गुना अधिक वनक्षेत्र में और ओड़िशा में चार गुना अधिक वनक्षेत्र पर राष्ट्रीय जैविक उद्यान और वन्यजीव अभयारण्य मौजूद है। यहां तक कि बिहार के मामले में भी यह आंकड़ा झारखंड से करीब 12 सौ वर्गकिमी अधिक है। जाहिर है कि सरकार ने कभी भी वन को पर्यटन उद्योग बनाने और उसे स्थानीय लोगों की आमदनी से जोड़ने का गंभीर प्रयास नहीं किया। नाइट सफारी बनाने का मामले आठ सालों से लटका पड़ा है। ◆ ◆ ◆

वनाधिकार कानून के बाद भी बेदखलीकरण क्यों?

जेवियर कुजूर
जंगल बचाओ आंदोलन

आंदोलन, जनसंघर्ष और वैश्विक स्तर पर पर्यावरण और जलवायु परिवर्तन से उठते सवालों के दबाव में भारत सरकार ने वनाधिकार कानून तो बना दिया लेकिन, जब इसे लागू करने की बात आई, तो राज्य सरकार उदासीन है। वनभूमि के दावेदारों के दावों में वनविभाग द्वारा भारी कटौती की जा रही है। सरकार वनभूमि पर पट्टा देने के नाम पर दावेदारों को 30-40 डिसमिल या किसी को एक-दो एकड़ जमीन मंजूरकरके व्यक्तिगत वन अधिकार प्रमाण-पत्र दे रही है।

वन पर समुदाय के अधिकारः सरकार वन-संसाधनों पर समुदाय के अधिकारों को मंजूरी नहीं दे रही है। वन प्रबंधन का अधिकार ग्राम सभा को नहीं दिया जा रहा है। वनाधिकार के तहत वन ग्रामों को राजस्व ग्राम का दर्जा देना है। लेकिन, यह काम भी अभी तक नहीं हो रहा है।

वनाधिकार कानून के तहत टिम्बर को छोड़कर सारे गैर-लकड़ी वनोपज, जैसे- बांस, बेंत, बीड़ी पत्ता आदि को भी बेचने का अधिकार है। लोग इनको जमा करके गांव से लेकर शहर तक कहीं भी बेच सकते हैं। इसके लिए सरकार ग्राम सभा परमिट बुक प्राप्त कर सकती है और आवश्यकतानुसार किसी भी व्यक्ति को उसे दे सकती है। लेकिन, वन विभाग अब भी बीड़ी पत्ता और बांस को छोड़ने को तैयार नहीं है और परमिट देने को राजी नहीं हो रहा है। बीड़ी पत्ता करोड़ों रुपये का व्यापार है। वन विभाग बीड़ी पत्ता का ठेका ठेकेदारों को देता है और उनसे लाखों रुपये वसूलता है। इससे वन विभाग के लोग मालामाल होते हैं। वनाश्रित समुदाय को इसका समुचित लाभ नहीं मिल रहा है।

पुराने कानून हावी : वनाधिकार कानून में उल्लेखित कोई भी अधिकार सही तरीके से लागू नहीं हो रहे हैं। अपवाद को छोड़ दिया जाए, तो वन विभाग इस कानून को लागू ही नहीं करना चाहता। वन विभाग के पास भारतीय वन अधिनियम-1927 और भारतीय वन्य जीव संरक्षण अधिनियम-1980 जैसे कड़े कानून मौजूद हैं। वनाधिकार कानून-2006 के बाद भी वन विभाग अंग्रेजों के औपनिवेशिक कानूनों के नक्शे कदम पर चल रहा है। वह अपने में बदलाव नहीं लाना चाहता। नए वनाधिकार कानून को लागू करने के बदले वह पुराने कानूनों को ही लागू करके जंगल और जनता पर अपना दबदबा बनाए रखना चाहता है।

आदिवासियों के अधिकारः वनाधिकार कानून की धारा 3 (झ) के तहत वन संरक्षण एवं प्रबंधन का अधिकार तथा धारा 5 के तहत जंगली जीव-जंतु और जैवविविधता के संरक्षण एवं प्रबंधन का अधिकार ग्राम सभा को है। वन में निवास करने वाले आदिवासियों और अन्य परंपरागत वन निवासियों को उनकी सांस्कृतिक और प्राकृतिक विरासतों को सुरक्षित रखने का अधिकार है। इन्हें सामुदायिक वन संसाधनों तक पहुंच के साथ ही ऐसे किसी क्रियाकलाप को रोकने का अधिकार भी है, जिससे वन्य जीव, वन और जैवविविधता पर बुरा असर पड़ता हो। लेकिन, सरकार और वन विभाग समुदाय के हाथों इन अधिकारों को नहीं देना चाहती है।

अगर ये अधिकार गांव समुदाय और ग्राम सभा को मिल जाते हैं तो पूंजीपति और कंपनी वनभूमि को आसानी से अधिग्रहण नहीं कर सकते और उनकी मनमानी नहीं चल सकती। मगर सरकार कंपनियों और कॉरपोरेट हितों

को संरक्षण देना चाहती है। इन्हीं सब कारणों से वन विभाग और सरकार पिछले दरवाजे से फिर संयुक्त वन प्रबंधन को चालू करना चाहती है, जबकि लोग इसके विरोध में हैं।

कानून की जानकारी नहीं : वनाधिकार कानून के लागू हुए चार साल हो गए। लेकिन, अभी कई ऐसे गांव या क्षेत्र हैं जहां जंगल आश्रित लोगों को इसकी जानकारी ठीक से नहीं है। बहुत से लोगों ने अब भी दावा-पत्र नहीं भरा हैं, क्योंकि कई जगह दावेदारों को दावा-पत्र मिला ही नहीं है। कहीं-कहीं लोग दावा-पत्र भर रहे हैं, लेकिन ब्लॉक में जमा नहीं लिया जा रहा है। कई स्थानों पर अमीन उपलब्ध न होने के कारण वनभूमि का सर्वे और नापी-नक्शा का काम नहीं हो रहा है।

झारखंड में अन्य परंपरागत वन निवासियों को अभी तक वन भूमि का अधिकार नहीं दिया जा रहा है। झारखंड सरकार के अनुसार दिसंबर 2011 तक कुल 36 हजार दावे जमा हुए, जिसमें करीब 10 हजार लोगों को वन हक प्रमाण-पत्र मिला। इसमें कुल 15 हजार एकड़ जमीन मिला। 15 हजार से अधिक दावे खारिज किए गए। बहुत से दावे अभी भी लंबित हैं।

वन संबंधी मुकदमे : झारखंड में 2007 में करीब 16 हजार वन संबंधी मुकदमे थे। जंगल अधिकार आंदोलन के संगठनों द्वारा इन मामलों को रद्द कराने की मांग पर झारखंड के तत्कालीन वन एवं पर्यावरण मंत्री सुधीर महतो के हस्तक्षेप से वन विभाग के अधिकारियों ने अपनी बैठक कर करीब 4 हजार मामलों को रद्द किया था। झारखंड में अब भी 12 हजार लोगों पर वन संबंधी मुकदमे हैं। इन पर वन भूमि के अतिक्रमणकारी या जंगल से लकड़ी या दातुन-पत्ता तोड़ने का आरोप है। कुछ मामले वन्य जीवों को शिकार करने को लेकर भी हैं। अभी छोटे-मोटे करीब 500 और मामलों को रद्द करने पर विचार चल रहा है, लेकिन इसमें खास प्रगति नहीं हुई है। प्रशासन के अनुसार इसमें से करीब 101 मामलों को रद किया गया है।

अभी वन संबंधी मामलों की सुनवाई या फैसला करने का जो अधिकार रेंजर और वन प्रमंडल पदाधिकारी को है, उस नियम या प्रावधान को खत्म करने की जरूरत है। इससे वन विभाग द्वारा वन निवासियों पर शोषण को और बढ़ावा मिलता है।

ईमानदारी से करे लागू : अब जब वनाधिकार कानून बन गया है तो सरकार इसे ईमानदारी और सही तरीके से लागू करे। जंगल के प्रबंधन का अधिकार गांव सभा को दे। जंगल में लोगों के रहने और जीने के अधिकार को सुनिश्चित करे। साथ ही जंगल से आदिवासियों के छीने गए अधिकारों को वापस करे तथा वनाधिकार कानून के मुताबिक आदिवासियों-वननिवासियों के साथ हुए ऐतिहासिक अन्याय को दूर करने के उद्देश्य को पूरा करे। सरकार आदिवासियों और वनाश्रितों को जन विद्रोह के लिए मजबूर न करे। ◆ ◆ ◆

अंग्रेजों से अधिक अपनों ने की बंदरबांट

पीएनएस सुरीन
पूर्व अधिकारी
बिहार सिविल सर्विस

11 नवंबर, 1908 को कलकत्ता गजट में छोटानागपुर टेनेंसी एक्ट-1908 के प्रकाशन के साथ ही उस समय छोटानागपुर कहे जाने वाले संपूर्ण क्षेत्र में लागू किया गया। कलकत्ता गजट में इसका प्रकाशन इसलिए किया गया कि उन दिनों छोटानागपुर बंगाल प्रांत का अंग था। इस कानून को बनाने और लागू करने का मुख्य उद्देश्य जमींदारों और खेतिहर भू-स्वामियों की बीच के संबंधों और लगान-निर्धारण के मामलों को सुव्यवस्थित करना था। कृषि भूमि के स्वामित्व और दखल कब्जे के विवादों तथा फसलों की लूटपाट के क्रम में होते रहे मार-काट, खूनी संघर्ष आदि पर काबू पाने के जरिए क्षेत्र में अमन-चैन कायम करना था।

नतीजा हुआ कि भूमि के स्वामित्व और दखल कब्जे से संबंधित होते आ रहे विवादों की समाप्ति हो गई, फलस्वरूप विधि व्यवस्था कायम हो गई। जमींदारों को निर्धारित लगान से अधिक की वसूली करने पर सजा ठहराई गई और लगान वसूल कर मालगुजारी रसीद नहीं देना दंडनीय अपराध माना गया। इनके कारण खेतिहर भू-स्वामियों को जमींदारों के शोषण और जुल्म से छुटकारा मिला। लेकिन, अंग्रेजी सरकार ने एक बात पर आदिवासी भू-स्वामियों पर न्यायपूर्ण प्रावधान नहीं बनाया।

अंग्रेजी सरकार के समक्ष और उनकी जानकारी में यह बात थी कि कृषि भूमि के असली मालिक आदिवासी खेतिहर थे, जिन्हें 1823-24 से लेकर उन्नीसवीं सदी के अंत तक छल-बल से लूटा गया। उनसे लूटी गई भूमि की वापसी के कोई प्रावधान इस अधिनियम में व्यवस्थित नहीं किए गए।

इस प्रकार भू-लुटेरों के आपराधिक कार्यों को अनदेखा कर उन्हें कृषि भूमि का स्वामित्व प्रदान किया गया। अब तक छोटानागपुर टेनेंसी एक्ट में 20 संशोधन हुए हैं, जिनमें से कुछ अच्छे हैं, लेकिन कुछ संशोधन छोटानागपुर के मूल बासिन्दों के लिए अनुपयुक्त और नुकसानदेह साबित हुए। जब तक अंग्रेज थे, इस अधिनियम के प्रावधान का सही पालन हुआ, लेकिन अंग्रेजों के 1947 में जाने के बाद और विशेष कर जमींदारी उन्मूलन के बाद क्षेत्र के कृषि कार्य को तथा कृषकों को कानूनों के सही पालन नहीं होने के कारण भारी नुकसान पहुंचा है। कानून का बड़े पैमाने पर उल्लंघन किया जाता रहा है। जिन प्रावधानों के उल्लंघन से कृषि कार्य और झारखंडियों को भारी नुकसान हुआ, उनमें से कुछ की चर्चा नीचे की जाती हैं। यह स्मरण करना जरूरी है कि काश्तकारी कानून काश्त (खेती-बाड़ी) के और काश्तकारियों (कृषकों) के हित और संरक्षण के लिए बनाए जाते हैं, अन्य प्रयोजनों के लिए (कुछ अपवादों को छोड़) ये कानून नहीं बनते हैं।

दफा 21 के प्रावधान खेतिहर रैयतों के अलावे किसी और को कृषि भूमि पर घर-बाड़ी बनाने की अनुमति नहीं देते हैं। यानी कृषि भूमि का उपयोग गैर कृषि कार्य में नहीं किया जा सकता है। कृषि भूमि पर गैर कृषि कार्य करने के लिए दफा 49 और 50 के तहत जो प्रावधान है उसी अनुसार गैर कृषि कार्य किए जा सकते हैं, अन्यथा नहीं।

खामियां : दफा 21 के प्रावधानों का उल्लंघन अन्य दफाओं के प्रावधानों की अपेक्षा सबसे अधिक किया गया है और आज भी किया जा रहा है। इसी प्रावधान का उल्लंघन कर गांवों का शहर रांची आज महानगर बन गया है। नगरपालिका तथा आरआरडीए को सीएनटी एक्ट के प्रावधानों को अवलंघित (ओवराइड) करने का कोई कानूनी अधिकार नहीं हैं, क्योंकि नगरपालिका क्षेत्र में भी सीएनटी एक्ट लागू है, जो एक स्पेशल और लोकल एक्ट है। इनके प्रावधानों पर देश का कोई भी सामान्य कानून कुप्रभाव नहीं डाल सकता है।

दफा 22 में दफा 21 के प्रावधान केउल्लंघन करने पर उनके खिलाफ उपायुक्तों को कानूनी कार्रवाई करने की शक्ति दी गई।

खामियां : इसका पालन किसी भी उपायुक्त ने कभी भी नहीं किया। इस कारण उपायुक्तगण दफा 21 के प्रावधानों के उल्लंघन के लिए जिम्मेवार होते हैं। जब कानून बना है, तो उस अनुसार कार्रवाई होनी ही चाहिए।

दफा 46 में आज के प्रावधान हैं। वह भारत की आजादी के कुछ महीनों बाद बिहार सरकार की देन है। इसके द्वारा स्थायी रैयतों की कृषि भूमि को कुछ प्रतिबंधों (शर्तों) के साथ बिकाऊ बना दिया।

खामियां : छोटानागपुर में इसका प्रचलन ही नहीं था। इस कानून के लागू होने से पिछले 4-5 दशकों में कृषि हित और कृषकों के हितों को भारी नुकसान हुआ। अनाज का अभाव हो गया और कृषक कंगाल और भूमिहीन होकर हजारों की संख्या में उजड़ गए। बिहार सरकार ने राजनैतिक दुष्प्रेरणा से जानबूझकर ऐसा नुकसानदेह कानून बनाया, क्योंकि उन दिनों तक आदिवासी कांग्रेस पार्टी को स्थानीय निकायों के चुनावों में वोट नहीं देते थे। दफा 46 के प्रतिबंधों का खुला उल्लंघन करते हुए आदिवासी तथा गैर आदिवासी स्थायी रैयतों में थाने से बाहर तथा जिले के बाहर के लोगों के पास कृषि भूमि बेची, जिन्होंने दफा 21 के प्रावधान का उल्लंघन करते हुए खरीदी गई भूमि का गैर कृषि कार्य में उपयोग किया, घर मकान बना लिया। ऐसा उल्लंघन शिक्षित आदिवासी और गैर आदिवासी खरीदारों ने बड़े पैमाने पर किया। उपायुक्तों तथा उनके अधिकारियों ने यह जांचा नहीं कि भू-क्रेता थाने या जिले का निवासी है या नहीं, उन्होंने अपनी कानूनी जिम्मेवारी को बिना निभाए भूमि बेचने की अनुमति दे दी। जिसे कानूनन जमीन खरीदने का हक नहीं बनता था, उसने भी जमीन खरीद ली। और यह धंधा आज भी जारी है। फिर इसी कानून में लुटेरों द्वारा कानून के उल्लंघन में की गई भूमि की नाजायज खरीद-बिक्री को जायज करने का प्रावधान भी वर्ष 1969 में बना दिया गया। जब कि भूमि लुटेरे को कानून तोड़ने की सजा मिलनी चाहिए थी, किंतु ऐसा न कर कानून में उनके नाजायज कार्य का पुरस्कृत करने जैसी व्यवस्था बना दी गई।

दफा 48 के प्रावधानों का भी वही हाल हुआ जो दफा 46 के प्रावधानों के बाबत ऊपर बताया गया है।

दफा 49 के प्रावधानों के अनुसार रैयती भूमि को शिक्षा, चिकित्सा और धार्मिक प्रयोजनों तथा लोकहित प्रयोजनों के लिए भूमि अंतरित करने का कानून वर्ष 1995 तक था।

दुरुपयोग : इस प्रावधान का भी दुरुपयोग हुआ। लेकिन, दुरुपयोग पर रोक लगाने की दिशा में सरकार और सरकारी अधिकारियों ने कुछ भी नहीं किया। वर्ष 1995 के संशोधन द्वारा शिक्षा, चिकित्सा और धार्मिक प्रयोजनों के स्थान पर औद्योगिक तथा खनन के लिए भूमि अंतरण का कानून बना जो आज भी मौजूद है। इस प्रकार यह कानून आज उद्योगपतियों और खनिजों के पट्टेधारियों के हितों की वृद्धि के पक्ष में है, कृषि हितों और कृषक हितों को अनदेखा कर दिया गया।

दफा 50 में भू-अर्जन की प्रक्रिया संबंधी प्रावधान है।

दुरुपयोग : छोटानागपुर के किसी भी उपायुक्त ने इस प्रावधान का उपयोग न कर बिहार राज्य के भू-अर्जन कानून का इस्तेमाल किया जो दफा 50 के प्रावधान के आलोक में अवैध है।

गैर कानूनी तरीके से आदिवासियों की हड़पी गई भूमि की वापसी के नाम पर वर्ष 1969 में एक रेगुलेशन जारी किया गया जो आज सीएनटी एक्ट की दफा 71ए के रूप में मौजूद है।

दुरुपयोग : इस कानून के कार्यान्वयन का नतीजा यह हुआ कि कम ही मामलों में आदिवासियों की जमीन वापस हुई। अधिकांश मामले या तो सही या गलत कारणों से खारिज कर दिए गए अथवा कानून तोड़ने वालों के पक्ष में फैसले लिए गए। इस प्रकार क्षेत्रफल के हिसाब से कानून तोड़ने वालों को अधिक जमीन मिली और आदिवासियों को कम। ◆ ◆ ◆

विकास की सच्चाई से भाग नहीं सकते

आरपी सिंह
सहायक प्रशासनिक अधिकारी, बिरला प्रौद्योगिकी संस्थान, रांची

हमारे यहां से हर साल सैकड़ों छात्र अपनी पढ़ाई पूरी कर अपनी नई जिंदगी शुरु करते हैं। एक ही सवाल उठता है कि उनके लिए यहां रोजगार क्यों नहीं? हमारे यहां से निकले इंजीनियर, तकनीशियन देश-दुनिया के उद्योगों, परियोजनाओं में काम करते हैं, लेकिन उन्हें अपने राज्य में काम क्यों नहीं मिलता, जबकि हमारी छवि तो एक बड़े औद्योगिक राज्य में रूप में है।

एक इंडस्ट्रीयल स्टेट होने के बावजूद हम अपने स्किल्ड इंजीनियरों को क्यों रोक नहीं पा रहे? इसका जवाब है कि यहां हर स्तर पर रोजगार की कमी है और अगर नौकरी मिल भी जाए तो उन्हें वेतन-सुविधाओं के मामले में निराशा हाथ लगती है। सभी सोच रहे होंगे कि इन बातों का संबंध जमीन से कैसे है। सीधी सी बात है कि अगर जमीन पर उद्योग नहीं लगेंगे तो रोजगार का सृजन कहां से होगा और यहां के लोगों का जीवन स्तर कैसे उठेगा? यह बात भी ठीक है कि लोगों को बसाने के उपाय किए बगैर ही जमीन लेने की परंपरा देखने को मिली है। झारखंड में तो औद्योगिक क्रांति ने एक सदी पहले ही दस्तक दे दी थी, जब कालीमाटी में टाटा कारखाना लगा। इसके बाद बिरला ने औद्योगिक विकास को नया आयाम दिया। बाद के वर्षों में एचईसी, बोकारो स्टील, सेल, जैसी कई कंपनियों ने देश ही नहीं विदेशों में भी झारखंड का नाम स्थापित किया। इन सारी विकास प्रक्रियाओं के बीच जमीन का सवाल बना रहा। हर बार जमीन अधिग्रहण के समय बवाल हुआ, गोलियां चलीं, संघर्ष हुआ, जिनमें कई घायल हुए, कई लोगों ने जान तक गंवा दीं।

दरअसल, सरकार ने कभी भी इन संघर्षों की ठीक से व्याख्या नहीं की। उद्योग तो लगने हैं विकास के लिए, लेकिन इसमें गोली-बारी की नौबत क्यों आ जाती है? इसका सीधा सा जवाब है कि जिन लोगों की जमीनें ली जाती हैं, उन्हें उनके मुताबिक न्याय नहीं मिल पाता। झारखंड में आजादी से पहले के समय में हिंसक विरोध नहीं हुआ, लेकिन बाद में लोग उद्योगों, खनन के लिए जमीन देने पर अड़े। कोयल-कारो परियोजना के बारे में अनुमान था कि यह पूरे एशिया का सबसे बड़ा और महत्वाकांक्षी हाईडल प्रोजेक्ट होगा। लेकिन यह करीब चार दशकों से लटका पड़ा है। इसके ठीक विपरीत मैं स्वर्णरेखा मल्टीपरपस प्रोजेक्ट का जिक्र करना चाहूंगा, जो बीते चार दशक में भी पूरा नहीं हो पाया है। इन दो स्थितियों को दो निष्कर्ष निकलते हैं- जमीन देने से भी कोई फायदा नहीं होता है, सारी परियोजनाएं फेल ही होती हैं। दूसरा यह कि अच्छा हुआ कि कोयल-कारो प्रोजेक्ट के लिए लोगों ने जमीन नहीं दी, इसका कोई नतीजा नहीं निकलता। ये दोनों स्थितियां जनता की मानसिकता को दर्शाती हैं, जिसका निर्माण सरकार के डिफंक्ट सिस्टम के कारण हुआ है। लोगों के पास भी दलील है कि पहले की योजनाएं पूरी नहीं कर पाते और लोगों को उजाड़ने की अगली योजना बना ली जाती है।

अगर हम देखें तो सार्वजनिक क्षेत्र के अधिकांश उपक्रमों में ही ऐसी स्थिति है। आप एचईसी का उदाहरण लें, डीवीसी का उदाहरण लें या किसी अन्य बड़ी सिंचाई परियोजना का। हर जगह आप एक सी नाकामी पाएंगे। दूसरी बड़ी वजह री-सेटलमेंट में की गई कोताही और धोखाधड़ी है। इसी वजह से लोग जमीन देने

में हिचकते हैं और विरोध करने हथियार के साथ निकल आते हैं। लेकिन इसका समाधान क्या है? अगर लोग जमीन नहीं देंगे तो उद्योग कहां लगेंगे और रोजगार का सृजन कैसे होगा? बीच का रास्ता क्या हो सकता है, जिससे जमीन गंवाने वालों के साथ भी न्याय हो और राज्य में औद्योगिक विकास की गाड़ी भी दौड़ती रही। सबसे पहले दशकों से लटकी परियोजनाओं को ईमानदारी के साथ युद्ध स्तर पर पूरा किया जाए। पूर्व के विस्थापितों का पुनर्वास हो और उन्हें न्याय मिले। इसके बाद ही लोगों के अंदर विश्वास जगेगा और राज्य के औद्योगिक विकास में हर कोई सहयोग करेगा।

यह तभी संभव है जब एक सर्वसम्मत और न्यायपूर्ण पुनर्वास नीति बने। विस्थापित होने वालों को मुआवजा मिले, नौकरी मिले, आवास मिले और उसके परिवार के सदस्यों के लिए भी पर्याप्त सुविधाएं दी जाएं। ग्रामीणों ने यह मान लिया है कि उद्योगों के लिए, खनन कार्य के लिए या किसी अन्य परियोजना के नाम पर हमेशा उन्हें ही क्यों उजाड़ा जाता है, जबकि इसके बदले उन्हें फैक्ट्री में चौथे दर्जे की नौकरी दे दी जाती है। इन पर फिर से विचार करना होगा। साथ ही विस्थपितों में डर है कि उनकी अगली पीढ़ी का क्या होगा। इस मामले को संजीदा तरीके से सुलझाने की जरूरत है।

खनिज संपदा वैसे भी एक समय के बाद नष्ट हो जाती है। यह प्राकृतिक चक्र है। यह भी देखना होगा कि औद्योगिक विकास के नाम पर हम अतिवादी रवैया न अपनाएं। जिन इलाकों की जमीन खेती में इस्तेमाल न हो रही है, वहां प्रोजेक्ट को इंप्लीमेंट किया जाए। झारखंड में वेस्टलैंड की बहुतायत है, उनका बेहतर इस्तेमाल हो सकता है। इन सबके लिए सबको मिल बैठकर नीति बनानी होगी। औद्योगिक विकास आज की सच्चाई है, हमें इससे भाग नहीं सकते। राज्य से गरीबी-बेरोजगारी को मिटाना भी है और वैश्विक स्तर पर हो रहे विकास से तालमेल भी बिठाने है। विकास की सड़क बनाने के लिए कुछ लोगों का आशियाना तो उजड़ता ही है, लेकिन यह रास्ता उन रास्तों से होकर गुजरे जहां कम घर टूटे, कम आबादी उजड़े। इसके लिए बेहतर नीति, नई सोच और मानवाधिकार का सम्मान, तीनों की मिश्रित प्रक्रिया अनिवार्य है। तभी हमारे लोग झारखंड में ही रहेंगे, विकास का मजा हम सब एक साथ उठा पाएंगे। ◆ ◆ ◆

एसपीटी ने बचाया आदिवासियों को

घनश्याम
झारखंड मामलों के जानकार

आम धारणा यही है कि संताल परगना काश्तकारी कानून जमीन से जुड़ा एक कानून है। कानूनी विशेषज्ञ से लेकर इतिहासकारों, बुद्धिजीवियों तक के मन में यही बात बैठी हुई है। इस आम धरणा ने न सिर्फ यहां के जीवन को हानि पहुंचाई है बल्कि सांस्कृतिक जीवन-पद्धति और स्वायत्त शासन व्यवस्था पर भी कुठाराघात किया है।

आजादी के बाद इस धरणा को और पुख्ता किया गया। परिणामतः एसपीटी एक्ट महज एक भू-बंदोबस्ती कानून बन कर रह गया है। इस सच्चाई को जानने के लिए पिछले सवा दो सौ वर्ष के इतिहास को खंगालना होगा। सन् 1793 से लेकर अब तक की प्रक्रिया और साजिश को समझना होगा। यह सभी जानते हैं कि 1765 में जब मीर कासिम अली ईस्ट इंडिया कंपनी के मेजर एडक्स के हाथों पराजित हुआ, तब राजमहल से 6 मील दूर स्थित उधवानाला में जंगलतरी पर शासन के लिए दीवानी का अधिकार सैन्यशक्ति के द्वारा शाह आलम द्वितीय से ले लिया।

1765 में ईस्ट इंडिया कंपनी को बंगाल और बिहार की दीवानी सौंपी गई। उससे पूर्व यहां की भूमि-व्यवस्था राजे रजवाड़ों के कब्जे में नहीं थी, बल्कि पूरी व्यवस्था सामुदायिक स्वशासन व्यवस्था के अधीन कार्यरत थी। डब्ल्यूडब्ल्यू हंटर 1868 में अपनी पुस्तक में विस्तार से 'संताल विलेज गवर्नमेन्ट' में लिखते हैं कि यहां की व्यवस्था जिसमें सामाजिक-आर्थिक और स्वशासन की व्यवस्था शामिल थी, यहां की स्वशासी व्यवस्था के अंतर्गत कार्य करती थी। जमीन के रिश्ते समाज संचालन की विधियों से जुड़े थे। गांव बसाने की प्रक्रिया और पद्धति तथा उसके लिए जुटायी जाने वाली सारी सामग्री का निर्णय गांव समाज में होता था।

गांव की परंपरागत स्वशासी व्यवस्था के खिलाफ न तो कोई व्यक्ति जा सकता था, न ही समाज संचालन के प्रमुख मांझी, परगना या फिर दिशोम परगना। 'आबुआ आतो रे, आबुआ राज' की जीवन-पद्धति थी, जिसका संबंध जमीन-जंगल से था। इसका संबंध व्यक्ति और व्यक्ति के बीच भी था तो मानव और मानवेत्तर प्राणी और संपदा के बीच भी। संताल परगना गजेटियर के अध्याय 17 में कहा गया है 'द पीपुल देमसेल्वस आर द फाइनल ऑथेरिटी, द ऑफिसियल्स आर ऑन्ली देयर रिप्रजेन्टेटिव्स एपोइन्टेड टू परफोर्म सर्टेन ड्यूटीज एण्ड टू कीप ऑडर एण्ड टू रिप्रजेन्ट देम जेनेरली।' इससे साफ है कि अंग्रेजी शासन काल और उसके भी पहले इस क्षेत्र में आदिवासी सामुदायिक लोकतांत्रिक शासन व्यवस्था कायम थी। इस शासन व्यवस्था को कमजोर किए बिना ईस्ट इंडिया कंपनी अपना वर्चस्व स्थापित नहीं कर सकती थी। इसलिए लार्ड कार्नवालिस ने संपूर्ण जमीन की बंदोबस्ती का कानून बनाया जो 'स्थायी बंदोबस्ती कानून' के रूप में सामने आया। इसके माध्यम से ईस्ट इंडिया कंपनी ने व्यक्ति के नाम से जमीन की बंदोबस्ती शुरू की। यहीं से सामुदायिकता को तोड़कर व्यक्तिवादी व्यवस्था की शुरुआत आदिवासी इलाके में हुई।

इसी व्यवस्था के तहत जमीन्दारी और घटवाली व्यवस्था इस इलाके में फैलायी गई। प्रधानी व्यवस्था भी इसी का अंग थी। अब तक जो गांव स्वशासन के प्रमुख 'मांझी हड़ाम' या 'परगना' थे, अंग्रेजों ने उन्हें प्रधान

और लगान वसूलने वाला घटवाल बना दिया। ब्रिटिश शासन और प्रशासन को अपनी व्यवस्था चलाने के साथ ब्रिटेन को अधिक से अधिक साधन यहां से भेजना था, इसलिए इनलोगों ने जमीन पर लगान लगाने की प्रक्रिया की शुरुआत की। 1781-84 के बीच तिलका मांझी के नेतृत्व में हुआ जनविद्रोह इसी लगान के खिलाफ एक सामूहिक अभिव्यक्ति थी। तब तिलका मांझी ने कहा- 'यह जमीन मारांगबुरू की देन है। यह धरती माता है। हमारी माता। इसलिए हम सब किसी को भी इस पर लगान नहीं देंगे। चाहे वह घटवाल हो या अंग्रेज बहादुर।' सामुदायिक जमीन की रक्षा का यह पहला विद्रोह था। तिलका शहीद हो गये, जिनका स्मारक आज भागलपुर में है। लेकिन यह विद्रोह रुका नहीं।

1854 में विरसिंह मांझी के नेतृत्व में आंदोलन हुआ महाजनों के खिलाफ। जमीन की लूट के खिलाफ। इसके एक वर्ष बाद 1855 में झारखंड का सबसे बड़ा विद्रोह हुआ सिद्दो-कान्हू, चांद, भैरव और फूलो, झानो के नेतृत्व में। यह विद्रोह भी जमीन हड़पने तथा लगान वसूलने के खिलाफ ही था। इतिहास गवाह है कि लगभग 15000 विद्रोही इस जन आदालत में शहीद हुए। कार्ल मार्क्स ने भी अपने 'दास कैपिटल' में इस विद्रोह को 'एग्रेरियन रिवोल्ट' कहा है। इसी एग्रेरियन रिवोल्ट के परिणामस्वरूप संताल परगना काश्तकारी कानून सामने आया। जब अंग्रेजों को लगा कि इस इलाके में शासन व्यवस्था तब तक कायम नहीं हो सकती जब तक यहां की परम्परागत व्यवस्था से समझौता नहीं हो जाता। इसलिए अंग्रेजों ने यहां की स्थानीय स्वशासन व्यवस्था के साथ समझौते की पहल शुरू की।

सिद्दो-कान्हू, चांद और भैरव के शहीद होने के बाद मांझी, परगना और देश मांझी से संपर्क स्थापित किया गया। संवाद किया गया। छोटेराय देश मांझी ने इसमें महत्वपूर्ण भूमिका निभाई। परिणामतः 1856 में 'संताल परगना' नामक एक अलग पहचान वाले क्षेत्र का सृजन किया गया। 1856 में न्यू पुलिस रूल्स के तहत स्थानीय स्वशासी व्यवस्था को मान्यता मिली। इसमें उपायुक्त नामक पद का सृजन हुआ, जिन्हें राजस्व और दण्ड दोनों का अधिकार सौंप दिया गया। उपायुक्त से सीधे मांझी, परगना और दिशोम परगना संवाद कर सकता था। इसमें मध्यस्थता यानी बिचैलियापन की प्रक्रिया पर रोक लगा दी गई। इसके तहत गांव समाज की शासन-व्यवस्था को भी मान्यता मिली। परंपरागत रीति-रिवाज को भी ध्यान में रखकर अधिकार बहाल किए गए। यानी यह व्यवस्था दो सत्ता के बीच आपस की 'संधि- पत्र' थी। और यह हूल की ज्वाला से उपजी संधि थी। इसी संधि का परिणाम है कि आज भी संताल परगना के आम लोगों और यहां के निवासियों के पास जीवन-यापन लायक जमीन है। महज 3 प्रतिशत लोग यहां के भूमिहीन हैं। वे वैसे लोग हैं जो बाद के दिनों में आकर यहां बसे हैं। संताल परगना काश्तकारी कानून ने यहां के आदिवासियों और मूलवासियों को भूमिहीन होने से बचा लिया। अन्यथा यहां के आदिवासियों और मूलवासियों की स्थिति दूसरे राज्यों के आदिवासियों की तरह होती और वे भी दर-दर की ठोकरें खाने को विवश होते।

आज इस संधि (कानून) को बदलने की साजिश बड़ी तेजी से हो रही है, जिसे यहां की मांझी परगना व्यवस्था और स्वशासन की परंपरागत व्यवस्था कामयाब नहीं होने दे रही है। 5वीं अनुसूची की व्यवस्था और 'पेसा कानून' के तहत मिले अधिकार ने इस कानून को मजबूती प्रदान की है। बाद के दिनों में बने वनाधिकार कानून से भी सामुदायिक अधिकार के प्रावधान को बल मिला है। यही कारण है कि 'ग्लोबल इकोनॉमी' के पुरोधाओं तथा 'भू-खोरों' को यहां जमीन खरीदने में काफी कठिनाई हो रही है। खरीदी गयी जमीन में हुई अनियमितता और गैर कानूनी हरकतें अभी कुछ महीने पहले सामने आई हैं। देवघर में 'भूमि घोटाला' इसका सबसे बड़ा उदाहरण है। अगर संताल परगना काश्तकारी कानून पर सही ढ़ंग से अमल किया जाए और संबंधित जिलों के उपायुक्त जिन्हें विशेषाधिकार प्राप्त है, अपने अधिकारों का प्रयोग करें तो हजारों एकड़ हड़पी गयी जमीन का उद्‌भेदन हो सकता है और गरीब आदिवासियों तथा मूलवासियों से अवैध् ढ़ंग से छिनी गयी जमीन गरीब-गुरबों को वापस मिल सकती है। इतना ही नहीं अगर संताल परगना काश्तकारी कानून को सही ढ़ंग से प्रयोग में लाया जाए, तो यहां की सामुदायिक परंपरागत स्वशासी व्यवस्था भी मजबूत की जा सकती है और 'अपने गांव में अपना राज' की अवधरणा को जमीन पर उतारा जा सकता है। ◆ ◆ ◆

विकसित करनी होगी न्याय की जमीन

डॉ. नित्य गोपाल
संथाल परगना में कई शोधकार्य

सवाल यह है कि अब तक इस बात पर हम एकमत हो ही नहीं पाए हैं कि हमें जाना किस दिशा में है। जमीन तो जमीन है। खेती के लिए भी जमीन चाहिए, उद्योगों के लिए भी जमीन चाहिए, माइनिंग कार्य के लिए भी जमीन चाहिए, लोगों को रहने-बसने के लिए भी जमीन चाहिए। झारखंड के संदर्भ में जमीन का सवाल हमेशा से ही संजीदा रहा है।

बाबा तिलका मांझी के जमाने से लेकर अब तक संथाल परगना का इलाका जमीन के मामले अधिपत्यवादी रहा है। जान से भी अधिक प्यार जंगलतरी के लोगों ने जमीन को किया है। पैनम परियोजना का भारी विरोध और 2008 के दिसंबर में काठीकुंड में घटी घटनाओं ने लोगों के जमीन से जुड़ाव को स्पष्ट रूप से रेखांकित कर दिया। इसमें शक नहीं कि पूरा का पूरा संथाल परगना खेती-बाड़ी पर टिका है। संथाल हो या पहाड़ों के राजा पहाड़िया या फिर अन्य कोई भी समुदाय, जाति हर किसी के लिए खेती ही सबसे बड़ा रोजगार है, आजीविका है।

चार दशक पूर्व जब मयूराक्षी को बांधने का काम शुरू हुआ था तो उस वक्त भी लोगों ने इसका विरोध किया था। मसानजोड़ के लोग सिर्फ इसलिए जमीन देने को तैयार हुए थे कि इससे उनके खेतों को पानी मिलेगा और सालों भर फसल लहलहाएगी। लेकिन हुआ क्या? लक्ष्य के मुकाबले आधे खेतों को भी पानी नहीं मिल रहा और हजारों लोगों को परियोजना के नाम पर उजाड़ भी दिया गया। गलती एक बार होती है, बार-बार नहीं। स्थानीय लोगों ने देखा कि जमीन देने के बाद भी कोई लाभ उन्हें नहीं मिलता, उल्टे उन्हें अपने खेतों और घरों से बेदखल होना पड़ता है।

जमीन अधिग्रहण का विरोध करने पर अगर संथाल परगना के लोग उतारू हुए हैं तो यह स्थिति अचानक नहीं आई है। जिस तरह हर रोग में एक दवा का इस्तेमाल नहीं हो सकता, उसी तरह अलग-अलग इलाकों की समस्याएं भी अलग-अलग हैं और उनका उपचार भी अलग तरीके से होना चाहिए। नीतियों और योजनाओं को लागू कराने में इन बातों का ध्यान नहीं रखा जाता है। झारखंड के अन्य इलाकों की अपेक्षा में संथाल परगना के क्षेत्र में जमीन का वितरण अत्यधिक असमान नहीं है।

समतल जमीन बहुतायत है। इस कारण संताल आदिवासी जिनकी आबादी 20 से 25 लाख के बीच है, खेती के जरिये ही अपनी आजीविका चलाते आए हैं। सिद्दो, कान्हू, चांद, भैरव और फूलो-झानो के नेतृत्व में जब संतालों की उग्र-आंदोलित आबादी स्थानीय प्रशासन की बर्बरता की शिकायत करने गर्वनर जनरल से कोलकाता जा रही थी, तो रास्ते में दर्जनों जमींदारों को मौत के घाट उतार दिया था। बाहरी लोगों के इस इलाके में प्रवेश के बाद यहां पर जमीन हथियाने का खेल शुरू हो गया था।

जमींदारी-सूदखोरी प्रथा के खिलाफ भी यहां के आदिवासियों ने संगठित होकर अठारहवीं सदी के अंतिम दशकों से ही विरोध और संघर्ष शुरू कर दिया था। सिद्दो-कान्हू ने भोगनडीह पर से जो जमीन मुक्ति का उग्रनाद किया था, वह जनजातीय क्षेत्र का सबसे पहला संगठित विद्रोह था। केनाराम-बेचाराम और महेशलाल दारोगा जैसे दलालों का प्रतिवाद यहां के सामाजिक व्यवहार का हिस्सा रहा है। आजादी के बाद भी यह

इलाका इस तरह चंगुलों से मुक्त नहीं पाया। लोगों को खेती के जरिये घर-परिवार चलाने लायक पर्याप्त उपज तो हो जाती है, लेकिन इसका बड़ा हिस्सा सूदखोरों को ऋण चुकाने में चला जाता है। भुखमरी की समस्या और पलायन की जड़ यही है। झारखंड के अलग राज्य बनने के बाद अन्य इलाकों की तरह संताल परगना के जिलों पर भी निवेशकों की नजर पड़ी। पत्थर उद्योग हर रोज पहाड़ों का सीना छलनी करते हैं तो दूसरी तरफ वन माफिया संताल परगना के जंगलों पर बेरहमी से टूट पड़े हैं।

राजमहल की पहाड़ियां नंगी हो चुकी हैं। यह बताना भी जरूरी है कि संताल परगना के संदर्भ में जमीन का सवाल केवल खेतों तक सीमित नहीं है, बल्कि इलाके की पहाड़ियां भी आदिम पहाड़िया जनजातियों का आदिकाल से ही निवास स्थान रहा है। जहां एक तरफ कोयला, पत्थर उद्योगों के लिए जमीन के लोगों को हटाया गया, वहीं पहाड़िया लोगों के आवास भी उजाड़े गए। मानव तस्करी जोर-शोर से जारी है और इस पर रोक लगाने वाला कोई नहीं।

ये सारे सवाल जमीन-पहाड़ से जुड़े हैं। पहाड़िया समुदाय के लोग जो पहाड़ों पर रहते हुए आज भी कंदमूल और जंगली फल-फूलों पर निर्भर हैं, पहाड़ों के समतल हो जाने से घुट-घुटकर मर रहे हैं। पत्थर लोडिंग-अनलोडिंग के लिए पहाड़िया लड़कियां जो हिंदी भाषा नहीं जानतीं, उन्हें ट्रकों में डालकर बंगलादेश भेजने का सिलसिला चल रहा है। इस दुर्गति की जड़ जमीन ही है। जमीन का लोकहित में कैसे बेहतर उपयोग हो, इसकी एक जन-नीति बननी चाहिए। यह बताना भी जरूरी है कि पूरे राज्य में संथाल परगना ही नक्सलवाद के प्रभाव से मुक्त रहा है।

2009 की जनवरी में इसे नक्सलग्रस्त बताया गया, कहा गया कि आमगाछी-पोखिरिया में आंदोलनकारियों की भीड़ में नक्सली भी घुसे हुए थे। जाहिर है कि किसानों, ग्रामीणों की जमीन लेने के हर उस हथकंडे को अपनाने का प्रयास पूरे झारखंड में हो रहा है, जिससे स्थानीय लोग मजबूर हो जाएं। आठ सौ करोड़ का देवघर भूमि घोटाला इस बात का सबूत है कि पूरे इलाके में जमीन की बंदरबांट चल रही है और दूसरी तरफ गरीब किसान, आदिवासी मारे जा रहे हैं। बीते दस सालों में जमीन का सवाल न सिर्फ और भी संजीदा हुआ है, बल्कि इसने हिंसा की जमीन भी तैयार कर दी है।

संताल परगना काश्तकारी अधिनियम का किस तरह उल्लंघन हुआ है, यह बताने की जरूरत नहीं। इस पर कार्रवाई करने की जरूरत है। संताल परगना के जंगलों को काटकर, पहाड़ों को ध्वस्त कर और स्थानीय मूल-निवासियों को यहां से भगा कर किसका विकास होगा? यह ठीक वही स्थिति होगी, जिसमें चोरों की बस्ती में हमने अपने दरवाजे को खुला छोड़ दिया हो-आओ लूटो हमें।

◆ ◆ ◆

पुनर्वास नीति में खामियां ही खामियां

ग्लैडसन डुंगडुंग
एक्टिविस्ट

पुनर्वास, यानी पहले तोड़ो घर, फिर होगी चर्चा और इसके बाद बनेगी नीति, वह भी पूंजीपतियों के मनमुताबिक। झारखंड सरकार ने राज्य बनने के आठ सालों के बाद पुनर्स्थापन व पुनर्वास नीति-2008 की घोषणा की। तत्कालीन मुख्यमंत्री मधु कोड़ा ने इस नीति की घोषणा करते हुए कहा था- यह राज्य के विकास का आधार है, इससे बेहतर पुनर्वास नीति नहीं हो सकती है। बात बिल्कुल सही, लेकिन कोड़ा ने यह स्पष्ट नहीं किया कि यह नीति जमीन मालिकों के लिए बेहतर है या उद्योगपतियों के लिए।

पुनर्वास नीति में सबसे बड़ी बात जो है, वह यह कि कंपनी के वार्षिक मुनाफे में से एक प्रतिशत जमीन मालिकों को दिया जाएगा। संभवतः यह प्रावधान भूरिया कमेटी के सुझावों के आधार पर किया गया। समिति ने अपने सुझावों में कहा था कि किसी भी उद्योग में स्थानीय लोग जिनकी जमीनें ली गई हों, उन्हें उद्योग में हिस्सेदारी मिलनी चाहिए। उद्योग में हिस्सेदारी का प्रावधान तो लोक-लुभावन दिखाई पड़ता है, पर महज एक प्रतिशत लाभ में हिस्सेदारी रैयतों को भीख देने से अधिक और क्या है। जिनकी जमीन पर कारखाना लगे, उन्हें बराबर की हिस्सेदारी मिलनी चाहिए। आदिवासी समुदाय तो शिकार पर साथ जाने वाले कुत्तों को भी शिकार का बराबर हिस्सा देते हैं, लेकिन सरकार ने आदिवासियों की संस्कृति-परंपरा के खिलाफ यह पुनर्स्थापन व पुनर्वास नीति बनाई है।

दूसरी बात यह कि नीति में कहा गया है कि हिस्सेदारी का पैसा पुनर्वासित क्षेत्र के विकास पर खर्च होगा। ऐसे में मुनाफे का पैसा सीधे तौर पर विस्थापितों को नहीं मिलेगा। जाहिर है कि मुनाफे का एक प्रतिशत खर्च दिखाना बड़ी बात नहीं, जिसमें छल-कपट की कई गुंजाइश होगी, जैसा कि अब तक होता आया है। इस नीति का दूसरा महत्वपूर्ण प्रावधान यह है कि खेती की जमीन के बदले दूसरी जगह पर खेती लायक जमीन दी जाएगी। राज्य सरकार ने अब तक सौ से अधिक एमओयू करार किए हैं। इसके लिए करीब दो लाख एकड़ जमीन की जरूरत है। अगर यहां के आदिवासियों और सदान रैयतों की खेती की जमीन ले ली जाती है तो उन्हें भी दो लाख एकड़ जमीन बदले में चाहिए। सवाल यह है कि सरकार इतनी जमीन कहां से लाएगी? खेती की जमीन तो सरकार के पास है ही नहीं।

गैर-मजरूआ और कुछ सरकारी जमीन थी उसे भी बंदोबस्त कर दिया गया। ऐसे में क्या सरकार कारखानों से जमीन का भी उत्पादन करेगी? साफ है कि जमीन के बदले जमीन सिर्फ धोखा है। पुनर्वास नीति के बाकी प्रावधानों में कुछ भी नया नहीं है। जमीन के बदले नौकरी देने की बात कही गई है। प्रभावित परिवार अगर अनस्किल्ड है तो कंपनी द्वारा उन्हें प्रशिक्षण दिया जाएगा। घर अधिग्रहित किए जाने के बदले ग्रामीण क्षेत्र में 10 डिसमिल जमीन या शहरी क्षेत्र में पांच डिसमिल जमीन पर घर बनाकर दिया जाएगा। पुनर्वास नीति में कहा गया है कि जमीन लेने वाली कंपनी पक्का मकान बनाकर देगी, जिसमें दो बेडरूम, एक ड्राइंग रूम, एक रसोई घर और एक शौचालय होगा।

सरकार द्वारा नियुक्त पुनर्वास आयुक्त, ग्राम सभा से विचार-विमर्श के बाद प्राथमिकता तय करेंगे। इससे स्पष्ट है कि इस नीति में प्रभावित परिवार के वर्तमान पीढ़ी का तो थोड़ा ख्याल रखा गया है, लेकिन इसके

बाद आनेवाली पीढ़ी के लिए कुछ भी प्रावधान नहीं है यानी प्रभावित परिवार की अगली पीढ़ी मजदूर बनने के अलावा कुछ नहीं कर सकती है। जहां तक आदिवासी समुदाय का सवाल है, तो वे अपना अस्तित्व खो देंगे, क्योंकि स्वतंत्र रूप से जीने वाले समुदाय को पुनर्वास के नाम पर किसी कोने में रख दिया जाएगा।

पुनर्स्थापना एवं पुनर्वास नीति में यह भी कहा गया है कि प्रभावित परिवार को प्रतिमाह एक हजार रुपये प्रति एकड़ की दर से 30 वर्षों तक मुआवजा दिया जाएगा। यानी जिस परिवार की जमीन कम से कम एक एकड़ होगी, उसे कुल 12 हजार रुपये प्रतिवर्ष दिया जाएगा, जो गरीबी रेखा के नीचे जीवन बसर करनेवालों की आय से भी कम। यानी यह पुनर्स्थापना एवं पुनर्वास नीति बीपीएल की संख्या को और बढ़ाएगी। इसमें यह भी प्रावधान है कि यदि कोई परिवार पुनर्स्थापित क्षेत्र में नहीं रहना चाहता है, तो उसे एक बार में तीन लाख रुपये दिए जाएंगे तथा प्रभावित क्षेत्र में कम से कम 12 वर्षों से रहनेवाले बीपीएल परिवार, जिनका अपना मकान नहीं भी हो, तब भी उन्हें कम से कम 100 वर्ग मीटर का एक आवास बना कर दिया जाएगा। यदि वे आवास नहीं लेना चाहेंगे, तो उन्हें एक बार में दो लाख रुपये की वित्तीय सहायता देनी होगी। यह प्रावधान प्रभावित परिवार को घुमंतू बना देगा, क्योंकि पुनर्वास के नाम पर मिलनेवाली राशि के खत्म होने के साथ इस परिवार के पास कुछ भी नहीं बचेगा तथा सरकार एवं कंपनी भी अपने दायित्व से बरी हो जाएंगे। यह प्रावधान सिर्फ लाभ पर आधारित परिवारों के लिए फायदेमंद होगा, लेकिन आदिवासी समुदाय जो लाभ से कभी सरोकार नहीं रखता है, इसलिए इस समुदाय के पास लुटाने के अलावा कुछ भी नहीं बचेगा।

यह नीति जमीन मालिकों खासकर आदिवासियों को लालच दिखाकर उनकी जमीन हड़पने का हथियार है। सरकार की मंशा सही होती तो इस नीति में जमीन मालिकों को शेयर होल्डर बनाकर कंपनी के मुनाफे का 50 प्रतिशत हिस्सा उन्हें देने का प्रावधान किया गया होता। अगर कंपनी अपने वादे के मुताबिक कार्य नहीं करती है, तो उसे हटाने का अधिकार जमीन रैयतों को होता एवं कंपनी बंद होने की स्थिति में उन्हें जमीन पुनः वापस मिल जाती। लेकिन उद्योगपतियों के इशारे पर इन प्रावधानों को सीधे तौर पर नकार दिया गया है। कंपनी द्वारा स्वयं जमीन अधिग्रहण करनेवाली जमीन में पुनर्वास नीति लागू नहीं होती। इसका मतलब यह खेल रैयतों को धोखे में रखकर उनकी जमीन हड़पने की साजिश है, क्योंकि अब कंपनी सीधे गांववालों से जमीन खरीदने हेतु स्वतंत्र है और रैयतों को पुनर्वास के नाम पर कुछ नहीं मिलेगा। ◆ ◆ ◆

झारखंड का नहीं कोई पहरेदार

दयामनी बारला
एक्टिविस्ट

आदिवासी-मूलवासी और किसानों का अस्तित्व नदी-पहाड़-जंगल-जमीन पर ही टिका है। जंगल-जमीन, नदी-पहाड़ को अलग-अलग करके नहीं देख सकते, क्योंकि आदिवासी समाज की जीवन शैली का ताना-बाना पूरी तरह प्रकृति से जुड़ा है। जंगल और जमीन एक-दूसरे के पूरक हैं। आदिवासियों ने ही सांप-भालू से लड़कर जंगल-झाड़ को साफ कर जमीन को आबाद किया है। अलिखित परंपरा में जमीन मालिक होने के लिए किसी कागजी सबूत की जरूरत नहीं थी। तब भी इन गांवों, समाजों और राज के खूंट-कटी मालिक आदिवासी थे।

देश में ईस्ट इंडिया कंपनी जैसे-जैसे आदिवासी इलाकों में व्यवसाय के लिए अपना पांव पसारती गई, आदिवासी समाज से जमीन का खूंट-कटी अधिकार छिनता गया। जमीन जो समाज की सामुदायिक संपत्ति थी, अंग्रेजों के लैंड सेटेलमेंट से व्यक्तिगत संपत्ति बन गई। 1856-57 के संथाल हूल से लेकर 1900 तक का बिरसा उलगुलान, जमीन पर बाहरी कब्जे के विरोधस्वरूप उपजा संघर्ष था। इसके बाद ही सीएनटी और एसपीटी बनाने के लिए अंग्रेज मजबूर हुए।

देश की आजादी में आदिवासी नायकों ने भी बढ़-चढ़ कर बलिदान दिया। अगर जलियांवाला बाग कांड को हम याद करते हैं-तो 30 जून 1856 के भोगनाडीह में अंग्रेजों की गोलियों से छलनी हुए 15 हजार संथाली आदिवासियों की शहादत को भी हम भूल नहीं सकते। 9 जनवरी 1900 के डोम्बारी मुंडाओं की शहादत को भी इतिहास दरकिनार नहीं कर सकता।

हर बार हमने दी है कुर्बानी : देश आजाद होने के बाद विकास के नाम पर भारतीय कानून बने। आदिवासियों के हक-हुकुक की रक्षा, जंगल-जमीन, नदी-पहाड़ों की रक्षा के लिए, प्रकृति मूलक समाज की भाषा-संस्कृति की रक्षा के लिए 5वीं और छटवीं अनुसूची में व्यवस्था की गई। जवाहरलाल नेहरू के पंचशील ने इस अधिकार को सुरक्षा कवच दिया। जब देश के विकास की बात आई, 1948 में पहला औद्योगिक कानून बना, तब सीएनटी और एसपीटी एक्ट में प्रावधान 'आदिवासियों की जमीन न तो कोई बेच सकता है न ही खरीद सकता है को बदल दिया गया। कहा गया, पब्लिक इंटरेस्ट में जमीन डिस्ट्रिक्ट कमिश्नर के परिमशन पर खरीदी और बेची जा सकती है। कानून के इस एक छेद ने लूट की बड़ी गुफा का निर्माण किया। जब-जब विकास के लिए जमीन, पानी, जंगल की जरूरत हुई, आदिवासी जमीन संबंधी कानूनों में संशोधन होता गया। हर संशोधन हमें अधिकारों से उजाड़ता गया।

इस सपने को जयपाल सिंह मुंडा, निरल एनेम होरो ने राजनीतिक पहचान दी। 1973 में शायद झारखंड मुक्ति मोर्चा ने भी इसी सोच के साथ अपनी राजनीतिक नींव डाली थी। ऑल झारखंड स्टूडेंट यूनियन ने भी अपनी उपस्थिति दर्ज की। लेकिन इन सभी ने सिर्फ अलग राज-एक भौगालिक क्षेत्र की ही बात की। झारखंड के अस्तित्व-पहचान और इतिहास की नहीं। यही कारण है कि आज राजसत्ता पर यही लोग आसीन है। लेकिन, अलग शहीदों के अलग राज का सपना को नजदीक फटकने भी नहीं दिया जा रहा है।

बार-बार बदला गया कानून : अलग राज 2000 में लंबे संघर्ष के बाद मिला। देश गवाह है 2000 में देश में तीन राज बने-छत्तीसगढ़, उत्तरांचल और झारखंड। छतीसगढ और उत्तरांचल में अलग राज के लिए किसी तरह

का संघर्ष नहीं था, जबकि झारखंड राज की लड़ाई कई दशकों की यात्रा थी। राज्य बना, विकास के नाम पर झारखंड औद्योगिक कानून 2001 बना। इसमें कहा गया, झारखंड में उद्योगों का जाल बिछाया जाएगा। हर प्रखंड में भूमि विकास बैंक बनाया जाएगा, ताकि उद्योगपतियों को जमीन देने में कठिनाई नहीं हो, जहां वे उद्योग लगाना चाहें आसानी से उन्हें जमीन, पानी उपलब्ध कराया जा सके।

राज्य बने ग्यारह साल हो गए। राज्य विकास के नाम पर सिर्फ उद्योगों, पूंजीपतियों के हित को केंद्र बिंदु में रखा गया। आदिवासी, किसान, मेहनतकश, काश्तकार, यहां की भाषा-सांस्कृतिक पहचान हाशिये में धकेल दिए गए। आज तक राज्य में 104 कंपनियों के साथ एमओयू साइन किया गया। इनमें 90 फीसदी माइनिंग कंपनियां हैं। 98 कंपनियां स्टील मेकर हैं। बरही से बहरागोड़ा फोरलेन बन रहा है। सड़क के दोनों ओर पांच-पांच किमी की जमीन विशेष औद्योगिक क्षेत्र बनाने की बात जमीन पर अब दिखाई दे रही है। लाखों पेड़ अब तक काटे जा चुके हैं। अभी तो शुरुआत है, पर्यावरण के विनाश का। शहर के किनारे सैकड़ों गांवों का रैयती-भूअधिकार होने का कानून समाप्त कर दिया गया। अरबन सीलिंग एक्ट खत्म कर दिया गया। अब नगर निगम में शामिल हो गए। शहर के चारों ओर फोरलेन का रिंगरोड सैकड़ों गांवों को बुलडोज कर दे रहा है। हरियाली जंगल कांटे के तारों से घेरा जा रहा है। जंगल-पहाड़ को दीवारों से घेर कर अब भूमाफिया-पूंजीपति अपना कैंपस बना रहे हैं।

और कितना लूटेंगे : 104 कंपनियां तो सूचीबद्ध हैं। जो सूचीबद्व नहीं हैं-वे भी हजारों में होंगे, जो मौका देखकर जहां-तहां जमीन कब्जा रही हैं। सभी कंपनियों को पानी चाहिए, सड़क चाहिए, पावर प्लांट चाहिए, खदान चाहिए, बाजार चाहिए, शहर भी बनाएंगे। सभी कंपनियों को जमीन लेने के लिए खुली छूट दी जाए, तो मात्र एक साल में पूरे झारखंड की जमीन किसानों, आदिवासियों, मूलवासियों के हाथ से निकल जाएगी, इन्हें पांव रखने के लिए भी जगह नहीं मिलेगी। जब जमीन, जंगल, नदी-पहाड़ बचाने की लड़ाई स्थानीय समुदाय लड़ रहा है, तब इन्हें विकास विरोधी, देश विरोधी करार किया जा रहा है। लेकिन विकास की आंधी जब थम जाती है, तब देश और राज्य के दूसरे समुदाय भी विकास के कुप्रभाव को महसूस करने लगते हैं।

सरकार गंभीर नहीं : ऐसी परिस्थिति में झारखंड में जमीन का सवाल सबसे संवेदनशील और गंभीर है। झारखंड के लिए दुखद बात है कि आदिवासी राज्य होने के कारण जितने भी मुख्यमंत्री बने आदिवासी ही बने। लेकिन, किसी ने भी जमीन, जंगल, नदी-पहाड़, खेत-खेत खलिहान, गांव समाज की चिंता नहीं की। सीएनटी एक्ट, एसपीटी एक्ट में जो छेद बढ़ता जा रहा है, जहां से जमीन निकलती जा रही है, उसे कैसे ठीक किया जाए, कैसे रोका जाए।

खतरे में हमारा अस्तित्व : देश में पूंजीपतियों का निवेश बढ़ाने उन्हें आसानी से जमीन उपलब्ध कराने के लिए भूमि अर्जन, पुनर्वासन और पुनर्स्थापन विधेयक 2011 ड्राफ्ट किया गया है। जो पिछले शीतकालीन सत्र में संसद में आने वाला था, लेकिन किसी कारणवश इसे रोक के रखा गया है। यह कानून देश के आदिवासी, मूलवासी, किसान विरोधी है। इस कानून में सरकार ने पूरी तरह से निजी कंपनियों को किसानों के हाथों से जमीन साम-दाम-दंड-भेद के साथ छिनने की छूट दी है। अब सरकार अपने नागरिकों के प्रति किसी तरह की जिम्मेवारी नहीं निभाना चाहती है।

निजी कंपपिनयों द्वारा साम-दाम-दंड भेद के साथ किसानों से जमीन लूटने, किसानों के अधिकारों को हनन करने का ताजा उदाहरण बोकारो जिला के चंदन क्यारी में इक्लेट्रो स्टील, रामगढ़ जिला के पतरातू प्रंखंड के देवरिया इलाके में जिंदल की दबंगता से समझा जा सकता है। ये तो अभी शुरुआत ही है। इस कानून में रैयतों-जमीन मालिकों से जमीन लेने के लिए मुआवजा और पुनर्वास की बात कही गई है। लेकिन, आजादी के बाद राज्य में 80 लाख से ज्यादा आबादी अपनी जमीन से विस्थापित होकर दर-दर भटक रही है, बेघर जिंदगी जी रहे हैं-उनको बसाने, उनकी जिंदगी के बारे में एक लाइन भी लिखी नहीं गई है। झारखंड का भविष्य कौन तय करेगा? दूर दूर तक कोई दिखाई नहीं दे रहा है।

◆ ◆ ◆

खनन : वरदान या अभिशाप

कुंती के बहाने विकास की माइनिंग

जेवियर डायस
संपादक, खान, खनिज और अधिकार

दैनिक जागरण द्वारा प्रस्तावित विषय 'खनन नीति का जनपक्ष' पर सोचने के दौरान 'जन' शब्द पर गंभीरता से सोचा और विचार किया कि क्या जन के दायरे में आदिवासी व अन्य खनन प्रभावित समुदाय आते हैं या नहीं। इसके बाद मेरे दिमाग में फिल्म की तरह कुछ तस्वीरें उभरने लगीं – हजारों मजदूरों की हड़तालें, छात्रों का जुझारू संघर्ष, नक्सलवादी आंदोलन व भूमिगत नेटवर्क, वह सबकुछ जो इमरजेंसी के दौरान भारत में घट रहा था। वह इमरजेंसी तो कुछ समय बाद हटा लिया गया, परंतु मैंने महसूस किया कि उसके पहले भी आदिवासी व अन्य खनन प्रभावित समुदाय पर इमरजेंसी लगी थी, जो अब भी जारी है।

एक कहानी कुंती उरांव की : इमरजेंसी के दौरान 1976 में जाड़े का एक दिन, डंगवापोसी रेलवे स्टेशन पर मैं खड़ा था। यहां से चाईबासा जाना था। यह रेलवे स्टेशन झारखंड के प. सिंहभूम के अंतर्गत आता है और टाटा-गुआ रेलवे मार्ग पर स्थित है। टाटा-गुआ रेल लाइन को लौह अयस्क और चूना पत्थर की ढुलाई के लिए बिछाया गया था। पहले इस रेलमार्ग से दुर्गापुर और जमशेदपुर के स्टील प्लांटों तक खनिज पहुंचाना जाना था। लेकिन, अब देश के अन्य स्टील प्लांटों को ही नहीं, चीन और कोरिया को भी यह रेलमार्ग अपनी सेवाएं प्रदान कर रहा है। उस समय यह रेलमार्ग 75 लाख रुपये प्रतिदिन कमा कर भारतीय रेल सेवा को देता था।

डंगवापोसी रेलवे स्टेशन से मैं पैसेंजर ट्रेन पर चढ़ा और उसने गति पकड़ ली। एकाएक मैंने देखा कि कोयले से भरी टोकरी लादे एक महिला उस पर चढ़ने की कोशिश कर रही है। लेकिन, वह चढ़ नहीं सकी और गिर पड़ी, क्योंकि एक पुलिस का जवान उसे पीछे से खींच रहा था। गिरी, तो फिर वह नहीं उठी। उसे ट्रेन काटते हुए चली गई, उसके साथ एक अजन्मा बच्चा भी दुनिया देखने से पहले ही दम तोड़ गया। पुलिस उसे इसलिए खींच रही थी कि वह उसे घूस में एक आना नहीं दे रही थी। वह चाईबासा की आदिवासी बस्ती मेरी टोला की रहने वाली उरांव महिला थी। उसे हम कुंती उरांव कहेंगे। वह अपने साथियों, जिनमें बच्चे भी शामिल थे, के साथ डंगवापोसी रेलवे स्टेशन पर कोयला चुनती थी और ढोकर कोयला व्यवसायियों तक पहुंचाती थी। डंगवापोसी रेलवे स्टेशन पर भाप इंजन की सर्विसिंग होती थी। इस कारण कोयले का वहां डंप होता था और रेल लाइन के दोनों किनारों पर अधजले कोयले बिखरे होते थे। इसी कोयले को चुन कर या चुराकर कुंती उरांव और उसके साथी कोयला व्यवसायियों तक पहुंचाते थे।

दो नंबरी मार्केट बनाम कुंती : यह कोयला घरेलू उपयोग के ईंधन का महत्वपूर्ण स्रोत था। ऐसे तो केरोसिन और सूखी लकड़ियां जलावन के लिए उपलब्ध थीं। लेकिन, केरोसिन शहर के बड़े लोगों के काम आता था और सूखी लकड़ियों से गांव के लोग अपना खाना पकाते थे। केरोसिन के सरकारी डिपो और दुकानों में हमेशा आउट ऑफ स्टॉक का बोर्ड लगा रहता था। इस बोर्ड का अर्थ है, एक ब्लैक मार्केट का होना। इस मार्केट को हम ब्लैक मार्केट न कह कर दो नंबरी मार्केट कहेंगे।

कोयले के इस दो नंबरी मार्केट में व्यवसायी वर्ग अपने व्यवसाय के अच्छे अवसर देख रहे थे। कोयले के शॉर्टेज का लाभ उठा कर कुंती उरांव जैसे लोगों से वे कोयला जमा कराते और ऊंचे दामों पर बेचते थे। यह

काम पूरी तरह अवैध था। कोयला जमा कराने के एवज में वे लोग जितना कुंती उरांव को देते थे, वह रेल के टिकट के लिए भी नाकाफी होते। इस कारण उसे अपने पैसे को टिकट कलेक्टर और रेलवे पुलिस से बांटने पड़ते थे। इसीलिए तो पुलिस कुंती उरांव को नीचे खींच रही थी, जिसमें उसकी और उसके अजन्मे बच्चे की जान चली गई।

क्यों चुराती थी कोयला : आखिर दो नंबरी मार्केट को कहां से मिलते हैं कुंती उरांव जैसे लोग? यह उनके लिए कठिन काम नहीं है। इसे हम तब समझेंगे, जब भारतीय अर्थव्यवस्था में इनके स्थान की खोज होगी। आइए इसे खोजते हैं। 1947 में मिली आजादी के बाद मिश्रित अर्थव्यवस्था के तहत राष्ट्रीय विकास का मार्ग चुना गया। सार्वजनिक और निजी दोनों तरह की कंपनियां मिलकर इस काम में लगी थीं।

सार्वजनिक कंपनी के जिम्मे उस काम को सौंपा गया, जिसके लिए निजी कंपनियां मोटी रकम लगाने के लिए तैयार नहीं थीं, जैसे कि खदान खोलना, स्टील कारखाना लगाना आदि। इसी योजना के तहत राउरकेला, बोकारो और भिलाई का कारखाना स्थापित हुआ। इन परियोजनाओं के लिए काफी जमीनें, पानी, वन - संसाधन और सस्ते मजदूर जरूरी थे।

झारखंड, उड़ीसा, छत्तीसगढ़ में ये सारी चीजें बहुतायत थीं। इस कारण इन्हीं क्षेत्रों में परियोजनाएं स्थापित हुई। सार्वजनिक कंपनियां भी इनमें लगने वाली रकम को पूरा नहीं खर्च कर रही थीं। वे परियोजना और उसके लिए आधारभूत संरचना को चोरी के माल पर खड़ा कर रही थी। वह चोरी थी, स्थानीय या आदिवासी समुदायों के संसाधनों की चोरी। इस चोरी को वे बराबर छुपाने की कोशिश करते रहे हैं। इसी का परिणाम है कि इस पर कोई नहीं बोलता है। हमें इसके बारे में पूरी चर्चा करनी है। इस तरह से देखा जाए, इस मिश्रित अर्थव्यवस्था की वास्तविक संरचना बनेगी - पब्लिक सेक्टर - प्राईवेट सेक्टर - आदिवासी सेक्टर । ऐसा इसलिए कह रहा हूं कि इन आदिवासी या स्थानीय समुदायों, जिन्हें हम खनन या उद्योग प्रभावित समुदाय भी कह सकते हैं, उनकी लाखों-लाख आबादी को उनके घर और गांव से जबरन भगा दिया गया और रातों-रात शरणार्थी बन कर ये आ गए शहर की गलियों में। यहां इनका भरपूर शोषण और दोहन हुआ। उनके सामने विकल्पहीन अवसर पैदा हो गए। यह कहीं और दूसरी जगह नहीं, बल्कि अपने ही दिशुम में उन्हें काम करने के लिए बाध्य किया गया, दास-मजदूरों की तरह। इनमें से अधिकांश या तो किसी इलाज लायक बीमारी से मर जाते हैं या फिर धीरे-धीरे भूख से।

हर दिन इमरजेंसी : कुंती उरांव की मार्मिक घटना इमरजेंसी के दौरान घटी, परंतु इमरजेंसी के कारण नहीं। इस तरह के शोषण तो बहुत ही सामान्य हैं, दुनिया के उस हिस्से में जिसे हम आज झारखंड के नाम से जानते हैं। क्या यही है लोकतंत्र? अगर लोकतंत्र का दावा है कि उस व्यवस्था में सभी लोग समान हैं, तो क्यों झुठला रही कुंती उरांव उस दावे को? हम पूछते हैं कि क्यों कुंती उरांव और उसके अजन्मे बच्चे की मौत इस हालत में हुई? उसे तो अपने पुरखौती गांव में बेहतर जीवन गुजारना चाहिए था या फिर जिस परियोजना के लिए उसकी जमीन गई थी, वहां पर उसके परिवारवालों को नौकरी-शुदा सुखी जीवन मिलना चाहिए था। इतना ही नहीं, भारतीय कानून के अनुसार उसके परिवारवालों को उन्हें न्याय दिलाने के लिए थाना या अदालत जाना चाहिए। लेकिन, वे क्यों नहीं गए? इतना तो है, अगर वे वहां जाते भी तो न्याय मिलना तो दूर उसके एवज में उन्हें दंडित या खत्म कर दिया जाता।

अब सवाल है कि देश का समृद्ध वर्ग क्यों जनता के एक बड़े हिस्से के नागरीय स्वतंत्रता व अधिकार को नकार रहा है। वह इसलिए नहीं कि उनसे प्रेम नहीं करते, बल्कि उनके हित उनसे टकराते हैं। समृद्ध वर्ग कहीं का भी हो, वह चालाक और धूर्त होता है। वह लेना अधिक से अधिक और देना कम से कम चाहता है। खनिज, जंगल और अन्य प्राकृतिक संसाधनों के मालिक हैं आदिवासी समुदाय। साथ ही आदिवासी सस्ते मजदूर के झुंड में भी सबसे अधिक हैं। इसीलिए तो सचेतन ढंग से राजसत्ता उनके संवैधानिक अधिकारों और नागरीय स्वतंत्रता को नकारता है। संक्षेप में कहा जाए, तो हर दिन इमरजेंसी हैं कुंती उरांव जैसे लोगों के लिए, इसके कई उदाहरण हैं हमारे पास।

क्या नहीं है इमरजेंसी ? : आज डंगवापोसी रेलवे स्टेशन पर कोयला चुराने वाले शायद ही मिलेंगे आपको। वहां पर तो दिखेंगे सेलफोन से लैस आदिवासी, नजर आएंगी अत्याधुनिक वस्त्रों से लैस लोग, जो मुंबई फैशन

स्ट्रीट में दिखते है। कारें और मोटरबाइक की घड़घराहट भी सुनाई देगी। इस मार्ग पर जनशताब्दी सुपर फास्ट एक्सप्रेस भी प्रतिदिन चलती है। उसके एसी कंपार्टमेंटों में चीनी, कोरियन और अन्य देशों के लोग भी नजर आते हैं। टाटानगर रेलवे स्टेशन पर गौर करेंगे, तो देखेंगे कि टिपटॉप वेटर विशेष रूप से तैयार चाइनीज और कोरियन फूड सर्व कर रहे हैं।

एक प्रश्न है करोड़पति के लिए : 1976 के जिस दिन कुंती उरांव अपने अजन्मे बच्चे के साथ मरी थी, उस दिन से आदिवासी - दलित जनता में सुधार हुआ है। इस प्रश्न को हम सावधानीपूर्वक समझते है। अगर हम कहेंगे विकास नहीं हुआ है, तो इसका मतलब है कि आदिवासियों को और अधिक सेलफोन, फास्ट ट्रेन और वाशिंग मशीनें दे देनी चाहिए।

अगर हमारा जवाब है कि विकास हुआ है, तो इसका मतलब है कि सरकार ने आदिवासी - दलितों पर पहले से जारी इमरजेंसी उठा ली है, क्योंकि हमलोगों ने खुद को लुटवाने के लिए दरवाजा खोल दिया है। इस प्रश्न में सबसे महत्वपूर्ण है कि यह सवाल किसने बनाया और किसकी डिजायनिंग की है? क्या यह प्रश्न आदिवासी जनता की आकांक्षा को सही तौर से प्रतिबंधित करती है या नहीं।

क्या करें कुंती उरांव के वारिस : हमलोग महसूस कर चुके हैं कि अभिजात्य वर्ग के पास योजना है हमसे अधिक से अधिक लूटना, हमारे सस्ते श्रम को, हमारे प्राकृतिक संसाधनों को, अपने उत्पादों को हमें उपभोक्ता बना कर। इनकी योजना है हमसे लुटी गई चीजों को लाभ या पैसे में बदलना। हमें इसे भी महसूस करना चाहिए कि इनकी योजना में हमलोग कहीं भी नहीं हैं।

हम भी उनके उत्पाद हैं, जिसे वे बेच रहे हैं। सच में वे हम सबको बेच रहे हैं, हमारे सभी चीजों के साथ। ऐसे समय में कुंती उरांव के वारिसों को बहुत ही सर्तकता और सजगता से अपने आसपास घट रही घटनाओं का मूल्यांकन करना होगा। बढ़ना होगा चिंतन के साथ सामाजिक आंदोलन की ओर। अन्यथा बदहाली, भूख, बीमारी और अंततः मौत तो है ही उनके पास ।

◆ ◆ ◆

सामूहिक निर्णय से पहुंचेंगे तरक्की के शिखर पर

सतीश सिन्हा
खनन अभियंता, कोल इंडिया, सीएमटीएम के संपादक

अगर माइंस हैं तो उनका उपयोग अर्थव्यवस्था को मजबूत करने के लिए करना ही होगा। यह तो झारखंड की खुशकिस्मती है कि यहां हीरा छोड़ तमाम खनिजों का उपहार प्रकृति ने दिया है। राज्य अर्थव्यवस्था के बेसिक सेक्टर में माइनिंग शामिल है। इसलिए यह सीधे तौर पर आर्थिक विकास से जुड़ा सवाल है। पक्ष-विपक्ष की तमाम दलीलों के बावजूद खनिजों को बेहतर और प्रभावी तरीके से राजस्व के बड़े साधनों के तौर पर विकसित किया जा सकता है। खनिजों में कैसे वैल्यू एडिशन हो, इस पर हम सबको एक साथ मिलकर विचार करना होगा। भविष्य की रणनीति बनानी होगी।

हर इलाके की अपनी भौगोलिक खासियत होती है और उसी अनुरूप उसकी अर्थव्यवस्था भी अपने-आप रूप ले लेती है। झारखंड में अगर खनिज संसाधन हैं, तो इसे ही इकोनॉमी का मुख्य आधार बनाना होगा। जो लोग खनन के विपक्ष में खड़े हैं, उनके पास पर्यावरणीय क्षति, सामाजिक टूटन और सांस्कृतिक विनाश की दलीलें हो सकती हैं, पर यह भी स्वीकार करना होगा कि इससे कितने परिवारों की रोजी-रोटी चल रही है। अगर हम यूं ही अलग-अलग खेमे में बंटे रहें तो ग्लोबल इकोनॉमी से हम टक्कर कैसे ले सकते हैं? बीते समय में कुछ कमियां रह गई होंगी, जिनके आधार पर इस सेक्टर को सिर्फ और सिर्फ विनाश का पर्याय नहीं माना जा सकता।

खनन के कई आयाम हैं और इसका प्रभाव भी भूगोल और स्थानीय समाज पर पड़ता है। इसमें सबसे जरूरी है कि हम कैसे अपनी प्राथमिकताएं तय करते हैं। सारे उद्योग-धंधे समाज को विकसित करने के लिए होते हैं। इसलिए नीति बनाते समय सबसे पहले लोकहित का ध्यान रखना होगा। प्रकृति की सहनशक्ति (कैरिंग कैपेसिटी) और प्राकृतिक संसाधनों का संरक्षण भी जरूरी है, जिन्हें दूसरे और तीसरे स्थान पर रखा जा सकता है। इसके बाद ही हम खनन के सस्टेनेबल प्रोसेस की बात कर सकते हैं। बीते समय में हुईं गलतियों को हम सुधार सकते हैं और एक सस्टेनेबल इकोनॉमिक मॉडल के तहत विकास कर सकते हैं।

अतीत के सबूत पेश कर अगर लोग जमीन न देने पर अड़े हैं, तो उनमें हमें विश्वास जगाना होगा कि यह आपके विकास के लिए ही है। एक स्थान पर खनन कार्य बीस साल से अधिक समय तक नहीं हो सकता। ऐसे में स्थायी रूप से जमीन लेने के बदले ग्रामीणों के साथ 20-30 साल के लिए गठबंधन या हिस्सेदारी की जा सकती है। प्रोजेक्ट शुरू होने से पहले ही अगर विस्थापितों को आवास, नौकरी, सुविधायुक्त कॉलोनी दे दी जाए तो लोग जमीन देने का विरोध क्यों करेंगे? राजमहल माइनिंग (इसीएल) का उदाहरण देना चाहूंगा कि किस तरह वहां साइट से महज तीन किमी की दूरी पर सुविधा संपन्न कॉलोनी बनाई गई।

ग्रामीणों की सामूहिकता भंग किए बगैर संस्कृति का आदर करते हुए उन्हें वहां शिफ्ट किया गया। लोगों ने खुशी-खुशी इसे स्वीकार किया। ऐसी प्रक्रिया हर जगह अपनाई जाए तो संसाधनों का बेहतर इस्तेमाल भी होगा और लोगों का नजरिया भी बदलेगा। इसमें खनन कंपनियों के साथ-साथ सरकार और वहां की जनता की भी अहम भूमिका है। दुख इस बात का है कि राज्य के विकास को लेकर हम एक सामूहिक निर्णय पर नहीं पहुंच पाए हैं। कई खेमों में बंटे होने के कारण ही हम पर रिच लैंड-पुअर पिपुल का तमगा लगा है। खनन की बात

करते ही कई आयाम अपने-आप सामने आ जाते हैं, जिन पर इसका प्रभाव पड़ना निश्चित होता है। उदाहरण के लिए पर्यावरण, वन, जल संसाधनों आदि पर तो असर पड़ेगा ही, मगर इसके प्रभाव को हम कई उपायों से कम कर सकते हैं।

अंडरग्राउंड माइनिंग में अगर नियमों का सही-सही पालन हो तो ऊपरी सतह बिल्कुल ही सुरक्षित रह सकती है। झरिया धनबाद इलाके को देख लें, वहां सौ सालों से भी अधिक समय से कोयला निकाला जाता रहा है। खदानों को खुला छोड़ देने से कोयला हवा के संपर्क में आ गया, हीटिंग की प्रक्रिया शुरू हुई और आग लगने का सिलसिला शुरू हो गया। आज यह आग एक बड़े इलाके में फैल चुकी है। 1975 में कोल इंडिया ने खदानों को अपने अधीन लिया, तब तक तो यह आग व्यापक पैमाने पर फैल चुकी थी। इस वजह से कितनी बड़ी मात्रा में कोयला जलकर खाक हो गया, इसका अनुमान नहीं लगाया जा सकता। ओपन कास्ट माइनिंग को अब अधिक तरजीह दी जा रही है। यह अंडरग्राउंड माइनिंग के मुकाबले अधिक सुरक्षित है। कहने का मतलब यह कि अगर नियमों, गाइडलाइनों की अनदेखी होगी तो प्राकृतिक संसाधनों का लोकहित में बेहतर इस्तेमाल नहीं हो सकता।

झारखंड की खदानों को केवल खनन के परिप्रेक्ष्य में नहीं देखा जा सकता। माइनिंग सेक्टर को टूरिज्म इंडस्ट्री से भी जोड़ा जा सकता है। जहां धरती के नीचे दुनिया की सबसे बड़ी आग धधक रही है, उसे दिखाने के लिए या माइनिंग की पूरी मैकेनिज्म को समझाने के लिए पर्यटकों को आमंत्रित कर सकते हैं। लेकिन, इसके लिए हमें खुद को तैयार करना होगा, खनन के प्रति अपना नजरिया बदलना होगा। यह राजस्व के दोहरे द्वार खोलेगा। साथ ही रोजगार का सृजन भी होगा। इसके अलावा अभी हम खनिज तो निकालते जरूर हैं, लेकिन दूसरे राज्य हमारे संसाधनों को महज कच्चे माल के रूप में खरीदते हैं। अधिकतम लाभ के लिए जरूरी है कि खनिजों पर आधारित उद्योग भी यहीं लगाए जाएं, ताकि हम महज कच्चे माल के सप्लायर से ऊपर उठ सकें।

आयरन ओर (लौह अयस्क) का ही उदाहरण लें। हमारे यहां अगर आयरन ओर हैं तो आयरन एंड स्टील प्रोडक्शन प्लांट भी लगाने होंगे, जिससे लौह अयस्क में वैल्यू एडीशन हो और हम मार्केट को डायरेक्ट प्रोडक्ट की सप्लाई करें। इसी तरह कोयला है, तो उसे वाश कर बाहर भेजें। इन अहम बिंदुओं पर गहराई से सोचना होगा। इसमें माइनिंग कंपनियों और सरकार की जितनी जिम्मेदारी है, उतना ही स्थानीय लोगों और संस्थाओं का भी सहयोग वांछित है। दूसरी बात कि संसाधनों का अगर इस्तेमाल कर रहे हैं तो उसके री-जेनेरेशन (भरपाई) के उपाय भी तलाशने होंगे। लोग इन्हीं का विरोध करते हैं। कई एमओयू हमने माइनिंग सेक्टर में किए हैं, लेकिन अधिकतर प्रोजेक्ट लोगों के विरोध के कारण आगे नहीं बढ़ पा रही हैं। विस्थापन-पुनर्वास का मुद्दा भी संवेदनशील है, इसे मानवीय तरीके से सुलझाया जा सकता है। लोगों के अंदर विश्वास पैदा करना होगा, इसके बाद हम सब खुद-ब-खुद एक सामूहिक निर्णय बनाने में सफल होंगे, जहां से झारखंड की तरक्की के शिखर पर पहुंचने की यात्रा शुरू होगी। ◆ ◆ ◆

विकास के दावों पर खनन की धूल

अजीता एस जॉर्ज

सड़क पर बड़ी गाड़ियों में मैडम को जाते देखती हूं, तो मेरा भी दिल करता है, मेकअप करूं। संज-संवर कर निकलूं। लेकिन आप ही बताइए 24 घंटे जहां धूल उड़ती है, वहां भला मैं मेकअप करूंगी? क्रीम लगाती हूं, तो गाल लाल हो जाते हैं। पश्चिम सिंहभूम के नोवामुंडी की 30 वर्षीया द्रौपदी समद की बातों में कई सवाल हैं? आखिर इन सवालों का जवाब कौन देगा? नोवामुंडी देश का पहला लौह अयस्क खदान है। यहीं से संभवतः टाटा ने खनन शुरू किया था। माइनिंग यानी खनन। कहा जाता है विकास करना है, तो माइनिंग जरूरी है। मैं 20 सालों से सारंडा इलाके में रह रही हूं। मैंने देखा है, महिलाओं को अत्याचार व लाचारी झेलते हुए, बच्चों को कुपोषण व भूख से मरते हुए, युवाओं को नशे के आगोश में खोते हुए। यहां विकास कम सर्वनाश ज्यादा हुआ है।

आजीविका पर संकट : झारखंड में अधिकतर प्राकृतिक संपदाएं व खनिज पदार्थ वनक्षेत्र और आदिवासी इलाकों में ही हैं। किसी जमाने में सारंडा सघन साल वन के रूप में मशहूर था। नोवामंडी में जंगल बहुत था। लेकिन अब कहां। जाकर देखिए, सब खाली-खाली सा दिखता है। पेड़ों को कई कारणों से काटा गया। माइनिंग के कारण जंगल को लीलने की साजिश की गई। पर्यावरण को नुकसान तो पहुंचा ही, सबसे अधिक नुकसान आदिवासियों को हुआ। आदिवासियों का जीवन, संस्कृति व पेशा सबकुछ जंगल पर आधारित था। माइनिंग ने आजीविका की उनकी पूरी संरचना को छिन्न-भिन्न कर दिया। उनकी रोजी-रोटी को कथित विकास के वाहकों ने तय किया। जिन इलाकों में माइनिंग हो रही है, सुविधाओं के नाम पर वादे तो कई हुए, लेकिन वास्तविकता कोसों दूर है।

दिशाहीन सामाजिक व्यवस्था : झारखंड के जिस हिस्से में भी माइनिंग हुई, वहां विस्थापन का दंश झेलना पड़ा। सामाजिक व्यवस्था दिशाहीन हो गई। पहले प्रकृति पर आधारित सामाजिक व्यवस्था थी। स्त्री-पुरुष समानता एक बड़ी खूबी थी इसकी। कृषि कार्य हो या गृहकार्य, दोनों की बराबर की भागीदारी थी। माइनिंग पुरुष वर्चस्ववाला पेशा है। पुरुष वर्चस्व समाज ने स्त्रियों को उपभोग की वस्तु बनाकर छोड़ दिया।

बिगड़ता स्वास्थ्य : खनन क्षेत्र में महिलाओं के बिगड़ते स्वास्थ्य के पीछे खनन ही है। दूषित मिट्टी, हवा में उड़ता डस्ट व प्रदूषित पानी बीमारियों की जड़ है। खनन कार्य में लगीं महिलाएं तो प्रभावित होती ही हैं, आसपास के लोग भी उतने ही प्रभावित होते हैं। सांस की बीमारी यहां सामान्य है। इसके अलावा त्वचा रोग, कुपोषण, टीबी, कफ, मलेरिया, गठिया आदि की शिकार होती हैं। जिन इलाकों में यूरेनियम का खनन होता है, वहां की स्थिति और विकट है। असमय गर्भपात, अस्वस्थ बच्चों का जन्म, असमय मौत सामान्य सी बात हो गई है। इन इलाकों में मातृ मृत्यु दर सबसे अधिक है। महिलाओं को पर्याप्त पोषण नहीं मिल पाता। स्वास्थ्य सुविधाएं नहीं हैं।

बढ़ा महिला उत्पीड़न : माइनिंग से सबसे अधिक महिलाएं प्रभावित हैं। कृषि जमीन का खनन में उपयोग से रोजी-रोटी छिन गई। बाहरी लोगों का इन इलाकों में अधिकाधिक प्रवेश होने लगा। इनके साथ इनके परिवार नहीं रहते। अधिक से अधिक अविवाहित आदिवासी लड़कियों को मजदूर के रूप में रखा जाता है। डरा-

धमका कर उनका यौन शोषण किया जाता है। आदिवासी समुदाय में एड्स और अन्य यौन संक्रामक बीमारियां आम हैं। आदिवासी महिलाओं के लिए मजदूरी के अलावा कोई काम नहीं बचा। जिन आदिवासियों के बीच दुष्कर्म या बलात्कार जैसे शब्द कभी सुनने को नहीं आता था, आज आए दिन महिलाएं शिकार हो रही हैं। मजदूर महिलाओं का यौनशोषण किया जाता है।

नशे में युवा : माइनिंग ने युवाओं को नशे के आगोश में धकेल दिया है। रोजगार छीनने के बाद हंड़िया को पेशे के रूप में महिलाओं ने बड़ी संख्या में अपनाया है। जो हंड़िया पवित्र समझा जाता था। शुभ अवसरों पर उपयोग की जानेवाली हंड़िया नशे के रूप में उपयोग की जाने लगी है। माइनिंग कार्य में मजदूरी के बाद जो धन लाभ होता है, उसका आधा हिस्सा इसी हंड़िया में चला जाता है। अधिकतर युवा अशिक्षित हैं। खेती तो रही नहीं, मजदूरी ही एक मात्र अपने को व्यस्त रखने का जरिया है। जो नहीं करते, हंड़िया के नशे में डूबे रहते हैं। घर चलाने के लिए महिलाएं हंड़िया बेचना को मजबूर होती हैं।

मजबूरी बना दूषित पानी : खनन क्षेत्रों में जलस्रोत पूरी तरह प्रदूषित हो गए हैं। नदी, धाराएं, कुएं और बोरपंप का पानी पीने योग्य नहीं है। लेकिन मजबूरी है, अन्य कोई स्रोत नहीं है। सरकार या कंपनी की ओर से ऐसी कोई व्यवस्था नहीं की गई है। चूंकि पानी का वास्ता महिलाओं से अधिक पड़ता है, इसलिए उनके स्वास्थ्य पर इसका प्रतिकूल असर अधिक पड़ता है। जल संग्रहण से लेकर उनके उपयोग कपड़ा धोने, खाना बनाने आदि तक की अधिक जिम्मेदारी महिलाएं ही निभाती हैं। खनन क्षेत्र में मजदूरी करनेवाली आदिवासी महिलाएं अपनी पीठ पर बच्चों को बांध कार्य करती हैं। खुद तो जहरीली हवा का सेवन करती है, ये बच्चे भी बीमारियों की जद में रहते हैं।

किसके लिए माइनिंग : हम यह नहीं कहते कि माइनिंग न हो। लेकिन क्यों हो, किसके लिए हो, इस पर विचार करने की जरूरत है। उदाहरण के लिए कोयला उत्पादन का बड़ा हिस्सा पावर प्लांट को जाता है। इससे उत्पन्न बिजली का अधिकतर हिस्सा औद्योगिक प्रतिष्ठानों को आपूर्ति होती है। इसके बाद शहरी चमक-दमक में आपूर्ति होती है। और जिसने उत्पादन किया, उसके लिए क्या ? क्या हमारे लिए यह बिजली नहीं है ? हमारी चीज पर हमारा हक क्यों नहीं ? ऐसी विकास नीति जिसका लाभ गांधी के आम आदमी तक नहीं पहुंचे, वह विकास हमें मंजूर नहीं। ◆ ◆ ◆

वैश्विक खनन मसौदा व झारखंडी हंड़ियाबाजी

उमेश नजीर
भूगर्भशास्त्री, खनन क्षेत्रों में कई शोध

खनिजों के दोहन के लिए भारत में इस साल नया कानून एमएमडीआर–2010 लागू किया गया है। अब इसी के तहत खदानों को संचालित किया जाएगा। इसका आधार है–राष्ट्रीय खनिज नीति, जिसका निर्माण केंद्र सरकार ने 2008 में किया था। इससे पहले खदानों का संचालन माइंस एंड मिनरल्स डेवलपमेंट रेगुलेशन एक्ट–1957 के तहत होता था। नौ संशोधनों के बावजूद सरकार और खनन कंपनियों के हितों की रक्षा इस कानून से नहीं हो रही थी, इसलिए पुराने कानून को नए सिरे से मूल्यांकन करते हुए इसे नया नाम दिया गया। खनन से जुड़े कई मंत्रालयों व राज्य सरकारों के प्रतिनिधियों, औद्योगिक व सामाजिक संगठनों के सदस्यों के साथ विचार–विमर्श के बाद नया कानून हमारे सामने आया है। सरकार ने इसके बारे में कहा,

■ यह कानून राज्यों की शक्तियों को विकेंद्रीकृत करेगा। ■ मूल्य खोज और सही मूल्य की अवधारणा के आधार पर राजस्व में बढ़ोत्तरी होगी। ■ सहज प्रक्रिया, पारदर्शिता और इक्विटी को सुनिश्चित किया जाएगा।■ वैज्ञानिक खनन और स्थायी विकास की ओर बढ़ा जाएगा।

झारखंड के प्रतिनिधियों ने इस कानून पर अपनी पूरी सहमति जताई है, जबकि झारखंड ही वह राज्य है, जिसमें खनिज संसाधनों की हिफाजत के लिए लंबे समय से संघर्ष चल रहा है।

झारखंड का संदर्भ : ब्रेटनवुड कांफ्रेंस से विश्व बैंक, आइएमएफ, विश्व व्यापार जैसे संगठन निकले हैं। इनके इशारे के बगैर अभी दुनिया में कोई कानून न तो पास हो रहा है और न ही किसी योजना का क्रियान्वयन। ऐसे में झारखंड, तो जहां खनिजों का अकूत भंडार है, वहां खनन संबंधाी कोई भी काम साम्राज्यवादी ताकतों को ही पुष्ट करती है। स्थानीय सामाजिकता का निषेध करती है। उसके लिए न तो विचारों का कोई अर्थ है और न ही नैतिकताओं का। झारखंड में सालों से खनन क्षेत्रों में काम करते हुए अनुभव है कि खनन प्रक्रियाओं ने सिर्फ जंगल, पहाड़, जलस्रोतों को ही नष्ट नहीं किया है, बल्कि हमें गरीबी, जलालत, असहाय बनाकर एक अंधेरी गली में छोड़ दिया है, जहां से पीछे लौटना संभव नहीं है। उस गली में हमारे लिए तय है कि हम किसी घर के जूठे बर्तन धोएं, कचरों में अपने लिए रोटी तलाशें। अगर किसी तरह से खदान क्षेत्रों में रह भी गए, तो हमारे लिए बस एक ही नाम दिया जाता है खनिज चोर। क्या हम सही में कोयलाचोर, लोहाचोर और तांबाचोर हैं, जिस संज्ञा से झारखंड के अधिसंख्य आदिवासी व मूलवासी संबोधित होते रहे हैं?

खनन कंपनियों का नजरिया : फेडरेशन ऑफ इंडियन मिनिरल्स इंडस्ट्रीज खनन संपत्ति के वार्षिक लाभ का 26 प्रतिशत जनता को देना नहीं चाहती है। इसका कारण बताते हैं कि आलसी व दारू पीनेवाले लोगों और अपनी औरतों को पीटने वालों को खुराक मिलेगी। फिमी के इस तर्क का समर्थन फेडरेशन ऑफ इंडियन चैंबर ऑफ कॉमर्स इंडस्ट्रीज और कंफेडरेशन ऑफ इंडियन इंडस्ट्रीज ने भी किया है। कानून को नहीं लागू करने के बहाने के रूप ये संस्थाएं सामाजिक समस्याओं को प्रचारित–प्रसारित कर रही है। जबकि कौन नहीं जानता है कि दारू में होनेवाले पूरे खर्च का एक बड़ा हिस्सा इन्हीं उद्योगपतियों और उनके समर्थकों पर जाता है। यह बहानेबाजी प्रस्तावित 26 प्रतिशत न देने के लिए है।

पेसा हो या काश्तकारी कानून या फिर यूएन डिक्लीयरेशन ऑन इंडिजीनस राइट्स, सभी की अवहेलना इस कानून द्वारा होगी और झारखंड जैसे खनिज संपन्न राज्य में एक ऐसी संस्कृति और जीवनशैली पैदा होगी, जो एक दबावयुक्त कथित विकास के लिए हमें मजबूर कर देगा, जहां न तो स्वनिर्भर झारखंड की परिकल्पना कर सकते हैं और न ही एक लोकतांत्रिक स्पेस की। हम देख चुके हैं कि खनन जहां भी गया, वहां एक क्रूर और संहार की प्रवृत्ति पैदा हुई है। इसे हम लैटिन अमेरिका के आदिवासी संहार से लेकर पैनेम कंपनी के क्षेत्र में काम करने वाली सिस्टर वालसा और उनके साथियों की श्रृंखलाबद्ध हत्या से समझ सकते हैं कि आगे का

हमारा भविष्य क्या होगा? एमएमडीआर कानून में जो स्वागतयोग्य बात है, वह यह कि खनन कंपनियों को उसके वार्षिक लाभ में से 26 प्रतिशत हिस्सा स्थानीय लोगों और उनके विकास पर खर्च करना है। फेडरेशन ऑफ इंडियन मिनरल्स इंडस्ट्रीज (फिमी) 26 प्रतिशत जनता को देना नहीं चाहती है। दलील देते हैं कि आलसी और दारू पीनेवाले लोगों और अपनी औरतों को पीटनेवालों को इससे खुराक मिलेगी। फिमी के इस तर्क का समर्थन फेडरेशन ऑफ इंडियन चैंबर ऑफ कॉमर्स इंडस्ट्रीज और कंफेडरेशन ऑफ इंडियन इंडस्ट्रीज ने भी किया है। लेकिन, यह कौन नहीं जानता कि जिनके पास पैसे नहीं होते या रोजगार नहीं होता, ऐसे लोग ही अधिक नशे की खाई में गिरते हैं। स्थानीय लोगों को इस स्थिति तक पहुंचाने वाला कौन है, इस पर भी विचार करें जरा। मेजर मिनरल्स के लिए प्रॉस्पेक्टिंग लाइसेंस देने के लिए कम से कम 500 वर्ग किमी भूमि निर्धारित की जाएगी। इसे हम झारखंड के संदर्भ में समझ सकते हैं। झारखंड में कई खनिज हैं, उनमें से कई मेजर मिनरल्स हैं। ऐसे में प्रॉस्पेक्टिंग लाइसेंस किसी कंपनी को मिल जाता है, तो उस क्षेत्र में आवासीय क्षेत्र ही नहीं बचेगा। भूमि और उस पर अवस्थित संस्कृति व अधिकार में किसी प्रकार छेड़छाड़ किसी भी परिस्थिति में निषेध है। कानून के दायरे में जनाधिकारों को लाकर उससे पारंपरिक, वैधानिक, संवैधानिक अधिकार के क्षरण को यह बढ़ावा देगा। यह एक तरह से सरकार द्वारा प्रायोजित आर्थिक उग्रवाद के सिवा कुछ नहीं है, जो देशी-विदेशी बहुराष्ट्रीय कंपनी के हित में है। इस तरह से जब देश की संप्रभुता ही नहीं बचेगी, तो झारखंड और झारखंडियों के अस्तित्व की बात करना ही बेमानी है।

खनिज नीति महज धोखा : जिस तरह से राष्ट्रीय खनिज नीति का हल्ला है कि इससे खनन प्रभावित समुदायों की किस्मत बदल जाएगी। ऐसा कुछ नहीं होने वाला है, बल्कि इसके नाम पर हमारे ही समुदाय में कुछ और दलाल बढ़ जाएंगे और समाज के विखंडित होने की आशंका बढ़ेगी और हमारे अस्तित्व के लिए यह एक बड़े खतरे के रूप में उभरेगा। एक तरफ सरकार एंटी नक्सल ऑपरेशन के नाम पर खनन विरोधी जनांदोलनों को दबाने के लिए क्रूरता और बर्बरता की हद पार रही है, वहीं दूसरी तरफ हमें इस कानून के नाम पर लालच में फंसाना चाहती है। दोनों का एकमात्र उद्देश्य है- हमारे संसाधनों को हमारे हाथों से छीन कर देशी-विदेशी पूंजीपतियों को सौंप देना। हमें सचेत होने की जरूरत है। नहीं तो हमारे हाथों से हमारा संसाधन ही नहीं, हमारा वजूद भी समाप्त होनेवाला है। सोचिए, ये कंपनीवाले सरकार के प्रस्ताव को भी मानने वाले नहीं हैं। वे इसके लिए सरकार को बता रहे हैं कि हम दारू पीनेवाले, आलसी और पत्नी को पीटने वाले हैं। दारू पीने पर आते हैं, तो देखते हैं कि हम दस रुपये तक के पॉलीथीन पीकर मस्त हो जाते हैं, लेकिन वे लाखों रुपये बार में रोज उड़ाते हैं। अब कोई हमें यह समझाए कि हम पियक्कड़ हैं या वो। वैसे ही आलसी हमें कहते हैं, जबकि हमारी मेहनत की कमाई और पसीने की खुशबू से पूरी दुनिया में चकाचौंध फैली हुई है। और जहां तक पत्नी को पीटने की बात है, तो वे जिस समाज में रहते हैं, वहां तो औरतों की कितनी कीमत है? क्या इसे बताने की जरूरत है। कौन है जो दहेज के लिए अपने बहुओं को जलाता है। कौन है, जिसने तंदूर में औरतों को कबाब बनाकर खाता है? क्या कोई आदिवासी और दलित है? इसका जवाब है नहीं। वे उन्हीं के समाज के लोग हैं। इसलिए इस तरह से उन्हें हम पर कमेंट करने का कोई अधिकार नहीं है। अब देखिए, जो कानून हमारे सामने है, उसे बनाने में हमारा कोई योगदान नहीं है। न तो राज्य सरकार ने इस पर लोगों से पूछने की जरूरत समझी और न ही केंद्र सरकार ने। झारखंड से जो भी प्रतिनिधि भेजा गया है, वह हमारे समाज का नहीं था। वह एक अफसर था। जिसने वहां पर सिर्फ इतना ही मुंह खोला कि इसका हम पूरी तरह से समर्थन करते हैं। वह भी उस सरकार द्वारा भेजा गया था, जिसके मुखिया गुरुजी थे। ये वही शिबू सोरेन हैं, जो दिशोम गुरू के नाम से पूरे राज्य में जाने जाते हैं और अभी भी लोग उनका सम्मान करते हैं। उनके सम्मान में कोई कटौती न करते हुए इतना ही कहना चाहूंगा कि उन्हें इस समस्या को समझने वाला और कोई नहीं मिला, एक अफसर के सिवा। जबकि उनका दावा है कि झारखंड को वह बेहतर तरीके से समझते हैं।

अगर यही झारखंड को समझना है, तो उनके झारखंड में खनन पीड़ितों के आंदोलन की क्या पहचान है? इसलिए यहीं आकर हमें पिछले सम्मेलन के नारे को याद करना चाहिए, जिसमें कहा गया था- थिंक डीपली और डाइ स्लोली। अब हमें अपनी किस्मत का फैसला खुद करना होगा। इसके लिए हमें अपने संघर्ष के सभी आयामों को खुद तैयार करना होगा। हम सरकार के भरोसे नहीं बैठ सकते। आइए सोचना शुरू कीजिए, अन्यथा धीरे-धीरे मरने के लिए तैयार रहिए। ◆ ◆ ◆

खनन क्षेत्र में आदिवासियों की जिंदगी, गुलामों से भी बदतर!

राम कुमार
वरिष्ठ पत्रकार

पश्चिमी सिंहभूम स्थित जगन्नाथपुर विधानसभा अंतर्गत नोवामुंडी, बड़ा जामदा और गुवा क्षेत्रों में रहनेवाले आदिवासी समाज की बदहाली की दास्तां शब्दों से बयां नहीं की जा सकती। यह वही क्षेत्र है, जहां लौह अयस्क का भंडार है और स्टील उत्पादन के क्षेत्र में दुनिया की तमाम छोटी-बड़ी कंपनियों के जेहन में इस इलाके ने उथल-पुथल मचा रखी है। लेकिन, यहां के लोग नारकीय जीवन जी रहे हैं।

खनन क्षेत्र के आसपास गांवों के लोगों की स्थिति यह है कि पीने का साफ पानी नहीं है। गांव का कुआं सूख चुका है। खेत बंजर हो चले हैं। नदी-नाले का पानी लाल हो गया है। यहां के लोगों का मानना है कि तेज रफ्तार में हो रहे लौह अयस्क का खनन और खनन से निकलने वाले लाल डस्ट (फाइंस) के कारण वे नारकीय जीवन जीने को विवश हैं। गुवा में फाइंस ने पहाड़ का रूप अख्तियार कर रखा है। यहां स्टील अथोरिटी ऑफ इंडिया (सेल) द्वारा किया गया खनन से डस्ट जमा है। तेज हवा चलने पर फाइंस उड़ कर लोगों के खेतों-घरों में जाता है। बारिश होने पर फाइंस बह कर खेतों को बर्बाद कर रहा है। बारिश में तो यहां पैदल चलना मुश्किल हो जाता है। कारो नदी का अस्तित्व इसी लौह अयस्क और फाइंस की वजह से मिटने की कगार पर है, जबकि सेल का यहां फिलवक्त खनन कार्य पूरी तरह से बंद है।

गुवा के स्थानीय युवक लक्ष्मी पात्रो और सुरेश टुटी का कहना है कि तेजी से हो रहे खनन कार्य के कारण गुवा व आस-पास के गांव की स्थिति नारकीय बनी हुई है। कारो नदी भर गया है। पहले जहां इस नदी को पार करने के लिए लोगों को तैर कर जाना पड़ता था, वहीं अब इस नदी में घुटने भर पानी रह गया है। इनका कहना है कि जल्द ही अगर जमा फाइंस हटाया नहीं गया तो स्थिति भयावह हो जाएगी। नोवामुंडी प्रखंड, पंचायत गुवा पश्चिमी स्थित गांव नुइंया, जहां हरा-भरा रहा करता था, अब यहां के खेतों में फसल नहीं होते हैं, बल्कि इस गांव के खेतों में फाइंस की परत जम गई है। प्राइवेट माइंसों में तेज रफ्तार से हो रहे खनन और लौह अयस्क की दिन-रात ढुलाई से डस्ट उड़ने के कारण दिन में भी अंधेरा छा जाता है। नुइंया जैसे दर्जनों गांव ऐसे हैं जहां अब खेती नहीं होती। नोवामुंडी स्थित झंडीबुरु, सोसोपी, टांगपुरा, अड़ीका, गांवघुटू, टटीबा ऐसे गांव हैं, जो पूरी तरह से माइंस से घिरे हैं। यहां के लोग कांडे नाले के चुएं का पानी पीते हैं।

कांडे नाले के आसपास माइंस और क्रशर लगा हुआ है। इसके कारण कांडे नाले का पानी लाल हो चुका है। इन गांवों में भी खेती बंद हैं। नोवामुंडी बड़ा जामदा और गुवा के आसपास के गांव प्रदूषित हैं। इन गांवों में न तो मानवाधिकार कार्यकर्ता की पहुंच है, न ही आयोग का आदेश चलता है। नोवामुंडी का एक गांव है मुडा साई। टाटा कंपनी के माइंस की दीवार से सटा हुआ है।

बगल में है मउदी गांव, जहां नोवामुंडी रेलवे स्टेशन है और यहां भी लौह अयस्क की साइडिंग है। बगल में ही तोड़ोतोपा गांव है। इन गांवों की स्थिति भी बदहाल है। खेती नहीं। पीने का साफ पानी नहीं। गरीबी का आलम साप्ताहिक हाटों में देखा जा सकता है। दो-चार कटहल, लौकी, मुर्गा तथा दातून बेचने के लिए महिलाएं अपनी पीठ पर बच्चे को लेकर कई किलोमीटर पैदल चलती हैं। सामाजिक कार्यकर्ता और राजनीतिज्ञों की

नजर यहां की बदहाली पर नहीं जाती है। जाती है तो उनकी नजर लौह अयस्क के जायज-नाजायज धंधे पर। बहरहाल राजनीतिज्ञों और माननीय को यहां की जनता में कम और लौह अयस्क कारोबारियों में अधिक रुचि दिखाई देती है। अलग राज्य में आदिवासी नस्ल की बर्बादी का आलम यह है कि खनन क्षेत्र नोवामुंडी, बड़ा जामदा, गुवा, बराईबुरु के करीब 50 से अधिक ऐसे गांव हैं, जहां के आदिवासी परिवारों के लोग सरकारी नौकरियों में चपरासी के पद पर भी नहीं है। गजटेट अफसर की बात को दूर है।

आखिर अलग राज्य में इन लोगों के भविष्य की कल्पना कैसे की जा सकती है। छोटानागपुर काश्तकारी अधिनियम और पांचवी अनुसूची क्षेत्र के तहत बने कानूनों की धज्जियां उड़ाते हुए यहां खदान मालिकों द्वारा आदिवासियों की जमीन पर अवैध कब्जा किया जा रहा है। बिचौलियों के सहयोग से लीज के नाम पर आदिवासियों की जमीन पर कब्जा करने वाली कंपनियों को सरकार और प्रशासनिक अधिकारियों का भी संरक्षण प्राप्त है। जिस तेज रफ्तार से पश्चिम सिंहभूम में खनन कार्य चल रहा है और बड़े पैमाने पर लौह अयस्क का निर्यात हो रहा है, इस पर अकुंश नहीं लगाया गया तो निकट भविष्य में लौह अयस्क का भंडार समाप्त हो जाएगा और ऐसी स्थिति में पश्चिमी सिंहभूम के नोवामुंडी, बड़ा जामदा, गुवा, मनोहरपुर और उसके आस-पास का इलाका खंडहर में तब्दील हो जाने वाला है।

ध्यान देने वाली बात तो यह है कि जब यहां लौह अयस्क का भंडार प्रचुर मात्रा में मौजूद है और तेजी से जिसका खनन किया जा रहा है, तब तो यहां के लोगों की हालत नारकीय बनी हुई है। इससे कल्पना की जा सकती है कि भंडार समाप्त होने पर यहां की स्थिति क्या होगी। गांवों की स्थिति भयावह हो चली है। नाले-नदी का पानी प्रदूषित हो गया है। ग्रामीणों की सेहत के साथ खिलवाड़ हो रहा है। खनन पर सरकार का कोई अंकुश नहीं है और न ही वहां से रोजगार मुहैया हो रहा है। खनन क्षेत्र में रहनेवाले लोगों के विकास के प्रति न ही कोई जवाबदेही तय की गई है। जिस तरह से खनन क्षेत्र में रहनेवाले लोगों का शोषण हो रहा है कि आदिवासी समाज का अस्तित्व दांव पर लग गया है। राजनीति संरक्षण में लौह अयस्क व्यापारियों, पर्यावरण विभाग के अधिकारियों और खदान मालिकों की सांठ-गांठ से यहां अवैध रूप से खनन कार्य बदस्तूर चल रहा है। एक तथ्य का जिक्र यहां जरूरी है कि अलग राज्य के पहले जिस आदिवासी समाज की स्थिति बेहतर थी, आज बदतर हो चली है, जबकि जिन गैर-आदिवासियों की स्थिति दयनीय थी, वह आज करोड़ों रुपये में खेल रहे हैं। यही विडंबना खनन क्षेत्र की है। दिलचस्प पहलू तो यह है कि यह स्थिति तब है जब अलग राज्य में मुख्यमंत्री आदिवासी ही रहे हैं। आदिवासी मुख्यमंत्री के कार्यकाल में कई गैर-आदिवासी लौह अयस्क के वैध-अवैध कारोबार से खाकपति से करोड़पति बन चुके हैं। ◆ ◆ ◆

लोगों को विश्वास में लें, तो नहीं होगा विरोध

टीके नाग
निदेशक तकनीकी
सीसीएलर

उत्खनन के क्षेत्र में यहां असीम संभावनाएं हैं। जरूरत है इनको तराशने व दृढ़ इच्छाशक्ति से अमलीजामा पहनाने की। जरूरत उन सपनों को सच करने की है, जिन्हें पूर्वजों ने सदियों पहले अपनी उम्मीद भरी आंखों से देखा था। गुजरात व बिहार की तुलना झारखंड से करने पर मन में टीस होती है कि सब कुछ होते हुए भी हम देश में 28वें यानी अंतिम पायदान पर हैं।

हमने देशभर के औद्योगिक घरानों को आमंत्रित करने की कोशिश भी की। कई कंपनियों के साथ एमओयू पर हस्ताक्षर भी हुए। लेकिन परिणाम सिफर रहा। एक भी एमओयू जमीन पर नहीं उतरा। हमें किसी भी योजना को सफलीभूत करने के लिए इच्छाशक्ति को पनपने देना होगा। आज सेंट्रल कोलफील्ड लिमिटेड बीज से एक फलदार वृक्ष बन गया है। राज्य से लेकर केंद्र सरकार को यह फल दे रहा है। इस आशातीत सफलता के पीछे एक ही कारण है प्रबंधन में दृढ़ इच्छाशक्ति का होना। सोचने वाली बात है कि खनिज संपदा के मामले में बिहार व गुजरात में क्या है। कुछ नहीं। बावजूद इसके दोनों राज्य दिन दोगुनी व रात चौगुनी तरक्की कर रहे हैं। राज्य का विकासरूपी रथ सरपट दौड़ रहा है। हमें यह सोचना चाहिए कि आखिर ऐसी कौन सी बात है कि गुजरात सरकार का आमंत्रण मिलते ही उद्योगपति कूद पड़ते हैं। अच्छी बातों का जिक्र होना ही चाहिए। मुख्यमंत्री न सिर्फ उद्योगपतियों की बातों को तवज्जो देते हैं, बल्कि बातचीत में पारदर्शिता का ख्याल रखते हैं। किसी योजना के बारे में उद्योगपतियों की राय जानते हैं। इसके बाद ऑन द स्पॉट निर्णय लेते हैं। इसके तुरंत बाद प्रेस वार्ता में आमलोगों को इसकी सूचना भी देते हैं। उनकी इच्छाशक्ति का परिणाम है कि उद्योगपतियों में उनके प्रति ज्यादा विश्वास है। इसका ताजा उदाहरण है टाटा की नैनो फैक्ट्री। सरकार के हर कार्य में पारदर्शिता जरूरी है।

यह कहना सही नहीं होगा कि भूमि अधिग्रहण के कारण खनन कार्यों में व्यवधान पहुंच रहा है। राज्य के प्रत्येक व्यक्ति की चाहत होती है कि जिस जमीन से वार्षिक तीन लाख रुपये की आमदनी हो रही है, उससे उसकी आमदनी बढ़कर 13 लाख हो जाए। इसके लिए लोग कोशिश भी करते हैं। यदि संबंधित व्यक्ति को जमीन के बदले आज के अनुसार बेहतर भविष्य दिया जाए, तो वह जमीन देने में पूरा सहयोग करेगा। हां, पूर्व के कुछ मामलों से लोगों में आक्रोश है, इससे इंकार नहीं किया जा सकता। मुझे ऐसा नहीं लगता कि लैंड लूजर को जॉब सिक्यूरिटी मिलने पर भूमि अधिग्रहण में किसी तरह की दिक्कत आ रही है। वर्ष 1992-93 में सीसीएल का अशोका व पिपरवार प्रोजेक्ट चालू हुआ था। यहां से कोयले का उत्पादन शुरू होते ही आसपास के लोगों की जिंदगी बदल गई। कंपनी को जमीन भी मिली। आज की तिथि में इन दोनों परियोजनाओं से प्रतिवर्ष 10-10 मिलियन टन कोयले का उत्पादन संभव हो पाता है। इसके अलावा परेज, बिरसा, केदला व अन्य खदानों से उत्पादन चालू कराने में भूमि अधिग्रहण का मामला आड़े नहीं आया। इतना ही नहीं बिरसा क्षेत्र के आसपास के लोग प्रोजेक्ट खुलने से इतने उत्साहित हैं कि ग्रामीण खुद से आकर पूछते हैं कि आगे क्या करना होगा। लोगों की सोच बदली है। लोग राज्य के विकास में योगदान देना चाहते हैं। जरूरत है जमीन मालिकों को विश्वास में लेने की। जमीन के बदले उचित सुविधा ऑन द स्पॉट देने की। कोल इंडिया मंत्रालय द्वारा तैयार भूमि अधिग्रहण विधेयक-2008 के लागू होने से भूमि मालिकों को मनचाहे तोहफे मिलेंगे। इससे खनन कंपनियों को न सिर्फ भूमि मिलेगी, बल्कि ग्रामीणों को जॉब सिक्योरिटी भी मिलेगी। इसके अलावा कंपनी को आगे ले जाने में ग्रामीण मदद भी करेंगे। कोल रिजर्व में झारखंड का स्थान प्रथम है। इसके बाद दूसरा स्थान ओड़िशा का है। झारखंड में ओड़िशा जैसी स्थिति नहीं है। यहां लोगों के विरोध के कारण उत्पादन ठप हो जाता है। विरोध के चलते संबंधित प्रोजेक्ट चालू नहीं हो पाते हैं। खनन कंपनियों के लिए फॉरेस्ट क्लीयरेंस एक समस्या है। क्लीयरेंस के चलते न सिर्फ सरकार को बल्कि कंपनियों को भी नुकसान हो रहा है। राज्य सरकार को इस ओर भी ध्यान देना चाहिए। इससे न सिर्फ सीसीएल, बल्कि अन्य खनन कंपनियों के कई प्रोजेक्टों से उत्पादन चालू हो सकेगा। सीसीएल राज्य सरकार से संपर्क में हैं। खनन के क्षेत्र में मील का पत्थर स्थापित करने के लिए इसकी मंजूरी जरूरी है। ◆ ◆ ◆

पत्थर दिल क्यों सुनेंगे, पत्थरों का दर्द

बुलु इमाम
पुरातत्व के विशेषज्ञ
शोधकर्ता

पहाड़ियों और पहाड़ों के महत्व को मानव हृदय में जगह मानव सभ्यता की शुरुआत से ही प्राप्त है। दक्षिण अमेरिका से लेकर मैक्सिको व मध्य पूर्व तक सभी प्रारंभिक मानव पहाड़ों को देवताओं के निवास स्थान के रूप में पूजा करते थे। मध्य अमेरिका के ऐजटेक व इनकास पहाड़ों में सूर्य देवता से जुड़े विशाल मंदिरों का निर्माण किया गया। भारत में मंदिरों के निर्माण की शुरुआत पहली सदी के प्रारंभ में पहाड़ों के शिखर पर हुआ। जहां देवताओं की छवियों की पूजा होती थी। पहाड़ पवित्र क्यों माना जाता था? मनुष्य ने भगवान की जगह हमेशा पृथ्वी से परे अंतरिक्ष में कहीं अन्यत्र माना है। भारत में अद्वितीय धार्मिक विश्वास है। यहां मान्यता है कि पूरी धरती पवित्र व मां के समान है।

इसके प्रति आस्थापूर्ण अभिव्यक्ति पहाड़ों की पूजा को प्रेरित करती है। इसलिए हिमालय से लेकर प्रायद्वीप के सभी महान पहाड़ हमेशा पूजनीय रहे हैं। प्राचीन मानवों के लिए बड़ी पहाड़ी या पर्वत भगवान के निवास स्थान थे। सभी प्रकार की प्रार्थनाएं इन पहाड़ियों की ओर उन्मुख होती थी। सूर्य व पर्वत की पूजा मानवीय पूजा के प्रारंभिक स्वरूप हैं। वैसी जगह जहां कुछ पहाड़ थे, लोगों ने विशाल मंदिरों का निर्माण कर दिया। मेसोपोटामिया व दक्षिण अमेरिका में विशाल वेदियों और मिस्र में पिरामिड के रूप में पहाड़ों जैसी इमारतें बनाई गईं व इनके शिखर पर रहनेवाले देवों को पूजा गया। इसी तरह हाल में बौद्धों ने गगनचुंबी मंदिरों का निर्माण किया है।

आज के पूंजीवादी व वाणिज्यिक युग में पहाड़ों को अधिक भौतिकवादी दृष्टि से देखा जाता है और मनुष्य खुद को भगवान मानने लगा है। झारखंड पर भी इसी सोच का असर दिख रहा है। मनुष्य पहाड़ों को बॉक्साइट व लोहा, पत्थर व रसायन जैसे खनिजों से युक्त धन का भंडार मानता है, जिसका आसानी से दोहन किया जा सकता है। अयस्क, बॉक्साइट व कोयला की सबसे अधिक मात्रा सामान्यतः पहाड़ों पर पाई जाती हैं।

खतरे में पर्वत श्रृंखलाएं : अमेरिका में कोयले के लिए अपलेशियन पहाड़ों पर खनन किया गया है, जिसे माउंटेन टॉप रिमूवल माइनिंग कहा जाता है। हाल ही में भारत में ओड़िशा में नियमगिरी जैसे पवित्र पहाड़ों पर बॉक्साइट के लिए विशाल खनन किया जा रहा है। इस खनन का विरोध पहाड़ों व पहाड़ों के नीचे रहने वाले निवासी कर रहे हैं। जिनकी धर्म व संस्कृति इस धरती से जुड़ी है, विशेषकर उनके चारों ओर स्थित पहाड़ियों से। भारतीय उपमहाद्वीप में पर्वत पूजा, धार्मिक अभिव्यक्ति की एक जीवंत परंपरा रही है। इस प्रकार यहां पहाड़ियों को बचाने के लिए भारत के मध्य-पूर्वी, दक्षिण-पूर्वी व दक्षिण-पश्चिमी आदिवासी समाज द्वारा शक्तिशाली खनन हितों के खिलाफ संघर्ष छेड़ दिया गया है।

झारखंड को कोयला भूमि कहा जाता है, क्योंकि यहां भारत का सबसे बड़ा कोयला भंडार है। पूरी दुनिया में इन खनिजों का सबसे बड़ा भंडार इन्हीं पहाड़ियों के हृदय में उपस्थित है। पहाड़ जंगलों के विशाल भंडारगृह व बारहमासी पानी के स्रोत हैं। ओड़िशा के पूर्वी घाट में स्थित बॉक्साइट के नियमगिरी पहाड़ी को स्थानीय खोंड आदिवासियों द्वारा एक देवता के रूप में पूजा जाता है। ऐसे पहाड़ों व मध्य भारत के लौह अयस्क के पहाड़ों पर रहने वाले आदिवासियों को बड़े पैमाने पर विस्थापन का सामना करना पड़ रहा है। और ये आदिवासी समाज जबरन विस्थापन को नहीं रोक पा रहे हैं। इनके स्थानीय अधिकार को सम्मान नहीं मिल पा रहा है। पहाड़ों पर खनन व अन्य विनाशकारी विकास परियोजनाएं वायुमंडलीय प्रदूषण को बढ़ा रही हैं। तथाकथित विकास परियोजनाओं से उत्पन्न धूल सीधे उच्च वातावरण में छोड़ दी जाती है, जो धूलकणों के ढेर का कारण

बनती है। इसे बारूडीह पर्वत श्रेणी के चुटुपालू घाटी की कटाई कर रांची-रामगढ़ के बीच बनते नए राजमार्ग में स्पष्ट रूप से देखा जा सकता है। कई हानिकारक रासायनिक व रेशेदार यौगिक वातावरण में छोड़े जा रहे है, जो श्वसन क्रिया के लिए हानिकारक है व सांस संबंधी बीमारियों को बढ़ाने का काम कर रहे हैं। दामोदर नदी से जुड़े पहाड़ों के तल में दुनिया का सबसे बड़ा कोयला खनन परिसर है।

यह उत्तरी कर्णपुरा से बंगाल तक फैला है और यहां कोयला खनन ने विशाल घाटियों का निर्माण कर दिया है। भारी मात्रा में हानिकारक रासायनिक यौगिक उत्पन्न हो रहे हैं, जो इस क्षेत्र की जीवन प्रत्याशा को कम कर रहा है। कोयले व खनिज को ढोने के लिए झारखंड के बीहड़ पहाड़ी इलाकों में बनने वाले नयी सड़कों व रेलवे लाइनों के जाल से यहां के पर्यावरण को बड़ी क्षति पहुंच रही है। शोषित आर्थिक लाभ व तथाकथित मुक्त खनिज भंडार की तुलना हम पर्यावरणीय नुकसान से नहीं कर रहे हैं। अभी का झारखंड अपनी प्राचीन वातावरण की तुलना में परिवर्तन के लिए अग्रणी है।

कई स्थानों इस परिवर्तन को आधे किलोमीटर में देख जा सकता है। हाल ही मैं इंग्लैंड के विल्टशायर के व्हाइट हार्स हिल्स में था और यहां की पहाड़ियों की दृश्यता तीस किलोमीटर से अधिक थी, जबकि झारखंड में यह एक किलामीटर से कम है। झारखंड के इन्हीं क्षेत्रों में दो दशक पूर्व दृश्यता 30 किलोमीटर से अधिक थी। झारखंड में विकास के इस विनाशकारी स्वरूप ने यहां की सुंदरता, पर्यटन व स्वास्थ्य के लिए बड़ा खतरा उत्पन्न किया है। हजारीबाग शहर से 80 किलोमीटर दूर एनएच-2 पर स्थित पारसनाथ पहाड़ी भारत में जैन समुदाय के लिए सबसे प्रसिद्ध पहाड़ी है।

23 तीर्थंकरों ने यहां परिनिर्वाण प्राप्त किया। इसकी पुरातनता दंतकथाओं व परंपराओं में सिमट रही है। यहां 18वीं सदी के पुरातात्विक स्मारक व 72 जैन मंदिर है। यहां प्रागैतिहासिक पाषाण नक्काशियां है जो पार्श्वनाथ के पद को प्रतिबिंबित करती है, जिसे पादुका कहते हैं। ये पहाड़ हजारीबाग, मानभूम, बांकुरा व संथाल परगना के संथालों लिए पवित्र पहाड़ियां है और इनके द्वारा इसे मरांग बुरू कहा जाता है। ऐसा देखा गया है कि प्रारंभिक जैन धर्म का प्रवाह बिहार से झारखंड की ओर है और पुराना तीर्थ मार्ग गंगा घाटी से पंचेत होते हुए पूर्वी सिंहभूम जाता है, जो प्राचीन मंदिरों का सबसे बड़ा स्थल है। भगवान महावीर व पारसनाथ दोनों ने अपने मिशन के दौरान इस पहाड़ी का दौरा किया।

यह 1912 में बिहार विभाजन के पहले बंगाल में था। पारसनाथ पहाड़ी की पौराणिकता सिंधु सभ्यता से भी पुरानी है, जैसा कि हाल के पुरातात्विक साक्ष्यों से प्रकाश में आया है। यह वह क्षेत्र था, जहां जैन धर्म की मूलतः उत्पत्ति हुई। पहाड़ का विशाल त्रिकोणीय शिखर है, जो एक विशाल आयताकार पठार पर अवस्थित है। इसके पूर्व में तोपचांची जलाशय है। जैन संत प्रमाण सागर जी का ऐसा विश्वास है कि इस पहाड़ का संबंध सिंधु घाटी सभ्यता के साथ रहा है। जैन श्रावक जो जैन धर्म के पहले धर्मांतरित थे, वर्तमान बंगाल व ओड़िशा से सटे पूर्वी सिंहभूम के आदिवासी थे। जैन श्वेतांबरों या नागा संप्रदायों को पहाड़ी पर अधिकार की मान्यता राजा पालगुंज द्वारा प्रदान की गई थी। परंपरागत रूप से यह एक संथाल क्षेत्र था। यह पहाड़ी किसी प्रकार की विनाशकारी विकास से संरक्षण की मांग कर रही है, जो इसकी प्राचीन विरासत को नष्ट कर सकता है।

विकास से संरक्षण चाहिए : हजारीबाग शहर के कुछ किलोमीटर पूर्व में सीतागढ़ पहाड़ी है, जो उत्तर की ओर से देखने पर लेटी हुई आकृति प्रतीत होती है। यह पूर्व से पश्चिम तक दो किलोमीटर लंबी है। स्थानीय आदिवासियों जैसे बिरहोर द्वारा इस आकृति की पूजा देवी मां के रूप में की जाती है। पहाड़ी के दक्षिण में सिर के आकार का 60 फीट ऊंचा अखंड पत्थर है, जिसकी पूजा एक देव के रूप में की जाती है। इसके शिखर पर हर वर्ष पूर्णिमा में पूजा का आयोजन किया जाता है। यहां बुद्ध की स्मृति भगवान शिव के साथ जुड़ी हुई है, जो पशुपति के रूप में पशुओं का निर्माता व भगवान हैं। इस विशाल शिलास्तंभ को बिरहोरों द्वारा भुतहा या दानव देवता कहा जाता है।

पहाड़ी के पूर्व में एक बेसिन है, जिसे मारवातेरी कहा जाता है, जिसका अर्थ है शादी की जगह के पास। कुछ वर्ष पहले बुद्ध पूजा के अवशेष यहां से मिले है और उस स्थान को पर्यटन विभाग द्वारा मान्यता प्राप्त है। गुप्त काल (चौथी-छठी सदी) के समय की बौद्ध प्रस्तरप्रतिमा की विशाल संख्या के बावजूद इस सीतागढ़ पर सीमा सुरक्षा बल का फायरिंग रेंज बनाया गया था। विरोध किए जाने के बावजूद इसे जारी रखा गया है। गोलियों के कुछ टुकड़े कथित तौर पर मारवातेरी में पाए गए है व बमबारी ने इस प्राचीन पहाड़ी को हिला कर

रख दिया है। यह क्षेत्र आमलोगों के घूमने के लिए सुरक्षित नहीं रह गया है। चित्रित धूसर मिट्टी के बर्तन (200 ई पू) लौह युग के कुछ अवशेष यहां पाए गए हैं। पत्थर के कुएं व पोखर की श्रृखंला के साथ विशाल निर्मित क्षेत्र प्राचीन बौद्ध बस्तियों के है। बाद के पाल काल में काले पत्थर के बने उल्लेखनीय मानव धड़ के टुकड़े मिले हैं। सैक्रेड साइट्स इंटरनेशनल द्वारा 2005 में इसे लुप्तप्राय विश्व विरासत के रूप में मान्यता दी गई है।

हजारीबाग शहर से कुछ मील दूरी पर राष्ट्रीय राजमार्ग 33 के किनारे एक बड़ी त्रिभुजाकार पहाड़ी है। इसके कंधे जैसा स्वरूप होने के कारण कुछ शोधकर्ताओं ने दावा किया है कि यह मानवनिर्मित है। 2005 में इसे अंतरराष्ट्रीय महत्ता को सैक्रेड साइट्स इंटरनेशनल सहित इंटरनेशनल काउंसिल ऑफ मोनूमेंट्स एंड साइट्स द्वारा पहचाना गया। आज यह बड़े पैमाने पर पत्थर खनन वाला क्षेत्र बन गया है। उत्तरी कर्णपुरा की माहुदी पर्वतमाला में पाषाण कला क्षेत्र विशाल संख्या में मौजूद हैं, जो मीसो-कैलकोलिथिक काल (7000-2500 ई पू) के है। ऊपरी दामोदर घाटी के इस क्षेत्र में नए कोयला खनन कार्य से यह खतरे में है।

बरकागांव से कुछ मील दक्षिण में एक बड़ा गांव है, जो अब प्रस्तावित पांकुरी बरवाडी कोयला खदान का संचालन केंद्र बन चुका है। एक रेतीली नदी के पार और माहुदी श्रृंखला के सोबनई पहाड़ है, जो पुराने शिवगढ़ मंदिर-किले के बाद आता है, उसे 17वीं सदी के बादाम राजा दलेल सिंह द्वारा बनवाया गया था। सोबनई पहाड़ पर शिवगढ़ से तीन किलोमीटर दूर पत्थर को काटकर बनाया गया एक सुंदर शिव मंदिर है, जिसे स्थानीय लोग गुफा कहते हैं। इस आकृति का यह नाम एक बड़े पत्थर को खूबसूरती से गहराई तक काटकर बनाये जाने के कारण पड़ा है। इसके नीचे रानी दह नाम का एक स्वच्छ जल का कुंड है। इस शिवमंदिर से थोड़ी ही दूरी पर प्राचीन पाषाण कला क्षेत्र और पत्थरों को काटकर बनाए गए तीन बौद्ध मंदिर हैं।

धीरे-धीरे इस श्रृंखला को कोयले की गहरी खुली खदानों ने घेर लिया है। हजारीबाग के पश्चिम में चतरा शहर व इसके दक्षिण में कुलेश्वरी मंदिर के लिए प्रसिद्ध कोलूहा पहाड़ है, जो सोन नदी के पश्चिम में स्थित है। यह मंदिर रोहतास जिले की ओर उन्मुख है। यह उत्तरी झारखंड के पश्चिमी किनारे पर गया की ओर जाने वाली सड़क के किनारे स्थित है। लगभग एक सदी पहले कोलुहा पहाड़ पर आरेन स्टेन को एक बौद्ध मूर्ति मिली, जिसके तल पर एक बौद्ध शिलालेख मिला था। कुलेश्वरी मंदिर बौद्ध देवी तारा को समर्पित प्रतीत होता है, जिनके बाएं हाथ में कमल व दाहिना हाथ अभयमुद्रा में है। इसके दक्षिण में जैन कला की अनेक लक्षणों और क्रियाओं को दर्शाती पत्थर की तराशी गईं मूर्तियां और प्राचीन नागरी में लिखे शिलालेख हैं। स्थानीय लोकोक्तियों के अनुसार भगवान बुद्ध बौद्ध गया जाने के क्रम में इटखोरी होते हुए कुलेश्वरी आए थे।

बेरहम कहर जारी : हजारीबाग के दक्षिण एनएच-33 पर चरही व कोनार श्रृखंला के पूर्व में मरांग-बुरू पहाड़ी है। इसे हजारीबाग के आदिवासी लुगु पहाड़ कहते हैं। हजारीबाग में 1940-42 में हजारीबाग के जनसंख्या अधीक्षक रहे डब्लयू जी आर्चर में उरांव गीतों की अपनी किताब 'द ब्लू ग्रोव' का शीर्षक यहीं से लिया। इस पहाड़ी के ऊपर एक गांव है, जिसके आसपास घने पेड़ों के जंगल हैं। इन जंगलों के बारे में अनेक कहानियां व दंतकथाएं प्रचलित हैं।

लुगु पहाड़ के उत्तर व पूर्व में कोनार श्रृंखला फैली है, यह क्षेत्र पारंपरिक शिकार त्योहारों 'दिशोम सेदरा' के लिए लैंडमार्क हैं। हजारीबाग पठार अपने दक्षिण में 40 किलोमीटर से अधिक पहाड़ी श्रृंखला से घिरी है। एक बार मैंने आद्रा-हुदवा पहाड़ी के शीर्ष पर 100 वर्ग फीट का अंग्रेज वन अधिकारियों का तंबू शिविर क्षेत्र पाया, जहां तम्बू बांधने के छिद्र व पत्थर के चूल्हे बने थे। हजारीबाग की सबसे लोकप्रिय पहाड़ी कैनेरी हिल है। मुझे विश्वास है कि इसका यह नाम अटलांटिक के कैनेरी द्वीप के टेनेफायर द्वीप से समानता के कारण है। हालांकि स्थानीय कहानी है कि हजारीबाग के कोने में होने के कारण ऐसा नाम है।

आज यह एक वन्यजीव अभयारण्य और शहर का लोकप्रिय पर्यटन केंद्र है। इसके दक्षिण में महत्वपूर्ण बौद्ध साक्ष्य मिले है। लेकिन एनएच-33 की नई हजारीबाग बाइपास सड़क जो इस क्षेत्र से होते हुए गुजरती है, इसकी सुंदरता व पुरातात्विक विरासत को नष्ट कर रही है। यह हजारीबाग की प्राचीन काल का सबसे आकर्षक अवशेष है। यह एक सबसे महत्वपूर्ण संभावित वन्यजीव निवास स्थल है और स्थानीय निवासियों के पर्यटन व विश्राम के लिए एक वरदान हो सकता है। इतना कुछ जानने-समझने बाद भी हम क्यों इनका नामों निशान तक मिटाने पर आमादा है? ◆ ◆ ◆

औद्योगिक विकास

सुविधाओं की पगडंडी पर विकास की नींव

अरुण कुमार मिश्रा
वरीय प्रबंधक, सीसीएल

झारखंड के विकास में उद्योग जगत से काफी अपेक्षाएं हैं। विकास दर को आगे ले जाने में इसका महत्वपूर्ण योगदान होता है। औद्योगिक विकास की संभावनाओं के बावजूद इस दिशा में कुछ नहीं हो पा रहा है। खनिज संपदा की बात करें, तो झारखंड को सोने की चिड़िया कहा जाता है। लेकिन, समुचित उपयोग नहीं होने से सोने की चिड़िया नाम मात्र की रह गई है।

झारखंड बनने के बाद औद्योगिक विकास की दिशा में हम एक कदम भी आगे नहीं बढ़ पाए। ऐसे में औद्योगिक विकास की संभावनाओं की बात करना कितना सही होगा। औद्योगिक विकास को धरातल पर उतारने से पहले आधारभूत संरचनाओं को विकसित करना जरूरी है। इस दिशा में भी समस्याएं सालों से यथावत हैं। इसमें कोई शक नहीं कि सरकार प्रयास कर रही है। यह सही है कि इन समस्याओं से निपटने के लिए 11 साल काफी नहीं है। यह सवाल उठना लाजिमी है कि और कितना वक्त चाहिए झारखंड को। यहां के पत्थरों की मदद से मजबूत सड़क बना सकते हैं, लेकिन स्पष्ट विजन नहीं होने के चलते इस ओर किसी का ध्यान नहीं जाता। पर्याप्त आधारभूत संरचना नहीं होने के कारण झारखंड को औद्योगिक विकास का लाभ नहीं मिल रहा है।

अफसोस की बात है कि तमाम व्यवस्था के बावजूद इच्छाशक्ति की कमी के कारण विकास कार्यों को धरातल पर नहीं उतारा जा सका। पानी, बिजली, सड़क व कानून व्यवस्था में आशातीत परिवर्तन देखने को नहीं मिला है। बिजली उत्पादन के लिए पानी की जरूरत पड़ती है। सुगम संचार, बिजली व परिवहन के लिए सड़क की उत्तम व्यवस्था होनी चाहिए। इसमें भी झारखंड खरा नहीं उतरता। यह कहना गलत होगा कि इन कार्यों में पिछड़े होने के पीछे फंड की कमी कारण है। झारखंड में प्रत्येक साल फंड की राशि खर्च नहीं हो पाती है। 11 साल बीत गए डालटनगंज हाइवे अब तक क्यों नहीं बन पा रहा? पिछले पांच सालों का आंकड़ा बताता है कि झारखंड बजट की राशि खर्च करने में पिछड़ रहा है। इस व्यवस्था में उद्योगपति क्या अपेक्षा करेंगे? औद्योगिक विकास के लिए सोचने और योजना बनाने भर से नहीं होगा। इसके लिए दूसरे राज्यों की तरह पहल करने की जरूरत है।

औद्योगिक विकास में परचम लहरा रहे राज्यों का जिक्र हमेशा होता है। केंद्र स्तर पर उन्हें सम्मानित भी किया जाता है। आखिर हम इस पटल पर पिछड़ क्यों जाते हैं? कर्नाटक, महाराष्ट्र, गुजरात की सड़कें बोलती है। उद्योगपति वहां निवेश करना पसंद करेंगे, जहां ज्यादा लाभ व सुरक्षा महसूस करेंगे? झारखंड में ट्रांसपोर्ट की सुविधा उत्तम नहीं है। संचार की सुविधा भी उत्तम नहीं है। कानून व्यवस्था की स्थिति जगजाहिर है। शहर से व्यवसायी का अपहरण हो जाता है। झारखंड में जो भयादोहन की स्थिति बनी है, इससे औद्योगिक विकास की क्या उम्मीद कर सकते हैं? सड़क निर्माण कर रहे मोंटेकार्लो के वर्करों का अपहरण कर लिया गया। सरकार निवेशकों की संपूर्ण सुरक्षा की गारंटी नहीं लेगी, तो करोड़ों रुपये कौन खर्च करना चाहेगा। यह कहना गलत है कि राज्य में उद्योग लगाने के लिए भूमि अधिग्रहण यहां की समस्या है। बंजर भूमि के इस्तेमाल पर जोर दिया जाए, तो उपजाऊ जमीन अधिग्रहण की बात ही नहीं उठती।

आंध्र प्रदेश की हैदराबाद सिटी को उदाहरण के तौर पर ले सकते हैं। यहां के पहाड़ी क्षेत्रों में इतनी खूबसूरत सड़क बनाई गई। सड़क के दोनों छोर पर घर बने हैं। यहां के भवन का कंस्ट्रक्शन नियम के मुताबिक होता है। इसी के तर्ज पर झारखंड में भी बंजर भूमि का इस्तेमाल किया जा सकता है। बंजर भूमि की मिट्टी को बननेवाली सड़कों में डाला जा सकता है। इसके लिए सरकार को समर्पण का परिचय देना होगा। औद्योगिक

विकास के लिए विशेषज्ञों की राय व मशविरा लेना जरूरी है। यह भी पता नहीं कि झारखंड में लैंड यूज प्लान है या नहीं। यदि नहीं तो लैंड यूज प्लान सही ढंग से बनाया जाए। आवासीय क्षेत्रों में सड़क, बिजली व पानी की उत्तम व्यवस्था होनी चाहिए। पर्यावरण प्रदूषण को लेकर प्रतिक्रिया व्यक्त की जाती है। इसके लिए उद्योगों को जिम्मेदार ठहराया जाता है। प्रदूषण के लिए उद्योग जगत को जिम्मेदार ठहराना गलत है।

राज्य को विकास करना है, तो उद्योग लगाने की अनुमति देनी होगी, भूमि के बदले में भूमि मालिकों को विश्वास में लेना होगा व उन्हें उचित मुआवजा देना होगा। जहां तक प्रदूषण की बात है, ऐसे में सरकार को महाराष्ट्र सरकार की तरह नियम बनाना होगा। महाराष्ट्र के सांगली जिले की बात करें, तो वहां नियमतः हर घर में दो पेड़ लगाना अनिवार्य है। घर का नक्शा, पानी, बिजली व सड़क के लिए जगह की उपलब्धता सुनिश्चित करना नगर निगम का काम है। औद्योगिक विकास को बढ़ावा देने के लिए बेतरतीब ढ़ंग से काम करने की आदत छोड़नी होगी, सुनियोजित कार्यों को प्राथमिकता देनी होगी। झारखंड में कच्चे माल की कमी नहीं है। यहां से उद्योग जगत को पर्याप्त मात्रा में कच्चे माल मिल सकेंगे। इसमें भी उद्योगों की संख्या कम है। मूरी में बॉक्साइट की फैक्ट्री है। इस तरह के कई उद्योग लग सकते हैं। यहां बेसिक समस्या है नक्सलवाद। निवेशक सुरक्षा को लेकर बहुत चिंतित रहते हैं।

झारखंड के कई उद्योग बीमार हो गए हैं। एचइसी भी बंद होने के कगार पर था। सवाल यह है कि ऐसी कौन सी स्थिति है, जिसके कारण बड़े-बड़े उद्योग बंद होने के कगार पर पहुंच जाते हैं। यहां पैसे से ज्यादा महत्वपूर्ण समस्या को समझना है। कोई भी उद्योग साइकिल की तरह होता है। उद्योग अपने ढलान की ओर अग्रसर होता है, उस वक्त की मांग को समझ नहीं पाते और बदलाव की जरूरत को भांप नहीं पाते। परिणाम यह होता है कि उद्योग बंद होने तक की स्थिति में पहुंच जाते हैं। इस वक्त तकनीकी रूप से बदलाव करना चाहिए। उत्पादन की गुणवत्ता में अपेक्षाकृत बदलाव करना चाहिए। जिन उद्देश्यों के साथ झारखंड का गठन हुआ था, उनको लेकर राज्य को विकास पथ पर आगे ले जाया जा सकता है। औद्योगिक विकास की उसी सदी को दोहराया जा सकता है। जरूरत है आधारभूत समस्याओं को दूर करने की। ऐसी कोई भी समस्या नहीं है, जिसका समाधान व्यक्ति के हाथ में नहीं हो। इसके लिए कमिटमेंट करना होगा। राज्य के संसाधनों का इस्तेमाल कर औद्योगिक विकास में नया कीर्तिमान स्थापित करना होगा। ◆ ◆ ◆

दावा और हकीकत में बड़ा फर्क

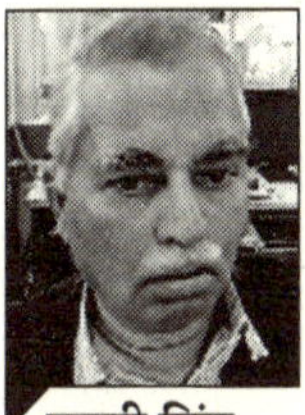

एसपी सिंह
लघु उद्योग भारती

एक तरफ तो सरकार औद्योगिक विकास के झूठे आंकड़े पेश कर अपनी पीठ स्वयं थपथपा रही है, दूसरी तरफ राज्य में गरीबी, बेरोजगारी व भुखमरी बढ़ती जा रही है। सरकार जमीन नहीं देती। उद्योग लगाने की प्रक्रिया को जानबूझकर उलझा कर लंबा बना दिया गया है। सिंगल विंडो सिस्टम धोखे के अलावा और कुछ नहीं। अनावश्यक देरी से कर्ज का ब्याज बढ़ता जाता है। स्थापना लागत बढ़ जाती है और जब तक प्रोडक्शन शुरू होने तक काफी नुकसान हो चुका होता है।

रियाडा की भव्य इमारत को देख कोई भी बाहरी निवेशक चौंक जाए कि यहां कितनी बेहतरीन आधारभूत संरचना मौजूद होगी। लेकिन, जब उसे यह पता चलता है कि यहां बीते 14 महीने से पीसीसी (प्लांट क्लीयरेंस कमेटी) की बैठक तक नहीं हुई है, तो वह उल्टे पांव खिसक लेता है। ओड़िशा या छत्तीसगढ़ का रुख कर लेता है। मैं इन बातों का जिक्र इसलिए कर रहा हूं कि झारखंड में मौजूद सुविधाओं को दूसरे राज्यों की सुविधा की कसौटी पर तौल सकें। सरकारी एजेंसियां तो बिल्कुल भी गंभीर नहीं है। 267 लोगों ने रियाडा (रांची इंडस्ट्रीयल डेवलपमेंट अथॉरिटी) में आवेदन दे रखा है, लेकिन बीते 14 महीनों से ये आवेदन धूल फांक रहे हैं।

उद्योग चालू भी हो जाए तो सर्टिफिकेट देने में विलंब करते हैं, जिससे कैपिटल सब्सिडी से भी वंचित रह जाते हैं। स्थिति यह है कि प्राधिकार में आपके प्रोजेक्ट की फाइल एक टेबल से दूसरे टेबल, जिसकी दूरी 5-6 मीटर भी नहीं होगी, बढ़ने में महीनों लग जाते हैं। एक आइएएस अफसर को प्राधिकार का प्रमुख बना देंगे तो छोटे, मंझोले उद्योगपतियों की बातें वे कैसे समझेंगे। उन पर कई और विभागों का अतिरिक्त प्रभार होता है। समय-समय पर अधिकारियों का तबादला होता रहता है, जिससे सारी प्रक्रिया बाधित हो जाती है। पीसीसी की बैठक में उद्योग से संबंधित कई विभागों के प्रतिनिधि जरूर है, लेकिन सबके अपने-अपने राग हैं। इन सबके बीच आवेदक खीझकर उद्योग लगाने से बेहतर यही समझता है कि कहीं जूते-चप्पल की दुकान खोल ले। औद्योगिक विकास को बढ़ावा देने के लिए डिस्ट्रिक्ट इंडस्ट्री सेंटर की भी स्थापना की गई है। लेकिन उद्योग जमीन पर दिख क्यों नहीं रहे हैं। लोगों का पलायन क्यों नहीं रुक रहा है? इसका जवाब नीतिगत खामियां हैं, साथ ही व्यावहारिक- प्रशासनिक स्तर पर भी कम पेंच नहीं है। इसकी निगरानी की कोई व्यवस्था नहीं है। बिहार में 20 प्रतिशत कैपिटल सब्सिडी है।

छत्तीसगढ़ सरकार 30 प्रतिशत कैपिटल सब्सिडी देती है। लेकिन झारखंड में इसे 15 से घटाकर सात प्रतिशत (उद्योग नीति-2011) कर दिया गया है। जब हमारे एसोसिएशन ने इसका विरोध किया, तो सचिव महोदय ने कहा कि हम तो मिनरल रिच स्टेट हैं, उद्योगपति यहां नहीं आएंगे तो जाएंगे कहां! इससे पता चलता है कि राज्य सरकार औद्योगिक विकास के प्रति कितनी गंभीर है। एमओयू का ही उदाहरण लें, कितनी कंपनियों को प्लांट लगाने के लिए सरकार जमीन उपलब्ध करा पाई। एक तरफ आर्सेलर मित्तल है, जो झारखंड में प्लांट लगाना चाहती है, दूसरी तरफ हमारे जैसे स्मॉल इंडस्ट्री के लोग। लक्ष्मी मित्तल भी सरकार के रवैये पर कई बार नाराजगी जता चुके हैं। उनका प्रोजेक्ट भी छह सालों से लटका हुआ है। दूसरा हमारे जैसे छोटे उद्योगपतियों का भी प्रोजेक्ट लटका हुआ है। मतलब यह कि छोटे से लेकर देश-दुनिया के अग्रणी निवेशक भी सरकार के रवैये से खफा हैं और दूसरी जगहों का रुख कर रहे हैं। इतना कुछ होने के बाद कोई कैसे यकीन कर सकता है कि राज्य औद्योगिक विकास की पटरी पर बेतहाशा दौड़ रहा है। ◆ ◆ ◆

छोटे उद्योगों में बड़ा रोजगार

प्रो. रमेश शरण
प्रख्यात अर्थशास्त्री

औद्योगिक विकास का मतलब यह नहीं कि केवल बड़े-बड़े उद्योग लगा दिए जाएं। बीते सालों में बड़े-बड़े कल-कारखाने तो लगे, पर लघु, कुटीर एवं मध्यम दर्जे के उद्योगों को तरजीह नहीं दी गई। इसका नतीजा हुआ कि औद्योगिक राज्य होने का तमगा तो लग गया, पर यहां की आबादी को इसका लाभ मिलने के बजाय नुकसान ही हुआ। इसकी वजह यह रही कि औद्योगिक क्षेत्रों के आसपास की आबादी के साथ प्रोपर लिंकेज (पर्याप्त जुड़ाव) नहीं हो सका। इससे स्थानीय लोगों को प्रत्यक्ष-अप्रत्यक्ष रोजगार के मामले में भी लाभ नहीं हुआ, साथ ही सामाजिक-सांस्कृतिक स्तर पर क्षति का भी सामना करना पड़ा। सारा जोर लार्ज स्केल और स्टील तथा इससे जुड़े उत्पादों पर दिया गया, जिससे दूसरे उद्योगों की संभावनाओं के अनुरूप विकास नहीं हो सका।

इस बात पर भी गौर करना होगा कि अब तक उद्योगों का बेहद ही असमान विकास हुआ है। जमशेदपुर, रांची, बोकारो आदि इलाकों का बड़े पैमाने पर औद्योगीकरण हुआ, लेकिन राज्य के बाकी इलाकों में यह नहीं हो सका। मतलब यह कि औद्योगिक विकास गिनती के दो-तीन क्षेत्रों तक ही सीमित रह गया है। औद्योगीकरण का स्थानीय समाज, अर्थव्यवस्था और पर्यावरण पर प्रभाव पड़ना लाजिमी है, लेकिन इसे समग्रता में न देखना दुर्भाग्यपूर्ण है। विस्थापन का लोग विरोध कर रहे हैं, कहते हैं कि उद्योग लगने से उन्हें क्या मिलेगा। जमीन जाएगी, घर जाएगा और एक सदस्य को कारखाने में चौथे दर्जे की नौकरी दे दी जाएगी। जिस समय बड़े पैमाने पर बड़े-बड़े उद्योग लग रहे थे, उस समय तो अधिकांश स्थानीय आबादी अशिक्षित और अनस्किल्ड थी। इस कारण उन्हें रोजगार के मामले में भी निराशा ही हाथ लगती आई है। अब भी हालात अधिक नहीं बदले हैं, इसलिए लोगों का विश्वास सरकार पर से उठ गया है। उनका पक्ष भी वाजिब है। इसलिए झारखंड में मध्यम, लघु और कुटीर उद्योगों के विकास के क्षेत्र में अधिक ध्यान देने की जरूरत है, जिससे अधिक से अधिक लोगों को रोजगार मिल सके। अभी हम प्राइमरी प्रोड्यूसर और सप्लायर की भूमिका में हैं।

लोहा बनाते हैं, स्टील बनाते हैं, एलुमीनियम, तांबा सबकुछ बनाते हैं, लेकिन अधिक से अधिक लाभ कमाने के लिए हमें इससे आगे की बात करनी होगी। सेकेंडरी, टर्सियरी प्रोड्यूसर जब हम बन जाएंगे, तो उसी प्राइमरी प्रोडक्ट में वैल्यू एडीशन हो जाएगा और आय में भारी इजाफा होगा। सलेम का उदाहरण देना चाहूंगा कि कैसे वहां स्टील के बर्तन बनाने का काम बड़े पैमाने पर होता है और भारी मुनाफे के साथ बड़े पैमाने पर रोजगार का भी सृजन होता है। हम झारखंड में स्टील तो बनाते हैं, लेकिन स्टील के बर्तन नहीं। हम प्राइमरी प्रोड्यूसर के रूप में तो दशकों पहले ही स्थापित चुके हैं। अलग-अलग तरह के उद्योग होंगे, तभी रोजगार और पूंजी लाभ के मामले में फायदा होगा।

इंडस्ट्रीयल डायवर्सिफिकेशन पर ध्यान देना होगा, ताकि एक ही किस्म के उद्योगों और खनिजों पर से हमारी निर्भरता खत्म हो। मध्यम, लघु एवं कुटीर उद्योगों के प्रति सरकार का रुख कभी भी उत्साहजनक नहीं रहा है। तीन-चार औद्योगिक क्षेत्रों को छोड़ इसका विकास नहीं हो पाया। वन आधारित उद्योगों के विकास को लेकर भी उदासीन रवैया है। झारखंड में वन संपदाओं की बहुलता है, लेकिन इन्हें बड़ी आबादी के लिए आय के साधनों में नहीं बदला जा सका है। 'फॉरेस्ट बेस्ड इंडस्ट्रीज' सबसे बेहतर विकल्प है। काष्ठशिल्प से लेकर, बंबू क्राफ्ट, मेडिसीनल प्रोडक्ट, गम, रेजिन जैसे कई सेक्टरों को उद्योग के रूप में देखा ही नहीं गया है। इसके अलावा एग्रो बेस्ड इंडस्ट्री में बहुत सी संभावनाएं हैं। ◆ ◆ ◆

सबको दे काम, ऐसा लगे उद्योग

विनय सरावगी
स्वास्तिक ग्रुप

अब तक सरकार ने लाखों साइकिलें बच्चे-बच्चियों के बीच बांट दी होंगी। इतनी बड़ी मात्रा में साइकिलों के ऑर्डर से साइकिल कंपनियां मालामाल हो गई होंगी। लेकिन, क्या सरकार ने कभी सोचा कि झारखंड में तो लोहा, स्टील बनता ही है, तो साइकिल उद्योग यहीं क्यों न लगा दिया जाए।

ग्रेफाइट का बड़ा रिजर्व हमारे राज्य में है, लेकिन क्या पेंसिल इंडस्ट्री की स्थापना को लेकर सोचा गया। कृषि कार्यों के लिए बेहतरीन माहौल है, 70 प्रतिशत लोग खेती के सहारे ही जी रहे हैं। लेकिन, क्या कभी एग्रो बेस्ड इंडस्ट्रीज के विकास के बारे में सोचा गया? एक कोल्ड स्टोरेज की तक स्थापना न हो सकी। ऐसे में किस नीति की बात करें और विकास की किन संभावनाओं की।

कट पेस्ट से नहीं बनेगी बात : औद्योगिक विकास के मामले में भी बाहर के मॉडल को कट एंड पेस्ट थ्योरी के आधार पर यहां लागू करने की कोशिश होती रही है। नतीजा देख ही रहे हैं कि पहली औद्योगिक नीति ग्यारह सालों में लागू नहीं कर पाए और दूसरे का खाका तैयार कर लिया गया। आखिर कब तक नया राज्य, नवगठित राज्य जैसे संबोधन की आड़ में अपनी नाकामी को छुपाते रहेंगे? औद्योगिक विकास की अवधारणा को ही सरकार अब तक नहीं समझ पाई है। इसी का नतीजा हुआ कि राज्य में एक दिशाहीन और अनियमित अर्थव्यवस्था ने आकार ले लिया। सिर्फ स्टील ही बनाएंगे तो खाएंगे क्या।

असामान्य औद्योगीकरण से बढ़ रही विषमता : जितने भी एमओयू हुए हैं, उनमें से अधिकांश पूर्वी तथा पश्चिमी सिंहभूम और सरायकेला-खरसावां जिलों के लिए हुए हैं। यह बेहद ही असामान्य औद्योगीकरण की प्रक्रिया है, जो क्षेत्रीय विषमता की खाई को और भी गहरी करेगी। हमारे पास खनिजों की भरमार है, इसका मतलब यह नहीं कि इसे औने-पौने दाम पर लुटा दिया जाए। मेरा मानना है कि खनन पट्टा देना भर ही सरकार ही जिम्मेदारी नहीं है। उन खनिजों से कैसे मूल्य-वर्द्धित आमदनी हो, इस पर विचार करना होगा। किसी भी उत्पाद की मांग और आपूर्ति का एक चक्र चलता है।

उद्योग में विविधता जरूरी : बीते एक दशक के दौरान देश में इंफ्रास्ट्रक्चर और रीयल इस्टेट सेक्टर में तेज विकास हुआ। इसके लिए स्टील की भारी मात्रा में जरूरत पड़ी। इस कारण इस्पात उद्योगों का स्कोप बढ़ा। लेकिन मार्केट डिमांड हमेशा बनी रहेगी, ऐसा मानना बड़ी भूल होगी। मतलब यह कि सरकार अगर सिर्फ स्टील प्लांट लगाने के लिए निवेशकों को आमंत्रित कर रही है तो यह अदूरदर्शिता का सूचक है। इस सच को अर्थशास्त्री झुठला नहीं सकते कि बड़े उद्योगों के बदले मध्यम, लघु और कुटीर उद्योगों में रोजगार का सृजन अधिक होता है। साथ ही आर्थिक असगानता भी दूर होती है।

झारखंड में अगर किसी उद्योग को बढ़ावा मिले तो निश्चित रूप से मीडियम एंड स्मॉल स्केल इंडस्ट्रीज के विकास को प्राथमिकता सूची में लाना होगा। बड़ा उद्योग जब धराशायी होता है तो उसका असर बड़ी आबादी पर पड़ता है। समाज-अर्थव्यवस्था पर भी इसका व्यापक प्रभाव पड़ता है। इसके मुकाबले छोटे उद्योग अगर फेल भी होते हैं तो उससे गिनती के ही लोगों पर असर पड़ता है। इसलिए किसी एक पर अधिक आश्रित होने की बजाय विकेंद्रीकृत औद्योगिक विकास हो। मिश्रित विकास का मॉडल ही सबसे अधिक कारगर है।

जरूरत के अनुरूप नीति निर्धारण : झारखंड जैसे घोर भ्रष्ट राज्य में यह तब तक नहीं हो सकेगा, जब तक राज्यहित की हरेक प्रक्रिया में नौकरशाह और हमारे प्रतिनिधियों का निजी लालच काम करता रहेगा। अर्थव्यवस्था में कोई भी चीज पूरी तरह स्वतंत्र नहीं होती। एक चेन बनता चला जाता है, जिसका प्रभाव स्थानीय समाज और वित्तीय गतिविधियों पर पड़ता ही है। मैं अपनी ही कंपनी की बात करूं तो फ्रूटी बनाने में फैक्ट्री में लोगों को रोजगार मिलता है। फल खरीदने से किसानों को फायदा होता है।

ट्रांसपोर्टेशन से लेकर डिस्ट्रीब्यूशन और उत्पाद के उपभोक्ताओं तक पहुंचने के क्रम रोजगार का एक चेन बन जाता है। इस पूरे प्रोसेस को समझे बगैर अगर नीतियां बनती रहीं तो उसका लाभ कभी भी झारखंड की जनता को नहीं मिलेगा, जैसा कि पहले से होता आया है।

एग्रो बेस्ड इंडस्ट्रीज को मिले बढ़ावा : एग्रो बेस्ड इंडस्ट्रीज में इतना स्कोप है, लेकिन क्या सरकार ने इसके लिए कोई नीति बनाई। बिहार में इसके लिए अलग नीति है, जिसमें तमाम तरह की सुविधाओं के साथ प्रोत्साहन के कई प्रावधान किए गए हैं। यह सेक्टर अधिक से अधिक लोगों को रोजगार देगा वह भी प्रकृति को क्षति पहुंचाए बगैर। लेकिन मुझे यह कहने में आज तनिक भी हिचक नहीं कि यहां के नौकरशाह झारखंड को अपना समझकर काम करते ही नहीं। जिस जमीन पर गांव के लोग किसी तरह मिल बांटकर अपना गुजारा कर लेते हैं, वहां से अगर उन्हें उजाड़ने की बात होगी, तो विरोध स्वाभाविक है। यह कंपनियों की नैतिक जिम्मेदारी है कि एक गरीब राज्य के लोगों से अगर वह जमीन लेती है, तो गरीबों के साथ न्याय करे। बाजार मूल्य पर जमीन खरीदे।

देखा-देखी की नीति नहीं चलेगी : अगर सरकार लोगों को रोजगार नहीं दे सकती तो उसे हक नहीं कि वह गरीबों को बगैर उचित मुआवजे के जमीन खाली करने का फरमान जारी करे। दरअसल, हम देखा-देखी की नीति के चंगुल में फंस गए हैं कि दूसरे राज्यों, देशों में ऐसा होता है, तो हम झारखंड में भी वैसा ही करें। दृष्टिहीनता का ही नतीजा है कि सरकार सचिवालय, विधानसभा नहीं बनाती, लेकिन खेलगांव बनाने में हजार-डेढ़ करोड़ खर्च कर देती है।

औद्योगिक विकास के जरिये अगर झारखंड के लोगों का विकास करना है तो वित्तीय सुविधाओं के साथ-साथ आधारभूत संरचनाओं का विकास करना होगा।

ज्वाइंट वेंचर इंटरप्राइजेज : बेसिक इंडस्ट्रीज हैं तो उस पर आधारित अन्य उद्योग भी लगने चाहिए। अगर निवेशक हिचकें तो सरकार ज्वाइंट वेंचर इंटरप्राइजेज की स्थापना करे। जैसे ग्रेफाइट पेंसिल उद्योग लगाकर ऐसा निर्देश दिया जाए कि राज्य के हर स्कूल में उसी उद्योग के बने पेंसिल उपयोग किए जाएं। दवाई की फैक्ट्री लगाई जाए तो राज्य के तमाम अस्पतालों को निर्देश दिया जाए कि राज्य में बनी दवाइयों का ही उपयोग करें। सरकार पंजाब, हरियाणा से काफी कुछ सीख सकती है, जहां कृषि और औद्योगिक विकास में एक संतुलन है, जबकि संसाधनों के मामले में वे राज्य झारखंड के मुकाबले कहीं नहीं ठहरते। स्थानीय लोगों में स्किल डेवलेप करने के लिए सरकार ने क्या कुछ किया? जो कुछ भी सकारात्मक बदलाव हुए हैं या हो रहे हैं, वह व्यक्तिगत बलबूते पर।

स्थानीय स्थितियों-परिस्थितियों की समीक्षा किए बगैर अगर मनचाहा एक्शन लेते रहे तो राज्य का बंटाधार ही होगा। मैं फिर कहना चाहता हूं कि रोजगारोन्मुख औद्योगीकरण होगा तभी यह राज्य के सामाजिक-आर्थिक विकास से जुड़ सकेगा। ◆ ◆ ◆

समावेशी विकास हो केंद्रीय एजेंडा

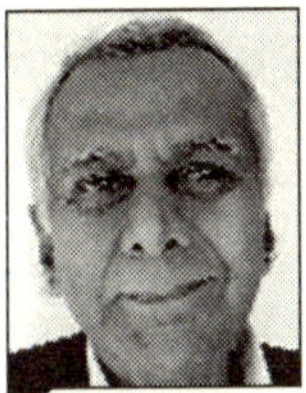

केजी पांडेय
पूर्व महाप्रबंधक, मेकॉन

बिहार से अलग होने के छह महीने पहले से ही लोग जोश और उत्साह से भर गए थे। ऐसे में हम भी (मेकॉन) कहां पीछे रहनेवाले थे। हमलोगों ने राज्य के विकास को लेकर एक रूपरेखा तैयार की थी। इस विजन डॉक्यूमेंट को सरकार को भी दिया। उस उमंग के बाद आज की स्थिति देख दुख होना स्वाभाविक है। रॉ मेटेरियल की भरपूर मौजूदगी के कारण बेशक औद्योगिक विकास की नई ऊंचाइयों को छुआ जा सकता था।

खनिज यहां हैं तो झारखंड में औद्योगिक विकास की बात करना लाजिमी है, लेकिन इसके लिए हम अब तक खुद को तैयार नहीं कर पाए हैं। जितने भी एमओयू हुए हैं, उसके लिए न हम तैयार थे और न ही वे कंपनियां। खुद को तैयार करने का मतलब है कि हम इंफ्रास्ट्रक्चर को डेवलेप करें। समावेशी विकास (इंक्लूसिव डेवलेपमेंट) की नीति तैयार करना पहली प्राथमिकता होनी चाहिए।

आप देखेंगे कि झारखंड में बेसिक इंडस्ट्रीज तो बहुत पहले से ही मौजूद हैं, जिनका लाभ उठाकर हम औद्योगिक विकास को गति देने में विफल रहे। झारखंड की तरह छत्तीसगढ़ और उत्तराखंड भी मध्यप्रदेश और उत्तरप्रदेश का उपेक्षित क्षेत्र रहा था। अखंड बिहार में दक्षिणी बिहार (अब झारखंड) के लोग उपेक्षित तो जरूर थे, लेकिन बडे-बड़े उद्योगों की मौजूदगी के कारण दूसरे राज्यों के मुकाबले अधिक तेज गति से विकास की संभावनाएं थीं। हम लोहा, स्टील, एल्युमीनियम, तांबा तो बनाते आ रहे हैं, लेकिन इन प्राइमरी प्रोडक्ट से अन्य मार्केट प्रोडक्ट बनाने की दिशा में आगे नहीं बढ़ पाए।

महाराष्ट्र, गुजरात जैसे राज्यों में सेकेंडरी, टर्सियरी उद्योगों का अधिक विकास हुआ, जिससे इन राज्यों की अर्थव्यवस्था काफी मजबूत हुई। रोजगार का भी इतना सृजन हुआ कि बाहर के लोग नौकरी की तलाश में इन्हीं राज्यों की ओर रुख करते हैं। हमारे झारखंड में सौ साल पहले से लोहा, स्टील बन रहा है, लेकिन इन्हें हम अन्य उत्पाद (जैसे बर्तन, स्टील के अन्य सामान) के रूप में रूपांतरित नहीं कर पा रहे। मतलब यह कि स्टील बेस्ड सेकेंडरी-टर्सियरी उद्योग भी लगने चाहिए। इसके दो फायदे होंगे- पूंजी का विकेंद्रीकरण होगा और बड़े पैमाने पर लोगों को रोजगार भी मिलेगा।

बड़े उद्योगों का लोग इसलिए विरोध कर रहे हैं कि इससे कैपिटल लोगों के बीच बहुत अधिक स्प्रेड नहीं हो पाता। जब औद्योगिक मुनाफा लोगों के बीच नहीं बंटेगा तो विरोध स्वाभाविक है। दूसरी बात कि बड़े उद्योगों में बड़ी पूंजी, जमीन के बड़े टुकड़े के साथ-साथ समय भी अधिक लगता है। राज्य एक नीति पर स्थिर नहीं रहता। इतनी अनियमितता की स्थिति रहेगी तो उद्योगपतियों, निवेशकों में विश्वास नहीं जग पाएगा। नीतियों में संशोधन किया जा सकता है, लेकिन एक ही विभाग अगर बार-बार नई नीति लाए तो यह इसका नकारात्मक असर ही पड़ता है। उद्योग नीति 2001 में भी आई, लेकिन क्या इसे सही मायनों में लागू किया जा सका? 74 एमओयू में से इक्के-दुक्के ही जमीन पर उतर पाए हैं, जिनमें अधिकतर वैसे हैं, जिनके लिए जमीन की जरूरत नहीं थी। कई मेगा प्रोजेक्ट इससे प्रभावित हुए हैं। अब तक नीतियां भी तय नहीं हो पाई हैं और इंफ्रास्ट्रक्चर की स्थिति तो सभी देख रहे हैं। बिजली विभाग ने उस वक्त एलान किया था कि वर्ष 2003

तक हम सरप्लस बिजली का उत्पादन करेंगे। प्रथम मुख्यमंत्री बाबूलाल मरांडी ने भी विश्वास दिलाया था कि झारखंड में सड़क और पुल-पुलियों का जाल बिछेगा। गांव-गांव रोड कनेक्टिविटी होगी। लोगों के बेसिक नीड्स भी पूरे नहीं हो पाए। ऐसे में लोगों का विश्वास सरकार पर से उठ गया।

उद्योगों की स्थापना के लिए लोग जमीन देने को तैयार नहीं। इसे मानवीय तरीके से समझना होगा। कोई भी आदमी 55-60 साल में रिटायर हो जाता है। उसके बाद वह आर्थिक संकट से जूझने लगता है और परिवार दुखों से घिर जाता है। स्किल्ड ह्यूमन रिसोर्स की कमी के कारण विस्थापितों की अगली पीढ़ी का भी भविष्य अनिश्चितताओं से घिर जाता है। ऐसे में जरूरी है कि जिनकी जमीनें ली जा रही हैं, उनके लिए आर्थिक, सामाजिक सुरक्षा की गारंटी ली जाए। स्थानीय स्तर पर अब भी तकनीकी रूप से दक्ष श्रमशक्ति का अभाव है। नए उद्योग भी लगेंगे तो बाहर के राज्यों से स्किल्ड मैन पावर को बुलाना होगा। ऐसे में स्थानीय लोगों को प्रत्यक्ष रूप से रोजगार नहीं मिलेगा।

यह सरकार का दायित्व है कि वह स्थानीय आबादी को सुशिक्षित और दक्ष बनाए। इसके लिए सरकार अधिक से अधिक पोलीटेक्निक कॉलेज खोले, औद्योगिक घरानों को भी ऐसा करने के लिए प्रेरित किया जाए। अधिक से अधिक इंजीनियरिंग, तकनीकी और प्रबंधन संस्थान खोले जाएं। इस तरह राज्य की आबादी में स्किल्ड मैनपावर की भरमार होगी और औद्योगिक विकास का लाभ रोजगार के रूप में स्थानीय लोगों को मिलेगा। लेकिन इसके लिए योजनाओं को इंप्लीमेंट करना होगा। अभी स्थिति यह है कि कोई भी अधिकारी किसी योजना को आगे बढ़ाना ही नहीं चाहता। पूरी प्रक्रिया में भ्रष्टाचार की संभावना बनी रहती है, जिस कारण अधिकारी सुरक्षात्मक कदम उठाते हुए किसी योजना की राशि को निर्गत ही नहीं करता। विकास का बजट होने के बावजूद ऐसा हो रहा है।

आधारभूत संरचनाओं के बिना औद्योगिक विकास नहीं हो सकता। सड़क, बिजली, पानी जैसे बेसिक इंफ्रास्ट्रक्चर के विकास के लिए पर्याप्त फंड हैं, पर वह हर साल सरेंडर करने पड़ते हैं। ऐसे में सरकार, नौकरशाह और जनता, तीनों अपनी-अपनी राह पर हैं और विकास के सारे स्कोप ठहर से गए हैं। यह बात सही है कि जहां संसाधनों की भरमार है, वहीं के लोग अधिक दुखद जिंदगी जी रहे हैं। झारखंड भी इसका अपवाद नहीं। ऐसे औद्योगीकरण से क्या फायदा, जिससे समाज डेवलेप न कर सके। समावेशी और जनोन्मुखी (इंक्लूसिव एंड पीपुल ओरिएंटेड) औद्योगिक विकास हो तो लोगों का साथ जरूर मिलेगा। छोटे-छोटे उद्योगों में रोजगार की अधिक संभावनाएं होती हैं।

इंवेस्टमेंट, जमीन, पानी जैसे फैक्टर भी अधिक मायने नहीं रखते और आउटपुट भी जल्द शुरू हो जाता है। इसलिए सेकेंड और थर्ड स्टेज के मैन्यूफैक्चरिंग इंडस्ट्री को अधिक बढ़ावा देना होगा। इससे राज्य में पूंजी का विकेंद्रीकरण होगा और आर्थिक समानता की ओर हम आगे बढ़ेंगे। सुविधाएं मुहैया कराना सरकार का कर्तव्य है। औद्योगिक विकास को प्रोत्साहित करने के लिए शुरू के कुछ समय तक टैक्स में छूट दी जा सकती है। औद्योगिक विकास के क्रम में खेती को नुकसान न पहुंचाया जाए।

यह इकोनॉमी और रोजगार का मुख्य सेक्टर है। लेकिन इनकम सरप्लस के लिए जरूरी है कि कृषि सेक्टर को इंडस्ट्रीयल डेवलपमेंट का लाभ मिले। एग्रो प्रोडक्ट की प्रोसेसिंग कर हम उसमें वैल्यू एडिशन कर सकते हैं। इससे किसानों की आय में भारी वृद्धि होगी। यह सच है कि अब तक स्थानीय लोगों को औद्योगिक विकास का वाजिब लाभ नहीं मिल पाया है। एमएमडीआर एक्ट-2010 में प्रोजेक्ट प्रभावित लोगों को 26 प्रतिशत देने का प्रावधान स्वागत योग्य है।

उद्योगों के मामले में भी प्रभावित लोगों को कंपनी में हिस्सेदारी दी जाए। ऐसा सामूहिक निर्णय से ही संभव होगा। कई लोग कहते हैं कि झारखंड के समाज-संस्कृति पर औद्योगिक विकास का नकारात्मक असर पड़ा है। यहां मैं रामदयाल मुंडा का उदाहरण देना चाहूंगा। उनका जीवन तो देश-विदेश के कई संस्कृतियों के संपर्क में गुजरा, फिर भी वे झारखंडी संस्कृति के प्रतीक बने रहे। ऐसे में हमारी समाज-संस्कृति पर आर्थिक बदलावों का असर किस हद तक पड़ेगा, यह हम पर निर्भर करता है। परंपरिक और आधुनिक का तालमेल जरूरी है, तभी आगे बढ़ सकेंगे।

◆ ◆ ◆

बुलंद इरादों के साथ नेकनीयत भी जरूरी

सीएस झा

पूर्व सीएमडी,
बीसीसीएल

विकास की किसी भी योजना का निर्माण करना और उसका शत-प्रतिशत क्रियान्वयन करना अलग बात है। जब तक योजना को अंजाम तक पहुंचाने की राजनीतिक व प्रशासनिक इच्छाशक्ति नहीं होगी, तब तक कोई नीति कारगर नहीं होगी। आप देखेंगे कि दर्जनों विकास योजनाएं बनती हैं, लेकिन उनका क्या हश्र होता है। औद्योगिक विकास के रास्ते में भी ऐसे ही कई व्यवधान हैं।

व्यावहारिक बनने की जरूरत : झारखंड की बात करें, तो यहां वाजिब नीतियों के साथ इच्छाशक्ति की बहुत जरूरत है। हमारे राज्य में क्या नहीं है? देश के सभी राज्यों से ज्यादा खनिज संपदा है। ऊर्जा का सबसे अच्छा स्रोत कोयले का भंडार है। बावजूद इसके राज्य चौराहे पर खड़ा है कि जाना किधर है-कहां है। हमारे पास उद्योग नीति भी है, लेकिन इसका सही ढंग से कार्यान्वयन नहीं हो रहा है। झारखंड में औद्योगिक विकास की असीम संभावनाएं हैं, जिसकी बदौलत यह राज्य विकास के नए मापदंड स्थापित कर सकता है। कानून, नीति या योजनाएं अपने आप प्रभावी नहीं होतीं, इसे सरकार के द्वारा जनता के सहयोग से प्रभावी बनाया जाता है। जरूरत है नीति नियंताओं को व्यावहारिक बनने की, आम और खास लोगों के साथ बेहतर रिश्ते स्थापित करने की।

प्राथमिकता में हो इंफ्रास्ट्रक्चर : औद्योगिक विकास की बात करने से पहले इसके लिए आवश्यक आधारभूत संरचनाओं के बारे में सोचना होगा। पहली प्राथमिकता में बिजली जरूरी है। बिजली की अबाध आपूर्ति अनिवार्य है। राजधानी रांची में ही शाम ढलते बिजली गुल हो जाती है। हमारे पास बिजली उत्पादन के लिए सबसे अच्छा स्रोत कोयले का असीम भंडार है। बावजूद इसके बिजली की यह स्थिति है। यहां के पावर प्लांट अधिकतर ठप रहते हैं। यूनिटों से उत्पादन चालू नहीं होता, जिससे उद्योगपतियों को निवेश के मुकाबले फायदा कम होता है या नुकसान का भी सामना करना पड़ता है। इस बात को अब समझ लेना चाहिए कि उद्योगों के विकास के लिए सिर्फ खनिज संपदा ही नहीं, बल्कि बेहतरीन इंफ्रास्ट्रक्चर की भी जरूरत होती है। आधारभूत संरचनाओं के मामले में हमारा राज्य बेहद पिछड़ा है। ऐसे में जब उद्योगों को सड़क, बिजली, पानी नहीं मिलेगा तो निवेशक अपना पैसा यहां क्यों लगाएंगे। उत्पादित सामग्री की ढुलाई के लिए अच्छी सड़कें होनी चाहिए। औद्योगिक विकास के लिए सड़क, बिजली व वायुमार्ग के माध्यम से परिवहन सेवा उपलब्ध करना आवश्यक है। दरअसल, सरकार व प्रशासनिक पदाधिकारी चाह लें तो राज्य की दशा बदलने में समय नहीं लगेगा। अधिकारी कर्मचारी को नहीं डांट सकते, क्योंकि उस कर्मचारी की नियुक्ति राजनीतिक पैरवी से हुई है। पावर के गलत इस्तेमाल के चलते गुणवत्ता पर सवाल उठ रहा है।

बाधाओं को दूर करने का हो प्रयास :जो माइंस लीज पर हैं, उनका क्या हो रहा। फॉरेस्ट क्लीयरेंस नहीं मिलने में कहां दिक्कत है। इसे जानना बहुत जरूरी है। आज कंपनियां ग्रामीणों को विश्वास में लिए बगैर भू-अधिग्रहण के बारे में सोचती हैं। नतीजा यह होता है कि सर्वेयरों को ग्रामीण दौड़ा-दौड़ाकर पीटते हैं। जमीन अधिग्रहण में सफलता भी मिलती है, तो भी कई रुकावटों के कारण काम सालों लटका रहता है।

जरूरी है इंडस्ट्रीयल ट्रेनिंग : इंडस्ट्रीज के पतन के क्या कारण हैं? इसका विश्लेषण जरूरी है। इंडस्ट्रीज को

समझने वाले दक्ष व कुशल लोगों की घोर कमी है। इसी का नतीजा है कि आज झारखंड में बीमार या बंद उद्योगों की तादाद काफी अधिक है। अगर सही प्लानिंग के साथ काम हो, किसी उद्योग के फेल होने का सवाल ही नहीं उठेगा। आज सार्वजनिक क्षेत्र के कई बड़े उपक्रम झारखंड में खंडहर में तब्दील हो चुके हैं। छोटे-छोटे उद्योगों के साथ एचइसी, सिंदरी उर्वरक कारखाना जैसे बड़े उदाहरण भी सामने हैं। हम इन उदाहरणों से काफी कुछ सीख सकते हैं और भविष्य के लिए दूरगामी रणनीति बना सकते हैं। इसके अलावा प्रशिक्षण संस्थान भी अपनी जिम्मेदारी सर्टिफिकेट देने तक सीमित रखते हैं। कर्मचारियों को इंडस्ट्रीयल ट्रेनिंग नहीं दी जाएगी, तो उत्पादन की गुणवत्ता में सुधार कैसे आएगा, उद्योग दिनों-दिन तरक्की कैसे करेगा। कर्मचारियों को व्यावहारिक प्रशिक्षण नहीं दिया जा रहा है। निजी संस्थानों को खुद इसके बारे में सोचना चाहिए। तकनीकी संस्थानों की भी कमी है। उद्योगों के सफल संचालन के लिए कुशल मानव संसाधन की मौजूदगी पहली शर्त है। तमाम सुविधाओं के बावजूद अगर दक्ष कर्मचारी नहीं होंगे तो कंपनी का बंटाधार होना तय है। इस समस्या का समाधान यही है कि हम अपने राज्य में कुशल और तकनीकी रूप से दक्ष मानव संसाधनों को तैयार करें। यह तभी हो सकेगा, जब सर्वसुविधा संपन्न अधिक से अधिक तकनीकी संस्थान खोले जाएं।

सोसाइटी को भी लें साथ : यह कहना गलत होगा कि लोग विकास नहीं चाहते हैं। झारखंड में आज तक मानवीय रिश्तों और समाज को साथ लेकर चलने की कोशिश ही नहीं की गई। उद्योग लगाने के लिए जिनकी जमीन ले रहे हैं, निवेश के कार्यों में उनको साथ लेकर चलना चाहिए। टाटा कंपनी को जमीन क्यों मिलती है। इसका एक ही कारण है-लोगों की भागीदारी कंपनी में सुनिश्चित करना। ग्रामीणों के साथ दोस्ताना संबंध स्थापित करना। सरकारी मुलाजिम में भी संबंध बनाने के प्रति उत्सुकता होनी चाहिए। अधिकारियों व राजनीतिक प्रतिनिधियों में यह सोच बनी रहे कि विकास होना चाहिए। उन्हें विकासात्मक दिमाग, योगदानमूलक सोच को धारण करना चाहिए।

रखें सकारात्मक सोच : झारखंड का कुछ नहीं हो सकता, अक्सर लोगों के मुंह से यह बात सुनने को मिलती है। दरअसल, लोगों की धारणा बन गई है। सकारात्मक सोच रखने की जरूरत है। इससे खुद व राज्य की भी भलाई होगी। हर कार्य को राष्ट्रीय कर्तव्य समझकर करना चाहिए। बंगाल के एक जिले में स्थानीय लोगों ने काम बंद कर दिया, नारेबाजी करने लगे। उन लोगों का कहना था कि जमीन हमने दी और नौकरी दूसरे राज्य के लोगों को। इस बाबत हमने संबंधित जीएम से बात की। वहां आए वृद्ध जनों से कहा कि आपको आने की क्या जरूरत थी, बेटे को भेज देते। ग्रामीण कहने लगे, इतने अधिकारी आए, लेकिन किसी ने हमदर्दी नहीं जताई। सबने प्रदर्शन वापस ले लिया। उनके उग्र तेवर देखकर अधिकारी मुझे ऑफिस नहीं जाने दे रहे थे। भारतीय संस्कृति के अनुसार लोक व्यवहार व सदाचार को बनाए रखना चाहिए। विकास कार्यों को करते समय अधिकारियों की हुकूमत से बात नहीं बनेगी। शीर्ष के आदमी पर औद्योगिक विकास बहुत कुछ निर्भर करता है। उसे जनता का सहयोगी बनकर भेदभाव किए बगैर आगे बढ़ना चाहिए। ◆ ◆ ◆

संभावनाएं तो हैं, पर रुकावटें कम नहीं

डॉ. डीके बेहरा
टाटा स्टील लिमिटेड
जमशेदपुर

अन्य राज्यों की तुलना में झारखंड देश के औद्योगिक नक्शे पर बहुत पहले आ चुका था। बीसवीं सदी की शुरुआत में ही झारखंड में उद्योगों ने पांव पसारना शुरू कर दिया था। प्राकृतिक खनिज संपदा जैसे बॉक्साइट, लौह अयस्क, लाइम स्टोन, डोलोमाइट आदि की झारखंड में प्रचुरता तो है ही, साथ में इन पर आधारित उद्योगों की संख्या भी कम नहीं है। झारखंड में औद्योगीकरण का इतिहास पलटने पर हमें सरकार द्वारा शुरू की गई औद्योगिक विकास की कवायदों की कुछ झलकियां दिखाई पड़ती हैं। प्राकृतिक संपदा, खनिज और जंगल के मामले में झारखंड एक धनी राज्य है। यहां देश की कुल जनसंख्या का 2.7 प्रतिशत आबादी होने के बावजूद काफी खाली जमीन मौजूद है। झारखंड में मौजूद मिनरल्स में अकेले कोयला और लौह अयस्क ही एक तिहाई से अधिक हैं। कोयला उत्खनन क्षेत्र समेत स्टील उत्पादन के लिए मशहूर शहर जमशेदपुर और बोकारो सही मायनों में झारखंड की रीढ़ हैं। ये राज्य में रोजगार की संभावना और राजस्व के मामले में भी अहम योगदान देते हैं। इन मुख्य उद्योगों से जुड़े अन्य कई छोटे-छोटे उद्योग-धंधे भी यहां चल रहे हैं। झारखंड में औद्योगिक विकास के लिए कुछ जरूरी बातें हैं, जो काफी महत्वपूर्ण हैं। कच्चा माल, परिवहन, जल, ऊर्जा, शासन और विधि व्यवस्था की बेहतरीन मौजूदगी के बगैर इस क्षेत्र में हम आगे नहीं बढ़ सकते। यहां उद्योगों के लिए प्रचुर कच्चे माल की मौजूदगी है। परिवहन की सुविधा राज्य के अंदर और राज्य से बाहर होना, स्रोतों तक पहुंच एवं उसकी उपयोगिता के लिए काफी अहम हैं।

अब भी झारखंड के कई गांवों तक सड़कें नहीं पहुंची हैं। अच्छे संपर्क साधन ही निवेश को आकर्षित करते हैं। बड़े राज्यों में राजमार्गों का निर्माण कार्य निजी हाथों में दे दिया गया है। आज कोलकाता समेत अन्य बड़े शहरों में परिवहन की सुविधा जैसे रेल, सड़क और हवाई मार्ग उद्योगों के निवेश के लिए व्यापारियों को आकर्षित करते हैं। औद्योगिक विकास को गति देने में ऊर्जा महत्वपूर्ण भूमिका निभाता है। सौभाग्य से झारखंड में ऊर्जा के क्षेत्र में काफी संभावनाएं हैं। ऊर्जा के गैर परंपरागत स्रोत जैसे सौर ऊर्जा, पवन चक्की, बायोमास आदि में भी संभावनाएं तलाशी जानी चाहिए। ऊर्जा रूपांतरण और उत्पादन दोनों में दक्ष रहना आवश्यक है। साफ-सुथरी सरकारी नीतियां और सही शासन भी निवेशकों को आकर्षित करती हैं। ई-गवर्नेंस की अवधारणा से व्यवस्था का परिचय रहना चाहिए। ये तुरंत निपटारे में सहायता करती है। उद्योगों को पानी चाहिए, जिसके बगैर उत्पादन नहीं हो सकता। जल और जलस्रोत के मामले में भी राज्य धनी है। व्यवस्थित जल प्रबंधन औद्योगीकरण के लिए महत्वपूर्ण फैक्टर है। विधि-व्यवस्था हमेशा से राज्य में एक मुद्दा रहा है। बिना किसी व्यवधान के उद्योगों का सही कामकाज हमेशा से चिंता का विषय रहा है। इसमें सुधार की नितांत आवश्यकता है। एकल खिड़की मंजूरी पद्धति को प्रभावी रूप से लागू करने की जरूरत है। आज कई राज्यों में सिंगल विंडो सिस्टम काफी प्रभावी साबित हो रहा है। चूंकि राज्य में औद्योगिक विकास की अच्छी संभावना है, फिर भी यहां का विकास अन्य राज्यों जैसे महाराष्ट्र, गुजरात आदि की अपेक्षा काफी कम हुआ है। अगर आधारभूत संरचना में संगठित तरीके से निवेश जुटाए जाएं तो झारखंड में औद्योगिक विकास के सारे तत्व मौजूद हैं। वर्तमान में जो मुद्दा सबसे गंभीर है वह है भूमि अधिग्रहण में अवरोध। यहां एक ठोस और साफ-सुथरी भूमि अधिग्रहण नीति की नितांत आवश्यकता है। ◆ ◆ ◆

दीर्घावधि लाभ को नहीं देखती सरकार

शरद कुमार पोद्दार

उपाध्यक्ष, स्मॉल स्केल इंडस्ट्रीज एसोसिएशन

वर्ष 2000 में झारखंड अलग राज्य बना। उस दौरान हम लोग काफी आशान्वित थे। नई सरकार में नए माहौल पनपेंगे। नई नीति के साथ नई रणनीति के तहत औद्योगिक विकास को बढ़ावा दिया जाएगा। कृषि व उद्योग दो ऐसे क्षेत्र थे, जहां सबसे अधिक ध्यान दिया जाना था। लेकिन अफसोस हम ऐसा नहीं कर पाए। गुजरात, पंजाब संसाधनों के मामले में हमसे काफी पीछे हैं, फिर भी औद्योगिक विकास के मामले में काफी आगे हैं। एक उम्मीद हम लोगों की थी कि राज्य में बड़े उद्योगों के माध्यम से छोटे उद्योग लगें।

सरकार की ऐसी नीति बने, जिससे अधिक से अधिक छोटे व कुटीर उद्योगों को बढ़ावा मिले। लेकिन शुरू से ही यहां राजनीतिक उथल-पुथल मचा रहा। सरकारें बनतीं, बिगड़ती रहीं। प्राथमिकताएं भी उसी अनुरूप बदलती रहीं। वहीं कुर्सी पर बैठे लोगों की अदूरदर्शिता के कारण सारी उम्मीदें धरी की धरी रह गईं। विकास की रणनीति तय करने में सभी लोगों की सहभागिता जरूरी थी, ताकि कारगर रोडमैप बनाया जा सके। लेकिन ऐसा नहीं हुआ। सरकारें एमओयू करती चली गईं। होना यह चाहिए था कि सरकार लौह अयस्कों में मूल्यवर्धन कर बाहर भेजने की प्रक्रिया अपनाती। मूल्यवर्धन कर आवंटन की नीति बनाती। यदि सरकार पांच गुना मूल्यवर्धन करती, तो अधिक राजस्व मिलता, साथ ही रोजगार के भी रास्ते खुलते। हमारे यहां स्टील बन रहे हैं। उसे बाहर भेजा जाता है। गाड़ियां बनती हैं। लाखों में बिकती हैं। क्या यही काम यहां नहीं हो सकता। विकसित राज्यों ने अपने औद्योगिक विकास की रणनीति में यही तो किया। माइंस से बहुत लाभ है, लेकिन सरकार शॉर्ट टर्म लाभ देखती है। मनमाने ढंग से माइंस अलॉट कर दिया गया। इससे बड़े पैमाने पर जल, जंगल व जमीन को नुकसान पहुंचा।

राज्य में वैल्यू एडिशन वाली इंडस्ट्री जरूरी है। बड़ी इंडस्ट्री के साथ डाउन स्ट्रीम इंडस्ट्री को प्रोत्साहन देने की नीति बननी जरूरी है। छोटे खनिज आधारित उद्योगों को बढ़ावा देना जरूरी है। उसी तरह से फूड प्रोसेसिंग को लेकर बिहार में अलग नीति है, लेकिन हमारे यहां फूड प्रोसेसिंग नीति तो छोड़िए, इंडस्ट्रीयल पॉलिसी तक कारगर नहीं है। बिहार सरकार ने आइएलएफएस के साथ समझौता किया है। फूड प्रोसेसिंग यूनिट स्थापित करने के इच्छुक को बिहार सरकार मुफ्त कंसल्टेंसी की सुविधा देती है। हमारे यहां के अधिकारी कहेंगे, हमें बिहार से नहीं सीखना, बिहार से हम कहीं आगे हैं। दूसरा यहां जमीन लेने का नियम काफी जटिल है। बिजली, पानी और सड़क की स्थिति बेहद खराब है। सुदूर क्षेत्र में अगर कोई उद्योग लगाना चाहे, तो नहीं लगा सकता। जरूरत के हिसाब से नीतियों में बदलाव करना चाहिए, लेकिन हमारे यहां जो बन गया, उसको भी ठीक से लागू नहीं किया जा रहा। रियाडा अपने दायित्व से भटक गया है। पिछले डेढ़ साल से पीसीसी की बैठक नहीं हुई है। कई प्रोपोजल पेंडिंग हैं। पिछले 20 साल में एक भी नया औद्योगिक क्षेत्र अस्तित्व में नहीं आया। जो हैं, उनमें भी नियमित रख-रखाव के नाम पर कुछ भी नहीं है। बीमार व रूग्ण इंडस्ट्रीज के लिए पुनर्स्थापन पैकेज की व्यवस्था सरकार को करनी चाहिए। नई नीति में सरकार वैट सब्सिडी पांच साल तक देने की बात कर रही है। लेकिन इस लाभ को लेने के लिए कितने पापड़ बेलने पड़ेंगे, यह सभी जानते हैं। सिंगल विंडो सिस्टम की बात कर रहे हैं, लेकिन क्या गारंटी के ये अधिकारी नियत समय में काम पूरा कर देंगे। ◆ ◆ ◆

लाभ का वितरण हो बहस का केंद्र

फा. डॉ. एलेक्स एक्का (एस.जे)

निदेशक, जेवियर समाजसेवा संस्थान

बीते कुछ समय से झारखंड के विकास मॉडल को चुनौती देने वाली परिस्थितियां उत्पन्न हुई हैं। इस बात की जरूरत आ पड़ी है कि विकास के औद्योगिक मॉडल की फिर से समीक्षा हो। उसमें आवश्यकतानुसार पर्याप्त संशोधन हो। दरअसल, राज्य में गरीब-अमीर के बीच की खाई बढ़ती जा रही है। जो विकास हो रहे हैं, उनका लाभ स्थानीय समुदाय को नहीं मिल पा रहा है। विकास नीतियों से वंचित समुदाय सबसे अधिक पिस रहे हैं।

औद्योगिक विकास का मतलब यह नहीं कि राज्य के सारे संसाधनों को बहुराष्ट्रीय कंपनियों के हाथों बेच दिया जाए। हमारे यहां संसाधन हैं, लोग हैं, उद्योग भी हैं, लेकिन विकास नदारद है, रोजगार नदारद है। ऐसा क्यों? इसका सीधा सा जवाब है कि औद्योगिक विकास के एजेंडे में उद्योगपति तो हैं, पर लोकहित गौण है। उद्योगों की स्थापना के लिए जमीन चाहिए, कच्चा माल चाहिए, मानव संसाधन चाहिए, पानी चाहिए, साथ ही इसके प्रोडक्ट को बेचने के लिए मार्केट भी चाहिए। झारखंड में सारे स्कोप होते हुए भी औद्योगिक लाभ का वितरण स्थानीय लोगों में नहीं हो पाता है। इसी का नतीजा है कि लोग अब उद्योगों को जमीन देने को तैयार नहीं हैं।

दरअसल, आज ऐसी औद्योगिक प्रक्रिया को अपनाया गया है, जिसमें प्राकृतिक संसाधनों के अभूतपूर्व दोहन, बड़े पूंजी निवेश और सिर्फ बड़े उद्योगों की स्थापना को तरजीह दी जा रही है। ऐसे उद्योगों के उत्पाद हैं- कार, स्टील, एलुमीनियम आदि, जिसका झारखंड के गरीब लोगों से कोई वास्ता नहीं है। इनकी आर्थिक स्थिति इतनी भी अच्छी नहीं कि इन वस्तुओं का उपभोग कर सकें।

विस्थापन झारखंड के औद्योगिक विकास का एक कड़वा सच रहा है। इसका जवाब दिया जाता है- नो गेन बिदाउट पेन और त्याग के बगैर तरक्की संभव नहीं। लेकिन सवाल है कि किसका गेन (मुनाफा) किसके पेन (दुख) की कीमत पर और किसकी तरक्की किसके बलिदान की कीमत पर। राजनेता, नौकरशाह, शहरी पूंजीपति, बिचौलिये, उद्योगपति लाभ कमाने वाले वर्ग हैं और हम इनके विकास के लिए दुख भोगने वाले, अपनी जमीन, संसाधनों का बलिदान देनेवाले। साफ है कि औद्योगिक विकास के सवाल पर झारखंडी समाज इन दो खेमों में बंटा है।

झारखंड में 30 लाख लोग विस्थापन पीड़ित हैं, जिनमें से केवल 25 प्रतिशत लोगों का ही पुनर्वास हो सका है। जितने लोग उजड़े, क्या उन्हें उद्योगों में नौकरियां मिलीं? नहीं। इसलिए कल-कारखाना लगाने का लोग विरोध कर रहे हैं। यहां वैसी औद्योगिक विकास की प्रक्रिया चल रही है, जिसमें लोग रोजगार के लिए अन्य राज्यों में पलायन करने को विवश हो रहे हैं।

जब औद्योगीकरण की बात करते हैं तो सामाजिक-आर्थिक प्रभावों के साथ इसके पर्यावरण पर पड़नेवाले असर को नजरअंदाज नहीं कर सकते। औद्योगीकरण तो एक प्रक्रियामात्र है, जिसका असर समाज और प्रकृति के तत्वों जैसे हवा, पानी, पहाड़, मिट्टी आदि पर पड़ता है। औद्योगिक विकास की बहस में अब तक हमने इन्हें तवज्जो नहीं दिया था, जिसका नतीजा झारखंड के हर इलाके में देख सकते हैं। जिन नदियों में सालों भर पानी होता था, वे अब सूख जाती हैं। हवा-पानी प्रदूषित हो गया है। औद्योगिक क्षेत्रों में तो स्थिति और भी भयावह है।

तीन बातों पर देना होगा ध्यान

- **मनुष्य-प्रकृति के संबंध अतिवादी औद्योगीकरण की भेंट न चढ़ें**
- **औद्योगिक विकास के लाभ के सबसे पहले हकदार स्थानीय लोग हैं**
- **जनहित में अल्टरनेटिव मॉडल की खोज हो**

भारत ही नहीं पूरी दुनिया में जहां-जहां आदिवासी हैं, वहीं प्राकृतिक संसाधनों की भरमार है। यह स्वाभाविक है कि जहां खनिज संपदा होंगे, वहां बड़े पैमाने पर उद्योगों का विकास होगा। झारखंड भी अपवाद नहीं है, लेकिन औद्योगिक लाभ के वितरण के मामले में अन्याय झेलता रहा है। अभी भी दर्जनों कंपनियां यहां उद्योग लगाने को उत्सुक हैं और यह प्रक्रिया जारी भी है। दूसरी तरफ लोगों का पलायन, बेरोजगारी, भुखमरी, हिंसा भी बढ़ रही है। आखिर क्यों? विकास का आधार औद्योगीकरण होता, तो फिर इन समस्याओं पर चर्चा करने की कोई वजह ही नहीं होती। औद्योगिक विकास और राज्य के लोगों की ऐसी दशा में क्या संबंध है, इसकी व्याख्या किए बगैर औद्योगिक विकास पर बहस बेमानी होगी। ◆ ◆ ◆

उद्योग से लाभ को समझने की जरूरत

पीसी जोशी

महाप्रबंधक,
अभिजीत ग्रुप

झारखंड में काफी संभावनाएं हैं, खासकर, उद्योग के क्षेत्र में। हालांकि, उद्योग स्थापना के रास्ते कई अवरोध भी हैं। यही वजह है कि निवेश के लिहाज से झारखंड को खराब राज्य माना जाता है। जब भी कोई नई कंपनी स्थापित करने की बात उठती है, उसके विरोध में आंदोलन शुरू हो जाता है। इसके पीछे कारण है स्थानीय लोगों में जागरूकता का अभाव।

स्थानीय लोग उद्योग या संयंत्र लगने से होनेवाले फायदों को नहीं जानते। उद्योग के विरोधियों द्वारा इसका लाभ उठाया जाता है। ग्रामीण कंपनी के विरोध में मुखर होने लगते हैं। यहां इच्छुक कंपनी की मुसीबत बढ़ने लगती है। लेकिन यह सही है कि जनआकांक्षाओं को ध्यान में रखा जाए, तो कोई भी कार्य मुश्किल नहीं। अभिजीत ग्रुप का ही उदाहरण लें। हमारी कंपनी यहां आई। हमें चितरपुर में संयंत्र स्थापित करना था। सामाजिक कार्यों के जरिये हमारे लोगों ने गांव में आना-जाना शुरू किया। शुरू में तो ग्रामीणों की ओर से अच्छा रिस्पांस मिला। लेकिन बाद में लोग विरोध पर उतारू हो गए। कुछ लोगों के बहकावे में आकर 'जान देंगे, जमीन नहीं देंगे' का नारा बुलंद करने लगे। देखते ही देखते हमारे पक्ष में आनेवाली स्थिति विपक्ष में बदल गई।

हमने ग्रामीणों को समझाने का काफी प्रयास किया। लेकिन असफल रहे। एक वक्त लगा कि हमें लौटना पड़ेगा। तभी क्षेत्र के कुछ लोगों ने चंदवा के चकला ग्राम में संयंत्र स्थापित करने का सुझाव दिया। हमें उनका सुझाव पसंद आया। हमने प्रयास शुरू कर दिया। ग्रामीणों से मेल-जोल के बाद पता चला कि ग्रामीण क्षेत्र के विकास के प्रति आशान्वित हैं। उन्हें जागरूक करने की दिशा में हमें विशेष परेशानी नहीं होगी, सो हमने वहां कार्य प्रारंभ किया। ग्रामीणों में जागरूकता का संचार हो गया, तो हमारा काम तेजी से आगे बढ़ने लगा। अब तो ग्रामीण भी कार्य में बेहतरी के लिए आगे बढ़कर सुझाव देते हैं। कमाल की बात तो यह है कि कई बार हमारे इंजीनियरों को भी ग्रामीणों का सुझाव पसंद आ जाता है।

आज के दौर में ग्रामीणों की ओर से मिले सहयोग की बदौलत ही अभिजीत ग्रुप अपने उद्देश्यों में सफल हो रहा है। आपराधिक गतिविधियों के लिए कुख्यात चंदवा प्रखंड की पहचान बदली है। यह औद्योगिक नगरी के रूप में राज्य भर में चर्चित हो गई है। मैं राज्य की वर्तमान स्थिति को देखकर यही कहना चाहता हूं कि कोई भी कार्य असंभव नहीं है।

बस ग्रामीणों में जागरूकता का अभाव है। शुरुआती दौर में इस दिशा में आपको मशक्कत करनी पड़ेगी, लेकिन बाद में ग्रामीण जागरूक होंगे तो खुद कार्यालय आ कर सहयोग करेंगे। झारखंड में विकास की व्यापक संभावनाएं हैं। लेकिन इसका लाभ तभी मिल पाएगा, जब सभी इसमें योगदान देंगे। जमीन अधिग्रहण एक बड़ी समस्या है, लेकिन इसे सुलझाया जा सकता है। लोगों को इस बाबत जागरूक करने की जरूरत है कि झारखंड में उद्योग लगेंगे तभी ग्रामीणों का जीवन स्तर भी उठेगा। उद्योग अपने साथ बड़े पैमाने पर रोजगार लाता है। बेरोजगारी ही तो झारखंड की सबसे बड़ी समस्या है और इसी की वजह से भुखमरी और पलायन का संकट पैदा हुआ है। अगर झारखंड के हर इलाके में दो चार कल-कारखाने लग जाएंगे तो लोगों को रोजी-रोटी के

लिए बाहर क्यों जाना पड़ेगा। जान-देंगे पर जमीन नहीं, यह एक राजनीतिक नारा है, जिसकी आड़ में ग्रामीणों को बहकाया जा रहा है। इस तरह के हठ से झारखंड का विकास कभी नहीं होगा। जो लोग उद्योग लगने का विरोध करते हैं, क्या उनके पास झारखंड के विकास का कोई वैकल्पिक रोडमैप है? अगर है भी तो वह आधुनिक समाज के अनुकूल नहीं। पूरी दुनिया आज तेज विकास का लाभ उठा रही है तो झारखंड के लोगों को उस विकास से महरूम क्यों रखने के प्रयास हो रहे हैं।

क्या सभी यही चाहते हैं कि झारखंडवासी बेरोजगार और पिछड़े रहें। जो वाकई झारखंड का विकास चाहेगा, वह कभी भी उद्योगों का विरोध नहीं करेगा। इंडस्ट्रीज जहां भी लगी हैं, वहां का सामाजिक-आर्थिक माहौल तेजी से डेवलेप किया है। इसलिए सबसे जरूरी है कि ग्रामीणों के अंदर उद्योगों को लेकर विश्वास जगाया जाए। औद्योगिक विकास को लेकर अगर ग्रामीणों को जागरूक कर दिया जाए तो वे कभी विरोध नहीं करेंगे। विकास पर सभी का समान हक है।

सभी चाहते हैं कि उनके बच्चे अच्छे स्कूलों में पढ़ें, उनकी बेटी खेतों में काम करने या दूसरे के घरों में नौकरानी का काम करने के बजाए पढ़-लिखकर अपने पैरों पर खड़ी हो। लेकिन ऐसा तब तक नहीं होगा, जब तक कुछ स्वार्थी लोगों के बहकावे में आकर लोग विरोध करते रहेंगे। कोई भी उद्योग जितनी संख्या में प्रत्यक्ष रोजगार देता है, उससे बड़ी संख्या में आसपास के लोगों के लिए अप्रत्यक्ष रोजगार का सृजन करता है। तमाम तरह के संसाधन यहां मौजूद हैं, इसलिए जरूरी है कि आधारभूत संरचनाओं को सशक्त किया जाए। इससे अधिक से अधिक संख्या में निवेशक झारखंड आएंगे और बड़ी संख्या में उद्योग लगेंगे। यह झारखंड के लिए बड़ा बदलाव साथ लाएगा, जिससे गरीबी-बेरोजगारी दूर होगी, लोगों का जीवन स्तर उठेगा, हिंसा का अंत होगा। इसके बाद यह सवाल नहीं उठेगा कि और कितना वक्त चाहिए झारखंड को। ◆ ◆ ◆

काउंटर कल्चर से आगे जाना होगा

अरविंद अंजुम

विस्थापन विरोधी आंदोलन में सक्रिय

सन् 2005 में अर्जुन मुंडा दोबारा सरकार में आए तो देशी-विदेशी कंपनियों के प्रमुखों के साथ एमओयू की झड़ी लग गई। कुछ दिनों के अंदर 50 से भी ज्यादा एमओयू हो गए। हंसते-मुस्कुराते, गले मिलते पूरे पृष्ठ के विज्ञापन ऐसे छपने लगे, जैसे झाड़खंड में विकास की बहार आ गई हो। पक्ष-प्रतिपक्ष दोनों ही इस विकास यज्ञ में शामिल हो गए थे। यह सिलसिला चल ही रहा था कि चांडिल के कटिया में जिंदल कंपनी द्वारा किए एमओयू के खिलाफ आंदोलन भड़क उठा। जिंदल यहां हजारों एकड़ जमीन अधिग्रहण कर लोहे एवं विद्युत उत्पादन का कारखाना लगाना चाहती थी।

जनता के प्रबल विरोध के चलते कंपनी जल्दी ही समझ गई कि वहां कारखाना लगाना संभव नहीं होगा। एक महीने के अंदर ही कंपनी ने प्रस्तावित कारखाने का स्थान बदलकर पोटका के आसनबी इलाके में ले गई। चांडिल के जिंदल कंपनी विरोधी इस आंदोलन ने पूरे झाड़खंड में यह संदेश दिया कि कारखाने की स्थापना को भी रोका जा सकता है। फिर तो पोटका में भूषण एवं जिंदल, टेंटोपोसी में टाटा ग्रीनफिल्ड प्रोजेक्ट, मनोहरपुर में डेम्को, चाईबासा के निकट एस्सार, तोरपा में मित्तल, बड़कागांव मे एनटीपीसी, काठीकुंड में गोयनका आदि के कारखानों के खिलाफ आंदोलन शुरू हो गया। हजारों-हजार एकड़ जमीनों की चाहत रखने वाले इन कारखानेदारों को जमीन अधिग्रहित कर देने की हिम्मत सरकार की नहीं हुई। ऐसे ही आंदोलनों के दबाव के चलते केंद्र एवं राज्य सरकार को यह नीति बनानी पड़ी कि उद्योगों को 70 फीसदी जमीन खुद खरीदनी होगी। बहुत कोशिशों के बावजूद अभी तक कोई कंपनी 200 एकड़ से ज्यादा जमीन खरीद नहीं पाई है। कंपनियां भी संभलकर बिना शोर मचाए धीरे-धीरे जमीन खरीदने की नीति पर चल रही है, इसका फायदा भी उन्हें भविष्य में मिल सकता है।

केंद्र सरकार द्वारा प्रस्तावित कानून के अनुसार 80 प्रतिशत लोगों की सहमति के बिना किसी भी परियोजना के लिए जमीन का अधिग्रहण नहीं किया जा सकेगा। कारखानों के लिए सरकार सरकारी जमीन उपलब्ध कराने के प्रयास में है। कंपनियां अपनी खरीदी हुई जमीन और सरकार द्वारा उपलब्ध जमीन को मिलाकर परियोजनाओं को आगे बढ़ा रही है। इन कंपनियों के पीछे न केवल झाड़खंड की सरकार है, बल्कि केंद्र सरकार एवं वैश्विक शक्तियां भी हैं। पूरी दुनिया में जो विकास का मॉडल और नीतियां प्रचलित हैं, ये कंपनियां उन्हीं के नतीजे हैं। इसलिए सामयिक तौर पर तो इन कंपनियों के निर्माण को रोका जा सकता है, पर अगर यही नीतियां चलती रहीं तो आज न कल ये कारखाने लगकर रहेंगे। हां, ऐसा अवश्य हो सकता है कि जहां तीव्र प्रतिवाद होगा, वहां न लगकर नगण्य प्रतिवाद वाले इलाके में ये लगेंगे।

झाड़खंड या देश के अन्य इलाके में भी जमीन बचाने या विस्थापन के खिलाफ चलने वाले आंदोलन की समस्या भी यही है कि वे सिर्फ लक्षणों के खिलाफ आंदोलनरत हैं। ये आंदोलन नीतियों को बदलने की व्यापक समझ से लैश नहीं हैं और कहीं अगर इस छिट-पुट समझ से प्रेरित हैं भी तो इन्हें बदल देने का सामूहिक उद्यम का अभाव है। यही कारण है कि ऐसे आंदोलनों को काउन्टर कल्चर के रूप में चिन्हित किया जा रहा है। अर्थात महज प्रतिरोध संस्कृति। तथाकथित विकास के पक्षधर एवं काउंटर कल्चर के विरोधी समूह यह तर्क देते हैं कि समय के साथ हमें आगे बढ़ना है, हमें किसी संग्रहालय का निर्माण नहीं करना है। यह बात सही है कि आज हम वैसे ही नहीं जी सकते जैसे सदियों पहले रहते थे। लोगों की आकांक्षाएं और जरूरतें बदल रही

हैं और उत्पादन व्यवस्था को भी उनके अनुसार ढलना होगा।

आगे बढ़ने का तात्पर्य गड्ढों-खाइयों एवं विनाश की दिशा में जाना नहीं है। हमें एक ऐसी भौतिक व्यवस्था का निर्माण करना है जिसमें केंद्रीय स्थल पर मानवीय संवेदना स्थित हो। प्रत्येक व्यक्ति को पौष्टिक भोजन, आरामदायक वस्त्र, मौसमानुकुल आवास, गुणवत्तायुक्त शिक्षा और प्रभावशाली चिकित्सा उपलब्ध हो सके। क्या झारखंड में औद्योगिक विकास ने इन मानव सूचकांकों को ऊपर उठाने में कोई भूमिका निभाई है। इसका जवाब औद्योगीकरण के पक्षधर भी हां में नहीं दे सकते।

औद्योगिक विकास का मतलब क्या सिर्फ बड़े-बड़े उद्योग लगा देना है। एग्रो बेस्ड या फॉरेस्ट बेस्ड इंडस्ट्रीज यहां क्यों नहीं लगते? खेती, बागवानी, पशु पालन, कारीगरी, दस्तकारी एवं उद्योग का समेकित संतुलन बनाना अनिवार्य है। झाड़खंड (झारखंड) एवं देशव्यापी विस्थापन विरोधी आंदोलनों के दबाव के परिणामस्वरूप ही 1987 में नर्मदा नदी पर बनने वाले सरदार सरोवर बांध के विस्थापितों के लिए पुनर्वास नीति की घोषणा हुई जो पुनर्वास के क्षेत्र में आज भी मील का पत्थर है। इस नीति के अनुसार प्रत्येक 18 वर्ष के विस्थापित को स्वतंत्र परिवार माना गया और इस परिवार को अन्य सुविधाओं के साथ-साथ न्यूनतम 5 एकड़ कृषि योग्य, सिंचित एवं मनपसंद जमीन देने का प्रावधान है। यह सुविधा भूमिहीन परिवारों को मिली। दिसंबर 1990 में चांडिल बांध के विस्थापितों के लिए जो पुनर्वास नीति घोषित हुई उसमें इन प्रावधानों को सिद्धांत रूप में शामिल किया गया।

अनाप-शनाप विस्थापन के खिलाफ एवं समुचित पुनर्वास के लिए आंदोलन का एक दूसरा दौर यहीं से शुरू होता है। झाड़खंड एवं देशभर के आंदोलनों ने मिलकर जन पुनर्वास नीति का मसौदा बनाया। उसी समय यह मांग उठी थी कि भू-अर्जन कानून 1894 को बदला जाए और पुनर्वास दायित्व को भी इसी कानून का अंग बनाया जाए। ज्ञात हो कि केन्द्र सरकार द्वारा अभी जो भू-अर्जन कानून '2011' में संशोधन प्रस्ताव रखा गया है उसमें पुनर्वास को भी जोड़ा गया है। एक जमाना था जब विस्थापितों को कुछ मुआवजा एवं ढेरों आश्वासन देकर चलता कर दिया जाता था, लोग भी इसे नियति मान बैठे थे। ज्यादा से ज्यादा बात होती थी नौकरी एवं मुआवजा राशि की बढ़ोत्तरी की, परंतु पिछली सदी के 8वें दशक में धीरे-धीरे परिदृश्य बदलने लगा। तथाकथित विकास के परिणामों को देखकर ग्रामीण सचेत होने लगे।

सबसे सशक्त प्रतिवाद पहली बार कोयलकारो परियोजना का हुआ। पहले दौर के ये सारे आंदोलन झाड़खंड एवं देश के संदर्भ में एवं महत्वपूर्ण उपलब्धियां हासिल करने में कामयाब रहे। सरकार के लिए औने-पौने तरीके से लोगों को बेदखल करना संभव नहीं रहा। जिस तरह राजनैतिक लोकतंत्र के लिए प्रत्येक व्यक्ति को वोट का अधिकार दिया गया है, उसी तरह आर्थिक जनतंत्र की स्थापना के लिए प्रत्येक व्यक्ति को संसाधनों का अधिकार सुनिश्चित किया जाए। जनतंत्र एक समग्र जीवन पद्धति है। इसकी प्रक्रिया में काउंटर कल्चर जरूरी है, तो उतना ही जरूरी है कंसट्रक्टिव कल्चर। रचनात्मक निर्माण के बिना प्रतिरोध संघर्ष एक सीमा के बाद असरहीन होता जाएगा। यह तथ्य आंदोलनकारी जितनी जल्दी समझ लें उतना ही अच्छा होगा। इसी तरह प्रतिरोध संस्कृति का उपहास करने वाले यह समझ जाएं कि उनके दिग्विजय के घोड़े की रथ को अब हर जगह थामा जाएगा।

जमीन होगी, तभी इंडस्ट्री या विकास : सीएनटी विवाद का असर निश्चित रूप से उद्योगों पर पड़ेगा। औद्योगिक विकास पूरी तरह ठप हो जाएगा। अगर सरकार इसमें जरूरी संशोधन नहीं करती है तो झारखंड के विकास पर इसका प्रतिकूल प्रभाव पड़ेगा। अगर राज्य में 97 फीसद जमीन एसटी, एससी या ओबीसी की है तो बाकी की आबादी कहां बसेगी और कल-कारखाने कहां स्थापित होंगे। झारखंड में खनिज संपदा का भंडार है। ऐसे में इन प्राकृतिक संसाधनों का उपयोग हम अपने विकास के लिए कैसे कर पाएंगे। औद्योगीकरण को अवरुद्ध करने का मतलब होगा कि झारखंड अपनी तरक्की के मार्ग में खुद ही रोड़ा बनेगा। छोटानागपुर काश्तकारी अधिनियम सौ साल पहले की बात है। इतने लंबे समय के अंतराल में दुनिया के साथ-साथ झारखंड भी कहां से कहां पहुंच गया है। ऐसे में जरूरी है कि हम सौ साल पहले की सोच से बाहर निकलें। कभी समय था जब यहां के लोगों की सामाजिक-आर्थिक व्यवस्था केवल जंगल और खेतीबाड़ी पर ही टिकी थी। लेकिन, समय बदलने के साथ यह पारंपरिक व्यवस्था बदली है। इसलिए जरूरी है कि इस कानून में भी

माकूल बदलाव किए जाएं। झारखंड में औद्योगिक विकास की बेहतरीन संभावनाएं हैं। ऐसे में जमीन का यह विवाद झारखंड में विकास की तमाम संभावनाओं को चौपट कर देगा।

कानून है, तो उसका पालन भी हो : उद्योग लगाने या अन्य विकास परियोजनाओं के लिए पहले से ही जमीन ली जाती रही है। क्या इससे स्थानीय लोगों का विकास हुआ। क्या उनकी आमदनी कई गुना बढ़ गई, क्या मानव विकास के सूचकांक काफी अच्छे हो गए? नहीं। तो फिर कैसे माना जा सकता है कि जमीन का हस्तांतरण रुकने से विकास रुक जाएगा।

हाइकोर्ट का फैसला बिल्कुल जायज है। जमीन की लूट रोकने के लिए संविधान में प्रावधान है तो उसका हर हाल में अनुपालन होना चाहिए। जहां तक आर्थिक विकास ठप होने की बात है तो यह अफवाह मात्र है कि खनन और उद्योगों से ही झारखंड का विकास हो सकता है। अतीत में दर्जनों बार स्थानीय लोगों की जमीनें विकास प्रक्रिया की बलि चढ़ी हैं। पचास लाख से अधिक लोगों को उजाड़ा गया, उनमें से 15 लाख का कोई अता-पता नहीं। बाकी का पुनर्वास इस तरह किया गया कि जिंदगी जानवरों से भी बदतर हो गई। ऐसे में क्या आदिवासियों, दलितों और पिछड़ा वर्ग के लोगों की जमीन का हस्तांतरण रुक जाने से झारखंड का विकास भी रुक जाएगा? इस बात को कैसे नकार सकते हैं कि झारखंड एक सांस्कृतिक राज्य है। यहां की हरेक व्यवस्था जल-जंगल-जमीन के तत्वों पर आधारित है।

औद्योगिक विकास पर पड़ेगा प्रतिकूल प्रभाव : उद्योग लगाने के लिए जमीन अनिवार्य है। मौजूदा जमीन विवाद ने औद्योगिक विकास की गति ठप करने की पृष्ठभूमि तैयार कर दी है। यह कोई आज का मसला नहीं है, बल्कि स्थानीय जमीन संबंधी कानून ने हमेशा से ही इस क्षेत्र के विकास को जकड़ रखा है। पहले तो सिर्फ आदिवासी जमीन को कानूनी सुरक्षा देने की बात थी, अब तो अनुसूचित जाति एवं अन्य पिछड़े वर्ग के संदर्भ में भी इसे लागू करने का निर्देश जारी कर दिया गया है। औद्योगिक विकास के लिए यह एक नकारात्मक कारक साबित होगा।

नेतागण सीएनटी एक्ट को राजनीतिक मुद्दा बनाकर आदिवासियों, दलितों व पिछड़े वर्ग के लोगों की भावनाओं के साथ खिलवाड़ कर रहे हैं। हालांकि, 1996 में सीएनटी एक्ट में कुछ संशोधन हुए थे जो उद्योगों के पक्ष में थे। लेकिन, अब इस नए फैसले का व्यापक प्रभाव औद्योगीकरण की गति पर पड़ेगा। वैसे भी ग्रामीण कल-कारखानों के लिए जमीन देने को तैयार नहीं होते हैं। सरकार ने औद्योगीकरण के लिए भूमि अधिग्रहण प्रक्रिया से खुद को अलग कर लिया है। ऐसे में जो कंपनियां खुद से ही ग्रामीणों से जमीन खरीद कर उद्योग लगा रही थी, उस पर रोक लग गई है। उद्योग जगत को निराश करने वाला यह कदम होगा। इससे न सिर्फ झारखंड में औद्योगिक विकास ठप होगा, बल्कि इसका सामाजिक-आर्थिक प्रभाव भी बड़े पैमाने पर पड़ेगा। बेरोजगारी-भुखमरी से जूझ रहे एक गरीब राज्य में आर्थिक असमानता और बढ़ेगी। इससे नक्सल आंदोलन को हवा मिलेगी। आर्थिक शोषण बढ़ेगा, जिससे सामाजिक-राजनीतिक अराजकता में भी अप्रत्याशित वृद्धि होगी।

कानून सही, थोथी दलील मंजूर नहीं : भोले-भाले अनपढ़ लोगों को मालूम कहां है कि उनके साथ क्या हो रहा है। उद्योगों के विकास से हमें क्या लेना-देना। कितने स्थानीय लोगों को औद्योगीकरण का लाभ मिला है। सीएनटी एक्ट की प्रासंगिकता पर सवाल खड़ा करने से पहले इस बात का सबूत पेश किया जाए कि क्या उद्योग लगने से झारखंड दिन-दुनी रात-चौगुनी तरक्की करने लगा। अगर ऐसा होता तो सौ साल पहले ही कालीमाटी में टाटा कंपनी लग चुकी है। बोकारो में देश का सबसे बड़ा स्टील कारखाना लगा, उसमें कितने लोग झारखंडी हैं। अगर हैं भी तो चतुर्थवर्गीय कर्मचारी। मैं छोटानागपुर कानून में फेरबदल करने के पक्षधर लोगों से यह भी पूछना चाहूंगा कि पूर्व के 15 लाख विस्थापितों का क्या हुआ। ऐसे में हम यह यकीन कैसे कर लें कि उद्योगों के लिए जमीन देने का मतलब झारखंडी समाज का विकास है। माननीय हाइकोर्ट का फैसला कोई अप्रत्याशित घटना नहीं है, जिस पर इतना बवाल खड़ा हो। सीएनटी एक्ट में अगर आदिवासियों, दलितों और पिछड़े वर्गों की जमीन की रक्षा के प्रावधान हैं तो इसका अनुपालन तो होना ही चाहिए। वैसे भी इस कानून का उल्लंघन होता आया है। तरह-तरह के षड्यंत्र कर स्थानीय लोगों को पूरी तरह कंगाल बनाया जाता रहा है। ◆ ◆ ◆

और कितना वक्त चाहिए
झारखंड को ?

शिक्षा

शिक्षा की तस्वीर अब भी धुंधली

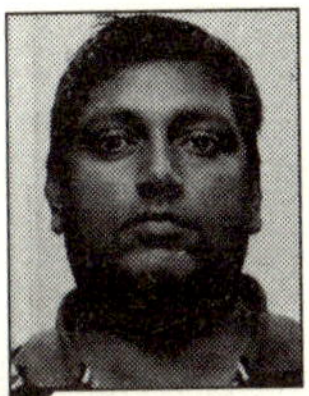

नीरज अम्बष्ठ

पत्रकार

कहा जाता है कि शिक्षित और कुशल मानव संसाधन किसी राज्य की संपत्ति होती है। दुर्भाग्य से झारखंड इसमें काफी पीछे है। शिक्षा के अभाव में यहां के लोग औद्योगीकरण व विकास का फायदा उठा पाने में असमर्थ हैं। यह तब स्थिति है जब राज्य की साक्षरता 2001 की जनगणना की अपेक्षा 53.6 प्रतिशत से बढ़कर 67.63 प्रतिशत (2011 जनगणना की औपबंधिक रिपोर्ट) हो गई है। कहना नहीं होगा कि तीस फीसदी से अधिक जनसंख्या का निरक्षर होना किसी राज्य के लिए दुर्भाग्यपूर्ण बात है। महिला साक्षरता (56.21 प्रतिशत) भी चिंता की बात है। यह स्थिति क्यों न हो? राज्य गठन से ही शिक्षा हमेशा हाशिये पर रही। प्राइमरी व हाईस्कूलों की स्थिति कभी नहीं बदली। शिक्षकों का टोटा लगातार रहा। छत से टपकती वर्षा की बूंदें, बजबजाती नालियां, नदारद चहारदीवारी, अप्रशिक्षित पारा शिक्षकों के भरोसे पठन-पाठन, मिड डे में 'पोषण' नहीं, यही राज्य की सरकारी शिक्षा व्यवस्था की सही तस्वीर है। सर्व शिक्षा अभियान के तहत करोड़ों रुपये खर्च होने के बावजूद अब भी सरकारी प्राथमिक स्कूलों की कमोवेश यही स्थिति है। स्कूलों में खिचड़ी तो मिलती है, लेकिन गुणवत्तापूर्ण शिक्षा नहीं।

सर्वोच्च न्यायालय के आदेश पर बच्चों को स्कूल में टिके रहने के लिए संचालित मध्याह्न भोजन योजना शुरू से ही फंड के दुरुपयोग व निगरानी अभाव की भी लगातार शिकार होती रही। नतीजतन कभी कुकिंग कास्ट में 2.88 करोड़ रुपये के सस्पेक्टेड खाते में डाले गए तो कभी कागजी ईजीएस केंद्र पर राशि की निकासी होती रही। हद यह कि कुकिंग फंड के 21.92 करोड़ रुपये सरेंडर हो गए। योजना के तहत आवंटित खाद्यान्न उठाने में भी कोताही बरती गई। नतीजतन कई स्कूलों में तो महीनों यह योजना बंद रही। आंकड़े बताते हैं कि वर्ष 2004-08 तक 24 प्रतिशत अनाज का उठाव आवंटन के विरुद्ध कम किया गया। स्कूलों में बर्तन, किचेन शेड, एलपीजी तथा स्वच्छ पानी का अभाव बरकरार है। वर्तमान स्थिति यह है कि मात्र 29 प्रतिशत स्कूलों में किचेन शेड है। 64 प्रतिशत स्कूलों में नलकूप या कुंआ की तो व्यवस्था है, लेकिन अधिकांश में पानी पीने लायक नहीं है। जनजातीय शिक्षा को बढ़ावा देने के लिए मात्र औपचारिकता पूरी हुई। शिक्षकों की नियुक्ति के बिना ही एक करोड़ से अधिक राशि की किताबें छपवा ली गईं। शिक्षकों के अभाव में किताबें 'काला अक्षर भैंस बराबर' ही साबित हुईं। उच्च विद्यालयों से उत्क्रमित कर बने प्लस टू स्कूल व्याख्याता विहीन हैं। दूसरी तरफ हाईस्कूलों व प्लस टू स्कूलों में लैब के नाम पर कुछ भी नहीं है। 87 फीसदी मिडिल स्कूलों में प्रधानाध्यापक नहीं हैं।

सरकार की लालफीताशाही ने सरकारी स्कूलों के बच्चों को कंप्यूटर शिक्षा से वंचित किया। 1074 हाईस्कूलों में कंप्यूटर शिक्षा शुरू करने को लेकर सरकार की उदासीनता चार साल तक बरकरार रही। 2007-08 की इस केंद्रीय योजना को धरातल पर उतारने का कभी सकारात्मक प्रयास नहीं हुआ। मामला आइटी और मानव संसाधन के विकास के बीच पेंडुलम की तरह झूलता रहा। यदि इसपर काम होता तो राज्य के हाईस्कूलों की तस्वीर बदल जाती। केंद्र सरकार ने हाईस्कूलों में कंप्यूटर शिक्षा शुरू करने के लिए 2007-08 में ही 10 करोड़ 74 लाख रुपये 'आइसीटी एट द रेट ऑफ द स्कूल' योजना के तहत राज्य सरकार को दी थी। योजना मानव संसाधन विकास की थी, जबकि इसका कार्यान्वयन आइटी विभाग को करना था। लेकिन तकनीकी परामर्शी के चयन को लेकर दो विभागों में प्रतिस्पर्द्धा का परिणाम इस योजना पर पड़ा। नतीजतन सारे के सारे पैसे बैंक में पड़े रहे। आज भी यह योजना टेंडर प्रक्रियाओं में अटकी है। केंद्र सरकार ने प्रदेश के शैक्षणिक रूप से पिछड़े 12 जिलों में मॉडल कॉलेज खोलने की स्वीकृति दी। लेकिन राज्य सरकार इनके लिए जमीन तक **उपलब्ध नहीं** करा सकी। केंद्रीय मानव संसाधन विकास मंत्रालय को इसके लिए मुख्य सचिव को पत्र लिखना

पड़ा। पूर्व में भी इस संबंध में राज्य सरकार को भेजे गए निर्देशों का भी हवाला दिया गया। बात जैसे-तैसे हो गई। केंद्र सरकार ने ग्यारहवीं पंचवर्षीय योजना के तहत पूरे देश में 200 मॉडल कॉलेज खोलने की स्वीकृति दी है। इनमें से बारह कॉलेज झारखंड के चतरा, देवघर, दुमका, गढ़वा, गिरिडीह, गोड्डा, गुमला, कोडरमा, पाकुड़, पलामू, पश्चिमी सिंहभूम व साहेबगंज में खोले जाने थे। कॉलेज खोलने के लिए एक तिहाई राशि केंद्र सरकार को देनी थी। यह राशि अधिकतम प्रति कॉलेज 2.67 करोड़ रुपये होती। इस तरह केंद्र सरकार राज्य को अधिकतम 31 करोड़ 04 लाख रुपये उपलब्ध कराती। राज्य सरकार मॉडल स्कूलों में भी फिसड्डी रही। इसके लिए भी सरकार को जमीन नहीं मिल पा रही है। शैक्षणिक रूप से पिछड़े 203 प्रखंडों में से अभी तक 89 प्रखंडों में ही सरकार इस दिशा में आगे बढ़ सकी है। जैसे-तैसे 40 स्कूलों में पढ़ाई शुरू हुई है।

49 अन्य मॉडल स्कूलों की हाल में मंजूरी मिली है। शेष के लिए जमीन नहीं मिल पाने के कारण केंद्र को प्रस्ताव नहीं भेजा जा रहा है। हाईस्कूलों व प्लस टू स्कूलों में शिक्षा का यह हाल है कि झारखंड एकेडमिक कौंसिल द्वारा जारी इंटरमीडिएट के परिणाम में 57.8 फीसदी विद्यार्थी फेल हो गए। इसने शिक्षा पर करोड़ों रुपये खर्च की उपयोगिता, सरकार की नीतियां और शिक्षा योजनाओं की सार्थकता पर सवाल उठा। शिक्षा मंत्री बैद्यनाथ राम ने भी स्वीकार किया कि राज्य में शिक्षा का यही स्तर है। इससे पहले 31 मई को जारी मैट्रिक परीक्षा के परिणाम में 69.31 फीसदी विद्यार्थी ही उत्तीर्ण हुए।

पिछले साल की अपेक्षा परिणाम में पांच प्रतिशत की गिरावट दर्ज की गई। सर्व शिक्षा अभियान के बावजूद स्कूलों में ड्राप आउट जारी है। शिक्षा विभाग के आंकड़े में ही एक लाख चौदह हजार बच्चे (वास्तविकता में यह संख्या लगभग चार गुना) स्कूल से बाहर हैं। प्रदेश के प्राइमरी व अपर प्राइमरी स्कूलों में ड्राप आउट का अधिक होना तथा इनरॉलमेंट रेशियो कम होना अभी भी चिंता का विषय है। केंद्र सरकार ने भी इसपर चिंता व्यक्त करते हुए इसमें व्यापक सुधार का निर्देश राज्य सरकार को दिया। केंद्र की रिपोर्ट के अनुसार, प्रदेश के प्राइमरी स्कूलों में वार्षिक ड्रॉपआउट रेट एक प्रतिशत बढ़ गई। 2009-10 में जहां यह रेट 11 प्रतिशत थी, वहीं 2010-11 में यह बढ़कर 12 प्रतिशत हो गई। यह बात भी सामने आई कि चतरा (20 प्रतिशत), गुमला (21 प्रतिशत), जामताड़ा (24 प्रतिशत) व सिमडेगा (19 प्रतिशत) में तो ड्राप आउट रेट राज्य औसत से भी अधिक है। ड्राप आउट रेट से बच्चों के स्कूल छोड़ने का इंडीकेटर है। अपर प्राइमरी स्कूलों की बात करें तो कई जिलों में हाई ड्राप आउट रेट दर्ज की गई।

समीक्षा में इसमें पांच प्रतिशत की वृद्धि की बात सामने आई। हाई ड्राप आउट रेट निश्चित रूप से शिक्षा व्यवस्था में अच्छा इंडिकेटर नहीं कहा जा सकता। पांचवीं से छठी कक्षा में ट्राजेक्शन रेट भी ठीक नहीं है। कई छात्र इस दौरान ड्रापआउट करते हैं। हालांकि प्राइमरी स्कूलों में ग्रास इनरालमेंट रेडियो (जीईआर) में संतोषजनक वृद्धि दर्ज की गई है। इसमें किसी प्रकार का जेंडर गैप की भी बात सामने नहीं आई है। इसके लिए राज्य सरकार की सराहना हुई है। हालांकि अपर प्राइमरी स्कूलों में कई जिलों में जीईआर राज्य औसत (85 प्रतिशत) से काफी कम दर्ज किया गया। इनमें पश्चिमी सिंहभूम (74), पाकुड़ (76) व हजारीबाग (78) शामिल हैं। जहां तक नेट इनरालमेंट रेशियो (एनईआर) की बात है तो प्राइमरी स्कूलों में यह 89% है। लेकिन अपर प्राइमरी स्कूलों में एनईआर मात्र 70% है। इसका मतलब है कि बड़ी संख्या में बच्चे स्कूली शिक्षा से बाहर रह जा रहे हैं। पाकुड़ (63%), गुमला (64%), गिरिडीह (65%), पश्चिमी सिंहभूम (65%) में तो स्थिति और भी खराब स्थिति है। जहां तक उच्च शिक्षा की बात है, राष्ट्रीय स्तर पर तीन संस्थानों की स्थापना के पहले राज्य इसमें काफी फिसड्डी था। पिछले वर्षों में आइआइएम, सेंट्रल यूनिवर्सिटी, लॉ यूनिवर्सिटी व दो नए विश्वविद्यालयों की स्थापना ने उच्च शिक्षा के विकास की दिशा में राज्य को एक कदम निश्चित रूप से आगे ले गया। लेकिन राज्य में अभी भी कॉलेजों खासकर महिला कालेजों की भारी कमी है। राज्य में 76 अंगीभूत तथा 46 स्थायी संबद्धता प्राप्त कालेज हैं। जबकि राज्य में इससे दोगुने कालेज की जरूरत है। राज्य के कालेजों में सृजित 3112 पदों के विरुद्ध मात्र 2478 शिक्षक कार्यरत हैं। राज्य में लंबे इंतजार के बाद तकनीकी विश्वविद्यालय की स्थापना तो हुई, लेकिन अभी यह शैशवावस्था में ही है। राज्य के पालिटेक्निक संस्थानों, आइटीआइ की स्थिति काफी बदहाल है। अलबत्ता राज्य में कई नए पालिटेक्निक व आइटीआइ संस्थानों की स्थापना हो रही है। सरकार इनके संचालन का जिम्मा निजी क्षेत्रों को देने की तैयारी में है।

◆ ◆ ◆

झारखंड में आधी आबादी की शिक्षा नहीं जगा रही चेतना

रोज केरकेट्टा

सामाजिक कार्यकर्ता

शिक्षा का उद्देश्य शैक्षणिक क्षमता की लगातार वृद्धि के साथ समाज में समतामूलक एवं न्याय जैसे मूल्यों की स्थापना करना है। इसकी प्राप्ति के लिए शिक्षण-संस्थाओं में पाठ्यचर्या निर्मित की जाती है। इस लक्ष्य प्राप्ति के दो तरीके हैं, पाठ्यपुस्तकों का मनन एवं प्रयोग। पाठ्यपुस्तकों में गणित विषय है, जिसके माध्यम से तर्कपरक चिंतन की ओर विद्यार्थी आगे बढ़ते हैं। उन्हें आंख मूंदकर विश्वास करने से और अंधविश्वास से बाहर निकलने का रास्ता दिखाया जाता है।

शिक्षण का दूसरा भाग है इतिहास और नागरिक शास्त्र। इसके माध्यम से सामाजिक रिश्तों का विश्लेषण करना सीखते हैं। इतिहास व्यक्ति की नागरिकता को इतिहास के परिप्रेक्ष्य में देखना और वर्तमान से जोड़ना तथा सुरक्षित भविष्य के लिए योजना बनाने की क्षमता का विकास करता है। क्षमता वृद्धि के लिए कौशल और दक्षता पाना जरूरी है, विद्यार्थी यह भी सीखता है। 1986 ई. में जो नई शिक्षा नीति आई, उसमें यही था, जिसे न्यूनतम अधिगम स्तर कहा गया। अर्थात प्रत्येक चरण या कक्षा में विद्यार्थी को कम से कम निर्धारित योग्यता पा लेनी चाहिए।

पूरे भारत के संदर्भ में अभिनेता शाहरूख खान ने टीवी चैनल के माध्यम से बताया कि यहां का आदमी औसत पांचवीं पास है। यह असलियत किसी सर्वे का निष्कर्ष था। संयोग से 2010 दिसंबर में झारखंड में पंचायत चुनाव हुए, जिसमें महिलाओं के अनेक पद आरक्षित थे। इसलिए महिलाओं की बहुत बड़ी संख्या प्रशासन से जुड़ी। महिलाओं का निचले स्तर के प्रशासन से जुड़ना झारखंड को नई उम्दा छवि दे सकती है, हम ऐसी उम्मीद कर सकते हैं। लेकिन उसकी एक बानगी देखिए, सिमडेगा जिले के ठेठईटांगर में प्रमुख का चुनाव हो रहा था। 15 में 8 मुखिया महिलाएं थीं।

बिना पुरुष वोट की मदद के वे अपने बीच से एक महिला प्रमुख चुन सकती थीं। लेकिन, सबने मिलकर एक पुरुष चुना, क्योंकि उनका आत्मविश्वास कमजोर था। शिक्षा और साक्षरता स्त्री के सामाजिक और निजी जीवन से जुड़े घटक हैं। शिक्षा जिज्ञासा उत्पन्न करती है। जिज्ञासा तर्कशक्ति का विस्तार करती है और विश्लेषण द्वारा सत्य को ढूंढ़ निकाल कर स्थापित कर समाज, राज्य और राष्ट्र को समृद्ध करती है। एक वाक्य में कहें तो चेतना को जागरूक कर सतत पहरेदार की भूमिका निभाती है शिक्षा।

संविधान स्त्री-पुरुष को समानता का अधिकार देता है। लेकिन समान शिक्षा पाने की बात नहीं बोलता। फलतः स्त्री महंगे निजी स्कूलों तक कम पहुंच पाती हैं। बहुसंख्यक गरीब सरकारी स्कूलों के भरोसे रहते हैं। ऐसे में लड़कियों का स्कूल पहुंचना यदि संभव भी होता है तो टिके रहना मुश्किल होता है। यह सरकारी स्कूलों पर टिप्पणी है। झारखंड बनने से पहले झारखंड की मांग करने वाले आदिवासी यह दावा करते थे कि उनके समाज में स्त्रियों को बराबरी का दर्जा है। मानते हैं, आदिवासी समाज में स्त्री की स्थिति स्वतंत्रता के अर्थ में अन्य समाज से बेहतर है, लेकिन यह स्वतंत्रता भी आज स्त्रियों के बीच दांव पर लगी है। शिक्षा परियोजना और सर्व शिक्षा अभियान के बावजूद स्त्रियों की साक्षरता दर निम्न है।

पाठ्यचर्चा : पाठ्यचर्चा में लैंगिक मुद्दे को इस प्रकार प्रस्तुत किया जाता है कि वह एक पाठ मात्र रह जाता है। उसकी भाषा और विषय की प्रस्तुति बालिकाओं के प्रतिदिन के व्यवहार से अलग होती है। असल में लैंगिक मुद्दा पाठ्यपुस्तक से बाहर का मुद्दा है। लैंगिक असमानता सामाजिक मुद्दा है। शिक्षा द्वारा इसमें समानता लाना है। इसलिए प्राथमिक स्तर पर शिक्षिकाओं द्वारा पढ़ाए जाने के बावजूद बालिकाओं का छीजन अधिक है। समाज में शिक्षिकाओं को वैसी मान्यता नहीं मिलती जैसी पुरुष शिक्षकों को मिली हुई है। इतिहास और नागरिक

शास्त्र सामाजिक रिश्तों का विश्लेषण करना सिखाता है। लेकिन हाशिये पर या हाशिये से बाहर खड़ी स्त्री को विश्लेषणात्मक और तार्किक विषयों को पढ़ने की अनुमति समाज नहीं देता है। पढ़ी-लिखी महिलाएं ऊंचे ओहदों पर पहुंच पाई हैं, पर ऐसा नहीं कहा जा सकता है कि वे संविधान प्रदत अधिकारों का उपयोग करते हुए पहुंची हैं। वे भी पितृसत्तात्मक समाज के अंदर से, लेकिन अपने दम पर आई हैं। वे व्यक्तिवादी अधिक हैं। उनके व्यवहार में यह साफ झलकता है।

पाठ्य पुस्तकें : दुर्भाग्य से झारखंड में बालिकाओं और स्त्रियों की शिक्षा के लिए जो पाठ्यपुस्तकें बनाई जा रही हैं, उनमें योग्य व्यक्तियों को नहीं लगाया जा रहा है। मातृभाषा की पुस्तकें उनसे तैयार कराई जा रही है जो प्रोफेसर हैं या नेता हैं। प्रोफेसर भी ऐसे जिन्होंने 15-20 सालों से अपने विभाग में एक छात्र तक को नहीं पढ़ाया है। ये प्रोफेसर राज्य की विभिन्न परीक्षाओं में परीक्षक बनते हैं। उनका उद्देश्य शिक्षा का विस्तार करना नहीं, पैसा कमाना है। ऐसे लोग शिक्षा के उद्देश्य को, शिक्षा की कमी की जड़ को, विद्यार्थियों की समस्याओं को नहीं समझते हैं।

वे स्त्री-शिक्षा के लिए उत्कृष्ट पुस्तकों का निर्माण नहीं कर सकते हैं। पहली बार झारखंड के विभिन्न सरकारी विभागों ने यहां के प्रबुद्ध नागरिकों को सम्मानित किया। इससे पहले यदा-कदा सम्मान देने का काम होता रहा है। सूचना एवं जनसंपर्क विभाग ने लगभग 50 प्रतिशत महिलाओं को चिह्नित किया। राजभाषा विभाग को पांच में एक महिला मिली।

कला-संस्कृति, खेलकूद एवं युवा कार्य विभाग को 23 में तीन ही महिलाएं मिलीं। इसका अर्थ यह नहीं है कि महिलाएं कल्पनाशील, स्वप्नदर्शी और जिज्ञासु नहीं हैं, बल्कि यह लैंगिक असमानता का सबसे बड़ा उदाहरण है। कोहबर कला की कलाकार महिलाएं हैं। यहां वे उपेक्षित हैं, परंतु ओडिसी नृत्य की विदुषी की पहचान है। महिलाओं की शिक्षा सामाजिक जीवन में दिखाई देनी चाहिए। यहां वे उपेक्षित हैं, क्योंकि उनकी शिक्षा रटंत विद्या है, विश्लेषणात्मक नहीं। झारखंड की शिक्षा की गुणवत्ता का मापदंड जेपीएससी की परीक्षा भी है, जो आरंभ से ही विवादों में घिरी है। विवाद में दो महिला पदाधिकारी तो पद के कारण हैं, लेकिन दो महिलाएं दलाली में चिह्नित हुई हैं। इन महिलाओं के लिए जेपीएससी का दरवाजा किसने खोला। निश्चित रूप से प्रशासन के भ्रष्ट अफसरों ने। अधूरी शिक्षा के कारण महिलाएं निष्पक्ष नहीं हो पाईं। स्त्री शिक्षा संपूर्ण रूप से न सही, खंड-खंड में आगे बढ़ रहा है। मध्यम वर्ग की गिनी-चुनी महिलाएं विशिष्ट कौशल प्राप्त कर रही हैं। कुछ महिलाओं ने दक्षता भी प्राप्त की है। बदले रूप में देखें तो महिलाओं का सामाजिक स्तर स्थिर है, बल्कि थोड़ा गिरा ही है, क्योंकि स्वतंत्रता और वंशानुगत मूल्यों में गिरावट आई है।

◆ ◆ ◆

सुझाव

- शिक्षाकर्मियों की सोच बदलनी होगी। सोच बदलने के लिए गहन प्रशिक्षण की जरूरत है। प्रशिक्षण के लिए ऐसे लोगों का चुनाव हो जो शिक्षा और शिक्षण को गंभीरता से लेते हैं। उनके लिए यह नौकरी नहीं मिशन है।
- प्रशिक्षण के पैटर्न में लैंगिक भेदभाव लाना पड़ेगा। प्रशिक्षक और प्रशिक्षणार्थी लैंगिक भेदभाव को समझें। प्रशिक्षणार्थी पितृसत्ता (परंपरा, संस्कृति) के दबाव से मुक्त हों। स्त्री की मर्यादा, अस्तित्व और स्वतंत्रता का बोध उन्हें हो। पाठ्य विषयों और पाठ्यक्रमों से समकालीन कानून अधिकार, महिला चेतना को शामिल किया जाए। उनके आंदोलनों के इतिहास का समझदारीपूर्ण समावेश हो।
- सबसे जटिल किंतु आवश्यकता है कि स्त्री-शिक्षा को बढ़ावा देने के लिए निष्पक्ष अधिकारियों और शिक्षा में लैंगिक भेदभाव को समझने वाले जनों के बीच समन्वय हो। तभी लैंगिक भेदभाव को शिक्षा से दूर किया जा सकेगा।

सुलझानी होंगी व्यावहारिक समस्याएं

चितरंजन कुमार

झारखंड प्राथमिक शिक्षक संघ

झारखंड में करीब 90 फीसदी स्कूलों में प्रधानाचार्य नहीं हैं। स्थायी शिक्षकों की नियुक्ति नहीं होने से 70 प्रतिशत शिक्षण व्यवस्था पारा शिक्षकों के भरोसे चल रही है। 30 वर्षों से शिक्षकों को प्रोमोशन नहीं मिला है। इसके बाद क्या बचता है प्राथमिक शिक्षा की बदहाली बयां करने के लिए।

शिक्षक शिक्षण व्यवस्था के केंद्र बिंदु होते हैं, लेकिन सरकार के रवैये ने उनका मनोबल ही तोड़ दिया है। प्राइमरी स्कूल तो बड़ी संख्या में बने, लेकिन उनमें पढ़ाने वाले शिक्षकों की कमी है। ऐसे में छात्र को शिक्षा देगा कौन? निजी स्कूलों के बच्चे इस मामले में आगे निकल जाते हैं। शुरुआती बढ़त ही इतनी मिल जाती है कि सरकारी स्कूलों के बच्चे उनसे काफी पीछे रह जाते हैं। हालांकि दोनों की बौद्धिक क्षमता में अंतर नहीं होता, फिर भी अवसर की असमानता यहां हावी हो जाती है। मैंने देखा है कि सरकारी स्कूलों के बच्चे चूंकि खुले सामाजिक-राजनीतिक परिवेश में पलते-बढ़ते हैं, इसलिए उनमें सामाजिक समझदारी का विकास अधिक होता है। ये ही बच्चे जब आगे चलकर अफसर बनते हैं तो उन्हें समाज की समस्याओं को बेहतर तरीके से समझते हैं।

इससे समस्या का समाधान भी बेहद असरदार होता है। निजी स्कूलों से तुलना करते हैं हम भूल जाते हैं कि उन्हें कितनी सुविधाएं दी जाती हैं। झारखंड जो आर्थिक रूप से बेहद गरीब राज्य है, वहां की 90 फीसदी आबादी शिक्षा के लिए सरकारी व्यवस्था पर ही निर्भर है। तीस बच्चों पर एक शिक्षक के अनुपात की बात तो दूर हर कक्षा में पढ़ाने के लिए शिक्षक नहीं हैं। इतनी मुसीबतों के बावजूद अगर साक्षरता दर करीब 70 प्रतिशत तक पहुंच गया है तो यह बड़ी उपलब्धि है, जिसका श्रेय शिक्षकों को ही जाना चाहिए। शिक्षक ही पाठ्यपुस्तकों से लेकर सामाजिक जीवन का बुनियादी पाठ पढ़ाता है। इसलिए जरूरी है कि उनका मनोबल बना रहे। वे अपने काम को धर्म समझ कर करें। लेकिन क्या इसमें सरकार की कोई भूमिका नहीं बनती?

आखिर सरकार ही राज्य की तरक्की का खाका खींचती है, जिस पर विकास आकार लेता है। अवसरों की असमानता अगर शुरुआत में ही हावी हो गई तो सामाजिक-आर्थिक असमानता राज्य का दुर्भाग्यपूर्ण गुण बन जाता है। झारखंड की तमाम त्रासदियां इसी जुड़ी हैं। यहां तक कि मुझ जैसे एक सरकारी शिक्षक भी अपनी आर्थिक हैसियत से परे जाकर बच्चों को निजी स्कूलों को पढ़ाने को मजबूर है। ऐसा क्यों? इसका जवाब शिक्षण सुविधाओं की स्थिति में छुपा है। गुणवत्तायुक्त शिक्षा और खानापूर्ति की शिक्षा में यही अंतर है। बुनियादी स्तर पर नींव कमजोर पड़ रही है। मूलभूत सुविधाओं का तो धीरे-धीरे विस्तार हो रहा है, पर कई आवश्यक व्यावहारिक चीजों को नजरअंदाज कर दिया जा रहा है। मसलन हाईस्कूलों की कमी अब भी बरकरार है। इस कारण जहां प्राथमिक शिक्षा का अंत होता है, 30 प्रतिशत मामलों में वहीं आगे की पढ़ाई भी रुक जाती है।

लड़कियों के मामले में तो अगर एक-दो किमी के दायरे में स्कूल न हो तो 80 प्रतिशत बच्चियों की पढ़ाई रोक दी जाती है। साइकिल से एक-दो किमी का सफर तय किया जा सकता है, लेकिन 5-7 किमी रोज आना-जाना नहीं किया जा सकता। लड़कियों को लेकर अभिभावकों के मन में असुरक्षा का भय होना लाजिमी है। और अगर इन शंकाओं के बीच कोई अपनी बच्ची को पढ़ने के लिए भेजता भी है तो स्कूल में शिक्षकों की कमी, शौचालय-पेयजल जैसी मौलिक सुविधाओं के अभाव में उनका मनोबल डिगने लगता है। ये सब व्यावहारिक समस्याएं हैं, जिन्हें नजरअंदाज नहीं किया जाना चाहिए। अगर शिक्षा नीति बने तो उसमें स्कूलों के भौतिक इंफ्रास्ट्रक्चर के साथ-साथ मानव संसाधनों की गुणवत्तापरक नियुक्ति पर भी विशेष ध्यान दिया जाए। गांवों में लोगों की आर्थिक स्थिति बहुत हद तक अभिभावकों का रुख तय करती है। अभिभावक अगर आर्थिक चिंता से मुक्त रहेंगे तो अधिक से अधिक बच्चों का स्कूलों में नामांकन होगा। कहने का मतलब यह कि झारखंड में किसी समस्या को स्वतंत्र रूप से नहीं देख सकते। भाषाई समस्या से उबरने के लिए स्थानीय शिक्षकों की बहाली हो। उदाहरण के तौर पर किसी मुंडारी इलाके में मुंडारी भाषा जानने वाले शिक्षक को अध्यापन का काम सौंपा जाएगा तो पढ़ाई अधिक कारगर साबित होगी। दुर्भाग्यवश अब तक शिक्षा के विकास को लेकर महज राजनीति होती आई है। जमीनी स्तर पर कोई ठोस सकारात्मक बदलाव नहीं दिखता। बदलते दौर में लोग शिक्षा की अहमियत को जानने-समझने लगे हैं, वे अपने बच्चों को स्कूल भेजने को लेकर उत्साहित भी हैं। फिर भी अगर सरकार शिक्षण सुविधा उपलब्ध नहीं करा पाती तो यह भविष्य के झारखंड के लिए शुभ संकेत नहीं है। ◆ ◆ ◆

इस फौज से जंग नहीं लड़ सकते

एए खान

पूर्व कुलपति
रांची विवि

अक्सर लोग झारखंड में उच्च शिक्षा की बदहाली को लेकर सवाल खड़े करते हैं। दूसरे राज्यों के सामने हमें मजाक का पात्र बनना पड़ता है। यह स्थिति तब तक बनी रहेगी, जब तक उच्च शिक्षा की पूरी प्रक्रिया में घुन कहां है, इसकी तलाश न की जाए। क्वालिटी एजुकेशन तो दूर कामचलाऊ शिक्षण व्यवस्था भी राज्य के हर हिस्से में उपलब्ध नहीं है।

रांची विवि को अगर राज्य का प्रतिनिधि विवि मानें तो बाकी के विश्वविद्यालयों की भी स्थितियां स्पष्ट हो जाती हैं। क्वालिटी एजुकेशन के लिए जरूरी है कि बेहतरीन इंस्टीच्यूशनल इंफ्रास्ट्रक्चर के साथ योग्य और क्षमतावान फैकल्टीज हों। राज्य के तमाम विवि में इसकी घोर कमी है। बेसिक इंफ्रास्ट्रक्चर डेवलप करने के लिए संस्थान की बिल्डिंग और उससे जुड़ी सुविधाओं को बहाल करना आवश्यक है। इसके अलावा कोर्स बेस्ड इंफ्रास्ट्रक्चर यानी कि लैब, लाइब्रेरी पर भी ध्यान देना होगा। लेकिन, इन मौलिक व भौतिक सुविधाओं के साथ अगर शिक्षक ही क्षमतावान न हों तो गुणवत्तापूर्ण शिक्षा की आशा नहीं कर सकते। अच्छे शिक्षक तभी आएंगे, जब नियुक्ति और पदोन्नति की स्वस्थ प्रक्रिया अपनाई जाए। अभी झारखंड में 30 प्रतिशत भी ऐसे शिक्षक नहीं होंगे, जो साक्षात्कार देकर नियुक्त किए गए हों। ऐसे में जहां 70 फीसदी शिक्षक जिन्होंने किसी भी तरह की नियुक्ति प्रक्रिया का कभी सामना ही न किया हो, उन्हीं के भरोसे यहां की उच्च शिक्षा है। पहले साक्षात्कार के आधार पर नियुक्ति, फिर 18 महीने और उसके बाद 24 महीने के अध्यापन के बाद बतौर लेक्चरर नियुक्ति। इस प्रक्रिया से भला कैसे क्वालिटी एजुकेशन की आस पाल सकते हैं। कॉलेजों को संबद्धता देने में भी ढेरों उदारता दिखाई गई।

नियमतः किसी डिग्री कॉलेज को मान्यता देने के लिए पांच एकड़ जमीन की मौजूदगी अनिवार्य शर्त है। रांची विवि ही नहीं, राज्य के किसी भी विवि का उदाहरण देख लें, कितने कॉलेजों के पास पांच एकड़ जमीन है। राजधानी में ही रांची कॉलेज को छोड़ दिया जाए तो अधिकतर कॉलेजों के पास पांच एकड़ भी जमीन नहीं हैं। ऐसे में फिजिकल इंफ्रास्ट्रक्चर की बात नहीं की जा सकती। यह यूजीसी, विश्वविद्यालय और सरकार की जिम्मेदारी है कि वह नियमों के हो रहे उल्लंघन के प्रति सचेत रहे और संबद्धता देने से पहले हर संस्थान का मापदंडों की कसौटी पर मूल्यांकन करे।

बिहार के समय जिन निजी कॉलेजों को सरकारी घोषित किया गया, उनमें कार्यरत शिक्षक खुद-ब-खुद लेक्चरर, रीडर या प्रोफेसर बन गए। समय बीतने के साथ प्रोमोशन भी होता गया और सूडो स्कॉलर (स्वघोषित विद्वान शिक्षक) की फौज तैयार हो गई। 10 साल पढ़ाने के बाद रीडर बना दिए गए। 10 साल अध्यापन अवधि और पीएचडी की उपाधि है, तो प्रोफेसर के रूप में प्रमोट कर दिए गए। उच्च शिक्षा में घुन लगने की शुरुआत कोई एक दिन में शुरू नहीं हुई है।

बाहर के विश्वविद्यालयों में झारखंड के किसी भी विवि की पीएचडी की डिग्री का क्या महत्व है, यह बताने की जरूरत नहीं। वीसी के पास अथाह शक्तियां हैं, लेकिन उसके उपयोग के लिए एक सकारात्मक तंत्र का सपोर्ट चाहिए होता है। पूरी व्यवस्था एक ही दिन में घोड़े की तरह दौड़ने लगेगी, यह संभव नहीं। मैंने भी कई समस्याओं का सामना किया। फिर भी उच्च शिक्षण व्यवस्था को सुधारने के कई प्रयास हुए। रांची विवि के पीजी विभागों के लिए नई बिल्डिंग बनकर तैयार है। लेकिन भव्य इमारत में शिक्षा भी उम्दा मिल रही है, इसकी गारंटी तो शिक्षक ही ले सकते हैं।

आप देखेंगे कि शिक्षकों एवं शिक्षकेत्तर कर्मचारियों के कई संघ-संगठनों की जायज-नाजायज मांगों की वजह से जब-तब पठन-पाठन प्रभावित होता रहता है। चूंकि शिक्षकों और शिक्षकेत्तर कर्मचारियों के हरेक कदम से छात्रों का भविष्य जुड़ा होता है, इसलिए किसी भी तरह के आंदोलन से पहले उन बच्चों के बारे में

सोचना चाहिए जो अपना और अपने देश का भविष्य संवारने में दिन-रात जुटे हैं। शोधकार्य उच्च शिक्षा का एक महत्वपूर्ण तत्व है। इस मामले में भी हमारे विवि पीछे हैं।

मैंने प्रोजेक्ट लानेवालों को पीजी डिपार्टमेंट में प्रमोट करने की बात कही थी। इसके बावजूद शोधकार्यों में 10 फीसदी का भी इजाफा नहीं हुआ। सवाल है कि शोध करेगा कौन और कराएगा कौन, जब अध्यापन करनेवालों की नियुक्ति उस प्रक्रिया से हुई है, जिसका मैं जिक्र कर चुका हूं। एक पीएचडी अवार्डेड प्रोफेसर मेरे पास आए थे, जिन्हें पीएचडी का मतलब तो दूर लिखने तक नहीं आ रहा था। ऐसी फौज से हम लड़ाई नहीं जीत सकते। इतनी मशक्कत के बाद रांची विवि 43वें रैंक पर पहुंचा है। अन्य विवि तो दूर-दूर तक इस दौड़ में शामिल तक नहीं हैं।

शिक्षा पूरी करने बाद नौकरी की जरूरत होती है। वहां भी हमारे छात्रों को निराशा हाथ लगती है। प्लेसमेंट सेल तो है, लेकिन जितनी संख्या में छात्र पास होते हैं, उनका कैंपस सेलेक्शन संभव नहीं। कंपनियां कहती हैं कि आपके यहां के छात्र तो प्रतिभाशाली हैं, लेकिन कम्यूनिकेशन स्किल के मामले में पीछे हैं। विवि को इस पर गहराई से विचार करने की जरूरत है। इंग्लिश स्पोकन क्लास की व्यवस्था पूरे राज्य में होनी चाहिए। कला, खेलकूद की भी अनदेखी नहीं की जा सकती।

ऑडिटोरियम बहुत कम ही कॉलेजों में है। तकनीक शिक्षा की बात करें तो सरकारी कॉलेजों की बहुत कमी है। टेक्निकल यूनिवर्सिटी खोलने में सरकार देर न करे। कंपरेटिव लिटरेचर की भी पढ़ाई शुरू करनी चाहिए। अधिक से अधिक लॉ कॉलेज, इंजीनियरिंग और प्रबंधन संस्थान खोले जाएं। शिक्षकों के रिक्त पद भरे जाएं। इसके बाद ही हमारा राज्य एजुकेशन हब बन सकेगा। ◆ ◆ ◆

त्रि-भाषीय हो राज्य में शिक्षा की संरचना

गिरिधारी राम गौंझू

पूर्व विभागाध्यक्ष, जनजातीय एवं क्षेत्रीय भाषा विभाग

भारत बहुभाषी देश है, वैसे ही झारखंड बहुभाषी राज्य है। भाषा है तो उसकी अपनी संस्कृति भी है। संस्कृति है, तो उस समाज की जीने की कला, जीवन मूल्य, जीवन-आदर्श, आचार-विचार, व्यवहार की एक समग्र पूंजी भी है। यही भाषा-संस्कृति किसी देश, राज्य व समाज की पहचान बनाती हैं, उसके अस्तित्व की संजीवनी होती है। अगर इसका महत्वपूर्ण पक्ष न रहा हो तो उस समाज का अस्तित्व ही खतरे में पड़ जाएगा। इस भाषा-संस्कृति के विकास में पुरखों के कितने लंबे समय का अनुभव संचित है। अतः भाषा-संस्कृति की रक्षा हर हालत में होनी चाहिए, तभी तो इतिहास में विजेता पराजित समाज की भाषा-संस्कृति को समाप्त कर अपनी भाषा-संस्कृति थोपने और लादने में कोई कसर नहीं छोड़ता। जैसे तुर्क, अफगान, मुगल आए तो अंग्रेज आए तो अंग्रेजी का दबदबा ऐसा बना रहा कि उससे देश आज भी मुक्त नहीं हो सका है। बल्कि अंगरेजी का रूतबा अंगरेजों के जबाने से अधिक स्वतंत्र भारत में जड़ चुका है।

बुल्के बाबा का कथन सत्य है। झारखंड में तीन परिवार की भाषाएं है। नाग-आर्य अथवा सदानी भाषा परिवार की नागपुरी, पंचपरगनिया, खोरठा व कुरमाली, आग्नेय परिवार की मुंडारी संताली, हो, खड़िया भूमिज, बिरहोरी, असुरी व द्रविड़ परिवार की कुड़ुख मल्तो, किसानी धागरी आदि प्रमुख हैं। 32 जनजातियों एवं सदानों की अनेक जातियां उपयुक्त भाषाओं को क्षेत्र विशेष में मातृभाषा के रूप में तथा कुछ संपर्क भाषा के रूप में व्यवहार करती है। नागपुरी तो 83 ई से नागवंशी शासन काल की राज्यभाषा रही है। झारखंड आंदोलन की भाषा मुख्यतः नागपुरी रही है।

झारखंड आंदोलन के जनक मरङ् गोमके जयपाल सिंह के अधिकांश भाषण नागपुरी में ही होते थे। और वे कहते भी थे झारंखड की राज्यभाषा नागपुरी होगी। लेकिन दुर्भाग्य से ऐसा न हो सका। और झारखंडी भाषाएं जिनमें ९ प्रमुख भाषाओं नागपुरी, पंचपरगनिया, खोरठा, कुरमाली, मुंडारी, संताली, हो, खड़िया एवं कुड़ुख (उरांव)की संख्या सर्वाधिक हैं। इसके अपने समृद्ध व विशाल लोक साहित्य है। और शिष्ट साहित्य भी। तभी 1899 से संत कोलंबस कॉलेज के छात्र नेता बरथोलोमी ने झारखंडी मातृभाषाओं की पढ़ाई की आवाज बुलंद की। प्राथमिक शिक्षा मातृभाषा माध्यम से हो और राष्ट्रभाषा हिंदी एवं अंग्रेजी व अन्य अंतरराष्ट्रीय भाषा का प्रावधान त्रिभाषा सूत्र में संविधान में भी उल्लेखित है। पर इस प्रावधान का पालन आज तक नहीं हो पाया है। 2009 में शिक्षा का अधिकार व अनिवार्य शिक्षा पारित हुआ और अप्रैल 2010 से इसे लागू करना था, पर अभी तक उसकी आवाज भी सुनाई नहीं दे रही है।

झारखंड जैसे राज्य में 11 वर्षो तक बिहार राज्य में रहते हुए भी 46 प्रतिशत झारखंडी अनपढ़ गंवार है। बच्चों के स्कूल छोड़ने (ड्रॉपआउट) वाले सबसे अधिक हैं, क्यों शिक्षा बच्चों को आकर्षित नहीं करती। बच्चे क्यों स्कूल जाना नहीं चाहते? क्यों बच्चों को विद्यालय मार खाने, सजा पाने एवं अपमानित होने डर लगता है, क्योंकि बच्चों को उनकी घर की भाषा में मातृभाषा में पढ़ाई नहीं होती है। विषय पाठ्यक्रमों के उन बच्चों के परिवेश से बाहर की न समझ पाने पर उनकी भाषा में समझा-बतला सके।

उल्टे बच्चों की भाषा, मुंडारी , खड़िया, कुडुख आदि हो और शिक्षक हिंदी व अंग्रेजी पढ़ा रहे हो, तो ज्ञान बोध बच्चों का नहीं हो पाता। न समझ पाने शिक्षक बच्चों को मारते, सजा देते या अपमानित करते हैं कि दिमाग में गोबर, भूसा भरा हुआ है, कोदो, मंडुआ खाता है। जैसे अपमानित करने वाली प्रताड़ना से बच्चे स्कूल को जहमत समझ भाग खड़े सहमे-सहमे रहते है, सिर गाड़े रहते हैं, न समझ पाने पर पूछ नहीं पाते। वहीं हिंदी, अंग्रेजी के बच्चे आगे निकल जाते हैं और झारखंडी भाषी बच्चे नीचे। बच्चों के शिक्षकों एवं विषयों को दादा-दादी, नाना-नानी एवं उनके लोकजीवन से संबंधित विषयों के अनुरूप होना चाहिए। जैसे बच्चे दादी-नानी से कहानी सुनने के लिए मौका नहीं गंवाते, बार-बार भोजन के बुलावे पर भी नहीं जा पाते कहानी सुनने से वंचित होने के कारण। क्यों? इसलिए कि बच्चों की कथा -कहानियों किस्सों की भाषा उनकी मातृभाषा में होती है जिसे वे जानते, समझते एवं बोलते हैं। प्राथमिक शालाओं में यही प्रयोग कर देखा जाए तो शिक्षा विशेषज्ञों को आश्चर्य जनक परिवर्तन दिखाई देगा। जब घर बाहर एवं विद्यालय में उनकी मातृभाषा में पढ़ाई होगी, तब बच्चों को विषय बोझ व भारी ना लगेगा, उसकी जिज्ञासा बढ़ेगी नई-नई चीजों को जानने की लालसा बढेगी। इसी के साथ मातृभाषा से हिंदी व अंग्रेजी भी बताएं जाएं तो उसे आश्चर्य मिश्रित आनंद मिलेगा कि वह अमुक वस्तु को अपनी भाषा के अतिरिक्त हिंदी व अंग्रेजी में भी बोल व जान रहा है।

नियुक्ति परीक्षाओं में एक समान प्रश्न दिए जाते हैं जैसे सरकार ने सभी स्तर के बच्चों को कैम्ब्रिज - ऑक्सफोर्ड की शिक्षा दे रखी है। सरकारी और गोशाले छाप अंगरेजी माध्यम के स्कूलों से निकले, शिक्षक एवं शिक्षा सुविधा से वंचित शिक्षा संस्थान से निकले तथा पब्लिक शिक्षण केंद्रों से निकले विद्यार्थियों को एक छड़ी से हांक देना कहां की स्वतंत्रता है? समान शिक्षा हो।

हर बच्चे मातृभाषा, राष्ट्रभाषा हिंदी और अंतरराष्ट्रीय भाषा अंग्रेजी व अन्य जाने। धार्मिक शिक्षा स्वतंत्र रूप से सभी बच्चों को धर्म पंडितों द्वारा दी जाए ना कि स्वतंत्र रूप से संस्थान बना कर। इससे राष्ट्रीयता खंडित होती है। बच्चे सभी धर्म के उच्चादर्शो को जाने समझे और उसे अमल करें। गरीबों के लिए गरीब परिवेश की शिक्षा और अमीरों के लिए अमीरी शिक्षा की स्वतंत्रता, आजादी नहीं गुलामी है। आभिजात्य वर्ग के हित को देखते हुए विधि विधान बनाने की चाल बंद होनी चाहिए वरना वंचित वर्ग खतरनाक रास्ते अख्तियार करने में अब देर नहीं करेंगे। उग्रवादियों की बढ़ती तादाद इसी का नतीजा है।

समान शिक्षा समान नियुक्ति परीक्षा वरना असमान शिक्षा असमान नियुक्ति शिक्षा क्यों नहीं होती, तब तक हर स्तर की शिक्षा में मातृभाषा-संस्कृति को एक पत्र के रूप में अनिवार्य किया जाए चाहे वह प्रबंधन हो इंजीनियरिंग, चिकित्सा व तकनीकी शिक्षा हो। झारखंडी भाषाओं की पढ़ाई ऊपर से इसीलिए की गई थी विशेष कर एमए स्तर पर ताकि प्राथमिक, मध्य, उच्च व महाविद्यालयों में शिक्षक उपलब्ध हो सकें। मातृभाषा से बच्चों की शिक्षा मिलने पर शिक्षा का स्तर बढ़ेगा।

विद्यालय छोड़ने की संख्या समाप्त होगी। और कमजोर विद्यार्थी ऊपर नहीं आ सकेंगे। मातृभाषा को नियुक्ति परीक्षा में स्थान मिलते ही झारखंडी विद्यार्थी अब उच्च पदों पर दिखने लगे हैं। वरना ऐसा महत्वपूर्ण पद झारखंडियों के लिए सपने में भी नसीब ना था। अभी मातृभाषा शिक्षकों की नियुक्ति में ऐसे प्रावधान रखे जा रहे हैं कि ना नौ मन तेल होगा ना राधा नाचेगीं। अर्थात मातृभाषा में ऑनर्स, बीएड होना अनिवार्य करना मातृभाषा शिक्षक बहाली को असफल करना होगा। कारण शिक्षक तैयार करने के लिए ही जनजातीय एवं क्षेत्रीय भाषा विभाग 1980 - 81 में खोला गया था। लोग नीचे इन भाषाओं को पढ़े नहीं थे।

सभी जगह इसकी पढ़ाई भी नहीं होती थी और बीएड में इन भाषाओं के लिए स्थान नहीं हैं। अच्छा होता एमए. ऑनर्स, पासकोर्स के विद्यार्थियों को शिक्षक रूप में बहाल करना और बाद में उन्हें शिक्षक प्रशिक्षण के लिए बारी-बारी से भेजना। अविलंब वर्तमान उपलब्ध स्थिति में ही मातृभाषा से एवं माध्यम से पढ़ाई आरंभ कर देना समीचीन होगा।

◆ ◆ ◆

सामाजिक प्रवृत्तियों के अनुरूप हो शिक्षा

फैसल अनुराग

वरिष्ठ पत्रकार

झारखंड की सामाजिक सांस्कृतिक संरचना की विकासमान प्रवृत्तियां बताती हैं कि झारखंड में शिक्षा के इस संजीदा सवाल को गहराई से समझने की जरूरत है। शिक्षा मुक्ति की सांस्कृतिक कार्रवाई है। ऐसा पाउलो फ्रेरा मानते रहे हैं। फ्रेरा दुनिया के उन चंद शिक्षाशास्त्रियों में हैं, जिन्होंने इतिहास के कालखंड में उपनिवेश बना दिए गए समाजों की मुक्ति के लिए उत्पीड़ितों के शिक्षा शास्त्र को गढ़ा। फ्रेरा के इस कथन का अर्थ है शिक्षा तमाम तरह की असमानताओं के बंधन से मुक्ति की कार्रवाई है। वह एक ओर जहां परंपरा की अवैज्ञानिकता के खिलाफ एक वैज्ञानिक चिंतन की प्रणाली के विकास की राह बनाती है, वहीं वह आर्थिक असमानता और सामाजिक विषमता के खिलाफ भी एक समानतामूलक समाज के निर्माण के लिए चेतना गढ़ने की भूमिका निभाती है।

एक बहु–सांस्कृतिक और बहुलतावादी समाज के लिए शिक्षा की नीति भी विशिष्ट होती है। जनतंत्र को ग्रासरूट तक मजबूत बनाने और उन्नत समाज के निर्माण के लिए शिक्षा की भूमिका केवल अक्षर ज्ञान तक सीमित नहीं होती, बल्कि वह नागरिकों की सांस्कृतिक अवधारणाओं का हिस्सा बनती है। परंपरा से संवाद करते हुए वह भविष्य की विरासत का वर्तमान तैयार करती है। वह एक उपभोक्ता से कहीं अधिक मानवीय गरिमा का सृजन करते हुए ज्ञान पर सर्व हक के लिए प्ररिप्रेक्ष्य बनती है। शिक्षा व्यापक जनगण को खुद का इतिहास तैयार करने के लिए एक औजार बन जाती है और उम्मीदों की अभिव्यक्ति का संवाद बनती है। शिक्षा केवल एक उत्पाद भर नहीं है। इस स्थापना को समझने की जरूरत है क्योंकि आज की दुनिया में झारखंड जैसे प्राकृतिक संपदा से संपन्न भौगोलिक क्षेत्र केवल उत्पाद भर बनाए जा रहे हैं।

शिक्षा, ज्ञान और संस्कृति के वैज्ञानिक पहलू को केंद्र में रख कर झारखंड की शिक्षा नीति बनाने की चुनौती सामने है। श्रम की प्रधानता, जिसमें हो और जो अन्वेषण की मेधा को महत्व है। झारखंडी जनगण के लिए इसका महत्व इसलिए भी जरूरी है कि असमानताओं का संजाल तेजी से विस्तृत हो रहा है। सामाजिक, आर्थिक और सांस्कृतिक असमानता एक दिन में निर्मित नहीं हुई है। इसके ठोस कारक समाज में मौजूद हैं और शिक्षा की भूमिका इनको समाप्त करने में है।

झारखंडी जनगणों को इस तरह की ही शिक्षा की जरूरत है जो व्यवस्थित होते हुए भी अपने लोकाचार का विस्तार करे तथा जिसमें ज्ञान सबके लिए एक समान उपलब्ध हो। दरअसल, यहां इस विमर्श से बचा नहीं जा सकता कि शासकवर्ग अपनी नीतियों के अनुकूल जिस तरह की शिक्षा की रचना करता है वह वास्तव में इतिहास के औपनिवेशिकता और दासता के मूल्यों से मुक्त नहीं होता। एक जनतंत्र इस तरह की शिक्षा का बोझ ज्यादा दिनों तक वहन नहीं कर सकता, क्योंकि उसकी सफलता वास्तव में आर्थिक सामाजिक समानता में ही अंतरनिहित है। कोठारी कमीशन ने जब कामन स्कूल सिस्टम की बात की थी, तब भी उसका नजरिया यही था और आज यह पहले से कहीं ज्यादा प्रासंगिक है। झारखंड के संदर्भ में इसकी प्रासंगिकता बढ़ जाती है। लोक ज्ञान की एक महान विरासत समेटे हुए झारखंड की वैज्ञानिक चेतना को समझने की जरूरत है। वैसे हर समाज का अपना लोक ज्ञान महत्वपूर्ण है, लेकिन आदिवासी अंचलों में जिस तरह की वैज्ञानिक चेतना की

झलक मिलती है, उसे नजरअंदाज नहीं किया जा सकता। वास्तव में अंधविश्वासों का दौर औनिवेशिकता में उभरा और उनमें भी कई ऐसे हैं जिनका संबंध प्रतिरोध की नकारात्मकता से है। इसलिए सीखने के लोकाचार और ज्ञान के फोक नजरिए को खारिज करने की प्रवृत्तियों से अक्षर ज्ञान तो दिया जा सकता है, लेकिन शिक्षित नागरिक का निर्माण नहीं किया जा सकता। इसलिए एक ऐसे शैक्षणिक जनतंत्र की जरूरत बनती है, जो वंचितों के लिए एक खास तरह के शिक्षा अभिक्रम को विकसित करे, जिसमें स्त्रियों के लिए खास तरह का माहौल बने। झारखंड को शिक्षा के लिए अपनी राह अलग से बनाने की जरूरत है।

केरल ने इस दिशा में बहुत कुछ हासिल किया है। लेकिन केरल की शिक्षा की सीमा यह है कि उसने भी जनतांत्रिक नागरिकों के निर्माण का बुनियादी मकसद अब तक हासिल नहीं किया है और शिक्षा के अनेक मानक गढ़ने के बाद भी सामाजिक विषमताओं से मुक्त नहीं हुआ है। झारखंड में इस तरह की सामाजिक विषमता का आधार बहुत कमजोर रहा है। यहां की खासियत इसमें अंतरनिहित है। झारखंड की सामुदायिकता को आधार बना कर हम एक ऐसे शिक्षा विमर्श को आगे ले जा सकते हैं जो उत्पाद तैयार नहीं करेगा बल्कि नागरिक बनाने में उसकी भूमिका होगी। इसके लिए झारखंड की ग्रामीण संरचना के उन सूत्रों को समझना होगा, जिसके कारण सदियों तक यहां प्रतिरोध की सांस्कृतिक चेतना विकासमान बनी रही और जिसने सामाजिक ताने-बाने में एक होड़मितान बोध पैदा किया है।

यह एक ऐसी परिघटना है, जिसे न केवल स्कूलों के पाठ्यक्रम का हिस्सा बनाया जाना चाहिए, बल्कि जिसे शिक्षकों के निर्माण का प्रस्थान तत्व के रूप में महत्व देना चाहिए। पाठ्यपुस्तक और शिक्षक बनाने की झारखंडी पहल की जरूरत बार-बार महसूस की जाती रही है। यदि हम बच्चों को इतिहास पढ़ाते हैं और उनमें स्थानिक और देशज संदर्भ ही मौजूद न हो, तो क्या हम सामाजिक विलयीकरण की प्रवृत्तियों को आगे नहीं ले जा रहे हैं, जिसमें एक पूरा ऐतिहासिक समाज की विरासत को खत्म होना पड़ेगा। आदिवासी जनगणों ने इस विलयीकरण की प्रक्रिया और प्रवृत्ति के खिलाफ लंबा संघर्ष किया है।

स्कूलों में जनतांत्रिक माहौल की जरूरत है, ताकि बच्चों के लिए पढ़ना एक आनंद का विषय हो। उन्हें न तो बोझिल किया जाना चाहिए और न ही बालमन को ऐसे पाठ्यसामग्री से लैस किया जाना चाहिए, जिसके कंटेंट अंतरनिहित प्रभुत्व और वर्चस्व से भरे हुए हों। बच्चों के मन पर किसी भी तरह के विघटनकारी प्रभावों से मुक्त पाठ्य की गारंटी की जानी चाहिए। यह तभी संभव है जब हम झारखंडी मूल्यों के मकसद से शिक्षा के सूत्रों का निर्धारण करें, जिसमें एक स्थानिक बोध वैश्विक वैज्ञानिकता के साथ समाहित हो। यह अत्यंत चुनौतीपूर्ण कार्यभार है। क्योंकि शिक्षा के क्षेत्र में अनेक तरह के मकसदों से लैस समूह सक्रिय हैं। इसलिए झारखंड के इतिहास, संस्कृति और सामाजिक चेतना को प्रखरता से शिक्षा नीति का हिस्सा बनाने की जरूरत है। जब संस्कृति की बात की जाती है तो उसका मकसद भी साफ नहीं होता। संस्कृति की भिन्न तरह की अवधारणाएं मौजूद हैं और सबका दावा है कि वे ही सही अर्थों में संस्कृति के वास्तविक स्वरूप के संवाहक हैं। इसमें ऐसे तत्व भी हैं, जो संस्कृति को विज्ञान के खिलाफ खड़ा करते हैं।

झारखंडी समाज में सांप्रदायिक विद्वेष पैदा करने वाले संस्थानों की भी कमी नहीं है। उन्हें कई बार राज्य का संरक्षण भी प्राप्त होता है, क्योंकि राजनीतिक तौर पर कई बार वे जीत हासिल करने में कामयाब भी होते हैं। इसलिए शिक्षा-संवाद एक सेकुलर, उन्नत और जनतांत्रिक झारखंड के देशजबोध के साथ विकसित किए जाने की मांग करता है। व्यावहारिकता के अनुरूप ढालते हुए हम झारखंडी शिक्षा का संदर्भ बदल नहीं सकते। इसलिए यूटोपिया से बाहर आते हुए उस शैक्षणिक विमर्श को बदलने की जरूरत है, जिसमें मिथकीयता को मिथ्या में तब्दील कर दिया जाता है और पूरी एक पीढ़ी को दिमागी तौर पर प्रभुत्ववादी शक्तियों के भरोसे छोड़ दिया जाता है। इससे सृजनात्मकता और उन्नति दोनों अवरुद्ध होती है।

इसलिए झारखंडी जनसमाज के लिए उम्मीदों का शिक्षाशास्त्र उनकी ऐतिहासिकता की विकासमान प्रवृत्तियों की राह चल कर ही गढ़ा जा सकता है। इसके लिए समान शिक्षा और सबके लिए शिक्षा की अनिवार्यता के साथ सेकुलर विवेक की वैज्ञानिकता को अभिन्न हिस्सा बनाना भी जरूरी है। एक आधुनिक उन्नत समाज का निर्माण इसी रास्ते किया जा सकता है, जहां स्कूल किसी बोझ और बाधा की तरह न हों, बल्कि वह लोकाचार की झारखंडी मूल्यों के प्रभावी केंद्र बन कर उभरें। ◆ ◆ ◆

कठघरे में समान व समतामूलक शिक्षा

जीरॉम जेराल्ड कुजूर

महासचिव, कैपेन फॉर राइट टू एडुकेशन इन झारखंड (क्रेज)

झारखंड में कितनी आबादी साक्षर है और कितनी गुणवत्तायुक्त शिक्षा से लैस? जब भी यह सवाल उठता है तो हम प्राइमरी लेवल पर ही अटक जाते हैं। झारखंड प्राथमिक शिक्षा के मामले में आगे बढ़ा है, इसमें शक नहीं, लेकिन कितना बढ़ा और क्या हमारी मंजिल है, यह अब तक तय नहीं है। बच्चे-बच्चियों को साइकिल और खिचड़ी से कुछ समय के लिए लुभा तो सकते हैं, मगर यह लंबी अवधि तक का सफरनामा नहीं हो सकता। जैसे ही शारीरिक रूप से कुछ सक्षम होगा, तो आर्थिक मजबूरी उन्हें डंस लेगी और वह अर्थ-बाजार में अपना श्रम बेचने को तत्पर हो जाएगा।

झारखंड में शिक्षा प्रक्रिया को केवल स्कूल, शिक्षक और छात्रों के संदर्भ में नहीं देखा जा सकता। यहां यह समाज, अर्थतंत्र के साथ शासन तंत्र से भी जुड़ा सवाल है। सर्वशिक्षा अभियान को सफलता मिली तो है, लेकिन क्या इस दौर में महज बुनियादी शिक्षा के बल पर वर्तमान की चुनौतियों से लड़ सकते हैं। इसका जवाब तब तक नहीं मिलेगा, जब तक महज साक्षरता दर बढ़ने से हम अपनी पीठ थपथपाते रहेंगे। जिन तीन फैक्टर का मैंने जिक्र किया है, वह किसी न किसी रूप में पूरी शिक्षण प्रक्रिया पर नकारात्मक असर डालती है। अर्थतंत्र, समाजतंत्र और शासनतंत्र। इन तीनों में सृजनात्मक संतुलन नहीं होगा तो शिक्षण व्यवस्था भ्रष्ट हो जाएगी। आगे चलकर साक्षरता का ठप्पा तो लग जाएगा, पर वह शिक्षा न तो समाज के काम आएगी और न ही व्यक्तिगत रूप से उस शिक्षाप्राप्त आदमी के। तो क्या किया जाए? झारखंड में यह सवाल दशकों से जस का तस बना है। और स्थानीय आबादी को अनस्किल्ड मैनपावर कहकर हर काम के नाकाबिल घोषित करते हुए खारिज कर दिया जाता है। यह क्षेत्र बिहार के समय से ही शैक्षणिक रूप से पिछड़ा रहा है, खासकर बुनियादी स्तर पर। स्कूलों की संख्या बढ़ी और बच्चों को आकर्षित करने के लिए तरह-तरह के उपक्रम किए गए। लेकिन यह कैसे भुला जा सकता है कि स्कूल का मकान महज एक छत होता है, जिसके नीचे बच्चे जमघट तो लगा सकते हैं, पर क्या मकान उन्हें खुद पढ़ा सकता है?

शिक्षक इस पूरी प्रक्रिया की धुरी है, जिसके केंद्र के चारों ओर पूरी व्यवस्था चक्कर लगाती है। लेकिन झारखंड में यह धुरी कितनी सार्थक है? और क्या इस धुरी को स्वायत्तता प्राप्त है- नौनिहालों के जरिये राज्य-देश का भविष्य बनाने का। इसका जवाब न में मिलेगा। शासनतंत्र और शिक्षकों में टकराव की स्थिति है। बीच में पिस रहा है छात्रों का भविष्य। पचास फीसदी से भी कम शिक्षकों की मौजूदगी में हम कैसे यह आशा कर सकते हैं कि राज्य तरक्की के शिखर पर पहुंच जाएगा। ग्यारह सालों में शिक्षा नीति तक न बन पाई तो कैसे माना जाए कि सरकार बच्चों को शिक्षित करने के प्रति वाकई जागरूक है, तत्पर है। शिक्षक संघ अक्सर सरकार के रवैये का विरोध करते हैं, क्यों शिक्षकों को सरकार संतुष्ट नहीं कर पाई है। असंतोष की कई वजहें है, लेकिन इसका असर तो शिक्षा व्यवस्था पर ही पड़ता है। दूसरी तरफ शिक्षा व्यवस्था को नियंत्रित-संचालित करने वाली प्रशासनिक शक्तियां हैं। ये कितनी संवेदनशीलता से झारखंड के गरीब बच्चों को अपना मानकर काम करती हैं, यह अहम है। सवाल है कि क्या शिक्षा मंत्री, शिक्षा सचिव या किसी शिक्षा पदाधिकारी के बच्चे सरकारी स्कूलों में पढ़ते

हैं। सरकारी स्कूलों में शिक्षा की गुणवत्ता मापने का इससे नायाब तरीका और क्या हो सकता है। इसलिए बुनियादी शिक्षा अब भी बुनियादी समस्याओं से ही घिरा है। झारखंड एक निहायत ही गरीब राज्य है। कितने बच्चे उम्दा निजी स्कूलों में पढ़ने की हैसियत रखते हैं। शिक्षा का अधिकार कानून लागू होने के बाद भी कितने निजी स्कूलों में 25 प्रतिशत गरीब बच्चों का दाखिला हुआ? क्या इसकी जानकारी विभाग को है? इस कानून को आए दो साल हो चुके, पर इसके प्रचार-प्रसार में क्यों तत्परता नहीं दिखाई गई। कारण साफ है कि शिक्षा के व्यावसायिक हितों को इतनी आसानी से हतोत्साहित नहीं किया जा सकता। अगर ऐसा होता भी है तो इससे समानांतर प्रतियोगी आबादी पैदा होगी, जो आर्थिक वर्ग के अंतर को पाट देगी। और काफी संभव है कि प्रचंड राजनीतिक चेतना के साथ शासन के वर्ग एकाधिकार को ध्वस्त कर दे। क्या यही डर की वजह है, जिसके कारण शिक्षण प्रक्रिया को लगातार हतोत्साहित करने का प्रयास किया जा रहा है। झारखंड को संदर्भ और भी तूफान लेकर आएगा, जहां एक साथ इतने सारे स्तर पर शोषण-उत्पीड़न और अन्याय का दौर बेरोकटोक चल रहा है।

शिक्षा व्यवस्था की मौलिक खामी क्या है? इस पर मंथन कौन करेगा? इसका हल कौन निकालेगा? ये बुनियादी सवाल हैं, जिनके जवाब की खोज में हम भटक रहे हैं। खामियों को महज भौतिक मान लेना मूर्खता होगी कि स्कूल भवन कम हैं, शिक्षकों की कमी है, स्कूलों में पुलिस कैंप चल रहे हैं, भवन जर्जर हैं या शौचालय-पेयजल विहीन हैं। यह समस्या पूरी की पूरी परिकल्पना को लेकर है, जिसमें समानता पर आधारित शिक्षा का भाव खोजे नहीं मिलता। प्रतियोगी परीक्षाओं में उन बच्चों के सामने क्या झारखंडी बच्चे टिक पाएंगे, जो महज खिचड़ी की महक से प्रेरित होकर स्कूल पहुंच रहे हों।

भाषाई विविधता से परिपूर्ण इस प्रदेश में क्या मुंडारी-संताली, हो, माल्तो या किसी अन्य मातृभाषा को समझना वाला बच्चा हिंदी-अंग्रेजी समझ सकता है। क्या वह शिक्षा को पूरी ग्राह्यता के साथ हूबहू अर्थों में समझ पाएगा? ये महत्वपूर्ण सवाल शिक्षा व्यवस्था में कहां गुम हो गए। कहने का मतलब यह कि स्थानीय समाज-संस्कृति को पूरी शिक्षा प्रक्रिया में कितना स्थान दिया गया। दुर्भाग्यपूर्ण है कि यहां के बच्चे को भारत की आजादी के क्रांतिवीरों के बारे में जानकारी होती है, लेकिन झारखंड के वीर शहीदों की नहीं। स्थानीयता के स्वाभिमान के बगैर झारखंड का नवनिर्माण नहीं हो सकता। 11 साल बाद हम संताप करने बैठे हैं कि क्यों राज्य की ऐसी दुर्दशा है, क्यों सबकुछ झारखंडियों के अहित में ही घट रहा है। क्या इसका समाधान समाज की राजनीतिक चेतना और विरोध के बगैर संभव है? नहीं, बिल्कुल नहीं। साक्षर-शिक्षित और आर्थिक स्वावलंबी आबादी से राष्ट्र-राज्य का निर्माण होता है। लेकिन इस शिक्षा व्यवस्था में साक्षरता तो मिल रही है, लेकिन इसमें जागरूक लोकतांत्रिक नागरिक बनने का न तो राजनीतिक प्रशिक्षण का पुट है और न ही आर्थिक स्वावलंबन का रास्ता। बेकार और अनस्किल्ड आबादी तब तक बहुमूल्य मानव संसाधन में परिणत नहीं हो पाएगी, जब तक हम शिक्षा को महज अक्षरज्ञान तक के सीमित-संकुचित नजरिये से देखते रहेंगे। ◆ ◆ ◆

सिर्फ सपने दिखाने से नहीं बनेगी बात

डॉ. पीके बरहाई

पूर्व कुलपति, डीन फैकल्टी एंड स्पांसर्ड रिसर्च, बीआइटी, मेसरा

तकनीकी शिक्षा विशेष तरह की शिक्षा है, इसलिए यह स्पेशल अटेंशन की डिमांड करती है। झारखंड में तकनीकी शिक्षण संस्थानों की कमी तो है ही, साथ ही क्वालिटी एजुकेशन का माहौल भी नहीं है। इसी साल इंटरमीडिएट का रिजल्ट बेहद ही निराशाजनक रहा। साइंस स्ट्रीम का परिणाम तो और भी कम रहा। ऐसे में क्या ऐसी शैक्षणिक गुणवत्ता वाली व्यवस्था में तकनीकी शिक्षा छात्रों को दी जा सकती है?

महंगे निजी स्कूलों में पढ़ा पाना हर किसी के लिए संभव नहीं। हालांकि, शिक्षा का अधिकार कानून लागू होने के बाद गरीब बच्चों को भी उम्दा निजी स्कूलों में पढ़ने की अनुमति मिली, लेकिन इस अधिकार को लेकर लोग जागरूक नहीं हैं। इसका नतीजा है कि अधिकतर निजी स्कूलों में गरीब बच्चों के हिस्से की सीटें खाली ही रह जाती हैं। सरकार को चाहिए कि वह इस कानून का जोरदार प्रचार करे। तकनीकी शिक्षा के लिए जरूरी है कि बच्चे बुनियादी स्तर से लेकर कम से कम 12वीं कक्षा तक अच्छी शिक्षा प्राप्त करें। ऐसा माहौल हमारे राज्य में तैयार नहीं हो पाया है।

दूसरी बात यह कि तकनीकी शिक्षण संस्थानों की भी घोर कमी है। रांची विवि के अंतर्गत एक भी सरकारी इंजीनियरिंग कॉलेज नहीं है। पॉलिटेक्निक कॉलेजों की स्थिति भी छिपी नहीं है। कुछ ही दिन पहले खबरों में दिखाया गया कि परीक्षा के दौरान छात्र किताबें खोलकर जवाब लिख रहे थे। सरकारी इंजीनियरिंग कॉलेज हो या मेडिकल अथवा कृषि कॉलेज, हर जगह अपनी-अपनी तरह की समस्याएं हैं। छात्रों के पास अन्य राज्यों में पलायन करने के अलावा कोई चारा नहीं बचता है। इसी वजह से शिक्षा माफिया की भी चांदी हो गई है। करोड़ों रुपये छात्रों के साथ राज्य से बाहर जा रहे हैं। टेक्निकल यूनिवर्सिटी की बातें कब से सुनने को मिल रही हैं, लेकिन अब तक इसके लिए कोई ठोस पहल नहीं हुई है। यही वजह है कि छात्रों को मजबूरी में वैसे परंपरागत कोर्स चुनने पड़ते हैं, जो सीधे तौर पर रोजगार नहीं दे सकते।

तकनीकी शिक्षा प्राप्त करने के बाद छात्रों के पास नौकरी के कई विकल्प होते हैं। दूसरी ओर एक साधारण स्नातक या स्नातकोत्तर छात्र को नौकरी के लिए भटकना पड़ता है। प्रतियोगी परीक्षा की तैयारी में ही सालों लग जाते हैं, जबकि तकनीकी या वोकेशनल कोर्सेज में ऐसा नहीं होता है। राज्य सरकार के पास इस क्षेत्र में कोई विजन अब तक नहीं दिखा है। ऐसे में हसीन सपने दिखाने वाले कई फर्जी संस्थान उभर आए हैं। भोले-भाले छात्र उनके चंगुल में फंस जाते हैं और अपनी जिंदगी बर्बाद कर लेते हैं। शिक्षा नीति का अब तक न होना और भी गंभीर बात है।

तकनीकी शिक्षा की बात तो दूर, सामान्य कोर्सेज की भी स्थिति संतोषजनक नहीं कही जा सकती। बीआइटी, रांची, आइएसएम, धनबाद, बीआइटी सिंदरी जैसे प्रतिष्ठित संस्थान तो हैं, पर यह राज्य में छात्रों की संख्या में अनुपात में कहीं नहीं ठहरते। ऐसे में बच्चों का पलायन कोई अस्वाभाविक घटना नहीं है। चूंकि तकनीकी शिक्षा सीधे तौर पर रोजगार का रास्ता मुहैया कराती है, इसलिए जरूरी है कि सरकार इसके प्रति गंभीर हो। यह सवाल उठता है कि झारखंड में स्किल्ड मैन पावर नहीं हैं। राज्य सरकार ने विभिन्न क्षेत्रों में

कई एमओयू करार किए हैं। ऐसे में टेक्निकल प्रोफेशनल की तो यहां खूब जरूरत होनी चाहिए। देश-दुनिया के कई बड़े औद्योगिक घराने यहां हैं, लेकिन उन्हें भी जब दक्ष मानव संसाधनों की जरूरत पड़ती है तो बाहर के राज्यों से बुलाना पड़ता है। क्या सरकार इन स्वर्णिम अवसरों का फायदा नहीं उठा सकती? अधिक से अधिक इंजीनियरिंग, मेडिकल, प्रबंधन हॉस्पिटलिटी, पायलट ट्रेनिंग और कृषि विज्ञान के संस्थान खोलने की जरूरत है। सिर्फ संस्थान खोलने से नहीं होगा।

संस्थानों में विश्वस्तरीय इंफ्रास्ट्रक्चर के साथ अच्छे और योग्य शिक्षक भी होने चाहिए। बीते कुछ सालों झारखंड में कुछेक निजी इंजीनियरिंग कॉलेज खुले। बगैर किसी इंफ्रास्ट्रक्चर के उन्हें मान्यता भी मिल गई। ऐसे में क्या झारखंड के छात्रों का भला हो पाएगा? सरकार को चाहिए कि वह शिक्षा के क्षेत्र में हो रहे फर्जीवाड़े को रोकने के लिए एक स्पेशल यूनिट बनाए, जो संस्थानों की निगरानी करे, शिक्षण व्यवस्था से लेकर प्लेसमेंट तक पर कड़ी नजर रखने की जरूरत है। झारखंड जैसे गरीब राज्य में एक भी बच्चे के भविष्य के साथ खिलवाड़ न हो, इसका विशेष ध्यान रखना होगा। लेकिन यह काम सरकार को ही करना है। तकनीकी विवि का गठन तो हो ही, साथ ही यह ध्यान रखना होगा है कि अंतरराष्ट्रीय स्तर के पाठ्यक्रम इसमें लाए जाएं। नई आर्थिक शक्ति अगर भारत बन रहा है तो इसमें झारखंड का योगदान बढ़-चढ़कर दिखना चाहिए। इसमें शक नहीं कि झारखंड देश का बड़ा औद्योगिक आधार है। न सिर्फ प्रोडक्शन बल्कि रॉ मटीरियल यानी कि मिनरल्स भी बड़ी मात्रा में यहां से सप्लाई होते हैं।

ऐसे में इंजीनियरिंग सेक्टर में बेहतरीन संभावनाएं हैं। अगर नैचुरल रिसोर्स हैं तो उनका उपयोग डेवलपमेंट के लिए होगा और इस प्रोसेस में बड़े पैमाने पर ह्यूमन रिसोर्स की जरूरत है और आगे भी रहेगी। सरकार के पास तो बेहतरीन मौका है कि वह अपने मैन पावर को स्किल्ड एंड वैल्युएबल मैनपावर में बदल दे। लेकिन यह होगा कैसे? जाहिर है कि यह अंतरराष्ट्रीय स्तर के शैक्षणिक माहौल और सुविधाओं से ही संभव होगा। अगर सरकार अपने बूते ऐसा नहीं कर पा रही है तो पीपीपी मोड भी इस काम को आगे बढ़ा सकती है। दक्षिण भारत में कई अच्छे तकनीकी संस्थान अस्तित्व में आ गए हैं, जिनसे पूर्व के स्थापित उम्दा संस्थानों को चुनौती मिल रही है। यहां तो घोषणाएं बार-बार हुईं, लेकिन कोई भी पहल अब तक जमीन पर देखने को नहीं मिला। शिक्षा में जब तक राजनीति होती रहेगी, तब तक यूं ही राज्य के छात्रों का भविष्य अधर में अटका रहेगा और युवा दिशाहीन होते रहेंगे।

11 साल पहले जिन बच्चों की उम्र 10 साल रही होगी, वे आज अपनी पढ़ाई पूरी कर इधर-उधर भटक रहे होंगे। उनमें से बहुत कम को ही नौकरी मिल पाई होगी। सरकार की यह नैतिक और शासकीय जिम्मेदारी बनती है कि वह झारखंड के बच्चों का भविष्य संवारे, उनके लिए फिक्रमंद हों। सुझाव एक नहीं हजारों हैं, पर थोथी बहसबाजी और बयानबाजी से बात नहीं बनती। हम तब तक जड़वत बने रहेंगे, जब तक जमीन पर अपने कदम आगे नहीं बढ़ाते। अफसोस कि हमारे नेतृत्व ने हमें सिर्फ हवा में उड़ने के सपने दिखाने में ही 11 साल का बहुमूल्य समय बर्बाद कर दिया। गलती को जल्द ही सुधार लिया जाए। ◆ ◆ ◆

डिमांड के अनुरूप नहीं बन रहे प्रोफेशनल

आरपी सिंह

सहायक प्रशासनिक अधिकारी, बीआइटी, मेसरा

जब भी प्रबंधन या अन्य वोकेशनल कोर्स की बात होती है, तो पुणे, बेंगलूर, चेन्नई या दक्षिण और पश्चिम भारत के कई शहरों के नाम जुबां पर आ जाते हैं। झारखंड, बंगाल, बिहार जैसे कुछेक राज्यों को छोड़ दें तो प्रबंधन शिक्षा के क्षेत्र में अधिकतर राज्य काफी आगे निकल गए हैं। लेकिन झारखंड जहां था, वहीं खड़ा है। एक्सएलआरआई, एक्सआइएसएस जैसे प्रबंधन संस्थान तो पहले से ही मौजूद थे।

झारखंड बनने के बाद कितने नए प्रबंधन संस्थान खोले गए? बीआइटी ने भी कई प्रबंधकीय कोर्सेज की शुरुआत की है। लेकिन, इतने कम संस्थानों के भरोसे मैनेजमेंट की पढ़ाई नहीं हो सकती है। रांची विवि ने भी एमबीए कोर्स की शुरुआत की, पर शैक्षणिक सत्र से लेकर योग्य फैकल्टीज तक की समस्या बनी रही। प्लेसमेंट की भी स्थिति बेहतर नहीं है। डेढ़-दो साल से आइआइएम और सेंट्रल यूनिवर्सिटी का मामला भी जमीन समेत कई अन्य विवादों में फंसा है। जैसे-तैसे इन संस्थानों में पढ़ाई तो हो रही है, पर क्या यह स्थायी व्यवस्था है। ऐसे में शिक्षा का विकास कैसे होगा? रोजगारपरक शिक्षा के लिए राज्य के छात्रों को आज भी दूसरे राज्यों, शहरों का रुख करना पड़ता है। झारखंड में गरीबी के प्रतिशत को देखते इसका अंदाजा लगाना मुश्किल नहीं कि कितने लोग अपने बच्चों को उच्च शिक्षा के लिए बाहर भेजने की आर्थिक क्षमता रखते हैं। एक तो प्रबंधन संस्थानों की भारी-भरकम फीस, ऊपर से रहने-खाने समेत कई अन्य तरह की परेशानियां। ऐसे में अगर राज्य बनने के 11 साल बाद भी शिक्षा नीति तक नहीं बन पाती है, तो और क्या किया जा सकता है। मैं दैनिक जागरण के माध्यम से सरकार से अपील करना चाहूंगा कि समय काफी बदल गया है।

महंगाई और इस तकनीकी दौर में यदि हम उसी इतिहास, भूगोल को पढ़ाते रहेंगे, तो आगे नहीं बढ़ पाएंगे। अक्सर देखा गया है कि झारखंड में विकास का मतलब बड़ी-बड़ी इमारतें खड़ी कर देने से समझ लिया जाता है। जैक की भव्य इमारत को देख क्या कोई यह अंदाजा लगा सकता है कि इस राज्य के 30 फीसदी बच्चे भी 12वीं की परीक्षा पास नहीं कर पाए। यह पूरी शिक्षा व्यवस्था में घुन लगने जैसे स्थिति है। सभी जानते हैं कि आज किसी भी अच्छे संस्थान में बेहतर आइ-क्यू, इ-क्यू और के-क्यू (इंटेलीजेंसी कोसेंट, इमोशनल कोसेंट, नॉलेज कोसेंट) वाले छात्रों का चयन किया जाता है। हमारे राज्य के छात्र तो बचपन से ही हर मामले में पीछे रह जाते हैं। स्थिति यह है कि सरकारी अफसर हों या नेता, कोई भी अपने बच्चे को सरकारी स्कूलों को नहीं पढ़ा सकता।

उच्च शिक्षा कोई अचानक आया पाठ्यक्रम नहीं है। प्राइमरी, सेकेंडरी, हायर सेकेंडरी में पिछड़े हुए बच्चे जब इसी व्यवस्था में उच्च शिक्षा लेते हैं, तो उनके पास डिग्री तो होती है, लेकिन वह स्नातक होने का ठप्पा लगाने के लिए। कुछ अपवाद को छोड़ दें जो बच्चे जन्मजात प्रतिभाशाली होते हैं, उनके अलावा साधारण बच्चों की प्रतिभा को वांछित निखार नहीं मिल पाता है। आज का दौर अधिक से अधिक स्किल की डिमांड करता है। केवल ज्ञान होना ही काफी नहीं। छात्र में कम्यूनिकेशन स्किल कितना है, तार्किक बहस करने की

कितनी क्षमता है, इन बातों को भी देखा जाता है। प्रबंधन के क्षेत्र में आगे चलकर छात्रों को किसी कार्यालय या संस्थान की प्रशासनिक जिम्मेदारी संभालनी होती है। ऐसे में आत्मविश्वास की कमी और मातृभाषा का असर बोली पर साफ झलकने लगता है। न सिर्फ सरकारी स्कूल, बल्कि निजी स्कूलों से पढ़े बच्चे भी इस संदर्भ में फेल हो जाते हैं। मतलब यह कि नए आर्थिक युग में जब नौकरी का मतलब पूरी तरह बदल चुका है, वहां छात्रों को सर्वगुण संपन्न बनने की शिक्षा दी जानी चाहिए। जब आप प्रबंधन का पाठ्यक्रम उठाकर देखेंगे तो इसमें आर्थिक कैलकुलेशन से अधिक दुनियादारी और सामाजिक मनोविज्ञान की बातें रहती हैं। हमारे यहां के लोगों में राजनीतिक विश्लेषण की तो क्षमता है, पर सामाजिक विश्लेषण की नहीं। उच्च शिक्षा तो अंतिम पड़ाव है, लेकिन गाड़ी किन हालात और प्रक्रियाओं से होकर गुजरी, यह अधिक महत्वपूर्ण है। अधिक से अधिक शैक्षणिक और दुनियादारी की बातें जब तक प्राइमरी लेवल से ही बच्चे के दिमाग में न बैठाई गई तो सारे प्रबंधन संस्थान राज्य के लिए चमचमाती बिल्डिंग से अधिक कुछ और साबित नहीं होंगे। खूंटी को नॉलेज हब बनाने की योजना है। लेकिन क्या उनमें स्थानीय छात्रों को तरजीह मिलेगी?

अगर सरकार देती भी है तो कंपनियों के मन में यह भ्रम जरूर बना रहेगा कि अयोग्य छात्रों को भी डिग्री दे दी गई है। इसलिए पूरी शिक्षा को अलग-अलग टुकड़ों में बांटकर देखने के बजाय एक सम्मिलित यूनिट के तौर पर देखना होगा। स्थानीय लोग अंग्रेजी बोलने में हिचकिचाते हैं। धाराप्रवाह नहीं बोल पाते। अंग्रेजी की अच्छी जानकारी होने के बावजूद ऐसा होता है। रोजगारपरक शिक्षा के लिए यह एक महत्वपूर्ण चीज है। मैं यही कहना चाहूंगा कि सुझाव तो कई हो सकते हैं, और लोग देते भी हैं। लेकिन, अच्छे सुझावों पर अमल करना तो सरकार को ही है।

इतनी सारी छोटी-बड़ी कंपनियां यहां आ रही हैं। वैश्विक अर्थव्यवस्था के असर से झारखंड भी अछूता नहीं रहा है। लेकिन क्या इन कंपनियों में प्रोफेशनल्स की मांग को राज्य में मौजूद गिनती के संस्थान पूरा कर पाते हैं। नहीं। स्थिति यह है कि प्रोफेशनल्स को बाहर से इंपोर्ट करना पड़ता है। हमारे पास बेहतरीन मौके हैं, लेकिन हम उनका लाभ उठा पाने से चूक रहे हैं।

मैं एक्सआइएसएस, एक्सएलआरआइ, बीआइटी जैसे संस्थानों का उदाहरण देना चाहूंगा, जहां के बच्चों को कैंपस से ही कंपनियां लाखों के पैकेज पर उठा ले जाती हैं। पर क्या ऐसा रांची विवि के छात्रों के साथ होता है। नहीं। ऐसा क्यों? इसका कारण भले ही तकनीकी और प्रबंधन संस्थानों की कमी को गिनाया जाए, पर यह मामला जड़ से शुरू होता हुआ शिखर तक हूबहू बना रहता है। यह एक लोकहितकारी तंत्र की समस्या है, जिसमें झारखंड के भविष्य को संवारने जैसी चिंता का नामोनिशान तक नहीं दिखता। ऐसे में घोर दुख झेलते हुए, अपनी जमीन को गिरवी रखकर उच्च शिक्षा पूरी करने का क्या लाभ मिलता है? इसका जवाब समानांतर सत्ता की मौजूदगी से खुद-ब-खुद मिल जाता है। युवाओं को सरकार रोजगार के लिए तैयार नहीं करेगी, तो बंदूक थामना सबसे आसान रास्ता बच जाता है उनके पास। सायरन बजाती गुजरती गाड़ियों की धूल में एक राज्य का सपना भी धुंधला जाता है। ◆ ◆ ◆

शैक्षणिक क्रांति से ही विकास संभव

तालकेश्वर महतो

झारखंड छात्र मोर्चा

शिक्षा न केवल वैयक्तिक, सामाजिक और राष्ट्रीय प्रगति के लिए आवश्यक है, बल्कि सभ्यता और संस्कृति के विकास के लिए भी अनिवार्य है। मानव मात्र सभी समान है। शारीरिक रूप से सभी में समानता है। फिर क्या कारण है कि कोई आगे बढ़ता है और कोई पीछे रह जाता है? ऐसा मानसिक स्तर में असमान विकास के कारण है। शिक्षा ग्राहिता सहज तब होती है, जब व्यक्ति को घर, परिवार, सुख-समाज से अच्छे संस्कार मिलते हैं।

शिक्षक शिक्षा की धुरी हैं। अधिकारियों को ध्यान रखना चाहिए कि शिक्षा द्वारा ही इस पद तक पहुंचे हैं। शिक्षा को दरकिनार रखकर सोचना देश, छात्र एवं राज्यहित में नहीं है। शिक्षा को महत्व सिद्धांत नहीं, व्यावहारिक स्तर पर दिया जाए। नवोदित झारखंड राज्य को विकास के मार्ग पर आगे बढ़ाने, शैक्षणिक वातावरण को समृद्ध बनाने और छात्रों को देश, समाज के विकास के लिए मानसिक रूप से तैयार करने की दृष्टि से भी यह अन्यतम अवसर है। उच्च शिक्षा का मुख्य उद्देश्य ऐसे नागरिक तैयार करना है, जो राजनीति, प्रशासन, उद्योग, व्यवसाय और वाणिज्य के क्षेत्र में कुशल नेतृत्व करें। उसे ज्ञान और विवेक की चेतना प्रदान करे। छात्रों को ऐसा नागरिक बनाएं जो प्रजातंत्र को सफल बनाते हुए शिक्षा का प्रचार-प्रसार करे।

समाज को शक्तिशाली तथा गतिमान बनाएं। छात्रों की समस्याओं के निराकरण के लिए ऐसे जागृत समाज के निर्माण के लिए हमारी शिक्षा मूल्यपरक होनी चाहिए और आर्थिक विकास के मार्ग तलाशने में सक्षम हो। ज्ञान की नई चमक से भरी आंखोंवाले युवजन को सामने लाना ही शिक्षा का सच्चा मकसद है, जिससे शैक्षणिक परिवेश की पावनता में अभिवृद्धि हो, छात्रों में उत्साह का माहौल बने तथा सांस्कृतिक एवं शैक्षणिक क्रांति कर नया झारखंड का निर्माण करें।

अंततोगत्वा नया विकसित एवं सुसंस्कृत भारत बनाना शिक्षा का अंतिम लक्ष्य होना चाहिए। सभी शिक्षित जागरूक मेहनतकश नागरिक शिक्षा में गुणवत्ता के आंदोलन के लिए संघर्ष करे। शिक्षा से जुड़े अधिकारी, शिक्षक एवं शिक्षकेतर कर्मचारी अपनी पूरी निष्ठा एवं ईमानदारी के साथ अपने दायित्वों का निर्वहन करें। तकनीकी शिक्षा एवं आदर्श मानव संसाधन निर्माण में श्रेष्ठ एवं महती भूमिका निभाएं। शोधपरक पढ़ाई सिर्फ मुट्ठी भर छात्रों का ही भला कर सकता है और गिने-चुने दिग्गज शिक्षकों को महिमामंडित। अधिकतर छात्र स्नातक स्तर की शिक्षा के स्तर में सुधार के लिए तरसते छूट जाते हैं।

इस स्थिति में विश्वस्तरीय शोध की क्षमता रखनेवाले होनहारों की पौध तैयार नहीं की जा सकती। वर्ल्ड बैंक की रिपोर्ट दर्शाती है कि भारत में हर वर्ष 1.20 करोड़ युवा स्नातकों में 90 फीसदी नौकरी के लायक नहीं है। इससे यह साफ हो जाता है कि लोग नाम के आगे बीए, बीएससी या बीकॉम लिखने लायक तो हो गए हैं, लेकिन समझने और समझाने के काबिल नहीं हुए हैं।

यह स्थिति शिक्षा की गिरती गुणवत्ता को रेखांकित करती है। निश्चित रूप से ऐसा कोई भी समाज प्रगति नहीं कर सकता, जिसकी शिक्षा व्यवस्था अस्त-व्यस्त, अक्षम, अभावग्रस्त एवं गुणवत्ताहीन हो। एक ज्ञानमूलक समाज के निर्माण के लिए हर स्तर पर शैक्षणिक संस्थानों की गुणवत्ता को विकसित करने की जरूरत है। वर्ष

1953 में आचार्य विनोवा भावे ने कहा था कि कॉलेज में मुझे बहुत कुछ पढ़ाया गया, लेकिन ज्ञान नहीं दिया गया। आज इस स्थिति को बदलने की आवश्यकता है। युवाओं को न केवल ज्ञान देना है, बल्कि यह भी सिखाना है कि नए ज्ञान का सृजन कैसे हो। इसके लिए चाहिए एक सशक्त संस्कृति, जिसमें अध्ययन - अध्यापन में किसी भी प्रकार की कमी को स्वीकार न किया जाए।

हर स्तर पर शिक्षा की गुणवत्ता के सामने जो खतरे देखे जा रहे हैं, उनका समाधान सरकार पर छोड़ना संभवतः उचित नहीं है। विकल्पों की खोज होनी चाहिए तथा समाज के निष्ठावान व्यक्तियों को आगे आना चाहिए। क्योंकि नैतिकताएं हमें भूलरहित जीवन जीने की शिक्षा, दोष रहित आचरण करने की प्रेरणा और भ्रष्टाचार से विरत रह कर्मनिष्ठ बनने की चेतावनी देती है। किसी भी छात्रा की पहली समस्या रहने एवं खाने की होती है, सरकारी छात्रावास के अभाव में मजबूर होकर उन्मुख होती है, निजी लॉजों एवं छात्रावासों की तरफ जहां पैसा तो अधिक लगता है, सुविधाएं अपेक्षाकृत पर्याप्त नहीं होती।

आजादी होती है, लेकिन घटनाएं भी घटती हैं। घर-परिवार को छोड़ने के बाद एक नए वातावरण में ढलना कितना मुश्किल होता है। ये तो वहीं जानती हैं, जिन्हें आए दिन इनका सामना करना पड़ता है। महिलाओं के उत्थान या पतन पर राष्ट्र का उत्थान या पतन निर्भर करता है आइएसए दर इसलिए इनके लिए सरकार को आवागमन के लिए निश्शुल्क बस सेवा एवं छात्रावास की व्यवस्था करनी चाहिए। शिक्षा से राज्य का समग्र विकास संभव है।

◆ ◆ ◆

शिक्षा में सुधार की ठोस कार्ययोजना नहीं बनी

राम मूर्ति ठाकुर

प्रदेश महासचिव, अखिल झारखंड प्राथमिक शिक्षक संघ

राज्य गठन के 11 वर्षों बाद भी अब तक प्राथमिक शिक्षा के क्षेत्र में विकास व सुधार की दिशा में कोई ठोस कार्ययोजना व नीति बनाकर मिशन मोड में कार्य करने का प्रयास विभाग द्वारा नहीं किया गया। शिक्षण कार्य के लिए पाठ्यक्रम का होना अत्यंत आवश्यक होता है, लेकिन अब तक किसी भी वर्ष राज्य के प्राथमिक विद्यालयों के लिए पाठ्यक्रम उपलब्ध नहीं कराया जा सका। इन 11 वर्षों में एक भी वर्ष ऐसा नहीं मिला, जब सभी शिक्षकों को पूरे साल अध्यापन कार्य करने दिया गया हो। प्रत्येक वर्ष लगभग 100 दिन मतदाता सूची बनवाना आदि काम में शिक्षकों की सेवा नियमित ली जाती रही है। मध्याह्न भोजन की गुणवत्ता पर तो विभाग का ध्यान रहा, लेकिन गुणवत्तायुक्त शिक्षा प्राथमिकताओं में शामिल नहीं हो सकी। बिना प्रधानाध्यापकों के ही चलाये जाते हैं 87 प्रतिशत विद्यालय। आज के समय में भी आधारभूत संरचनाओं का अभाव है। लगभग 65 प्रतिशत विद्यालयों में आज भी बच्चे बोरा पर बैठने को मजबूर हैं। कंप्यूटर शिक्षा की तो बात ही बेमानी है, शिक्षकों की भारी कमी से पहले ही अध्यापन कार्य प्रभावित होता रहा है, 20-20 वर्षों से शिक्षकों को प्रोन्नति नहीं मिलने से उनके उत्साह में भी कमी देखी जाती है।

राज्य के दूर-देहात, पहाड़ी व उग्रवाद प्रभावित क्षेत्रों में निवास कर रही आबादी के नौनिहालों के लिए सरकारी स्कूल ही एकमात्र शिक्षा का केंद्र होता है। इनमें से अधिकांशतः गरीब व अभिवंचित वर्ग के बच्चे होते हैं। ऐसे बच्चों को भी गुणात्मक शिक्षा प्राप्त करने के अधिकार से वंचित नहीं रखा जा सकता है। मेरा स्पष्ट मत है कि दोपहर के भोजन और निश्शुल्क पाठ्य-पुस्तक दे देने मात्र से गुणवत्तायुक्त प्राथमिक शिक्षा के लक्ष्य को हासिल नहीं किया जा सकता।

इसके लिए परमावश्यक है कि पूरे तंत्र को जवाबदेह बनाया जाए। आखिर आम बजट के एक बड़े हिस्से से आच्छादित सरकारी प्राथमिक व्यवस्था में शिक्षा के साथ-साथ पैसा, पोशाक, साइकिल, भोजन पाकर भी अभिभावक प्रफुल्ल्ति क्यों नहीं हो पाते। कारण स्पष्ट है कि सरकारी विद्यालयों में 252 दिनों तक चलने वाले कक्षा कार्यों में से 100 दिनों तक शिक्षकों को गैर विभागीय कार्यों में लगाने से सीखने सिखाने की कड़ी टूटती है, क्योंकि शिक्षण कार्य पूर्ण मनोयोग से निर्बाध रूप से चलने की चीज है। बच्चों के अंदर प्रतियोगिता की भावना को विकसित करने के लिए विद्यालय व अंतर विद्यालय स्तर पर कार्यक्रमों के आयोजन की परिपाटी नहीं बन सकी।

यदि ऐसा हो पाता तो इसके दो फायदे हो सकते थे, एक तो बच्चों की सक्रियता बनी रहती और दूसरा अभिभावक-विद्यालय संबंध को और प्रगाढ़ता प्राप्त होती। वर्ष 2001 में सबको शिक्षा उपलब्ध कराने के उद्देश्य सर्व शिक्षा अभियान लाया गया और इसी उद्देश्य की पूर्ति के लिए ही 2009 में पुनः एक नया कानून शिक्षा का अधिकार के नाम से लाया गया। आखिर भारी-भरकम बजट से लैस सर्व शिक्षा अभियान कहां और क्यों दम तोड़ने लगा कि एक नए कानून की आवश्यकता आ पड़ी।

सर्व शिक्षा अभियान में विद्यालयों को भवन, शौचालय आदि तो मिले, लेकिन वह कक्षा कार्य और गुणवत्तायुक्त

शिक्षा की बलि-बेदी पर, क्योंकि बच्चों को भोजन परोसना तो महत्वपूर्ण रहा, लेकिन वह शिक्षण कार्य की महता को कम कर गया। इस सबके चलते ही बीच में फिर शिक्षा का अधिकार के नाम का कानून। क्या कानून पर कानून बना देने मात्र से बच्चों को न्यायोचित शिक्षा मिल पाएगी। आवश्यकता है बने हुए कानून को जमीनी हकीकत के मद्देनजर स्वस्थ व्यवस्था में ढाल कर सुनियोजित ढंग से लागू करने की। बाल मजदूरी प्राथमिक शिक्षा के सर्वव्यापीकरण और क्वालिटी एजुकेशन के लिए एक बड़ी चुनौती है, सरकारी स्तर पर बाल मजदूरी निरोधक कानून की आड़ में जितना भी दंभ भरा जाए, वह वास्तविकता से पड़े साबित हो रहा है। जमीनी सच्चाई यही है कि सरकारी विद्यालयों में पढ़ने वाले छात्रों में से अधिसंख्य अपने परिवार के भरण-पोषण में हाथ बंटाते हैं और लड़कियां दूसरे के घरों में काम करती हैं।

यकीन नहीं आता तो श्रावणी मेला में चलने वाले होटलों में जाकर देखें कि इनमें काम करने वाले और प्लेट धोनेवाले बच्चे कौन हैं। सरकारी विद्यालयों के लिए शिक्षा नीति बनाने वालों को यह ध्यान में रखना होगा कि शिक्षा के साथ-साथ इन बच्चों को स्वाबलंबी बनाने के लिए व्यावसायिक व कला शिक्षा की ओर अग्रसर कैसे किया जा सके। शिक्षकों की कमी की मार को झेलते हुए 11 महत्वपूर्ण वर्ष बीत चुके हैं और आज भी हम जमाने की गति से काफी पीछे चलने को विवश हैं, आज के दौर में कंप्यूटर शिक्षा समय की मांग भी है और विद्यालयों के लिए आकर्षण का विषय भी, लेकिन सरकारी विद्यालय आज भी इससे वंचित हैं। मोटी रकम खर्च करने के बावजूद नीतियां कैसे दम तोड़ती हैं, इसका अंदाजा इस उदाहरण से सहज ही लगाया जा सकता है कि कुछ वर्ष पहले ही एक कंपनी के माध्यम से कुछ विद्यालयों में कंप्यूटर की पढ़ाई शुरू की गई, लेकिन आज वह बंद हो चुकी है और सभी कंप्यूटर शोभा की वस्तु मात्र बनकर रह गए हैं।

स्पष्ट है हमारी नीतियां तात्कालिक व कम दूरी तक चलने वाली बन रही हैं, जबकि शिक्षा के लक्ष्य को नियमित, लयबद्ध और दूरदर्शी नीतियों से प्राप्त किया जा सकता है। बालिका शिक्षा पर सरकार का जोर बहुत अधिक है, लेकिन प्राथमिक कक्षाओं में बालिकाओं का प्रतिशत महज 47 है, जिससे इंगित होता है कि इस क्षेत्र में अब भी और जनजागृति की आवश्यकता है। इसके लिए पंचायत से लेकर संसद स्तर तक के जनप्रतिनिधियों को विद्यालयों के साथ गतिविधि स्थापित करने से सफलता मिल सकती है।

एक महत्वपूर्ण तथ्य यह भी है कि तंत्र की उदासीनता के कारण 22-24 वर्ष की उम्र में शिक्षक पद पर अपनी सेवा शुरू करने वाला शिक्षक 40-45 की उम्र में भी अपने मूल पद व मूल वेतनमान में ही रह जाता है, जिससे उनके केंद्र भी जड़ता का भाव कभी-कभी परिलक्षित होता है। जबकि विद्यालय व्यवस्था के लिए उत्तरदायी प्रधानाध्यापकों के हजारों पद रिक्त रह जाते हैं, जो शिक्षा के अधिकार कानून के भी विपरीत है, यहां भी नीतियां क्रियान्वित होती नहीं दिखतीं। राज्य के 11 सावन पार हो जाने पर भी आशावान हैं कि निरंतर प्रयास, दृढ़ राजनैतिक इच्छाशक्ति और नीतियों के सार्थक क्रियान्वयन से झारखंड अपने लक्ष्य को हासिल कर सकेगा और प्रकृति की खूबसूरत गोद में अपनी चमक बिखेरेगा। हम होंगे कामयाब एक दिन। ◆ ◆ ◆

और कितना वक्त चाहिए झारखंड को?

स्वास्थ्य सेवा

स्वास्थ्य के अधिकार में हकमारी दुर्भाग्यपूर्ण

डॉ. एन.एन. अग्रवाल

पूर्व निदेशक, रिम्स
निदेशक, गुरुनानक हॉस्पिटल

कितनी संवेदना है हम डॉक्टरों के मन में और कितनी है सरकार के मन में- भूखे, गरीब और बेबस झारखंडियों की खातिर? मेडिकल सेक्टर में हमारा राज्य कितना आगे बढ़ा और स्वस्थ शरीर का अधिकार कितने लोगों को सही मायने में मिल पाया, इसकी समीक्षा तो हमें करनी ही चाहिए।

विकास की बात करते ही स्वास्थ्य के बेहद दुर्भाग्यपूर्ण मानक आंखों के सामने नाचने लगते हैं, हमें चिढ़ाने लगते हैं। ऐसा क्यों, जब झारखंड में विकास के नाम पर पैसों की कोई कमी नहीं है। जिनके ऊपर विकास का जिम्मा है अगर वे ही गरीबों-जरूरतमंदों की हकमारी करेंगे, उनके हिस्से के विकास से अपना स्वार्थ साधेंगे तो सुखद स्थिति की आशा कैसे कर सकते हैं। नेशनल फैमिली हेल्थ सर्वे (एनएफएचएस) के आंकड़े बेहद दुखद हैं। गांवों में पीएचसी नहीं हैं, जहां हैं भी, वहां डॉक्टर नहीं हैं, तो इसका गुनहगार कौन है? बातें कड़वी हैं, पर जितने रुपये चिकित्सा सुविधाओं की बहाली पर खर्च हुए, उनका कोई नतीजा निकला? चिकित्सकों के निजी क्लिनिकों पर रोक क्यों नहीं लग पाई है अब तक। सुपर स्पेशियलिटी हॉस्पिटल अब तक झारखंड में क्यों नहीं खुल पाया? इन सबका जवाब एक ही जगह आकर टिक जाता है कि जिनके हाथ में लगाम है, वे लोगों के दुखों के प्रति कितनी संवेदना रखते है। किसी सिस्टम की सफलता या विफलता नेतृत्व पर निर्भर करती है। 11 सालों में भी अगर स्वास्थ्य नीति नहीं बन सकी है तो यह बहुत ही दुर्भाग्यपूर्ण है।

तंत्र की समस्या के साथ चिकित्सकों में कितनी सेवा भावना है, यह भी केंद्रीय कारक है। डॉक्टर समय पर आते नहीं, समय से पहले गायब हो जाते हैं या कोई बहाना बनाकर छुट्टी पर चले जाते हैं। एक बेहद गरीब राज्य में सरकार से वेतन लेते हुए अपना निजी क्लिनिक चलाना डॉक्टरों को क्यों नहीं कचोटता है? डॉक्टर को अगर धरती का देवता कहा गया है, तो उन्हें अपनी गरिमा का ख्याल तो करना ही चाहिए। जो डॉक्टर सरकारी अस्पतालों में अनुपस्थित होंगे, उनकी क्लिनिक पर अगर जाकर देखा जाए तो वहां वे प्रैक्टिस करते मिलेंगे। क्या यह नैतिक व्यवहार है कि हम बिना काम किए ही सरकारी खजाने से वेतन पाएं? मेडिकल कॉलेज की बात करें तो वहां भी अराजकता का माहौल है।

सारी सुविधाएं होने के बावजूद रिम्स ने वह शोहरत क्यों हासिल नहीं की जो लखनऊ, वेल्लोर के मेडिकल कॉलेजों और एम्स ने सरकारी संस्थान होते हुए भी हासिल कर ली। इंफ्रास्ट्रक्चर होना अलग बात है और लोगों को उम्दा सेवा मिलना अलग बात है। काम अगर होगा तो इंफ्रास्ट्रक्चर अपने आप विकसित हो जाएगा। अपनी शिथिलता को छुपाने के कई बहाने होते हैं, जिसका व्यावहारिक स्वरूप हम झारखंड में देख रहे हैं। गरीब हो या अमीर, सबको बेहतर स्वास्थ्य का अधिकार मिलना चाहिए। हेल्थ सर्विस डिलीवरी सिस्टम में महत्वूपर्ण फैक्टर हैं- सरकार और डॉक्टर्स।

दोनों जब तक निजी स्वार्थ को छोड़कर जनहित में नहीं सोचेंगे, काम नहीं करेंगे, तब तक स्वास्थ्य का भीषण संकट झारखंड का पीछा नहीं छोड़ेगा। मैं सरकारी अस्पतालों, चिकित्सा केंद्रों में उपकरणों के जल्दी-जल्दी खराब होने का जिक्र करना चाहूंगा। सरकारी अस्पतालों, चिकित्सा केंद्रों में ऑटोमेटेड उपकरण इतनी जल्दी कैसे और क्यों खराब हो जाते हैं, जबकि वही उपकरण निजी अस्पतालों में सालों साल चलते हैं। कहने का मतलब यह कि अधिकतर समस्याएं बनावटी हैं, स्वार्थ के उद्देश्य से प्रेरित। इसमें उन्हीं लोगों का हाथ है,

जो अधिक से अधिक पैसा कमाना चाहते हैं, चाहे लोग मरें या जीएं। चिकित्सा ऐसा सेवा क्षेत्र है, जिसमें राजनीतिक हस्तक्षेप होने से पूरा का पूरा सर्विस डिलीवरी सिस्टम चरमरा जाता है।

ट्रांसफर-पोस्टिंग के लिए झारखंड मशहूर रहा है। स्थानांतरण के सारे नियम-गाइडलाइनों को तोड़कर यहां निर्णय लिये जाते रहे हैं। इसके पीछे क्या कारण है, यह सबको पता है। कारण जो भी हो, लेकिन परिणाम तो नकारात्मक ही सामने आ रहे हैं। सरकारी स्तर पर सुविधाएं नहीं मिलेंगी तो निजी अस्पतालों में लोग जाएंगे ही। गरीब हो या अमीर, जीवन सबको प्यारा होता है। निजी अस्पताल लोगों को वे सारी सुविधाएं मुहैया करा देते हैं, जिसे सरकार उपलब्ध नहीं करा पाती। एक-दो शहरों को छोड़ दें तो पूरे राज्य में सरकारी चिकित्सा केंद्रों, अस्पतालों के नाम पर क्या है? गांवों की बात करनी भी बेमानी होगी। प्राथमिक स्वास्थ्य केंद्र भी कई किमी की परिधि में उपलब्ध नहीं होते।

आपात स्थिति में ग्रामीणों के पास कोई चारा नहीं होता। कहने का मतलब यह कि विकास की बात करने से पहले हमें जमीनी समस्याओं का भी ज्ञान होना चाहिए। जो लोग गांवों में रहते हैं, या जिन जवानों को नक्सलियों से लड़ने के लिए जंगलों में भेजा जाता है, उनके सामने स्वास्थ्य संबंधी क्या समस्याएं आ सकती हैं, इसका तो पहले से ही अंदाजा होना चाहिए। एंटी रेबीज, एंटी टेटनस, एंटी वेनम तो उन्हें स्थानीय स्तर पर मुहैया करनी चाहिए। किसी को कुत्ता काट ले तो क्या वह जंगलों से सीधा भागता हुआ रिम्स पहुंच सकता है? नहीं। दूर-देहात की किसी गर्भवती महिला को अगर तत्काल हेल्थ सर्विस की जरूरत है तो वह रिम्स तक पहुंचने का इंतजार नहीं कर सकती।

ऐसी जमीनी समस्याओं को दरकिनार कर हम बेहतरी की उम्मीद नहीं कर सकते। चिकित्सक संघों का भी दायित्व बनता है कि वह अपने संगठन की शक्ति का उपयोग कर चिकित्सा सेवा को बेहतरी की ओर ले जाएं। डॉक्टरों की वक्त-बेवक्त हड़ताल से चिकित्सा व्यवस्था चरमरा जाती है। डॉक्टरों में सेल्फ-डिसीप्लीन आवश्यक है। सरकारी चिकित्सकों के लिए कोड ऑफ कंडक्ट (आचार संहिता) भी होनी चाहिए। कुल मिलाकर जब तक एक कंपोजिट स्ट्रक्चर और वर्किंग कल्चर की शुरुआत नहीं होगी, तब तक चिकित्सा का अधिकार जन-जन को नहीं मिल पाएगा। 24 घंटे टॉल फ्री नंबर पर परामर्श की सुविधा, एंबुलेंस और हर जिले में सुपर स्पेशियलिटी अस्पताल जरूरी है। दूसरे राज्यों में ऐसा हो रहा है। नए मेडिकल कॉलेज खोलने से पहले जो पहले से मौजूद हैं, उनकी दशा सुधारनी होगी।

जो छात्र यहां के मेडिकल कॉलेज से निकल रहे हैं, उन्हें यहीं नौकरी दी जाए। एसटी छात्रों को अपने इलाके में सेवा देने के लिए भेजा जाए, ताकि वे ग्रामीणों की समस्याओं को समझते हुए मन से काम कर सकें। गांवों में प्राथमिक स्वास्थ्य केंद्रों को सफेद हाथी की भूमिका से बाहर निकालना होगा।

चिकित्सा सेवाओं का विस्तार अगर हर आदमी तक करना है तो स्वार्थ की राजनीति, योजनाओं के घोटालों से व्यवस्था को उबारना होगा। ऐसा तभी होगा जब हम तीन करोड़ झारखंडियों के दुखों को संवदेनशील बनकर समझेंगे, क्योंकि कहा गया है- डॉक्टर इज फ्रेंड, फिलॉस्पर एंड गाइड। (चिकित्सक दोस्त है, दर्शनशास्त्री है और मार्गदर्शक भी है।) ◆ ◆ ◆

तंत्र की विफलता है बदहाली का कारण

डॉ. शेखर एस. काजल
उपाध्यक्ष, आइएमए
झारखंड

झारखंड न सिर्फ स्वास्थ्य सेवाओं के मामले में पीछे है, बल्कि विकास के हर क्षेत्र में फिसड्डी है। झारखंड बनने के साथ ही लोगों में आस जगी थी कि अब हमारे दिन बहुरेंगे। स्वास्थ्य के मानक तो पहले से ही बेहद निराशाजनक रहे हैं। झारखंड बनने के बाद भी लोगों के साथ धोखा ही हुआ। 12 सालों के बाद भी स्वास्थ्य नीति का न बनना इसका सबसे बड़ा सुबूत है। चाहे कोई भी देश हो या राज्य, स्वास्थ्य और शिक्षा पर खास ध्यान दिया जाता है। लेकिन, झारखंड में इस क्षेत्र के विकास पर कितनी शिद्दत से ध्यान दिया गया, इसका जवाब बेहद ही दुखद हेल्थ स्टैंडर्ड से मिल जाता है। यहां जन-स्वास्थ्य को लेकर ठोस परिकल्पना तो दूर कामचलाऊ सुविधा भी मौजूद नहीं है। चिकित्सकों की कमी है, न अस्पतालों की बिल्डिंगें और न ही अस्पतालों में उपकरण। अत्याधुनिक उपकरण की बात तो दूर पुराने उपकरण भी मौजूद नहीं हैं।

ऑटोमेटेड इंस्ट्रूमेंट के दौर में सरकारी चिकित्सा व्यवस्था पूरी तरह भगवान भरोसे ही है। राज्य गठन के बाद बिहार के एक-तिहाई डॉक्टर यहां रहे, पर वे भी खुद को प्रताड़ित महसूस करते हैं। आबादी बढ़ती गई, लेकिन चिकित्सकों की संख्या कम होती गई। जो डॉक्टर्स यहां के मेडिकल कॉलेजों से पढ़कर निकल रहे हैं, वे भी सरकारी रवैये से दुखी हो आजीविका के लिए बाहर चले जाना अधिक पसंद कर रहे हैं। चिकित्सकों पर अगर अत्यधिक दबाव होगा तो वे कैसे बेहतर तरीके से काम कर सकेंगे। यह समझना जरूरी है कि डॉक्टर दिमागी काम करते हैं और उनसे लंबी अवधि तक लगातार काम नहीं कराया जा सकता। इसके अलावा यह भी देखें कि सरकार डॉक्टरों को कितनी सुविधाएं दे रही है।

सरकार यह नहीं समझती कि डीसी हो या बीडीओ, उनकी रोजी-रोटी नौकरी पर ही टिकी होती है, पर क्या ऐसी बाध्यता डॉक्टरों के साथ है? चिकित्सक तो कहीं भी टेबल-कुर्सी लगाकर बैठ जाएंगे, तो उनको परिवार की रोजी-रोटी चलती रहेगी। कहने का मतलब यह कि मंत्री या अधिकारी अगर सिर्फ अपनी मौजूदगी दर्ज कराने के लिए डॉक्टरों पर अत्यधिक दबाव बनाए रखेंगे, बेवजह डांट-फटकार करते रहेंगे तो स्वस्थ व्यवस्था कायम नहीं हो सकेगी।

अगर राज्य में अब तक बेहतर हेल्थ इंफ्रास्ट्रक्चर तैयार नहीं हो पाया या हेल्थ पॉलिसी नहीं बन पाई तो इसमें दोष चिकित्सकों का है या सरकार का? ऐसे में सरकार किस हैसियत से चिकित्सकों को फटकार लगा सकती है? क्या यह अपनी नाकामी छुपाने का उपक्रम नहीं लगता? 2004 में ही आइएमए (इंडियन मेडिकल एसोसिएशन) ने अपनी तरफ से स्वास्थ्य नीति का एक ड्राफ्ट तैयार कर सरकार को सौंपा था। उसका क्या हुआ। बिहार सरकार अब उन्हीं सुझावों को अमल में ला रही है, ताकि स्वास्थ्य सेवा को बेहतर बनाया जा सके। च्वाइस पोस्टिंग की मांग की थी।

यह समझना होगा कि अगर रांची के डॉक्टर को पाकुड़-गोड्डा भेज दिया जाएगा तो क्या वे वहां टिकेंगे। बिल्कुल नहीं, क्योंकि ऐसा नहीं कि सरकारी नौकरी छोड़ देने से उसके घर-परिवार की रोजी-रोटी बंद हो जाएगी। इसलिए सरकार को बेहद ही संवेदनशील तरीके से चिकित्सकों की समस्याओं को समझना होगा,

उनका समाधान करना होगा। हमने सरकार को सुझाव भी दिया था कि और मेडिकल कॉलेज खोले जाएं। सरकार ऐसा करने में नाकाम रही और वाहवाही बटोरने के लिए आरएमसीएच को ही रिम्स में परिवर्तित कर दिया। हम लोगों ने अलग से रिम्स का निर्माण कराने की बात की थी, न कि आरएमसीएच को रिम्स बनाने की। अनुबंधित चिकित्सकों को अब तक नियमित नहीं किया गया है।

इससे ये चिकित्सक हमेशा अपने भविष्य को लेकर सशंकित रहते हैं। स्वास्थ्य संकटों से घिरे एक गरीब राज्य में ऐसी अराजक स्थिति भविष्य में और बड़े संकट का संकेत दे रही है। प्रशासनिक क्षमता और दूरदर्शिता पर सवाल करने में हिचक नहीं होती कि बजट में पैसा होते हुए भी स्वास्थ्य के क्षेत्र में अब तक आधारभूत संरचनाओं का विकास नहीं हो पाया। राष्ट्रीय ग्रामीण स्वास्थ्य मिशन की बड़ी राशि हर साल सरेंडर करनी पड़ती है, जबकि दूसरे राज्यों में गांव-गांव तक स्वास्थ्य सेवाओं को पहुंचाया जा रहा है। इससे साबित होता है कि सरकार और प्रशासन झारखंड में लोगों के स्वास्थ्य के प्रति चिंतित नहीं है। सरकार को सबको साथ लेकर चलने का प्रयास करना होगा।

संगठनों, एजेंसियों पर जब तक विश्वास नहीं करेगी सरकार, तब तक संकट बना रहेगा। सुदूरवर्ती इलाकों में बेसिक हेल्थ इंफ्रास्ट्रक्चर भी नहीं है। एडिशनल प्राइमरी हेल्थ सेंटर्स पर नाइट हॉल्ट की भी व्यवस्था नहीं। गांवों में रुकने तक की व्यवस्था नहीं। ऐसे में डॉक्टर्स कैसे पूरी मुस्तैदी से सेवा दे सकते हैं। महिला चिकित्सकों को तो और भी मुश्किलों का सामना करना पड़ता है। इसलिए डॉक्टरों के यातायात की व्यवस्था करनी होगी। पहले मेडिकल कॉलजों में पढ़ाई कर रहे छात्रों को इंटर्नशिप के दौरान दो साल गांवों में सेवा देने की बाध्यता थी। लेकिन उनकी सरकारी नौकरी भी पक्की होती थी।

अब ऐसा नहीं हो रहा। हमने सरकार को सुझाव दिया था कि मेडिकल छात्रों को कम से कम एक साल गांवों में जाकर सेवा देने की अनिवार्यता तय की जाए। लेकिन सरकार की उदासीनता के कारण ऐसा नहीं हो सका। सरकार और डॉक्टर, दोनों लोगों को चिकित्सा सुविधा उपलब्ध कराने के लिए जब तक एकजुट नहीं होंगे, तब ऐसा ही चलता रहेगा। अगर किसी सिस्टम में खामी है और इससे बड़े स्तर पर लोगों के स्वास्थ्य के साथ खिलवाड़ हो रहा है तो यह अक्षम्य अपराध है। लोकतंत्र में सरकार को लोक-कल्याणकारी कहा गया है, तो नेतृत्व का यह कर्तव्य बनता है कि वह यथासंभव लोगों के कल्याण के प्रति समर्पित रहे। झारखंड में चिकित्सा सेवा की बदहाली तंत्रजनित है न कि चिकित्सकजनित, इसे समझना होगा, इसे स्वीकार करना होगा। मगर अफसोस इस सच्चाई से पल्ला झाड़ लिया जाता रहा है अब तक।

2004 में सरकार के सामने रखी थीं कई मांगें

- **गांव-गांव में हेल्थ सर्विस इंफ्रास्ट्रक्चर को तैयार किया जाए। डॉक्टरों, स्वास्थ्यकर्मियों की कमी को तत्काल दूर किया जाए।**
- **चिकित्सकों को च्वाइस पोस्टिंग मिले। ट्रांसफर-पोस्टिंग में पूरी पारदर्शिता बरती जाए।**
- **सुदूर गांवों में पदस्थापित चिकित्सकों, स्वास्थ्यकर्मियों का मानदेय शहर में तैनात डॉक्टरों की तुलना में अधिक हो।**
- **गांवों में तैनात डॉक्टरों, स्वास्थ्यकर्मियों के बच्चों की पढ़ाई की उचित व्यवस्था सरकार करे।**
- **विशेषज्ञ चिकित्सकों की पोस्टिंग रेफरल अस्पताल से नीचे न हो।**
- **रिम्स के डॉक्टरों को ट्रेनिंग के लिए समय-समय पर उच्च संस्थानों में भेजा जाए।**
- **सुपर स्पेशियलिटी हॉस्पिटल की मांग बहुत पहले से की जा रही है। लेकिन सरकार घोषणाओं से आगे नहीं बढ़ पाई है।**

◆ ◆ ◆

चिकित्सा को लगा अव्यवस्था का रोग

डॉ. श्यामा प्र. मुखर्जी

चिकित्सक, गरीबों की चिकित्सा के प्रति समर्पित

चिकित्सा का अधिकार जब तक अंतिम आदमी तक न पहुंच जाए, तब तक किसी भी समाज को हम विकसित नहीं मान सकते। झारखंड की स्थिति तो और भी विकट है, जहां महिलाएं अस्पताल या घर की छोड़िए पेड़ के नीचे बच्चे को जन्म देती है। दूर-देहातों की यह शर्मनाक हकीकत है। जंगल में भेजे गए जवान न सिर्फ मलेरिया से पीड़ित होते हैं, बल्कि इस साधारण से रोग से उनकी मौत तक हो जाती है, वह भी राज्य के सबसे बड़े अस्पताल में। बच्चे के जन्म के बाद भी हर वक्त मौत का साया मंडराता रहता है। कभी बच्चे के जन्म के समय तत्काल मौत हो जाती है, तो कितने ही बच्चे अपनी जिंदगी का पांच साल भी पूरा नहीं कर पाते। अधिकतर सरकारी अस्पतालों में न इंफ्रास्ट्रक्चर है, न डॉक्टर हैं और न ही चिकित्साकर्मी। ऐसे में सवाल उठता है कि क्या सरकार को ये कमियां नजर नहीं आतीं, जिस पर बीते 11 सालों में ध्यान नहीं दिया गया। स्वास्थ्य सेवाओं की बेहतरी के लिए सुझाव से ज्यादा जरूरी है कि इस फील्ड से जुड़े लोग संवेदनशील हों। जब सरकार के लोगों को यह सुविधा सरकारी खजाने से मिले कि वे अपना और अपने परिवार के लोगों का इलाज देश-दुनिया के बेहतर से बेहतर अस्पतालों में कराएं, तब उन्हें गरीबों के जीने-मरने की चिंता कहां रह जाएगी?

झारखंड में सारी सुख-सुविधाएं सरकार और उनके लोग ही भोग रहे हैं, लेकिन मजबूर लोगों की चिंता उन्हें नहीं। शिक्षा की कमी और आर्थिक कारणों से यह इलाका पहले से ही तंत्र-मंत्र की गिरफ्त में रहा है। सरकार की यह जिम्मेदारी बनती है कि वह इस स्थिति से राज्य को बाहर निकाले। लेकिन, ऐसा होगा कैसे? यह काम बहुत मुश्किल भी नहीं। बस, थोड़ी सी ईमानदारी की जरूरत है।

योजनाएं जमीनी परिस्थितियों के अनुरूप बनानी होंगी। उन्हें लागू कराने में सरकार, अफसर, चिकित्सक से लेकर आम लोगों तक का सहयोग चाहिए होगा। इलाज कराने की जरूरत महसूस होते ही हम सभी अपनी आर्थिक हैसियत के अनुसार अस्पताल, शहर का चयन करते हैं। लेकिन, इस प्रक्रिया में भूल जाते हैं कि जो गरीब हैं, उन्हें क्या स्वस्थ तरीके से जीने का हक नहीं है।

हम प्लानिंग करें कि कैसे गांव के हर आदमी तक चिकित्सा सेवा की पहुंच हो। मोबाइल हॉस्पिटल की परिकल्पना को कई राज्यों ने सफल कर दिखाया है। यहां भी कुछेक बसें खरीदी गईं, लेकिन वह कितनी कारगर हुईं, यह कौन नहीं जानता। झारखंड के कई गांवों में पहुंच पथ तक नहीं, वहां के लोग चिकित्सा सेवा कैसे प्राप्त करेंगे? जरूरी है कि उन्हें कम से कम प्राइमरी लेवल की चिकित्सा सेवा स्थानीय स्तर पर ही दी जाए। क्या हम इसमें कामयाब हुए हैं? कभी सोचा है कि ऊबड़-खाबड़ रास्तों से चलते हुए कोई मरीज कैसे कई किमी दूर स्थित अस्पताल या हेल्थ सेंटर पहुंचता होगा। हेल्थ फैसिलीटीज विकास के कई मौलिक ढांचागत संरचनाओं से प्रभावित होती है।

झारखंड में अगर रोगों के ट्रेंड को देखें तो पता चलेगा है कि अधिकतर रोग साफ-सफाई, पेयजल, खानपान से जुड़े हैं। गरीबी के कारण अगर बच्चों-महिलाओं को भोजन नहीं मिल रहा है, तो कुपोषण का होना लाजिमी है। आर्थिक मजबूरी के कारण अगर लोग वैसा आहार ले रहे हैं, जिसमें काफी अधिक असंतुलन है, तो

स्वास्थ्य प्रभावित होगा ही। इसलिए खाद्य सुरक्षा सुनिश्चित करने से कम से कम 30 प्रतिशत रोगों में कमी आएगी। लोगों में रोग-प्रतिरोधी क्षमता का विकास होगा और साधारण रोगों से शरीर खुद-ब-खुद निपट लेगा। इसके बाद गंदगी के कारण बड़े पैमाने पर रोग फैलते हैं और उनका संक्रमण होता है। राजधानी में भी सफाई की व्यवस्था नहीं है।

नाली नदारद है और गंदा पानी सड़क पर बहता है। ऐसे में लोग रोगों से कैसे बच सकते हैं। मलेरिया के मच्छर पनपेंगे ही, कुत्ते आतंक मचाएंगे ही और लोगों का अस्पताल पहुंचना जारी रहेगा। पेयजल का ही उदाहरण लें। रांची में जलापूर्ति डैमों की सफाई पांच दशकों से नहीं हुई है। लोग दूषित पानी पी रहे हैं। प्राकृतिक रूप से भी झारखंड में पानी के कंपोनेंट बेहद असंतुलित हैं। कहने का मतलब यह कि उस प्रचलित कथन को केंद्र बनाकर आगे की रणनीति तय करें कि इलाज से रोकथाम अच्छा। सवाल है कि क्या स्वास्थ्य विभाग अकेले इन परिस्थितियों से निपट सकता है? नहीं।

गांव-गांव में पीने का साफ पानी चाहिए, आधुनिक शौचालय चाहिए, खानपान, रहन-सहन से संबंधित जागरूकता चाहिए, साधारण और मौसमी रोगों से बचाव की जानकारी चाहिए। आधे से अधिक रोग तो झारखंड से यों ही छू-मंतर हो जाएंगे। लोगों को परिवार नियोजन, प्रसव, नवजात शिशुओं की देखभाल के प्रति जागरूक करना होगा। इसके बाद गांव से आपातस्थिति में मरीज को अस्पताल तक लाने-ले जाने की सुविधा चाहिए। इस मामले में हमारे पास कोई ढांचा नहीं है।

असुरक्षा के कारण चिकित्सक गांवों में जाना नहीं चाहते। गांवों में अगर किसी मरीज की मौत इलाज के दौरान हो जाए तो लोग हिंसक भी हो सकते हैं। लेकिन जिस स्तर की सुविधा गांवों के हेल्थ सेंटर्स में होगी, उसमें चिकित्सक ज्यादा कुछ कर नहीं सकता, बजाए उसे ऊपर के अस्पताल में रेफर करने के। इसलिए जरूरी है कि हर दो-तीन किमी के दायरे में कम से कम एक सुविधासंपन्न अस्पताल हो। भले ही क्षमता अधिक न हो, लेकिन जरूरी सारी सुविधाएं वहां दी जाएं। लोग इतने गरीब हैं कि दवाई तक नहीं खरीद सकते। सरकार सामान्य रोगों की दवाइयां मुफ्त मुहैया कराती हैं, लेकिन इससे बात नहीं बनने वाली। हमें समस्याओं की जड़ पर प्रहार करना होगा।

टीकाकरण कार्यक्रम का ही उदाहरण लें। टोटल वैक्सीनेशन के लक्ष्य को अब तक हम पूरा नहीं कर पाए हैं। शिशु मृत्यु दर का यह एक बड़ा कारण है। झारखंड में बाल विवाह का प्रचलन भी अधिक है। इस कारण मां और बच्चे, दोनों को जान का खतरा बना रहता है। महिला और बाल स्वास्थ्य इससे बुरी तरह प्रभावित हो रहा है। इस तरह अस्वस्थता का एक चक्र सा चलता रहता है। यह चक्र तब तक बना रहेगा, जब तक इसे ध्वस्त करने के उपाय नहीं किए जाते।

हेल्थ इंफ्रास्ट्रक्चर को डेवलप करना अनिवार्य है, लेकिन इससे भी जरूरी है कि सोशल एंड इकोनॉमिकल डेवलपमेंट लोगों तक पहुंचा दिया जाए। आर्थिक विकास होने पर रहन-सहन, खानपान में सुधार अपने-आप आ जाता है। ऐसा होने पर 30 प्रतिशत समस्याएं अपने आप समाप्त हो जाएंगी। इसलिए इस सत्य को समझना होगा - पूअर कंट्री-पूअर हेल्थ। अब स्वास्थ्य विभाग कहेगा कि लोगों को भोजन उपलब्ध कराना, शुद्ध पेयजल उपलब्ध कराना, उनका काम नहीं। इसलिए मैं कह रहा हूं कि यह इंटीग्रेटेड वर्क है, मिशन है। यह एक नहीं, बल्कि कई कारकों से प्रभावित होता है। इस सच को समझे, स्वीकार किए बगैर स्वास्थ्य सुविधाओं की बात नहीं कर सकते। ◆ ◆ ◆

चिकित्सक सेवा दे सकता है, व्यवस्था नहीं

डॉ. राजेश सिंह

झारखंड स्टेट हेल्थ सर्विस एसोसिएशन

चिकित्सा सेवा एक टीम वर्क है, इसे केवल डॉक्टरों पर आधारित सेवा नहीं मान सकते। झारखंड में सबसे बड़ी गलती प्लानिंग लेवल पर है, जिस कारण न तो डॉक्टर खुश हैं और न ही मरीज। डॉक्टर अकेले इलाज नहीं कर सकते। उनको मदद के लिए नर्स, कंपाउंडर, अटेंडेंट, पारा मेडिकलकर्मी, ऑफिस स्टाफ आदि चाहिए। अस्पताल में मशीन, उपकरण चलाने वाले चाहिए।

साफ-सफाई से लेकर जेनरेटर चलाने वाले तक की अपनी-अपनी महत्वपूर्ण भूमिका होती है, चिकित्सा प्रक्रिया में। क्या हम खुले मैदान में ऑपरेशन कर सकते हैं? बिल्कुल नहीं। साधन-संसाधनों के बगैर हमारा ज्ञान लोगों के काम नहीं आ सकता। इससे साबित होता है कि कमी किसी एक स्तर पर नहीं, बल्कि कई स्तरों पर है और दोषी डॉक्टर नहीं, बल्कि व्यवस्था है,जो हमें उपलब्ध कराई गई है। राष्ट्रीय मानक के अनुसार प्रति हजार आबादी पर कम से कम एक डॉक्टर चाहिए। झारखंड की आबादी सवा तीन करोड़ है और डॉक्टरों की संख्या महज 18 सौ। ऐसे में क्या शहर, क्या गांव, हर जगह एक सी स्थिति है।

अफसर महज अपना प्रशासनिक रौब दिखाने के लिए चिकित्सकों से डांट-डपट करते हैं। मीडियाकर्मियों को साथ लेकर औचक निरीक्षण करते हैं, फोटो खिंचवाते हैं और अपनी ड्यूटी की तत्परता के लिए वाहवाही बटोरते हैं। पर इसका जवाब कौन देगा कि डॉक्टरों को काम करने के लिए सरकार ने उन्हें क्या इंफ्रास्ट्रक्चर उपलब्ध कराया है। गांवों में जहां रहने-खाने का भी कोई ठिकाना नहीं होता, वहां चिकित्सकों और मीडियाकर्मियों को क्या कोई सुविधा दी जाती है? प्रखंड स्तर पर ही देखें तो बीडीओ, सीईओ के रहने से लेकर खाने-घूमने तक हर तरह की सुविधाएं दी जाती है, लेकिन जो सरकारी डॉक्टर सुदूरवर्ती क्षेत्रों में सेवा दे रहे हैं, क्या उन्हें किसी तरह की आवासीय, ट्रांसपोर्टेशन की सुविधाएं दी जाती है। लोग कटाक्ष करेंगे कि अपनी ही सुविधाओं की सिर्फ बातें कर रहे हैं। लेकिन ये व्यावहारिक बातें हैं।

मॉनसून के मौसम में झारखंड के कितने गांवों में आसानी से जाया जा सकता है? क्या संभव है कि डॉक्टर नदी तैर कर गांव पहुंचें और वहां वे बेहतरीन सेवा दें। पीएचसी (प्राथमिक स्वास्थ्य केंद्र) में अगर बुनियादी सुविधाएं भी उपलब्ध हों तो यह बड़ी बात होगी। बेसिक इंफ्रास्ट्रक्चर भी नहीं होगा तो हम कैसे प्राथमिक चिकित्सा कर मरीज को जरूरत अनुसार आगे रेफर कर सकते हैं। जिला या सदर अस्पतालों में भी स्पेशियलिस्ट सुविधाएं नहीं हैं तो इसमें चिकित्सक क्या कर सकते हैं।

चिकित्सक सेवा दे सकते हैं, लेकिन साधन-संसाधन तो सरकार को ही उपलब्ध कराना है। सरकार डॉक्टरों, चिकित्साकर्मियों की नियुक्ति नहीं करती और केवल 1800 डॉक्टरों के बूते चाहती है कि पूरी स्थिति बदल जाए। विशिष्ट संवर्ग और चिकित्सा संवर्ग को अब तक अलग नहीं किया जा सका है। न कोई नीति है और न कोई नियमावली।

लोग मजबूरी में इलाज के लिए बेंगलुरु जा रहे हैं और इसका सारा दोष चिकित्सकों पर आता है कि वे अपनी सेवा ठीक से नहीं दे रहे हैं। लेकिन इसमें जरा भी सच्चाई नहीं है। यह सरकार का काम है कि वह

अपने चिकित्सकों, चिकित्साकर्मियों को दक्ष बनाए, उन्हें समय-समय पर ट्रेनिंग दे। करोड़ों रुपये के उपकरण खरीदे गए, पर उसे चलाने वाला कोई नहीं। कोई उपकरण खराब होता है तो उसे रिपेयर कराने का फंड नहीं। विशेषज्ञों के परामर्श के बिना ही सरकार दवाएं खरीद लेती है। क्या पेट दर्द में सिर दर्द की दवा दे सकते हैं? अगर वैसी दवा लिखते हैं जो सरकार उपलब्ध नहीं कराती तो हंगामा मचाया जाता है कि मेडिसीन स्टोर से कमीशन खाते है। आप देखें कि अगर कोई सरकारी डॉक्टर किसी निजी अस्पताल में सेवा देने लगता है तो वह बेहतर काम करता है। ऐसा क्यों? इसका जवाब कड़वा है, लेकिन सच है कि वहां उन्हें इलाज करने के लिए सारी सुविधाएं मिलती हैं। उपकरण से लेकर असिस्टेंट, नर्स, कंपाउंडर, सभी तैनात रहते हैं और सारा काम एक अनुशासित सिस्टम में होता है।

सरकार भी वैसी व्यवस्था क्यों उपलब्ध नहीं करा पाती? दरअसल, हमारे अंदर देश भावना का ही अभाव है। ऐसे में आमलोगों की चिंता हम क्यों करेंगे। अधिकारी जब तक लोगों को अपना नहीं समझेंगे, तब तक जनता की समस्याएं बनी रहेंगी और नाकामी छुपाने के लिए तरह-तरह के किस्से गढ़े जाते रहेंगे। इसी का नतीजा हुआ कि मरीज चिकित्सकों के बीच विश्वास का रिश्ता कायम नहीं हो सका और वे समझते रहे कि हम चिकित्सक बस पैसों के लिए काम करते हैं। गांव ही नहीं, बल्कि टोला स्तर तक चिकित्सा सुविधा पहुंचे, इसकी ठोस रूपरेखा तैयार करनी होगी। जमीनी हकीकत जाने बगैर अगर लक्ष्य तय करते रहे तो वह फाइलों तक ही सीमित रहेगी। यही वजह है कि मलेरिया उन्मूलन, फाइलेरिया, पोलियो उन्मूलन जैसे प्रोग्राम के बावजूद झारखंड में केस मिल जाते हैं।

बिहार का उदाहरण लें। वहां पीएचसी में सिजेरियन की सुविधा दी जाने लगी है। बिजली, पानी, साफ-सफाई की व्यवस्था निजी हाथों को देते हुए कोताही बरतने पर आर्थिक दंड का प्रावधान किया। चिकित्साकर्मी उपलब्ध कराकर 24 घंटे चिकित्सा सेवा की बहाली की गई। हमारे झारखंड में भी ऐसा संभव है, लेकिन सही, ठोस और उपयोगी योजना बनानी होगी। यहां का पानी दूषित है। शुद्ध पेयजल, साफ-सफाई की सुविधा उपलब्ध कराकर ग्रामीण क्षेत्रों का 40 प्रतिशत रोगों से मुक्त कराया जा सकता है। छोटे-मोटे रोगों के इलाज के लिए तो मेडिकल कर्मियों को प्रशिक्षित किया ही जा सकता है। इंश्योर्ड हेल्थ पॉलिसी की अवधारणा को जमीन पर लाना होगा। सरकार गांवों में स्वास्थ्य बीमा की परिकल्पना को साकार करे। इसके साथ सरकार निजी अस्पतालों में चिकित्सा शुल्क को भी नियंत्रित करे। याद रखना होगा कि झारखंड एक बेहद ही गरीब राज्य है और चिकित्सा का अधिकार सबको मिलना चाहिए।

अगर कभी स्वास्थ्य नीति बने तो इन बातों का ध्यान जरूर रखा जाए। मेडिकल कर्मियों और डॉक्टरों की कमी है। रिम्स के शिक्षक रिटायर हो रहे हैं और डॉक्टरों को पदोन्नति नहीं मिल रही। राज्य में नए चिकित्सक आएंगे कहां से? मेडिकल कॉलेजों की स्थिति देख ही रहे हैं। दूसरे राज्यों के डॉक्टर इस व्यवस्था में काम करने भला क्यों आएंगे? आश्चर्य होगा कि झारखंड में सभी सरकारी चिकित्सक एक ही ग्रेड में हैं, जिनके रैंक में कोई अंतर नहीं। न कोई कैडर है और न केंद्रीय वेतनमान मिलता है।

ऐसे में चिकित्सा सेवा या सुविधा की बात नहीं कर सकते। यह भ्रम पहले लोग छोड़ दें कि पूरी चिकित्सा व्यवस्था चिकित्सकों के हाथों में होती है और हम अपने काम में कोताही बरतते हैं। मरीजों के इलाज के लिए एक व्यवस्था का निर्माण करना होता है, जो अब तक राज्य में तैयार नहीं हो पाई है। ऐसा तक तब नहीं होगा, जब तक नेता हों या अधिकारी बीमार पड़ने पर इलाज के लिए सरकारी अस्पतालों में नहीं जाएंगे। इंफ्रास्ट्रक्चर भी जरूरी है और चिकित्सकों, चिकित्साकर्मियों का मनोबल भी उठाये रखना है। यह तभी संभव है जब सरकार इस बात को संवेदनशील तरीके से समझे कि झारखंड का हर व्यक्ति इलाज के लिए बेंगलुरु, वेल्लोर या विदेश नहीं जा सकता। ◆ ◆ ◆

बीमार झारखंड, दुखी झारखंड

डॉ. एनके सिंह

निदेशक, डायबिटीज हार्ट सेंटर, धनबाद

झारखंड का स्वास्थ्य जमीनी सतह पर लड़खड़ाता नजर आता है। स्वास्थ्य सेवाओं की लचर इंफ्रास्ट्रक्चर, बेढ़ब जन सुलभता, इन सेवाओं के लाभ लेने की अक्षमता और सरकारी तंत्र की उदासीनता का आलम इतना भयानक है कि कहीं से यह भान नहीं होता कि हम एक सुखदायक भविष्य की ओर बढ़ रहे हैं। हमारा विजन जरूर था, 'हेल्दी झारखंड, हैप्पी झारखंड'। लेकिन जो नजर आता है, वह है- 'बीमार झारखंड, दुखी झारखंड'।

आज के युग में भी झारखंड खतरनाक फॉल्सीपेरम मलेरिया की गिरफ्त में है। 60 हजार से ज्यादा लोग टीबी की बीमारी से मर रहे हैं। कुपोषण, गंदगी और अज्ञानता से संक्रामक बीमारियों का साया गहन है। एचआइवी अथवा एड्स से भी कुछ खास क्षेत्रों में हड़कंप मचा हुआ है। धीरे-धीरे शहरों, कस्बों और ग्रामीण क्षेत्रों में भी डायबिटीज, उच्च रक्तचाप, स्ट्रोक जैसी आधुनिक लाइफ स्टाइल से होनेवाली बीमारियां उफान मारने लगी हैं। इन बीमारियों की व्यापकता पर तो हमारी नजर ही नहीं जाती, जबकि सच्चाई यह है कि आनेवाले वर्षों में इन बीमारियों की महामारी से व्यापक अशक्तता और लाचारी होनेवाली है। लेकिन, जब डायरिया और मलेरिया से ही हम नहीं निपट पा रहे तो आगे क्या करेंगे।

क्यों असफल हो रहा सरकारी तंत्र : राजनैतिक अस्थिरता ने झारखंड की नैया जिस तरह डूबा रखी है, उसका स्वास्थ्य सेवाओं पर भी बुरा असर पड़ा है। नेशनल हेल्थ रूरल स्कीम और स्वास्थ्य बीमा की सुलभता के बावजूद आज की खराब स्थिति हमारी सारी उपलब्धियों पर पानी फेर जाती है। झारखंड के सरकारी डॉक्टरों की भी अपनी विवशताएं हैं, जिनसे कुशलता और प्रयत्नशीलता पर कुठाराघात हो गया है। आज सचिवालय में कोई काम करवाना है, तो 'घूस' का प्रतिशत हद से ऊपर चला गया है।

किसी भी पद पर पदस्थापन कुशल व्यक्ति का नहीं हो रहा, बल्कि कई लाख देकर ही वहां तक लोग पहुंच रहे हैं। इसके बाद उनको जनता को लूटने की छूट मिल जाती है। मेडिकल कॉलेजों में अध्यापकों की भारी किल्लत और प्रोमोशन का अभाव ही हमारी स्वास्थ्य सेवा की कलई खोलने के लिए काफी है। स्वास्थ्य विभाग की ज्यादा रूचि इसी बात में रहती है कि ट्रांसफर पोस्टिंग का भय दिखा कर कैसे मुद्रा मोचन करें। ऐसी व्यवस्था ने हमारे मेडिकल कॉलेजों की स्थिति पूरे देश में सबसे निम्न स्तर पर कर रखा है। गलत नीति के कारण पर्याप्त धन और महंगे उपकरणों का फायदा जनता को नहीं मिल रहा है।

क्या करना चाहिए, स्वास्थ्य पर निवेश : सबसे जरूरी है स्वास्थ्य पर निवेश। स्वास्थ्य पर सही निवेश का रिटर्न व्यापक होता है। जरूरत है कि यह निवेश ग्रामीण स्तर तक पहुंचे। स्वास्थ्य पर दिया गया बजट बढ़ाना जरूरी है और सही नीति बनाकर उसे समयबद्ध खर्च किए जाए।

स्वच्छ पेयजल : स्वास्थ्य की बात होते ही हमारी नजर डॉक्टरों और अस्पतालों पर जाती है। लेकिन हम इस बात को भूल जाते हैं कि केवल स्वच्छ पानी और शौचालय की सुलभता जनता तक पहुंचा कर 80 प्रतिशत बीमारियों का हम खात्मा कर सकते हैं।

देसी दवाओं पर ध्यान : गरीब जनता को देसी वैज्ञानिक तरीकों पर यदि हम जागरूक करें, तो यह नेचुरल और जनसुलभ होगा। झारखंड की जड़ी-बूटियों के रिसर्च पर नई सोच बनानी होगी। झारखंड में इस संपदा के सही उपयोग की जरूरत है।

दुर्घटनाओं पर नियंत्रण : सड़क दुर्घटनाएं एक बड़ी महामारी के रूप में उभरी हैं, लेकिन हमारे यहां न तो कहीं उचित ट्रॉमा सेंटर है और न ही वह विजन जो ट्राफिक नियंत्रण करे। सड़कों की बदहाली भी दुर्घटनाओं को बढ़ा रही है। इस समस्या पर तुरंत ध्यान देने की जरूरत है। ◆ ◆ ◆

बैसाखी के भरोसे स्वास्थ्य सेवाएं

छंदोश्री

शोधकर्ता, स्वतंत्र पत्रकार

झारखंड बनने से लेकर अब तक, हम इस राज्य को नवजात कहते आए हैं। जब राज्य का गठन हुआ था, तो नवजात का मतलब एक ऐसी स्थिति से था, जिसमें राज्य के प्रत्येक विभाग को और कमोवेश हर जिले को काम करने के लिए सहायक संस्थाओं (गैर सरकारी व अन्य स्वयंसेवी संस्थाएं) की जरूरत थी। चुनौतियां और समस्याएं अनेक थीं, लेकिन ऐसी नहीं, जिनसे निपटा न जा सके। जनसांख्यिकी संकेतकों के आधार पर, झारखंड को अति पिछड़ा हुआ राज्य माना गया। और उन्हीं इंडीकेटर्स को ठीक करने के लिए हर क्षेत्र के विशेषज्ञों को जोड़ा गया। पहले से ही झारखंड में स्वास्थ्य संकट हावी रहा था, जिसे पटरी पर लाने की चुनौती सरकार के पास थी। ढेरों नई योजनाएं बनीं, नए तरीके अपनाए गए। फिर भी डेमोग्राफिक इंडिकेटर्स नहीं सुधरे।

लाजिमी है कि स्वास्थ्य के क्षेत्र में भी कोई विशेष परिवर्तन नहीं हुआ। लेकिन, स्थिर और दुर्भाग्यपूर्ण सूचकों ने विशेषज्ञों की धारणाएं बदलकर जरूर रख दीं। इसी दशक में संयुक्त राष्ट्रसंघ ने सहस्त्राब्दी विकास लक्ष्यों को तय किया और व्यापक दूरगामी बदलावों का खाका तैयार किया। सामाजिक विकास की प्रक्रिया को तेज करने के लिए हर राष्ट्र अपने-अपने हिसाब से कार्य योजना बनाने में जुट गए। भारत में भी ऐसा हुआ, लेकिन झारखंड अपवाद बना रहा। सामाजिक-आर्थिक समानताओं की बात तब तक अधूरी रहेगी, जब तक शिक्षा और चिकित्सा की बात न की जाए। झारखंड में विकास के ये मानक सिसकियां भर रहे हैं।

भारत में संयुक्त राष्ट्र द्वारा निर्धारित लक्ष्यों को 2015 तक पाने के लिए कई विकास योजनाओं की शुरुआत हुई। उन्हीं में से एक था- राष्ट्रीय ग्रामीण स्वास्थ्य मिशन। इस मिशन की सबसे बड़ी खासियत यह है कि यह समुदाय को सशक्त करने की बात करता है। और चिकित्सा व्यवस्था के लाभ को गांव-गांव तक पहुंचाना इसका मिशन है। झारखंड जैसे राज्य जहां ग्रामीण समुदाय हमेशा विकास के लाभ से कोसों दूर रह जाते थे, उन्हें जोड़ने के लिए समुदाय आधारित निगरानी और जन संवाद की अवधारणा रखी गई। लेकिन सवाल उठता है कि आखिर किन स्थितियों ने विशेषज्ञों की धारणाएं बदल दीं और क्यों वे झारखंड का आकलन करने में विफल रहे। नवजात अपने पैरों पर न तो खड़ा हो सकता है और न ही चल सकता है। लेकिन, झारखंड में तो पूरी की पूरी व्यवस्था ही गैरसरकारी संस्थानों के भरोसे चल रही है।

यह वही स्थिति है, जिसमें कोई नवजात किसी उद्दंड बालक की तरह पूरी व्यवस्था को नचाता भी है। अगर सहायक संस्थाएं काम न करें तो झारखंड का बंटाधार हो जाए। शायद ही ऐसा कोई उदाहरण मिले, जिसमें किसी सरकारी एजेंसी ने सफलता पाई हो।

स्वास्थ्य सेवाओं के क्षेत्र में भी यही स्थिति है। झारखंड में ग्रामीण स्वास्थ्य मिशन इसका ज्वलंत प्रमाण है। इसके तहत समुदाय आधारित निगरानी, ग्रामीण स्तर पर राशि का प्रयोग तथा स्वास्थ्य केंद्रों में चिकित्सीय व्यवस्थाएं बहाल करनी थीं। जहां-जहां सहयोगी संस्थाओं ने प्रणाली की मजबूतीकरण के लिए योगदान दिया, वहां बदलाव हुए। लेकिन जहां सरकार ने विभाग को स्वयं काम करने के लिए छोड़ा, वहां स्थिति बिगड़ गई। समुदाय आधारित निगरानी (2011) के तहत कई सवाल पूछे गए। इनके जवाब से इस मिशन की सफलता की असलियत सामने आती है। जब पूछा कि स्वास्थ्य उपकेन्द्रों की स्थिति कैसी है, तो 23 जिलों का परिणाम आया कि 26 प्रतिशत चिंताजनक और 20 प्रतिशत बहुत खराब।

पूछा गया प्राथमिक स्वास्थ्य केंद्रों की स्थिति कैसी है, 28 प्रतिशत लोगों ने कहा चिंताजनक और 18 प्रतिशत ने कहा बहुत ही खराब। गांव में पीने के पानी की व्यवस्था के बारे में 28 प्रतिशत लोगों ने चिंताजनक स्थिति बताई। 25 फीसदी ने कहा कि यह शोचनीय है। मलेरिया की स्थिति तो और भी चिंताजनक थी, क्योंकि 35

प्रतिशत ने कहा, अच्छी नहीं है और 23 प्रतिशत का जवाब बहुत खराब में आया। जब स्वास्थ्य केंद्रों में व्यवहार संबंधी मुद्दों के बारे में पूछा गया तो पाया गया कि लगभग 30 प्रतिशत लोग खुश नहीं हैं, 11 प्रतिशत बहुत दुखी हैं। मजेदार बात यह है कि जहां भी लोगों ने स्थिति को अच्छा बताया, वहां सहायक संस्थानों की उपस्थिति के कारण स्वास्थ्य सूचकों के साथ-साथ जागरूकता में भी काफी सुधार आया। उदाहरण के तौर पर, अंगारा प्रखंड में हुए समुदाय आधारित निगरानी के बाद लोग इतने सचेत हुए कि अब उन्हें स्वास्थ्य संबंधी विषयों पर गुमराह करने या दबाने की कोशिशें विफल हो जाती हैं।

2011 के राज्य स्तरीय जनसंवाद के दौरान सभी जिलों से सिविल सर्जन, जिला कार्यक्रम समन्वयक, मेडिकल अफसर इन चार्ज, चुनिंदा सहियाएं तथा कई अन्य स्वास्थ्य कर्मी उपस्थित हुए। जब स्वास्थ्य विभाग के प्रधान सचिव और एनआरएचएम की एमडी और निदेशक की स्वास्थ्य सेवा की देखरेख में संवाद शुरू हुआ तो पता चला कि जहां-जहां सहायक संस्थानों की अहम भूमिका है, वहां लोग जागरूक हैं तथा स्वास्थ्य सूचकांक अच्छे हैं। सवाल यह उठता है कि सहायक संस्थाओं के भरोसे ही स्वास्थ्य सेवाओं को चलना है, तो मूल संस्थाओं, एजेंसियों का औचित्य ही क्या है? सफेद हाथी साबित हो रहे मूल स्वास्थ्य संस्थाओं में आमूल-चूल परिवर्तन करने या फिर इसके विकल्प ढूंढ़ने की दिशा में पहल करने की जरूरत है।

इसका निष्कर्ष क्या निकलता है। पूरी खामी उस सिस्टम में है, जो स्वास्थ्य संबंधी योजनाओं को लागू कराती है। इसके कई कारण हो सकते हैं, लेकिन अंतिम परिणाम बेहद ही दुखद और निराशाजनक हैं। जब तक व्यवस्था को टॉप लेवल से अंतिम स्तर तक दुरुस्त, सचेत, मुस्तैद और संवेदनशील नहीं बनाया जाता, तब तक ऐसी स्थितियां झारखंड में मौजूद रहेंगी।

जिस समुदाय के सशक्तीकरण की बात मैंने की, उस परिकल्पना को जमीन पर लाना काफी मुश्किल भी नहीं। अक्सर योजनाओं के क्रियान्वयन में अनियमितता और घोटाले की बातें सामने आती हैं। यह धोखा है। फंड का जनहित में उपयोग होना चाहिए। स्वास्थ्य संबंधी योजनाओं के क्रियान्वयन पर निगरानी रखने की जरूरत है। लोगों को जागरूक करने की जरूरत है। समस्याओं को आंकते हुए रणनीति बनाने और उसे गंभीरता से लागू कराने की जरूरत है।

ग्रामीण क्षेत्रों में महिलाओं और बच्चों का स्वास्थ्य पूरी तरह भगवान भरोसे है। उनके लिए सुपर स्पेशयलिटी तो दूर प्राइमरी ट्रीटमेंट की भी व्यवस्था नहीं है। हालांकि, कुछेक जगहों पर अपेक्षाकृत सुधार हुए हैं, लेकिन पूरे राज्य का परिदृश्य अब भी दुर्भाग्यपूर्ण है। स्वास्थ्य के मानकों में सुधार तब तक नहीं होगा, जब तक सरकार और उनकी इंप्लीमेंटिंग एजेंसियां गंभीर नहीं होंगी। चरम आर्थिक असमानताओं से जूझ रहे एक राज्य में गरीबों को भी उम्दा चिकित्सा का हक है। अगर राजकोष में पैसे रहते हुए भी झारखंड में कई गरीब लोग इलाज न करा पाने के कारण बेमौत मारे जाते हैं तो बड़ा दुर्भाग्यपूर्ण है। सरकार को मिशन मोड में काम करने की जरूरत है। युद्ध स्तर पर जब तक चिकित्सा सेवाओं को जन-जन तक पहुंचाने में सभी मिलकर नहीं जुटेंगे, तब तब कुछ भी बदलने वाला नहीं। ◆ ◆ ◆

चिकित्सा सेवा पर झाड़-फूंक भारी

भूपतिनाथ महतो

जनमाध्यम शोध संस्थान

देखा जाए तो झारखंड में अधिकतर रोग जागरूकता की कमी के कारण पैदा होते हैं। महिलाओं एवं बच्चों का स्वास्थ्य तो 50 फीसदी तक अज्ञानता के कारण ही प्रभावित होता है। उदाहरण के लिए वाटर बॉर्न डिजीज की बात करें। आप देखेंगे कि मॉनसून के दिनों में झारखंड के तमाम अस्पताल चाहे वह सरकारी हों या प्राइवेट, मरीजों से भरे रहते हैं।

इससे निपटने के लिए कारगर रणनीति बनानी होगी। सबसे ज्यादा जरूरी है कि लोगों को इन रोगों से बचने के उपाय बताए जाएं। सघन जागरूकता अभियान चलाना इसलिए भी जरूरी है कि झारखंड के गांवों में आज भी तंत्र-मंत्र चिकित्सा का अंधविश्वास फैला हुआ है। लोगों को इससे बाहर निकालने की कवायद स-रकार को करनी चाहिए। झारखंड में दुरूह चिकित्सा व्यवस्था के कारण वैसे भी सरकारी चिकित्सा सेवा का लाभ गांव-गांव तक नहीं पहुंच पाया है, वहीं दूसरी तरफ गरीबी के कारण अधिकतर मरीज महंगे निजी अस्पतालों में अपना इलाज नहीं करा पाते। इसलिए जरूरी है कि सरकार ऐसी व्यवस्था करे, जिससे सामान्य और मौसमी रोगों के प्रति लोग पहले से ही सचेत रहें। इसके अलावा झारखंड की जनसंख्या भी बड़ी तेजी से बढ़ रही है। लोगों को बढ़ती जनसंख्या के खतरों से अवगत कराना होगा। परिवार नियोजन को लेकर भी लोगों के बीच अभियान चलाना होगा।

झारखंड में बाल विवाह का प्रचलन काफी अधिक है, इसलिए लड़कियां कच्ची उम्र में ही मां बन जाती हैं। राज्य में महिलाओं का स्वास्थ्य इससे बड़े पैमाने पर प्रभावित हो रहा है। गर्भ निरोधन के उपायों से भी लोग अनजान हैं। एनएफएचएस की रिपोर्ट के अनुसार झारखंड में केवल 28 प्रतिशत महिलाएं ही गर्भ निरोधन के तरीकों को अपनाती हैं। इनमें भी अधिकतर महिलाएं शहरी या उपशहरी क्षेत्रों की हैं। यह आंकड़ा बताता है कि ग्रामीण महिलाएं अपने स्वास्थ्य के प्रति जागरूक नहीं हैं। यह प्रक्रिया झारखंड में महिलाओं के स्वास्थ्य के साथ-साथ बच्चों के स्वास्थ्य से भी जुड़ जाता है।

खाद्य संकट के कारण कुपोषण का होना लाजिमी है। इसी कारण 70 प्रतिशत महिलाएं खून की कमी से पीड़ित हैं। बच्चा भी कई सारे रोगों के साथ ही जन्म लेता है। इस तरह कुपोषण का एक चक्र सा चलता रहता है। इसलिए स्वास्थ्य सेवाओं को केवल चिकित्सीय व्यवस्था की खामी के तौर पर देखना गलत होगा। यह पूरे सिस्टम पर डिपेंड करता है कि वह लोगों को स्वस्थ बनाए रखे।

सही भोजन मिले, पीने को साफ पानी मिले, साफ-सफाई की उचित व्यवस्था हो और समय-समय पर जरूरी चिकित्सकीय परामर्श मिलता रहे, आधी से अधिक समस्याएं तो अपने आप समाप्त हो जाएंगी। शरीर स्वस्थ्य होगा तो रोगों से लड़ने की क्षमता बढ़ेगी और साधारण रोगों का असर अपने आप बेअसर हो जाएगा। टीकाकरण अभियान में भी झारखंड की स्थिति काफी अच्छी नहीं कही जा सकती। दूर-दराज के गांवों में तो कई अभियान यूं ही टांय-टांय फिस्स हो जाते हैं।

जिन चिकित्साकर्मियों को स्वास्थ्य सेवाओं के लिए सुदूरवर्ती गांवों में भेजा गया है, क्या वे स्थानीय भाषा समझ पाते हैं, गांववालों से बातें कर पाते हैं। यह भी एक बड़ी समस्या है कि स्थानीय लोग चिकित्सा कर्मियों

और डॉक्टरों की बातें ही नहीं समझ पाते और अजागरूकता का आलम बना रहता है। उदाहरण के लिए मलेरिया से राज्य की एक बड़ी आबादी पीड़ित है। लोग खुद को इससे बहुत हद तक बचा सकते हैं। उन्हें अगर जानकारी दी जाए कि साफ-सफाई पर ध्यान दें, मच्छरदानी लगाकर सोएं और आसपास गंदा पानी जमा न होने दें। इतनी जानकारी देने भर से ही मलेरिया पर काफी हद तक नियंत्रण पाया जा सकता है। इसी तरह गर्भावस्था में महिलाएं किन बातों का ख्याल रखें, भोजन में क्या लें-क्या न लें, जैसी बुनियादी जानकारी उन्हें दे दी जाए तो यह काफी प्रभावी होगा।

जिस तरह एड्स के संबंध में नारा दिया गया- 'जानकारी ही बचाव है,' उसी तरह हर सामान्य रोगों से बचने के प्रति लोगों को सचेत कर दिया जाए। बचाव इलाज से बेहतर। झारखंड को स्वास्थ्य संकट से उबारने में जागरूकता का प्रचार-प्रसार क्रांतिकारी कदम होगा। जो आबादी दूर-दराज के गांवों में बसी है, उनके पास आपात स्थिति में कोई चारा नहीं होता। अस्पताल भी दूर होता है और आवागमन के साधन भी हमेशा उपलब्ध नहीं होते। यही वजह है कि झाड़-फूंक के जाल से अब तक झारखंड मुक्त नहीं हो पाया है। ग्रामीणों को डॉक्टरों से ज्यादा भरोसा ओझा-तांत्रिकों पर होता है।

अंधविश्वास का आलम यह है कि पलामू के हुसैनाबाद में हर साल भूत मेले का आयोजन किया जाता है, जिसमें सैकड़ों ओझा-तांत्रिक पहुंचते हैं और दूर-दूर से मरीज झाड़-फूंक करवाने पहुंचते हैं। इनके दो नतीजे निकलते हैं। एक तो यह कि सरकारी चिकित्सा व्यवस्था की मरणासन्न स्थिति ने लोगों को विकल्पहीन बनाए रखा, जिससे वे अंधविश्वास के दलदल से निकल नहीं पाए। दूसरा यह कि उन्हें अब तक स्वास्थ्य के पति जागरूक नहीं किया जा सका है। यही कारण है कि झारखंड में स्वास्थ्य संकट की स्थिति आज से ही नहीं, बल्कि कई दशकों से ऐसी ही बनी रही है।

मैंने झारखंड के कई गांवों का दौरा किया है और देखा है कि वहां किस तरह झोला छाप डॉक्टरों या ओझा-गुणी का मायाजाल फैला हुआ है। इसमें शक नहीं कि आदिवासियों के पास जंगली जड़ी-बूटियों का ज्ञान है और साधारण रोगों में वे इनका इस्तेमाल कर लेते हैं। ऐसा केवल जंगलों में अवस्थित गांवों में है। जड़ी-बुटियों का सटीक ज्ञान रखनेवाले भी कम ही हैं, जिनमें से अधिकांश बूढ़े हो चुके हैं। सरकार इस तरह के विशिष्ट ज्ञान पर शोध करा सकती है, उनका डॉक्यूमेंटशन करा सकती है। फिर भी इस सच से बचा नहीं जा सकता कि हर रोग का इलाज महज जड़ी-बूटियों से नहीं हो सकता।

ग्रामीण इलाकों में कोई भी मरीज तब तक अस्पताल नहीं पहुंचता, जब तब वह बेहद ही गंभीर स्थिति में नहीं पहुंच जाता। रानिया, कर्रा, तोरपा, खूंटी के सुदूरवर्ती इलाकों में शोधकार्य के दौरान मैंने ऐसा पाया है। तो समस्याएं कई स्तरों पर है और इसके आयाम भी कई हैं, जिनसे निपटने के लिए कई विशेष रणनीति बनानी होंगी। निष्कर्ष यही है कि चिकित्सा सुविधा तो बहाल करनी ही होगी, साथ ही जागरूकता अभियान को भी केंद्र में रखकर काम करना होगा। जागरूकता अभियान के लिए बच्चों की किताबों में सामान्य रोगों से बचने के उपाय, साफ-सफाई आदि को शामिल करना होगा। शिविर लगाकर, फिल्म दिखाकर, नाटकों, गीतों आदि के माध्यम से गांव-गांव में स्वास्थ्य के प्रति जागरूकता फैलाना होगा। ◆ ◆ ◆

और कितना वक्त चाहिए झारखंड को?

पर्यटन

बातों से आगे नहीं बढ़ती बात

प्रदीप सिंह (शोधकर्ता, स्वतंत्र पत्रकार)

झारखंड में पर्यटन व्यवसाय की हकीकत यह है कि बातें लंबी-चौड़ी होती हैं, लेकिन जब विधानसभा में सवाल उठता है कि फलां स्थान को पर्यटक स्थल घोषित करने की योजना है या नहीं तो पर्यटन महकमे का एक ही सपाट उत्तर होता है- पर्यटन विभाग किसी स्थान को पर्यटक स्थल घोषित नहीं करता। हम सिर्फ संसाधन मुहैया कराते हैं। लेकिन संसाधनों के रख-रखाव और उसे फायदेमंद बनाने की भी एक हकीकत देखिए।

रांची के पॉश इलाके में मौजूद विभाग का होटल बिरसा विहार दो साल से एक निजी एजेंसी की राह देख रहा है। जीर्णोद्धार पर करोड़ों खर्च करने के बाद 25 लाख रुपये इस बात पर खर्च किए गए कि होटल को निजी एजेंसी को सौंपने के लिए एक सलाहकार की नियुक्ति करनी है। सवाल उठता है कि क्या पर्यटन विभाग, पर्यटन निदेशालय, झारखंड पर्यटन विकास निगम का पूरा अमला बेकार है। यही हाल करोड़ों की लागत से जमशेदपुर में बने होटल साकची विहार का है। इसे संचालित करने के लिए भी निजी हाथ चाहिए। यह तो रहा संसाधनों को संचालित करने में पर्यटन विभाग की नाकामी।

अब जरा मौजूदा संसाधनों के उपयोग का भी हाल देखिए। राजधानी से सटे हुंडरू जलप्रपात के समीप लाखों की लागत से बना गेस्ट हाउस बेकार पड़ा है। न पर्यटक यहां रात गुजारने की जहमत उठाते हैं, न पर्यटन विभाग इसके लिए कोई पहल करता है। योजना पर लाखों फूंक दिए गए, लेकिन उसका फायदा क्या हुआ? पर्यटकों के लिए बनाया गया गेस्ट हाउस जर्जर हो रहा है।

नक्सलियों का आतंक : केंद्र सरकार की फाइल में झारखंड के 24 में से 17 जिले नक्सल प्रभावित हैं। जमीन पर यह आंकड़ा 22 जिलों का है। बिहार से अलग होने के बाद झारखंड में नक्सलियों ने पैर पसारा। राज्य की भौगोलिक स्थितियां मददगार बनीं। जंगल-पहाड़ नक्सलियों का बसेरा बना। दुर्गम इलाकों में उनका अधिपत्य है। जहां पुलिस भी जाने से कतराती है। जैव विविधताओं और जंगली जानवरों से भरे बेतला, नेशनल पार्क, हजारीबाग, नेतरहाट की जमीनी स्थितियां पर्यटकों को पांव वापस खींचने पर मजबूर करती हैं। पर्यटन विभाग ने एक बार योजनाबद्ध तरीके से गांव के युवकों को जागरूक करने का काम शुरू किया था, लेकिन औपचारिकता से आगे यह नहीं बढ़ पाया। दुरूह इलाके के लोगों को अगर विश्वास में लिया जाता तो पर्यटकों की आवाजाही जरूर बढ़ती।

बेहतर कनेक्टिविटी नहीं : सड़कों की स्थिति जर्जर होना भी पर्यटकों के मुंह मोड़ने की बड़ी वजह है। कच्चे रास्ते कारगर नहीं होते। खराब मौसम में इस्तेमाल के काम नहीं आते। इसके अलावा दूरस्थ इलाकों में आवाजाही की समस्या पर्यटन की राह में रोड़े हैं। पर्यटन स्थलों पर आने-जाने की संस्थागत व्यवस्था नहीं। अपने स्तर से सारा इंतजाम करना होता है। इसके अलावा राज्य में एयर कनेक्टिविटी भी कारगर नहीं। रांची में एयरपोर्ट की सुविधा है। इसके अलावा अन्य स्थानों पर जाने के लिए सड़क मार्ग के अलावा कोई दूसरा चारा नहीं। देवघर में एयरपोर्ट बनाने की प्रक्रिया हाल में शुरू हुई है। इसके बनने के बाद पर्यटकों का रूझान बढ़ेगा।

अब तक क्या हुआ : झारखंड गठन से पहले राज्य में 11 आधारभूत पर्यटन संरचनाएं थीं। राज्य बनने के बाद इसमें 14 नई संरचनाएं जुड़ीं। इसकी लागत लगभग 17 करोड़ है। इनमें 13 टूरिस्ट कांप्लेक्स और एक

रोपवे शामिल है। फिलहाल 28 योजनाओं पर काम चल रहा है। इसकी लागत लगभग 45 करोड़ है। इसमें नौ पर्यटक कांप्लेक्स, आठ पर्यटक सूचना केंद्र और 11 मार्गीय सुविधाएं शामिल हैं।

होटल मैनेजमेंट संस्थान : होटल प्रबंधन संस्थान शुरू होने से पर्यटकों की सेवा सुविधा में बढ़ोतरी होगी। रांची से सटे ब्रांबे में इसका निर्माण किया जाना है। योजना की कुल लागत 20 करोड़ है। इसमें होटल प्रबंधन से संबंधित तीन वर्षीय पाठ्यक्रम चलाया जाएगा। प्रत्येक बैच में 100 विद्यार्थी होंगे। संस्थान आवासीय होगा।

देवघर में क्यू कॉम्पलेक्स : बाबा बैद्यनाथ धाम भारत के द्वादश (बारह) ज्योर्तिलिंगों में प्रमुख है। यह मनोकामना लिंग है। प्रत्येक साल यहां लाखों श्रद्धालु बाबा भोलेनाथ को जल अर्पित करने आते हैं। श्रद्धालुओं की परेशानी को देखते हुए क्यू कांप्लेक्स बनाने की तैयारी चल रही है। कांप्लेक्स मानसिंगी तालाब के चारों ओर बनाया जा रहा है। इसमें 12 हजार श्रद्धालुओं के लिए व्यवस्था होगी। कंप्यूटरीकृत सिस्टम के तहत शिव भक्त यह जान पाएंगे कि कब तक उन्हें अपने आराध्य देव के दर्शन हो पाएंगे। योजना की लागत 38 करोड़ है। कॉम्पलेक्स में शौचालय, पेयजल, कांवर रखने का स्थान, बैठने की सुविधा, टीवी आदि की व्यवस्था रहेगी। निगरानी के लिए सीसीटीवी का प्रयोग होगा।

ग्रामीण पर्यटन : जनजातीय जीवनशैली से रूबरू कराने के लिए झारखंड सरकार ने घोड़ानेगी, पिंडराबेरा, चित्तेश्वर धाम, जानुमडीह और देवरीडीह को चयनित किया है। यहां लोकगाथाओं और जनजातीय संस्कृति से जुड़ी जीवनशैली से पर्यटक परिचित हो पाएंगे।

मेला-महोत्सव : ◆ **बाबा बैद्यनाथ महोत्सव, देवघर**

◆ **छऊ नृत्य महोत्सव, सरायकेला-खरसावां**

◆ **हिजला जनजातीय मेला-दुमका**

◆ **नेतरहाट महोत्सव, नेतरहाट, लातेहार**

◆ **टुसू महोत्सव - हजारीबाग**

◆ **झारखंड टूरिज्म एवं ट्राइबल फेयर, रांची**

◆ **डोरंडा उर्स, रांची** ◆ **पारसनाथ महोत्सव**

दिल्ली की तर्ज पर बनेगा हाट : कांके डैम के समीप दिल्ली हाट की तर्ज पर रांची हाट विकसित होगा। इसमें राज्य में स्थित जनजातियों के हस्तशिल्प, पाक-कला एवं सांस्कृतिक विरासत से लोग अवगत होंगे। इसी प्रकार हटिया पर्यटन स्थल में अपना हाट बनाने की योजना है। ◆ ◆ ◆

झारखंड में सांस्कृतिक पर्यटन का आकर्षण

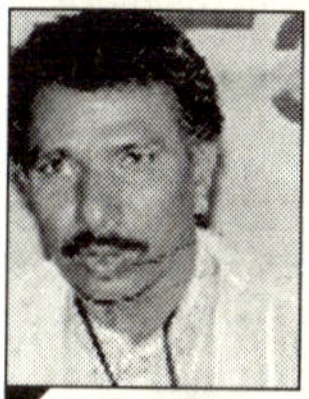

गिरिधारी राम
गौंझू 'गिरिराज'

विभागाध्यक्ष, जनजातीय भाषा विभाग, रांची विवि

झारखंड में नैसर्गिक सुषमा का अक्षय भंडार है। घने जंगलों, पहाड़ी जलप्रपात बनातीं नदियों की बलखातीं धाराएं। चट्टानों की बिखरी पड़ी पहाड़ियां हों या नदी का सर्पिल पथ, इसे और अधिक मनमोहक बना देता है। हरे भरे सखुआ, महुआ, केंद, गुलर, पेशार पलास, हर्रे, बहेरा, आंवला आदि के पेड़ों के फूल-फल और हरियाली ऐसे ही हृदय हर लेते हैं।

जंगलों में मोर, कोयल, तोते, पंडुक, तीतर, बगुले, नीलकंठ, हारिल, खटखट, पनडुब्बी, ढेचुवा, फिफड़ों आदि छोटे-बड़े विचित्र पक्षी समूह और उनके मधुर स्वर चित्त चुरा लेते हैं। ये प्राकृतिक सौंदर्य से युक्त वनों व घाटियों का परिदृश्य देश-विदेश के लोगों को आकर्षित करता रहा है। विशेष कर समतल क्षेत्र के लोगों को झारखंड आरंभ से ही लुभाता आया है। पर्यटन के कई स्रोत हैं प्राकृतिक, दृश्य, ऐतिहासिक, धार्मिक, औद्योगिक, सांस्कृतिक आदि। यदि इन पर्यटन स्थलों को सांस्कृतिक सौंदर्य एवं मधुरता से जोड़ दिया जाए, तो इन पर्यटन स्थलों का आकर्षण दो गुना हो जाएगा। जैसे राजस्थान के जैसलमेर में रेगिस्तान देखने जानेवाले रेत के समुंदर देखने के लिए संध्या में ही पहुंच जाते हैं। रात नखलिस्तान में बने तंबू, टेंट, शामियाने या झोपड़ों में व्यतीत करते हैं। पूरी राजस्थानी जीवनशैली में भोजन, शयन, गायन, वादन व नर्तन का दौर आधी-आधी रात तक ग्रामीण कृत्रिम उन्मुक्त रंगशालाओं में चलता है। राजस्थान लोककला, लोकसंगीत व नृत्य में आगे माना जाता है। नृत्य- संगीत के दर्शन के साथ-साथ राजस्थानी खान-पान चलता रहता है।

लोक कलाकार अपनी सम्मोहनी वेशभूषा, नृत्य-संगीत व वाद्य से पर्यटकों का दिल जीत लेते हैं। स्वागती के मधुर बोल-व्यवहार, विचार और उनका आतिथ्य अतिथि को अपने ग्राम, नगर या घर से अपनों से दूर की याद तक नहीं आने देते। रात्रि विश्राम के बाद सुबह-सुबह सूर्योदय के पूर्व ऊंट की सवारी का आनंद, रेत की लहरों-ऊर्मियों में नंगे पांव चलते सूर्य के उगते स्वर्णिम आभा दर्शन। भला कौन होगा, जिसका मन न रम जाए। रेत में अपनों के साथ दौड़ना, खेलना, कूदना, उछलना कितना आनंददायक होता है। काश, ऐसे ही सांस्कृतिक पर्यटन को बढ़ावा देने के लिए झारखंड में ऐसे सांस्कृतिक परिदृश्य उपस्थित किए जाते, तो पर्यटनप्रेमी झारखंड के विविध आदिवासी सदानों के नृत्य संगीत का, उनकी तरह-तरह के वाद्यों की तीव्र और सुरीली तान का आनंद लेते। इनके साथ कुछ पल नाच-गान में सम्मिलित हो जाते। प्रकृति की नयनाभिराम स्थली में पर्यटक घूमते-फिरते, मौज-मस्ती करते।

जब थक जाते, तब झारखंड के आदिवासी सदान कलाकारों के सामूहिक झूमर में झूम जाते। मांदर की ताल और बांसुरी की तान से तन-मन व हृदय को विश्रांति देते। झारखंड के पारंपरिक खान-पान का पीठा, डुम्बू, छिलका, अरसा, खपरा, घुतू, गुलगुला, बरी, धूसका औषधीय स्वादिष्ट सागों के साथ अपनी भूख मिटाते। नए खान-पान कर नए नृत्य-संगीत-वाद्य का आनंद लेते।

झारखंड में हुडरू, जोन्हा, दशम, हिरनी, घघारी, सदनी, पंचघाघ, पेरवांघाघ जलप्रपात के सौंदर्य के बीच बालू के ऊपर झारखंडी कलाकारों की प्रस्तुति देखते। इनके पारंपरिक पकवान का आनंद लेते। इतना ही नहीं

यहां तरह-तरह की कलात्मक वस्तुएं, शोभा के, घर सजाने के, बांस की कला, मिट्टी एवं धातु की कला, स्थानीय आदिवासी सदानों के हाथों के बुने कपड़ों पोशाक, मैला, कुमनी, टोकरी, लकड़ी के बने तरह-तरह की उपयोगी कला वस्तुएं लोग देखते और अपने घर के लिए क्रय करते। इससे कलाकारों को अपने कला प्रदर्शन का मूल्य मिलता। कलाकारों के दल यहां विभिन्न प्राकृतिक सौंदर्य स्थलों पर आते-जाते बदलते रहते। इससे कला का आदान-प्रदान भी होता।

स्थानीय कलाकारों की प्रस्तुति के उपरांत अंत में सामूहिक नृत्यगान-बाजान होता। इच्छुक दर्शकों के साथ पूरी मर्यादा और अनुशासन के साथ, ताकि किसी को भी इस कला संभागिता में चोट न पहुंचे। कला जीवन के आनंद को बढ़ा देता है। मानसिक पीड़ा को उड़ा देता है। ऐसे स्थलों पर पूरी सुरक्षा के साथ कैंप, तंबू, शामियाना, कॉटेज आदि में पर्यटक रात्रि विश्राम करते। जैसे राजस्थान आदि स्थलों पर होते हैं। धार्मिक केंद्रों टांगीनाथ, दिवड़ी, हाराडीह, देवघर सुतियाम्बे, पिठोरिया, बेड़िया जैसे स्थल सांस्कृतिक केंद्र को पूरी तरह आकर्षक बनाते। यहां भी लोक कला की प्रस्तुति होती। ये कलाकार सरकार या एनजीओ आदि की ओर से नियुक्त किए जाते। इससे स्थानीय कलाकारों को रोजगार भी मिलता। हस्तशिल्प की दुकानें होतीं। लोगबाग हस्तशिल्प खरीद कर आनंद लेते। ऐतिहासिक स्थलों में नवरतनगढ़, खुखरागढ़, पालकोट, रातूगढ आदि को पर्यटन एवं सांस्कृतिक केंद्र के रूप में विकसित किया जाता।

इससे आम लोगों को भी अन्य माध्यमों से आमदनी होती। अभी बीहड़ जंगली इलाकों में जो उग्रवाद फैल रहा है, उसका स्वतः ऐसे सांस्कृतिक पर्यटन कार्यक्रमों से विनाश हो जाता। जंगलों में लुक-छिप कर रहने, भागे-भागे रहने अपनों से, सदा अंदर से भय, आक्रांत, में जीना समाप्त होता। छह इंच छोटा करने की बहादुरी के स्थान पर एक इंच बड़ा करने का उद्यम ऐसे ही सांस्कृतिक पर्यटन के विकास से ही संभव है। सांस्कृतिक पर्यटन स्थल का विकास करने एवं इससे अन्य पर्यटन स्थल को जोड़ने से सांस्कृतिक कलाओं का संरक्षण, संवर्धन एवं विकास होगा।

पर्यटक भी यहां से कुछ नया सीख कर जाएंगे। झारखंड की आदिवासी सदानी संस्कृति की सामूहिकता, समरसता, बराबरी, सर्वानुमतित्व, शोषण विमुक्तता और नृत्य-संगीत प्रियता का विकास होता। अपनी कला संस्कृति के प्रति प्रेम व आकर्षण बढ़ता। दूसरों की संस्कृति से कुछ नया सीखने को मिलता। ऐसे सांस्कृतिक पर्यटन के विकास से राष्ट्रप्रेम का विस्तार मिलता है। हर जाति, धर्म, भाषा, प्रांत के लोग एक-दूसरे से परिचित होते। एक-दूसरे से फिर आने-जाने के सिलसिले को बनाए रखने के लिए सहिया, मितान, करमडाइर, जावाफूल बनाते बनते और मानवता का प्रेम के सहयोग का दीप से दीप जलाते। इस नवनिर्माण में सांस्कृतिक पर्यटन का समावेश राष्ट्रीय उत्थान में निश्चित रूप से सहायक सिद्ध होगा।

◆ ◆ ◆

पर्यटन में ही है हमारा समाधान

डॉ. राकेश नारायण

समन्वयक, पर्यटन प्रबंधन विभाग, डोरंडा कॉलेज

झारखंड खनिज व वन संपदा में अत्यंत धनी है। यहां की सुंदर धराकृतियां, जलप्रपात, ऐतिहासिक धरोहर, यहां की जनजातियों की पुरातन संस्कृति आदि प्रसिद्ध है। फिर भी यहां की अधिकांश आबादी गरीब है और अपने परिवार के भरण-पोषण के लिए उन्हें दूसरे राज्यों में जाकर नारकीय जीवन बिताते हुए धनोपार्जन करना पड़ता है। वैसे भी कहा गया है कि अगर वर्षा की एक बूंद नदी, तालाब अथवा कहीं और गिरती है, तो उसका कोई महत्व नहीं होता, लेकिन वही बूंद कमल के फूल पर गिरता है तो मोती की तरह चमकता है।

हम सभी को सोचना होगा कि आखिर हम ऐसा क्या करें कि हमारा राज्य विकसित हो एवं हम कहीं लज्जित भी न हों। अगर झारखंड की ऐतिहासिक गौरवशाली परंपराएं, जनजातियों की विलक्षण रीति-रिवाज, समृद्ध सांस्कृतिक धरोहर, जैव विविधता से परिपूर्ण सघन वन संपदा, धार्मिक सहिष्णुता एवं सर्वत्र प्राकृतिक सौंदर्य को नैसर्गिक माधुर्य आदि से संपन्न प्रदेश को तीसरी आर्थिक गतिविधि देने के उद्देश्य से पर्यटन को प्रोत्साहन दिया जाए, तो हमारी अनेक ज्वलंत समस्याओं जैसे भटकाववादी, नक्सलवाद, बेरोजगारी, पर्यावरणीय अवनयन, सामाजिक-आर्थिक विषमताओं जैसी अनेक समस्याओं का निदान भी स्वतः हो जाएगा।

'राज्य मेरा, कर्तव्य भी मेरा' इसी मानसिकता के साथ हमें झारखंड के चतुर्दिक विकास के परिप्रेक्ष्य में पर्यटन में गति लाने एवं उन्नयन का प्रयास करने की आवश्यकता है, जो प्रेरणा, प्रोत्साहन एवं सद्भावना द्वारा सामूहिक प्रयास से ही संभव है। अभी यहां संपोषित विकास की आवश्यकता है। भावी पीढ़ियों की अपनी आवश्यकताओं को पूरा करने की क्षमता में ह्रास किए बिना वर्तमान पीढ़ी की आवश्यकताओं की पूर्ति करना ही संपोषित विकास है। अर्थात पर्यावरणीय संसाधनों की निरंतरता एवं गुणवत्ता उपयोग के बाद भी बना रह सके। इसलिए संपोषित पर्यटन अभी अपेक्षित है, क्योंकि यहां 'जियो टूरिज्म' की अपार संभावनाएं हैं, जिसके अंतर्गत इको पर्यटन, ऐतिहासिक एवं धार्मिक पर्यटन, खनन पर्यटन, साहसिक पर्यटन आदि आते हैं। आजकल साहसिक पर्यटन एक क्रेज के रूप में उभर रहा है, जिसमें चट्टानोरोहण, बंजी जंपिंग, ट्रेकिंग, ग्लाइडिंग, पारा ग्लाइडिंग, एयरोमॉडलिंग, स्वीमिंग, कैयाकिंग, वाटर सर्फिंग आदि आते हैं।

यदि आप औरों से हटकर कुछ नया करना चाहते हैं एवं प्रकृति को करीब से देखना चाहते हैं, तो झारखंड में सर्वत्र इसकी संभावनाएं हैं, जहां जाकर आप अपने मानसिक एवं शारीरिक अवसादों से मुक्त हो जाएंगे। पर्यटन का उद्देश्य मात्र भ्रमण नहीं है। इससे चिंता, उदासी, अकेलापन एवं निराशा दूर होती है एवं इससे भी आगे पर्यटन आपको ऐसी सामग्री देता है, जो आपके पूरे परिवार के लिए उपयोगी हो, जानकारीपरक हो एवं प्रत्येक व्यक्ति के विकास और मूल्यों को बनाने में सहायक हो।

पर्यटन को मनोरंजन के प्रमुख साधन के रूप में माना जाता है, क्योंकि यह ज्ञानवर्धक होता है एवं लोगों के ज्ञान में वृद्धि होती है। पर्यटन स्थलों पर दूर-दूर के लोग एकत्र होते हैं एवं मित्रवत संबंध स्थापित करते हैं। इससे भाईचारे की भावना सुदृढ़ होती है।

गोंडवाना लैंड का भाग होने के कारण इस क्षेत्र में अनेक भूगर्भिक हलचल हुए हैं, जिसके कारण पूरा क्षेत्र

ऊबड़-खाबड़ पहाड़ी आदि हैं। भूगर्भिक संरचना किसी भी प्रदेश की धरातलाकृतिक विशेषताओं को नियंत्रित करती है और झारखंड इसका अपवाद नहीं है। इसे विश्व की सबसे प्राचीनतम भूखंडों में सम्मिलित किया जाता है। अतः यह लंबे काल से अपरदन से प्रभावित होता रहा है।

यहां भ्रंशन तथा खंड उत्थान की क्रियाएं हुई हैं, जिससे विभिन्न क्षेत्र चौरसनुमा आकृति में उठ गए हैं। भ्रंशन के कारण भ्रंश कगार, दरार घाटी इत्यादि का विकास हुआ है। अधिकांश भाग में आग्नेय चट्टानों की उपस्थिति मिलती है, जो अधिकांशतः रूपांतरित अवस्था में मिलती है। होलोसीन युग में हुए भ्रंश एवं वलन के कारण अनेक प्रपातों की रचना हुई और ये सभी हमलोगों को भगवान की तरफ से अमूल्य उपहार हैं, क्योंकि इसके आसपास के जंगल, जीव-जंतु, विभिन्न प्रकार के पक्षी, जैविक विविधता, घने जंगल, अभ्यारण्य, राष्ट्रीय वन, उद्यान, मृग विहार, जैविक उद्यान के साथ-साथ यहां के मुख्य सांस्कृतिक धरोहर आदि राज्य में 'जियो टूरिज्म' को विकसित करने के लिए आदर्श प्रस्तुत करती है।

पर्यटन के रूप में यह हमारे लिए महत्वपूर्ण है। झारखंड के लगभग 65 फीसदी भागों में सामान्य, मध्यम से लेकर दुर्गम पहाड़ी प्रदेश का विस्तार है, जिससे इसकी मधुरिमा, मोहकता, माधुर्य एवं मनोहारिता में चार चांद लग जाते हैं। यहां के अधिकांश पहाड़ दक्कन लावा से बने हैं, जो विभिन्न आकृति में नंगे अथवा वनस्पति से आच्छादित है। अपरदन के कारण ये अब विखंडित हो रहे हैं, जिन्हें देखना अपने आप में अद्‌भुत ईश्वरीय कलाकारी का विशिष्ट नमूना है। नेतरहाट जैसे सूर्योदय एवं सूर्यास्त अवलोकन स्थल यहां अनेक हैं, बस जरूरत है ऐसे स्थानों को चिह्नित कर विकसित करने की।

झारखंड के 27 फीसदी भाग पर उष्ण एवं उपोष्ण दोनों प्रकार की वनस्पतियां मिलती है। इसमें मुख्य सखुआ, सागवान, आंजन, करंज, आसन, जामुन, आम, कटहल, पलास, गुलर, बांस, नीम, पीपल, महुआ आदि के साथ-साथ अनेक किस्म के पुष्प एवं आयुर्वेदिक पौधे उगते हैं, इसलिए इसका नाम झारखंड पड़ा। वन अधिक होने के कारण यहां विभिन्न प्रकार के जानवर जैसे भेड़िया, चीतल, नीलगाय, बंदर, हाथी, चीता, गौर, हिरण, सांभर आदि पाए जाते हैं।

शरद ऋतु में यहां प्रवर्जित पक्षियों की भरमार रहती है, जिनका कोलाहल भरा दर्शन सौभाग्य है। यहां लगभग 28 फीसदी जनसंख्या संथाल, मुंडा, उरांव, हो आदिवासियों की है। इनका सांस्कृतिक विरासत पहले ही विश्व विख्यात हो चुका है। इनके सामूहिक नृत्य, अखड़िया, डोमकच, दोहरी, जनानी, झुमर, मदीना झुमर, फगुआ, उदासी, पायस मिनसरिया आदि हैं, जिसमें पुराने वाद्ययंत्रों जैसे व्यांग, आनंद, बांसुरी, ढोल, ढाक, घमसा, थाला, शहनाई, मजीरा, तासा, करताल आदि का प्रयोग करते हैं। इनके पर्व सरहुल, बदना, सोहराई, करमा, टुसू, दशहरा, ईद, होली, क्रिसमस आदि हैं, जिसे ये काफी उत्साह एवं गर्मजोशी से मनाते हैं। इस तरह उनकी सांस्कृतिक विविधताओं में एकता पर्यटकों को आकर्षित करने का एक अच्छा माध्यम है। झारखंडी भोज्य पदार्थों में फुटकल, घंसकरील, ओल, खुखड़ी आदि से बने अचार, बचका और सब्जी लजीज हैं तो धुसका, पुआ, धरी, पीठा, ढक्कन पुआ, उब्धा, बोथल, भात, लकठो, महुआ की रोटी, चावल की रोटी, छिलका, कोथु साग, गोघो, लकड़तोड़ आदि का जायका पर्यटकों के लिए लाजवाब होगा।

इस तरह हमारा झारखंड ऐतिहासिक गौरवशाली परंपराएं, विलक्षण रीति-रिवाज, समृद्ध सांस्कृतिक सुंदरता, सघन वन संपदा, जैव विविधता, प्राकृतिक सौंदर्य, धार्मिक सहिष्णुता आदि से संपन्न है। किसी भी धर्म, रूचि और परंपरा के लोगों को यहां के प्राकृतिक रहस्य, रोमांच एवं बहुआयामी पर्यटन स्थलों की अतुलनीय खूबसूरती से परिपूर्ण यह धरती उन्हें अनोखे एवं अविस्मरणीय अनुभव का एहसास कराएगी।

अगर हम सच्चे मन से इस क्षेत्र में युवाओं के साथ आगे बढ़ें और भगवान द्वारा दिए गए अमूल्य उपहार का आदर करें तो मन की शांति एवं रोजगार के लिए कहीं दूर जाने की आवश्यकता नहीं है। 'अतिथि देवो भवः' और 'वसुधैव कुटुंबकम' की मान्यता पर आचरण करते हुए बेरोजगार युवक सच्चे मन से सरकारी व गैर सरकारी संस्थाओं के साथ मिलकर इस क्षेत्र में पहल करें और अपने तथा परिवेश के विकास के लिए इसे एक उद्योग का दर्जा दें, जिसमें किसी से हमें कुछ भी मांगने की आवश्यकता नहीं है। रोजगार की असीम संभावनाएं हमारे क्षेत्र में ही हमारा इंतजार कर रही हैं। ◆ ◆ ◆

संभावनाएं हैं अपार, सरकार करे विचार

विकास कुमार सिन्हा

झारखंड के पर्यटन स्थलों पर शोध

सरकार द्वारा पर्यटन केंद्रों के विकास पर फंड निर्गत करना झारखंड के लिए शुभ संकेत है। सरकारी आंकड़ों के अनुसार राज्य में आने वाले सैलानियों की संख्या में हर साल 10 से 12 प्रतिशत की बढ़ोतरी हो रही है। वर्ष 2009 में झारखंड देशी पर्यटकों के लिहाज से देश भर में 15वें पायदान पर रहा। वर्ष 2010 की ड्राफ्ट रिपोर्ट के अनुसार देशी सैलानियों की पसंद के लिहाज से अब झारखंड 12 वें स्थान पर होगा।

पर्यटन मंत्री विमला प्रधान ने दावा किया है कि राज्य सरकार ने पर्यटकों को रिझाने के लिए सुविधाओं का अपार विस्तार किया है। झारखंड सरकार में पर्यटन मंत्री श्रीमती विमला प्रधान का दावा है कि देशी-विदेशी सैलानी झारखंड का रूख कर रहे हैं। उत्साह को बरकरार रखने के लिए पर्यटन विभाग ने साल भर पर्यटन स्थलों पर महोत्सव के आयोजन की तैयारी की है। शुरुआत जोन्हा शरद उत्सव से हुई है। वित्तीय वर्ष 2011-12 में पर्यटन विभाग ने सुविधाओं के विस्तार के लिए 25 करोड़ रुपये निर्धारित किया है। इसके तहत राज्यभर में 14 स्थानों पर राशि आवंटित की गई है। पर्यटन विभाग ने परिवहन के लिए झारखंड पर्यटन विकास निगम को एक करोड़ रुपये आवंटित किया है।

पुरातात्विक पर्यटन का विकास : राज्य में पुरातात्विक धरोहरों को संरक्षित करने के लिए सरकार गंभीर दिख रही है। झारखंड सरकार राज्य के 29 धरोहरों को विकसित करेगी। इसके लिए प्रस्ताव तैयार किया गया है। ऐतिहासिक महत्व के महलों और भवनों का जीर्णोद्धार भी किया जाएगा। राज्य के पौराणिक महत्व के मंदिर, मस्जिद, चर्च, आड्रे हाउस व पुराना बिरसा मुंडा कारा को विकसित करने की योजना बनाई गई है।

राज्य सरकार ने रामगढ़ के मेगालिथिक साइट, बेड़ों के महादानी शिव मंदिर, लोहरदगा के शहीद बुधू भगत का पुश्तैनीमकान, सरायकेला के छउ नृत्य केंद्र, दुमका में झारखंडी कला मंदिर, भवन, बड़कागांव के मेगालिथिक साइट, गुमला में कैथोलिक मिशन चर्च, पालकोट का अंजनी धाम, चाकुलिया के श्याम सुंदर मंदिर, गुमला के बासुदेव राय मंदिर, साहेबगंज में तेलियागढ़, गोड्डा में पत्थरगामा, निरसा में पुरातात्विक अवशेष, मलूटी मंदिर, इटखोरी के पुरातात्विक अवशेष, पिठोरिया मसजिद, तोरपा के सोनपुरगढ़, सिल्ली का दलबेड़ा मंदिर, राजमहल के पुरातात्विक अवशेष, सिद्दो-कान्हो से जुड़ी स्मृतियां, विभूति भूषण बंदोपाध्याय का आवास, कालेश्वरी व नवरत्न गढ़ स्मारक शामिल हैं।

झारखंड सरकार ने पर्यटन स्थलों के लिए वित्तीय वर्ष 2010-11 में 2.12 करोड़ से अधिक की योजना की मंजूरी दी है। विदेशी व देशी पर्यटकों के आकर्षित करने के लिए पर्यटन केंद्र बनाए गए हैं। एक गैर स्वयंसेवी संस्था द्वारा किए गए सर्वे के अनुसार वर्ष में 17 हजार से ज्यादा विदेशी पर्यटक आते हैं। वर्ष 2009-10 में झारखंड में आने वाले पर्यटकों की संख्या दो लाख से ज्यादा है। हालांकि संख्या से संतुष्ट नहीं होते हुए सरकार का दावा है कि पर्यटकों की संख्या बढ़ाई जाएगी।

झारखंड सरकार आने वाले दिनों में ग्रामीण पर्यटन को बढ़ावा देगी। पूर्वी सिंहभूम के अमाडूबी में इस योजना की शुरुआत होगी। घोड़ानेगी, पिंडरावेड़ा, चित्तेश्वर धाम, जानुमडीह एवं देवरीडीह में उक्त कार्य प्रस्तावित

हैं। इसमें स्थानीय लोक गााथाओं एवं जनजातीय संस्कृति से जुड़ी जीवन शैली आदि से पर्यटकों को अवगत कराया जाएगा। सरकार पर्यटन स्थलों तक जाने वाली सड़कों का विकास कर रही है। जनजातीय उपयोजना के तहत दुमका जिले के पलासी गरम जलकुंड और सूर्य मंदिर को पर्यटक स्थल के रूप में विकसित करने के लिए 45 लाख रुपये की योजना पर सहमति दी गई है।

इसी प्रकार जरमुंडी के वासुकीनाथ में पर्यटक सूचना केंद्र के लिए 68.14 लाख रुपये आवंटित किए गए हैं। डालटेनगंज में टूरिस्ट कांप्लेक्स के लिए बची हुई राशि 33.02 लाख रुपये खर्च किए जाएंगे। सिमडेगा के रामरेखा धाम को विकसित करने के लिए 39 लाख रुपये खर्च किए जाएंगे।

बोलवा के दनगद्दी में पर्यटन सुविधा के लिए 4.39 लाख रुपये मालसाड़ा में वन दुर्गा को पर्यटक स्थल के रूप में विकसित करने के लिए 19 लाख व सरायकेला खरसावां में हाइवे पलास के लिए भूमि अर्जन करने के लिए 2 लाख रुपये आवंटित किए गए हैं। इधर, केंद्र सरकार द्वारा पर्यटन के क्षेत्र में राज्य को 100 करोड़ से ज्यादा की राशि निर्गत की गई है।

माइनिंग टूरिज्म : झारखंड जैसे राज्य जहां खनिज पदार्थों का प्रचुर मात्रा में दोहन किया जाता है, वहां माइंस टूरिज्म की अपार संभावनाएं हैं। साउथ अफ्रीका व न्यूजीलैंड जैसे कई देशों ने माइंस टूरिज्म की अवधारणा को सच कर दिखाया। आज माइंस टूरिज्म इन देशों की अर्थव्यवस्था में महत्वपूर्ण योगदान दे रहा है। कोल इंडिया के रामगढ़ कोयलांचल के भुरकुंडा, कुजू, तोरपा, सयाल, उरीमारी, मगध व गिद्दी सहित कई कोयला खदानों में उत्खनन कार्य किया जाता है।

सरकार इन खदानों को पर्यटन के लिहाज से विकसित व सुरक्षित कर माइनिंग टूरिज्म के लिए तैयार कर सकती है। झारखंड में सीसीएल के अंतर्गत 11 क्षेत्र के खदानों से कोयले का खनन कार्य किया जाता है। इसके अलावा सात वासरी व कई वर्कशॉप हैं।

ये माइंस ओपनकास्ट या फिर अंडरग्राउंड हैं। इसके अलावा बीसीसीएल की धनबाद कोयलांचल, सेल की चाईबासा सहित जेएमडीसी की सिकनी समेत कई क्षेत्रो में भी कई खदान मौजूद हैं। इन्हें भी विकसित किया जा सकता है और माइनिंग टूरिज्म के लिए तैयार किया जा सकता है। इन माइनिंग साइट्स पर प्रत्येक वर्ष सैकड़ों की संख्या में माइंस व सर्वे के छात्र फिल्ड वर्क करने पहुंचते हैं। इन छात्रों को प्रशिक्षण भी दिया जाता है। सरकार इन अवसरों का लाभ उठा सकती है। ◆ ◆ ◆

ऐतिहासिक धार्मिक स्थल

देउड़ी मंदिर	: तमाड़, रांची
हर्राडीह मंदिर समूह	: तमाड़, रांची
राम मंदिर	: चुटिया, रांची
गोपाल मंदिर	: बोड़िया, रांची
शिव मंदिर	: इतरे, खूंटी
प्राचीन शिव मंदिर	: बेड़ो, रांची
पाटेश्वरी मंदिर	: कर्रा, रांची
बलनाडीह मंदिर	: सोनाहातू, रांची
जगन्नाथ मंदिर	: रांची
पहाड़ी मंदिर	: रांची
पालन मंदिर	: तमाड़, रांची
सुतियांबे मंदिर	: रांची
जीईएल चर्च	: रांची
राधाकृष्ण मंदिर	: बुंडू, रांची
नीलगिरी मंदिर	: बुंडू, रांची
बामनी मंदिर	: गुमला
नागफेनी मंदिर	: गुमला
रामरेखा मंदिर	: सिमडेगा
अखिलेश्वर मंदिर	: सिमडेगा
खकपतरा मंदिर	: भंडरा, लोहरदगा
हप्पामुनि मंदिर	: सेन्हा, लोहरदगा
देवगन मंदिर	: छत्तरपुर, पलामू
कैथा शिव मंदिर	: गोला, हजारीबाग
बरकट्ठा मंदिर	: बरही, हजारीबाग
सतगांवा मंदिर	: सतगांवा, कोडरमा
झिनझिनी प. मंदिर	: कतरास, बाघमारा
शिव-शक्ति मंदिर	: निरसा, धनबाद
पान्ड्रा मंदिर समूह	: निरसा, धनबाद
अलवारा अवशेष	: चंदनक्यारी, बोकारो
झरिया किला मंदिर	: बोकारो
पंचैत मंदिर	: निरसा, धनबाद
कतरास काली मंदिर	: बाघमारा
चिरकुंडा शिव मंदिर	: निरसा, धनबाद
कुमारधवी चर्च	: निरसा, धनबाद
पोद्दाडीह मंदिर	: निरसा, धनबाद
कोररा मंदिर	: चास, बोकारो
चास मंदिर	: बोकारो
दुलमी मंदिर	: नीमडीह,सराय.खरसावां
चित्रेश्वर मंदिर	: बहरागोड़ा, पू.सि.
श्यामसुंदरपुर मंदिर	: चकुलिया, पू.सि.
घाटशिला मंदिर	: घाटशिला
सुमेश्वरनाथ मंदिर	: मोहनपुर, देवघर
बेणुसागर गुफा मंदिर	: मझगांव, पू.सि.
दुमोहन मंदिर	: सारथ, देवघर
हर्लाझुरी मंदिर	: मोहनपुर, देवघर
बलिया चौकी मंदिर	: मोहनपुर, देवघर
सातर भगवती मंदिर	: मोहनपुर, देवघर
बाबाधाम मंदिर	: देवघर
बासुकीनाथ मंदिर	: जरमुंडी, दुमका
शिवपुर मंदिर	: नारायणपुर, दुमका
घोड़ामारा मंदिर	: घोड़ामारा, दुमका
धानीनाथ मंदिर	: काठीकुंड, दुमका
बेलगरजियां मंदिर	: मसलिया, दुमका
कुलडागर मंदिर	: नाला, दुमका
नारायण मंदिर	: नारायणपुर, दुमका
करनदाहा मंदिर	: नारायणपुर, दुमका
मरपा मंदिर	: रामगढ़, दुमका
महादेसोल मंदिर	: रामगढ़, दुमका
परमा मंदिर	: रामगढ़, दुमका
रानीश्वर मंदिर	: दुमका
सरैया मंदिर	: सरैयाहाट, दुमका
मालूटी मंदिर	: शिकारीपाड़ा, दुमका
पथरगामा मंदिर	: गोड्डा
योगिनीस्थल मंदिर	: पथरगामा, गोड्डा
बरहरवा गुफा मंदिर	: साहेबगंज
खेड़वा मंदिर	: पतना, साहेबगंज
विंध्यावासिनी मंदिर	: घिघटिया, साहेबगंज
शिवगदीहिल मंदिर	: तलझरी, साहेबगंज
कस्बा मंदिर	: राजमहल, साहेबगंज
रक्सीस्थान मंदिर	: तलझरी, साहेबगंज
बिरकिट्टी मंदिर	: महेशपुर, पाकुड़
अमरापाड़ा मंदिर	: पाकुड़
शिवपुर मंदिर	: महेशपुर, पाकुड़
संगीदलान मकबरा	: राजमहल, साहेबगंज
हदफ मंगलहाट	: राजमहल, साहेबगंज
वासुदेवकोना	: रामगढ़, गुमला
रंगनाथपुर अवशेष	: रामगढ़, गुमला

आखिर क्यों आए पर्यटक यहां... ?

दीपक कुमार

भारतीय पर्यटन निगम में प्रशिक्षण, एमटीएम

पुरातात्विक पर्यटन की यहां असीम संभावनाएं हैं। झारखंड गोंडवाना लैंड है, जो दुनिया के प्राचीनतम पठारों में से है। यही वजह है कि यहां की धरती खनिजों से भरी पड़ी है। क्षेत्र का सामाजिक-राजनीतिक इतिहास भी लोगों के लिए रोमांचकर है। हालांकि झारखंड के इतिहास पर अधिक शोध नहीं हुए हैं, फिर भी इस क्षेत्र के कई अनूठे रंग लोगों के सामने आए हैं।

पुरातात्विक पर्यटन इतिहास के तत्वों को जानने की कौतूहलता से जुड़ा होता है। इस मामले में झारखंड का इतिहास शेष भारत से बहुत अलग रहा है, जिस कारण पर्यटकों के लिए यहां काफी कुछ नया होगा। उदाहरण के तौर पर इटखोरी को ही लें। वहां प्राचीनकाल की मूर्तियां जहां-तहां बिखरी पड़ी हैं। लेकिन उन मूर्तियों पर विस्तृत अध्ययन नहीं हुए हैं। जिसे ऐतिहासिक खोज कहा जाता है, और जिनसे समय की कब्र में दबे अवशेषों को बाहर निकालकर दुनिया को भौचक्का किया जाता है, वैसा काम तो अब तक यहां हुआ ही नहीं। कहते हैं कि भगवान गौतम बुद्ध को ज्ञान प्राप्त करने का धुन झारखंड में ही सवार हुआ था। इसलिए चतरा जिले में अवस्थित उस स्थान का नाम इतखोई पड़ा, जिसे आज इटखोरी के नाम से जानते हैं। यहां के जंगलों में कई दिनों तक भटकने के बाद भगवान बुद्ध गया की ओर चल पड़े थे। इस पूरे क्षेत्र को एक बड़े बौद्ध पर्यटन क्षेत्र के रूप में विकसित किया जा सकता है।

सरकार को इस ओर ध्यान देने की जरूरत है और मध्यप्रदेश, बिहार समेत देश के कई अन्य राज्यों से सीखने की जरूरत है। पास में ही बोधगया, राजगीर जैसे पर्यटन स्थल जो विश्व के पर्यटन मानचित्र पर अपनी पहचान रखते हैं, का लाभ इटखोरी को भी मिल सकता है। यह क्षेत्र गया, नालंदा से अधिक दूर भी नहीं है। यहां बेहतरीन पर्यटन सेवाएं उपलब्ध कराकर भारी आमदनी की जा सकती है। स्थिति यह है कि यहां न तो ठहरने की सुविधा है और न ही आवागमन के सुलभ साधन।

ऐसे में क्यों और कैसे कोई पर्यटक यहां आ सकता है, ठहर सकता है और रुक कर इन ऐतिहासिक चीजों का अवलोकन कर सकता है? इटखोरी को अगर रेफरेंस साइट के तौर पर देखें तो बाकी जगहों के प्रति भी सरकार का नजरिया स्पष्ट हो जाता है। इसके अलावा स्थानीय आदिवासी इतिहास से जुड़ी चीजें भी लोगों को आकर्षित करती हैं, जिसका लाभ अब तक हम नहीं उठा पाए हैं।

चतरा, हजारीबाग, पलामू के इलाकों में कई गुफा चित्र मिले हैं। हम भीमबेटका के गुफाचित्रों को देखने जाते हैं, लोगों को उनके बारे में बताते हैं। लेकिन हमारे यहां क्या ऐसी स्थिति नहीं है? क्या इसे खोजने के लिए कुछ किया गया? इसका जवाब मिलेगा, नहीं। संताल परगना में भी कई ऐसे ऐतिहासिक स्थान हैं, जिनकी खोज नहीं की जा सकी है।

वहां ऐसे स्थान पत्थर उद्योग की भेंट चढ़ रहे हैं। सरकार को चाहिए कि झारखंड के इतिहास पर गहन शोध कराए और ऐतिहासिक चीजों को न्यायसंगत रूप से सामने लाएं। ऐसे करना न सिर्फ राज्य के अभिमान के साथ जुड़ेगा, बल्कि हमारे राज्य की पहचान वैश्विक पर्यटन मानचित्र पर समृद्ध आकृति लेगी। जनजातीय विद्रोहों की ही बात लें। स्थानीय स्तर पर दर्जनों विद्रोह हुए हैं। इन विद्रोहों के साक्ष्य, सबूत और दस्तावेज विदेश में

तो मिल जाएंगे, लेकिन हमारे झारखंड में नहीं। पहाड़िया विद्रोह, चुआड़ विद्रोह से लेकर बिरसा विद्रोह तक के इतिहास को खंगाला जाए, उनसे जुड़े स्थानों को क्या पर्यटन स्थल के रूप में विकसित नहीं किया जा सकता? चाकुलिया में द्वितीय विश्व युद्ध के दौरान ईस्टर्न कमांड का सबसे बड़ा एयरबेस कैंप था। इसी तरह सारंडा के जंगलों में आदिम जनजातीय शिल्प के कई बेहतरीन नमूने देखने को मिलते हैं। दुमका के मलूति के 108 मंदिरों को बड़ी ही बेरहमी से खत्म होने के लिए छोड़ दिया गया है।

पलामू और शाहपुर के किलों, तेलियागढ़ी के अवशेषों के संरक्षण के प्रति सरकार उदासीन है। हजारीबाग के बड़कागांव के इश्को शैलचित्रों को लेकर भी ऐसा ही रवैया हावी है। सुतियांबे के अवशेष यों ही नष्ट हो रहे हैं। करीब 170 पुरातात्विक साइटों की खोज अब तक झारखंड में हो चुकी है। पुरातत्व सर्वेक्षण का स्थानीय कार्यालय खुलने के बाद और नए स्थानों के खोज की संभावनाएं बढीं। पर्यटन उद्योग के साथ सर्विस सेक्टर अनिवार्य रूप से जुड़ा होता है। अगर बाहर से पर्यटक यहां आएंगे तो उनकी सुविधा, सुरक्षा और हॉस्पिलिटी की जिम्मेदारी हमें ही लेनी होगी। ◆ ◆ ◆

शहरी व ग्रामीण विकास

विकास होगा जरूर, जमीनी कदम उठाएं तो सही

रमा खलखो

पूर्व रांची की मेयर

कितना दुख होता है कि झारखंड की राजधानी भी स्तरीय शहरों की गिनती में नहीं। जहां एक ओर पूरी दुनिया में शहरीकरण की तेज प्रक्रिया चल रही है, वहीं हमारे झारखंड के शहरों में गांवों से भी बदतर इंफ्रास्ट्रक्चर है। कहते हैं राजधानी पूरे राज्य की समृद्धि का प्रतिनिधित्व करती है, पर क्या ऐसा झारखंड की राजधानी के साथ है? नहीं। शहरों को जागरूक कहा गया है, सुविधा संपन्न कहा गया है, जहां सारी जरूरतें चंद कदम की दूरी पर उपलब्ध होती हैं। नागरीय सभ्यता के विकास का क्रम यदि देखें तो भी जीवनशैली और सुविधाओं से बसावट को ही नगर कहा गया है। झारखंड की शहरी आबादी की भी ऐसी ही आकांक्षाएं थीं और अलग राज्य बनने के बाद वे सपने और बलवती हुई थीं। लोगों का समूह किसी भी व्यवस्था के लिए सरकार की तरफ आस लगाता है। लोगों की उम्मीदों पर खरा उतरना सरकार का राजधर्म होता है। राजधानी की स्थिति देख बाकी शहरों की शक्ल भी साफ हो जाती है। जहां एक ओर जमशेदपुर और बोकारो का बेहतरीन टाउनशिप है तो दूसरी ओर राजधानी की मुख्य सड़कों पर नालियां बजबजाती हैं। यह शासकीय प्रबंधन का बेहद अराजक नमूना है, जिसमें झारखंड का सपना तारतार होता है।

जमशेदपुर जहां टाटा कंपनी ने शहरी व्यवस्था का विकास किया, उनका प्रबंधन तथा संचालन किया, वहां के लोग सारी शहरी सुविधाओं का उपभोग कर रहे हैं। चौड़ी सड़कें, सफल ड्रेनेज व सीवरेज सिस्टम और स्ट्रीट लाइटों से रोशन सड़कें शहरी समृद्धि को प्रमाणित करती हैं। क्या यह सरकार को खुद के मूल्यांकन की चुनौती नहीं देतीं। एक तरफ एक निजी कंपनी है जो अपने कर्मियों को सारी सुविधाएं दे रही है, दूसरी तरफ लोक कल्याणकारी सरकार, जिनसे लोग आस लगाए बैठे हैं, टैक्स देते हैं, लेकिन व्यवस्था मुहैया कराने के नाम पर जीरो उपलब्धि। ऐसे क्यों? इसका जवाब नेतृत्व की क्षमता, दूरदर्शिता और नीयत से जुड़ा है। अभी तक हमने आरआरडीए के अधिकारियों के कारनामों को देखा।

शहरों के विकास के नाम पर बयानबाजी और राजनीति के भी दर्शन किए। लेकिन स्थितियां कितनी बदलीं? जहां तक देखा लोग और ज्यादा नारकीय जीवन जीने को मजबूर हुए। बेतरतीब ढंग से शहरों का बढ़ना जारी रहा, जिसमें सारे नियम-कानून को रौंद कर रख दिया गया। अचरज कि इसमें सरकारी अधिकारियों की भी मिलीभगत रही। कई जेल भी पहुंचे। इससे ज्यादा बताने को क्या बचता है।

योजनाओं के बनने से लेकर उसे लागू कराने और उनका लाभ आम लोगों को मिलने तक की प्रक्रिया काफी लंबी होती है। जैसा कि हमारे राज्य ने भ्रष्टाचार के मामले में काफी शोहरत बटोरी है, शहरों के विकास की प्रक्रिया भी इससे अछूती नहीं रही। घरों का नक्शा पास कराने से लेकर नियम-कानूनों में छूट तक की सरकारी गारंटी ने इसे और पुख्ता किया। रांची क्षेत्रीय विकास प्राधिकार, जिसके उपाध्यक्ष उपायुक्त होते हैं, के रहते राजधानी की ऐसी दुर्गति कैसे हो गई? आरआरडीए की कारिस्तानी को रेफरेंस के तौर पर देखें तो बाकी शहरों की भी स्थिति स्पष्ट हो जाएगी।

तीन साल पहले नगर निकाय का चुनाव हुआ। सभी खुश हुए कि अब हमारे शहरों का विकास होगा। राजधानी में वार्ड चुनाव हुए। सबने सोचा कि अब बजबजाती नालियों, दमघोंटू ट्रैफिक, कचरे के अंबार से

मुक्ति मिलेगी। हर घर को पीने का साफ पानी मिलेगा और कोई गली अंधेर नहीं रहेगी। यह चौथा साल है और पार्षदों को अधिकार तक नहीं दिए गए हैं।

विकास का फंड भी निर्गत नहीं किया जाता। ऐसे में जो वार्ड प्रतिनिधि अपने लोगों से तरह-तरह के वायदे कर चुनकर आए होंगे, क्या उनकी छवि ठग और धोखेबाज की नहीं बन गई होगी? इस पूरे प्रकरण में सरकार का ढुलमुल रवैया ही दोषी नजर आएगा। क्यों जेएनएनयूआरएम के तहत फंड का लाभ अब तक सरकार उठा नहीं पाई? क्यों शहरों की पहचान गुम हो गई है और लोग हरेक सुविधा के लिए तरस रहे हैं? शहरी विकास के कई मॉडल होते हैं, लेकिन यहां किसी भी मॉडल का अनुशरण नहीं होता। मॉडर्न म्यूनिसिपल एक्ट के तहत नगर निकाय, वार्ड प्रतिनिधियों, डिप्टी मेयर, मेयर, आदि को कई अधिकार प्राप्त हैं। झारखंड में कानूनों के साथ भी खिलवाड़ किया जा रहा है और इन प्रतिनिधियों को जान-बूझकर संवैधानिक अधिकारों से वंचित रखने की साजिश चल रही है।

शहरी आधारभूत संरचनाओं का विकास तो दूर शहरीकरण को एक नियंत्रित दिशा तक नहीं दी जा सकी। जिन कार्यालयों पर घरों का नक्शा पास करने की जिम्मेदारी है, नाली-सड़क का खाका खींचने की जिम्मेदारी है, उन्होंने पैसों के लोभ में आगामी समस्याओं को अनदेखा किया। नतीजा यह हुआ कि अब अगर किसी शहर को व्यवस्थित करने का प्रयास भी किया जाए तो काफी मुश्किलें आएंगी। रांची का ही उदाहरण लें। मास्टर प्लान की अंधाधुंध अनदेखी हुई है। बीते वर्षों में एक-दो नहीं, बल्कि सैकड़ों कॉलोनियां बस गईं। न रोड के लिए जगह छोड़ी गई, न नाली के लिए।

अगर संबंधित सरकारी एजेंसियां चौकस निगरानी रखतीं, तो ऐसी नौबत न आती। कहने का मतलब यह कि सरकारी एजेंसियों को चुस्त-दुरुस्त बनाना पहली प्राथमिकता होनी चाहिए, अन्यथा पॉलिसी-प्लानिंग धड़ी की धड़ी रह जाएगी। इसमें सरकार की निर्णायक भूमिका होती है कि प्रशासकीय व्यवस्था जनता के हित के सवाल पर मनमानी न कर सके, भ्रष्टाचार हावी न हो। अभी हमने देखा कि राजधानी बसाने के नाम पर कितनी घोषणाएं हुईं, कितनी बार वायदों का नवीनीकरण हुआ और कितनी बार इसका साइट भी बदलता रहा। लेकिन वास्तविकता-कूड़े के अंबार पर गायों, आवारा कुत्तों और सूअरों की लड़ाई, सड़कों पर जोंक की तरह रेंगती गाड़ियां, पानी के लिए हाहाकार और बिजली के लिए घंटों इंतजार। जो लोग बाहर से यहां आते होंगे, उनके सामने क्या छवि बनती होगी झारखंड की राजधानी की? बदलाव संभव है, लेकिन ईमानदार और गंभीर कोशिश इसके लिए अनिवार्य शर्त है।

योजनाएं बनती हैं, पैसे भी खर्च होते हैं, लेकिन लोगों तक कोई लाभ नहीं पहुंचता। यह पूरी तरह कार्यपालिका की क्षमता और जनसेवा के प्रति उनके समर्पण पर निर्भर करता है कि जनहित के लिए बनी योजनाएं सफल हों और उनसे आमजन के जीवन की समस्याएं कम हों। लोगों को सेवा देने के लिए सरकारी अधिकारियों, कर्मचारियों को भारी भरकम वेतन और सुविधाएं भी दी जाती हैं। ऐसे में सवाल उठता है कि वे कितनी तत्परता से लोगों की समस्याओं को दूर करते हैं। झारखंड के तमाम शहर अगर सड़क, बिजली, नाली, पानी, चिकित्सा, सुरक्षा जैसी मूलभूत सुविधाओं से वंचित हैं, तो इसके लिए सीधे तौर पर सरकार की संवेदनहीनता और प्रशासन का मनमाना व्यवहार दोषी है। राजस्व प्राप्ति के उपाय बहुत जरूरी हैं, ताकि नगर निकाय बेहतर काम कर सके। शहरों का विकास तब तक नहीं होगा, जब तब नेतृत्व जन-समस्याओं के समाधान के प्रति समर्पित न हों। यही हमारे राज्य की बदकिस्मती है। ◆ ◆ ◆

शहर के अंदर हैं कई शहर, यह जान लें

लखी दास

शहरी असमानताओं पर शोध, आदर्श सेवा संस्थान

ऐसा क्यों माना जाता है कि शहरी विकास का मतलब केवल उच्च आर्थिक वर्ग के विकास से है। झारखंड में विकास की किसी भी प्रक्रिया की बात करते ही एक बड़ी आबादी सकते में आ जाती है और विकास के वितरण की असमानताओं का संदेह लोगों को घेर लेता है। चौड़ी सड़कें, वर्ल्ड क्लास मॉल्स, शॉपिंग कांप्लेक्स, महंगे स्कूल-कॉलेज और सुपर मॉडर्न सिटी कल्चर, पब, बार, रेस्टोरेंट, शहरों के आदर्श होने के ये ही मानक स्थापित हुए हैं अब तक। इन मानकों की कसौटी पर अब झारखंड को तौलें और यहां की सामाजिक-आर्थिक स्थिति का मूल्यांकन करें। चूक यही है कि हमने विकास के हर मॉडल का आंख मूंदकर अनुसरण करना चाहा है, बगैर यह जाने कि वह हमारे लिए फिट है या नहीं।

विकास स्टेप बाई स्टेप होता है। हमने पहली सीढ़ी चढ़ी ही नहीं और तीस-री-चौथी पर छलांग लगाने को उतावले हो गए। झारखंड के शहर तो मौलिक समस्याओं से ही जूझ रहे हैं और हम इन्हें शंघाई, पेरिस और न जाने क्या-क्या बनाने पर तुल गए। जैसा कि हर शहर में होता है, कई संस्कृतियां एक जगह पलती हैं, कई आर्थिक वर्ग एक जगह जीते हैं। लेकिन इनमें फर्क की स्पष्ट रेखा दिखती है। व्यवस्था की यह रेखा झुग्गी बस्तियों और सर्व सुविधा संपन्न कॉलोनियों में दिखती हैं। अतिक्रमण हटाओ अभियान के समय भी यह क्रूर अंतर सामने आया, दिखा और कई शहरी धारणाओं को सत्यापित कर गया।

नदियों, पहाड़ों और हरियाली का शहरों से कोई वास्ता नहीं होता। झारखंड में तो ये हर जगह हैं, ये कैसे पीछा छोड़ेंगे। शहरीकरण ने इन पर बेरहम कार्रवाई की और सबकुछ तहस नहस हो गया। हमने दुनिया के शहरों से मॉल्स, मार्केटिंग कांप्लेक्स, पब, बार, रेस्टोरेंट का मॉडल तो लिया, पर क्या लंदन की टेम्स नदी और वेनिस का उदाहरण लिया। न्यूजीलैंड के वेलिंगटन का उदाहरण लिया। ये सभी शहर हमारे झारखंड के शहरों के मुकाबले कहीं विकसित हैं, लेकिन हरियाली से परिपूर्ण हैं, साफ-सुथरी हैं और नदियां जीवित हैं, पहाड़ों को विरासत की तरह संभाल कर रखा गया है। झारखंड तो सौभाग्यशाली है कि उसके शहरों को प्रकृति ने बेहद खूबसूरत बनावट दी है। लेकिन हमने सबको बर्बाद किया।

दूसरी बात आबादी के लिए जरूरी सुविधाएं मुहैया कराने की होती है। झारखंड में कौन खुश है? अमीर हो या गरीब, कोई नहीं कह सकता कि वह व्यवस्था से खुश है। शहरों में आर्थिक गतिविधियां तेज होती हैं, अधिक होती हैं, इसलिए आबादी की बाढ़ इस ओर खिंची चली आती है। झारखंड के शहरों में हाल के वर्षों में आर्थिक गतिविधियां अनियंत्रित और दिशाहीन होकर तेज हुईं। जैसा कि प्रचलित सत्य है कि पूंजी के प्रभाव में सारे सामाजिक, सांस्कृतिक, राजनीतिक यहां तक कि संवैधानिक नियम बदल जाते हैं, वही झारखंड के शहरों में भी हुआ।

जीवन आधारित स्टैंडर्ड तो ऊपर न उठाए जा सके, लेकिन वित्त के असर से शहरों का माहौल बिगड़ा, सूरत बिगड़ी और जो आधारभूत संरचनाएं पहले से मौजूद थीं, वे भी ध्वस्त हो गईं। पानी पाताल पहुंच गया, नदियों में पानी की जगह कचरा बहने लगा, भव्य इमारतों का कूड़ा-कचरा झुग्गी बस्तियों के लिए जहर बनने

लगीं। शहरों के विकास के लिए जिस पहली सीढ़ी का मैंने जिक्र वह यही है कि लोगों की अनिवार्य जरूरतों को पहले पूरा किया जाए। सरकारी आंकड़ों के अनुसार रांची की करीब 34 फीसदी आबादी झुग्गी बस्तियों में रहती है। जमशेदपुर में स्लम जनसंख्या करीब 75 हजार है। शहरी विकास की प्रक्रिया में आबादी के इस टुकड़े को गायब या अमानव मान लिया गया है।

इनके विकास के लिए अंबेडकर योजना है, जेएनएनयूआरएम के तहत भी स्लम विकास योजना है, लेकिन उनके विकास के बदले उनका सफाया ही बेहतर है, सरकार यही मान बैठी है। सवाल है कि झुग्गी बस्तियों में पल रहे बच्चों को शिक्षा, उनके उचित सामाजिक-राजनीतिक प्रशिक्षण कैसे मिले? यह जिम्मेदारी किसकी बनती है? मलीन बस्तियों में पानी की व्यवस्था कैसे होगी? शहरों में पल रही समानांतर व्यवस्थाएं झारखंडी समाज में विभिन्न तबके के लोगों की असल कहानी बयां करती हैं। झारखंड पर ऐसा राज्य होने का कलंक लग गया है जहां शहरों से गरीबों को खाली कराने के लिए गोलियां बरसायी जाती हैं, तो दूसरी तरफ व्यावसायिक संस्थानों, अपार्टमेंटों और प्रभावशाली लोगों को कानून तोड़ने के बाद भी अभयदान दिया जाता है। रांची में गुड्डन और बोकारो में चार लोगों की मौत पर सवाल क्यों खड़ा न हो।

इस सरकारी प्रक्रिया से एक सवाल और जन्मा कि शहर आखिर किसका? हाइकोर्ट के निर्देश के बावजूद शहरी विस्थापितों को बसाया नहीं गया, तंबुओं में जीने-मरने के लिए छोड़ दिया गया। इसलिए मैंने कहा कि झारखंड में विकास की बात करते ही लोग सहम जाते हैं, डर जाते हैं। मौलिक समस्याओं से तो हम उबर नहीं पाए हैं तो पेरिस, लंदन का चोला कैसे पहन सकते हैं। हम शहरों के दिखावटी विकास से ज्यादा इस पर जोर दें कि सभी को साथ लेकर चलें, सबों तक सुविधाएं पहुंचाएं। वैसे भी नीति की बात तो यही है कि पहले उन्हें ही मिले, जो वंचित हैं।

शहरों के विकास में इस बात का ध्यान रखा जाना चाहिए और सड़क, बिजली, नाली, पानी की सुविधा मुहैया कराने की शुरुआत झुग्गी बस्तियों से की जाए। योजनाओं में फंड है, लेकिन स्लमों के विकास पर वह खर्च नहीं हो रहा। इससे दुखद और क्या हो सकता है। समावेशी विकास (इंक्लुसिव डेवलपमेंट) की अवधारणा शहरों पर भी लागू की जाए, तभी शहरी विकास का सही मायनों में लोगों को लाभ मिलेगा। नियोजन पहली शर्त होती है और उस पर ईमानदारी पूर्वक काम दूसरी। झारखंड का सच यही है कि हम दोनों ही मामलों में फेल हैं। शहरों में हर तरह की गतिविधियां होती हैं, उन गतिविधियों को सरकार नियंत्रित ढंग से एक सही दिशा दे। ऐसा करने से शहर आर्थिक गतिविधियों का गुलाम बनने के बजाय झारखंडी आबादी के लिए खुशी का केंद्र बनेगा, लाभ का वितरण न्यायपूर्ण होगा और सबके लिए संभावनाओं का द्वारा खोलेगा। लेकिन, यह सब होगा कैसे? इसका सीधा सा जवाब है कि हम झारखंड के शहरों को झारखंड के नजरिये से देखें, उसे उसी रूप में स्वीकार करें और उसे उसी थीम पर विकसित करें। ◆ ◆ ◆

व्यवस्था में सरकार की भूमिका है कहां?

अरविंद

सेंटर फॉर रिसर्च
एडवोकेसी एंड मीडिया

झारखंड के शहरों की फितरत क्या है और उसका मिजाज क्या है? जनगणना बताता है कि राज्य के 24 प्रतिशत लोग निवास स्थान से शहरी हैं। शहर का मतलब जहां बाजार है और जनसंख्या का घनत्व अधिक। लेकिन झारखंडी शहरों की कहानी थोड़ी जुदा है। अधिकतर मामलों में यहां के शहर औद्योगीकरण के गर्भ से निकले हैं, उसके ही प्रभाव में फले-फूले हैं।

कहने का मतलब यह कि झारखंडी शहरों का रूप-स्वरूप छोटे-मोटे बाजार और उस पर आर्थिक गतिविधियों में लिए निर्भर आबादी की बसावट से अधिक और कुछ नहीं। जिन शहरों को कंपनियों ने बसाया, वहां एक संरचनात्मक खाका तो मिलता है, लेकिन बाकी ने खुद-ब-खुद आकार लिया और शहर बन गए। इस कारण कुछेक शहरों को छोड़ झारखंड के अधिकतर शहर कस्बाई स्वरूप के हैं, जिन्होंने खुद-ब-खुद आकार लिया और एक बेतरतीब संरचना में बसते चले गए।

इस प्रक्रिया में सरकार की भूमिका नहीं रहने से आज झारखंड के तमाम शहर बहुआयामी समस्याओं से घिर गए हैं। जो तीन शहर झारखंड में शहरों का प्रतिनिधित्व करते हैं, उनमें जमशेदपुर को छोड़ राजधानी रांची और धनबाद में शहरी व्यवस्था अराजक स्थिति तक पहुंच गई है। अलग राज्य बनने के बाद शहरीकरण की प्रक्रिया और तेज हुई और इस क्रम में हर आर्थिक वर्ग के लोगों का यहां आना जारी रहा। लोग बसते गए और शहर बढ़ता गया। जितनी भी जरूरी व्यवस्थाएं होती हैं, वो लोग अपने बूते ही तैयार करते गए। मसलन सड़क, बिजली, नाली, पानी, शहर का मास्टर प्लान, इन सबमें सरकार की भूमिका लगभग नदारद रही। जहां सरकारी एजेंसियों की भूमिका रही, वहां योजनाएं लूट का जरिया बनीं। झारखंड के विभिन्न नगर निकायों में सीएजी ने अब तक करीब दो सौ करोड़ रुपये से अधिक की वित्तीय अनियमितता पकड़ी है।

झारखंड के किसी भी शहर में न तो शहरी डिमांड के अनुसार पेयजल की उपलब्धता सुनिश्चित की जा सकी है और न ही स्तरीय और चौड़ी सड़कों का निर्माण कराया जा सका है। राजधानी के माध्यम पूरे राज्य के शहरों की छवि का अंदाजा हो जाता है। बहरहाल, ढ़ाई हजार ईशा पूर्व की हड़प्पा सभ्यता के शहरों में भी बेहतरीन नागरीय सभ्यता और 90 डिग्री के रोड नेटवर्क के प्रमाण मिले हैं, लेकिन उस घटना के साढ़े चार हजार साल बाद भी झारखंड के शहरों की स्थिति देख रोना आता है।

किसी भी शहर का आशय भौतिक संरचनाओं से होता है और ये भौतिक संरचनाएं मूलभूत संरचनाओं के अगले स्टेज की चीजें हैं। झारखंड के तमाम शहर की खासियत यही है कि यहां कच्चे-पक्के मकान हैं और अर्द्ध विकसित बाजार। शहरी सुविधाओं के नाम पर कुछ नहीं है। इसलिए कुछेक औद्योगिक टाउनशिप को छोड़ झारखंड का कोई भी शहर आदर्श शहर की कसौटी पर खरा नहीं उतरता।

यहां शहरों की संज्ञा आबादी के आधार पर तय होती है, जिसमें लाइफ स्टैंडर्ड कोई मायने नहीं रखते। चूंकि झाररखंड में शुरू से ही गवर्नेंस का संकट रहा है और चुस्त-दुरुस्त प्रशासकीय व्यवस्था ओझल हो चुकी हैं, इसलिए इन शहरों का कायाकल्प नहीं हो पाया। नगर विकास विभाग की क्षमता और योजनाओं को लागू कराने की उनकी अगंभीरता ने झारखंडी शहरों को समाधान विहीन समस्याओं की ओर बढ़ा दिया। आज स्थिति

यह है कि यहां के तमाम शहरों में न तो आबाध बिजली आपूर्ति होती है और न ही कोई व्यवस्थित मानचित्र है। जीवन स्तर के मानकों पर भी शहरी आबादी का मूल्यांकन नहीं हुआ है। अलग-अलग संस्थाएं-एजेंसियां अलग-अलग फिगर देती है। इससे आबादी के लाइफ स्टैंडर्ड को समझना भी मुश्किल है। करीब तीन-चार साल पहले मैनहर्ट कंपनी को राजधानी के विकास के लिए रिपोर्ट तैयार करने का जिम्मा सौंपा गया था। मैनहर्ट की रिपोर्ट में राजधानी की बेहद ही दुखद तस्वीर सामने आई थी और लगा कि यहां तो कोई शहरी सुविधा है ही नहीं, और लोग अपने-अपने तरीके से जीए जा रहे हैं।

शहरी विकास के प्राथमिक मानकों में अच्छी व चौड़ी सड़कें, आबाध बिजली आपूर्ति, सफल ड्रेनेज-सिवरेज सिस्टम और शत प्रतिशत आबादी को स्वच्छ पेयजल शामिल हैं। इनमें से पेयजल संकट पर प्रशासन का अधिक जोर नहीं चल सकता है, क्योंकि आबादी बढ़ने के साथ भूमिगत जल का अधिक से अधिक दोहन होगा ही और जल संकट पैदा होना तय होता है। फिर भी सरकार, प्रशासन और नगर निकायों की जिम्मेदारी होती है कि भूमिगत जल भंडार का पुनर्भरण होता रहे। लोगों को जल संरक्षण के लिए जागरूक करे और वाटर हार्वेस्टिंग के उपायों को सख्ती से लागू कराए। भूमिगत जल के दोहन को नियंत्रित करे और जलस्रोतों को साफ-सुथरा रखे। मसलन रांची की तमाम नदियां चाहे वह स्वर्णरिखा हो या हरमू हो या आधा दर्जन भर पहाड़ी नाले सब के सब मर चुकी हैं, नाले में बदल गई हैं।

यही हाल जमशेदपुर में स्वर्णरिखा और खरकई नदियों का है। दामोदर की तो बात ही न की जाए। बाकी शहरों में भी कूड़ा, कचरा, ड्रेनेज-सिवरेल का विसर्जन नदियों में ही होता है। ऐसे में पानी का तो अकाल होगा ही। शहरी जलापूर्ति आने वाले दिनों में झारखंड की सबसे बड़ी समस्या होगी, जिसका रूप अभी से शहरों में दिखने लगा है। नगर निकाय इस भीषण समस्या के प्रति समय रहते जागरूक हो जाएं। इसके अलावा बाकी इंफ्रास्ट्रक्चर जिसमें सड़क, बिजली, सिवरेज-ड्रेनेज सिस्टम शामिल हैं, उसे सरकार तैयार कर सकती है। ग्यारह सालों में सरकार इस बिंदु पर नाकाम रही है।

चौड़ी सड़कों से किसी शहर की 40 प्रतिशत तक समस्या अपने-आप समाप्त हो जाती है। सड़कें चौड़ी होंगी तो ट्रैफिक स्मूद होगा और वायु एवं ध्वनि प्रदूषण अपने आप कम होगा। लोगों को भी फायदा होता कि गाड़ी में इंधन की खपत कम होती है और शहरी जीवन की गति बरकरार रहती है, क्योंकि शहरों में एक-एक पल कीमती होता है, जिसका आर्थिक महत्व होता है।

झारखंड में जिन शहरों का विकास कंपनियों ने किया है, वहां तो सड़कों की मास्टर प्लानिंग बेहतरीन है, लेकिन जिन शहरों की जिम्मेदारी सरकार की है, वहां शहरी ट्रैफिक व्यवस्था फेल नजर आती है। बाकी शहरों की बात छोड़ दें, राजधानी तक में बाइपास नहीं है। भारी गाड़ियां शहर के बीचो-बीच गुजरती हैं और पूरी यातायात व्यवस्था को रौंदती हुई आगे निकलती है। बिजली के मामले में भी वैसी ही स्थिति है। कुछेक पूर्वी राज्यों को छोड़ भारत के गांव-गांव तक न सिर्फ बिजली पहुंच गई है, बल्कि 20 से 24 घंटे तक आपूर्ति भी की जाती है। झारखंड के गांवों तो दूर शहरों में भी चार घंटे बिजली नहीं रहती। कहने का मतलब यह कि झारखंड के तमाम शहर स्वयंभू हैं और स्वसंचालित हैं। सरकार की भूमिका इसमें है कहां? सरकार ही बताए।

◆ ◆ ◆

जो थे खेवैया, उन्होंने ही डुबोया

प्रवीण कुमार

झारखंड में प्रशासकीय समस्या पर शोधकार्य

झारखंड में शहरों की बात करते ही एक अराजक व्यवस्था की छवि उभरने लगती है। अभी सीएनटी का विवाद चल रहा है और हाइकोर्ट के आदेश के बाद तमाम शहरी लोग जो बाहर से आकर यहां बसे हैं, उनके हलक सूखने लगे हैं। औद्योगीकरण की प्रक्रिया हमेशा अपने साथ बाहरी आबादी लाती है और उसके बसने के साथ-साथ शहर आकार लेता जाता है। इस प्रक्रिया में स्थानीय भूमि कानूनों का उल्लंघन होना तय था।

सरकारी अधिकारी भी बाहरी थे, इसलिए नियम-कानूनों में ढील बाहरी आबादी के बसने-बसाने के क्रम में दे दी गई। छोटानागपुर काश्तकारी कानून को धता बताते हुए शहरीकरण की प्रक्रिया दशकों से चलती आ रही है। अब जब इस कानून को सख्ती से लागू कराने का आदेश हाइकोर्ट ने दिया है, तब झारखंड के अधिकतर शहरों का अस्तित्व अनिश्चित-सा हो गया। शहरी आबादी भी बंट गई है और वर्ग संघर्ष की पृष्ठभूमि तैयार होने लगी है। जिस तरह कानून का उल्लंघन हुआ, उसी तरह शहरीकरण के नियमों का भी उल्लंघन हुआ। कुछ शहरों को छोड़ झारखंड के अधिकतर शहर नए हैं, फिर भी कोई मास्टर प्लान नजर नहीं आता। शहरी निकाय जहां एक ओर नाकाम साबित हुए, वहीं राजस्व के स्रोतों को भी विकसित नहीं किया जा सका। राजस्व उगाही के साधन नहीं होने से नगर निकायों की सेवाएं प्रभावित हुईं और ये एजेंसियां शहरी सुविधाएं मुहैया कराने में नाकाम साबित हुईं।

सीएजी की रिपोर्ट के अनुसार झारखंड के शहरी निकायों में 15 प्रतिशत से लेकर 72 प्रतिशत तक कर्मचारियों की कमी है। सीएजी ने दर्जन भर से अधिक निकायों में करोड़ों की वित्तीय अनियमितताओं को पकड़ा है। इसके बाद भी अधिकतर मामलों में कार्रवाई नहीं हुई। इन अरबन लोकल बॉडीज पर अरबन इंफ्रास्ट्रक्चर डेवलप करने की जिम्मेदारी होती है। लेकिन ये मनमाने तरीके से काम करते रहे। मार्च 2008 में राज्य के 39 नगर निकायों में से 28 के लिए चुनाव हुआ। इसके बाद शहरी आबादी में एक आस जगी कि अब शहरों का चेहरा बदलेगा और स्थिति सुधरेगी।

आज चार साल बीत गए, लेकिन ऐसा कुछ नहीं हुआ। तीन नगर निगम, चार नगरपालिकाएं, 11 नगर परिषदों, 16 नगर पंचायतों और पांच नोटिफाइड एरिया काउंसिल में से एक भी सही तरीके से काम नहीं कर रही हैं। यही वजह है कि सड़क, बिजली, नाली, पानी, चिकित्सा सेवा आदि की स्थिति हर जगह भगवान भरोसे है। टैक्स रिविजन सात से 42 सालों तक नहीं हुआ है। न तो बजट इस्टीमेट तैयार किया जाता है और न ही खर्च के रजिस्टर को मेंटेन किया जाता है। शहरों में आर्थिक वर्ग में भी बड़ा अंतर है। बेरोजगारी दर 8.3 है। शहरी सामाजिक व्यवस्था भी उसी अनुसार ढल गई है।

ग्रामीण क्षेत्रों से लोग रोजगार की तलाश में शहर आते हैं, लेकिन यहां उन्हें नरक की सी जिंदगी जीनी पड़ती है। फुटपाथ दुकानदारों, वेंडरों के लिए भी कोई स्थायी व्यवस्था नहीं है। हालांकि, इस संबंध में सुप्रीम कोर्ट ने निर्देश दिया था कि देश के सभी शहरों में वेंडरों, फुटपाथ दुकानदारों का विस्तृत सर्वे कराकर उनके हित में जरूरी कदम उठाए जाएं। जिन लोगों की फुटपाथ के सहारे जिंदगी चल रही है, उन्हें स्थायी जगह दी

जाए। लेकिन जून 2011 में इसकी डेडलाइन समाप्त होने के बाद भी झारखंड के शहरों में फुटपाथ दुकानदारों के लिए कुछ नहीं किया जा सका है। ट्रैफिक सुविधा के नाम पर जब- तब उन्हें इधर-उधर भगाया जाता रहा है। इस संबंध में बीते मार्च में जब झारखंड हाइकोर्ट ने अतिक्रमण हटाने का आदेश दिया, तब सबसे पहला कहर झुग्गी बस्तियों और फुटपाथ दुकानदारों पर ही टूटा। हालांकि, अतिक्रमण कई बड़े प्रतिष्ठानों और सरकारी भवनों ने भी किया था, लेकिन उनके खिलाफ कार्रवाई नहीं हुई। सरकार के इस पक्षपातपूर्ण कार्रवाई के कारण झारखंड की शहरी आबादी दो खेमों में बंट गई थी और प्रशासन के बुलडोजर का लोगों ने जमकर विरोध किया था। यहां यह भी बता देना मौजू होगा कि जब झारखंड के शहरों में ऐसी कार्रवाइयां चल रही थीं, उस वक्त मुख्यमंत्री यूरोप दौरे पर निकल लिये थे।

चौतरफा विरोध के बाद आनन-फानन में सरकार ने नक्शा नियमितीकरण विधेयक लाकर मामले को शांत करना चाहा, लेकिन गिनती के लोगों ने भी इसका लाभ नहीं उठाया। मैं सरकार और प्रशासन की जिम्मेदारियों की बात कर रहा हूं कि किस तरह हर मामले में कानून का उल्लंघन किया गया, कोर्ट के आदेशों की अवहेलना की गई। इन परिस्थितियों में झारखंड के शहरों में कोई भी व्यवस्था नजर नहीं आती। ग्रेटर रांची बनाने के नाम पर बाबूलाल मरांडी ने वर्ष 2003 में सुकुरहुटू में पत्थर रख विश्वस्तरीय राजधानी बनाने की घोषणा की थी। एक तरफ जहां शहरी और पूंजी संपन्न आबादी उत्साहित थी, तो दूसरी तरफ उन गांवों के लोगों पर विस्थापन की तलवार लटकने लगी। विरोध शुरू हुआ, तब तक मरांडी की सरकार ही बदल गई। इसी तरह रांची रिंग रोड का निर्माण कार्य भी सालों से चल रहा है।

अब इसके बाद राज्य में हुए भूमि घोटालों का संदर्भ देखें। अगर इन स्थितियों का विश्लेषण करें तो शहरी विकास के नाम पर जितने भी सरकारी कर्मकांड हुए हैं, वे सब बस अवैध तरीके से पैसे कमाने के लिए, सरकारी कामों के जरिये कमीशन कमाने के लिए। ग्रेटर रांची, मेगा सिटी का हौवा फैलाकर जमीन के दामों को कृत्रिम रूप से आसमान पर पहुंचा दिया गया। लोग भी आकर्षित होकर फ्लैट खरीदने की होड़ में शामिल हो गए। सरकारी कर्मचारी नियमों को ताक पर रखते हुए अवैध तरीके से नक्शा पास करने से लेकर जमीन दलाली तक में उतर गए।

इसके एक-दो नहीं, सैकड़ों उदाहरण मिलेंगे। सभी सरकारी अधिकारियों के संबंध में अगर इसकी जांच हो तो दूध का दूध और पानी का पानी हो जाए। जिन सरकारी एजेंसियों पर शहर के विकास की जिम्मेदारी थी, वे भू-माफिया और बिल्डरों के साथ मिलकर लूटकर्म में लग गए और शहरी संरचना पूंजी के बहाव के साथ आकार लेता गया। ऐसे में ताजा सीएनटी विवाद का सबसे अधिक असर झारखंड के शहरों पर ही पड़नेवाला है। शहरी क्षेत्रों में ही सबसे अधिक सीएनटी एक्ट का उल्लंघन हुआ है। लेकिन इसमें लोगों से अधिक सरकार और शहरी विकास की एजेंसियों का दोष है।

हाइकोर्ट ने जमीन वापसी के आदेश तो दिए, पर दोषियों पर दंडात्मक कार्रवाई भी जरूरी है। झारखंड के शहरों को नारकीय स्थिति में लानेवालों को सजा तो मिलनी ही चाहिए। सवाल उठता है कि झारखंड जैसे घोर भ्रष्ट राज्य में क्या ऐसा संभव है। लोगों का विधायिका और कार्यपालिका पर से विश्वास उठ चुका है। न्यायपालिका ही न्याय दिला सकती है। शहरों का विकास इन मृत और भ्रष्टाचार में डूबी सरकारी एजेंसियों के रहते नहीं हो सकता, इन्हें भंग कर अनियमितताओं की सीबीआइ जांच हो। भू-माफिया और बिल्डरों के संबंध में कड़े कानून बनाकर उन्हें सख्ती से लागू कराया जाए, न कि सत्ता में बैठे लोग बिल्डरों के साथ फोटो खिंचवाकर अपने को धन्य महसूस करें।

◆ ◆ ◆

अभी दूर है मंजिल

विनोद श्रीवास्तव

पत्रकार

खर्च के मामले में पड़ोसी राज्यों में तीसरे (देश में नौवें), 100 दिन रोजगार देने में चौथे और योजनाओं के कार्यान्वयन में सातवें पायदान पर खड़े झारखंड में मनरेगा का हाल बेहाल है। खर्च की बात करें तो झारखंड ने अब तक अपने मनरेगा बजट का 63.22 फीसदी राशि खर्च किया है, जबकि पूरी हुई योजनाओं का ग्राफ 14 प्रतिशत पर ही क्यों टिका है।

विशेषज्ञों की मानें तो योजनाओं के विरुद्ध अग्रिम निकासी को खर्च बताने का यह एक नायाब तरीका है। सरकार के आंकड़े बताते हैं फरवरी 2006 से झारखंड में प्रभावी मनरेगा के तहत वित्तीय वर्ष 2006-07 में ली गई 76,941 में से 30,519, 2007-08 में 1,63,917 में से 51,647, 2008-09 में 1,60,011 में 64, 614 , 2009-10 में 1,60,813 में 75,767 , जबकि 2010-11 में 2,53,715 योजनाओं में से 43,316 ही पूरी हुई। सरकारी बुकलेट के मुताबिक इन वर्षों में क्रमशः 73.70, 84.92, 57.14, 72 व 76.40 फीसदी राशि खर्च हुई। 47 सहयोगी संस्थाओं के माध्यम से पलायन पर काम कर रहे गैर सरकारी संगठन एक्शन अगेंस्ट ट्रैफिकिंग एंड सेक्सुअल एक्सप्लायटेशन (एटसेक) के मुताबिक 2007-08 में झारखंड से 30 से 35 हजार लोगों का पलायन अन्य राज्यों के लिए हुआ था, 2009-10 में यह संख्या बढ़कर 50,000 पार कर गई। बीते साल अप्रैल में एटसेक की ओर से राजधानी वाले जिले रांची के चान्हों प्रखंड के 15 गांवों का सर्वेक्षण किया गया। 3,710 आबादी वाले इस गांव के 700 लोग काम की तलाश पलायित कर गए थे। कुल पलायन की बात करें तो बीते साल एक लाख से अधिक लोगों का पलायन हुआ है। ये ऐसे लोग हैं, जिनकी वापसी अनिश्चित है। दूसरी ओर मार्च से अक्टूबर तक मौसमी पलायन करने वाले झारखंडवासियों की भी बड़ी तादाद है। खासकर संताल परगना के गांवों में यह स्थिति विकट है।

कहां जा रही राशि : ऐसी बात भी नहीं कि गांवों के विकास पर सरकार बिल्कुल ही मौन है। विकास के लिए केंद्र संपोषित मनरेगा, इंदिरा आवास योजना, स्वर्णजयंती ग्राम रोजगार योजना, जलछाजन विकास कार्यक्रम, प्रधानमंत्री ग्राम सड़क योजना और राज्य संपोषित मुख्यमंत्री ग्राम सेतु योजना के अलावा सांसद व विधायक निधि से संचालित कई योजनाएं चल रही हैं। इन योजनाओं पर हर वर्ष अरबों खर्च हो रहे हैं। यह बात अलग है कमीशनखोरी, भ्रष्टाचार आदि के नाम पर इस राशि का बड़ा हिस्सा बंट जाता है।

अभिनव प्रयोग : रांची के मांडर और रातू प्रखंड में मनरेगा के तहत निर्मित सिंचाई कूप का उपयोग सब्जी उत्पादन में हो रहा है। सरकार की पहल पर किसानों की उपजाई सब्जियों की खपत स्कूलों में संचालित मध्याह्न भोजन में की जा रही है। इस कार्य में किसी भी स्तर पर गड़बड़ी न हो, इसकी जवाबदेही सौंपते हुए सरकार ने प्रखंड प्रशासन के अधिकारी को नोडल पदाधिकारी बना दिया है। इससे जहां एक ओर स्कूली बच्चों को ताजा सब्जियां मिल रही हैं, वहीं किसानों को स्थानीय स्तर पर बाजार।

विसंगतियां : ■ एनआरएचएम व सर्व शिक्षा अभियान की तर्ज पर मनरेगा का इंजीनियरिंग सेल नहीं होने से समय पर योजनाओं का मूल्यांकन नहीं हो पाता।

■ प्रखंड कार्यक्रम पदाधिकारी बीडीओ और जिला कार्यक्रम पदाधिकारी उपायुक्तों के अधीन हैं। उनको वित्तीय शक्ति नहीं देने के कारण कार्य प्रभावित होता है।

■ नियमतः 50 प्रतिशत कार्य विभिन्न विभागों व 50 प्रतिशत पंचायत के जरिये कराए जाने का प्रावधान है। इसका अनुपालन नहीं हो रहा।

■ योजनाओं के चयन में बिचौलिये ग्रामसभा पर हावी हैं। पंचायती राज व्यवस्था प्रभावी होने के बाद जो शक्ति पंचायतों को मिलनी चाहिए थी, नहीं मिली। चुनाव के बाद जो कार्य जिला परिषद के जिम्मे होना चाहिए था,

उसपर आज भी डीआरडीए का कब्जा है।

■समय पर मजदूरी नहीं मिलने से जॉब कार्ड धारक भी शहर व अन्य महानगरों के लिए कर रहे पलायन। ऐसे मजदूर मजबूरी में काम कर रहे हैं, शाम में पैसे की आस में तय मजदूरी से कम रकम (80-90 रुपये) स्वीकार कर रहे हैं। पैसे आने पर शेष 30 रुपये बिचौलिए की जेब में चले जाते हैं। संताल परगना प्रमंडल के गांवों के लिए यह आम बात है।

■कम मजदूरी भी मनरेगा की सफलता में बाधक है। कूप निर्माण जैसे कार्य, जहां 15 फीट की गहराई के बाद कुशल श्रमिक की जरूरत होती है, उनकी मजदूरी 250 से 300 रुपये तक है, जबकि मनरेगा में 120 रुपये देने का प्रावधान है। ऐसे में जहां ईमानदारी से काम नहीं होता, वहीं कई मामले में एक मजदूर पर दो मजदूरों की राशि खर्च करनी पड़ जाती है। ऐसे में फर्जी हाजिरी बनाई जा रही है।

■अधिकारियों का समय से पहले तबादला। 11 वर्ष पुराने झारखंड में अब तक बदल चुके हैं आठ मनरेगा आयुक्त।

गांव की सरकार, मांगे अधिकार : 32 वर्ष बाद गांव की सरकार अस्तित्व में तो आ गई, परंतु ग्राम स्वराज का वास्तविक सपना कैसे साकार होगा, यह आज भी भविष्य के गर्भ में है। गांव की सरकार को सशक्त करने के लिए कुल 43 नियमावलियां तैयार की जानी हैं। इनमें से 13 तैयार हो चुकी हैं। इनमें से कुछ को विभागीय मंत्री तो कुछ को कैबिनेट का अनुमोदन मिल चुका है, कुछ आज भी पाइप लाइन में है। झारखंड सरकार पंचायत प्रशासन के मामले में सबसे सशक्त माना जाने वाला राजस्थान मॉडल यहां उतारने का संकल्प कई बार दोहरा चुकी है। इस अनुरूप दो ही कदम सही, सरकार ने बढ़ाए भी, परंतु चाल थोड़ी सुस्त पड़ी है। अब तक पंचायत प्रतिनिधियों को न तो संविधान प्रदत्त अधिकार मिले और न ही उन्हें अमलीजामा पहनाने की शक्ति। बात चाहे चुनकर आए 53 हजार पंचायत प्रतिनिधियों को पंचायत प्रशासन का क ख ग सिखाने की हो या उनसे संबंधित कार्यों की 'मानिटरिंग' की। यह तभी संभव है, जब विभाग में फुल बेंच पदाधिकारी/ कर्मचारी हों, परंतु पंचायती राज विभाग की स्थिति इस मामले में अन्य विभागों से भी गया गुजरा है। यहां सृजित पदाधिकारियों व कर्मचारियों के 61 पदों में से कार्यरत बल सिर्फ 17 ही हैं। ऐसी परिस्थिति में 'गांव की सरकार' का क्या होगा, भविष्य ही बताएगा।

◆ ◆ ◆

लोकपालों को पद मिला, सुविधाएं नहीं

मनरेगा से संबंधित किसी भी तरह की शिकायत सुनने के लिए झारखंड में लोकपाल के सात पद तो सृजित हुए, परंतु चार महीने बाद भी उनके बैठने की जगह नही मिली। नतीजतन उनकी उपयोगिता सिद्ध नहीं हो पा रही है। प्रति माह केंद्र को नहीं भेजी जा रही रिपोर्ट।

33 अभियंताओं पर 60 प्राथमिकियां

गरीबों को 100 दिनों का रोजगार मुहैया कराने वाला केंद्र का महत्वाकांक्षी कानून मनरेगा झारखंड में भ्रष्टाचारियों की गिरफ्त में है। जिला प्रशासन की कर्तव्यहीनता और ठेकेदार-बिचौलिया गंठजोड़ की यह एक बानगी भर है कि राज्य के आठ अलग-अलग विभागों के 33 अभियंताओं/अधिकारियों पर मनरेगा में गड़बड़ियों की 60 प्राथमिकियां दर्ज कराई जा चुकी हैं।

मुखियाजी संभालेंगे मनरेगा

झारखंड में मनरेगा के कार्यों का दायित्व अब मुखिया संभालेंगे। ग्रामीण विकास विभाग ने इस बाबत मार्गदर्शिका जारी की है। मार्गदर्शिका में मुखिया के दायित्व, वित्तीय अधिकार आदि की जानकारी दी गई है।

कैसी-कैसी गड़बड़ियां

- लाभुक से मिलकर मनरेगा के तहत स्वीकृत राशि का गबन।
- कूप निर्माण में अनियमितता, राशि असमायोजित रखना।
- उच्चाधिकारियों को धोखे में रखकर बिना कार्य आवंटन के राशि का विचलन।
- राशि निजी खाते में रखना, आदेश की अवहेलना।
- बगैर भौतिक सत्यापन द्वितीय किस्त का भुगतान।
- मनरेगा में ठेकेदारी व बिचौलियों को प्रश्रय देना।
- स्वीकृत योजनाओं की फर्जी मापी, नियोजित फर्जीवाड़ा।

ग्रामीण विकास को लेकर सरकार प्रतिबद्ध

सुदेश कुमार महतो

पूर्व उप मुख्यमंत्री सह पंचायती राज मंत्री सह ग्रामीण विकास मंत्री, झारखंड सरकार

सरकार ग्रामीण विकास के लिए प्रतिबद्ध है। राज्य गठन के बाद विकास की कई योजनाएं धरातल पर उतरी हैं, कई उतरने वाली हैं। हाल ही में केंद्र ने पीएमजीएसवाइ के 10वें चरण को मंजूरी दी है। इससे 1,250 किलोमीटर लंबी सड़क व 75 पुलों का निर्माण होगा, जो ग्रामीण विकास के मामले में मील का पत्थर साबित होगा।

चालू वित्तीय वर्ष में 14,000 किलोमीटर ग्रामीण सड़क निर्माण का लक्ष्य निर्धारित किया गया है, जिनमें 5,000 किलोमीटर सड़क लगभग बन चुकी है। प्रथम चरण में राज्य के सौ गांवों को आदर्श गांव बनाने की प्रक्रिया शुरू कर दी गई है। इन गांवों में ग्राम संसद का भी निर्माण होगा, जहां ग्राम्य स्तर पर विविध कार्यक्रमों का आयोजन हो सकेगा।

ग्रामीणों की सामाजिक-आर्थिक स्तर को ऊंचा उठाने के लिए उन्हें विभिन्न रोजगारोन्मुखी कार्यक्रम से जोड़ने की सरकार की तैयारी है। ग्रामीणों को मनरेगा से जोड़ने के लिए मनरेगा श्रमिक यूनियन का गठन किया गया है।

अगले पांच वर्षों में जलछाजन मिशन के तहत दो लाख हेक्टेयर भूमि को सिंचित करने की दिशा में सरकार कदम बढ़ा चुकी है। 12 जिलों में 19 मिशन पर कार्य प्रारंभ हो चुका है। स्वर्ण रेखा जैसी बहुद्देश्यीय सिंचाई परियोजना समेत कई वृहद एवं मध्यम सिंचाई योजनाओं को शीघ्र ही आधार मिलने वाला है।

राज्य में 32 वर्षों के बाद पंचायत चुनाव हुए हैं। सरकार उन्हें फंड, फंक्शन और फंक्शनरीज सौंपने की तैयारी में है। कृषि, कल्याण, समाज कल्याण, शिक्षा और स्वास्थ्य जैसे महत्वपूर्ण विभागों के अधिकतर क्रियाकलापों पर अब गांव की सरकार का दबदबा होगा। पंचायती राज संस्थाएं इन विभागों के अराजपत्रित कर्मचारियों को जहां लघु दंड दे सकेंगी, वहीं जिले के अंदर उनका स्थानांतरण भी कर सकेंगी। इसी क्रम में सरकार ने अब जिला परिषद व पंचायत समिति के सदस्यों को भी हर महीने मानदेय देने का निर्णय लिया है। इसकी कार्रवाई चल रही है। इससे तकरीबन 4,900 पंचायत प्रतिनिधियों को लाभ होगा। केंद्र की सहायता से राज्य सरकार नक्सल प्रभावित क्षेत्रों के विकास पर भी विशेष कार्य कर रही है। सारंडा की छह पंचायतों के 56 गांवों में जहां अतिरिक्त रोजगार सेवक नियुक्त किए गए हैं, वहीं 1,800 परिवारों को इंदिरा आवास दिया गया है। हर गांव में दो-दो चापानल लगाए जा चुके हैं। 7,000 में से 1,500 परिवारों को भूमि का पट्टा दिया गया है। ◆ ◆ ◆

ग्रामीण विकास

वित्तीय वर्ष	खर्च (लाख में)
2002-03	58940
2003-04	76357.99
2004-05	69812.34
2005-06	72192.77
2006-07	60171.93
2007-08	65757.7
2008-09	69038.4
2009-10	84057
2010-11	104405
ग्रामीण कार्य विभाग	
2004-05	12748.72
2005-06	11412.68
2007-08	26318.1
2008-09	27489.7
2009-10	20633
2010-11	18319

अपने पैरों पर खुद कुल्हाड़ी मार रहे हम

सुधीर पाल

मंथन शोध संस्थान

पंचायतों को कार्यशील और बेहतर बनाने के लिए भारत सरकार ने पीईआईएएस स्कीम की शुरुआत की है। पंचायतों के सशक्तीकरण और जवाबदेही से जुड़ा यह स्कीम मूलतः राज्य सरकारों और पंचायतों को उनके प्रदर्शन के आधार पर प्रोत्साहन देने का उपक्रम है। यानी यदि पंचायतें कार्यशील हैं, कारगर हैं, प्रभावी हैं, जनता के प्रति जवाबदेह हैं, कार्यों में पारदर्शिता है तो यकीन मानिये भारत सरकार प्रोत्साहन स्वरूप ज्यादा निधि उपलब्ध कराएगी।

पंचायतों के प्रदर्शन को मापने के लिए भारत सरकार ने विकेंद्रीकरण सूचकांक का पैमाना तय किया है। विकेंद्रीकरण सूचकांक पंचायतों के कार्यशील और प्रभावी होने या ना होने का सटीक दस्तावेज है। विकेंद्रीकरण सूचकांक में झारखंड कहां है, यह जानने के लिए सूचकांक के घटकों और इससे जुड़े विविध आयामों को समझना जरूरी है। भारत सरकार ने वर्ष 2006 में पंचायत सशक्तीकरण और जवाबदेही स्कीम शुरू की तो इसका आधार निधि, कार्य और कार्मिकों को बनाया। 2008 में एक और आयाम विकेंद्रीकरण सूचकांक इसके साथ जुड़ गया। यह सूचकांक झारखंड जैसे प्रदेश जहां 32 सालों से पंचायत चुनाव नहीं हुए थे, के लिए ज्यादा महत्वपूर्ण थे। विकेंद्रीकरण सूचकांक के चौथे आयाम के रूप में वैधानिक फ्रेमवर्क को रखा गया। विकेंद्रीकरण के चार आयाम निम्न हैं।

वैधानिक फ्रेमवर्क : 73वें संवैधानिक संशोधन ने पंचायत राज के गठन को एक स्वशासी निकाय के रूप में स्थापित करने की परिकल्पना की है। विकेंद्रीकरण सूचकांक के फ्रेमवर्क आयाम के तहत इसके हर प्रावधान के अनुपालन पर स्कोर की व्यवस्था की गयी है। राज्य में अनुच्छेद 243-जे के तहत राज्य निर्वाचन आयोग का गठन हुआ है या नहीं। अनुच्छेद 243-इ के अनुरूप पंचायतों के निर्वाचन हर पांच साल पर हो रहे हैं या नहीं। पंचायतों के दो चुनावों के बीच पांच साल से ज्यादा का अंतराल है क्या, उप चुनाव हो रहे हैं क्या, और पंचायतों के विघटन की प्रक्रिया क्या है।

अनुच्छेद 243-आई के अनुरूप राज्य वित्त आयोग का गठन हुआ है या नहीं। आयोग के सदस्यों की योग्यताएं आयोग का नियमित अंतराल पर गठन, आयोग की अनुशंसाओं पर राज्य सरकार की सहमति, अनुशंसाओं पर सही समय पर कार्रवाई तथा आयोग ने राज्य निधि के बंटवारे के फॉर्मूले पर काम किया है या नहीं। इसी तरह अनुच्छेद-243 जेड डी के अनुरूप जिला योजना समिति का गठन तथा इसके कार्य निर्धारित हैं या नहीं। जिला योजना समिति की नियमित बैठकें होती हैं या नहीं, योजनाओं के निर्माण और इसके समेकन का काम होता है या नहीं। राज्य योजना में जिला योजना समिति की अनुशंसाओं को शामिल किया जाता है या नहीं। अनुच्छेद 243 एफ के अनुरूप राज्य में पंचायतें कितनी स्वायत्त हैं, निर्णय लेने और निर्णय को लागू करने की योग्यता और अधिकार पंचायतों को है या नहीं। कमजोर तबके यथा अनुसूचित जाति, अनुसूचित जनजाति और महिलाओं के लिए अनुच्छेद-243डी के अनुरूप त्रि-स्तरीय पंचायती राज व्यवस्था में सीटें आरक्षित की गई हैं या नहीं। भारत सरकार के विकेंद्रीकरण सूचकांक में वैधानिक फ्रेमवर्क के लिए अधिकतम 100 अंक निर्धारित किये गए हैं और फ्रेमवर्क के सभी प्रावधानों पर खरा उतरने वाले राज्यों को अंक के आधार पर उनके प्रदर्शन का आकलन होता है। विकेंद्रीकरण सूचकांक का दूसरा आयाम पंचायतों के कार्यों से जुड़ा है।

अनुच्छेद-243 जी, अनुसूची 11 के 29 विषयों में से कितने कार्य पंचायतों को सौंपे गए हैं। फ्लैगशिप कार्यक्रमों में पंचायतों की भागीदारी का स्तर क्या है, ग्राम सभा की बैठकें नियमित होती हैं, बैठकों में एजेंडे पर

चर्चा होती है या नहीं, योजनाओं के बजट, कार्यक्रमों की स्वीकृति, लाभुकों की सूची और उपयोगिता प्रमाण पत्र पर ग्राम सभाओं में चर्चा होती है या नहीं, पंचायतों के कामकाज में पारदर्शिता है या नहीं, सूचना अधिकार कानून-2005 के तहत सूचनाएं लेने के प्रावधान उपलब्ध हैं या नहीं। विकेंद्रीकरण सूचकांक का तीसरा आयाम वित्त से जुड़ा है। अनुच्छेद -243 एच के अनुरूप पंचायतों को टैक्स, लेवी, शुल्क वसूलने का अधिकार है या नहीं। यदि पंचायतों को ये अधिकार हैं तो क्या वे इस अधिकार का प्रयोग कर पा रहे हैं। राज्य के राजस्व का कितना हिस्सा पंचायतों को दिया जा रहा है। विगत दो वित्त वर्षों में पंचायतों को कितनी राशियां उपलब्ध हुई हैं। पंचायतों को उपलब्ध निधियों के आय-व्यय के तौर-तरीके क्या रहे हैं, स्थानीय निकायों को राष्ट्रीय वित्त आयोग से उपलब्ध निधियों के आवंटन की स्थिति क्या है, पंचायतों को निधि उपलब्ध कराने के लिए क्या कोई तरीका, फॉर्मूला, प्रक्रिया या स्वरूप निर्धारित हुआ है।

वित्तीय प्रबंधन, अनुश्रवन एवं मूल्यांकन की व्यवस्था क्या है? विकेंद्रीकरण सूचकांक का चौथा महत्वपूर्ण आयाम कार्मिकों से जुड़ा है। सरकारी कर्मचारी, अधिकारी पंचायतों के प्रति कितने जवाबदेह हैं, नियुक्ति, स्थानान्तरण और अनुशासनात्मक कार्रवाई के मामले में पंचायतों को कितने अधिकार प्राप्त हैं, पंचायतों के अपने कैडर हैं क्या, निर्वाचित प्रतिनिधियों और पंचायतों से जुड़े अधिकारियों, कर्मचारियों का क्षमतावर्धन प्रशिक्षण हुआ है क्या, पंचायतों की आधारभूत संरचनाएं, उनका प्रबंधन और रख-रखाव कितना बेहतर है। भारत सरकार इन्हीं चार आयामों, आधारों, घटकों के आधार पर पंचायतों के प्रदर्शन को आंकती है। 100 फीसदी के अधिकतम स्कोर के सूचकांक में वर्तमान समय में केरल पहले स्थान (70 प्रतिशत) पर, कर्नाटक दूसरे स्थान (62.4 प्रतिशत) पर, पश्चिम बंगाल तीसरे स्थान (59.6 प्रतिशत)पर और राजस्थान चौथे स्थान (53.9 प्रतिशत)पर है। केंद्र शासित प्रदेशों और उतर पूर्व राज्यों को छोड़ दें तो राज्यों के सूचकांक में झारखंड 19वें नंबर पर है। यह परिणाम अप्रैल 2009 का हैं, तब राज्य में त्रिस्तरीय पंचायती राज व्यवस्था कायम नहीं थी। झारखंड में पंचायत चुनाव के एक साल बाद विकेंद्रीकरण सूचकांक के विविध आयामों का आकलन समीचीन है। वैधानिक फ्रेमवर्क के सूचकांक में झारखंड बेहतर है।

राज्य निर्वाचन आयोग, राज्य वित्त आयोग, जिला योजना समिति के गठन और कार्यों तथा पंचायतों में कमजोर तबके के समुदायों के प्रतिनिधित्व के मामले में झारखंड अच्छी स्थिति में है। राज्य में महिलाओं के लिए 50 फीसदी आरक्षण और अनुसूचित जनजाति के लिए अनुसूचित क्षेत्र में 80 प्रतिशत आरक्षण सूचकांक के पहले आयाम में अच्छी स्थिति में राज्य को रखता है। पंचायतों को काम सौंपने के मामले में हम काफी पीछे हैं। 11वीं अनुसूची में दिए गए 29 विषयों को पंचायतों को सौंपने के मामले में हम बेहद पीछे हैं। पेयजल स्वच्छता विभाग को छोड़ दें तो अन्य विभागों ने केवल निगरानी और अधिकारियों के साथ बैठक करने की आजादी और अधिकार ही पंचायतों को दिया गया है। अनुसूचित क्षेत्रों में ग्राम सभाओं की स्थिति बेहतर है। वित्त के मामले में झारखंड की पंचायतें निर्धन हैं। राज्य सरकार ने पंचायतों के टैक्स, लेवी और शुल्क वसूली से संबंधित नियमावली नहीं बनाई है। राज्य के राजस्व में हिस्सेदारी से संबंधित न तो फॉर्मूले तय हुए हैं और न ही नियमित निधि का प्रवाह पंचायती राज में हो रहा है। राज्य वित्त आयोग का गठन अधूरा है। राज्य वित्त आयोग में सिर्फ चेयर्स ही नियुक्त होती रही है। सदस्यों की नियुक्ति नहीं होने से आयोग काम नहीं कर पा रहा है। वित्त आयोग को पंचायती राज विभाग के तहत रखा गया है और इस वजह से कई मामलों में वित्त की सहमति नहीं मिल पाती है। सूचकांक का 40 प्रतिशत स्कोर पंचायतों के वित्त से जुड़ा है। कर्मचारियों के पंचायतों से जुड़ाव और जवाबदेही की स्थिति झारखंड में बेहतर नहीं है। नियुक्ति, स्थानांतरण और अनुशासनात्मक कार्रवाई के अधिकार पंचायतों के पास नहीं हैं। पंचायत प्रतिनिधियों की ट्रेनिंग का काम जरूर हुआ है और इसके चलते प्रतिनिधि अपने अधिकार के लिए सचेत हैं। लेकिन अधिकारियों, कर्मचारियों का पंचायतों के साथ काम करने का अनुभव झारखंड में लगभग नहीं है और यह संघर्ष का कारण बन रहा है। विकेंद्रीकरण सूचकांक का 90 प्रतिशत स्कोर कार्य, कार्मिकों और वित्त से जुड़ा है, लेकिन झारखंड की पंचायतें इन तीनों मामले में निचले पायदान पर है। जाहिर है पंचायत प्रोत्साहन निधि का लाभ झारखंड को बहुत ही कम मिलेगा।

◆ ◆ ◆

ग्रामीण विकास से जुड़ी हों नीतियां

सीताराम शास्त्री

सामाजिक-राजनीतिक विचारक

सरकार की इस नीति के फलस्वरूप झारखंड के कोयले और अन्य खनिजों से पूरे देश को बिजली मिलती है, उद्योगों का विकास होता है, यहां दूसरे राज्यों से आए पूंजीपति और उनके अनुलग्नक संपन्न होते हैं। दूसरे राज्यों के लोगों को अच्छी नौकरियां मिलती हैं। झारखंडी जनता को उसके बदले में क्या मिलता है? सिर्फ तबाही। उनकी लाखों एकड़ कृषि एवं वन-भूमियां छिन गईं, लाखों लोग अपनी जमीनों-आजीविकाओं से बेदखल हुए। और बाहर से आकर यहां बसने वाले लगातार झारखंडियों की जमीनों और आजीविकाओं पर दखल करते जाते हैं। देश के विकास के नाम पर झारखंडी जनता तेजी से मिटने की प्रक्रिया में है। चांडिल में सुवर्णरेखा नदी पर बांध से बने जलाशय में इफरात जल भंडार है। 25 किमी दूर तक फैला हुआ है। लेकिन, जलाशय के दोनों बगल की अधिकतर जमीनों पर सिर्फ धान की एक फसल होती है, और वह भी बारिश के भरोसे। अगर जलाशय के पानी का उपयोग उद्वह सिंचाई (लिफ्ट इरिगेशन) द्वारा उन खेतों की सिंचाई के लिए किया जाए तो सैकड़ों गांवों में साल भर भरपूर फसलें उपजाई जा सकती हैं।

इस जलाशय में वैज्ञानिक ढंग से मछलीपालन हो तो सैकड़ों गांवों की आजीविका की गारंटी हो सकती है। लेकिन नहीं, ऐसा नहीं होता है। 20 सालों से यह पानी जमा है, पर सरकार का ऐसा कुछ भी करने का इरादा नहीं है। झारखंड के खनिजों का लगभग मुफ्त में दोहन करके अपनी पूंजी के साम्राज्य का विस्तार कर रहे उद्योगपतियों के हित में यह बांध बनाया गया। अभी टाटा इसी जलाशय के बगल में तिरुलडीह के आसपास एक बड़ा कारखाना बनाने के प्रयास में है। मुख्यमंत्री अर्जुन मुंडा ने इसके लिए सारी सुविधाएं देने का वादा कर दिया है। यह बात तय है कि टाटा का कारखाना बनना शुरू होते ही प्रतिदिन लाखों गैलन पानी इस जलाशय से खींचता रहेगा। आखिर यह उसका राइपेरियन अधिकार बन जाएगा, जैसे जमशेदपुर में। इसी तरह झारखंड के अधिकतर बांधों का निर्माण वास्तव में शहरों और उद्योगों को पानी देने के लिए ही हुआ है, हालांकि, सिर्फ प्रचार के उद्देश्य से उनके प्रयोजनों में सिंचाई भी जोड़ दी गई है।

झारखंड की जमीन का करीब 30 प्रतिशत भूभाग वनभूमि है। इसमें सघन वन का हिस्सा तो कोई 10-12 प्रतिशत ही होगा। बाकी लगभग खाली पड़ी वनभूमि पर फलदार पेड़ और अन्य जनोपयोगी पेड़ लगाए जाएं तो मात्र 3 से 5 वर्षों के अंदर झारखंड के सभी गांवों को इससे अच्छा-खासा फायदा होने लगेगा। साथ ही अगर सरकार वनभूमि में हजारों तालाब और चेकडैम बनाए, तो झारखंड में होनेवाली 1400 मिमी की औसत वार्षिक वर्षा से मिलने वाले पानी का एक बड़ा हिस्सा जमीन के ऊपर और अंदर संचित हो जाएगा। यह पानी नमी बनकर वनभूमि के बगल में स्थित गांवों की जमीन में फैलेगा और वहां साल भर किसी न किसी प्रकार की फसल का उत्पादन हो सकेगा। उन तालाब और चेकडैमों में बड़े पैमाने पर मछली पालन करके लोगों की आजीविका और खाद्य सुरक्षा के लिए अच्छी व्यवस्था की जा सकती है, लेकिन नहीं। सरकार ऐसा भी नहीं करेगी। जमीन ऐसे ही खाली पड़ी रहेगी, और सरकार हर साल हजारों एकड़ वनभूमि खदानों-कारखानों को दान करती रहेगी, क्योंकि सरकार के लिए उनका विकास ही विकास है, गांवों और ग्रामीण जनता का विकास विकास नहीं है। एक समय खेती स्वायत्त होती थी।

किसान हर प्रकार के कृषि निवेश में स्वायत्त था। अब बीज, उर्वरक, कीटनाशक, मशीनें, हर प्रकार के निवेश में किसान पूंजीपतियों पर निर्भर है। एक तरफ कृषि के प्रति सरकार की उपेक्षा, उद्योगपतियों और

बिचैलियों द्वारा लूट, शीतगृहों का अभाव, बैंक से ऋण नहीं मिलना, कृषि उपज का बीमा न होना आदि तमाम नकारात्मक स्थितियों में खेती इतनी अलाभकर हो गई है कि झारखंड के गांवों से हर दिन सैकड़ों लोग पलायन करते हैं। गांव में लोग मजबूरी में ही रहते हैं। यहां न आजीविका की गारंटी है, न बच्चों की शिक्षा की उचित व्यवस्था, न बीमारियों के इलाज का कोई इंतजाम है। गांवों में हर दिन सैकड़ों लोग ऐसी बीमारियों से रोज मरते हैं, जिनका इलाज आसानी से शहरों में मिल जाता है।

ग्रामीणों को गांव में कोई गुजारा लायक आजीविका, कोई भविष्य नहीं दिखता है। वे आजीविका और भविष्य की खोज में अनिश्चित स्थितियों में शहरों में बार-बार उजाड़ी जाने वाली झुग्गी-झोपड़ियों में जमा होते जाते हैं। देश में औद्योगिक उत्पादन में 10 प्रतिशत की वृद्धि होती है और कृषि क्षेत्र में 2 प्रतिशत। यह सरकार की योजना के मुताबिक ही है। कुछ वर्ष पहले प्रधानमंत्री मनमोहन सिंह का एक बयान अखबारों में आया था कि गांव की 50 प्रतिशत आबादी को शहरों में आ जाना है। क्या उन्होंने उनके लिए शहरों में कोई व्यवस्था कर रखी है? नहीं। वे बार-बार उजाड़े जाने वाली झोपड़ियों में ही रहेंगे। लेकिन सस्ते में उद्योगों-शहरों का काम करेंगे। ग्रामीणों को सस्ते शहरी (और ग्रामीण) मजदूरों में बदलना व्यवस्था की योजना का मुख्य उद्देश्य है, देश की आबादी के अधिकांश भाग को देशी-विदेशी बहुराष्ट्रीय कंपनियों की सेवा में सस्ते मजदूरों में बदल देना है। कॉरपोरेट और कांट्रैक्ट फार्मिंग के माध्यम से खेतों पर भी इन कंपनियों के कब्जे को सुकर बनाना है। ग्रामीण विकास को सुनिश्चित करने के लिए सरकार को अपनी इस नीति, इस रवैये को बदलना होगा। 94 प्रतिशत झारखंडी जनता गांवों में रहती है। इनमें से बहुत कम लोगों की शहरों में पक्की नौकरियों, अन्य निर्भर करने लायक पेशों और व्यवसायों में पैठ है। अतः झारखंडी जनता का विकास ग्रामीण विकास से ही होगा, ग्रामीण विकास को प्राथमिकता देनी होगी।

1400 मिमी की वार्षिक वर्षा वाले झारखंड में विकास की इफरात संभावनाएं हैं। वे संभावनाएं एक समाकलित ग्रामीण अर्थव्यवस्था में होंगी, जिसमें विभिन्न प्रकार की फसलों के उत्पादन के अलावा पशुपालन (गाय-भैंस, भेड़-बकरी, मुर्गी-बत्तख, सूअर आदि), मधुमक्खी पालन, कुकुरमुत्ता उत्पादन, मछलीपालन, बागवानी आदि की मिश्रित उत्पादन व्यवस्था शामिल हैं। इसके अलावा ग्रामांचल में ग्रामीणों के संचालन में कुटीर और लघु उद्योगों का एक व्यापक जाल बिछाया जा सकता है। खेती-बागवानी, पशुपालन-मछलीपालन आदि से युक्त समाकलित उत्पादन व्यवस्था और ग्रामीणों द्वारा संचालित कुटीर-लघु उद्योगों के लिए जरूरी आधारभूत ढांचे के विकास को प्राथमिकता देनी होगी। इस ढांचे में प्रशिक्षण, पूंजी, ऋण, विपणन, बिजली, सड़क, परिवहन, शीतगृह, पौधशालाएं आदि शामिल हैं। प्रत्येक प्रखंड में यह सारा ढांचा गारंटी के साथ ग्रामीणों को पर्याप्त मात्रा में उपलब्ध करना होगा (आज उद्योगपतियों को लगभग मुफ्त में खनिज, बैंकों से देश की जनता का पैसा, टैक्स में छूट तथा अन्य सारी सुविधाएं मिल जाती हैं)। शिक्षा और स्वास्थ्य सेवाओं की पर्याप्त व्यवस्था करनी होगी। इस इंतजाम से ग्रामीणों और उनके बच्चों को अपना भविष्य गांव में ही दिखना चाहिए। प्रथमतः आम आदमी के लिए गुजारे की स्थायी व्यवस्था ग्रामांचल में ही विकसित होनी होगी। उसके बाद ही शहरों और बड़े उद्योगों का नंबर आना चाहिए।

उपनिवेशकारी व्यवस्था ने झारखंडियों के एक शताब्दीव्यापी विद्रोहों को बर्बरतापूर्वक कुचलने के बाद बड़े योजनाबद्ध ढंग से ऐसे तौर-तरीके अपनाए कि लोगों में क्रमशः हताशा और पलायन की प्रवृत्ति विकसित होती गई। जरा देखिए, इसका सिलसिला कैसे चला। अंग्रेजों के यहां बैठने के पहले करीब सारा झारखंड, इसके सारे संसाधनों पर झारखंडी जनता का दखल था। लेकिन, यह दखल व्यक्तिगत नहीं, बल्कि सामूहिक/सामुदायिक था। अंग्रेजों ने क्रमशः पूरे इलाके पर कब्जा कर लिया। जंगलों को राज्य की संपत्ति घोषित किया। जमींदारी व्यवस्था कायम की, जमीनों पर व्यक्तिगत मालिकाना का पंजीकरण कराया। 20वीं सदी के प्रारंभ तक व्यवहारतः 90 प्रतिशत संसाधनों पर कब्जा झारखंडियों का ही था। लेकिन, उसके बाद के इन करीब 110 वर्षों में सीएनटी और एसपीटी कानूनों द्वारा लोगों की जमीनों और परंपरागत अधिकारों की आंशिक रक्षा होने के बावजूद झारखंडी जनता के हाथों से तेजी से संसाधन निकलते चले गए। जंगल चले गए, सामुदायिक भूमि जाती गईं, खानों-खदानों, कारखानों, बांधों, शहरों, सरकारी प्रतिष्ठानों आदि के लिए जमीनें हड़पी जाती रहीं। फिर वैध-अवैध तरीकों से बाहर से आए लोगों के हाथों में जमीनें और अन्य संसाधन अंतरित होते गए।

कुल मिलाकर 150 वर्षों में करीब एक करोड़ झारखंडी अपनी जमीनों और आजीविकाओं से बेदखल हुए। लोगों की आजादी छिन गई। देश आजाद होने के बावजूद झारखंड की स्थिति एक आंतरिक उपनिवेश की ही बनी रही। संसाधनों और शासन-प्रशासन पर गैर-झारखंडियों का ही कब्जा बना रहा। उपनिवेशकों ने इस क्षेत्र को खेती के लिए अनुपयुक्त घोषित करके ग्रामांचल के विकास की पूरी तरह उपेक्षा की। लगातार लोगों की बेदखली और विस्थापन की प्रक्रिया के साथ, लोगों को अकुशल मजदूरों की फौज में बदलने की बाकायदा योजना चलाई। भारत में अन्य किसी राज्य में, अन्य किसी जन की आबादी को इतने कम समय में और इतने बड़े पैमाने पर राजनैतिक, आर्थिक, सांस्कृतिक और सामाजिक रूप से दमन, विस्थापन, सम्मिश्रण और बिखराव का शिकार नहीं बनाया गया। और यह प्रक्रिया आज भी जारी है, और भी तेजी से। इसका मुख्य कारण यहां उपलब्ध बहुमूल्य संसाधनों की उपलब्धता है।

इस पृष्ठभूमि में बाहरी लोगों की इस आलोचना का मूल्यांकन कीजिए कि यहां के लोग खेती पर ध्यान नहीं देते, उद्यमी नहीं हैं, नाकारा हैं आदि, आदि। करीब 100 साल पहले भी लोगों की अपनी एक भिन्न अर्थव्यवस्था थी। जंगल और जंगल के बीच की जमीनें लोगों की जरूरतों के लिए पर्याप्त थीं। लेकिन इन 100 वर्षों के अंदर पिछले पैरा में बताए अनुसार हुए व्यापक बदलावों के कारण तथा स्थानीय एवं बाहरी आबादी की वृद्धि के कारण स्थिति बिल्कुल बदल गई। आजीविका के परंपरागत स्रोत छिन गए। क्या कोई आबादी इतने कम समय में एक नई उत्पादन व्यवस्था की संस्कृति विकसित कर सकती है? गंगा घाटी में जिन किसानों ने हजारों वर्षों में खेती का विज्ञान, कला और संस्कृति जिस पैमाने में विकसित की उसी पैमाने में सिर्फ 50-100 वर्षों के अंदर झारखंडी जन से कृषि में तरक्की की अपेक्षा नहीं की जा सकती। ठीक उसी प्रकार वन विज्ञान की जो विशेषज्ञता झारखंडी जनों को प्राप्त है उसकी अपेक्षा गंगा घाटी के समतल इलाकों के जनों से नहीं की जा सकती। हां, यह और बात है कि शासन व्यवस्था की दिलचस्पी झारखंडियों को वनों से बेदखल करने और मुख्यतः इमारती लकड़ी का दोहन करने में ही हमेशा रही, लेकिन वही दिलचस्पी उनकी विशेषज्ञता का उपयोग वन विज्ञान के अन्य पहलुओं का विकास करने में नहीं रही है।

खैर, अब स्थितियां इतनी बदल गई हैं कि चाहकर भी झारखंडी जन अपनी पुरानी व्यवस्था में लौट नहीं पाएंगे। उनको जरूर अपने संसाधनों पर कब्जा वापस लेना होगा, पर संसाधनों का उपयोग नए तरीकों से करना भी सीखना होगा। हां, अवश्य ही उनको उसके अनुकूल नीतियां और प्राथमिकताएं अपनाने के लिए सरकार को मजबूर भी करना होगा। ग्रामीणों के बीच एक वैकल्पिक अर्थव्यवस्था के लिए एक दोमुहा अभियान चलाना पड़ेगा। एक है सरकार की ग्रामांचल विकास विरोधी नीति के खिलाफ संघर्ष करके ग्रामांचल के विकास को प्राथमिकता देने और उसके लिए जरूरी संसाधनों को मुहैया करने की नीति के लिए लड़ना। दूसरी है ऐसी वैकल्पिक अर्थव्यवस्था की अनभ्यस्त जनता को उसके लिए मानसिक रूप से तैयार और प्रशिक्षित करने के लिए एक ग्राम विकास अभियान चलाना। यह अभियान संघर्ष और रचना का साथ-साथ चलने वाला एक दोतरफा कार्यक्रम है। जब तक सरकार की जनविरोधी, कृषि-विरोधी और ग्राम-विरोधी नीतियां नहीं बदली जातीं, जब तक लोगों को खेती और गांवों में अपना और अपने बच्चों का भविष्य नहीं दिखेगा, जब तक खेती एक सम्मानजनक और पर्याप्त आय देनेवाला पेशा नहीं लगेगा, जब तक किसानों की अपनी भू-धृति की सुनिश्चितता स्थापित नहीं होगी, जब तक खेती और ग्रामीण जीवन पर ग्रामीणों का स्व-नियंत्रण कायम नहीं होगा और जब तक शिक्षा और स्वास्थ्य सेवाएं पर्याप्त मात्रा में गांवों के लिए उपलब्ध नहीं होंगी तब तक खेती और अन्य ग्रामीण उत्पादनों के प्रति गांवों में उत्साह पैदा नहीं किया जा सकता है, लोगों में खेती छोड़ने और शहरों को पलायन करने की प्रवृत्ति बनी रहेगी, किसानों के बच्चे खेती में दिलचस्पी नहीं लेंगे और गांवों के उजड़ने की प्रवणता जारी रहेगी। लंबे समय से बड़ी मुश्किल और जतन से पूंजीवादी व्यवस्था ने लोगों में पलायन की यह प्रवृत्ति विकसित की है। लोगों में ऐसी प्रवृत्ति रहने से ग्रामीण विकास की हमारी योजनाएं धरी की धरी रह जाएंगी। हमें एक तरफ सरकार की नीति को बदलने के लिए संघर्ष चलाना होगा और दूसरी तरफ किसानों की बची-खुची दिलचस्पी और जुड़ाव का उपयोग करते हुए ग्रामीण विकास की योजनाओं को अमली जामा पहना कर गांव में विकास की संभावनाओं और उज्ज्वल भविष्य के प्रति आस्था पैदा करनी होगी। ◆ ◆ ◆

संस्कृति और प्रकृति के साथ आगे बढ़ें

भूपतिनाथ

समाजशास्त्री

झारखंड का विकास मॉडल बनाने से पहले झारखंड के सामाजिक, आर्थिक एवं सांस्कृतिक संदर्भों को गहराई से समझने की आवश्यकता है। साथ ही विकास की अवधारणा स्पष्ट रूप से समझने की जरूरत है। आज विकास नीति में सामूहिकता के बजाय व्यक्तिवादी सोच को ज्यादा प्राथमिकता दी जा रही है। इसलिए आज समाज में विकास के नाम पर सामाजिक मूल्य, नीति एवं व्यवहार का कोई महत्व नहीं है। आज पूरी दुनिया में विकास का मॉडल निम्न अवधारणा पर आधारित है : **समाजवादी विकास मॉडल, पूंजीवादी विकास मॉडल , गांधीवादी विकास मॉडल।**

समाजवादी मॉडल : इस मॉडल में समाज व्यक्ति एवं समूह दोनों को महत्व देता है। लेकिन, प्राथमिकता समूह को दी जाती है। किसी व्यक्ति की सोच या विचार से ज्यादा महत्व सामूहिक निर्णय या विचार को दिया जाता है। इसमें शोषित-दलित-वंचित के आत्मसम्मान व अधिकार को महत्व दिया जाता है। इसमें उत्पादन एवं वितरण को संतुलित रखा जाता है। सहयोग, संयोजन, सामूहिकता व लोकतांत्रिक मूल्य समाज में समाहित होता है। साथ ही समाज की तमाम व्यवस्थाएं विकेंद्रीकरण की नीति पर कार्य करती हैं। हमारे देश के सामाजिक ढांचे में जात-पात का भेद, ऊंच-नीच का भेद, अमीरी-गरीबी का भेद विद्यमान हैं। साथ ही संप्रदायवाद, धार्मिक भेद को जन्म देकर चंद लोग अपनी रोटी सेंकने में लगे हैं। समाज में उक्त दोनों शक्तियां भेदभाव को बरकरार रखते हुए श्रेणी गत विभेद को स्थायी रखना चाहती है। जो समाज को विकसित होने में रुकावट पैदा कर रही है। आम जनता जंजीरों में जकड़ी हुई है।

समाजवादी विकास मॉडल उन जंजीरों से मुक्ति दिला सकता है और समुन्नत विकास कर सकता है। समाजवादी विकास की धारणा पूरी तरह से सफल नहीं हो पाई तो समाजविदों ने विकल्प के रूप में गांधीवादी विकास मॉडल के बारे में सोचना शुरू किया और समाज के स्थायित्व के लिए इस मॉडल पर जोर देने लगे। आजादी के बाद गांधी जी ने कहा-आज देश में कांग्रेस संगठन की कोई जरूरत नहीं है। इससे भंग कर देना चाहिए। ग्राम पंचायत का गठन हो, ग्राम स्तर पर लोक सेवकों को तैयार कर ग्राम सभा को सशक्त किया जाए। राजनीतिक क्षमता का विकेंद्रीकरण करना आवश्यक है।

इस क्षमता का विकेंद्रीकरण ग्राम स्तर से क्रमशः पंचायत, प्रखंड, जिला, राज्य तथा देश(केंद्र) तक होना चाहिए। ग्राम पंचायत/सभा सबसे सबसे मजबूत इकाई होगी। ग्राम पंचायत जो काम नहीं कर सकता है उसे प्रखंड एवं जिला इकाई करेगा। प्रखंड एवं जिला स्तर जो काम नहीं कर पाएगा वो काम राज्य करेगा। इसी रूप से जो काम राज्य नहीं कर सकेगा, वो काम देश (केंद्र)करेगा। अर्थात ग्रामसभा एवं ग्राम पंचायत सबसे ज्यादा शक्तिशाली होगी एवं धीरे-धीरे प्रखंड स्तर से जिला, राज्य एवं देश के (केंद्र) के पास सबसे कम क्षमता रहेगी।' आजादी के बाद ठीक विपरीत हुआ। देश के हाथ में सबसे ज्यादा एवं धीरे-धीरे ग्राम पंचायत तथा ग्रामसभा के हाथ में सबसे कम क्षमता दी गई।

पूंजीवादी मॉडल : इस मॉडल में समूह, समाज व समुदाय तथा सामाजिक एवं सांस्कृतिक मूल्य नीति व व्यवहार की उपेक्षा करते हुए व्यक्ति को महत्व दिया जाता है। एक व्यक्ति के विकास के लिए 100 आदमी का शोषण, दमन, विस्थापन व मानवाधिकार का हनन किया जा सकता है। क्यों न वंचितों की फौज खड़ी हो जाए। बस मुनाफा बढ़ना चाहिए। पूंजीवादी विकास मॉडल में काम से ज्यादा रुपये का महत्व दिया जाता है। आज लोग वे सारे काम करने को तैयार हैं, जो समाज की सांस्कृतिक मूल्य एवं नीति के विरुद्ध है। पूंजीवादी विकास मॉडल में उत्पादन एवं मुनाफा देखा जाता है। इसमें लोगों की भावना, लगाव, मेहनत ईमानदारी आत्मसम्मान आदि

गुणात्मक भावों का कोई महत्व नहीं है। सरकारी दफ्तर में सेवा के बजाय घुस का चलन बढ़ रहा है। पैसा दो काम लो। इस रोग से सारा विभाग ग्रसित है। इस पूंजीवादी विकास मॉडल में हर आदमी सोचता है, कम समय में ज्यादा से ज्यादा रुपया कमा लें।

गांधीवादी मॉडल : गांधी जी ने सामाजिक विषमताएं दूर करने के लिए सर्व धर्म समन्वय की बात कही। आर्थिक विषमता दूर करने के लिए कुटीर उद्योग एवं कृषि विकास पर जोर दिया। उन्होंने सांस्कृतिक विभिन्नता को कायम रखते हुए एकता एवं अखंडता को स्थापित करने पर जोर दिया था। गांधी जी के समाज दर्शन से यह स्पष्ट से होता है कि समाज की संरचना की बुनियाद आर्थिक एवं सांस्कृतिक धरोहर है। जिसे मजबूत किया जाना जरूरी है। गांधी जी बड़े शिल्प उद्योग के खिलाफ नहीं थे। लेकिन उनके नीतिगत फैसले के विरुद्ध थे। उन्होंने कहा-जो शिल्प उद्योग हमारे देश में बेरोजगारी को बढ़ाएगा, वह हमारी सृजन क्षमता को भी कम करेगा। वैसे शिल्प उद्योग की जरूरत हमारे देश को नहीं है।' झारखंड में गांधीवादी मॉडल की दरकार है। जल, जंगल व जमीन पर निर्भर यहां की जनता के लिए इंडस्ट्री विकास के मानक नहीं हो सकते। उनके हाथ को रोजगार मिले, यह जरूरी है।

भगवान बिरसा मुंडा का समाज दर्शन : पूंजीवादी, समाजवादी, साम्यवादी, गांधीवादी, समाज दर्शन से थोड़ा अलग हट के भगवान बिरसा मुंडा सोचते थे-वे आदिवासी समुदाय की रीढ़ संस्कृति व प्रकृति (जल, जंगल और जमीन) को समाज संरचना में बुनियाद मानते थे। इन दोनों को आदिवासी समाज से अलग किया जाए तो ये जी नहीं सकते। उन्होंने सोचा था आदिवासी समुदाय की संस्कृति व प्रकृति को मजबूत किया जाए, तो समाज के बाकी पहलू स्वाभाविक रूप से परिवर्तित हो जाएगा। आदिवासी समुदाय की अर्थनैतिक व्यवस्था जल, जंगल और जमीन आधारित अर्थात कृषि एवं वन संपदा आधारित है।

उत्पादन व्यवस्था में सभी अपनी-अपनी क्षमता अनुसार भाग लेते हैं। अपनी जिम्मेवारी के साथ कार्य पूरा करते है। उत्पादित फसल का वितरण जरूरत हिसाब से किया जाता है, जैसे परिवार में बच्चों एवं वृद्ध लोगों का पहले ख्याल किया जाता है। उसके बाद परिवार का दूसरा सदस्य भोजन करते हैं, ठीक उसी तरीके से गांव में सबसे पहले कमजोर परिवार या व्यक्ति को प्राथमिकता दी जाती है। इसमें सम वितरण के बजाय जरूरत हिसाब से वितरण किया जाता था एवं संपदा का अधिकार पूरा समुदाय का हाथ में था। इस समुदाय के पास बहुत सारे शिल्प-कलाएं मौजूद थी। जहां तक झारखंड का सवाल है तो इसके निर्माण का मुख्य आधार यहां की संस्कृति रही है। चूंकि झारखंड में आदिवासियों की बहुलता है।

अतः इस राज्य की संस्कृति में आदिवासियों की सोच एवं समझ परिलक्षित होती है। साथ ही इस क्षेत्र की पहचान भी हमारी संस्कृति ही है। इस नाते हमें आदिवासी विकास की अवधारणा को समझना जरूरी है। झारखंड का विकास मॉडल ठीक करने से पहले सोचना पड़ेगा, हमलोग झारखंड को कैसा देखना पसंद करते है-अमेरिका जैसा, या जापान, जर्मन, होलैंड जैसा या-रसिया(रूस), चीन जैसा या फिर झारखंड के आदिवासी समुदाय पर आधारित समानता, सामूहिकता व शोषण मुक्त समाज जैसा। बिरसा मुंडा के आंदोलन से पहले के इतिहास का अवलोकन करते हैं, तो हम पाते हैं कि आदिवासी समुदाय की मूलभूत समाज संरचना में मार्क्सवाद, माओवाद, गांधीवाद आदि सभी की विचारधारा के तत्वों की झलक मिलती है। सिर्फ पूंजीवादी विचारधारा ही एक ऐसी विचारधारा है जिसका एक भी तत्व उक्त समाज संरचना में नहीं दिखता।

झारखंड राज्य के विकास के लिए अपने विजन को स्पष्ट करना होगा। जो अगले 20-30 वर्ष के बाद दिखाई देगा। उसी विजन के आधार पर दीर्घकालिक व लघु कालिक मिशन, लक्ष्य एवं उद्देश्य ठीक करना पड़ेगा। यहां तक सरकार कर सकती है। लेकिन इसकी सूचना ग्राम स्तर तक पहुंचना चाहिए। यदि सरकार का विजन, मिशन, लक्ष्य एवं उद्देश्य आम जनता के पास स्पष्ट रहे तो ग्राम सभा अपनी जिम्मेवारी के साथ समाज निर्माण के लिए परियोजनाएं व कार्य योजना तैयार कर सकती है।

परियोजना एवं कार्य योजना तैयार होने के बाद विस्तार रूप से विचार-विमर्श करने का जरूरत है। विचार -विमर्श करने के बाद ही अंतिम रूप दिया जा सकता है। परियोजना एवं कार्य योजना लागू करने की जिम्मेवारी ग्राम सभा की हो, निगरानी का काम ग्राम सभा के चयनित सदस्यों एवं सरकारी नौकरशाह मिल कर करें। संपूर्ण मूल्यांकन सामाजिक मूल्यांकन के तहत हो। मूल्यांकन सहित पूरे काम की जवाबदेही सरकारी नौकरशाह एवं

ग्राम सभा को होनी चाहिए। विकास योजना के साथ-साथ ग्राम सभा के अंदर अन्न कोष, आर्थिक कोष, श्रम कोष, वस्तु कोष गठन करने के लिए पहल करने की जरूरत है, जिसके तहत भविष्य में ग्रामीण संपदा की देख-रेख, मरम्मती, आसानी से की जा सके।

झारखंड सरकार के सभी विभाग अपने-अपने विजन, मिशन, लक्ष्य व उद्देश्य स्पष्ट करे। इसके बाद सभी विभाग एक साथ विचार-विमर्श करे। तभी एक-दूसरे विभाग के साथ समन्वय हो सकेगा। विभागों के बीच ताल-मेल के लिए आवश्यक है। क्योंकि विकास कार्यों में एक विभाग को दूसरे विभाग के सहयोग की जरूरत होती है। उदाहरण के लिए बहुत सारे गांव में स्कूल, अस्पताल हैं लेकिन आने-जाने के लिए सड़क नहीं है। स्कूल बनाने का काम और सड़क बनाने का काम सरकार के दो अलग-अलग विभाग करते है। ऐसी स्थिति में एक-दूसरे विभाग के ताल-मेल के बिना स्कूल के विकास की बात नहीं की जा सकती। इसे और भी आसानी से समझा जा सकता है। स्कूल में शौचालय तो है लेकिन पानी नहीं है। अब पानी का काम तीसरा विभाग करेगा। इस तरह स्पष्ट होता है कि समाज के किसी एक इकाई को विकसित करने के लिए सरकार के लगभग सभी विभागों के बीच समन्वय और सहयोग की जरूरत होती है। विभागों के बीच समन्वय और सहयोग के अभाव में विकास का काम अधूरा होगा ही।

अधिकारों के विकेंद्रीकरण की जरूरत : राजनैतिक क्षमता का विकेंद्रीकरण तो हो चुका है, लेकिन इसकी हकीकत कुछ अलग ही है। सरकार चाहे तो राजनैतिक क्षमता का विकेंद्रीकरण करने में कठिनाई नहीं है। इसके लिए कुछ महत्वपूर्ण बिंदुओं पर पहल करने का जरूरत हैः

◆ आज नौकरशाह सोचते हैं कि विकास काम का उनके माथे पर है, जनता क्या करेगी ? वो तो मूर्ख है। हिसाब-किताब जानती नहीं है। नौकरशाह अंग्रेजी शब्द झाड़ के जनता को घबरा देते हैं।

◆ ग्रामीण जनता के प्रति सरकारी इच्छा स्पष्ट हो ताकि जनता में विश्वास जागे कि सरकार हमारे लिए सोचती है एवं विकास के प्रति दृढ़ संकल्पित है। सरकार विकास कार्यों में आम जनता की भागीदारी सुनिश्चित करें।

◆ राजनीतिज्ञ कहते तो हैं जनता महान है, लेकिन मन ही मन वो कहते हैं जनता अनपढ़ है, वो विकास की योजना क्या बनाएगी। गांव के लोग ठीक से अपनी बात बोल नहीं पाते। जनता सिर्फ काम कर सकती है। काम करवाना तो हमारा काम है। इसी सोच के तहत त्रिस्तीय पंचायत व्यवस्था में राजनीतिज्ञ लगातार दखलंदाजी करते आ रहे हैं। जरूरत है गांव के लोगों को खुद काम करने दिया जाए। ग्राम पंचायत का निर्वाचित सदस्य/सदस्या ज्यादा पढ़े-लिखे नहीं है। लेकिन ग्रामीणों में काम करने की क्षमता, दक्षता एवं ज्ञान है। ग्रामीण परिवेश में उनकी इज्जत, लाज-शर्म भी है। वे चोरी करने से डरते हैं। क्योंकि उसी गांव में उन्हें रहना है।

झारखंड सरकार ने जो शिक्षा प्रणाली अपनाई है-इसमें राज्य का सामाजिक, आर्थिक, सांस्कृतिक एवं स्वशासन के बारे में बच्चों में ज्ञान, दक्षता वृद्धि नहीं कर सकते हैं। नतीजा आनेवाले 10-20 साल के बाद बेरोजगारों की संख्या बढ़ जाएगी। हर साल जो पढ़े-लिखे युवा स्कूल, कॉलेज, विश्वविद्यालय से निकल रहे हैं। उनमें से 10 प्रतिशत युवाओं के ही सरकारी नौकरी मिलने की संभावना है। पांच प्रतिशत को प्राइवेट सेक्टर में नौकरी मिलने की संभावना है। मान लिया जाए 10 प्रतिशत युवाओं तकनीकी एवं पेशादारी शिक्षा प्राप्त कर शिल्प उद्योग या अपना कारोबार में नौकरी या काम मिल जाएगा। फिर भी 75 प्रतिशत पढ़े-लिखे युवाओं के लिए क्या विकल्प हैं। उनमें न तो खेती करने की दक्षता है न कुटीर उद्योग का ज्ञान। परिवार आधारित पारंपरिक पेशा का ज्ञान एवं दक्षता नहीं है। इसलिए महान कवि रवींद्रनाथ टैगोर ने शिक्षा प्रणाली को बेरोजगार का फैक्ट्री/कारखाना करार दिया था। झारखंड की शिक्षा प्रणाली में झारखंड का सामाजिक एवं सांस्कृतिक मूल्य, नीति एवं व्यवहार को कोई महत्व नहीं दिया गया। नतीजा बच्चों के अंदर नैतिक विकास का अभाव। आज बच्चों के अंदर सामूहिकता, समानता एवं सहभागिता आधारित साझा संस्कृति के प्रति रूचि घट रही है। उनके अंदर सामूहिकता के बदले व्यक्तिवादी सोच घर कर रही है। सरकार ने स्थानीय भाषा को प्राथमिकता देकर उच्च शिक्षा में शामिल किया, लेकिन आज भी प्राथमिक विद्यालय, मध्य विद्यालय, उच्चविद्यालय में पढ़ने के लिए किताब नहीं है। आज भी सभी किताबों या तो हिंदी भाषा में है या अंग्रेजी में है। सवाल जहां बच्चे मातृभाषा छोड़ कर दूसरी भाषा समझते नहीं, वहां बच्चों की शिक्षा कैसे सही दिशा में जाएगी।

◆ ◆ ◆

अपने संसाधन से चल पड़ेगी विकास की गाड़ी

वीपी केसरी

झारखंड के वैचारिक अगुआ

विकास थोपने की चीज नहीं है। इसलिए यह लोगों पर ही छोड़ा जाना चाहिए कि वे अपना विकास किस तरह करना चाहते हैं। झारखंड में विकास की तमाम प्रक्रियाओं का नतीजा क्या निकला है, इसकी समीक्षा अब करनी चाहिए। चाहे वह रोजी-रोजगार का मामला हो या आधारभूत संरचनाओं के विकास का, हर मामले में हम दिशाहीन से हो गए हैं।

दरअसल हम रहते तो झारखंड में हैं, लेकिन नकल करना चाह रहे हैं अमेरिका और यूरोप की। यही आत्मघाती साबित हो रही। विकास का लाभ सबसे अंतिम आदमी को सबसे पहले मिले और इसी स्थिति को ध्यान में रखकर योजनाएं भी बनें। अर्थव्यवस्था कम से कम ऐसी हो, जिस पर हमारा नियंत्रण हो। अभी इसकी संरचना केवल समृद्ध लोगों (पूंजी संपन्न) को और अधिक संपन्नता देने की कवायद लगती है। पूंजी के प्रवाह का एक ऐसे चक्र बना हुआ है, जिसमें पूंजी घूम-फिरकर वापस पूंजीपतियों के पास ही जाती है। झारखंड में जब तक इस चक्र को तोड़ने की दिशा में प्रयास नहीं होगा, तब तक लोग विकास के घेरे में नहीं आएंगे।

आर्थिक चक्र ऐसा है कि पूंजी का अति-केंद्रण (सेंट्रलाइजेशन) हो गया है। इसलिए जरूरी है कि विकास के आयातित मॉडल के बजाय हम अपना रास्ता अपने संसाधनों का बेहतर इस्तेमाल कर बनाएं। अपने परिवेश, परिस्थितियों और उपलब्ध संसाधनों का इस्तेमाल कर ही हम तरक्की की लंबी पारी खेल सकते हैं। हमारे पास जितनी पूंजी है, जितना संसाधन है, उसी के सहारे विकास का रास्ता तय करना चाहिए। लेकिन नहीं, हम वर्ल्ड बैंक, अंतरराष्ट्रीय मुद्रा कोष वगैरह के कर्ज में डूबकर विकास की डगर तय करना चाहते हैं। इसी का खामियाजा हम भुगत रहे हैं। झारखंड के लिए विकास का रोडमैप तैयार करने से पहले समझना होगा कि झारखंड के लोग चाहते क्या हैं। समावेशी और जनोन्मुखी विकास का मॉडल तो झारखंडी जीवनशैली, समाज और संस्कृति में ही छुपा हुआ है।

क्या है विकल्प : झारखंड के लोगों की जरूरत क्या है, इसे गहराई और संवेदनशील तरीके से समझने की जरूरत है। यह इसलिए भी जरूरी है क्योंकि लोगों के मन में सरकार के खिलाफ गुस्सा इतना भर गया है कि जनता का विश्वास सरकार पर से उठ गया है। सरकार को मानसिक (सामाजिक) और भौतिक विकास में अंतर समझना होगा और दोनों के लिए अलग-अलग रणनीति बनानी होगी।

मेंटल डेवलपमेंट : भाषा, संस्कृति, शिक्षा, समूह-सामाजिकता का भाव आदि मेंटल डेवलपमेंट या सुपर स्ट्रक्चर डेवलपमेंट के तत्व हैं। सरकार ने इसे नजरअंदाज कर दिया है। इसके विकास के बगैर सामाजिक-आर्थिक गतिविधियां को नियंत्रित नहीं किया जा सकता। इकोनॉमिकल ग्रोथ के साथ अगर समाज-संस्कृति का नाश हो रहा है तो यह उसकी सबसे बड़ी वजह है। हम भौतिक आधारभूत संरचनाओं की बात तो करते हैं, लेकिन यह भूल जाते हैं कि विकास समाज का होना है और वह ही नियंत्रित और पूंजी के न्यायसंगत वितरण के साथ।

फिजीकल डेवलपमेंट : सड़क, बिजली, पानी, शिक्षा सुविधा, सिंचाई आदि फिजीकल इंफ्रास्ट्रक्चर हैं। अभी सरकार का सारा ध्यान इसके ही विकास पर है। ये आधारभूत संरचनाएं हमारे जीवनशैली में सुधार लाती हैं और जीवन आसान बनाती हैं। इसका होना जरूरी है, लेकिन यह भी ध्यान रखना होगा कि किसी खास वर्ग की सुविधा के लिए कई लोगों की जिंदगी बर्बाद नहीं की जा सकती। सरकार भौतिक आधारभूत संरचनाओं

(फिजिकल इंफ्रास्ट्रक्चर) के विकास पर अधिक जोर दे रही है। जबकि झारखंड सांस्कृतिक रूप से सक्रिय राज्य होने के नाते इसके सुपर स्ट्रक्चर (सोशल इंफ्रास्ट्रक्चर) के तत्व अधिक महत्वपूर्ण हैं। शिक्षा की इसमें सबसे महत्वपूर्ण भूमिका है। लोगों को संसाधनों के सदुपयोग कर सकने लायक शिक्षा देकर जागरूक कर दिया जाए। लोग झारखंड में मौजूद संसाधनों का बेहतर उपयोग कर अपने आप तरक्की की राह पर चल देंगे।

मातृभाषा में बुनियादी शिक्षा : स्थानीय भाषाओं में शिक्षा देने की व्यवस्था की जाए। प्राइमरी लेवल तक क्षेत्र विशेष की मातृभाषा में ही बच्चों को शिक्षा दी जाए। झारखंड बहु-भाषायी राज्य है। इसलिए सुदूरवर्ती गांवों के बच्चे हिंदी या अंग्रेजी नहीं समझ पाते। इस तरह शिक्षा की बुनियाद ही बेजान है, अप्रभावी है। झारखंड में कोठारी आयोग के थ्री लैंग्वेज फॉर्मूले को अमल में लाने की जरूरत है। अंग्रेजी-हिंदी जरूरी है लेकिन झारखंड के बच्चों को प्राइमरी लेवल पर स्थानीय भाषा में पढ़ाते हुए उन्हें हिंदी और अंग्रेजी का ज्ञान कराना होगा। ऐसा नहीं होने से स्कूल जाने वाले बच्चों की संख्या तो बढ़ सकती है, पर कक्षा में शिक्षक हिंदी या अंग्रेजी में पढ़ाएंगे तो बच्चे उसका मतलब सही तरीके से नहीं समझ पाएंगे। इसलिए शिक्षा की इस बुनियादी खामी को दूर किया जाए।

अपना अभिमान : हमारे भीतर झारखंडी होने का अभिमान होना चाहिए। हम गांधी-अंबेडकर, मार्क्स-लेनिन के बारे में तो जानते हैं लेकिन तेलंगा खड़िया, तिलका मांझी, पोटो सरदार के बारे में नहीं। पूरी दुनिया अपने खास पहचान और अभिमान के साथ जीती है, लेकिन हम खान-खनिज, बेरोजगारी, भुखमरी और भ्रष्टाचार की पहचान से बाहर नहीं निकल पाए हैं। क्या हमारी संस्कृति, हमारी कलाएं, हमारी भाषाएं, हमारा इतिहास हमारी पहचान नहीं बन सकते।

अपनी विशिष्ट पहचान को स्थापित करने के लिए सरकार और जनता दोनों को साथ आना होगा। स्थानीय इतिहास को, इतिहास पुरुषों को, स्थानीय भाषा, साहित्य, पर्व-त्योहार, लोकाचार आदि को अपना स्वाभिमान बनाना होगा। इन चीजों को सिलेबस में शामिल किया जाए ताकि बच्चा झारखंडी स्वाभिमान के साथ बड़ा हो और उसी अनुरूप सामाजिक-आर्थिक व्यवहार भी करे। चौक-चौराहों पर झारखंड के महापुरुषों की मूर्तियां लगवाई जाएं, उनके नाम पर इनका नामकरण किया जाए। अपनी कला-संस्कृति का भरपूर प्रचार-प्रसार किया जाए।

निर्णय की स्वतंत्रता : प्रभावी शिक्षा मिलने से लोग जागरूक होंगे। उनमें अपना अच्छा-भला सोचने की समझ विकसित होगी। बच्चा बड़ा होने के बाद आर्थिक गतिविधियों में भाग लेगा। जब बच्चा बड़ा होकर राज्य के श्रमशक्ति का हिस्सा बनेगा, तब उसे जरूरी इंफ्रास्ट्रक्चर की जरूरत होगी। इसलिए मैं कहता हूं कि लोगों को सरकार केवल शिक्षित कर दे और गांव-गांव तक आधारभूत संरचना (सड़क, बिजली, पानी, स्वास्थ्य, चिकित्सा, सुरक्षा सुविधा आदि) उपलब्ध करा दे। साधन रहेगा, बुद्धि रहेगी तो रास्ता अपने आप निकल जाएगा। प्राकृतिक संसाधन हैं, लोग मेहनती हैं। अगर केवल ठीक से शिक्षा दे जाती तो रोजी-रोटी के लिए यूं हाहाकार नहीं मचा होता। सत्ता का छोटे से छोटे स्तर तक विकेन्द्रीकरण कर दें। यह गांव-कस्बे पर क्यों नहीं छोड़ा जाता कि वे अपना विकास किस तरह करना चाहते हैं। मैं पिठोरिया में रहता हूं तो मुझे ही पता होगा न कि यहां की क्या समस्याएं हैं, कहां सरकारी कुआं खुदवाने से अधिक लोगों की प्यास बुझेगी और बच्चों की क्या परेशानी है, वगैरह-वगैरह। यही पब्लिक डेमोक्रेसी का असली रूप है। अपनी बहुआयामी समस्याओं से निकलकर झारखंड इसी रास्ते आगे बढ़ सकता है। ◆ ◆ ◆

नक्सलवाद

एक बौखलाई क्रांति के साइड इफेक्ट्स

रूपक (पत्रकार)

सवाल उठना लाजिमी है कि अगर वाकई हजारों की तादाद में नक्सली बेबस और गरीब जनता के लिए लड़ाई लड़ रहे हैं, तो फिर क्यों ग्रामीण इलाकों से बच्चों और महिलाओं की खरीद-बिक्री वे नहीं रोक पाते? गांवों में इतने सारे दलाल-माफिया बैठे हैं, जो हर तरह से ग्रामीणों का शोषण कर रहे हैं, उनसे अब तक गांववालों को मुक्ति क्यों नहीं दिला पाए? मनरेगा में इतने सारे घपले-घोटाले हुए, गरीबों का पैसा लूटा गया, उनसे हाड़तोड़ मेहनत करवाकर मजदूरी नहीं दी गई, इन सबके खिलाफ कोई नक्सली संगठन क्यों नहीं खड़ा हुआ। सरकार, पुलिस, खुफिया विभाग और स्वयं नक्सली संगठनों का दावा है कि झारखंड में नक्सलियों की सामानांतर सरकार चलती है। पुलिस तथा विकास के अफसरान पक्की सड़क से नीचे कदम रखते भी खौफ खाते हैं। बीडीओ, एसडीओ, डीसी या फिर नेताओं की गाड़ियां भूल से भी कभी सुदूरवर्ती गांवों की ओर रुख नहीं करती। नक्सलियों का खौफ इलाके के लोगों के जेहन और जुबां पर तैरता रहता है।

स्वार्थ साधने का खेल : कई लोग कहते हैं कि नक्सलवाद के नाम पर पूरे राज्य में एक ऐसे कृत्रिम व खौफनाक भ्रमतंत्र का निर्माण किया गया है, जिसमें राजसत्ता के खिलाड़ी, विकास के सरकारी नुमाइंदे, दलाल, माफिया और अपराधियों का एक ऐसा संगठन सक्रिय है, जो नक्सलियों की आड़ में बेधड़क अपना स्वार्थ साध रहा है। सरकारी विकास के कागजी छलावे ये हैं कि जो इलाके सड़क से जितने कटे हैं, वहां उतने अधिक सरकारी कुएं-बावरियां खुदे हैं, उतने अधिक चापाकल गड़े हैं और मनरेगा के तहत उतने अधिक विकास परियोजनओं को जमीन पर उतारा गया है! आश्चर्य! जाहिर सी बात है कि कागज पर बनी सड़क, कुएं, तालाब, स्वास्थ्य केंद्रों का अस्तित्व वास्तव में है भी या नहीं, यह देखने की कौन हिम्मत करे। खासकर, उन इलाकों में जो घोर नक्सल प्रभावित होने के लिए कुख्यात हैं अथवा कृत्रिम रूप से इलाके को खौफजदा बना दिया गया है और इस अफवाह की सशक्त बुनियाद सरकार, प्रशासन और दलालों के स्वार्थपरक गठजोड़ ने रखी है, वह भी नक्सलवादी आंदोलन की प्रत्यक्ष ओट में।

खौफ का सबब : झारखंड के सुदूरवर्ती गांवों में अवैध पत्थर उद्योग, सीमेंट उद्योग, ईंट-भट्ठियां, बहुमूल्य खनिजों की तस्करी, बंद खदानों में खनन जैसे तमाम अवैध कार्य बेखौफ जारी हैं। वहां ग्रामीणों का न सिर्फ शारीरिक शोषण होता है, बल्कि यौन शोषण, आर्थिक शोषण से लेकर जितने भी अमानवीय त्रासदी और शोषण संभव हैं बेधड़क हो रहे हैं। झारखंड के सुदूरवर्ती इलाकों में चले जाए। खाली सुनसान पड़े स्कूल-अस्पताल, त्रस्त लोग, अर्धनिर्मित सड़कें, जलविहीन कुएं, जलाशय, तमाम तरह के दलाल, माफिया, उजड़े जंगल, वन्यजीवों की गैर-मौजूदगी, सरकारी योजनाओं की सिसकियां और जिंदा कंकालनुमा बच्चे तो दिखने को मिल जाएंगे, लेकिन उनकी मौजूदगी का आभास कहीं नहीं होगा, जो इन सबके खिलाफ लड़ने का दावा करते हैं। आखिर नक्सलवादियों की उपस्थिति में कुछ तो स्थिति सुधरती। नक्सलवाद के हौवे के पीछे वे लोग सक्रिय हैं, जिन पर राज्य और राज्य के विकास का जिम्मा है, जो राजसत्ता है, जो सरकारी अधिकारी हैं और जो नक्सलवाद का झूठा डर बनाकर सरकारी राशि का लेवी के नाम पर बंदरबांट करते हैं। जिनकी छत्रछाया में अवैध उद्योगों, बिचौलियों, तस्करों को अभय प्राप्त हो रहा है। झारखंड के उस लूट से उनकी शाही दुनिया चलती है।

रोष की वजह : आर्थिक, सामाजिक अन्याय की जमीन पर राजसत्ता के खिलाफ रोष स्वाभाविक है। झारखंड

जैसे उदासीन राजनीतिक सक्रियता वाले राज्य में यह आधार तो और भी आसानी से मिल जाता है। पुलिसिया उत्पीड़न और सरकारी बाबुओं के कारनामे को झारखंड की बहुसख्यक उत्पीड़ित आबादी के नजरिये से देखने पर कुछ ऐसा ही दिखता है। झारखंड का आदिवासी और ग्रामीण समुदाय राजनीतिक स्तर पर प्रतिकूल परिस्थितियों के साथ भी तालमेल बिठा लेता है। इस वजह से प्रतिवाद जाहिर नहीं हो पाता है। समूह में हजा-रों-हजार ग्रामीणों का अन्यत्र पलायन भी राजसत्ता के प्रति विरोध का ही एक रूप है कि हम आपकी नीतियों में फिट नहीं बैठ रहे। लेकिन शासनतंत्र इन बातों को नहीं समझती। चूंकि राजसत्ता के पास असीम शक्तियां हैं, इसलिए वह अपनी नीतियों को मनमाने तरीके से लागू करा सकती है। एंटी नक्सल ऑपरेशनों को भी झारखंड के ग्रामीण इससे अलग नहीं पाते।

अभियानों में पिसते ग्रामीण : नक्सली कौन है, यह न तो सरकार जानती है और न ही ऑपरेशन में लगे जवान। जो शीर्ष नेता हैं, उनकी पहचान तो पुलिस के पास हो सकती है, लेकिन माओवादी आंदोलन व्यवस्था में आम सैनिक या लड़ाकों की कोई सटीक पहचान नहीं। झारखंड में एंटी नक्सल ऑपरेशनों का राजनीतिक और सामाजिक स्तर पर विरोध की एक सबसे अहम वजह यह भी है। पूरे झारखंड में अब तक पुलिस ने कितने ही ग्रामीणों को नक्सली कहकर पकड़ा है, उन्हें प्रताड़ित किया, जेल में बंद किया, यहां तक कई बार गोली तक मार दी। ऐसे में ग्रामीण क्षेत्रों में जारी भीषण उत्पीड़न की कहानी के बीच पुलिसिया ऑपरेशन को ग्रामीण डर के नजरिये से देखते हैं। इस बाबत दलील दी जाती है कि आटे के साथ घुन तो पिसता ही है। दुर्भाग्य है कि सरकार आदमी और आटे के घुन में अंतर नहीं समझ पाई है। सरकार अपनी इसी जनविरोधी छवि के कारण ग्रामीणों के लिए घृणा का पात्र बन गई है।

बीच भंवर में ग्रामीण : मैट्रिक, इंटर की परीक्षाएं चल रही हैं। लेकिन, दर्जनों स्कूलों को एंटी नक्सल फोर्स का बेस कैंप बना दिया गया है। ग्रामीण युवक हमेशा सहमे रहते हैं कि कहीं पुलिस उन्हें उठा न ले जाए या फिर एनकाउंटर न कर दें। ग्रामीण क्षेत्रों में तो लोग एक जगह इकट्ठे होने में भी घबराते हैं। डर वाजिब भी है, जिसका खंडन सरकार और पुलिस के पास नहीं। पुलिस द्वारा ग्रामीणों के उत्पीड़न की कई खबरें तो सामने भी नहीं आ पातीं। मीडिया में उन्हें खास स्थान नहीं मिलता और अगर मिलता भी है तो नक्सली करार देने के पूर्वाग्रह के साथ ही। नक्सल प्रभावित क्षेत्रों के गांवों में अक्सर गांववालों पर नक्सलियों के पक्ष में खड़े होकर उनकी मदद करने का आरोप लगाया जाता रहा है। कई लोग मानते हैं कि यह पूरा उपक्रम सरकार और पुलिस अपनी नाकामी छिपाने के लिए करती है।

मनमानी का आरोप : खनिज संसाधनों के मामले में जो क्षेत्र धनी हैं, उन्हीं इलाकों में सघन अभियान क्यों चलाए जा रहे हैं? ग्लैडसन डुंगडुंग जैसे मानवाधिकार कार्यकर्ता इसका जवाब देते हैं- एंटी नक्सल ऑपरेशन दरअसल नक्सलियों के खिलाफ अभियान नहीं है, बल्कि यह ग्रामीणों के सफाये का अभियान है। बंदूक के दम पर गांवों को खाली कर खनन कार्य शुरू किया जाएगा, उद्योग लगाए जाएंगे, क्योंकि बड़े-बड़े पूंजीपतियों की नजर झारखंड के इन इलाकों पर है। क्या इसका कारण यह है कि लोग उद्योगों के लिए जमीन नहीं देने पर अड़े हैं। वे आंदोलनों और लोकतांत्रिक प्रतिरोध के रास्ते औपनिवेशिक नीयत के मार्ग में बाधा बने हुए हैं। मुट्ठी भर पूंजीपतियों के हाथ की कठपुतली बनी सरकार और उनकी नीतियों को झारखंड के लोग खारिज कर रहे हैं। सरकार ने इन अभियानों के जरिये लोगों को ऐसा अक्रांत करना चाहा है कि कोई सत्ता की मनमानी के खिलाफ कुछ न बोल सके। या यों कहें कि जबरन मुंह बंद कर दिया गया है और हर सही-गलत कार्रवाई को मानने को बाध्य भी।

मुझसे से बड़ा नक्सली कौन : अब सवाल उठने लगे हैं कि आखिर कौन सी क्रांति ला दी है नक्सलवादियों ने बीते 40 वर्षों में। जो लोग पहले इसका समर्थन किया करते थे कि यह आंदोलन अन्याय-अत्याचार के चरमबिंदु पर स्वतः फूट पड़ा है, वे भी अब इसके विरोध में हैं। शिबू सोरेन ने 2008 में राज्य के मुखिया का पद संभालते ही नक्सलियों को समाधान वार्ता के लिए खुला आमंत्रण दिया था। नक्सलियों का जवाब आया कि गुरुजी पहले नक्सलियों के खिलाफ चल रहे ऑपरेशन रुकवाएं और नक्सली संगठनों पर से कानूनी प्रतिबंध हटाएं, ताकि उन्हें लोकतांत्रिक तरीके से धरना, विरोध-प्रदर्शन आदि का संवैधानिक अधिकार प्राप्त हो। वे सत्ता के प्रति अपना रोष जताने के लिए हथियारबंद तरीके के बजाये शांतिपूर्ण लोकतांत्रिक रास्ता अपनाएं। गुरुजी

ने नक्सलियों को राजनीति में उतरने का हिदायत दे डाली थी। बाबूलाल ने इसका कड़ा राजनीतिक विरोध किया था। लेकिन गुरुजी ने कम से कम एक विकल्प की तो बात कही थी। दिशोम गुरु को स्थानीय स्थितियों की थाह है और वे बखूबी जानते हैं कि सैन्य अथवा पुलिसिया ऑपरेशन इसका हल नहीं। मुख्यमंत्री रहते उन्होंने कहा था कि मुझसे बड़ा नक्सली कोई नहीं। अभी उनकी सरकार है, वे काफी कुछ कर सकते हैं।

कार्रवाइयों पर सैद्धांतिक नियंत्रण : बहुत से लोगों की चिंता है कि नक्सल आंदोलन को चीन से मदद मिल रही है। भारत का ऐतिहासिक शत्रु चीन, देश की आंतरिक शांति को छिन्न-भिन्न कर गृहयुद्ध-सी स्थिति पैदा करने का प्रयास कर रहा है। माओवादियों के विचार प्रणेता माओत्से तुंग की कर्मभूमि भी चीन ही रही है। इस वजह से शक को आधार भी मिल रहा है। केंद्रीय गृहमंत्रालय की चिंता भी शायद इसी वजह से और भी गहरी है। सरकार की मानें तो नक्सल आंदोलन अब लगातार अपना जनाधार गंवाता जा रहा है। और, गांवों के दबे-कुचले लोगों के बीच भी छवि दिन-ब-दिन गिरती ही जा रही है। सैद्धांतिक पक्ष होते हुए व्यावहारिक लड़ाई में भी नक्सलवाद का लेवीवाद में रूपांतरण की व्याख्या की जाने लगी है। और, सैद्धांतिक भटकाव का आरोप लगाकर आधा दर्जन भर और भी संगठन कतार में जुट गए हैं। कथित तौर पर सभी संगठनों की लड़ाई जनवादी व्यवस्था के लिए है। लेकिन, आपसी टकराव चरम पर है।

झारखंड के एक बड़े वाम विचारक कहते हैं कि अब वक्त है नक्सलियों को अपनी छवि की ओर देखने की, अपनी आंतरिक संचरना और कार्यविधि पर गौर फरमाने की और अपनी हिंसक यात्रा में एक पल ठहरकर खुद की समीक्षा करने की। उनके अनुसार वे जनता के लिए लड़ रहे हैं, पर जनता अब उनसे भाग रही है। बहरहाल, नक्सल आंदोलन के पक्ष-विपक्ष में दलीलों के बीच राज्य में स्थिति और भी अराजक हो गई है। एक तरफ जनकल्याणकारी सरकार है, तो दूसरी तरफ, तथाकथित जनवादी व्यवस्था के हथियारबंद लड़ाके। दोनों की अपनी-अपनी दलीलें हैं और अपना पक्ष भी। दोनों ही उत्पीड़ित जनसमुदायों की बेहतरी की ही बात करते है, तो मतांतर कहां हैं?

नक्सली संगठन अपनी मांगों को मीडिया के माध्यम से स्पष्ट करें। नक्सल विरोधी ऑपरेशनों में निर्दोष लोग ही पुलिसिया कार्रवाई के शिकार हो रहे हैं। बंद के आह्वान की मार सबसे अधिक आमलोग ही भुगतते हैं। अधिकारी, नेता तो अपनी गाड़ियों में सुरक्षाबलों के साथ निकल लेते हैं। खामियाजा जनता दोनों तरफ से भुगत रही है। कई बार नक्सलियों के भ्रम में गांववाले ही पुलिसिया एनकाउंटर में मार दिए जाते हैं। बढ़नियां में 2009 में 5 निर्दोष ग्रामीणों को पुलिस ने नक्सली कहकर गोलियों से भून दिया था। बीते अप्रैल में भी खूंटी के पास के जंगल में सुबह-सुबह आम चुनने गए पांचवीं कक्षा के 10 साल के एक बच्चे को पुलिस ने नक्सली के भ्रम में गोली मार दी थी। सारंडा के मंगल होनहागा और लुकस मिंज का भी उदाहरण सामने है।

◆ ◆ ◆

नक्सली संगठनों से जागरण के दस सवाल

- गांवों में नक्सलियों का राज होने के बावजूद विकास योजनाओं में इतनी गड़बड़ी सरकारी अधिकारी कैसे कर पाते हैं। नरेगा के तहत मजदूरों का हक मारा जाता है और मानव तस्कर गांव-गांव में सक्रिय हैं। ग्रामीण उत्पादन में बिचौलियों का बोलबाला है। ये विरोधाभासी स्थितियां कैसे संभव हैं?
- सरकार का मतलब क्या सिर्फ पुलिस होती है। सरकारी नीतियों को बनाने और उसे लागू कराने में तो पूरा सरकारी और प्रशासनिक तबका लगा होता है। तो सिर्फ पुलिस ही लचर सामाजिक-आर्थिक स्थितियों की दोषी कैसे हुई, जो हर बार उन्हें ही आसान निशाना बनाया जाता है।
- बीते चार दशकों में उनकी लड़ाई कहां तक पहुंची और उनकी क्या-क्या उपलब्धियां रहीं और इससे असमान सामाजिक, आर्थिक और राजनीतिक ढ़ांचे पर क्या और कितना सकारात्मक हस्तक्षेप करने में सफल हुए, वे स्पष्ट करें।
- क्या नक्सल आंदोलन का पर्याय बस पुलिस दल पर हमला, लेवी वसूलना, बंद का आह्वान कर आम जनजीवन को ठप करना, मुखबिरी के आरोप में ग्रामीणों की नृशंस हत्या, से है। किस तरह के संदर्भों और मामलों का आरोपी नक्सलवादियों का दुश्मन है साफ करें।
- बीते चार दशकों में सामाजिक, आर्थिक और राजनीतिक न्याय की स्थापना के संबंध में वे अपना रिपोर्ट कार्ड जारी करें।
- संगठन का विघटन और उससे उभरी विचारधाराओं की उपशाखाएं किन कारणों और वजहों से प्रभावित होकर टूटीं। टूट का कारण सैद्धांतिक क्रियान्वयन था या फिर व्यक्तिवादी, उन्हें स्पष्ट करना चाहिए।
- अब तक जितने भी आम नागरिक नक्सली हिंसा के शिकार हुए हैं, उनके नाम और उन पर नक्सली कार्रवाई क्यों हुई, इसका एक विस्तृत ब्योरा पेश किया जाना चाहिए, ताकि अंधहिंसा की आमधारणा साफ हो सके। जनता तय करे कि ये कार्रवाइयां उचित थीं या अनुचित।
- संगठन के भीतर महिलाओं की स्थिति और यौन शोषण जैसी खबरों का खंडन करें, क्योंकि माओत्से तुंग ने ही कहा था कि अगर कोई कॉमरेड किसी महिला का दुष्कर्म करता है, तो उसे गोलियों से छलनी कर दिया जाए।
- नक्सलवादी साफ करें कि उन्हें चीन से किसी तरह की मदद मिल रही है या नहीं।
- लेवीवाद की आम धारणा को साफ करने के लिए अपने बजट और खर्च का ब्योरा सार्वजनिक करना चाहिए।

लोकतंत्र पर राजसत्ता का अतिक्रमण

अरूण प्रधान

महासचिव, इंडियन काउंसिल ऑफ ट्रेड यूनियंस, सचिव, पीपुल्स फ्रंट झारखंड

मैं बरवाडीह थाने में बैठा एक क्रूर सच से धुंध छंटते देख रहा था। पीयूसीएल के शशिभूषण पाठक, सीपीआइएमएल लिबरेशन के कन्हाई सिंह, एचआरएलएन के अहमद रजा, पांच स्थानीय मीडियाकर्मियों सहित मृत लुकस मिंज के बड़े भाई विलियम मिंज तथा सेलेस्टिन कुजूर के साथ लुकस मिंज की हत्या की फैक्ट फाइंडिंग के लिए पीयुसीएल के आग्रह पर 16 फरवरी को लातेहार जिले के बरवाडीह थाना क्षेत्र में पहुंचा था।

लुकस मिंज के गांव नवरनागो में उसके भाई प्रकाश मिंज और भाभी रंजीता समेत गांव के कुछ पुरुष व महिलाओं से मिलकर हमलोग बरवाडीह थाना भी जानकारी लेने गए थे। थानेदार बिरेंद्र राम जी के पास उस इलाके में नक्सल विरोधी अभियान का ऑपरेशन चला रहे सीआरपीएफ को कोई अधिकारी फोन कर कैंप के लिए जेनेरेटर इत्यादि सुविधाओं की जल्द व्यवस्था करने का आदेश दे रहा था। यह बात सामान्य सी लग रही थी। लेकिन सीआरपीएफ के उस अधिकारी का आदेश ऐसा था कि फोन रिसीव कर रहे थानेदार झुंझला गए और उस अधिकारी को कहा कि आप मेरे अफसर नहीं हो, आप मुझसे तुम-ताम में बात नहीं करोगे।

तमीज से बात करो, जेनेरेटरवाला जाएगा, तभी वहां बिजली की व्यवस्था हो सकेगी। फिर वह खुद को शांत करने का प्रयास करने लगे। हम लोग थानेदार से लुकस मिंज की सीआरपीएफ द्वारा हत्या संबंधित फैक्ट फाइंडिंग पर बात करने लगे कि किस तरह माओवादी सफाया अभियान के नाम पर एक मूक-बधिर (गूंगे) की हत्या की गई। फिर उसके खलिहान में माओवादियों द्वारा छिपाये गए चावल, दाल, मसाले को ढूंढ़ कर लुकस मिंज के घर में उसकी अकेली भाभी को पकड़कर पूरे घर की तलाशी ली गई और घर का हर सामान पार्टी का है, ऐसा संदेह किया गया। खेत में चूहे के बनाए बिल को संदेह के कारण खोदा गया। कुएं के पानी पर संदेह किया गया, गांव के निर्दोष लड़के को पीटकर पूछा गया कि तुम पार्टी में क्यों शामिल नहीं हुए और अंत में गांव की एक 16-17 साल की लड़की लालमणि को अपने कैंप ले जाकर रातभर उससे पूछताछ की गई। खैरियत की बात रही कि उस लड़की की छोटी बहन और उसकी एक चाची जबरन वहीं लालमणि के साथ रही।

सीआरपीएफ वालों ने लुकस मिंज की हत्या कोयल नदी में कर दी थी। वह दोपहर में अपने मवेशियों को चराने जंगल में गया था। सीआरपीएफवालों ने उससे पूछताछ की होगी, लेकिन मूक-बधिर होने के कारण वह जवाब नहीं दे पाया और फिर उसके सिर को निशाना बनाकर गोली चलाई गई, जो उसके सिर को पीछे से छेदते हुए आगे निकल गई थी। परिवार के लोगों ने डर से थाने में भी इसकी शिकायत नहीं की। उनका कहना था कि हमें डर था कि इससे पार्टीवाले भी नाराज होते और पुलिस उलटा हमें ही फंसाती। इसलिए परिवार के लोगों ने उसे पास में दफना दिया था। लेकिन बात गांव से निकलकर मीडियाकर्मी और माले लिबरेशन के कन्हाई जी तक पहुंची। तो बरवाडीह थाने ने लाश निकलवाकर रिम्स पंचनामे के लिए भेज दिया, जहां उसके सिर में गोली मारने की बात साबित हुई।

ऐसी घटनाएं तो झारखंड जैसे राज्यों में आम हो गई है। बातों के बीच जब हम लोगों ने थानेदार से पूछा कि

मसला क्या है? क्या लोकल थाना सीआरपीएफ द्वारा की जा रही ऐसी घटनाओं और हत्याएं पर कोई कार्रवाई नहीं कर सकती? क्या यह थाना के अधिकार सीमा और इलाके में हस्तक्षेप नहीं है? उनका जवाब था कि हम इस मामले में कुछ नहीं कर सकते, इस ऑपरेशन में हमारे ऊपर के अधिकारी होते हैं और हमें थानों से बिना आदेश के निकलने की भी मनाही है। फलक पर चीजें स्पष्ट थीं।

माओवाद-नक्सलवाद के खात्मे के अभियान के नाम राज्यों के लोकतांत्रिक शासन के संविधान प्रदत्त अधिकार क्षेत्र का अतिक्रमण भारतीय राजसत्ता कर चुकी है। सवाल यह है कि राजसत्ता द्वारा यह अतिक्रमण नक्सलवाद-माओवाद के कारण किया गया या राजसत्ता के अलोकतांत्रिक शासन के कारण ही नक्सलबाड़ी का विद्रोह हुआ। माओवाद इस अलोकतांत्रिक राजसत्ता द्वारा जनता के अधिकारों पर अतिक्रमण का एक और बहाना बनाया गया है कथित आतंकवाद की ही तरह। आंतरिक सुरक्षा के नाम पर राष्ट्रीय आतंकवाद निरोधी केंद्र एनसीटीसी जैसे नए-नए संगठन और कानून निर्मित कर राजसत्ता जनता (मजदूरों-किसानों) के अधिकारों और उसके आंदोलन की जनवादी चेतना सहित विद्रोह को ही खत्म कर देना चाहती है, जो समाज के विकास की आवश्यक प्रक्रिया का एक हिस्सा है, जिसकी गवाह इतिहास भी है।

इसके अर्थ स्पष्ट हैं 'लूट की खुली छूट राजसत्ता का एकमात्र ध्येय है।' और इसके लिए हर सूरत में आम जनता को डरा-धमकाकर रखा जाए। आज योजना और आदिवासी इलाकों के विकास के नाम पर भारत रूरल लाइवलीहुड फाउंडेशन (बीआरएलएफ) का उद्देश्य उन्हें राजसत्ता के आंतरिक साम्राज्यीकरण के अनुकूल बनाने की है। राज्य में विचर रहे सिविल सोसाइटी और एनजीओ सरकार के सहायक हैं। ध्येय है विकास के नाम पर हर तरह के संसाधनों की लूट को संरक्षण देना और अनुकूल माहौल बनाना। लातेहार जाते हुए रास्ते में पीयुसीएल के साथी ने कहा था कि माओवादी कहते हैं कि वे राजसत्ता के खिलाफ युद्ध कर रहे हैं। मैंने पूछा कि सरकार क्या कहती है? उन्होंने कहा कि सरकार ऐसा नहीं कहती। मैं सोचने लगा कि सरकार डरती है कि यदि वह भी युद्ध की खुली घोषणा कर दे तो मजदूर-किसान जरूर खुलकर अपना पक्ष चुनेंगे। सरकार द्वारा सेना की मदद लेना और इलाके में अर्द्धसैनिक बलों की कार्रवाई ही यह साबित करती है कि वह युद्ध लड़ रही है। माओवादी युद्ध कर रहे हैं राजसत्ता के खिलाफ किंतु राजसत्ता द्वारा यह युद्ध भारत गणतंत्र की जनता के खिलाफ है। राजसत्ता और जनता दोनों के लिए यह अपने-अपने अस्तित्व की लड़ाई बन रही है। ◆ ◆ ◆

विकास से दूर होगा उग्रवाद

डीएन गौतम

बिहार के पूर्व डीजीपी, अर्जुन मुंडा के पूर्व सुरक्षा सलाहकार

उग्रवाद कोई समस्या नहीं, चुनौती है, जिसका समाधान सिर्फ और सिर्फ विकास है। चुनौतियां हमें कुछ नया कर गुजरने का अवसर प्रदान करती हैं, इसे हम विकास के मॉडल से जोड़ सकते हैं। अब इसे हम बौद्धिक दिवालियापन कहें या नैतिक विकलांगता। विकास के नाम पर हम करोड़ों बहाए जा रहे हैं, परंतु उसकी सार्थकता सिद्ध होती नहीं दिख रही। सुदूर जंगल और पहाड़ों की तराइयों में इंदिरा आवास बना देने से विकास नहीं होगा।

चुनौतियां हजारों-हजार साल से हमारे समक्ष विद्यमान हैं। इतिहास साक्षी है, चुनौतियां जब भी आईं एक नए अध्याय की शुरुआत हुई। इंसान चाहे जो भी हो, सभी का अपना भाव होता है। कोई मृदुभाषी होता है तो कोई कठोर। माओवादियों की प्रकृति में आक्रमकता का वास है। माओवादियों को भी सपने दिखाए जाते हैं, सिस्टम बदलेगा तो फलाना खेत में उनकी फसल लहलहाएगी, गांव के अमुक धनाढ्य की तरह उनका भी मकान होगा।

आज वे उसी सपने को संजोए बैठे हैं। उग्रवाद मिटाने के नाम पर पुलिस बल की सैकड़ों कंपनियां खड़ी कर दी जा रही हैं। उन पर करोड़ों खर्च किए जा रहे हैं। अगर इसी पैसे का उपयोग ईमानदारी के साथ गांव के विकास पर हो तो तस्वीर बदलती नजर आएगी। उत्तर प्रदेश की मलिन बस्तियों को माडल के रूप में देखा जा सकता है। यह बस्तियां शहर के अच्छे लोकेशन में अवस्थित हैं, जहां सारी सुविधाएं मौजूद हैं। तमाम बुनियादी सुविधाओं के साथ-साथ कोर्ट-कचहरी, बाजार, स्कूल, अस्पताल सब आसपास। कुछ लोगों की शिकायत है कि उन घरों को उन बीपीएल परिवारों ने किराये पर दे रखा है। परंतु इस पर उनका नजरिया अलग है, बीपीएल को घर तो मिला, किराये से उनकी आर्थिक स्थिति तो सबल हुई। इससे इतर ऐसी बस्तियां, जहां कोई सुविधा ही नहीं है, कौन रहना चाहेगा।

विकास का यह कैसा माडल है? हर व्यक्ति बेहतर जीवन जीना चाहता है। चाहे वह उग्रवादी ही क्यों न हो। बरसों-बरस से अपने पूर्वजों को देख वह उन्हीं के नक्शे कदम पर चल रहे हैं। गरीब की बच्ची पर लोगों की बुरी निगाहें हैं, रिक्शा चालक है तो उसकी कोई इज्जत नहीं। दरअसल देश बचाने की प्रवृत्ति हममें नहीं है। राष्ट्रीय संपत्ति देशवासियों के बीच न बांटकर विदेश के बैंकों में जमा करने की ललक से अमीर-गरीब की खाई बढ़ रही है। इसे पाटने की जरूरत है।

राह से भटके लोगों में सपने जगाने होंगे। ग्रामीण क्षेत्रों में शहर सी सुविधा प्रदान करें। रोजगार के अवसर सृजित करें। वक्त जरूर लगेगा, परंतु सब कुछ बदला-बदला सा नजर आएगा। जब मैं बिहार में था तो बाल संरक्षण थाना की परिकल्पना की थी। ऐसा थाना जहां पारिवारिक माहौल हो। राह से भटके बच्चे, छेड़खानी की शिकार बच्चियों, मानसिक और शारीरिक रूप से शोषित बच्चों को यहां न्याय मिलता। एफआइआर की अगर जरूरत होती तो थाने वाले ही यह सब कराते, वह भी ऐसे बच्चों को पर्दे से पीछे रखकर। बाल सुधार प्रक्रिया की यह परिकल्पना न तो बिहार में साकार हुई और न ही झारखंड में। ◆ ◆ ◆

ग्रामीणों के सफाये की साजिश

ग्लैडसन डुंगडुंग

मानवाधिकार कार्यकर्ता एवं झारखंड ह्यूमन राईट्स मूवमेंट के जेनेरल सेक्रेटरी

झारखंड ऐसा प्रदेश बन गया है, जहां अमानवीय त्रासदियों ने हद पार कर दी है। सरकार ग्रामीणों को दुश्मन के नजरिये से देखती है और उनके सफाये में हजारों की संख्या में पुलिस बल को नक्सल विरोधी ऑपरेशन के नाम पर उतार दिया गया है। माओवाद के खात्मे के नाम पर यहां फर्जी मुठभेड़ की कई घटनाओं अंजाम दिया गया।

15 अप्रैल 2009 को सीआरपीएफ के जवानों ने लातेहार जिले के बढ़ानियां गांव के 5 आदिवासियों को पकड़कर गोली मार दी थी और उसे मुठभेड़ का रूप दे दिया था। प्रारंभिक दौर में पुलिस ने उन्हें माओवादी बनाने की पूरी कोशिश की, लेकिन काफी शोरगुल के बाद झारखंड पुलिस ने माना कि मारे गए सभी 5 लोग आम ग्रामीण थे। इसके बाद उनके परिवारों को मुआवजा दिया गया, लेकिन जघन्य हत्या को आंजाम देने वाले सीआरपीएफ के जवानों एवं पुलिस अधिकारियों पर कोई कार्रवाई नहीं हुई।

2010 में लातेहार के लादी ग्राम निवासी जसमिंता देवी, तमाड़ के एतवा मुण्डा एवं राजेश सिंह मुण्डा को पुलिस ने पकड़कर मार दिया एवं मुठभेड़ करार दिया। झारखंड में अब तक 550 लोगों को नक्सली होने के नाम पर विभिन्न मुठभेड़ों में मार गिराने का दावा किया गया है। पुलिस हिरासत एवं न्यायिक हिरासत में मौत के भी काफी मामले आ चुके हैं। पलामू जिले के छात्रपुर थाना में राजेन्द्र यादव को पुलिस ने 60 घंटे थाने में रखने के बाद 2 जनवरी 2010 को पीट-पीट कर मार डाला। झारखंड में अब तक 475 लोगों की मौत पुलिस एवं न्यायिक हिरासत में हुई है।

फर्जी मुकदमा एवं अत्याचार : झारखंड पुलिस यहां के गांवों एवं जंगलों में रहने वाले लोगों को फर्जी मुकदमों में फंसाकर माओवादी बनाती रही है। यहां समय-समय पर पुलिस ने कानून का बहुत अधिक दुरुपयोग किया है। राज्य में आतंकवादी घटनाएं नहीं होने के बावजूद झारखंड पुलिस ने बाबूलाल मरांडी के शासन काल में पोटा कानून के तहत 654 मामले दर्ज कर 3200 लोगों को नामजद अभियुक्त बनाया तथा 202 की गिरफ्तारी हुई, जिसमें 10 बच्चे भी शामिल थे। यूएपीए के तहत भी यही होता रहा। 4372 लोग यूएपीए, अर्म्स एक्ट एवं 17 सीएलए एक्ट के तहत नक्सली होने के नाम पर झारखंड के विभिन्न जेलों में बंद हैं, जिनमें सबसे ज्यादा निरीह लोग हैं। 17 सीएलए एक्ट के तहत भी काफी लोगों को प्रताड़ित किया जा रहा है।

पुलिस किसी भी व्यक्ति को पकड़कर 17 सीएलए एक्ट लगा देती है। उन पर आरोप लगाया जाता है कि उनके पास नक्सली साहित्य मिला, वे माओवादियों के संपर्क में हैं या वे माओवादियों क साथ देते हैं। इस तरह से आम ग्रामीण पुलिस अत्याचार का शिकार हो रहा है।

माओवादियों को खत्म करने के नाम पर चलाये जा रहे सैन्य अभियान के दौरान सैकड़ों विद्यालयों को पुलिस छवनी में बदल दिया गया। 52 विद्यालयों में स्थायी एवं 100 से ज्यादा स्कूलों में अस्थायी पुलिस कैम्प लगाए गए हैं। कई जनसंगठनों के विरोध के बाद कुछ विद्यालयों को खाली करवाया गया, लेकिन अभी भी लगभग 50 प्रतिशत विद्यालयों में पुलिस कैम्प चल रहे हैं। झारखंड की राजधानी रांची से सटे इलाके जैसे

बुन्डू, तमाड़ एवं अड़की में कई विद्यालय ऐसे हैं जहां 2-3 वर्षों से विद्यालयों में पुलिस कैम्प हैं। पुलिस कैम्प की वजह से काफी समय तक विद्यायल बंद रहते हैं, कुछ पेड़ के नीचे चलते हैं तो कुछ में सिर्फ खानापूर्ति होती है। उग्रवाद प्रभावित क्षेत्र में रहने वाले बच्चे हिंसा-प्रतिहिंसा के बीच अपना भविष्य गढ़ रहे हैं जो काफी भयावह दिखाई पड़ता है। उन्हें अपने पाठ्य-पुस्तकों के बारे में तो पता नहीं है, लेकिन पुलिस एवं माओवादियों द्वारा प्रतिदिन प्रयोग किए जानेवाले -एके-47, बंदूक, गोली, रायफल और बम के बारे में खूब जानकारी है।

हिंसा-प्रतिहिंसा एवं मानवाधिकार का हनन : झारखंड में पुलिस एवं उग्रवादियों के बीच चल रही हिंसा-प्रतिहिंसा की वजह से निरीह ग्रामीण आदिवासी एवं मूलवासी प्रताड़ित हो रहे हैं। पिछले एक दशक में उग्रवादियों ने भी 2 हजार से ज्यादा लोगों को मौत के घाट उतारा। इसके जवाब में सरकार व्यापक रूप से ऑपरेशन ग्रीनहंट चला रही है, जिसका खामियाजा माओवादी कम और आदिवासी लोग ज्यादा भुगत रहे हैं। झारखंड के सारंडा जंगल में माओवादियों को खत्म करने के नाम वहां के आदिवासियों पर किया गया जुल्म इसका जीता जागता सुबूत है।

ऑपरेशन के दौरान पुलिस एवं अर्द्धसैनिक बलों ने मंगल होनहागा एवं सोमा गुड़िया की गोली मारकर हत्या की एवं जुड़िदा होनहागा को पीट-पीटकर मार डाला। 500 आदिवासियों पर जुल्म ढाए गए। उनके अनाज बर्बाद किये, कई को उल्टा लटकाकर पीटा गया एवं 35 लोगों को फर्जी मुकदमों में फंसाकर जेल में डाल दिया गया। उनका बर्तन, बक्सा एवं अन्य सामान बर्बाद किए गए।

अभिव्यक्ति की स्वतंत्रता पर प्रहार : पुलिस अत्याचार का विरोध करनेवालों को सरकार द्वारा लगातार निशाना बनाया जा रहा है। झारखंड ह्यूमन राइट्स मूवमेंट, ऑपरेशन ग्रीनहंट विरोधी नागरिक मंच एवं पीयूसीएल जैसे मानवाधिकार संगठनों को माआवादियों का मददगार होने का आरोप लगाकर इनके कार्यकर्ताओं को प्रताड़ित किया गया। इसी तरह झारखंड में विस्थापन के विरोध में लोकतंत्रिक तरीके से लड़ रहे 3505 आंदोलनकारी लोगों पर फर्जी मुकदमा किया गया, जिसमें 910 लोग काठीकुंड, 747 लोग पोटका एवं 500 लोग हजारीबाग के हैं, जिनके ऊपर कई केस लाद दिए गए हैं।

आंदोलन के प्रणेता कुमार चंद्र मार्डी, मुन्नी हांसदा, चरण कुमार एवं कई अन्य कार्यकर्ताओं को पुलिस ने झूठे मुकदमों में फंसाकर जेल में डाल दिया था। इन पर कंपनी के सर्वेयर एवं अधिकारियों पर हमला करने, उनकी गाड़ी को क्षतिग्रस्त करने एवं उन्हें जान से मारने की कोशिश करने जैसे संगीन आरोप लगाये गए। अब उनके माओवादियों से संबंध होने की बात भी कही जा रही है, जो सरासर झूठा है। इस तरह से लोकतांत्रिक तरीके से लड़ने वालों के ऊपर भी लगातार जुल्म किया जा रहा है और अभिव्यक्ति की स्वतंत्रता के अधिकारों को भी भंग करने का प्रयास चल रहा है। राज्य में हिंसा-प्रतिहिंसा जारी है, लेकिन इसमें सरकार की ही भूमिका अधिक है। अगर वह हर तबके साथ न्याय करे तो लोग विद्रोह क्यों करेंगे, बंदूक क्यों उठाएंगे? ◆ ◆ ◆ ◆

हिंसा खुद समस्या है, निदान नहीं

अरविंद कुमार अविनाश

सम्पादक, समकालीन हस्तक्षेप

देश, देश की सुरक्षा व देशहित के नाम पर शासकों द्वारा निहित स्वार्थों की पूर्ति न कोई नई बात है और न ही अचरज में डालने वाली। यह तो पूरी दुनिया में आजमाया हुआ पुराना नुस्खा है। बहुत दिन नहीं हुए हैं, जब अमेरिका के तत्कालीन राष्ट्रपति जार्ज बुश ने 9/11 की घटना के बाद 'आतंक के खिलाफ युद्ध' के नाम पर पहले अफगानिस्तान और फिर इराक पर हमला किया था। जगजाहिर है, हमले का मकसद था, देश पर अप्रत्यक्ष नियंत्रण व वहां की प्राकृतिक संपदा तेल पर कब्जा। उन्हीं के नक्शे कदम पर चलते हुए हमारे देश के प्रधानमंत्री श्री मनमोहन सिंह ने भी उक्त घटना के बाद एलान किया था 'आतंक के खिलाफ युद्ध' का, पर इससे इतर निशाने पर रही, देश के मध्य व पूर्व के सात राज्यों की जईफ जनता। बहाना बनाया गया माओवाद/नक्सलवाद प्रभावित क्षेत्रों में 'सरकारी तंत्र की पुनर्स्थापना का, जबकि असल मकसद रहा वहां के प्राकृतिक संसाधनों व संपदा को देशी-विदेशी पूंजीपतियों को सौंपने का।

इससे अछूता हमारा राज्य झारखंड भी नहीं है। दूसरे राज्यों की तरह यहां की जनता भी जनता की सुरक्षा व विकास का दंभ भरने वाली सरकार व अपने ही देश के बहादुर सुरक्षाबलों के कोपभाजन की शिकार हुई है। अन्य घटनाओं को थोड़ी देर के लिए छोड़ भी दे, तो अभी-अभी लातेहार जिले के बरवाडीह थाना निवासी बहरा-गूंगा लुकस मिंज का उदाहरण हमारे सामने है। अन्य लोगों की तरह लुकस की भी हत्या हुई, अपने ही देश के सुरक्षाबलों द्वारा और बहाना बना माओवादियों का सफाया। माओवाद/नक्सलवाद की गिनती आज देश-राज्य की बड़ी समस्याओं में हो रही है।

देश के प्रधानमंत्री व गृहमंत्री ने कई बार इसे देश की सबसे बड़ी समस्या और आंतरिक सुरक्षा के लिए बड़ा खतरा बताते हुए चिंता प्रकट की है। लेकिन, इनके असली मकसद का खुलासा प्रधानमंत्री द्वारा 18 जून, 2009 को संसद में दिए गए वक्तव्य से ही हो जाता है। श्री मनमोहन सिंह ने चिंता व्यक्त करते हुए कहा था- 'अगर वामपंथी चरमपंथियों को देश के उन हिस्सों में फलने-फूलने दिया गया, जिनमें खनिज पदार्थ और दूसरी प्राकृतिक संपदाएं हैं तो निवेश का माहौल यकीनन बिगड़ेगा'। निवेश के इसी माहौल को किसी भी कीमत पर अनुकूल बनाने/ बनाए रखने के लिए सरकार माओवाद/नक्सलवाद के नाम पर रास्ते में आए हर रोड़े को उठा कर फेंक देने या उसे मसल देने को जायज ठहरा रही है।

देश-राज्य के सामने दूसरी गंभीर समस्याएं जैसे गरीबी, बेरोजगारी, भुखमरी, कुपोषण, किसानों द्वारा की जा रही लगातार आत्महत्या, अशिक्षा, स्वास्थ्य सुविधाओं का अभाव, शोषित-पीड़ित जनता की पीड़ा नजर नहीं आती। वैश्वीकरण-उदारीकरण के घोड़े पर सवार होकर विश्व की महाशक्ति बनने का सपना देखने वाली व सपना दिखाने वाली, विकास दर पर इठलाने वाली सरकार को अपने ही देश के किसानों द्वारा लगातार की जा रही आत्महत्याएं कोई समस्या नजर नहीं आती।

भूख से दम तोड़ते लोग, इलाज के अभाव में असमय मरते लोग और यहां तक कि आर्थिक अभाव में मौत को गले लगाते लोग सरकार के लिए कोई समस्या नहीं है। समस्या है तो नक्सली आंदोलन के बढ़ते जाने का।

सरकार नक्सल आंदोलन क्षेत्र में सरकारी तंत्र की 'पुनर्स्थापना' के नाम पर हर किस्म के दमन को जायज ठहराना चाहती है। लेकिन वह इस प्रश्न पर ठहर कर सोचने को तैयार नहीं कि उसी सरकारी तंत्र द्वारा पिछले 63 सालों में किए गए कार्यों का हश्र क्या है? वह यह बताने को एकदम तैयार नहीं दिखती कि कानून के राज में ही शोषण-दमन व बदहाली सखुए के पेड़ की तरह क्यों बढ़े? असमानता व बेदखली का दर्द इन्हीं क्षेत्रों में क्यों बढ़ा? विकास व सुरक्षा की कीमत आदिवासी समाज ने क्या चुकाई है यह सबके सामने है। इसके साथ ही विश्व के सबसे बड़े लोकतांत्रिक कहे जाने वाले देश में कानून के नाम पर हुए गैर-कानूनी क्रूरतम आपराधिक कार्रवाई को भी यहां की जनता लंबे समय से देखी व भोगी है। और आज जब सदियों से व्यवस्था द्वारा सताए, आजीविका से बेदखल किए गए और हाशिये पर डाले गए आदिवासियों व गरीबों द्वारा सरकार की नीतियों का प्रतिकार किया जा रहा है तो सरकार माओवाद के नाम पर उन्हें सबक सीखाने पर उतारू नजर आ रही है। हर तरह के प्रतिरोध को वह माओवाद की आड़ में कुचलने को तैयार है।

खनिज से समृद्ध धरती ही महाराष्ट्र, छत्तीसगढ़, ओड़िशा, झारखंड, पं. बंगाल, आंध्रप्रदेश के आदिवासियों के लिए अभिशाप सिद्ध हो रही है। यह भी गौरतलब है कि भारत के कुल प्राकृतिक संसाधनों का 40 प्रतिशत हिस्सा झारखंड, छत्तीसगढ़ व ओड़िशा के उन्हीं जिलों में है, जहां नक्सली आंदोलन प्रभावी है। अब बात रही माओवादियों/नक्सलियों की, तो वे कौन हैं? उनका लक्ष्य क्या है? उनके फलने-फूलने के लिए कौन जिम्मेदार हैं? माओवादी ही आज सबसे बड़ी समस्या व बड़े खतरे के रूप में क्यों चिह्नित किए जा रहे हैं? इसका जवाब तो योजना आयोग द्वारा 2008 में गठित विशेषज्ञ समूह ने अपनी विशेष रिपोर्ट में दे दी है। रिपोर्ट का नाम है- उग्रवाद प्रभावित इलाकों में विकास की चुनौतियां।

रिपोर्ट में साफ-साफ कहा गया है कि-'इस बात से इन्कार नहीं किया जा सकता कि जिसे 'नक्सलवाद' कहा जाता है कि वह काफी हद तक एक सामूहिक नाकामी का नतीजा है। समाज के विभिन्न तबकों को उनकी बुनियादी हकदारियां मुहैया कराने में नाकामी का। वे हकदारियां जो संवैधानिक और अन्य संरक्षणात्मक कानूनों के तहत उन्हें दी गई है। संवैधानिक हक सुनिश्चित करने के लिए इच्छाशक्ति पैदा करने की सख्त जरूरत है'। नक्सलवादी आंदोलन को राजनीतिक आंदोलन के रूप में देखा जाना चाहिए। इसमें कोई दो राय नहीं कि इसका भूमिहीन और गरीब किसानों के साथ ही आदिवासियों के बीच मजबूत आधार है। इसके उभार व बढ़ाव को उन लोगों के सामाजिक हालात और अनुभव के संदर्भ में देखा जाना चाहिए जो इसके हिस्से हैं। इन हालात की एक खासियत है राजकीय नीति और कामकाज के बीच भारी फासला।

वैसे तो इसका दीर्घकालीन वैचारिक लक्ष्य है राजसत्ता पर ताकत के बल पर कब्जा। लेकिन इसके रोजाना की गतिविधियों को बुनियादी तौर पर सामाजिक न्याय, बराबरी, सुरक्षा, स्थानीय विकास के लिए संघर्ष के रूप में देखा जाना चाहिए। आंदोलन के लक्ष्य राजनीतिक हैं इसलिए उन्हें राजनीतिक तौर पर ही संबोधित करना चाहिए। लोकतंत्र में ऐसी जवाबी कार्रवाइयों का एक मात्र राजनीतिक साधन है बातचीत। विशेषज्ञ समूह ने इसके मात्र कारण, लक्ष्य व स्थिति पर ही अपने विचार नहीं दिए हैं, बल्कि इससे निपटने के उपाय भी सुझाए हैं। अपनी सिफारिशें लिखते हुए उन्होंने कहा है कि नक्सलवादी आंदोलन से निपटने के लिए राजसता 'हिंसक प्रकिया का अनुकरण नहीं कर सकती। उसे कानून के जरिए काम करना है। यही कारण है कि विशेषज्ञ समूह ने इसे जड़ से मिटाने की सिफारिश की है।

विशेषज्ञ समूह ने 'असंतोष, विरक्ति और विक्षोभ की बुनियादी वजहों को दूर करने के लिए राजकीय हस्तक्षेप और कानूनों में बदलाव या कानूनों को असरकारी ढंग से लागू करने की सिफारिश की है। लेकिन हमारे देश व राज्य की सरकारें इससे इतर दमन के सहारे इस आंदोलन को समाप्त करने पर आमादा दिखती है, जो संभव नहीं है। नक्सली आंदोलन कौ जड़ से समाप्त करने के लिए जरूरी है कि इसके बुनियादी कारणों को समाप्त किया जाए। इसके साथ यह भी सच है कि मात्र हिंसा अपने आप में ही एक समस्या है, किसी समस्या का निदान नहीं।

◆ ◆ ◆

विषमता से भड़कता जनाक्रोश

केएन पंडित

सामाजिक कार्यकर्ता व केंद्रीय संयोजक

पिछले लगभग चार दशकों से नक्सलवाद व्यापक चर्चा में है, जो बंगाल के नक्सलबाड़ी गांव से आग की चिंगारी की तरह पूरे देश में फैलता जा रहा है। सामंती शोषण एवं जुल्म के खिलाफ फूटा यह विद्रोह धीरे-धीरे जन आंदोलन का रूप लेता गया है। इस आंदोलन से बहुत से बुद्धिजीवी जुड़े। 1970-71 में बिहार व बंगाल तक यह आंदोलन सीमित था, जो आज झारखंड, ओड़िशा, छत्तीसगढ़, आंध्रप्रदेश, मध्यप्रदेश, महाराष्ट्र, उत्तर प्रदेश जैसे राज्यों में फैल गया है।

राज्य व केंद्र की सरकारों ने जनसमस्याओं के समाधान की तरफ ध्यान देने के बजाय बंदूक के बल पर इसे दबाने का प्रयास किया और आज भी कर रही है। व्यापक रूप से बढ़ रही आर्थिक-सामाजिक विषमता इस आंदोलन को बढ़ावा देने में कारगर साबित हो रही है। यह खाई इतनी गहरी हो गई कि एक गरीब की मुट्ठी में एक रुपया है, तो उसके सामने बहुमंजिला विशाल भवन में बैठे एक अमीर के पास में एक लाख रुपये हैं, अर्थात यह विषमता एक रुपया व एक लाख रुपये के बीच का है। यह अस्वाभाविक असमानता निश्चित रूप से नक्सलवाद आंदोलन को बढ़ावा दे रही है।

मुट्ठी भर अरबपतियों की दौलत दिन-दूनी रात चौगुनी हो रही है। दूसरी ओर करोड़ों लोग रोटी के बिना बिल-बिलाकर मर रहे हैं। कर्ज और भुखमरी से तंग आकर आत्महत्याएं कर रहे हैं। लगभग ढाई लाख किसानों व गरीबों ने अभाव, कर्ज, भुखमरी से तंग आकर आत्महत्याएं की हैं।

यह सिलसिला बढ़ता ही जा रहा है। भारत के संविधान ने प्रत्येक नागरिक को एक वोट देने का अधिकार दिया है, जिससे मुखिया से लेकर प्रधानमंत्री व राष्ट्रपति बनते हैं। यह संवैधानिक अधिकार से संबंधित समानता है, तो आर्थिक और सामाजिक समानता भी क्यों नहीं स्थापित की जा रही है? गरीबों के वोट से चुने जानेवाले विधायक, सांसद, मंत्री करोड़ों-अरबों के मालिक हो गए। 300 से अधिक सांसद करोड़पति व अरबपति हैं। उनकी दौलत का मुख्य जरिया भ्रष्टाचार व लूट है।

इन्हीं गरीबों का खून चूसकर भ्रष्ट नेताओं, व्यापारियों, नौकरशाहों, ठेकेदारों आदि ने देश की संपत्ति पर कब्जा जमा लिया है और इस लूट के एक खास हिस्से को स्वीस बैंक में जमा कर दिया है, जिसे वापस लेने के लिए एक तरफ जनता आवाज लगा रही है, तो दूसरी तरफ सत्ता में बैठे भ्रष्ट, बेईमान लोग चुप्पी साधे हुए हैं या तथ्यों को छुपाने के लिए बहानेबाजी कर रहे हैं। दुख की बात है कि यही लोग जोर-जोर से चिल्लाकर कह रहे हैं कि माओवाद देश की सुरक्षा के लिए सबसे बड़ा खतरा है। ये भ्रष्ट नेता जब देश की सुरक्षा की बात करते हैं, तो उससे उनकी सत्ता की सुरक्षा, उनकी लूटी हुई संपत्ति की सुरक्षा की ओर संकेत होता है। 1947 से आज तक अर्थात 65 वर्षों में महंगाई बढ़ती गई, भ्रष्टाचार चरम पर पहुंचा।

बेरोजगारी का तो कहना ही क्या। शायद ही कोई ऐसा घर हो, जिसमें अशिक्षित, शिक्षित नौजवान व नवयुवतियां बेरोजगार नहीं हों। स्थिति ऐसी है कि मुट्ठी भर ईमानदार राजनीतिज्ञ, नौकरशाह, व्यापारी खोज पाना कठिन है। गरीबी, कुपोषण, बीमारी व भुखमरी का यह आलम है कि वर्ष तक या इससे अधिक उम्र के बच्चों की आधी आबादी संतप्त है एवं असामयिक मौत का शिकार हो रही है। गांवों में शुद्ध पेयजल नहीं है। भोजन

के लिए अन्न नहीं है। दवा की व्यवस्था भी नहीं है। स्कूल है, तो शिक्षक नहीं और यदि कहीं कुछ शिक्षक हैं, तो बच्चों के बैठने की जगह नहीं। कुछ स्कूलों में पुलिस छावनी चल रहे हैं। फिर भी सरकार 14 वर्ष तक बच्चों की शिक्षा के अधिकार का राग अलाप रही है। यह है राष्ट्र की लगभग 80 प्रतिशत जनता की दुर्दशा, जो 20 रुपये में अपने परिवार का गुजारा चलाने को विवश हैं।

इस भयंकर स्थिति में सामाजिक तानाबाना भी टूट रहा है। आम जनता का असंतोष, आक्रोश विकराल रूप धारण कर रहा है, जिसको कुचलने के लिए 70 हजार अर्द्धसैनिक बल ग्रामीण क्षेत्रों में उतारा गया है। इसके कारण छात्राओं, लड़कियों व महिलाओं की आबरू भी खतरे में है। इन पुलिस एवं अर्द्धसैनिक बलों द्वारा जहां एक तरफ ग्रामीण जनता को माओवादी के नाम पर मारा-पीटा जा रहा है, उन्हें गिरफ्तार किया जा रहा है, हत्याएं की जा रही हैं और फैलाया जा रहा है गांवों में आतंक, ताकि ग्रामीण गांव छोड़ कर अन्यत्र भाग जाएं और कॉरपोरेट घरानों को जल, जंगल, जमीन व खनिज आसानी से उपलब्ध कराया जा सके। राजनीतिक अराजकता चरम पर पहुंच गई है और देश का जनतंत्र पैसातंत्र में परिवर्तित हो गया है, जिसका वीभत्स व घिनौना रूप विधानसभा से संसद तक देखा जा रहा है, जहां निर्वाचित माननीयों की खरीद-बिक्री हो रही है। फिर भी दावा किया जाता है कि यह विश्व का सबसे बड़ा लोकतंत्र है।

नेता-अफसर सिर्फ बयानबाजी व आंकड़ेबाजी द्वारा यह दिखाना चाहते हैं कि वे जनता के विकास में दिनरात जुटे हैं। अंग्रेजी साहित्य के एक महान निबंधकार फ्रांसिस वेकन जो अंग्रेजी उपनिवेश के समर्थक थे, ने ब्रिटिश शासकों को परामर्श देते हुए कहा है कि तुम्हारा उपनिवेश बहुत बड़ा है, इसे बचाने के लिए जनता की भूख व असंतोष के निवारण के संबंध में पूरा ध्यान देना होगा, क्योंकि पेट के लिए जो विलाप होता है, वह सबसे बुरा होता है। हमारे देश में भी ऐसी स्थिति उत्पन्न हो गई है।

माओवादियों को या उनके आंदोलन को कुचलने के नाम पर आम जनता विशेष कर आदिवासियों व मूलवासियों का दमन किया जा रहा है, हजारों निर्दोष लोगों को जेलों में बंद कर दिया गया है, सैकड़ों लोगों को गोलियों से मौत के घाट उतारा गया है। इसके पीछे उद्देश्य एक ही है- जनता का दमन व उन्हें आतंकित कर उनके मुंह को बंद कर दिया जाए। आंदोलन को रोक दिया जाए, ताकि जल, जंगल, जमीन व खनिज को कॉरपोरेट घरानों को आसानी से सौंपा जा सके। इस काम में राज्य के भ्रष्ट सत्तासीन राजनीतिज्ञ, भ्रष्ट व दलाल नौकरशाह, बिचौलिये, ठेकेदार सब लिप्त हैं।

आज जनता के सामने निर्णायक संघर्ष के सिवा और कोई रास्ता नहीं है, ताकि मूल समस्याओं का निराकरण हो और एक सम्मानपूर्वक जीवन जिया जा सके। फ्रांस की जनक्रांति, रूस की 1917 की अक्टूबर क्रांति या चीन की क्रांति, ये सभी क्रांतिकारी आंदोलन जनता के गुस्से, आक्रोश व असंतोष के कारण हुए। सोवियत संघ में 93 प्रतिशत आदमी अशिक्षित थे, गरीबी थी, भुखमरी थी। यही स्थिति क्रांति के पूर्व चीन में भी थी। क्रांतियों के फलस्वरूप सोवियत संघ खुशहाल व सशक्त शक्ति बनकर उभरा। हर आदमी को काम मिला, एक मकान सबको मिला, निश्चित दरों पर खाने-पीने व जीवन उपयोगी वस्तुएं उपलब्ध कराई गईं। वहां नियंत्रित अर्थतंत्र स्थापित किया गया, जिसके कारण वस्तुओं की कीमत नहीं बढ़ती थी। मैंने वहां की खुशहाल व सभ्य सभ्यता को खुद जाकर देखा है।

जब मैं 1984 में 25 देशों के एक अंतरराष्ट्रीय सम्मेलन में भाग लेने के लिए मास्को गया था। उसी क्रम में पूर्वी यूरोप के देश बुल्गारिया की राजधानी सोफिया में एक और 65 देशों के अंतरराष्ट्रीय सम्मेलन में भाग लेने गया था, वहां भी मैंने समाजवादी व्यवस्था के अंतर्गत सर्वांगीण सुख-सुविधाओं को नजदीक से देखा। इसी प्रकार कुछ समय पूर्व हांगकांग गया था। वहां भी मैंने व्यवस्था, सुशासन एवं आम जनता की सुख-सुविधाओं को देखा। मेरी समझ में जब तक समता, न्याय एवं मानवता पर आधारित व्यवस्था कायम नहीं होती है, तब तक लाठी-गोली व बंदूक से जनता की आवाज एवं आंदोलन को दबाना असंभव है। क्योंकि दमन, अत्याचार से प्रतिशोध-आक्रोश उत्पन्न होता है। ◆ ◆ ◆ ◆

...पानी कहां ठहरा हुआ होगा

शशिभूषण पाठक

मानवाधिकार कार्यकर्ता

झारखंड में माओवादियों और पुलिस के बीच निरंतर बढ़ते संघर्ष ने कई सवाल खड़े किए हैं। एक ओर पुलिस प्रशासन द्वारा मानवाधिकार कर्मियों पर तरह-तरह के आरोप मढ़े जाते हैं, वहीं दूसरी ओर आम ग्रामीण पुलिस प्रताड़ना के शिकार होते हैं। और इसके बाद शुरू होता है दिल्ली से लेकर रांची तक माओवाद पर नियंत्रण के लिए बुद्धिजीवी विमर्श। समाचारपत्र सरकारी अक्षमता और माओवादियों की हिंसा को लेकर विधवा विलाप आरंभ कर देते हैं।

इन सारी प्रक्रियाओं में मृत सिपाहियों का परिवार और पुलिस अत्याचार के शिकार ग्रामीणों की दशा हाशिए पर डाल दी जाती है। वस्तुतः अब समय आ गया है कि सरकार और माओवाद के बीच के संघर्ष और इस क्रम में मानवाधिकारों के व्यापक हनन पर समेकित रूप से विचार किया जाए। दरअसल, माओवाद एक राजनीतिक संकल्पना है, जो प्रजातंत्र और शासन के एक निश्चित मॉडल के लिए लड़ाई लड़ने का दावा करता है, जबकि सरकार इसे सिर्फ कानून व्यवस्था की समस्या समझकर हल करने का प्रयत्न करती रही है। पिछले कुछ वर्षों से लगातार यह बात नागरिक समाज में चलती रही है कि कैसे झारखंडी (भारतीय) समाज को उपर्युक्त झड़प से बचाया जा सके। मानवाधिकार संगठनों ने आरंभ से अपील की है कि सीपीआइ (माओइस्ट)को राजनैतिक दल का दर्जा दिया जाए और संवाद के जरिए इसका राजनैतिक समाधान तलाशा जाए।

झारखंड में विगत वर्ष इस तरह का परिवेश बनने लगा था और एक नक्सली नेता ने अपने प्रेस कांफ्रेंस में इस बाबत वक्तव्य भी दिया था। उन्होंने कहा था कि सरकार यूएपीए जैसे कानूनों का दुरुपयोग बंद करने, एमओयू पर विचार करने और साठ वर्ष से ऊपर के नक्सली नेताओं को राजनैतिक बंदी का दर्जा देने की घोषणा करे तो वार्ता के लिए उचित परिवेश तैयार हो सकता है। दुर्भाग्य से राजनैतिक इच्छाशक्ति की कमी और कूढमगज बुद्धिजीवियों के कारण ऐसा नहीं हो पाया। लोगों का कहना था कि माओवादियों के साथ बातचीत झारखंड के स्तर पर संभव नहीं हो सकता, क्योंकि वे वारदात करने के बाद दूसरे राज्य में पलायन कर सकते हैं। ऐसे लोगों को सोचना होगा कि माओवादी एक राजनैतिक दल के रूप में कार्य कर रहे हैं और उनकी वचनबद्धता पर विश्वास करने के अतिरिक्त आपके पास उपाय भी क्या है? फिर निजी तौर पर मुझे इसका अनुभव भी है। जब सुनेश राम (हवलदार) को छुड़ाने के लिए मुझे उभय पक्ष से चुना गया और मैं नक्सलियों के पास पहुंचा तो मुझे बताया गया था कि पलामू में नक्सल विरोधी अभियान जारी है।

मुझे आश्वस्त किया गया था कि अभियान मेरे लौटने तक बंद रहेगा। हो सकता है कि संप्रेषण रिक्तता (कम्यूनिकेशन गैप) की वजह से ऐसा हुआ हो। माओवादियों के प्रवक्ता सुधीर जी ने मुझे स्पष्ट रूप से कहा कि जब युद्ध विराम की घोषणा की है, तो हम उसका पालन जरूर करेंगे। सीआरपीएफ के जवान हमारी रेंज में हैं, लेकिन हम शर्तों का उल्लंघन नहीं करेंगे। एक और बात, सुनेश राम के साथ उसे युद्धबंदी मानकर जिस तरह का व्यवहार किया, वह भी प्रशंसनीय है। मैं नहीं कहता हूं कि माओवादियों ने मानवाधिकारों का उल्लंघन नहीं किया है- नियामत अंसारी और पुलिस अधिकारी फ्रांसिस इंदवार की हत्या ने कई सवाल खड़े किए हैं। लेकिन, इसके विपरीत राज्य ने आदिवासी क्षेत्रों में माओवादी दमन के नाम पर जो अत्याचार किया है, कहीं से कम नहीं

है। झारखंड का लगभग एक चौथाई इलाका नक्सल प्रभावित है और इन इलाकों में नक्सल विरोधी अभियान के लिए अर्द्धसैनिक बल तैनात हैं।

अर्द्धसैनिक बलों का व्यवहार झारखंडी आदिवासियों के साथ कितना सौहार्दपूर्ण है, सबको पता है। पलामू प्रमंडल में विगत दो वर्षों के ऐसे उदाहरण हैं, जो लोकतंत्र की गरिमा को तार-तार करनेवाले हैं। बढ़नियां हत्याकांड जिसके लिए सरकार ने अंततः सीआरपीएफ को दोषी मान लिया है, के आरोपियों पर कोई कार्रवाई नहीं हुई। हां, ग्रामीणों को कुछ रुपये दिए गए। क्या इसे उचित निराकरण कहा जा सकता है? न्यायालय की प्रक्रिया इतनी दीर्घकालिक है कि आमजन पस्त हो जाता है और फिर रुपये तो आरोपियों के वेतन से कहां चुकाए गए। सरकारी खजाने का पैसा जनता का है और जनता को मार कर उन्हीं के पैसे से उनका मुंह बंद कर देना क्या न्यायोचित है?

इसके बाद लाडी, लातेहार में इसी तरह की घटना की पुनरावृत्ति हुई। छतरपुर, पलामू के हिलाड़ी ग्राम के रहनेवाले खगेंद्र यादव की एसपी कोठी में पीट-पीट कर हत्या कर दी गई। व्यापक जन विरोध को देखते हुए सरकार ने एक जांच समिति गठित की थी। समिति ने स्पष्ट रूप से अधिकारियों पर आरोप लगाया। रिपोर्ट में एसपी पर कर्तव्यहीनता का दोष लगाया गया था। बाद में लोकतंत्र हमारी जाग गई और जिम्मेवार अधिकारी को सिर्फ स्थानांतरण की सजा। नवरनागों के लुकस मिंज की हत्या, बीफा परहिया की ऊंगली और ग्राम प्रधान की आंख का भुगतान कोई कैसे करेगा? इन मानवाधिकार हनन की वारदातों का जवाब मौजूदा लोकतंत्र क्या देगा? मुख्यधारा के हिमायती बुद्धिजीवियों के पास उपाय है क्या?

दरअसल, अर्द्धसैनिक बलों (चिदंबरम के गुर्गों) से सिर्फ झारखंडी जनता ही परेशान नहीं है, बल्कि अपने सहयात्री राज्य पुलिस भी परेशान दिखती है। मैं पहले भी कह चुका हूं कि माओवाद का संघर्ष एक विचारधारात्मक संघर्ष है। लेकिन कैडरों के लगातार राजनीतिक प्रशिक्षण के अभाव के कारण आपसी संघर्ष भी सतह पर दिखता है। आपसी संघर्ष और विचारों के प्रति समर्पण के अभाव ने कई आपराधिक समूह तैयार किए हैं। निस्संदेह इसके लिए पुलिस के साथ-साथ माओवादी भी जिम्मेदार हैं। पूंजीवाद के बढ़ते प्रभाव और निम्न पूंजीवादी रुझान का बहाना कर के माओवादी नेतृत्व पीछा नहीं छुड़ा सकता। वहीं पुलिस इन आपराधिक समूहों को समर्थन देकर माओवादी समस्या का समाधान नहीं तलाश सकती, बल्कि सरकार इस तरह के कृत्यों से कठघरे में खड़ी होगी और इतिहास इसके लिए कभी माफ नहीं करेगा। मुझे पता है कि झारखंड जन मुक्ति परिषद नामक आपराधिक समूह के सरपरस्त पुलिस अधिकारी हैं और ये गुमला-लोहरदगा-लातेहार और पलामू के इलाके में जाकर माओवादी समर्थकों को मारने की धौंस दे रहे हैं। माओवादियों की प्रतिक्रिया में ऐसे कृत्य समाज को सरकारी तौर पर अपराधीकृत करने की कोशिश है।

अब सवाल है कि इसका समाधान क्या है? दरअसल, लोकतंत्र की बुनियाद ही आपसी समझदारी और संवाद है। नक्सलवाद जुड़ाव के नाम पर कई जनसंगठनों को प्रतिबंधित किया गया है। विश्वास कीजिए इन संगठनों में अधिकांश लोग सिर्फ प्रगतिशील विचारवाले हैं। इनकी समझदारी आम सामाजिक कार्यकर्ताओं की समझदारी है। उदाहरण के लिए झारखंड में अब तक हुए एमओयू के खिलाफ सिर्फ नक्सली ही नहीं हैं, बल्कि दूसरे कई सामाजिक संगठन भी हैं। यूएपीए (गैर कानूनी गतिविधि निरोधक अधिनियम) के विरुद्ध मानवाधिकारवादियों ने राष्ट्रव्यापी आंदोलन छेड़ रखा है।

जरूरत है कि ऐसे मुद्दों पर संघर्षरत जनसंगठनों के साथ संप्रेषण (संवाद) कायम करने की, न कि उन्हें प्रतिबंधित कर संप्रेषण रिक्तता की स्थिति बनाई जाए। यदि ऐसा हुआ तो संभवतः अनावश्यक हिंसा पर रोक लग जाएगी। फिर अपने शासन मॉडल को लेकर मौजूदा सरकार और माओवादी जनता के बीच होंगे। जनता तय करेगी कि उसे क्या चाहिए। गैर कानूनी ढंग से हिंसा द्वारा हिंसा का अवरोध भारतीय समाज को एक लंबे दौर के लिए हिंसक बना सकता है। एक बड़े पुलिस अधिकारी ने निजी बातचीत के क्रम में कहा था कि लगभग 60 हजार पुलिसकर्मी कुछ हजार नक्सलियों पर भारी नहीं पड़ पाते, क्योंकि नक्सली समर्पित हैं और हमारे लोग नौकरी करते हैं।

समर्पण के अभाव के कई कारणों में एक यह भी है कि सामान्य पुलिसकर्मी आज जनता की संतान है। भारतीय राजनीति का चरित्र उनसे छिपा नहीं है। रोजी-रोटी की विवशता उन्हें लगातार मृत्यु के मुंह में धकेल

रही है। सरकार को यह समझ लेना चाहिए कि समर्पण की ईमानदारी सहभागिता और पारदर्शिता होगी, न कि पैसा और अंधानुशासन।

राज्य पुलिस पर आरोप मढ़ने से ज्यादा आवश्यक है, उनका मानवाधिकारों की रक्षा के लिए प्रशिक्षण। सरकार राज्य पुलिस के बदले अर्द्धसैनिक बलों को आमंत्रित कर गलत ढंग से समाधान तलाश रही है। नक्सल नाम पर जो भी सामाजिक उथल-पुथल हो रहा है, उसका एकमात्र सामधान है-संवाद। ऐसा संवाद जो आम झारखंडी को संगठन बनाने की ईमानदार छूट दे। ऐसा संवाद जो किसी चरवाहे को नक्सली बताकर हत्या न करे। ऐसा संवाद जो महिलाओं की जान और सम्मान की रक्षा की गारंटी करे, ऐसा संवाद जिसमें दूसरे प्रदेश की क्रूर पुलिस किसी की आंख न फोड़े, अंगुली न काटे और अपनी पुलिस को गोली न दे, क्योंकि

ये सारा जिस्म बोझ से दुहरा हुआ होगा
मैं सजदे में नहीं था, आपको धोखा हुआ होगा
यहां तक आते-आते सुख जाती हैं कई नदियां
मुझे मालूम है पानी कहां ठहरा हुआ होगा।

◆ ◆ ◆

जो न्याय देगा, जनता उसी के साथ होगी

जी. नागा साईंबाबा

प्राध्यापक, दिल्ली विवि, रिवॉल्यूशनरी डेमोक्रेटिक फ्रंट के सदस्य

रांची के दैनिक समाचार पत्रों में 26 फरवरी को गढ़वा के वरीय पुलिस अधीक्षक की तस्वीर के साथ पुलिस विभाग द्वारा जनता को नक्सलियों से दूर रहने की अपील करते हुए एक विज्ञापन छपा। विज्ञापन में नक्सलियों पर बलात्कारी, शरीर के भूखे होने का आरोप लगाते हुए जनता को नक्सली संगठनों में शामिल न होने, उन्हें खाना न देने आदि की अपील थी। नक्सली संगठनों को खाना देने, आश्रय देने, उनकी मीटिंग में जाना 2008 में बने गैर कानूनी गतिविधि अधिनियम के अनुसार गैरकानूनी करार दिया गया है और इसे आतंकवादी गतिविधि करार दिया गया।

इस तरह की गतिविधि करने के आरोप में व्यापक पैमाने पर जनता की गिरफ्तारियां भी की गई हैं। शायद पुलिस की सख्त कानूनी कार्रवाई जनता को नक्सलियों को समर्थन देने से नहीं रोक पाई, इसलिए 2012 में पुलिस अधिकारियों को यौन शोषण का आरोप लगाकर माओवादियों को बदनाम करने की जरूरत आन पड़ी। जबकि वुमेन अगेंस्ट सेक्सुएल वायलेंस एंड स्टेट रिपेरेशन द्वारा हाल में जारी रिपोर्ट 'आपरेशन ग्रीन हंट' का सामना करती महिलाएं' में साफतौर पर लिखा गया है कि माओवादियों पर लगाए गए यौन शोषण के आरोप 'झूठे' या 'संदेहास्पद' हैं। आखिर क्यों ऑपरेशन ग्रीन हंट, ऑपरेशन विश्वास, ऑपरेशन अनाकोंडा जैसी कड़ी कार्रवाईयों, जसिंता देवी, लुकस मिंज, राजेश मुंडा आदि को फर्जी मुठभेड़ में मारने, उत्पल, जेवियर कुजूर जैसे कार्यकर्ताओं और सैकड़ों ग्रामीणों को जेल में ठूंसने के बावजूद सरकार नक्सलियों से जनता की दूरी बना पाने में कामयाब नहीं हो पाई। इस सवाल को वर्तमान के साथ-साथ इतिहास के झरोखे में भी देखने की जरूरत है।

जब ब्रिटिश शासन ने जंगल कानून बनाकर संरक्षित व आरक्षित जंगल के नाम पर जंगल को सरकारी कब्जे में ले लिया और ब्रिटिश नीतियों से उपजी सामाजिक संरचना के कारण जमीन पर व्यापारियों, सूदखोरों, महाजनों, राजे रजवाड़ो, ठेकेदारों ने नाजायज कब्जा कर लिया तो जमीन और जंगल की इसी लूट के खिलाफ झारखंडी निरंतर विद्रोह करते रहे। सिद्दो-कान्हू, तिलका माझी, बिरसा मुंडा, नीलांबर-पीतांबर, ताना भगतों के नेतृत्व में जनता ने जल-जंगल-जमीन पर अधिकार कायम करने के लिए विद्रोह किए। सरकारी जमींदारी जुल्म-दमन के बावजूद आदिवासी व आम जनता बार-बार खड़ी होती रही। उनकी एक ही आकांक्षा थी कि जल-जंगल-जमीन पर समुदाय का हक हो तथा जनता का राज कायम हो।

अनुज लुगुन के शब्दों में कहे तो ये पुरखे 'जल, जंगल, जमीन के लिए अनवरत लिखते रहे जहर बुझे तीर से रक्त रंजित शब्दहीन इतिहास'। 1947 के बाद भी हालात में बहुत सुधार नहीं आया। जंगल कानून कायम रहने के साथ-साथ जमींदारी व्यवस्था खात्मे की औपचारिक घोषणा के बावजूद कायम रही। महाजनों ने सूदखोरी के जरिये आदिवासी-मूलवासियों की जमीन कब्जा लिया।

इस शोषण-जुल्म के खिलाफ झारखंड की जनाकांक्षा प्रतिध्वनित हुई शिबू सोरेन के नेतृत्व में हुए आंदोलन में। उनके नारे 'मारो जमींदार, काटो दारोगा', आजसू के नारे 'वोट से नहीं चोट से लेंगे झारखंड', विनोद बिहारी महतो के नारे 'झारखंड को लालखंड में बदल डालो' पर व्यापक भीड़ उमड़ी। शिबू सोरेन ने तो भूमिगत रहते हुए भी जनता का नेतृत्व किया। लेकिन बाद में संसदीय तामझाम में ही संलिप्त हो गए। 80 के दशक में ही झारखंड में नक्सली राजनीति का आगमन हुआ।

उन्होंने भी इन्हीं नारों को अपनाया। साथ ही 'जमीन जोतने वालों की' और 'सत्ता क्रांतिकारी किसान कमेटी के हाथ में' जैसे कुछ नए नारे देने के साथ-साथ आंदोलन के दौरान सरकारी दमन का मुकाबला करने के

नए तरीके भी विकसित किए। जल-जंगल-जमीन पर हक कायम करने के लिए संघर्षरत आदिवासी-मूलवासी व मेहनतकश जनता ने इन नारों और लड़ने के तरीकों को अपनाकर नक्सलियों के नेतृत्व में लड़ाई तेज कर दी। और इस आंदोलन में जनता की आकांक्षा प्रतिध्वनित होनी शुरू हो गई और नक्सली राजनीति व जनता एकाकार होते दिखाई देने लगी। इसलिए पोटा जैसे कानून में 3200 लोगों पर नक्सली होने का केस दर्ज करने के बावजूद नक्सल आंदोलन के आकार व क्षेत्र में वृद्धि होती गई, जो सरकारी आंकड़ों में स्पष्ट दिखाई देती है। पिछले दशकों में माओवादी होने के आरोप में हजारों लोगों पर केस दर्ज करना माओवादियों की ताकतवर उपस्थिति का अहसास कराता है। गढ़वा के वरीय पुलिस अधीक्षक के विज्ञापन में तो जनता से नक्सलियों के जुड़ाव की तस्वीर एकदम स्पष्ट है। 70 के उथल-पुथल भरे दशक में राजनीतिक शब्दावली का हिस्सा बना नक्सली शब्द 80 के दशक में झारखंड के लोगों की शब्दावली और जिंदगी का हिस्सा बना। यह शब्द उभरा दार्जलिंग के गांव नक्सलबाड़ी में, जहां मार्क्सवादी विचारधारा रखने वाले कार्यकर्ताओं के नेतृत्व में जनता ने 'जमीन जोतने वालों की' के नारे पर संघर्ष किया। नक्सलबाड़ी गांव में जनता का नेतृत्व करने वाले मार्क्सवादियों ने 1947 के उपरांत बनी सरकार को साम्राज्यवाद-सामंतवाद परस्त करार देते हुए मजदूर किसानों के नेतृत्व में छोटे-मंझौले पूंजीपतियों के संयुक्त संघर्ष द्वारा नवजनवादी क्रांति करने का आह्वान किया और इसे जनमुक्ति के रास्ते के रूप में पेश किया। इससे जनता के दुख-दर्द दूर होंगे।

उन्होंने नवजनवादी क्रांति में गांवों को केंद्रित करते हुए व्यापक जनता को गोलबंद करने का बीड़ा उठाया। इन्हीं मार्क्सवादियों को नक्सली कहा जाने लगा। 1972 में सरकारी दमन के बाद नक्सलियों के अनेक रूप बने, जिन्होंने इसी मूल रास्ते पर कदम बढ़ाते हुए काम करना शुरू किया। इसमें से एमसीसी, सीपीआइ (एमएल), पीपुल्स वार और सीपीआइ (एमएल)पार्टी यूनिटी, जिन्होंने एकता करके सीपीआई (माओवादी) पार्टी का गठन कर लिया है, सबसे ताकतवर संगठन बनकर उभरा। भारत में आमतौर पर इसी पार्टी की गतिविधियों को माओवादी, नक्सली करार दिया जाता है। इन्हीं नक्सलियों को प्रधानमंत्री ने 'आंतरिक सुरक्षा के लिए सबसे बड़ा खतरा' करार देकर लगभग दो लाख से ज्यादा पुलिस व अर्द्धसैन्य बलों को झारखंड, ओड़िशा, छत्तीसगढ़, पश्चिम बंगाल, आंध्रप्रदेश व महाराष्ट्र के आदिवासी बहुल इलाकों में ऑपरेशन ग्रीन हंट के नाम पर तैनात किया है।

इसी ऑपरेशन ग्रीन हंट के हिस्से के बतौर ही गढ़वा के वरीय पुलिस अधीक्षक ने जनता को नक्सलियों का साथ न देने की अपील की है। इसी ग्रीन हंट ऑपरेशन के शुरुआती दौर में भारत के प्रधानमंत्री ने माना था कि आदिवासियों को विकसित नहीं कर पाना एक 'व्यवस्थाजनक असफलता' है। इसलिए इन क्षेत्रों के विकास पर जोर दिया जाना है, ताकि आदिवासियों को 'आंतरिक खतरा' पैदा करने वाली ताकतों से दूर किया जा सके। 2009 से ही विकास करने के नाम पर 'एकीकृत कार्रवाई योजना', मनरेगा, जंगल अधिकार कानून बने। हाल ही में 'सारंडा कार्रवाई योजना' भी बनाई गई है।

सवाल यह है कि क्या ये कदम जनता की आकांक्षा के मुताबिक बनाए गए हैं? क्या इन कदमों में जनाकांक्षा प्रतिध्वनित हो पाई हैं या हो पाएगी? सारंडा में ग्रीन हंट ऑपरेशन चलाने के साथ-साथ वहां विश्व बैंक के अधिकारियों की टीम भी भेजी गई। साथ ही लगभग 17 बड़े औद्योगिक घरानों, जिनमें विदेशी संस्थागत निवेश हुआ है, का इसी क्षेत्र में लौह अयस्क का पट्टा मंजूर किया गया है। साथ ही इन कंपनियों के लिए भूमि अधिग्रहण को सुगम बनाने के लिए सीएनटी एक्ट और एसपीटी एक्ट में भी संशोधन करने के लिए बीजेपी, जेवीएम जैसी पार्टियों का नेतृत्व आगे आ रहा है। सैंक्च्यूरी, वाइल्ड लाइफ रिजर्व और अभयारण्यों में जंगल अधिकार कानून के तहत जमीन पर जनता की दावेदारी को बहाना बनाकर नकारा जा रहा है। यहां तक कि उन्हें उजाड़ने की कोशिशें भी चल रही हैं, जबकि झारखंडी जनता 'जान देंगे-जमीन नहीं देंगे', 'जल-जंगल-जमीन पर जनता का अधिकार कायम करो', 'सारे एमओयू रद करो' के नारे पर संथाल परगना में आरपीजी, पैनम, जिंदल, पतरातू में जिंदल की विस्तारीकरण परियोजना, टैंटापोशी में टाटा कारखाना, कर्णपुरा में कोयला खनन आदि के खिलाफ जनता व्यापक तौर पर गोलबंद हो रही है और शहादतें भी दे रही हैं। ऐसे समय में औद्योगिक घरानों को खनन का पट्टा देना और विदेशी पूंजी निवेश के समर्थक विश्व बैंक के अधिकारियों को सारंडा भेजना जनाकांक्षा के खिलाफ है।

◆ ◆ ◆

यूं ही नहीं उजड़ रहे गांव

डॉ. राहुल मेहता

छोटानागपुर
सांस्कृतिक संघ

पिछले दिनों स्टेशन पर अपने एक परिचित को छोड़ने गया। देखा, प्लेटफार्म पर बहुत से बच्चे झोला, थैला लिए चुपचाप बैठे थे। बच्चों के साथ ग्रामीणों का हुजूम अनारक्षित बोगियों में चढ़ने के लिए धक्का-मुक्की कर रहा था। उनके स्कूल बैग में दिनचर्या के सामान भरे थे। काफी मुश्किलों का सामना करते हुए वे यात्रा कर रहे थे। बगल के आरक्षित एसी डिब्बे में काफी शांति थी। दअसल, भविष्य की अनिश्चतता व असुरक्षा ही इस अस्थिरता व कोलाहल की जड़ थी। यह पलायन या उनके बाहर जाने की कहानी भर नहीं थी, बल्कि व्यवस्था से उपजी विकल्पहीनता और उसमें तड़पती बहुसंख्यक आबादी का वास्तविक दुख बयां करने वाली घटना थी। यह अंधाधुंध विकास के साथ स्थानीय लोगों के सामंजस्य नहीं बिठा पाने का नजारा था।

सत्ता बदली, राज बदला। लेकिन सत्ता का बर्ताव और चरित्र नहीं बदला। व्यवस्था ने हमेशा स्थानीय जीवन के तौर-तरीकों और संस्कृति को नजरअंदाज किया। उसी अनुरूप योजनाएं भी बनती रहीं। इससे बिल्कुल ही अलग-थलग जीवनशैली और संस्कृति के लोगों पर भी विकास की मुख्यधारा का मॉडल थोप दिया गया। इस कारण विकास प्रक्रिया में न तो स्थानीय लोगों की भागीदारी रही और न ही इसका लाभ कभी उन्हें मिल पाया। इसी का नतीजा हुआ कि जहां एक ओर औद्योगिक विकास के नाम पर लाखों स्थानीय लोग उजड़े, वहीं बाकी बचे लोगों को भी उनकी संस्कृति और सहज जीवनशैली से वंचित कर दिया गया। खेती पर आधारित आजीविका की बेहतरी और विकास के लिए काम नहीं हुए, जिससे ग्रामीण इलाकों में मातम- सी स्थिति पसर गई। लोगों को भोजन नहीं मिला। सरकार की ओर से भी उन्हें तड़पाया गया। जुल्म सहने की एक सीमा होती है। एक इंतहा के बाद अपना अस्तित्व बचाने के लिए विद्रोह करना पड़ता है। यही झारखंड में भी हुआ, जो नक्सलवाद के रूप में हमारे सामने है। 1965 तक नेताओं ने झारखंड में विश्वविद्यालय खोलने का विरोध किया। वजह यही थी कि यहां के लोगों को बुद्धिहीन बनाए रखा जाए।

जिस प्राकृतिक संपदा को बचाने के लिए पूर्वजों ने जान दी, उसे लूटने की योजना बनती रही। ऐसे में लोगों का गुस्सा वाजिब है। कुछ ने परिस्थितियों के साथ समझौता कर लिया, तो कुछ ने बंदूक उठा ली। नक्सलवाद के इतिहास पर गौर करें तो यह सबसे पहले पलामू के इलाके में फैला, जहां जातिवादी और सामंतवादी उत्पीड़न चरम पर था। यह समझना होगा कि झारखंडी आबादी शासन का दूसरा रूप चाहती है। यहां के लोग सुख-सुविधाओं पर समुदाय की खुशियों को तरजीह देते हैं। यहां हजारों करोड़ रुपये खर्च करने का भी कोई परिणाम नहीं निकलेगा। सरकार कारणों के बजाय लक्षणों के उपचार में लगी है। ग्रामीण इलाकों में बच्चे नक्सलियों और पुलिस के बीच पिस रहे हैं। गांवों में इस कदर अत्याचार हावी है कि लोग वहां से भागने, यहां तक कि अपने राज्य से पलायन करने को मजबूर हो गए हैं। इन परिस्थितियों में जो बच्चे बड़े होंगे, वे किस मानसिकता और व्यवहार के साथ एक नागरिक के रूप में तैयार होंगे, इसे समझना मुश्किल नहीं। व्यवस्था के प्रति उनके मन में नफरत उम्र के साथ बड़ी होगी और शारीरिक रूप सक्षम होते ही बंदूक थामेंगे। इन स्थितियों की जब तक सूक्ष्म व्याख्या नहीं की जाती, तब तक नक्सलवाद का अंत नहीं।

◆ ◆ ◆

बंद हो अंधी क्रांति का यह खूनी दौर

ज्ञानशंकर मजूमदार

राज्य महासचिव, भारत की कम्युनिस्ट पार्टी (मार्क्सवादी)

नक्सलवाद वामपंथ का विकृत चेहरा है। यह कैसा जन आंदोलन है, जिसमें अपने ही लोगों की नृशंस हत्याएं और अंधी हिंसा की जा रही हैं। वर्ष 1964 में सीपीआइ से अलग होने के बाद हिंसा के रास्ते क्रांति करने की विचारधारा हावी होने लगी। और अंततः नक्सलबाड़ी विद्रोह में इसका रूप पहली बार सामने आया। ये हथियारबंद कम्युनिस्ट आंदोलन के समर्थक चीनी नेता माओत्से तुंग की लाइन पर चल पड़े और लोकतांत्रिक आंदोलन के बदले सशस्त्र लड़ाई का रास्ता अपना लिया। इसलिए नक्सल आंदोलन का जन्म तो विचाराधारा के आधार पर हुआ, लेकिन इनका तरीका खून-खराबे और विरोधियों के सफाया पर आधारित हो गया। चार दशक पहले शुरू हिंसा का यह सिलसिला आज देश के कई राज्यों में फैल चुका है। हिंसा की लाइन ने सामाजिक-राजनीतिक स्तरों पर भारी क्षति पहुंचाई है। चूंकि नक्सल आंदोलन को लोगों का विचारधारात्मक समर्थन मिल रहा है, इसलिए इसे महज कानून-व्यवस्था की समस्या मानकर नहीं निपटा जा सकता। हर विचारधारा का टूटन होता है और उसे मानने वालों का विचलन भी। माओवादियों की कई हरकतों ने विचारधारा में भारी गिरावट को प्रमाणित किया है।

नक्सलबाड़ी से शुरू नक्सलवाद व्यावहारिक रूप से पूरी तरह भटक चुका है। राजनीतिक विचारधारा का भी कोई स्थायी लक्षण इनकी कार्रवाइयों में नहीं झलकता है। दहशत फैलाकर लोगों के बीच डर का माहौल बनाए रखना चाहते हैं, ताकि अवैध रुपये उगाही का रास्ता खुला रहे। पहले तो गरीबों, शोषितों के पक्ष में बड़ी-बड़ी बातें कर अपनी विचारधारा का प्रसार करते हैं, फिर युवक-युवतियों को पैसों का लालच देकर अपने संगठन में शामिल करते हैं।

ये लोकतांत्रिक राजनीतिक प्रक्रिया के मार्ग में न सिर्फ अनावश्यक बाधा डाल रहे हैं, बल्कि समाज को भी हिंसक बना रहे हैं। गांवों में हथियार के बल पर विकास योजनाओं का पैसा लूटते हैं, गरीबों के हिस्से के फंड में से अपनी लेवी वसूलते हैं। बंगाल में सैकड़ों सीपीएम कैडरों, कार्यकर्ताओं को इन्होंने मौत के घाट उतार दिया। दरअसल, इनका कोई राजनीतिक चरित्र ही नहीं रह गया है। बेरोजगार युवक-युवतियों को पैसा और बंदूक का लालच देकर उन्हें अपने साथ ले लेते हैं और दहशत के बल पर अपना साम्राज्य कायम करते हैं। यह ठीक वही स्थिति है, जिस तरह शहरों में कोई भाई (गुंडा) अपने इलाके के लोगों से हफ्ता वसूलता है।

ग्रामीण इलाकों में सरकारी, निजी संस्थानों से लेवी वसूल कर क्रांति के नाम पर ये संगठन गरीबों-वंचितों को ठग रहे हैं। ये नक्सली संगठन आम जनता और पुलिस के साथ-साथ सरकार को भी गुमराह करते आए हैं। निर्दोष गरीब गांववालों का सर कलम कर ये कौन सी क्रांति लाना चाह रहे हैं? हर तरह से वंचित समुदायों के युवक भी बंदूक और पैसे के नाम पर रोमांचित हो जाते हैं और इनके साथ खूनी खेल में शामिल हो जाते हैं। क्या इस सवाल का जवाब हथियारबंद क्रांति का दावा करने वालों के पास है कि जन अदालत लगाकर ग्रामीणें का गला काटने से उनकी जनवादी सत्ता स्थापित हो जाएगी। एक ही बात सच है कि झारखंड की बदहाली का फायदा उठाकर ऐसे गिरोह सक्रिय हो गए हैं, जो जनवादी आंदोलन के नाम पर आपराधिक कृत्यों को अंजाम दे रहे हैं। इनका दावा है कि ये कम्युनिस्ट आंदोलन कर रहे हैं, लेकिन अन्य राजनीतिक

पार्टियों से पैसे लेकर उनके लिए काम करते हैं। बंगाल चुनाव का ही उदाहरण लें, माओवादी नेता किशनजी पर आरोप है कि ममता बनर्जी का साथ दिया और सैकड़ों लोगों की हत्याएं की।

झारखंड में भी नक्सलवादी संगठन राजनीतिक पार्टियों से पैसे लेकर उनके लिए काम रहे हैं। पुलिस एवं खुफिया विभाग को इसकी जानकारी भी है। ऐसे नेताओं पर कार्रवाई क्यों नहीं की जाती। झारखंड जैसे बदहाल और सामाजिक-आर्थिक विषमता वाले राज्यों को ये उग्रवादी संगठन अपनी रणनीति के तहत चुनते हैं, ताकि नक्सलवादी विचारधारा को लोगों का राजनीतिक समर्थन और सहानुभूति मिलता रहे। गरीबी-बेरोजगारी अधिक होगी तो इन संगठनों के लिए युवाओं को अपने झांसे में लेना आसान हो जाता है। भौगोलिक बनावट के कारण इनकी दहशतगर्द सेना को छुपने का भी अच्छा प्राकृतिक माहौल मिल जाता है। यही वजह है कि झारखंड, पश्चिम बंगाल, छत्तीसगढ़, ओड़िशा, आंध्रप्रदेश, महाराष्ट्र के पहाड़ी, पठारी और जंगली इलाकों में ही ये अपना ठिकाना बनाते हैं। ऐसे ही दुरुह और दुर्गम इलाकों में अपने तथाकथित आंदोलन को एक सधी हुई रणनीति के तहत आगे बढ़ाते हैं। चार दशक लंबे इनके हथियारबंद क्रांति का कोई मकसद अब तक नहीं दिखा और न ही कोई जनवादी राजनीतिक हस्तक्षेप। दरअसल ये अपनी विचारधारा के बल पर लोगों का समर्थन हासिल करने में नाकाम रहे हैं।

अगर इनकी बातें वाकई जनवादी होतीं तो लोगों का विश्वास जीतकर उन्हें मुक्ति की राह दिखाते, न कि जिस-तिस की हत्या करते रहते। झारखंड जैसे बेहद कम राजनीतिक हस्तक्षेप वाले राज्यों में नक्सलवादियों का दखल अधिक होता है। बड़ी राजनीतिक पार्टियां अपने स्वार्थकर्मों में रमी रहती हैं, जिससे लोगों में राजनीतिक जागरूकता नहीं आती और एक लोकतांत्रिक माहौल का निर्माण नहीं हो पाता। लोकतांत्रिक राजनीतिक प्रक्रिया को गांव-गांव में तेज करने से इस राजनीतिक समझ की शून्यता को पाटा जा सकता है। यह समझना होगा कि इनका रास्ता भले ही उग्रवाद का है, लेकिन आधार विचारधारात्मक है। लोगों को इस अतिवादी विचारधारा के जकड़न से बाहर निकालना होगा। यह प्रयास मुख्यधारा की राजनीतिक पार्टियां कर सकती हैं। नक्सलवादियों की अंधी कार्रवाइयां शासकों को ही मजबूत बना रही हैं। गांवों के विकास के फंड में हिस्सा लेकर, स्कूलों को उड़ाकर, पंचायतों के कामों को रोककर ये क्या साबित करना चाहते हैं। दरअसल, इन्हें पैसे पहुंचा दें और आप गांवों में किसी भी तरह का काम कर सकते हैं, या यों कहें कि ये अपनी खौफनाक मौजूदगी जताकर इलाके के लोगों, प्रतिष्ठानों से हफ्ता वसूलते हैं। ग्रामीण इलाकों में कोई भी काम करना हो तो उन्हें मोटी रकम देकर इनसे परमिट लेना पड़ता है।

इसका जवाब दिया जाता है कि क्रांति को आगे बढ़ाने के लिए रुपयों की जरूरत होती है और हम केवल पूंजीपतियों के पैसे लूटते हैं। यह सरासर गलत है। 40 सालों से इनकी मौजूदगी है, क्या गांवों में समानता की स्थापना हो गई, क्या गरीबों पर अफसरों, ठेकेदारों, माफिया, बिचौलियों का अत्याचार खत्म हो गया? इसका जवाब ये नहीं दे सकते, दरअसल इनके पास कोई जवाब है ही नहीं। इस बात को लोगों को समझना होगा कि अब हथियारबंद क्रांति का दौर नहीं। गोली-बंदूक और खून-खराबे के बल पर दुनिया का हर आंदोलन व्यापक सामाजिक, राजनीतिक और आर्थिक क्षति का कारण बनता है। क्रांति और जनवादी सत्ता सच है, लेकिन इसमें हिंसा की कोई गुंजाइश नहीं। श्रीलंका और लैटिन अमेरिका का उदाहरण सामने हैं। क्या श्रीलंका में दक्षिण भारतीयों के पक्ष में लिट्टे द्वारा चलाया गया हिंसक अभियान सफल हुआ। नहीं, इससे यह समझ लेना होगा कि जनवाद की लड़ाई गोली-बारूद से नहीं, बल्कि व्यापक जन गोलबंदी से ही संभव होगा, जो लोकतांत्रिक तरीके से सत्ता तक पहुंचे और न भी पहुंचे तो जनहित में सशक्त राजनीतिक विरोध दर्ज कराए और सरकार को जनहित के रास्ते पर चलने को मजबूर कर दे। ◆ ◆ ◆

नक्सलियों का चरित्र सरकार से बेहतर

गौतम नवलखा

राजनीतिक विचारक, इकोनॉमिक एंड पॉलिटिकल वीकली के कंसल्टिंग एडिटर

नक्सलवाद एक राजनीतिक आंदोलन है, जिसने देश की राजनीति को बेलगाम होने से संयमित कर रखा है। जिन लोगों को इस जनवादी आंदोलन से खतरा है, वे ही इसे कमजोर करने के एक से एक नुस्खे निकाल रहे हैं। शासक वर्ग तरह-तरह के हथकंडे अपनाकर दमन-उत्पीड़न के खिलाफ भड़के एक भीषण जनाक्रोश को खत्म करना चाहत है। यही वजह है कि इस पवित्र आंदोलन को बदनाम करने और क्रांतिकारियों के खात्मे के लिए हजारों-हजार सैनिकों को इनकी सशक्त मौजूदगी वाले इलाकों में उतार दिया गया है।

यह राजसत्ता की एक घृणित कार्रवाई है, जिसका एक ही मकसद है कि उत्पीड़ितों के आवाज को हर हाल में दबा दिया जाए। अगर ऐसा नहीं है तो उनके आंदोलन को, उनके संगठन को प्रतिबंधित क्यों कर दिया गया। राजसत्ता के चरित्र की तुलना में माओवादियों का चरित्र कहीं बेहतर है, जिसमें शोषण, दमन और उत्पीड़न के खिलाफ विद्रोह का एजेंडा है। शासक दल जानबूझकर नक्सलवादी आंदोलन की सफलता पर परदा डालता है, ताकि लोग बेहतर शासन के विकल्प के लिए नक्सलवादियों के साथ न हो लें। आलोचक चालीस साल के आंदोलन का नतीजा पूछते हैं, लेकिन हर दूसरे दिन देश के बड़े नेता या मंत्री यही बयान देते हैं कि जब तक गरीबी, भुखमरी, बेरोजगारी का अंत नहीं होगा, तब तक लोगों को हथियार उठाने से नहीं रोका जा सकता। क्या ये बयान नक्सलवादियों के राजनीतिक विचारधारा का समर्थन नहीं करते।

प्रधानमंत्री मानते हैं कि खनिज संपदा से धनी क्षेत्रों में नक्सलियों की मौजूदगी आर्थिक विकास को प्रभावित करेगी। इसलिए इन क्षेत्रों से आर्थिक-सामाजिक विषमता दूर करना होगा। उनका बयान साबित करता है कि शासक वर्ग की नजर में झारखंड जैसे पिछड़े इलाके महज आर्थिक महत्व रखते हैं। यहां के लोगों का जीवन महत्वहीन है। इन क्षेत्रों में लूट मचाने के मकसद से लोगों के प्रतिरोध को निर्ममता से कुचलने के लिए सेना की मदद ली जा रही है। इसका विरोध करनेवाला हर आदमी सरकार की नजर में नक्सली है, अपराधी है।

राजसत्ता का यह कैसा चरित्र है, इसे कौन स्पष्ट करेगा। नक्सल आंदोलन के प्रति लोगों में घृणा फैलाने की सियासत चलती रही है, बावजूद इसके अगर माओवादी सेना में हजारों-हजार युवक-युवतियों अपनी जान की चिंता किए बगैर शामिल हो रहे हैं, तो इसकी कोई तो अतिवादी वजह होगी। मुझे शासकों के उस चरित्र पर घिन्न आती है, जो इसे विचारधारा विहीन और अपराधी संगठन कह इनके जनवादी राजनीतिक एजेंडे को खारिज करने की कोशिश करते हैं। इसे स्वीकार करना होगा कि इन्हीं जनप्रतिरोधों के कारण सरकार मनरेगा, वन अधिकार अधिनियम जैसे कानून बनाने को मजबूर हुई।

झारखंड में अनियंत्रित पूंजी निवेश अंधाधुंध औद्योगीकरण के कारण लुटते-उजड़ते स्थानीय लोगों को अगर किसी ने बचा रखा है तो उसका श्रेय केवल माओवादी आंदोलन को जाता है। दरअसल, नक्सल साहित्यों को प्रतिबंधित करने का भी यही मकसद है कि ये क्रांतिकारी विचार लोगों के बीच आग की तरह न फैल जाए, जो शासकों को लपेटे में ले ले। इससे साफ होता है कि शासक लोगों के गुस्से से सहम गए हैं और जो विचारधारा लोगों को शोषण-उत्पीड़न से मुक्ति का रास्ता दिखा सकती है, उसे जनता के बीच आने देने से

रोकने का हर जायज-नाजायज रास्ता अपनाया जा रहा है। राजसत्ता इस हद तक भयभीत है कि जो लोग हथियारबंद क्रांतिकारी संगठनों से जुड़े बगैर जनवादी सत्ता का समर्थन कर रहे हैं, उन्हें माओवादी कहकर भून दिया जा रहा है, जेलों में बंद कर यातनाएं दी जा रही हैं। जीतन मरांडी को फांसी के तख्त तक पहुंचा दिया गया था। क्या इसका कोई तर्कसंगत जवाब है राजसत्ता के पास? जो लोग या नेता नक्सल आंदोलन के चालीस सालों के वक्त के रेफरेंस पर पूछते हैं कि क्रांति का परिणाम कहां है, क्या है, उन्हें सरकार के 65 सालों की उपलब्धियों के बारे में भी पूछना चाहिए।

भूख, गरीबी, बेबसी, बेरोजगारी, घोटाला, भ्रष्टाचार, कमजोरों-वंचितों पर अत्याचार, उनके अधिकारों का हनन, पुलिस की बर्बरता, क्या यही है मुख्यधारा की राजनीतिक पार्टियों का राजनीतिक एजेंडा। क्या इन्हीं परिणामों की दुहाई देकर सरकार कह रही है कि जनता अपने हक के लिए आवाज न उठाए, चुपचाप राजसत्ता का अन्याय-अत्याचार सहती जाए? और जो लोग इस व्यवस्था को बदलने के लिए आवाज उठाएं, उन्हें रास्ते से हटाने का उपक्रम किस लोकतांत्रिक जनकल्याणकारी सत्ता के चरित्र का नजारा है? इसका जवाब न तो प्रधानमंत्री दे सकते हैं और न ही कोई तथाकथित मुख्यधारा की राजनीतिक पार्टियां। इस बात को मैं स्वीकार करता हूं कि नक्सली संगठनों में कार्यकर्ताओं के उचित प्रशिक्षण का अभाव है, जिस वजह से कुछेक बार गलतियां हुईं। विचारधारा का परिपक्व ज्ञान अनिवार्य होता है, लेकिन सरकार इसमें हस्तक्षेप करती है, उनके विचारधारा, राजनीतिक दर्शन को फैलने से रोकती है, ऐसे में नक्सल आंदोलन का अगर थोड़ा बहुत भटकाव हुआ भी है तो वह भी सरकार की वजह से ही।

सरकार लेवी को अवैध वसूली कहती है, जबकि नक्सली इसे क्रांति चलाने के लिए लिया गया टैक्स मानते हैं। क्या सरकारी व्यवस्था में व्याप्त भ्रष्टाचार से बड़ी कोई लेवी हो सकती है, जो गरीब जनता के हिस्से को बड़ी निर्दयता से निगलते हैं, लूटते हैं और गरीबों को तड़पाते हैं। सरकारी लूट की इस निर्मम प्रक्रिया का क्या कोई स्पष्टीकरण है सरकार के पास। हम किस नजरिये से किस चीज को देखते हैं, यह महत्वपूर्ण है। लेकिन सरकार ने लोगों के नजरिये पर भी पाबंदी लगा रखी है। फिर भी आंदोलनकारी कभी हार नहीं मानते और वे क्रांति के रास्ते पर आगे बढ़ते जाते हैं।

कम संसाधनों और व्यापक स्तर पर राजसत्ता द्वारा चलाए जा रहे दमन अभियान के बावजूद झारखंड, छत्तीसगढ़, ओड़िशा, आंध्रप्रदेश जैसे राज्यों में नक्सली संगठनों ने भारी सफलता पाई है। इलाके में माओवादियों के राजनीतिक हस्तक्षेप के कारण ही लोग सत्ता और पूंजीपतियों की मनमानी के विरोध में खड़े होने का साहस दिखा रहे हैं। उद्योगों के नाम पर जमीन देने का विरोध कर रहे हैं, जंगलों पर आदिवासी अपना अधिकार जता रहे हैं और देशी-विदेशी पूंजी निवेश के विरोध में गोलबंद हो रहे हैं। यह एक संकेत है कि आम जनता मौजूदा विकास की नीतियों और मॉडल के विकल्प की तरफदार है। अगर ऐसा नहीं होता तो चाहे अफसर हों या नेता, नक्सलवाद के खात्मे के लिए सुधारवादी कदम उठाने का सुझाव नहीं देते। यह समझना होगा कि जब सरकार गरीबों-वंचितों की आवाज का दमन गोली के बल पर करने को आमादा है तो फिर लोगों के पास हथियार उठाने के अलावा और क्या विकल्प रह जाता है? ◆ ◆ ◆

केवल नक्सलियों को दोष देना ठीक नहीं

केडी सिंह

सहायक सचिव, भारतीय कम्युनिस्ट पार्टी, झारखंड राज्य परिषद

भारत पर चीन के आक्रमण के बाद भारतीय कम्युनिस्ट पार्टी में विचारधारा के स्तर पर द्वंद्व शुरू हो गया। नतीजा यह हुआ कि 1964 में पार्टी दो भागों में टूट गई- सीपीआई और सीपीआइएम। सीपीआइ (एम) की समझ थी कि दुनिया में कम्युनिस्ट आंदोलन शांति के रास्ते चलते हुए नहीं चलाया जा सकता। जबकि 1960 में यह नारा दिया गया था- स्ट्रगल थ्रू पीस, यानी शांति के रास्ते संघर्ष। महाधिवेशन से लौटने के बाद चीनी नेता माओत्से तुंग ने इस नारा को नकारते हुए कहा- पावर कम्स थ्रू बैरल ऑफ द गन, यानी सत्ता बंदूक की नली से होकर निकलती है। भारत के भी कुछ कम्युनिस्ट नेता इससे प्रभावित हुए और उन्होंने सामंतवाद और पूंजीवाद के खात्मे के लिए सशस्त्र आंदोलन का रास्ता चुन लिया। 1969 आते-आते कई संगठन माओवादी विचारधारा से प्रेरित होकर सशस्त्र आंदोलन के लिए खड़े हो गए। इसलिए नक्सलवाद केवल उग्रवाद की समस्या नहीं है, बल्कि यह एक विचारधारात्मक समस्या है। यह जन्म वामपंथी राजनीति से हुआ है। 1970-80 के दशक में बिहार, बंगाल समेत देश के कई राज्यों में सामंतों के खिलाफ सशस्त्र कार्रवाइयां की गईं। यहां तक कि रात में सोए हुए लोगों के साथ ही उनके घरों में आग लगा दी गई।

बिहार के औरंगाबाद का दलेलचक बघौरा कांड देश के स्तर पर चर्चित हो गया, जो मानवाधिकार का खुला उल्लंघन था। झारखंड के पलामू इलाके में मजदूर किसान संग्राम समिति और जनमुक्ति परिषद ने सामाजिक उत्पीड़न के खिलाफ खेत मजदूरों के लिए लड़ाई तेज कर दी। उसी समय पलामू के इलाके में सीपीआइ द्वारा भूमि आंदोलन चलाया जा रहा था। इसका फायदा मजदूर किसान संग्राम समिति को भी मिला और उनका आंदोलन धारदार बन गया। कम्युनिस्ट पार्टी के भूमि आंदोलन से लोगों को लगा कि यह मुक्ति का झंडा है। जनता भी बगैर भेद किए सशस्त्र आंदोलन के लिए गोलबंद होने लगे। इसी बीच आंदोलन के नेता कृष्णा सिंह की हत्या कर दी गई। इसके बाद तो नक्सल आंदोलन और भी तेज हो गया। कुछ ही समय में यह सशस्त्र आंदोलन पलामू की सीमा लांघते हुए आसपास के जिलों में भी फैल गया।

1994 तक अनावश्यक हत्या का दौर शुरू नहीं हुआ था, इसलिए बहुत हद तक जन समर्थन भी उन्हें मिल रहा था। धीरे-धीरे कुछ स्वार्थी लोग पूंजी से प्रेरित होकर आंदोलन में शामिल होने लगे। कई संगठन अस्तित्व में आ गए। इसका नतीजा हुआ कि माओवादी कम्युनिस्ट सेंटर और पीपुल्स वार ग्रुप का हिंसक द्वंद्व चरम पर पहुंच गया। इस खूनी जंग में सैकड़ों लोग मारे गए। अंत में दोनों का मिलन हुआ और इस विलय से सीपीआइ (माओवादी) संगठन अस्तित्व में आया। नकारात्मक खेलों और अंधी हिंसा के आरोप में आगे भी टूट जारी रहा और तृतीय प्रस्तुति कमेटी (टीपीसी) का उदय हुआ।

सशस्त्र क्रांति का दावा करने वाले ये संगठन आज अनावश्यक हत्या के लिए बदनाम हो चुके हैं। केंद्र और राज्य सरकार इसे ही उग्रवाद और आतंकवाद कहती है। मीडिया में बहस का मुद्दा है कि इस उग्रवाद का अंत कैसे हो। सरकार और राष्ट्रपति की नजर में यह देश की सबसे बड़ी समस्या है। चूंकि नक्सलवादी छापामार युद्ध के जरिये अपनी विचारधारा को लागू करने पर आमादा हैं, इसलिए तर्क को आधार मिलता है कि वे जनता को अपने राजनीतिक एजेंडे के साथ लोकतांत्रिक तरीके से एकजुट करने में असमर्थ हैं। कामरेड ज्योति बसु के निधन पर नक्सलियों ने प्रतिक्रिया दी- अवसरवाद का एक नायक खत्म हो गया। पुलिस का रवैया भी नक्सलियों से जुदा नहीं। 62 सालों बाद भी वह जनतंत्र की प्रहरी नहीं बन पाई है। हिरासत में गरीबों की पीट-

पीटकर हत्या कर देना, महिलाओं का यौन उत्पीड़न, डकैती में शामिल होने जैसी खबरें पुलिस के चरित्र को बयां करती हैं। छत्तीसगढ़ की सोनी सोरी के गुप्तांग में पुलिस अधीक्षक के नेतृत्व में पत्थर डाल देना प्रहरी होने का कैसा प्रमाण है। पुलिस को संवदेनशील और जनता की सेवा में समर्पित होने का कोई प्रशिक्षण नहीं दिया जाता। नक्सलियों द्वारा की जा रही नृशंस हत्या और पुलिस द्वारा किए जा रहे अपराधों में क्या अंतर रह जाता है? जिन हरकतों की बुनियाद पर नक्सली संगठनों को प्रतिबंधित किया गया, उन्हीं जनविरोधी और अत्याचारी चरित्र के आधार पर पुलिस और माननीयों को क्यों प्रतिबंधित नहीं किया जाता और उन्हें क्यों जेल में बंद नहीं किया जाता। अर्जुन मुंडा, बाबूलाल मरांडी से लेकर केंद्रीय मंत्री जयराम रमेश तक एक ही राग अलाप रहे हैं कि नक्सलियों को मुख्यधारा में शामिल किया जाए। लेकिन, इसके आगे का जवाब कौन देगा कि उन्हें मुख्यधारा में शामिल करने का मॉडल क्या है।

दूध के सैंपल में मिलावट पाया जाना और उससे हजारों-हजार बच्चों, लोगों की जान को खतरे में डालना, नकली और मिलावटी दवाओं का कारोबार नक्सलियों की हिंसा से कम आपराधिक और हत्यारी कृत्य है। शराब में जहर मिलाकर बेचने की छूट, जिससे अब तक हजारों लोगों ने जान गंवाई, यह किसका अपराध है। इस पर तो कभी राजनीतिक पार्टियों और समाज ने हायतौबा नहीं मचाई, क्योंकि बेमौत मरनेवाले गरीब हैं, उनका कोई वजूद नहीं होता। मीडिया भी सत्तापक्ष में ही खड़ा है। खुद प्रधानमंत्री कबूल करते हैं कि देश में 42 प्रतिशत बच्चे कुपोषित हैं। लेकिन आगे वह यह बताने का साहस नहीं करते कि ये किनके बच्चे हैं और आखिर कुपोषित क्यों हैं। 80 फीसदी से भी अधिक महिलाएं एनेमिक हैं। अर्जुन सेनगुप्ता की रिपोर्ट से सामने आया कि देश की 86 करोड़ यानी 77 प्रतिशत जनता गरीबी रेखा के नीचे जी रही है, जिनकी आमदनी 20 से 26 रुपये के बीच है। सरकार कहती है कि गांवों में 26 रुपये और शहरों में 35 रुपये कमाने वाले गरीब नहीं। लेकिन इसका जवाब कौन देगा कि 5 सितारा होटलों में एक वक्त के भोजन पर ढ़ाई हजार और एक बोतल पानी पर ढाई सौ रुपये खर्च करने के लिए रुपये कहां से आते हैं। ये कौन लोग हैं और उन्होंने इतनी कमाई कहां से और कैसे की? क्या झारखंड सरकार के पास इसका जवाब है कि गुमला, लोहदगा में बॉक्साइट खनन के लिए जिन आदिवासियों ने अपनी जमीनें दीं, अपने जांगर की जोर पर बॉक्साइट का खनन किया और जिनकी बेटियों ने खनिजों को गाड़ियों पर लोड किया, वे सब गरीबी-भुखमरी क्यों भुगत रहे हैं। जबकि कंपनी के मालिक, अफसर चांदी के जूते पहनकर घूमते हैं।

आज सीएनटी एक्ट पर कॉरपोरेट जगत, भू-माफिया और राजनीतिक पार्टियां मिलकर स्वार्थ की राजनीति कर रहे हैं। आज बड़ी-बड़ी कंपनियां और व्यावसायिक संगठन झारखंड के विकास के बारे में चिंतित होने का दिखावा कर रही है। लेकिन उनके विकास का मॉडल किनके हित में होगा, यह स्पष्ट करने की जरूरत है। दरअसल दो करोड़ भूखे झारखंडियों और 86 करोड़ देशवासियों को सरकार महज वोट बैंक के तौर पर देखती है। विकास का सपना दिखाकर हर बार उन्हें ठगा जाता है। बीते 11 सालों का नजारा यही कहता है कि जिन्होंने अपनी जमीन बचाने के लिए आवाज बुलंद की, उन्हें विकास में अवरोध मानकर गोलियों से छलनी कर दिया गया। कोयल-कारो, काठीकुंडी गोलीकांडों का तर्क क्या है सरकार के पास। स्टेशनों पर हजारों-हजार बेरोजगार युवक-युवतियों की फौज, जो रोज रोजी-रोटी के लिए पलायन करते हैं, उनकी फिक्र किसने की। बुधवा को पुलिस के सामने तांत्रिक कह पीटा जाता रहा। दस साल पहले मैट्रिक परीक्षा देने जा रही दो घायल बच्चियों को मैंने सुबह आठ बजे रिम्स पहुंचाया था। आठ बजे से रात के 11 बजे तक किसी डॉक्टर ने उनका इलाज नहीं किया। बच्चियां चिल्लाती रहीं- अंकल मुझे बचा लो। अंततः उन्होंने दम तोड़ दिया। ऐसी प्रशासनिक निर्ममता देख किसका खून नहीं खौलेगा। क्या मैं नहीं चाहूंगा कि दोषी डॉक्टर को घोड़े में बांधकर फिरायालाल चौक तक घसीटता हुआ, कोड़े बरसाऊं। बस, यही है उग्रवाद, ऐसे ही पनपा है उग्रवाद। अगर देश की रक्षा के लिए नक्सलवाद का सफाया जरूरी है तो उन पार्टियों का भी सफाया जरूरी है, जिनकी वजह से देश आज इस हालत में पहुंचा है। क्रांति एक पवित्र शब्द है। क्रांतिकारी अपनी शहादत से इतिहास के पन्नों को सुनहला बनाता है। सिद्दो-कान्हू, तेलंगा खड़िया हमेशा पूजे जाते रहेंगे, क्योंकि उन्हें माटी से प्यार था और उन्होंने जनक्रांति के लिए बलिदान दिया था, न कि लेवी के लिए। क्रांतिकारियों का हर कदम सृष्टि का सृजन करता है, न कि अनावश्यक हिंसा कर उसे पीछे ढ़केलता है। ◆ ◆ ◆

अघोषित युद्ध व हिंसा समाधान नहीं

सच्चिदानंद प्रभात

मानवाधिकार कार्यकर्ता

आतंकवाद, उग्रवाद व नक्सलवाद। इन तीनों शब्दों को अधिकतर लोग एक ही अर्थ व रूप में देखते हैं। दरअसल, सरकार और मीडिया सामंतों, पूंजीपतियों के इशारे पर सुनियोजित तरीके से लोगों को दिग्भ्रमित कर रही है। इन तीनों शब्दों को समझे बगैर इसमें फर्क करना मुश्किल है। तीनों का सही अर्थ व परिभाषा समझने के लिए, इन तीनों शब्दों की अंतर्वस्तु में जाना होगा। पहला है आतंकवाद। यह साम्राज्यवादियों द्वारा ही पैदा किया हुआ उन्मादी वाद है, जो सिद्धांत, राजनीति व उद्देश्य से परे जेहादी कार्रवाई है। इसमें मुट्ठी भर लड़ाकू लोग 'जैसा को तैसा' के आधार पर जनता, राज्य व देश में भय या आतंक पैदा करने के लिए हिंसक कार्रवाई करते हैं। दूसरा है–उग्रवाद। इसमें राजनीति व उद्देश्य होते हैं, पर विचार या सिद्धांत जुझारू संघर्ष करते हैं। इसमें आम जनता की भागीदारी नहीं होती है। जैसे खालिस्तान के लिए खालिस्तानियों का संघर्ष। तीसरा है–नक्सलवाद। नक्सलवाद विचारधारात्मक संघर्ष है, जिसमें विचारधारा, सिद्धांत, उद्देश्य, राजनीति सभी है। इस संघर्ष में आमजनता अनुशासित तरीके से अपनी मुक्ति के लिए संघर्ष करती है। जैसे वर्तमान में झारखंड में सीपीआइ माओवादियों का संघर्ष, सीपीआइ (एमएल) लिबरेशन, सीपीआइ (एमएल) लिबरेशन न्यू डेमोक्रेसी, सीपीआइ (एमएल) जनशक्ति एवं अन्य सीपीआइ एमएल ग्रुपों का संघर्ष। अब ज्वलंत और अहम सवाल पैदा होता है कि नक्सलवाद है क्या? यह कैसे पैदा हुआ? इसका आधार या बुनियाद कहां है? नक्सलवादी कौन लोग हैं? इन सभी सवालों के जवाब आइने की तरह साफ है। लेकिन साम्राज्यवाद परस्त समुदाय इसके मूल स्वरूप को पर्दे के पीछे रखकर पेश करते हैं। नक्सलवाद मार्क्सवाद पर आधारित वाद व सिद्धांत है। मार्क्सवाद का जन्म घोर असमानता, अन्याय, अमीरी-गरीबी, अमानवीय अत्याचार, शोषण-दमन एवं असंतोष के गर्भ से हुआ है। इसी मत को माननेवाले नक्सलवादी हैं।

सरकारी आंकड़ों के अनुसार इसका विकास, विस्तार व फैलाव तेज हुआ है। विभिन्न राजनीतिक नेतृत्व द्वारा संघर्ष में ठगे जाने के बाद आज इन्हीं मतों को मानते हुए और इस रास्ते पर चलते हुए झारखंड में हजारों लोग अपनी मुक्ति व अस्तित्व के लिए संघर्ष कर रहे हैं, जिन्हें माओवादी की संज्ञा दी गई है। नक्सलवादी आंदोलन कोई असामाजिक तत्वों, लुटेरों, शोषकों या निजी सेना की जमात नहीं है। इसमें स्वेच्छा से विचारधारात्मक उद्देश्यपूर्ण आम जनता है और उसका संघर्ष है। देश जब आजाद हुआ तो आम जनता सपना देखती थी कि सारी समस्याओं से मुक्ति मिलेगी और स्वतंत्र भय मुक्त वातावरण में जी सकेंगे, लेकिन हुआ क्या?

द्वितीय विश्वयुद्ध के बाद से ही साम्राज्यवादी राष्ट्र समझ गए थे कि अब गरीब एवं विकासशील देशों का शोषण प्रत्यक्ष रूप में उपनिवेश बनाकर करना संभव नहीं। दूसरे उपाय के तहत द्वितीय विश्वयुद्ध के तत्काल बाद ही शोषण करने के लिए अंतरराष्ट्रीय पैमाने पर हथियार के रूप में व्यापार संगठन की स्थापना हुई, जो आज विश्व व्यापार संगठन के रूप में मौजूद है। इसके साथ ही शोषण के औजार के रूप में अंतरराष्ट्रीय मुद्राकोष व विश्व बैंक का भी गठन हुआ।

साम्राज्यवादी राष्ट्र इन्हीं तीनों अंतरराष्ट्रीय संस्थानों को शोषण करने के लिए हथियार के रूप में इस्तेमाल कर रहे है। साम्राज्यवादियों द्वारा सभी तरह के शोषणकारी समझौते इन्हीं संस्थानों द्वारा एवं दबाव में करवाया जा रहा है। अपना देश भी इस जाल में पूर्णतः फंस चुका है। आज देश व राज्य की सरकारें विश्व व्यापार संगठन के साथ किए गए समझौते व दबाव में उदारीकरण, निजीकरण, भूमंडलीकरण के घोड़े पर खड़ी होकर बाजारवाद व खुलेपन का उपदेश दे रही हैं। सरकार ने नई आर्थिक नीति, नई औद्योगिक नीति एवं नई शिक्षा नीति जो बना रखी है, उसे प्रभावी ढंग से लागू कराने के लिए साम्राज्यपरस्त दमनकारी व जनविरोधी कानून एवं नीतियां बना बना रही है। इस कारण मजदूरों और कर्मचारियों की बड़े पैमाने पर छंटनी की जा रही है, जो बेरोजगारों की जमात में शामिल होकर इस फौज को गुणात्मक रूप से बढ़ा रही है एवं भुखमरी की अंधेरी

गलियों में ढकेले जा रहे हैं। यही वजह है कि झारखंड के आदिवासी, मूलवासी, मजदूर, किसान, (महिला, पुरुष, लड़कियां, बच्चे) पलायन को मजबूर हैं। इनका आर्थिक, मानसिक, शारीरिक शोषण किया जाता है। महिलाओं व लड़कियों का यौन शोषण तो धड़ल्ले से किया जाता है और अंधेरी गलियों में भटकने के लिए छोड़ दिया जाता है। बच्चे अप्राकृतिक यौन शोषण के शिकार हो रहे हैं। देश के विकास का एवं अन्न उत्पादन का मुख्य स्रोत कृषि आज भारी संकट में फंस चुकी है। किसान संकट में हैं। कृषि विकास को अघोषित तरीके से नजरअंदाज किया जा रहा है।

कृषकों को समय पर ऋण देने व अन्य सुविधाएं मुहैया करने में घोर कोताही बरती जा रही है। कृषि क्षेत्र में किसानों को सभी तरह की दी जाने वाली सब्सिडियों में लगातार कटौती की जा रही है। इसका उत्पादन पर प्रतिकूल असर पड़ रहा है। किसान सूदखोरों व महाजनों के कर्ज के जाल में फंस रहे हैं। उत्पादन लागत भी मुश्किल से निकल पा रही है। मुनाफे की बात तो दूर। इन सभी कारणों से किसान आत्महत्या करने को मजबूर हैं। अब तक लगभग ढ़ाई लाख किसान मजदूर आत्महत्या कर चुके हैं। सरकार के ही प्रोत्साहन पर आमिर खान ने अपनी फिल्म पीपली लाईव में किसानों की आत्महत्या मुआवजे के लिए किया जाना दिखाया है। यह किसानों को जलील कर उनका क्रूर मजाक उड़ाना है। एक कृत्रिम माहौल उत्पन्न कर सरकार की नीयत है कि खेती-किसानी को घाटे का सौदा दिखाया जाए, ताकि सेज (विशेष आर्थिक क्षेत्र) के लिए रास्ता साफ हो। देश में जितने सेज बनेंगे उतने ही टापू बनेंगे, जहां देश का कोई भी कानून लागू नहीं होगा। इसके विरोध में किसान संघर्षरत हैं। इसका नतीजा है कि झारखंड में कोयल-कारो परियोजना का विरोध कर रहे नौ आदिवासियों पर तत्कालीन मरांडी सरकार ने पुलिस द्वारा गोली चलवाकर हत्या करवा दी। उत्तर प्रदेश के भटठ्ा परसोल गांव में 7 मई, 2011 को सेज का विरोध कर रहे तीन लोगों को पुलिस ने गोली मारकर हत्या कर दी। झारखंड में भी ऐसी स्थिति उत्पन्न की जा रही है। सरकार झारखंड को सिंगुर बनने की राह पर ले जाना चाहती है। कॉरपोरेट घरानों ने ही मुनाफाखोरी के लिए भ्रष्टाचार का बीज बोया है। इस भ्रष्टाचार के दलदल में राजनेता और दलाल नौकरशाह आकंठ डूबे हैं। जिस देश का प्रधानमंत्री और मुख्यमंत्री भ्रष्टाचार में लिप्त हो तो औरों का क्या कहना। एक स्विस पत्रिका के अनुसार यूपीए अध्यक्ष सोनिया गांधी का 84 हजार करोड़ कालाधन स्विस बैंक में जमा है। इस खाते को राजीव गांधी ने खुलवाया था। वहीं लातेहार के एक कनीय अभियंता का पुर्जा पकड़ा गया, जिसमें 41 प्रतिशत रिश्वत लेने की बात स्वीकार की गई है। इसी संबंध में पूर्व प्रधानमंत्री राजीव गांधी ने कहा था कि केंद्र से चले विकास कार्य के रुपये का केवल 10 प्रतिशत ही नीचे तक पहुंचता है। इसी भ्रष्टाचार और जनविरोधी नीतियों की देन है कि देश में आर्थिक संकट, यूरोजोन और अमेरिका होते हुए भारत तक पहुंचा है। इसका असर झारखंड में सबसे अधिक पड़ रहा है। इससे आम जनता सीधे प्रभावित हो रही है और कराह रही है।

लॉर्ड मैकाले ने फरवरी 1835 में ब्रिटिश पार्लियामेंट में कहा था कि भारत को हम तब तक जीत नहीं सकते, जब तक हम इसकी सांस्कृतिक एवं नैतिक मेरुदंड को तोड़ न दें। झारखंड में भी यही रणनीति अपनाई जा रही है। झारखंड में बहुत से इलाकों में विकास की रोशनी तक नहीं पहुंच पाई है। लोग विकास की उम्मीद में हैं। सरकार के रवैये से ही परेशान आकर लोगों ने संघर्ष का नारा दिया है। लोगों ने विस्थापन के विरोध में नारा दिया है- 'न जान देंगे, न जमीन देंगे'। इस आंदोलन को ध्वस्त करने के लिए माओवाद का आरोप लगाकर लोगों पर अघोषित युद्ध थोपते हुए हिंसा का सहारा लिया जा रहा है। सारंडा में सीआरपीएफ के हजारों जवानों को उतारकर छापेमारी कराई जा रही है। जमीन के पट्टे, रसीद, खतिहान, मतदान पहचान पत्र, बीपीएल कार्ड, जॉब कार्ड, नक्शा आदि जैसे दस्तावेजों को गरीबों की झोपड़ियों से ढूंढ़कर जलाया जा रहा है, ताकि आबादी की बसाहट का नामोनिशान मिट जाए। वनभूमि पर उन्हें अतिक्रमणकारी घोषित कर उनकी जमीनों पर कब्जा करने, खनन कार्य शुरू करने, उद्योग लगाने का ही यह सारा उपक्रम है। नक्सलवाद को खत्म करने के लिए उन कारणों पर प्रहार करना होगा, जो लोगों को सशस्त्र संघर्ष के लिए मजबूर करते हैं। विधायिका, कार्यपालिका और पुलिस को गरीब जनता के दुख-दर्द को समझना चाहिए, न कि कंपनियों के लिए काम करना चाहिए। जनता के जिन मुद्दों के आधार पर नक्सलवादी आंदोलन चल रहा है, सरकार उसे संजीदा तरीके से समझे और उनका समाधान करे। ◆ ◆ ◆

जागरण के सवालों का नक्सलियों ने दिया जवाब

नक्सलवाद पर नौ दिनों की लंबी विचार शृंखला में हमने दस सवाल माओवादियों के सामने रखे थे। भाकपा माओवादी के पूर्वी रीजनल ब्यूरो ने उन सवालों का विस्तृत जवाब भेजा है। हम उसे व्यापक बहस के लिए जनता, सरकार, नौकरशाहों, बुद्धिजीवियों, एक्टिविस्टों के बीच रख रहे हैं....

सरकार का मतलब क्या सिर्फ पुलिस होती है ? सरकारी नीतियों को बनाने और उनको लागू कराने में तो पूरा का पूरा सरकारी और प्रशासनिक तबका लगा होता है। तो सिर्फ पुलिस ही लचर सामाजिक आर्थिक स्थितियों की दोषी कैसे हुई, जो हर बार उन्हें ही आसान निशाना बनाया जाता है ?

शायद आप भाकपा माओवादी के पार्टी कार्यक्रम और हमने किनको-किनको बतौर दुश्मन चिन्हित किया है, इससे वाकिफ नहीं हैं। राजसत्ता के प्रधान अंग के रूप में पुलिस-मिलिट्री की अहम भूमिका है। दरअसल, शोषण करने और शासन चलाने वाले वर्ग एवं उनके हित में सरकारी नीतियां बनाने वाले नौकरशाह और अफसर तंत्र जानबूझकर जन-विरोधी नीतियां बनाते हैं। उन्हें जनता पर जबरदस्ती थोपते हैं और ऐसी नीतियों को लागू कराने के लिए पुलिस-मिलिट्री का इस्तेमाल किया जाता है। इतिहास गवाह है कि पुलिस-मिलिट्री के बल पर यानी और स्पष्ट कहा जाय तो शासक केवल और केवल बंदूक के बल पर ही तमाम जन-विरोधी नीतियों को लागू कराते हैं। इसलिए सत्ता पुलिस का इस्तेमाल दमन करने वाले अपने प्रधान अंग के रूप में करती है।

बंदूक हाथ में देकर जन-विरोधी नीतियों को लागू कराने के लिए उन्हें (पुलिस को) उतार दिया जाता है। ऐसे में जनता के प्रतिरोध का प्रथम व प्रधान टारगेट वही बंदूकधारी पुलिस दल ही होंगे। जब पुलिस बंदूक के बल पर जन-विरोधी नीतियों को लागू कराने उतरती है तो उसकी भूमिका शासन-शोषण चलाने वाले वर्ग के हित की रक्षा करने वाले की रहती है।

शासक वर्ग के हित में चाहे कितनी ही मारपीट, लूटपाट, गिरफ्तारी, इज्जत लूट, गोली मारकर हत्या, फसल बर्बादी जैसे कुकर्म करने पड़े, पुलिस उसे अंजाम देती है। पुलिस के अफसर भी खुद ऐसा ही करते हैं। आत्मरक्षा का अधिकार, आत्मरक्षा की खातिर हथियार उठाने का अधिकार जनता का जन्मगत ही नहीं, बल्कि जनवादी अधिकार भी है। इसलिए बंदूकधारी दुश्मन से बचने के लिए जवाब में बंदूक उठाना किसी भी प्रगतिशील और जनवादी व्यक्ति के विचार से सही ही होगा।

दैनिक जागरण में ही पिछले दिनों झारखंड में माओवादी समेत कितने लोग फर्जी मुठभेड़ और विभिन्न गोलीकांडों में मारे गए, इसका ब्यौरा प्रकाशित हुआ था। इसके अलावा ऑपरेशन ग्रीन हंट के नाम पर जो बर्बर सैनिक अभियान चलाया जा रहा है, उससे संबंधित कुछ रिपोर्ट भी आपने प्रकाशित की।

इसलिए यह कहना गलत होगा कि हम लाचार पुलिस को आसान निशाना बना रहे हैं। सच तो यह है कि शोषक-शासक वर्ग आज अपनी पूरी दमनात्मक ताकत के साथ शोषित-उत्पीड़ित वर्ग पर अत्याचार की बाढ़ बहा रहा है। शोषित-उत्पीड़ित वर्ग अपनी सीमित क्षमता के अनुसार उसका प्रतिरोध कर रहा है। हम जानते हैं कि ज्यादा से ज्यादा पुलिस गरीब घर से होते हैं। वर्ग के रूप में वे हमारे दुश्मन भी नहीं हैं। बंदूक हाथ में लिये पुलिस जब तक शोषकों के पक्ष में गरीब जनता को निशाना बनाएगी, तब तक गरीब जनता और

उसकी सेना पीएलजीए (गुरिल्ला आर्मी) आत्मरक्षार्थ हर संभव उपाय अपनाएगी। जिस दिन वे (पुलिस) अपने बंदूक का निशाना विपरीत दिशा में (शासक-शोषकों की ओर) धूमा देंगे, उसी क्षण से वे जनता के दोस्त बन जाएंगे और वे जनता या पीएलजीए के निशाने पर से हट जाएगे।

गांवों में नक्सलियों का राज होने के बावजूद विकास योजनाओं में इतनी गड़बड़ी सरकारी अधिकारी कैसे कर पाते हैं ? मनरेगा के तहत मजदूरों का हक मारा जाता है। मानव तस्कर गांव-गांव में सक्रिय हैं। ग्रामीण उत्पादन में बिचौलियों का बोलबाला है। ये विरोधाभासी स्थितियां कैसे संभव हैं ?

विकास योजनाओं में हो रही गड़बड़ी या घोटाले से संबंधित इन सारे सवालों का जवाब नेता-मंत्री और सरकार के प्रशासनिक अफसरों से पूछना चाहिए था। तथाकथित आजादी के 65 सालों के दौरान नेता-मंत्री व अफसरों द्वारा हजारों-हजार करोड़ रुपये के घोटाले किए गए। इसका जवाब हमें नहीं बल्कि सरकार को देना चाहिए। फिर भी चूंकि सवाल हमसे पूछा गया तो हम अपना जवाब जरूर देंगे।

प्रशासनिक स्तर के ऊपर से नीचे प्रखंड स्तर तक विकास योजनाएं कैसे बनती हैं, यह हम सभी जानते हैं। हर योजना के लिए एक निश्चित राशि तय होती है।

ऊपर से ही ठेकेदार को ठेका देने से लेकर बीडीओ-सीओ तक को बतौर कमीशन कितना प्रतिशत मिलेगा, यह फिक्स हो जाता है। मतलब यह कि विकास कार्य के लिए राशि के निकलने के साथ ही इसके बंदरबांट की प्रक्रिया शुरु हो जाती है। झारखंड में नेता-अफसर-मंत्री-विधायक-ठेकेदार द्वारा विकास राशि की बंदरबांट सबसे अधिक हो रही है। बाकायदा इसका एक सिस्टम तैयार हो चुका है। लूट का यह सिस्टम खुद व्यवस्था (शासन) द्वारा संचालित और अनुमोदित हो रहा है। इसलिए इस व्यवस्था को बदलने के लिए गांवों में नक्सलवादी आंदोलन जरूरी है।

यही काम हम कर भी रहे हैं। विकास योजनाओं में की जा रही गड़बड़ी को रोकने के लिए हम सांगठनिक ढांचा तैयार कर रहे हैं। विभिन्न संगठनों का निर्माण कर गांवों में हस्तक्षेप बढ़ा रहे हैं। क्रांतिकारी किसान कमेटी तथा अन्य सांगठनिक संरचना द्वारा कुछ कदम उठाए जा रहे हैं। जैसे स्कीम क्या है, इस पर कितनी राशि खर्च होनी है, मजदूरों को कितनी मजदूरी दी जा रही है, जैसी सूचनाओं को बोर्ड पर लिखकर टांगने की बाध्यता सुनिश्चित की गई है। फिर भी इससे गड़बड़ी नहीं रुक सकती, क्योंकि सरकारी अफसर तो गांव आते ही नहीं जो उनसे पूछताछ की जा सके। स्थिति यह है कि छोटे-मोटे सरकारी अफसर भी विशाल पुलिस वाहिनी सुरक्षा घेरे में ही देहाती क्षेत्रों का रुख करते हैं। कभी-कभार अगर मौका मिलता है तो ग्रामीण उन्हें घेरकर सवाल पूछते हैं। मनरेगा में व्याप्त घोर भ्रष्टाचार के खिलाफ भी कुछ जन-कार्रवाइयां की जा रही हैं। गांवों की जनता, क्रांतिकारी किसान कमेटी तथा अन्य किसान संगठनों द्वारा इस पर कुछ हद तक निगरानी रखी जा रही है। मजदूरों का हक न मारा जाए, इसके लिए मजदूरों को संगठित कर जगह-जगह पर जुझारू आंदोलन चलाए जा रहे हैं।

जहां तक मानव तस्करी का सवाल है तो यह पुलिस की सहायता और संरक्षण से ही चल रहा है। मानव तस्करों का नेटवर्क दूर-दराज के गांवों से नहीं बल्कि शहरों से संचालित हो रहा है। इसके लिए लोकल पुलिस थानों से लेकर बड़े-बड़े पुलिस अफसरों तक का महीना (घूस) निर्धारित है। ये मानव तस्कर विधायक बाबू और थानेदार के साथ बैठकर चाय-नाश्ता करते हैं, अंग्रेजी शराब पीते हैं और साठगांठ बनाए रखते हैं। जाहिर है कि इस साठगांठ के बिना मानव तस्करी का घृणित काम नहीं किया जा सकता। हमारे संगठन की ओर से ऐसे घिनौने काम में लिप्त दलाल, बिचौलियों, ठेकेदारों के खिलाफ पहले से ही चेतावनी जारी है। कई बार ऐसी करतूतों में लिप्त पकड़े गए दलालों के खिलाफ कार्रवाई भी की गई। आगे भी हम ऐसे बिचौलियों से सख्ती से निपटेंगे। ऐसे लोगों का इस्तेमाल पुलिस और खुफिया विभाग हमारे खिलाफ मुखबिरी के लिए करती है। इसलिए आप समझ सकते हैं कि मानव तस्करी का यह नेटवर्क कैसे नेता-मंत्री और प्रशासन-पुलिस के साठगांठ से चल रहा है। यह राष्ट्रशक्ति (सत्ता) के सांठगांठ से ही संचालित हो रहा है। सच सही है। ग्रामीण उत्पादन में उन क्षेत्रों में बिचौलियों का बोलबाला अपेक्षाकृत कम हुआ है जहां हमारी स्थिति मजबूत हुई है। ग्रामीण बाजारों में भी बिचौलियों की बदमाशी कुछ कम हुई है। लेकिन जहां हमारा प्रभाव नहीं है यानी कि गांव-कस्बों, शहरों में बिचौलियों का दबाव व मनमानी बहुत अधिक है। इसे समझना होगा

कि बिचौलियावाद हमारी अर्थव्यवस्था की ही देन है। यह देश को शोषणमूलक और बाजार आधारित अर्थव्यवस्था से ही ओतप्रोत है। इसलिए जब तक मौजूदा अर्थव्यवस्था को बदलकर एक जनोन्मुखी और जनता के नियंत्रण वाली आर्थिक संरचना तैयार नहीं की जाती है, तब तक उत्पादन के लाभ पर बिचौलियों के बोलबाले और प्रभाव को पूरी तरह खत्म नहीं किया जा सकता।

सुस्पष्ट पार्टी कार्यक्रम वाली एक राजनीतिक पार्टी होने के बावजूद हमें (भाकपा माओवादी) खुली राजनीतिक गतिविधियों से वंचित रखा गया है। जुलूस, सभा, जमात पर प्रतिबंध लगा दिया गया है। यानी कि न्यूनतम जनवादी अधिकारों तक से हमें वंचित रखा गया है। विकास योजनाओं में सरकारी लूट, मजदूरों के हक मारे जाने, मानव तस्कर की सक्रियता और बिचौलियों के प्रभाव का हम चाहकर भी कारगर तरीके से अंत नहीं पा रहे। गांवों में हमारा (नक्सली) राज है या मुक्त जोन जैसे दावा या इसकी घोषणा तो हमने नहीं की है। राज स्थापित होने के साथ ही कई शर्तें और पहलुएं जुड़ जाती हैं। इसके बिना जनता का राज स्थापित नहीं होता। जहां जनसत्ता के बतौर निकाय क्रांतिकारी जन कमेटी, आरपीसी मौजूद हैं, वहां ऐसे जुल्म और अत्याचार नहीं हैं। जिन सीमित इलाकों में आरपीसी हैं, वहां मजदूर-किसान राज को इसकी भ्रूण अवस्था में ही कुचलने के लिए सरकार नापाक कार्रवाइयां कर रही हैं। शासक वर्ग द्वारा ऑपरेशन ग्रीन हंट जैसे बर्बर सैनिक अभियान और अघोषित युद्ध चलाए जा रहे हैं। सारंडा, बस्तर, लातेहार, भीमबांध, जिलगा पहाड़ में चल रहे सैन्य अभियान इसके जीवंत उदाहरण हैं। ऐसे में विरोधावासी स्थितियों का तर्क लागू नहीं होता।

क्या नक्सल आंदोलन का अर्थ केवल पुलिस बल पर हमला, लेवी वसूलना, बंद का आह्वान कर आम जनजीवन ठप करना, मुखबिरी के आरोप में ग्रामीणों की नृशंस हत्या से है। कौन लोग नक्सलवादियों के दुश्मन हैं, इसे साफ करना चाहिए।

आम जनता के सर्वांगीण विकास के लिए हमारी पार्टी का एक व्यवस्थित कार्यक्रम है। इसमें राजनीतिक, आर्थिक, सांस्कृतिक व सामरिक, सभी पहलू मौजूद हैं। साथ ही जनता द्वारा सत्ता कब्जा करने के बाद उस जनवादी राज की विदेश नीति क्या होगी, उसकी भी एक सुस्पष्ट रूपरेखा तैयार है। शोषक-शासक वर्ग उसकी पुलिस-मिलिट्री यानी बंदूक के बल पर इस क्रांतिकारी जनांदोलन को दबाने व कुचलने के लिए चौतरफा हमले कर रही है। अपनी ही जनता के खिलाफ अन्यायपूर्ण युद्ध ऑपरेशन ग्रीन हंट चला रही है। ऐसे में उस अन्यायकारी युद्ध का मुकाबला करना हमारा प्रमुख काम बन जाता है। दुश्मन ने हमें वैसा प्रतिरोध युद्ध चलाने को मजबूर किया है। इस प्रतिरोध युद्ध को जारी रखने के लिए बहुत सी चीजों की जरूरत होती है। उसमें रुपयों-पैसों की भी जरूरत होती है, जिसका जुगाड़ हम एक नियम के तहत करते हैं। लेवी वसूलना उसी नियम का का एक अंश है। सरकार भी टैक्स लेती है। क्रांतिकारी सरकार भी टैक्स या लेवी लेती है। इसमें कोई अन्याय की बात नहीं है।

बंद का आह्वान : बंद के आह्वान के संबंध में भी आपने सवाल उठाया है। जनता के ज्वलंत मुद्दों, फर्जी मुठभेड़ में हत्या, रेप, पुलिसिया अत्याचार इत्यादि मुद्दों को लेकर हम कभी-कभी बंद बुलाते हैं। इससे जनजीवन पर क्या असर पड़ता है, इसकी हमने समीक्षा की है। उसका निचोड़ इस तरह है...

हाल के दिनों में केंद्र व राज्य कमेटियों के साथ-साथ जनसंगठनों द्वारा कई बार बंद का आह्वान किया जा रहा है। जनता, पार्टी, पीएलजीए व क्रांतिकारी आंदोलनों के खिलाफ किए जा रहे सरकारी हमलों, जनविरोधी नीतियों और काले कानूनों का प्रतिरोध करने के लिए बंद को एक संघर्ष के हथियार के तौर पर देखा जाना चाहिए। लेकिन कुछ जगहों पर बार-बार बंद की घोषणा से जनता का आर्थिक जीवन और यातायात प्रभावित हो रहा है। कुछ जगहों पर जनता प्रतिवाद भी कर रही है। इन बातों को ध्यान में रखकर ही हमें बंद का आह्वान करना चाहिए। केंद्र व राज्य कमेटियों और जनसंगठनों को तालमेल के साथ बंद की घोषणा करनी चाहिए। हर दो बंद के बीच कम से कम दो महीने का अंतर होना चाहिए। केंद्र व राज्य कमेटियों के सदस्यों की गिरफ्तारी, मुठभेड़ या अन्य राजनीतिक मामलों के संदर्भ में बंद बुलाना पड़े तो ये नियम लागू नहीं होंगे। बंद के दौरान, बसों को जलाना, स्कूल व हॉस्टल को ध्वस्त करने जैसी कार्रवाइयों को रोकना चाहिए।

अस्पताल को बंद से मुक्त रखना चाहिए। इससे जनता को दिक्कतों का सामना करना पड़ता है। इसलिए दलाल पूंजीपतियों, मल्टीनेशनल कंपनियों की संपत्तियों, सरकार के यातायात, संचार साधनों व अन्य मुख्य व्यवस्थाओं को निशाना बनाना चाहिए। शहीदों के स्मारक सप्ताह पर हमने बंद का आह्वान नहीं किया, फिर भी बंद हो रहे हैं। प्रेस विज्ञप्ति के माध्यम से हमें इस बात को स्पष्ट करना चाहिए। हर प्रतिवाद दिवस के संदर्भ में हमें जनता के सामने ठोस कार्यक्रम रखना चाहिए। बंद के दौरान गाड़ियों को नहीं जलाना चाहिए। बसों पर फायरिंग नहीं करनी चाहिए। बंद के दौरान चलने वाली आम गाड़ियों को फायरिंग के जरिये नहीं, बल्कि अन्य तरीकों से रोकना चाहिए।

मुखबिरों का सफाया : हम ग्रामीणों को नहीं, बल्कि सही मुखबिरों को ही मारते हैं। दुश्मन ने कम तीव्रता वाली युद्ध नीति के तहत क्रांतिकारी नेताओं-कर्मियों को पकड़ने व फर्जी मुठभेड़ में हत्या करने की साजिश की है। इसके लिए एक व्यापक नेटवर्क तैयार किया गया है। भाकपा माओवादी नेताओं व कार्यकर्ताओं की झूठी मुठभेड़ में नृशंस हत्या की जा रही है। कुछ महीनों पहले 24 नवंबर 2011 को किस तरह पोलित ब्यूरो व सेंट्रल कमेटी के नेता कामरेड कोटेश्वर राव (किसन जी) की फर्जी मुठभेड़ में नृशंस हत्या कर दी गई, उसे सभी जानते हैं। देश स्तर पर प्रगतिशील बुद्धिजीवियों व मानवाधिकार कार्यकर्ताओं ने उस घृणित हत्या की घोर निंदा की और विरोध में जोरदार आवाज भी उठाई। बीते तीन सालों से विभिन्न नामों से चलाये जा रहे ऑपरेशन में कई लोगों की नृशंस हत्या की गई। ऑपरेशन मॉनसून, ऑपरेशन एनाकोंडा, इत्यादि के तहत सारंडा इलाके में मुस्लिम, नेपाली, बोंगा, खुशराम, मंगल होनहागा, सोमा गुड़िया, जुड़िदा होनहागा सहित कई लोगों को फर्जी मुठभेड़ों में मारा गया।

कामरेड चमेली व कामरेड कुंदन पाहन की पत्नी को उसकी बच्ची के साथ बोकारो से गिरफ्तार कर गायब कर दिया गया। इसी तरह जोनल कमेटी सदस्य का. वीरेंद्र महतो, रांची-सोनाहातू के एक ग्रामीण डॉक्टर सुमन सिंह को दिन के दस बजे गिरफ़्तार कर मार डाला गया और लाश को गायब कर दिया गया। तमाड़ के एतवा मुंडा व राजेश मुंडा, लातेहार के बढ़नियां गांव के पांच आदिवासियों और नावरनागो के मूक-बधिर ल्यूकस मिंज की फर्जी मुठभेड़ में हत्या, ये सब क्या है। 2010 में लातेहार के लादी ग्राम निवासी जसमिंता देवी, छतरपुर थाना में राजेंद्र यादव की पीट-पीटकर हत्या किए जाने की घटना से सभी वाकिफ हैं। एक सर्वमान्य मानवाधिकार संगठन द्वारा जारी रिपोर्ट के अनुसार बीते 10-11 सालों में झारखंड पुलिस ने माओवादी होने के आरोप में 550 लोगों की गोली मारकर हत्या की है।

बीते चार दशकों में नक्सलियों की लड़ाई कहां तक पहुंची और उनकी क्या-क्या उपलब्धियां रहीं? अपने आंदोलन के द्वारा वे भारत में मौजूद असमान सामाजिक, आर्थिक और राजनीतिक ढांचे में क्या और कितना सकारात्मक हस्तक्षेप करने में सफल हुए?

भारतीय जनता के दुश्मन साम्राज्यवाद, सामंतवाद व दलाल नौकरशाह पूंजीपतियों को उखाड़ फेंक कर जनवादी व्यवस्था स्थापित करने के लिए हमारी लड़ाई जारी है। सरकार हमें कुचलने के लिए क्रूर पुलिसिया अत्याचार कर रही है। हमारे आंदोलन के मार्ग में कई रुकावटें पैदा की जा रही हैं। इसके बावजूद आज बहुत से प्रांतों में हमारी लड़ाई फैल चुकी है। इस सच्चाई को सरकार खुद कबूल करती है। भाकपा माओवादी तमाम मित्र शक्तियों को एक कर जनता की संयुक्त फौज यानी पीएलजीए (गुरिल्ला आर्मी) तैयार कर रही है। पार्टी, जनफौज और संयुक्त मोर्चा, ये तीन जादुई हथियार कमोबेश आज मौजूद हैं।

चार दशकों की लड़ाई का ही नतीजा है कि जनवादी व्यवस्था स्थापित करने के लिए चुनाव प्रणाली में हमारा हस्तक्षेप बढ़ा है। भले ही यह भ्रूण अवस्था में ही हो, लेकिन जनसत्ता की स्थापना के लिए यह बड़ा बदलाव है। जनता के सही जनप्रतिनिधि व जन परिषद का चुनाव कराने के दौरान क्रांतिकारी जन कमेटी, आरपीसी की स्थापना और उस कमेटी के माध्यम से जनवादी राजनीति की ओर हम कदम बढ़ा रहे हैं। जनता की इच्छा अनुसार जनवादी राजनीति, अर्थनीति, संस्कृति और शासन व्यवस्था के लिए हम संघर्ष कर रहे हैं, जिसमें हम सफलता मिल रही है।

हमारे आंदोलन का ही नतीजा है कि किसान, मजदूर, मेहनतकश जनता सहित उत्पीड़ित आबादी आज

आत्मसम्मान और आत्ममर्यादा बोध से लबरेज हो पाई है। इस तबके को हमने काफी जागरूक किया। क्रांतिकारी किसान कमेटी के नेतृत्व में जमीन्दार-जोतदारों के कब्जे से कई हजार एकड़ जमीन जब्त कर गरीबों व भूमिहीनों के बीच बांटना हमारी बड़ी उपलब्धि रही है।

सोनिया-मनमोहन-चिदंबरम गुट ने माओवाद को आंतरिक सुरक्षा के लिए सबसे बड़ा खतरा करार दिया है। पूरे देश में माओवाद और माओवादी आंदोलन पर बहस आज आम बात बन गई है। हमारे आंदोलन की लोकप्रियता को देखते हुए सरकार जबरदस्त सैनिक अभियान ऑपरेशन ग्रीन हंट चला रही है। तथाकथित रूप से विकास के कार्यक्रम सहित बहुत सी पॉलिसियां बनाई गईं और बनाई भी जा रही हैं। कॉरपोरेट घरानों और सरकार के बीच हुए बहुत से एमओयू करार का कार्यान्वयन माओवादी आंदोलन की वजह से ही रुक पाए हैं। सामाजिक, आर्थिक और राजनीतिक ढांचे पर माओवादी आंदोलन का व्यापक प्रभाव पड़ा है तथा ढांचे में बदलाव लाने के लिए कुछ न कुछ सुगबुगाहट भी शुरू हो गई है। फिर भी व्यापक और बुनियादी बदलाव लाने का काम अभी बाकी ही है। इसे हासिल करने के लिए क्रांतिकारी लड़ाई जारी रखनी है और यह काम क्रमबद्ध रूप से करना पड़ेगा।

बीते चार दशकों में सामाजिक, आर्थिक और राजनीतिक न्याय की स्थापना के संबंध में नक्सलवादी अपना रिपोर्ट कार्ड जारी करें।

चार दशकों का रिपोर्ट कार्ड काफी बड़ा होगा, इसलिए हम संक्षिप्त रिपोर्ट प्रस्तुत कर रहे हैं।

हमारी एकता कांग्रेस : नौवीं कांग्रेस के बाद 5-6 सालों के हमारे व्यवहार में केंद्रीय कार्यभार को लागू करने के लिए जारी कामकाज ही प्रधान पहलू रहा। इस दौरान दुश्मन ने (सरकार ने) क्रांतिकारी आंदोलन का जड़ से सफाया करने की मंशा से बर्बरतम व फासीवादी दमन चक्र चलाए। ढाई-तीन सालों से ऑपरेशन ग्रीन हंट जारी है। इन दमनात्मक अभियानों का मुकाबला करने के लिए हमने जनता की राजनीतिक गोलबंदी की। गुरिल्ला युद्ध को तेज करते हुए जनता की राजनीतिक हुकूमत मजबूत करने के लिए दुश्मन की राजसत्ता को ध्वस्त करने की दिशा में आगे बढ़े।

देश के विभिन्न इलाकों में अपेक्षाकृत बेहतर तरीके से संगठित पीएलजीए ने पिछले तीन सालों में ऐतिहासिक सफलता हासिल की। इस दौरान हमने मुकरम हमला समेत नयागढ़, सिल्दा, लखीसराय-कजरा, बलिमेला, कोंगेरा, लाहेरी, कलिमेला, मदनवेड़ा, महाराष्ट्र के गढ़चिरौली एम्बुश, धरधरिया एम्बुश, लोहरदगा, लातेहार गारू का सतनदिया एम्बुश, गढ़वा के सठलो एम्बुश, बालूमाथ के सुरंगी-टोंगरी एम्बुश, सारंडा-थालकोबाद पुलिस पर रेड, जिलगा पहाड़ मुठभेड़, पश्चिमी सिंहभूम के बान्दु में भारी सैन्य कार्रवाइयों को सफलतापूर्वक अंजाम दिया। ममाइल और सारंडा में दुश्मन के भारी हमलों को परास्त कर दिया। क्रांतिकारी आंदोलन को जड़ से कुचलने के लिए किए गए भारी सैन्य हमलों का माकूल जवाब देते हुए उन्नत सैनिक अनुभव हासिल किया। गुरिल्ला युद्ध को केंद्र में रखते हुए पार्टी की समूची गतिविधियों को संचालित करने में हमने बेहतर अनुभव प्राप्त किया। इस दौरान गुरिल्ला युद्ध को चलायमान युद्ध के रूप में तथा पीएलजीए को पीएलए में विकसित करने हेतु हमने गुरिल्ला आधार क्षेत्रों को अपेक्षाकृत ज्यादा संगठित किया।

बड़ी जीत : हमारी पार्टी के नेतृत्व में ऐतिहासिक लालगढ़ और नारायणपटना जन उभार भड़क उठे हैं। इन संघर्षों की खासियत यह रही कि इसने जनता को बड़े पैमाने पर कार्रवाई में उतारा व संघर्ष और संगठन के नए स्वरूपों को सामने लाया। हमारे देश में सामंतवाद विरोधी, साम्राज्यवाद विरोधी संयुक्त मोर्चे की स्थापना के लिए अनुकूल माहौल बनाया। देश के कुछ और इलाकों में प्रधान रूप से जमीन के मुद्दों पर हमने संघर्ष तेज किए। खदानों, मेगा प्रोजेक्टों और सेज का भारी विरोध किया। जनता के जबरन विस्थापन के खिलाफ भी जुझारू जन संघर्ष उभरे हैं। मल्टीनेशनल कॉरपोरेट कंपनियों और बड़े पूंजीपति दलालों की लूट-खसोट की नीतियों और साम्राज्यवाद द्वारा निर्देशित भूमंडलीकरण, निजीकरण और उदारीकरण की नीतियों के खिलाफ अनेक जगहों पर जन संघर्ष उभर कर सामने आए।

इन संघर्षों का हमारी पार्टी ने समर्थन किया और नेतृत्व भी किया। इसने हमारी पार्टी के अनुभवों को और

भी समृद्ध किया। हमारे संघर्ष के इलाकों तथा पार्टी के विस्तार और पीएलजीए के अंदर नई शक्तियों की भर्ती में इन जनसंघर्षों का खासा योगदान रहा।

संयुक्त मोर्चाबंदी : भारत के लुटेरे शासक वर्ग पिछले आठ सालों से हमारी पार्टी को देश की आंतरिक सुरक्षा के लिए एकमात्र व सबसे बड़ा खतरा बता रहे हैं। दुश्मन ने बीते ढाई-तीन सालों से आतंकवाद पर हमला का नारा देकर फासीवादी ऑपरेशन चला रखा है। साथ ही लो इंटेन्सिटी कॉनफ्लिक्ट (कम तीव्रता का युद्ध) नीतियों के तहत मनोवैज्ञानिक दुष्प्रचार युद्ध को भी तेज किया है। जनता के दिलोदिमाग को जीत लेने की योजना के तहत सरकार करोड़ों रुपये की मुहिम चला रही है। दरअसल यह एक सैद्धांतिक व राजनीतिक युद्ध है, जिसका लक्ष्य हमें जनता से दूर करना है। इस मनोवैज्ञानिक युद्ध का हमारी पार्टी ने मुकाबला किया और राजनीतिक प्रचार युद्ध चलाया। देश भर में बुद्धिजीवियों और प्रगतिशील चिंतकों में स्पष्ट ध्रुवीकरण की प्रक्रिया जारी है। दुश्मन की चाल वार ऑन टेरर यानी आतंकवाद पर हमला को हम वार ऑन पीपल यानी जनता के खिलाफ युद्ध, साबित करने में लगे हैं। देश-दुनिया के लोगों के सामने ये बातें रखने और स्पष्ट करने में जुटे हैं। जहां एक तरफ पीएलजीए दुश्मन के सैन्य हमलों का जवाब देती है वहीं जनवादियों और बुद्धिजीवियों ने सक्रिय जन पक्षधरता के साथ मनोवैज्ञानिक युद्ध का मोर्चा संभाल रखा है। यह संयुक्त मोर्चाबंदी का नया अनुभव है।

पार्टी कमेटियों का विस्तार : लड़ाई के दौरान नेतृत्व के स्तर पर हुए नुकसानों के बावजूद भी देश के कुछ हिस्सों में हमारी पार्टी मजबूत हुई है। पार्टी कमेटियों का विकास व विस्तार हुआ है। विभिन्न फौजी यूनिटों व जन संगठनों के अंदर भी पार्टी कामकाज में प्रगति हुई है। आंदोलन के पुराने कार्यक्षेत्रों में जरूरी विस्तार के साथ पिछले 5-6 सालों में कुछ प्रगति हासिल की है। हालांकि नए रणनीतिक इलाकों में अपनाया गया विस्तार ही प्रधान पहलू है जिससे पार्टी को एक नया अनुभव प्राप्त हुआ है।

देश भर में जनता की दैनंदिन व राजनीतिक समस्याओं पर आंदोलन तेज हो रहे हैं। सरकार जनता को शोषण-उत्पीड़न का शिकार बना रही है और वह किसी भी समस्या का हल करने में नाकाम है। इस कारण जनता में तीखा विरोध भड़क रहा है। जल-जंगल-जमीन पर अपने अधिकार को लेकर विस्थापन, सेज, कई भारी बांधों, अवैध उत्खनन आदि के खिलाफ जनता लड़ रही है।

रोटी व मुक्ति का सवाल भी उठाया जा रहा है। जनवादी अधिकारों तथा ऑपरेशन ग्रीन हंट के खिलाफ कई तबके, विभिन्न जनसमुदाय लड़ रहे हैं। सामाजिक व राजनीतिक अधिकारों के लिए साम्राज्यवादियों की नव-उदारवादी नीतियों और अलग राज्य के निर्माण की मांगों को लेकर बड़े पैमाने पर कई आंदोलन उभरकर सामने आए। इन आंदोलनों में कई प्रगतिशील और जनवादी विचार वाले बुद्धिजीवी भी जन समस्याओं के आधार पर हमारे साथ आए। खासकर एमएल (मार्क्सवादी-लेनिनवादी) तथा वामपंथी पार्टियों के निचले स्तर के कैडर हमारे आंदोलन में सक्रिय रूप से भाग ले रहे हैं। कई उदार पूंजीवादी ताकतें, जैसे कि सर्वोदय के गांधीवादी, पुराने समाजवादी, चुनावों में भाग लेनेवाली एमएल पार्टियां, एनजीओ आदि, जो यह मानते हैं कि जन आंदोलन में हिंसा की कोई जगह नहीं और बंदूक से जनता की मांगों को पूरा करना असंभव है, वे भी इन जुझारू आंदोलनों में भाग ले रहे हैं।

जनवादी बुद्धिजीवियों का समर्थन : हमारी पार्टी के नेतृत्व में उभरे लालगढ़ जन विद्रोह ने देश की जनता को बेहद उत्साहित किया। नारायणपटना जन उभार, कलिंगनगर, सिंगुर, नंदीग्राम, सोंपेटा नियामगिरी जैसे जन आंदोलनों ने अपनी सफलता हासिल की और जायज समस्याओं को लेकर केंद्र व राज्य सरकारों का पर्दाफाश किया। देश में चल रहे इन तमाम जन संघर्षों ने साम्राज्यवादियों, सामंतों व दलाल नौकरशाहों, पूंजीपतियों के खिलाफ संघर्षों की एक नई परंपरा की शुरुआत की। 2009 में फिर से अलग तेलंगाना राज्य के आंदोलन के बाद से देश भर में छोटे राज्यों के गठन पर एक नई बहस शुरु हो गई। जनता चाहे कोई भी संघर्ष शुरु करे, वह जुझारू रूप धारण कर रहा है। कुछ मौकों पर वह सशस्त्र स्वरूप ले रहा है। इन संघर्षों का सकारात्मक प्रभाव विदेशों में भी मजदूर तथा अन्य तबकों पर पड़ रहा है। शासक वर्ग द्वारा चलाये जा रहे फासीवादी ऑपरेशन ग्रीन हंट के खिलाफ फिलिपिंस, तुर्की, ब्राजील, अमेरिका और लंदन के दूतावासों के सामने मजदूर वर्ग ने प्रदर्शन किए, सेमिनार आयोजित किए। देश भर में दिल्ली, पंजाब, आंध्रप्रदेश,

तमिलनाडु, केरल, झारखंड, बिहार, बंगाल, ओडिशा और मुंबई में भी रैलियों, सभा-सम्मेलनों का आयोजन किया गया। ग्रीन हंट का विरोध करने के लिए 'फोरम अगेंस्ट वार ऑन पीपुल', नामक संगठन बनाकर बुद्धिजीवियों, जनवादियों, कवियों और कलाकारों ने व्यापक आंदोलन शुरू किया।

दमन के बीच लगातार बढ़ रहा जनाधार : हमारा समर्थन कर रहे बुद्धिजीवियों और जनवादियों का गला घोंटने के लिए उन्हें गिरफ्तार करने से लेकर आजीवन कारावास की सजा तक सुनाई जा रही है। जन चिकित्सक और मानवाधिकार नेता डॉ. विनायक सेन को रायपुर सेशन कोर्ट द्वारा दी गई उम्र कैद की सजा सभी जनसंगठनों और सामाजिक कार्यकर्ताओं के लिए चेतावनी सा था। जनांदोलन पर तीव्र दमनचक्र जारी है। लाठीचार्ज, गोलीबारी के अलावा अवैध तरीकों से हमारे समर्थक जनवादियों, बुद्धिजीवियों को जेल भेजा जा रहा है। बीते 5-6 सालों में ऐसे जनांदोलनों का नेतृत्व करते हुए हमारी पार्टी की प्रतिष्ठा बढ़ी है। बड़ी संख्या में उत्पीड़ित जनता और तबका हमारी पार्टी का नेतृत्व चाह रही है। देश भर में संशोधनवाद, आधुनिक संशोधनवाद और सुधारवाद दिन-ब-दिन नंगे हो रहे हैं।

जनता और कार्यकर्ता अपनी पार्टियों और संगठनों को धता बाताकर आंदोलन में अगुआ भूमिका निभा रहे हैं। रणनीतिक संयुक्त मोर्चा के अंतर्गत हमारी पार्टी के नेतृत्व में प्रधान रूप से डीकेः दक्षिण छत्तीसगढ़, बीजेः बिहार-झारखंड-छत्तीसगढ़-ओडिशा एओबीः आंध्र-ओडिशा बॉर्डर और बंगाल के लालगढ़ः जंगल महल इलाके में जनता की राजनीतिक सत्ता के संगठन खड़े हो रहे हैं। इन राजनीतिक संगठनों द्वारा किए जा रहे क्रांतिकारी सुधारों के प्रति जनता की दिलचस्पी बढ़ रही है। दक्षिण छत्तीसगढ़ में डिवीजन स्तर पर इस राजनीतिक सत्ता का उच्च स्तर के कार्यभारों से संगठित होकर विस्तार हो रहा है। पार्टी और जनता के लिए ये अध्ययन के नए विषयों के रूप में सामने आए हैं।

दुश्मन ऑपरेशन ग्रीन हंट चलाकर हमारी कोर कमेटी से लेकर निचले स्तर तक के नेतृत्व को गिरफ्तार कर जेल में बंद कर रहा है। फर्जी मुठभेड़ों में हमारे लोगों की हत्या भी जा रही है। आंदोलन में अगुआ भूमिका निभाने वाले हजारों लोगों पर फर्जी मामले दर्ज कर उन्हें जेलों में डाला जा रहा है। ऐसे मौकों पर जेलों में बंद कैदियों और राजनीतिक कैदियों की रिहाई तथा फर्जी मुठभेड़ों के खिलाफ जारी संघर्षों का महत्व बढ़ जाता है। इसलिए राजनीतिक कैदियों की बिना शर्त रिहाई और उनके राजनीतिक अधिकारों पर आंदोलन चलाना चाहिए। बीते चार दशकों के काम का हमारा संक्षिप्त रिपोर्ट कार्ड यही है। इससे सामाजिक, आर्थिक और राजनीतिक न्याय की स्थापना के संबंध में कोई भी व्यक्ति अच्छी-खासी धारणाएं प्राप्त कर सकता है।

संगठन का विघटन और उससे उभरी विचारधाराओं की उपशाखाएं किन कारणों और वजहों से प्रभावित होकर टूटीं ? टूट का कारण सैद्धांतिक क्रियान्वयन था या फिर व्यक्तिवादी ? नक्सलवादियों को यह स्पष्ट करना चाहिए।

एकीकृत भाकपा माओवादी जनांदोलन की अगुवाई देश के कई क्षेत्रों में कर रहा है। 21 सितंबर 2004 को एमसीसीआई और सीपीआईएमएल पीडब्ल्यू के मिलन के जरिये एक नई व एकताबद्ध पार्टी सीपीआइ माओवादी का गठन हुआ। भारत के कम्युनिस्ट आंदोलन के इतिहास में भाकपा माओवादी का गठन ऐतिहासिक घटना है, इससे इन्कार नहीं किया जा सकता। जब से इस एकीकृत पार्टी का गठन हुआ, तब से क्रांतिकारी आंदोलनों का लगातार इसका विस्तार हुआ।

हमारी सफलता और लोकप्रियता से शोषक-शासक वर्ग आतंकित हो गया। उसने अपने मीडिया तंत्र, प्रचार यंत्र का उपयोग हमारे खिलाफ अफवाह उड़ाने के लिए किया। इन शीर्षकों के तहत हमारी पार्टी में दरार पड़ने की खबरें उड़ाई गईं। जरा गौर करें- पार्टी की एकता में दरारें, पार्टी के अंदर दो पुरानी पार्टियों का मतभेद अब खुलकर सामने आ गया है, कामरेड आजाद और किसन जी के मारे जाने के बाद पार्टी के अंदर नेतृत्व का संकट, पार्टी के अंदर अनुशासन की कमी आदि जैसी कई अफवाहों को फैलाया गया। दरअसल यह दुष्प्रचार सोनिया-मनमोहन-चिदंबरम फासीवादी गुट द्वारा हमारे खिलाफ चलाये जा रहे मनोवैज्ञानिक युद्ध का सबूत है। वास्तव में नई पार्टी के गठन के बाद पिछले साठ सालों में पार्टी सैद्धांतिक-राजनीतिक रूप से और दृढ़ और एकताबद्ध हुई है। क्रांतिकारी आंदोलनों के संचालन के दौरान अनेक नए-

नए अनुभव हासिल हो रहे हैं। आगे भी यह जारी रहेगा। हालांकि यह सच है कि कामरेड आजाद और कामरेड कोटेश्वर राव (किसनजी) की शहादत के बाद पार्टी को भारी नुकसान हुआ है, लेकिन हमारी पार्टी के विभिन्न स्तरों पर बहुत से वरिष्ठ व अनुभवी कामरेड मौजूद हैं। इसके अलावा नए नौजवान कामरेड लोग भी वर्ग युद्ध के मैदान में उभर कर अगली पंक्ति में खड़े होने को सामने आ रहे हैं।

असल में, पार्टी के अंदर जबरदस्त मतभेद सामने आ गया- इस तरह की बात कुछ प्रतिक्रियावादी तत्वों के दिमाग की उपज है। इन बातों में तनिक भी सच्चाई नहीं है। दरअसल मालेमा सिद्धांत के अनुसार पार्टी में भी दो विपरीत चीजों की एकता का नियम लागू रहता है। पार्टी के सारे मतों को रखने का और एक मत द्वारा दूसरे मत का खंडन करने का भी पूरा जनवादी अधिकार मौजूद रहता है। इसी को ही सौ फूल खिलने दो और एक मत को दूसरे मत के साथ प्रतियोगिता करने दो का सिद्धांत कहा जाता है। इस प्रक्रिया से पार्टी का बहुमुखी विकास होता है तथा पार्टी हर तरह से शक्तिशाली होती है।

विपरीत तौर पर अगर भारत में विभिन्न संसदीय पार्टियों के कामकाज के तरीके को देखा जाए तो कांग्रेस, भाजपा सहित अधिकांश पार्टियों में किसी एक व्यक्ति की राय के अनुसार पार्टी संचालित होने की पद्धति साफ दिखती है। असल में, जिस पार्टी के अंदर जनवाद नहीं होता, वह पार्टी कभी भी देश की जनता को सही जनवादी अधिकार नहीं दे सकती। भारत में जारी चुनाव व्यवस्था भी जनता का सही जनवादी अधिकार नहीं है। यहां जनता अपनी पसंद से न तो उम्मीदवार खड़ा कर सकती है, न चुन सकती है और न ही चुने गए प्रतिनिधि को ठीक से काम नहीं करने पर वापस बुला सकती है। बड़ी संख्या में करोड़पति-अरबपति उम्मीदवार खड़े होते हैं और चुनाव जीतने के लिए सभी प्रकार के अवैध हथकंडे अपनाने के लिए काले धन का बड़े पैमाने पर व्यय करते हैं। भारत की जनसंख्या में 90 फीसदी मजदूर-किसान मेहनतकश जनता है। ये मौजूदा व्यवस्था में उत्पीड़न के शिकार हैं। आबादी में 90 प्रतिशत भागीदारी के बावजूद उत्पीड़ित जनता न कानून बना सकती है और न ही इच्छानुसार राजनीतिक, अर्थनीति और संस्कृति का निर्माण कर सकती है। इसलिए भारत का वोटतंत्र धोखातंत्र के सिवा कुछ भी नहीं।

अब तक जितने भी आम नागरिक नक्सली हिंसा में मारे गए हैं, उनके नाम और उन पर नक्सल कार्रवाई क्यों हुई, इसका विस्तृत ब्यौरा पेश किया जाना चाहिए। इससे अंधहिंसा की आमधारणा साफ होगी। यह जनता तय करे कि ये कार्रवाइयां उचित थीं या अनुचित।

अंधहिंसा हमारे नियम के विरुद्ध है। सबकुछ जनता के सामने रखना हमारी परंपरा रही है। हम पहले ही साफ कर चुके हैं। हम केवल घृणित व अत्याचारी वर्ग दुश्मन और उसकी कई तरह की निजी सेनाओं के गिने-चुने सरगना, चिन्हित पुलिस मुखबिर आदि पर ही कार्रवाई करते हैं। किसी भी आम नागरिक पर कोई कार्रवाई नहीं करते। इसलिए आमलोग नक्सली हिंसा के शिकार हुए हैं, यह बात सही नहीं है। हां, कभी-कभी कार्रवाई करते समय हमारी गलती के कारण कई आमलोग भी मारे गए हैं। इसके लिए हमने तुरंत मीडिया के माध्यम से माफी भी मांगी और जहां संभव हुआ, वहां पीड़ित परिवारों को मुआवजा भी दिया। पार्टी स्तर पर भी समीक्षा करते हुए कुछ जरूरी निर्णय लिये गए। ऐसी गलती के लिए पार्टी के सदस्य चाहे वह किसी भी स्तर का क्यों न हो, उसके खिलाफ अनुशासनात्मक कार्रवाई की गई। हमारी तरफ से जो कुछ कार्रवाइयां हुई हैं तथा हो रही हैं, उसके बारे में खुले रूप से घोषणा करना हमारी पॉलिसी है। इसलिए किसी भी कार्रवाई को हम जनता से छुपाकर अंजाम नहीं देते। यह हमारे नियम के विरुद्ध है। सबकुछ जनता के सामने रखना हमारी परंपरा रही है। जहां तक हिंसा या अंधहिंसा की बात है, उसकी जड़ में हम नहीं बल्कि राज्य मशीनरी या राष्ट्रशक्ति ही है। सोनिया-मनमोहन-चिदंबरम फासीवादी गुट तथा शोषक-शासक वर्ग ही हिंसा के पैरोकार हैं। अंतिम विश्लेषण में राष्ट्रशक्ति या राजसत्ता बंदूक और केवल बंदूक पर आधारित होकर ही शोषक-शासक वर्ग का शोषणमूलक राज टिकाकर रखती है। शोषित-उत्पीड़ित जनता, मजदूर-किसान-मेहनतकश जनता और जनमुक्ति छापामार सेना तथा भाकपा माओवादी उक्त हिंसा को हमेशा के लिए बंद करने के मकसद से, प्रतिवाद-प्रतिरोध व सशस्त्र विरोध का रास्ता अपनाती है। जनता भली-भांति समझ जाती है कि हिंसा करने वाले कौन हैं तथा किस पक्ष की कार्रवाई सही व उचित है और किसकी गलत व अनुचित।

संगठन के भीतर महिलाओं की स्थिति और यौन शोषण जैसी खबरों का खंडन करें, क्योंकि माओत्से तुंग ने ही कहा था कि अगर कोई कामरेड किसी महिला का बलात्कार करता है तो उसे गोलियों से छलनी कर दिया जाए।

शायद इसमें कोई संदेह नहीं कि शासक वर्ग द्वारा सच्चे कम्युनिस्टों व जनता के सच्चे सेवकों के खिलाफ कम तीव्रता वाली युद्ध रणनीति के तहत मनोवैज्ञानिक लड़ाई के रूप में हमारे खिलाफ दुष्प्रचार को अंजाम दिया जाता है। इसमें सबसे गंदा दुष्प्रचार है- संगठन या पार्टी के भीतर कामरेडों द्वारा महिलाओं का यौन शोषण। इसमें नेतृत्व स्तर के कामरेडों पर अधिक आरोप लगाये जाते हैं। इन झूठे आरोपों को सही दिखाने के लिए पुलिस तरह-तरह के हथकंडे अपनाती है।

पुलिस अफसरों द्वारा गिरफ्तार महिला कामरेडों के कपड़े उतारे जाते हैं, मारपीट की जाती है व गुप्तांग में बिजली के झटके देने जैसी क्रूर व घिनौनी यातनाएं दी जाती हैं। छत्तीसगढ़ के दंतेवाड़ा की स्कूल शिक्षिका सोनी सोरी के गुप्तांग में एसपी अंकित गर्ग द्वारा पत्थर के टुकड़े डालना घृणित कार्रवाई है। जांघ व शरीर पर हाथ रखकर महिला कामरेडों से पूछताछ की जाती है। गिरफ्तार महिला कामरेडों को ऐसी ही कई और क्रूर यातनाएं देकर यह बात जबरदस्ती कहलवाई जाती है कि संगठन के भीतर पुरुष कामरेडों द्वारा उनका यौन शोषण किया जाता है। क्रूर यातनाएं तब तक दी जाती है जब तक गिरफ्तार की गई महिला कामरेड पुलिस के मनमुताबिक यह स्वीकार न कर लेती है कि संगठन में उसका यौन शोषण किया जाता है। इसकी अनगिनत प्रमाणित मिसालें हैं, जो आपके अखबार में भी छपवाई गई हैं। इसके उलट सच्चाई यह है कि महिलाएं हमारे संगठन में आकर ही खुद को अधिक सुरक्षित महसूस करती हैं। पार्टी के अंदर महिलाएं समान मर्यादा और समान मान-सम्मान पाने की हकदार बनती हैं।

महिलाओं के बारे में पार्टी कार्यक्रम : वर्ग-विभाजित समाज के उद्भव के बाद से ही महिलाएं विभिन्न किस्म की सामाजिक, आर्थिक, सांस्कृतिक और राजनीतिक भेदभाव व वंचना की शिकार हैं। जाति प्रथा, दहेज प्रथा, बाल विवाह, विधवा प्रथा देवदासी प्रथा जैसी घिनौनी परंपराएं आज भी जारी हैं।

हमारे देश की आधी आबादी महिलाएं हैं। साम्राज्यवादी सामंती शोषण-उत्पीड़न झेलने के अलावा महिलाएं परिवार, धर्म, जाति व्यवस्था, संपत्ति संबंधी उत्पीड़न झेलती आई हैं। पितृसत्तात्मक संस्थाओं और पुरुष प्रधानता की वजह से यह अब भी जारी है और वे शोषण की शिकार हो रही हैं। महिलाओं की भागीदारी उत्पादन के क्षेत्र में बढ़ी तो है लेकिन उन्हें कम मजदूरी मिलती है। कार्य स्थल पर भी तमाम उत्पीड़न के साथ-साथ लिंग आधारित पेशागत असमानताओं को झेलना पड़ता है। हाल के दिनों में साम्राज्यवादी भूमंडलीकरण, उदारीकरण और उपभोक्तावाद के कारण महिलाओं पर यौन उत्पीड़न व शोषण बढ़ा है। साथ ही पितृसत्तात्मक विचारधारा के प्रभाव में महिलाओं के खिलाफ जारी भेदभाव के कारण महिला-पुरुष अनुपात चिंताजनक रूप से घटा है।

सांप्रदायिकता और कट्टरतावाद को, खासकर हिंदू कट्टरतावाद को भड़काने की शासक वर्गों की कोशिशों ने महिलाओं की पीड़ा और व्यथा को और भी बढ़ा दिया है। अपने न्यायोचित अधिकारों के लिए उठ रही उनकी आवाजों को दबाने के लिए उनके खिलाफ बलात्कार को हथियार के रूप में इस्तेमाल किया जा रहा है। महिलाओं के दमन के लिए अत्यंत नीचतापूर्ण तरीके अपनाये जा रहे हैं। राज्य और शासक वर्ग की विभिन्न पार्टियों द्वारा समर्थित सामंती शक्तियों की निजी सेनाएं भी उत्पीड़न के अत्यंत जघन्य तरीके के रूप में इस हथियार का इस्तेमाल कर रही हैं। हमारी पार्टी महिलाओं के खिलाफ सभी प्रकार के भेदभाव को खत्म करने की दिशा में आगे बढ़ेगी और पुरुष प्रधानता और पितृ सत्ता को समाप्त करने के लिए हर संभव प्रयास करेगी। हमारा राज्य महिलाओं को घरेलू कामकाज की बेड़ियों से मुक्त कराएगा और समाजिक उत्पादन तथा अन्य गतिविधियों में उनकी भागीदारी सुनिश्चित करेगा।

यह सार्वजनिक कपड़ा धुलाई स्थल, शिशु गृहों और सार्वजनिक रसोईघरों को चलायेगा। यह संपत्ति पर महिलाओं के समान अधिकार की गारंटी करेगा। महिलाएं जिन असमानताओं का सामना करती हैं, उनको तेजी से खत्म करने के लिए यह (हमारा राज्य) विशेष नीतियों को बढ़ावा देगा। महिलाओं की उन्नति के लिए आरक्षण सहित विशेष सुविधाएं सुनिश्चित करेगा। यह राज्य वेश्यावृति में लगी महिलाओं का पुनर्वास

करेगा और उन्हें सामाजिक मान्यता प्रदान करेगा। हमारे पार्टी कार्यक्रम में महिलाओं के प्रति पार्टी का नजरिया साफ झलकता है। फिर भी अगर पार्टी के अंदर पुरुष कामरेडों द्वारा महिला कामरेडों के साथ किसी प्रकार का अशोभनीय आचरण या यौन शोषण किया जाता है तो उस पर कड़ी से कड़ी अनुशासनिक कार्रवाई की जाती है। पार्टी के अंदर ऐसे गलत काम करने वालों के लिए तय है। लेकिन मौजूदा व्यवस्था में नेता-मंत्री और बड़े प्रशासनिक तथा पुलिस अफसरों द्वारा महिलाओं के साथ रेप करने के बावजूद कोई सजा नहीं मिलती है। न केवल उसकी कोई सजा होती है, बल्कि इसकी खुली छूट भी मिली हुई है। ऐसे अपराध करने के बाद भी प्रशासनिक अफसर, नेता-मंत्री न सिर्फ उसी पद पर रह जाते हैं, बल्कि घमंड और शान से घूमते हैं। ऐसी अनेक मिसालें हैं। झारखंड में कुछ नेताओं, पुलिस व प्रशासनिक अफसरों, पुलिस, सीआरपीएफ, कोबरा, जैप, जगुआर, बीएसएफ जवानों, अफसरों पर महिलाओं का बलात्कार करने के आरोप लगे हैं, इसके बावजूद उन्हें सजा नहीं मिली है। यह बात सौ फीसदी सच है, जिसमें संदेह की कोई गुंजाइश नहीं। एडीजी पीएस नटराजन व डीआइजी परवेज हयात जैसे बड़े पुलिस अफसर प्रमाणित बलात्कारी हैं, जिन पर ऐसी कोई कार्रवाई नहीं की गई, जो जनता को नजर आए। ऊंचे ओहदे पर बैठे हुए लोगों द्वारा किये गए रेप की सूची तो काफी लंबी होगी। इस बात से हर कोई वाकिफ है। माओत्से तुंग के लेखों के अध्ययन में यह बात हमें नहीं मिली कि बलात्कारी कामरेड को गोलियों से छलनी कर दिया जाए। संभवतः यह माओ के नहीं, बल्कि किसी और नेता के वाक्य होंगे। एक दिवंगत नेता कामरेड माओत्से तुंग के बारे में ऐसी बातें बाजार में चालू कर देना कतई उचित नहीं है। हमारा अनुरोध है कि इससे बचा जाए।

नक्सलियों को क्या चीन से कोई मदद मिल रही है? इसका जवाब उन्हें देना चाहिए, क्योंकि बहुत से लोग अब ऐसा मानने लगे हैं।

मौजूदा समय में चीन से किसी तरह की मदद लेने का कोई सवाल ही नहीं है। 09 सितंबर 1976 को कामरेड माओत्से तुंग की मृत्यु के तुरंत बाद ही गद्दार तेंग शिआयो पिंग के नेतृत्व में पार्टी में छुपे पूंजीवाद के राहगीर लोगों ने पार्टी और सत्ता पर कब्जा कर लिया। इसके बाद चीन में बुनियादी तौर पर पूंजीवाद की स्थापना की गई। वर्तमान में चीन उसी पूंजीवाद के रास्ते पर तेजी से बढ़ता जा रहा है। चीन के बारे में भाकपा माओवादी का यही स्टैंड या मूल्यांकन है। चीन का मौजूदा संशोधनवादी नेतृत्व भी भाकपा माओवादी का तथा भाकपा माओवादी की रहनुमाई में जारी क्रांतिकारी संघर्ष का पूरा विरोध कर रहा है।

अतः पूंजीवादी चीन से किसी भी तरह की मदद लेने का मतलब है कि हमारी पार्टी की बुनियादी नीति के खिलाफ खुद को खड़ा कर देना। चीन से भाकपा माओवादी मदद ले रहे हैं, ऐसी बात अगर बाजार में चालू है तो हमारी पार्टी को बदनाम करने के उद्देश्य से ही ऐसा गलत प्रचार किया जा रहा है। इसमें भी संदेह की कोई गुंजाइश नहीं है। हम क्रांतिकारी संघर्ष को आगे बढ़ाते हैं अपने बलबूते पर आधारित होकर। इसलिए मौजूदा चीन अगर समाजवादी चीन होता भी होता तो भी उससे मदद लेकर भारतीय क्रांति को आगे बढ़ाने की बात को हम खारिज कर देते। फिर एक ही मिथ्या को बार-बार कहकर उसे सच के रूप में स्थापित कर देने की रणनीति दुश्मन ने अपनाई है। फासीवादी हिटलर के एक प्रमुख मंत्री गोवेबल्स की इसी नीति का पालन भारत में युद्धबाज चिदंबरम कर रहा है।

पाकिस्तान के आइएसआइ से भाकपा माओवादियों के सांठगांठ की अफवाह उड़ाकर हमारे खिलाफ झूठा प्रचार किया जा रहा है। ऐसे झूठे प्रचार का एक ही उद्देश्य है- साम्राज्यवादी और लूट के शासन के विरुद्ध भाकपा माओवादी के मजबूत होते आंदोलन को झूठी अफवाहों से क्षति पहुंचाना। यह भारत निर्माण करने वाले सच्चे देशभक्त, देश प्रेमियों और सामंतवाद, पूंजीपति दलालों के विरुद्ध लड़ाई छेड़ने वाले भाकपा माओवादी को जनता की नजरों में बदनाम करने की साजिश है। इतिहास ऐसे हथकंडों को नापाक इरादा के तौर पर चिन्हित करेगा। सच्चाई यह है कि भारत के कई राजनेता, मंत्री, मिलिट्री अफसर, खुफिया विभाग के कुछ लोग डबल एजेंट का काम रहे हैं, जिनकी आइएसआइ के साथ सांठगांठ है। ये पाकिस्तान से बड़ी राशि मिलने के लालच में देश विरोधी कार्यों में लिप्त हैं। ◆ ◆ ◆

और कितना वक्त चाहिए झारखंड को?

महिला, आदिवासी व दलित

महिलाओं को चाहिए निर्णायक भूमिका

सुनीता

राष्ट्रीय सचिव, ऑल इंडिया प्रोग्रेसिव वीमेंस एसो. (एपवा)

राज्य की आधी से अधिक आबादी गरीबी रेखा से नीचे गुजर-बसर कर रही है, जिसमें दिनों-दिन बढ़ोतरी ही हो रही है। इन स्थितियों में महिलाएं किस हाल में होंगी, बताने की जरूरत नहीं। किसी भी समाज में विकास को मापने का सही पैमाना वहां महिलाओं की स्थिति है। बीते 11 वर्षों में राज्य सरकार की नीतियों व कार्यशैली का सबसे अधिक प्रभाव महिलाओं पर पड़ा है। यह ऐतिहासिक सच है कि सात दशक लंबे चले झारखंड आंदोलन में महिलाओं की भूमिका साहसी और वीरतापूर्ण थी। झारखंडी समाज में महिलाएं घर-परिवार-समाज चलाने में आर्थिक रूप से निर्णायक रही हैं। इसलिए आर्थिक-सामाजिक-राजनीतिक दृष्टिकोणों से देखा जाए तो राज्य बनने के बाद महिलाओं के सपने बलवान होने लगे थे। लेकिन इन सपनों को एक-एक करके ऐसे तार-तार किया जाने लगा कि अब सपने भी बुरे व भयानक हो गए।

झारखंडी महिलाओं के समक्ष आज की तारीख में सबसे बड़ी समस्या पलायन व बेरोजगारी है। शहरी व ग्रामीण क्षेत्रों में रोजगार सृजन नहीं होने से लाखों महिलाओं को अपने परिवार की रोजी-रोटी के लिए बाहर जाना पड़ रहा है। देश की राजधानी दिल्ली समेत बड़े-बड़े महानगरों में झारखंड की लड़कियों की पहचान घरेलू कामगार के रूप हो गई है। इसकी सबसे अधिक शिकार आदिवासी, दलित और पिछड़ी जाति की लड़कियां ही होती हैं। ताजा आंकड़ों के अनुसार 11 वर्ष में 11 लाख लोगों का झारखंड से पलायन हुआ है। इनमें 70 प्रतिशत से ज्यादा महिलाएं ही हैं, साथ ही तीन लाख से भी अधिक नाबालिग लड़कियां हैं। दूसरी ओर झारखंड से बड़े पैमाने पर निर्माण मजदूर के रूप में भी महिलाएं देश व राज्य के विभिन्न शहरों में पलायन को विवश हैं। तीसरा, खेतिहर मजदूर महिला भी राज्य की सीमावर्ती राज्यों, पश्चिम बंगाल, बिहार, उत्तरप्रदेश में कृषि मजदूर के रूप में खेती के समय पलायन करती हैं।

देश व राज्य की विभिन्न जगहों के ईट-भट्ठों में भी यहां की महिलाएं देखी जा सकती हैं। रोजगार के अभाव में पलायन और यहीं से शुरू होती है ट्रैफिकिंग। काम व शादी के नाम पर लड़कियों की खरीद-फरोख्त तो इस राज्य का जैसे मुख्य व्यापार बन गया है। पलायन करने वाली लड़कियों का पारिवारिक टूटन तो होता ही है, साथ ही वे आर्थिक, शारीरिक तथा यौन शोषण की भी शिकार होती हैं। पलायन करने वाली इतनी बड़ी श्रमशक्ति का जीएसडीपी (सकल घरेलू उत्पाद) पर बड़ा प्रभाव पड़ता है, जिसका कोई उल्लेख नहीं हो पाता। इनके श्रम की न तो कोई पहचान है और न ही कोई सम्मान। 12 वें साल में राज्य सरकार से पूछा जाना चाहिए कि आखिर पलायन, महिला तस्करी और रोजगार जैसे गंभीर सवाल पर ऐसा मौनव्रत क्यों? झारखंड जैसे खनिज संपदा से भरपूर राज्य में इनके लिए कोई काम व रोजगार मिलना सचमुच में संभव नहीं है? आखिर क्यों अब तक कोई नीति व कानून नहीं बन पाया?

मनरेगा को लेकर केंद्र सरकार ने बतौर अपनी उपलब्धि पूरे देश में ढिंढ़ोरा पीटा। राज्य सरकार ग्रामीण क्षेत्रों के विकास के लिए कई योजनाएं लाई। इसके बावजूद महिलाएं काम से वंचित हैं। महिलाओं के रोजगार संबंधी सरकारी आंकड़े फर्जी हैं, जिस पर जांच भी होनी चाहिए। मनरेगा में महिलाएं एक बार काम करने के बाद

दुबारा काम इसलिए नहीं करती, क्योंकि उन्हें पहलेवाले काम की मजदूरी ही नहीं मिली होती है। मजदूरी हासिल करने के लिए उन्हें लंबा संघर्ष करना पड़ता है। आज सामाजिक क्षेत्रों, मसलन आंगनबाड़ी, सहिया, आशा, मिड डे मील व अन्य क्षेत्रों में महिलाएं बड़ी संख्या में काम कर रही हैं। सामाजिक सेवा के नाम पर सरकार सस्ते श्रम के रूप में इस विशाल श्रम फौज का बखूबी इस्तेमाल कर रही है। इन क्षेत्रों में कार्यरत महिलाएं भी कहीं मानदेय तय करने, कहीं मानदेय बढ़ाने के लिए संघर्ष कर रही हैं। अगर सरकार को इनके श्रम की जरूरत है, तो इन्हें भी सरकारी कर्मचारी का दर्जा मिले, ग्रेड तय हों और केंद्रीय वेतनमान भी मिले। झारखंडी महिलाओं को न सिर्फ आर्थिक-सामाजिक अन्याय का सामना करना पड़ रहा है, बल्कि शारीरिक-मानसिक हिंसा का भी दायरा छोटा नहीं है। तेजी से बढ़ती नारी हिंसा, छेड़खानी, दुष्कर्म, घरेलू हिंसा, आपराधिक हिंसा, दहेज हत्या, डायन हत्या आदि का खौफनाक परिदृश्य झारखंड में परवान चढ़ चुका है। अखबार के हर दिन के पन्नों पर नजर दौड़ाएं तो स्थिति की गंभीरता का पता चलता है। विगत वर्षों में नारी हिंसा के सारे रिकार्ड टूट गए हैं। इस सवाल पर सरकार व प्रशासन की उदासीनता और लापरवाही साफ दिखती है। उदाहरण के तौर पर राजधानी का ही उदाहरण लें। हम सभी इस बात के गवाह हैं कि झारखंड पहले कभी भी महिला हिंसा के लिए नहीं जाना जाता था। लेकिन आज तो हिंसा, ट्रैफिकिंग ही यहां की पहचान बन गई है।

भारतीय संविधान ने हमें बुनियादी मौलिक अधिकार दिए हैं, जिनमें रोटी, कपड़ा, मकान, शिक्षा, स्वास्थ्य के साथ-साथ ससम्मान जीने का अधिकार प्राप्त है। लेकिन, झारखंड में शिक्षा और स्वास्थ्य की स्थिति काफी दुर्भाग्यपूर्ण है। शिक्षा के क्षेत्र में सरकार ने बालिकाओं की उच्च शिक्षा के लिए साइकिल योजनाओं का काफी ढ़ोल पीटा गया, लेकिन शिक्षा के लिए सबसे जरूरी है स्कूलों की दूरी का कम होना, समुचित स्कूल भवन का होना और बच्चों की संख्या के अनुपात में शिक्षकों की मौजूदगी। क्षेत्रीय भाषा के शिक्षक भी जरूरी हैं। लेकिन इन पर विचार करेगा कौन? क्या सिर्फ साइकिल योजना चला देने से ही बालिकाओं को उम्दा शिक्षा मिल जाएगी? हाल के ही एक प्रतिवेदन से साफ होता है कि महिलाओं और बच्चों के कुपोषण में मध्यप्रदेश के बाद झारखंड दूसरे नंबर पर है।

इस आंकड़े से स्वास्थ्य की स्थिति का सहज अंदाजा लगाया जा सकता है। जननी सुरक्षा योजना का लाभ यहां की ग्रामीण महिलाओं को नहीं मिल रहा है। इस योजना में जिस आर्थिक सहयोग की बात है, वह जरूरत से बहुत कम है और उसमें भी योजना की लूट खुलेआम हो रही है। शिशु मृत्यु दर और मातृ मृत्यु दर को कम करने के लिए केंद्र सरकार ने यूनिसेफ के साथ मिलकर संस्थागत प्रसव कराने का बीड़ा उठाया। लेकिन झारखंड इससे कोसों दूर है। झारखंड के गांवों में प्रसव केंद्र न के बराबर हैं। सरकार ने इस वर्ष को 'बिटिया वर्ष और बचपन बचाओ,' वर्ष घोषित किया है। इसकी सार्थकता तभी होगी, जब संपूर्णता में एक कारगर महिला नीति बनाई जाए। इसे बनाने में समाज के सभी वर्गों से राय मशविरा किया जाए। पलायन रोकने के लिए रोजगारोन्मुखी प्रयास अविलंब शुरू किए जाएं।

महिला रोजगार के सवाल पर खास नीति बनाई जाए। विकास योजनाओं को सच्चाईपूर्वक जमीन पर उतारा जाए। कृषि नीति बनाने में महिला रोजगार का खास ध्यान रखा जाए। महिलाएं बड़ी संख्या में पंचायतों में जीत कर पहुंची हैं। उन्हें शक्तियां दी जाएं। मनरेगा योजना में महिलाओं की भागीदारी 50 प्रतिशत आरक्षित हो। पलायन और ट्रैफिकिंग पर सरकार संवेदनशील हो और इस पर नीति व कानून बनाकर हर संभव पहल करे। घरेलू कामगार कानून और नीति बनाई जाए। निर्माण मजदूर कानून को राज्य में लागू कराया जाए। राज्य महिला आयोग को सक्रिय और ताकतवर संस्थान बनाया जाए। महिला थानों को चुस्त-दुरुस्त किया जाए। बालिका भ्रूण हत्या को रोकने के लिए सामाजिक जनचेतना और जागरूकता लाने के लिए एक अभियान चलाने की जरूरत है। याद रखना होगा कि झारखंडी समाज में महिला-पुरुष को समान सामाजिक दर्जा प्राप्त रहा है। महिलाओं की मौजूदगी को समाज ने कभी भी नहीं नकारा है। लेकिन आज स्थिति बदल गई है। लिंगानुपात का फासला चिंताजनक है। किशोरियों का समग्र विकास और वृद्ध, विधवा व एकल महिलाओं के लिए विशेष कार्ययोजना व सामाजिक सुरक्षा पर ध्यान दिया जाए। ◆ ◆ ◆

ऐसी व्यवस्था से आस नहीं

श्रावणी

सामाजिक कार्यकर्ता,
संवाद

हम इक्कीसवीं सदी में जीने वाले नागरिक हैं। एक तरफ तो मनुष्य अंतरिक्ष में जाकर नए-नए आविष्कार कर मनुष्य के जीवन को सरल बनाने की ओर अग्रसर है, वहीं दूसरी ओर महिलाओं के लिए वह उतना ही परंपरावादी एवं रूढ़िवादी बना हुआ है। महिलाओं को आज तक न तो इंसान का दर्जा मिल पाया और न ही एक स्वतंत्र मानव के रूप में उनकी पहचान स्वीकारी गई। जब मानव के रूप में उनकी पहचान ही नहीं है तो जाहिर है कि मानवाधिकार के संदर्भ में उनके हितों की रक्षा कैसे हो पाएगी।

महिलाओं की समानता का जिक्र भारतीय संविधान की प्रस्तावना, मूल अधिकारों, मूल दायित्वों और नीति निर्धारक तत्वों में किया गया है। संविधान न केवल महिलाओं को समानता का अधिकार देता है, बल्कि राज्य को महिलाओं के हित में कानून बनाने, विकास की नीतियां तय करने और जरूरी कदम उठाने की शक्ति भी देता है। इन सबके पीछे मकसद यही है कि महिलाओं की उन्नति को पूरी तरह सुनिश्चित किया जाए। लेकिन संवैधानिक व्यवस्था सामाजिक-सांस्कृतिक रूप से कारगर साबित नहीं हो पा रही हैं। महिलाओं के कल्याण के लिए देश एवं राज्य की सरकारों ने कई कानून बना रखे हैं, लेकिन कानून को दरकिनार करते हुए आज भी महिलाओं के साथ हिंसा जारी है। दहेज हत्या, बाल विवाह, भ्रूण हत्या, घरेलू एवं सार्वजनिक हिंसा, डायन हत्या, बलात्कार जैसी जघन्य घटनाएं बेरोकटोक जारी हैं। जहां तक भेदभाव एवं हिंसा की बात है, देश के अन्य राज्यों के महिलाओं की स्थिति से यहां की स्थिति भिन्न नहीं है। झारखंड में भी महिलाओं के सामाजिक सांस्कृतिक स्तर को पितृसत्तात्मक आइने में ही देखा जाता है, जो सदियों से महिलाओं को महज उपभोग, इस्तेमाल की चीज एवं दोयम दर्जा दिया गया है। औरतों का यह हाल किसी एक समाज या परिवार में नहीं, बल्कि हर जगह यही स्थिति देखने को मिलती है। जिसे संपन्न समाज कहा जाता है, वहां भी दकियानूसी सोच, अंधविश्वास व पुराने विचारों से घिरे लोग महिलाओं पर कम जुल्म नहीं ढ़ाते। झारखंड में महिलाओं को डायन घोषित कर उनके प्रति हिंसा ने एक भयावह रूप धारण कर लिया है। प्रतिदिन अखबारों में डायन हत्या की घटनाएं पढ़ने को मिलती हैं। डायन के आरोप में तरह-तरह से शारीरिक व मानसिक अत्याचार किए जाते हैं। मैला पिलाना, नंगा कर गांव में घुमाना, मुंह पर कालिख पोतना जैसी घटनाएं तो आम बात हो गई है। यहां तक कि हत्या भी कर दी जाती है।

डायन घोषित कर हिंसा की शिकार महिलाओं के बारे में गौर करें तो हम पाते हैं कि वर्तमान समय में यह अंधविश्वास के साथ-साथ एक राजनीतिक मुद्दा भी बन गया है। एकल अविवाहित महिलाएं, जो पिता की संपत्ति की वारिस है, को कई तरह से प्रताड़ित किया जाता है। सामान्य परिस्थितियों में भी संपत्ति के अधिकार से उन्हें बेदखल करने के लिए समाज तरह-तरह के हथकंडे अपनाता है। इसी प्रक्रिया में डायन प्रथा के प्रचलन ने व्यापक फलक हासिल कर लिया है। विधवा और सुंदर महिला, जिनके बच्चे छोटे-छोटे हैं या बच्चे नहीं हैं, उसे भी संपत्ति से बेदखल करने तथा अपनी हवस का शिकार न बना पाने पर डायन की उपाधि दे दी जाती है। नेतृत्वकारी, आत्मनिर्भर, स्वावलंबी स्त्रियां डायन होने का आरोप सबसे अधिक झेलती है। अभी भी समाज में

यह मान्यता व्याप्त है कि पुरुषों से आगे किसी महिला को नहीं बढ़ना चाहिए। अकेली औरत हमेशा मदद के लिए हाथ फैलाकर रहे या फिर दूसरों पर निर्भर रहे, इसकी साजिश की जा चुकी है। निडर, निर्भीक, आत्मनिर्भर, शिक्षित होना महिलाओं के लिए दोष बन जाता है। महिलाओं में जागरूकता आने के साथ वह विभिन्न मुद्दों पर अपना तर्क देती हैं, पर समाज में पुरुषों की मानसिकता में बदलाव न होने के कारण पुरुष सत्तात्मक समाज उसे बर्दाश्त नहीं कर पाता है और अपना अहं बरकरार रखने के लिए महिलाओं को डायन करार देता है। अज्ञानता एवं स्वास्थ्य संबंधी जानकारियों के अभाव के कारण भी लोग बीमार पड़ने पर झाड़-फूंक या ओझा-गुनी को प्राथमिकता देते हैं।

डॉक्टर के पास जाकर उचित इलाज करवाने के बदले इनके चक्कर में समय एवं पैसे की बर्बादी करते हैं। जब मौका हाथ से निकल जाता है, तो जिससे मनमुटाव है, उस परिवार की किसी महिला पर डायन होने का आरोप लगा दिया जाता है। पारंपरिक चिकित्सा प्रणाली का खत्म होना और आधुनिक चिकित्सा के बेहद खर्चीला होने के कारण लोग झोला छाप डॉक्टरों के चंगुल में फंसकर अपनी जान गंवा बैठते हैं। अंत में किसी महिला को डायन के रूप में चिह्नित कर प्रताड़ित करने का सिलसिला शुरू हो जाता है। डायन का आरोप लगाने वाले अधिकतर ओझा पुरुष ही होते हैं। कई मामलों में महिलाओं को भी आगे लाकर इस तरह की निर्मम हत्याओं, घटनाओं को अंजाम दिया जाता है।

प्रशासन भी इसे सामाजिक घटना करार देकर अधिक सक्रियता नहीं दिखाता। गांव में पुलिस जाती भी है तो वह केवल खानापूर्ति के लिए, अपनी उपस्थिति दर्ज कराने के लिए। अधिकतर गांव वाले भी इस मामले में चुप्पी ही साधे रहते हैं। दुर्भाग्य से प्रचार-प्रसार तथा सामाजिक जागरूकता के अभाव में अज्ञानता के कारण जमीनी स्तर पर इसका क्रियान्वयन सही ढंग से नहीं हो पा रहा है। गैरजमानती एवं संज्ञेय अपराध होने के बावजूद अपराधी के लिए बहुत ही कम सजा का प्रावधान है। इसके कारण भी अपराधी अपराध कर बच कर निकलते हैं। इसलिए कानून में संशोधन के साथ-साथ इसे प्रभावी ढंग से लागू करने और महिला हिंसा को खत्म करने के लिए ठोस उपाय करने होंगे। सबसे पहले तो राज्य मशीनरी को इस मुद्दे के प्रति संवेदनशील बनाकर उसे प्रशिक्षित करने की जरूरत है। सरकार के सूचना एवं जनसंपर्क विभाग को इस कानून के प्रचार-प्रसार के लिए प्रभावी कदम उठाने चाहिए। इसके साथ समुदाय को भी जागरूक बनाने की जरूरत है, ताकि इस कुप्रथा के प्रति लोगों की मानसिकता बदले।

पंचायत और ग्रामसभा की बैठकों में डायन शब्द के प्रयोग पर प्रतिबंध लगाने की जरूरत है। यदि कोई ऐसा आचरण करता है तो उसे कठोर सजा दी जाए, ताकि लोगों में भय व्याप्त हो। पीड़ित महिला को आर्थिक, सामाजिक, स्वास्थ्य एवं कानूनी सहायता उपलब्ध कराने के साथ-साथ उसे समाज में सम्मानपूर्वक पुनर्वासित करने की जरूरत है, ताकि महिला फिर से गरिमापूर्ण जिंदगी जी सके। महिलाएं अपने महिला होने की गरिमा एवं आत्मविश्वास को पहचान कर फिर से समाज में जी सकें, इसके लिए समाज को तैयार कर उसकी मानसिकता में परिवर्तन लाने की जिम्मेदारी भी सबों को लेनी होगी। इस तरह की हिंसा को रोकने के लिए महिला दृष्टि को विकसित करने की भी आवश्यकता है। महिलाओं को भी खुलकर इस कुप्रथा के खिलाफ आगे आना होगा। जब तक महिलाएं स्वयं एकजुट होकर आवाज नहीं उठाएंगी, तब तक इस तरह के जुल्म उन पर ढाए जाते रहेंगे। सबको संगठित होकर इसका विरोध करना होगा, ताकि सरकार भी इस कुप्रथा के अंत के प्रति सही मायने में सक्रिय हो। ◆ ◆ ◆

सुरक्षा के साथ देना होगा विकास का अवसर

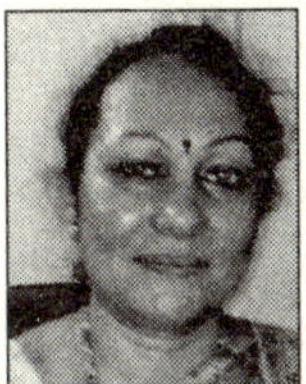

डॉ. हेमलता एस. मोहन

अध्यक्ष, झारखंड राज्य महिला आयोग

झारखंड भौगोलिक रूप से खनिज संपदा संपन्न तो है ही, साथ ही प्राकृतिक दृष्टि से भी बेहद सुंदर प्रदेश है। जनजातीय बहुल प्रदेश होने के कारण एक विशेष सांस्कृतिक परंपरा को भी समाहित किए हुए है, जो इसे खास बनाती है। मुझे झारखंड की तरक्की में सदा से असीम संभावनाएं दिखती हैं और अक्सर सोचती हूं कि हम क्यों उन ऊंचाइयों को नहीं छू पा रहे हैं, जिसके हम हकदार हैं। इस नई जिम्मेदारी के बाद महिलाएं मेरे लिए और भी ज्यादा अजीज हो गई हैं और मैं अपनी झारखंडी महिलाओं के जुझारूपन की कायल हो गई हूं। शुरू से संघर्षरत रहीं यहां की महिलाओं के पास झारखंड बनने के बाद आशा और सपनों की नई दुनिया खुली। देश की तमाम महिलाओं की तरह यहां भी महिलाओं को निर्णय लेने की स्वतंत्रता नहीं मिल पाई है, अपवादस्वरूप 2/3 प्रतिशत को छोड़ दें तो। जनजातीय व्यवस्था में महिलाएं ज्यादा सशक्त हैं और उन्हें अपने महत्वपूर्ण निर्णय लेने का अधिकार है, विवाह उनमें से एक है। लेकिन अन्य महिलाओं की तरह उनकी भी सीमाएं हैं और संपत्ति पर एवं विस्थापन से जुड़े सरकारी मुआवजों पर उनका हक न होना, उन्हें कमजोर करता है। महिलाएं सबल और स्वावलंबी हों और उन्हें इसके लिए मौके मिलें, यह मेरा सपना है।

सरकार ने बहुत सुंदर योजनाओं को शुरू किया, पर उनका क्रियान्वयन और उनकी पहुंच उस तरह नहीं हो पा रही, जिससे बड़ी संख्या में महिलाएं लाभान्वित हों। मेरे पास अक्सर ऐसी महिलाएं आती हैं, जिन्हें अपने मूल अधिकारों की जानकारी नहीं है। इसी वजह से वे हमेशा भयभीत रहती हैं और विचित्र मानसिक पीड़ा से गुजरती हैं। महिला सशक्तीकरण की कई योजनाएं फाइलों में बंद रह जाती हैं। इन योजनाओं के उचित क्रियान्वयन के बगैर महिलाओं को सशक्त, स्वतंत्र और सुखी बनाने का सपना पूरा नहीं हो सकता। ऐसी स्थिति में इन योजनाओं पर संजीदगी से काम करना होगा। महिला आयोग को और सशक्त बनाना होगा और इसे बहुत सी सरकारी योजनाओं से जोड़ना होगा। हम अपने स्तर से महिला सशक्तीकरण के लिए अथक परिश्रम में लगे हैं। इस दिशा में मैं गंभीरता से सोचती हूं।

महिला अधिकारों का हनन हर जगह की तरह यहां भी हुआ है। महिला आयोग का गठन महिलाओं को न्याय दिलाने के लिए हुआ है। बहुत कम समय में ही हमने कई बड़ी सफलताएं हासिल की हैं। पीड़ित महिलाएं हमारे पास पहुंच रही हैं और अपनी शिकायतों हमारे सामने रख रही हैं। कम से कम महिलाओं के मन में एक आस तो बंधी है कि आयोग उनकी मदद करेगा। इसी तरह कई और इकाइयां गठित कर महिलाओं को और अधिक सशक्त बनाया जा सकत है। महिलाओं को संरक्षण के साथ बढ़ने का मौका देना होगा। विकास प्रक्रिया में न सिर्फ उनकी भागीदारी हो, बल्कि विकास का लाभ भी उन्हें समान तरीके से मिलना चाहिए। उन्हें स्वावलंबी बनाने के लिए कई योजनाएं चल रही हैं, उनका लाभ उन्हें मिलना चाहिए। आर्थिक रूप से आत्मनिर्भर बनाना सबसे जरूरी है। इसके लिए महिलाओं के समूह को विभिन्न पेशे से जुड़े प्रशिक्षण की व्यवस्था की जा सकती है। कई स्वयं सहायता समूहों ने ऐसा कर दिखाया है। इसे व्यापक बनाने की जरूरत है। ऋण उपलब्ध कराकर महिलाओं को गृह एवं कुटीर उद्योगों के लिए प्रोत्साहित किया जा सकता है। मैंने एक नारा आयोग से जुड़ने के बाद दिया, वह है- नारी जागृति। इसे ठोस रूप से जमीन पर उतारना होगा। जिस दिन महिलाएं जागरूक हो जाएंगी वे अपने सभी सपनों को आसानी से पूरा कर लेंगी।

महिलाओं ने अपने बूते खींची है लकीर

आलोका

सामाजिक कार्यकर्ता

हमने एक बार फिर महिला दिवस मनाया। इसलिए इसकी पड़ताल जरूर करनी चाहिए कि आज महिलाएं किस मुकाम पर खड़ी हैं। लंबे संघर्ष के बाद महिलाओं ने क्या खोया और क्या पाया। कहा जाता है कि नारी जितनी सुदृढ़, सम्मानजनक व सक्रिय स्थिति में होगी, समाज उतना ही उन्नत, समृद्ध और मजबूत होगा। लेकिन, वास्तविकता यह है कि बदलते समय और वैश्विक अर्थव्यवस्था के इस दौर में काम, पैसा और मेहनत का मूल्य मानवीय विशेषताओं से आगे निकल गया। महिलाएं इस दौड़ में पीछे रह गई हैं। विशेषकर झारखंडी महिलाओं के मूल्यांकन से यह बात और भी साफ हो जाती है। आरंभ से ही झारखंडी महिलाएं अनंत गुणों की स्वामिनी रही हैं। फिर भी इन्हें वह सम्मान नहीं मिला, जिसकी वे हकदार हैं। शुरू से ही झारखंडी समाज सामूहिकता पर आधारित रहा है। इस समाज में पुरुष व महिलाएं दोनों समान रूप से काम करते आए हैं।

उल्लेखनीय है कि झारखंडी आदिवासी समाज प्रारंभ से ही किलियों में बंटा रहा है और प्रत्येक की अपनी पड़हा शासी व्यवस्था है। 21 गांवों को मिलाकर एक पड़हा बनता है। इस सामाजिक व्यवस्था में गांवों की समस्या के समाधान और शासन चलाने के लिए बैठक होती है। इन बैठकों में महिलाएं निर्णायक भूमिका में भाग नहीं ले सकती हैं। इसलिए इस पद के मुखिया का नाम पड़हाराजा रखा गया। राजा शब्द ही अपने आप में पुरुषवाचक है। इसी तरह मुंडाओं की स्वशासी व्यवस्था में भी महिलाओं को निर्णायक भूमिका में शामिल नहीं किया जाता है। इसी प्रकार आदिवासी समाज में भी पुरुष ही नेतृत्वकर्ता रहा है। यह व्यवस्था आज भी कायम है। जाहिर है कि इस व्यवस्था में राजनीतिक ध्रुवीकरण का सबसे ज्यादा नुकसान महिलाओं को ही उठाना पड़ा है। इन सबके बावजूद झारखंड की क्रांतिकारी महिलाओं ने अपने संघर्ष के बूते समाज में एक लकीर खींची है।

इन महिलाओं में दयामनी बारला, मुन्नी हांसदा, संथाली लेखिका निर्मला पुतुल शामिल हैं। इन्होंने अपने परिवार व समाज से बगावत कर न सिर्फ अपनी पहचान पूरे देश में बनाई है, बल्कि सामाजिक परंपराओं में कैद अन्य महिलाओं को भी संघर्ष के रास्ते आगे बढ़ने की प्रेरणा दी है। बहरहाल, झारखंडी महिलाओं को अपने अधिकार के लिए संघर्ष तेज करने की जरूरत महसूस होती है। झारखंड में अभी कई ऐसे मसले हैं, जिनके समाधान के लिए संघर्ष तेज करने की आवश्यकता है। महिलाएं खेती-किसानी में भरपूर योगदान देती हैं, लेकिन उन्हें अब तक किसान का दर्जा नहीं मिला है।

राज्य में डायन हत्या आम बात हो गई है। सरकार कोई कदम नहीं उठा रही है। राज्य में 32 साल बाद पंचायत चुनाव तो हुए, लेकिन महिलाओं को वास्तविक नेतृत्व करने का अवसर ही नहीं दिया गया। मनरेगा कानून में महिलाओं के लिए आरक्षण होना चाहिए। बेरोजगारी दूर करने के लिए सरकार ने गरीबों को 100 दिन का काम देने की गारंटी ली है। इसमें महिलाओं का हिस्सा तय नहीं किया गया है। जमीन पर भी महिलाओं का अधिकार नहीं है। परिवार में महिलाओं के नाम पर जमीन का हिस्सा तय नहीं है।

जनजातीय समाज में भी औरतों को विशेष अधिकार प्राप्त नहीं है। यह समाज भी पुरुष प्रधान ही रहा है। जितने तरह के अंधविश्वास और टोटके समाज में रहे हैं, उन सबके इर्द-गिर्द औरतें ही रही हैं। आज भी इस समाज में निर्णय लेने का हक सिर्फ पुरुषों को ही है। बाहरी तौर पर दोनों के बीच समानता दिखती है, पर

समाज के भीतर यह समानता नहीं दिखती। खेती के काम में औरत और पुरुष सामूहिक भागीदारी निभातें हैं। लेकिन इसका श्रेय सिर्फ पुरुषों को ही जाता है। औरतों के काम को सिर्फ सेवाभाव के रूप में देखा जाता है। सच्चाई यह है कि समाज में आज भी औरतों को किसान का दर्जा हासिल नहीं है। हैरत की बात तो यह है कि जनजातीय कानून में भी समाज की औरतों को कोई विशेष अधिकार नहीं मिला है। झारखंडी विकास के अर्थशास्त्र में औरतों की भागीदारी नगण्य रही है। ऐसे में जनजातीय समाज में औरतों की अपनी पहचान का सवाल एक बड़ा मुद्दा है।

नक्सली संगठनों में सक्रिय महिलाएं : केंद्र और झारखंड सरकार ने शुरू से ही विकास प्रक्रिया में जनजातीय समुदायों को नजरअंदाज किया है। सरकार ने इस समाज की महिलाओं को पहचान देने के लिए कोई कदम नहीं उठाया है। इस कारण महिलाएं हाशिये पर चली गईं। विकसित समाज विकास के मार्ग पर लगातार आगे बढ़ रहा है, जबकि जनजातीय महिलाएं रोटी, कपड़ा और मकान जैसी मौलिक समस्याओं से ही जूझ रही हैं। यही कारण है कि ग्रामीण महिलाएं नक्सली संगठनों में शामिल हो रही हैं।

विस्थापन और महिलाएं : झारखंड आदिवासी बहुल राज्य है। अधिकतर लोग कृषि से अपनी रोजी-रोटी चलाते हैं। लेकिन, भारत की आजादी के बाद से ही झारखंड में विस्थापन की समस्या मौजूद है। इससे समाज की महिलाएं और भी पीछे चली गईं। विस्थापित महिलाओं को पूरी तरह अपने हाल पर छोड़ दिया गया। एकल और विधवा महिलाओं को भी पुनर्वासित नहीं किया गया। विकास की अंधी दौड़ ने झारखंडी महिलाओं को बाजार की ओर ढकेल दिया। इस तरह औरतें गांवों से पलायन करने को मजबूर हुईं।

श्रम बेचनेवाली औरतें : जनजातीय समुदाय में श्रम बेचने वाली महिलाओं की संख्या अधिक हैं। ये महिलाएं रेजा (मजदूर), दूसरों की घरों में नौकरानी या आया का काम कर अपना और अपने परिवार की आजीविका चलाती हैं। ये महिलाएं इस कार्य में लंबे समय से लगी रही हैं। साथ ही धान काटने से लेकर धान से चावल निकालने, खाना बनाने, बच्चे को पीठ पर बांध कर गाय चराने और जंगलों से जलावन लाने का काम भी करती हैं। समाज के आगे बढ़ने के साथ-साथ इन औरतों पर श्रम का बोझ भी बढ़ता चला गया। इन सबके बावजूद ये महिलाएं सामाजिक बदलाव के लिए लगातार प्रयत्नशील रहीं। सुदूर व दुर्गम पगडंडियों, पहाड़ियों व नदी-नाले की बाधाओं को पार करती हुई विद्यालय की चैखट तक पहुंचती हैं। उनमें परिवर्तन की छटपटाहट ने उन्हें उनके हक और हुकूक के प्रति भी जागरूक किया। उनमें राजनीतिक चेतना भी जगी। नेतृत्व क्षमता भी विकसित हुई। वर्ष 2011 में झारखंड में हुए पंचायत चुनावों के बाद आधी से अधिक ग्राम सत्ता इनके हाथों में आई। लेकिन उन्हें अधिकार न देना कई सवाल खड़े करता है। ◆ ◆ ◆

हाशिये की ओर खिसकते आदिवासी

शिशिर टुडू

विचारक, पत्रकार

सर्वविदित है कि आज से 11 वर्ष पूर्व झारखंड राज्य के गठन का प्रमुख उद्देश्य यहां के आदिवासी समुदायों का सर्वांगीण विकास था। यह खुला रहस्य है कि झारखंड राज्य गठन से पूर्व इस राज्य के पैरोकारों और समर्थकों को हताश व विचलित करने की कोशिशें हुई हैं।

झारखंड अलग राज्य के विरोधियों के बीच स्वयं को झारखंडी कहना या तो अलगाववादी मानसिकता का परिचायक माना जाता अथवा किसी विदेशी षडयंत्र का प्रतीक। बावजूद इसके झारखंड आंदोलन के अग्रणी व प्रमुख नेताओं ने झारखंड अलग राज्य की मांग को जीवित रखा, यह बड़ी बात है। अलग प्रांत की मांग की बुनियाद में वे कटु अनुभव थे, जो उन पर ब्रितानी शासन से लेकर आजाद भारत में भी शासन-प्रशासन के नाम पर सरकारी फरमान को क्रियान्वित करने वाले 'पब्लिक सर्वेंट' की कार्यशैली से उत्पन्न हुए थे। आदिवासियों को सरकारी मुलाजिमों में से सर्वाधिक भय व दहशत, कचहरी में कार्यरत पेशकार, कानूनगो, अमीन, मुंशी, चपरासी और पुलिसकर्मियों से होती थी, क्योंकि वे अक्सर कोई न कोई ऐसी सूचना लाते थे, जो उनको या तो संपत्ति से बेदखल करने की होती अथवा जेल भेजे जाने की। दोनों ही सूरतों में उनका बेमौत मरना तय था। इन सब की जड़ में वे महाजन थे, जिनकी गिद्ध दृष्टि इनके बेशुमार संसाधनों को कौड़ी के मूल्य प्राप्त करने पर लगी थीं।

ऐसी स्थिति में तत्कालीन आदिवासी नेतृत्व व सामान्य आदिवासी जन का यह मानना कि उनके जीने के अधिकार व संसाधनों से वंचित किए जाने की प्रक्रिया में सरकार भी शामिल है, सहज व स्वाभाविक सोच थी। जीने के नैसर्गिक अधिकार से च्युत किए जाने की इसी सोच के परिणामस्वरूप कोल विद्रोह से लेकर बिरसा उलगुलान तक के ऐतिहासिक आंदोलन हुए। इस दृष्टि से यह कहना उचित होगा कि आदिवासियों को इस भय व पीड़ा से मुक्ति देने का प्रयास था झारखंड अलग प्रांत के गठन का निर्णय। यह निर्णय अपने उद्देश्य मे कितना सफल हुआ, यह जगजाहिर है।

ठगे या वंचित किए जाने का अनुभव आदिवासियों के लिए नया नहीं है। आजाद भारत में जब 'विकास के मंदिर' बनाए जा रहे थे, वर्ष 1959 में पंचेत डैम का उद्घाटन देश के प्रथम प्रधानमंत्री पंडित जवाहर लाल नेहरू द्वारा किया गया था। उनके स्वागत के लिए संबंधित अधिकारियों ने बुधनी मंझाइन का चयन किया था जो वहां रेजा के रूप में कार्यरत थी। जाहिर है कि इस परियोजना में अधिकांश भूमि आदिवासियों से अर्जित की गई थी। इस कारण बुधनी का चुनाव प्रगतिशीलता का प्रतीक तो था ही, आदिवासी समूह को खुश करने की तरकीब भी थी। बांध निर्माण से पूर्व ऐसा कहा गया था, जो अब भी कहा जाता है कि बांध के निर्माण से आसपास के इलाके सिंचित होंगे, पनबिजली बनेगी तथा आमजन की दशा और दिशा दोनों बदल जाएंगी। कालांतर में यह कथन आदिवासियों के लिए अपने विद्रूपतम रूप में सार्थक साबित हुआ, जिसकी तसदीक क्षेत्र-भ्रमण कर की जा सकताी है।

स्वावलंबी आदिवासी किसान अपनी भूमि से वंचित होकर मजदूर बनने को मजबूर हुए हैं। रही बुधनी की कथा तो वह न तो आदिवासी समाज की रही न ही उसे समाज में कोई मान-सम्मान मिला। एक जानकारी के

अनुसार गांववालों ने, उसके द्वारा एक गैर-आदिवासी को माला पहनाये जाने की प्रक्रिया को विवाहित होने का सूचक मान लिया तथा जात-बाहर कर दिया। बुधनी सहित समस्त ग्रामीणों के लिए विकास का मंदिर, विनाश का कब्र साबित हुआ। विदित हो कि पंचेत के आसपास की पहाड़ियों से संताल आदिवासी समुदाय का भावनात्मक लगाव प्राचीन समय से रहा है, तभी तो 'जमाई' को लक्षित एक हास्य-व्यंग्य से सराबोर सोहराय-गीत की अंतिम पंक्ति में कहा गया है-'...पंचेत बुरु लेका दईना बंदीय ञाम कान।' अर्थात पंचेत के पहाड़ के समान धान का मोरा मांगता है। बिंब और प्रतीक शब्दों से भरपूर इस गीत को अब पंचेत के आसपास के समूह भी शायद ही गाते हों। आधुनिक विकास के कारण संस्कृति पर पड़नेवाले कुप्रभाव का यह एक सजीव उदाहरण है। विगत डेढ़ सौ वर्षों का इतिहास बताता है कि आदिवासी समूहों का दैहिक-आत्मिक जुड़ाव शिद्दत के साथ जल, जंगल और जमीन से होता है, जो आज भी है। विकास की आधुनिक अवधारणा में ऐसे जुड़ाव को दकियानूसी और असभ्यता का प्रतीक माना जाता है, क्योंकि विकास की चूहा-दौड़ में शामिल तथाकथित विकासोन्मुख लोगों का मानना है कि संसाधनों का आर्थिक रूप से दोहन की क्षमता और कुशलता ही किसी भी समुदाय, समाज और देश के विकास का ग्राफ सुनिश्चित करता है।

विकास की आधुनिक अवधारणा और आदिवासी जीवन मूल्यों के बीच यह अबतक की एक बड़ी और अनसुलझी उलझन है। झारखंड के विकास में यह तथ्य ध्यान में रखा जाना चाहिए कि संसाधनों का दोहन कर, जिसमें जल, जंगल और जमीन सभी सम्मिलित हैं, यदि विकास होता है तो यह निश्चित है कि जमीन से जुड़े आदिवासी समूहों की पहचान तो समाप्त हो ही जाएगी, विकास की दौड़ में पिछड़ कर ये कहीं के नहीं रहेंगे।बहरहाल, विगत 11 वर्षों से विकास की जो परिकल्पनाएं झारखंड को लेकर गढ़ी जा रही हैं, उनमें ऐसा कोई प्रावधान दिखाई नहीं देता है। अब तक जितने भी एमओयू पर सरकार की सहमति हुई है और उद्योगों का जो स्वरूप है, कमोबेश सभी से अधिसंख्य लोगों का उजड़ना और मजदूर बनना तय है। आमतौर पर आदिवासी समूहों में शिक्षण-प्रशिक्षण का अभाव है यह किसी से छिपा नहीं है। पढ़े-लिखे और नौकरीपेशा लोगों का प्रतिशत अब भी कम है। ज्यादातर कृषक, मजदूर या शिल्पकार हैं।

शिल्पकारी भी ऐसी जो मशीनीकरण के कारण अतीत की कल्पना होती जा रही है। जब विकास का कोई मोड्यूल यहां लागू किया जाता है तब इस परिदृश्य पर ध्यान देना आवश्यक है। अन्यथा झारखंड का विकास तो होगा, लेकिन झारखंडी पुनः पिछड़ जाएंगे। मात्र 'इंफ्रास्ट्रक्चर डेवलेपमेंट' से झारखंडियों का विकास होगा, इस पर पुनर्विचार की आवश्यकता है। हमारे संविधान निर्माताओं ने बहुत सोच-समझ कर देश के आदिवासी बहुल क्षेत्रों के सुशासन के लिए संविधान में पांचवी अनुसूची क्षेत्रों का प्रावधान रखा है। यदि इन्हीं प्रावधानों का समुचित उपयोग झारखंड में किया जाए तो असंतोष के कई कारक स्वतः समाप्त हो सकते हैं। वर्ष 2004 में अनुसूचित क्षेत्र एवं अनुसूचित जनजाति आयोग ने अनुसूचित क्षेत्रों में पांचवी अनुसूची के संवैधानिक प्रावधानों को लागू करने की अनुशंसा की है।

आयोग ने कहा है कि झारखंड में जो प्रावधान लागू हुए हैं, अत्यंत असंतोषजनक हैं। प्रावधान के अनुसार राज्यपाल द्वारा रिपोर्ट का भेजा जाना विभिन्न वर्षों में अनियमित रहा है। स्थापना के पांच वर्षों बाद मात्र एक रिपोर्ट भेजी गई थी। इसके अतिरिक्त यदि रिपोर्ट भेजी भी जाती है तो उन पर कोई कार्रवाई नहीं होती है। हाल के कुछ समय को छोड़कर ट्राइबल एडवायजरी कमेटी की बैठकें भी अनियमित रही हैं। उस पर तुर्रा यह कि कई आदिवासी बहुल क्षेत्र अब भी पांचवी अनुसूची क्षेत्र से तो बाहर हैं ही, अनुसूचित क्षेत्र में 'समता जजमेंट' के महत्वपूर्ण अंश लागू नहीं हो रहे हैं। परिणामस्वरूप विस्थापन, पलायन थमता नहीं दिखता और आदिवासी अपनी जमीन से उजड़ रहे हैं। आजीविका, शिक्षा, स्वास्थ्य जैसी बुनियादी आवश्यकताएं आज भी समस्याएं बनी हुई हैं। 1977 की अधिसूचना के अनुसार झारखंड के 112 प्रखंड अनुसूचित क्षेत्र में आते थे, लेकिन झारखंड गठन के बाद 2003 में पारित एक आदेश के अनुसार मात्र 103 प्रखंड ही अनुसूचित क्षेत्र के अंतर्गत चिह्नित हैं। आदिवासियों की भूमि से बेदखली रोकने के लिए दो ऐतिहासिक अधिनियम ब्रिटिश काल से लागू हैं।

संतालपरगना काश्तकारी अधिनियम एवं छोटानागपुर काश्तकारी अधिनियम। लेकिन, इनमें भी कानूनी प्रावधान निकालकर आदिवासी भूमि का अधिग्रहण व खरीद-बिक्री बेरोकटोक जारी है। इन 3 अधिनियमों में गैर कानूनी ढंग से दखल की गई भूमि की वापसी का महत्वपूर्ण प्रावधान है। लेकिन, कई जाने-अनजाने कारणों से इसका

प्रभावकारी क्रियान्वयन नहीं हो पा रहा है। वर्ष 2001 – 02 के सरकारी आंकड़ों के अनुसार भूमि वापसी के 60,464 मामले थे। इनमें से मात्र 34,608 मामलों में वास्तविक भू-स्वामियों के पक्ष में निर्णय हुआ, शेष खारिज कर दिए गए। इनमें भी मात्र 21,445 मामलों में ही भू-स्वामियों को दखल दिलाया जा सका था। वस्तुतः चल संपत्ति के अभाव में यहां के अधिसंख्य भू-स्वामी दबंग व पहुंच वाले खरीदारों का सामना करने में असमर्थ हैं। समाचार पत्रों में छपने वाले भूमि संबंधी दस्तावेजों के गायब या नष्ट होने के समाचार भू-माफिया व संबंधित सरकारी कर्मचारियों के गठजोड़ की मिसाल हैं। इन सरकारी आंकड़ों से पता चलता है कि सरकारों की कार्यशैली कैसी है। इसमें जब तक सुधार नहीं होगा विकास के सभी सूत्र निष्फल साबित होंगे। झारखंड का जैसा आगाज हुआ था, उस अनुरूप इसका अंजाम दिखाई नहीं देता है।

सरकारें अल्पावधि के लिए सत्तारूढ़ होती हैं और अपने कार्यकाल में पूर्ववर्ती सरकार की खामियां गिनाने और सत्ता बचा कर रखने में ही समय बिता रही हैं। कम से कम विगत 11 वर्षों से तो यही अनुभव हो रहा है। आगे कैसे बेहतर होगा यह सुनिश्चित करने के लिए सरकार के साथ-साथ जनता को भी अपने अधिकार एवं कर्तव्यों का पालन करना होगा। अन्यथा झारखंड की सांस्कृतिक पहचान मिटते देर नहीं लगेगी। जैसा कि प्रारंभ में कहा गया कि इस राज्य का गठन ही आदिवासियों को केंद्र में रख कर किया गया था, लेकिन अफसोस है कि वे शनैः शनै केंद्र से हाशिए की ओर खिसक रहे हैं। ◆ ◆ ◆

दोराहे पर खड़े समुदाय का असमंजस

रूपक (पत्रकार)

ब्रांडेड जूते पहनने वाले और मिनरल वाटर पीने वाले लोग आखिर क्यों आदिवासी-आदिवासी चिल्ला रहे हैं। ऐसे लोग ही आदिवासियों के उत्थान का ठेका उठाए फिर रहे हैं। ललित मुर्मू दा का टके-सा जवाब है। वे कहते हैं कि आदिवासी शब्द अब बस राजनीति का खिलौना बन गया है, जो चाहे हमदर्दी जता ले, शोधकार्य के नाम पर लाखों कमा ले या अपना वोट बना लें। बातें चुभेंगी, लेकिन तमाम तर्कों से भी इन्हें काटा नहीं जा सकता। ललित दा आदिवासियों के प्रतिनिधित्व पर सवाल उठाना चाह रहे थे। न सिर्फ राजनीतिक प्रतिनिधित्व की, बल्कि सामाजिक, सांस्कृतिक और हर उस सामूहिक गतिविधि की, जिसमें नेतृत्व की जरूरत पड़ती है। सदियों पहले जब स्थानीय आबादी का संपर्क बाहर की दुनिया से हुआ होगा, तब अभिव्यक्ति सबसे बड़ी बाधा बनी होगी। अपनी राजनीतिक अभिव्यक्ति के लिए स्थानीय लोग हिंदी बोलने-सीखने को मजबूर हुए होंगे। नौबत यहां तक पहुंची कि हिंदी का नेतृत्व स्वीकारना पड़ा और यह अगर प्रत्यक्ष नहीं भी है तो अप्रत्यक्ष कमान उन्हीं के हाथों में रही और आज भी है।

आदिवासी का सवाल जब भी उठता है तो उनकी तस्वीर पीठ पर छौआ या फिर मांदर की थाप पर नाचते-गाते समूह के रूप में दिखाई जाती है। दरअसल, हमने कभी उन्हें नाचने-गाने वाले समूह से आगे सोचा ही नहीं, स्वीकारा ही नहीं। एक कार्यक्रम में दयामनी बारला ने दुखी होकर कहा था कि हमलोग हर बार आंदोलन के नाम पर जुटते हैं, बालों में फूल खोसे झूमते हैं और फिर वापस अपने गांव चल देते हैं। संस्कृति को हम जीवन सौंदर्य से आगे मुक्ति का हथियार क्यों नहीं बनाते। परसों रात भी उन्होंने फोन कर यही बताया कि नगड़ी में आंदोलन को ध्वस्त करने के लिए कई झूठे नेता खड़े हो गए हैं, जो वास्तव में कंपनी, सरकार और ठेकेदारों के दलाल हैं। वे बहरूपिये हैं और अपने ही कुल-समुदाय के नाश पर आमदा हैं। इन दो के बीच आदिवासी समुदायों का आंकलन एक साथ कई सामानांतर उप-समूहों में किया जाने लगा है। दुविधा यह है कि उन्हें किस तरह का जीवन जीना है, हम उन पर छोड़ने को तैयार ही नहीं। कई लोग कहते हैं कि संस्कृति और जीवनशैली की समृद्धि की दुहाई देकर उन्हें जानबूझकर जंगलों और हंड़िया के बीच उलझाए रखने की साजिश हो रही है।

सामाजिक कार्यकर्ता और पत्रकार वासवी जब एक बार आदिवासी विषय पर भाषण दे रही थीं, उसी वक्त एक आदिवासी सज्जन ने उनका जोरदार विरोध किया- क्या आपलोग चाहती हैं कि हमलोग जंगली ही रहें, बकरी ही चराते रहें, मुर्गा ही पालते रहें और दुनिया विकास के हर परिणाम का मस्ती के साथ मजा ले। पल भर के लिए सभी का ध्यान उनके तर्क पर थम गया था। झारखंड के एक बड़े चिंतक कहते हैं कि आज जब अल्ट्रा मॉडर्न गैजेट्स का उपयोग कर रहे और मुख्यधारा समाज के युवाओं की तरह बर्ताव करते आदिवासी युवाओं को देखता हूं, तो परंपरागत अवधारणाएं एक क्षण में टूटती हैं। लगता है कि उन्हें संस्कृति की बंदिशों में जबरन सीमांकित कर दिया गया है।

संस्कृति गतिशील प्रक्रिया है, जिसे लाख कोशिशों के बाद भी स्थिर नहीं रखा जा सकता। झारखंडी संस्कृति स्थानीय आबादी के दैनिक जीवन का आधार रही है, इसलिए यह धारणा सामाजिक आयाम को तो जरूर छूती है, लेकिन राजनीति का रास्ता तय नहीं कर पाती। ऐतिहासिक रूप से भी झारखंडी आदिवासियों की राजनीतिक चेतना विद्रोह और सिर्फ विद्रोह (आर-पार की लड़ाई, परिणाम चाहे जो हो) तक सीमित है। नए दौर में इसकी जगह नहीं बनती और भारत का संविधान इसकी इजाजत भी नहीं देता।

दूसरी तरफ अगर बीते दशकों में इन्होंने राजनीतिक प्रक्रिया का दामन थामा भी तो उसे तोड़ने में कोई कोर-कसर नहीं छोड़ी गई। राजनीतिक आंदोलन और लोकतांत्रिक विरोध का रास्ता अपनाने की प्रक्रिया में स्थानीय समुदाय शामिल तो हुए, लेकिन वांछित लाभ नहीं मिला। नेतृत्व का सवाल भी यही से उठता है। इसी

कारण जिसे मर्जी हो, वह आदिवासी शब्द को उठाकर झारखंड का हीरो बन सकता है। लेकिन, जब नई पीढ़ी पर नजर जाती है, तो वैश्वीकरण और आइटी युग फैक्टर के असर को नकार नहीं सकते। सामाजिक व्यवहार पर पूंजी का व्यापक असर पड़ता है। सांस्कृतिक और एथनिकली भले ही आदिवासी हैं, लेकिन क्या पूंजी आधारित आदिवासी वर्गों की व्याख्या को गुमशुदा किया जा सकता है। हो आदिवासी ऐतिहासिक वीर रहे हैं, लेकिन राजनीतिक चेतना का सवाल उठते ही मधु कोड़ा का पुतला पेश किया जाता है। बाबूलाल का चेहरा उभरता है, तो सीएनटी के मुद्दे पर उन्हें दिकुओं का दलाल करार दिया जाता है। सारी कसरत डोमीसाइल से हुई राजनीतिक क्षति की वापसी की कवायद लगती है। अर्जुन मुंडा सबसे लंबी अवधि तक झारखंड के मुखिया रहे। उनके नेतृत्व में हालात कितने बदले? गुरुजी को हर बार सीएम बनने से रोका गया। राजनीतिक नेतृत्व को इन कार्यकाल की कसौटी पर तौला जा रहा है और पूछा जा रहा है कि अपने ही समुदाय को हाशिये पर से वापसी में नाकाम क्यों रहे। जब विकास का पैमाना आदिवासियों के संदर्भ में तय किया जाने लगता है तो झारखंडी अर्थशास्त्र और समाजशास्त्र कई खेमों में बंटकर दलीलें देने लगता है। एक खेमा कहता है कि मुख्यधारा का उपभोक्तावादी और केवल पूंजीगत विकास की थ्योरी आदिवासियों पर लागू करना उनके जीवन के मूल गुणों को तहस-नहस कर देगा।

दूसरा खेमा देश-दुनिया में हो रहे आर्थिक बदलावों इससे प्रेरित सामाजिक व्यवहार को अपनाने और उसके साथ चलने का बातें करता है। यहां परंपरावाद और आधुनिकतावाद के बीच अंतर्द्वंद्व की स्थिति है। पत्रकार दमयंती धर कहती हैं तुम उल्लू हो, जो विकास को भी जातिगत और समुदाय पर आधारित बताते हो। लेकिन, झारखंडी समाज आज जिस दौर से गुजर रहा है, वह एथनिकली जातियों में भी बंटा है और पूंजी आधारित जातियों में भी। आदिवासी समुदाय के भीतर भी जो लोग आर्थिक संपन्नता को हासिल कर लेते हैं, उनका रहन-सहन और खुद समुदाय के प्रति भी उनका नजरिया बदल जाता है। इन्हीं में कुछ लोग और अधिक आर्थिक संपन्नता हासिल करने के लिए अपने ही समुदाय का राजनीतिक इस्तेमाल कर रहे हैं। एक तरफ आदिवासी समुदाय अपनी जमीन और अपनी पहचान बचाने के लिए संघर्षरत है, तो वैसे लोगों की भी तादाद कम नहीं जो बिचौलिये की भूमिका में आ गए हैं। आदिवासियों के एक बड़े हितैषी ने भरी सभा में यह कह दिया था कि एक आदिवासी अगर थोड़ा-बहुत पढ़-लिख लेता है तो अपने ही समुदाय को हीन दृष्टि से देखने लगता है, जबकि उसका तो एकमात्र मकसद होना चाहिए कि कैसे अपने लोगों का उद्धार किया जाए। लेकिन, क्या हर कोई क्रांतिकारी हो सकता है और अपनी राजनीतिक चेतना की आग से समुदाय के बीच जागरूकता का विस्फोट कर सकता है? दरअसल, बीते 6-7 सालों से झारखंडी आदिवासी आर्थिक, राजनीतिक और सामाजिक संक्रमण (बदलाव) के दौर से गुजर रहे हैं। यह वैश्वीकरण और वैश्विक आर्थिक गतिविधि का असर है, जिसने आदिवासी समुदायों को दो ध्रुवीय विकास प्रक्रिया के चयन का विकल्प दिया है। आदिवासियों का एक बड़ा बौद्धिक तबका संस्कृति के रास्ते आर्थिक मॉडल की वकालत करता है। सामाजिक कार्यकर्ता ग्लैडसन डुंगडुग कहते हैं कि पहले विकास की सही परिभाषा तय की जाए।

आदिवासियों के विकास का अर्थ केवल पूंजी अर्जन नहीं है, इसमें पर्यावरण और समुदाय के साभूहिक विकास के लिए पूंजी से कहीं अधिक जगह है। विकास का आदर्श रेफरेंस और रास्ते के चयन की छूट खुद आदिवासियों को मिले। लेकिन, आदिवासीयत की आमधारणा के विपरीत कई सामाजिक व्यवहार शहरी आदिवासी युवक-युवतियां प्रदर्शित कर रहे हैं। जादुर राग के मुकाबले अगर सरहुल पर हिंदी-इंग्लिश रीमिक्स बज रहे हैं तो इसके भी व्यापक संकेत हैं। पर्व के आयोजन और प्रबंधन की बागडोर युवाओं के हाथों में होती है, इसलिए नई पीढ़ी की आदिवासी चेतना को भी जगह मिलनी चाहिए। परंपराएं टूटती हैं और नई अवधारणाएं जन्म लेती हैं। पब्लिक, प्राइवेट सेक्टरों की कंपनियों में काम करती युवतियां को देख पारंपरिक सोच टूटती है। पर केवल इक्के-दुक्के उदाहरणों को समूचे आदिवासी समाज का प्रतिनिधि भी नहीं माना जा सकता। झारखंड को आजादी मिलने के बाद यह आदिवासियों पर ही छोड़ा जाए कि वे किस तरह का विकास चाहते हैं। समुदाय और जाति विशेष की सामूहिक खासियत को जगह मिलनी चाहिए, लेकिन दुनिया की गति के साथ गतिशील होते भी इसे बचाया जा सकता है। रामदयाल मुंडा, दयामनी बारला, ग्लैडशन, सुनील मिंज जैसे लोगों का उदाहरण सामने है।

◆ ◆ ◆

विकास की भेंट चढ़ता स्थानीय समुदाय

मनमोहन पाठक

साहित्यकार

धनबाद शहर के पूर्वी भाग में संतालों का एक गांव 30 बरस पहले तक हुआ करता था, नाम था चीरागोड़ा। चिकनी मिट्टी से लिपे-पुते लाल लाल खपड़ों वाले साफ-सुथरे घर, मवेशी और आंगन-दुआर। गांव के आसपास धान के खेत थे, मकई-ज्वार की बारियां, पशुओं के चारागाह, पूजा-स्थान और जंगल जिनके बीच पतली सी जोरिया बहती थी। स्थान का नाम अभी तक चीरागोड़ा ही है। चीरागोड़ा से उत्तर कुछ ही फलांग की दूरी पर सीढ़ीदार पत्थरों पर से होता हुआ निर्मल जल का एक छोटा सा झरना बहता था, उस स्थान का नाम है झरना पाड़ा। लेकिन अब झरने का नामोनिशान नहीं है। अब चीरागोड़ा और झरना पाड़ा में बड़े-बड़े रिहायशी पक्के मकान, अपार्टमेंट, होटल और नर्सिंग होम तथा बाजार हैं। याद रखिये चीरागोड़ा कोयला खनन या उद्योग धंधों के लिए खाली नहीं कराया गया। अनेक तालाब, पोखरे, खेत पहले कचरों से भर दिए गए और मकान खड़े हो गए। वह झरना, वे पेड़, वे खेत-खलिहान वे आदिवासी कहां चले गए, इसका पता अब किसी को नहीं है।

पूरे झारखंड में छोटे-बड़े प्रत्येक शहर का लगभग यही हाल है। हालांकि आदिवासियों की जमीन की सुरक्षा के लिए छोटानागपुर टेनेंसी एक्ट बहुत पहले बना है, जिसके मुताबिक किसी आदिवासी की जमीन कोई गैर-आदिवासी नहीं खरीद सकता। जाहिर है स्वभाव से सरल, प्रतिरोध से दूर, उलझाऊ पेंचदार नियम कानून से भागने वाले ये भोले-भाले आदिवासी ताकतवर और चलता पुर्जा दलालों के बहकावे में थोड़े से प्रलोभन और दांव पेंच में आकर सर्वस्व गंवाकर सर्वहारा विस्थापित हो गए। थोड़ी सी बुद्धि, कम मेहनत और जरा सी इमानदारी से जिन शहरों को बसाया जा सकता था, बल्कि उन्हें और सुंदर बनाया जा सकता था, बगैर झरनों का स्रोत सुखाए, बगैर पेड़ों को काटे और बस्तियों को उजाड़े वे सब आज धन और भ्रष्टाचार की ताकत तथा सरकारी उदासीनता की वजह से कंक्रीट के बेतरतीब जंगलों में बदलते जा रहे हैं। झारखंड में आज जिस ढंग से विकास हो रहा है, वह ढंग झारखंडी नहीं है। विकास के ये ढांचे अपने प्रदेश की परिस्थितियों के बीच, अपनी जनता की आशा-आकांक्षाओं के अनुरूप न तो स्वाभाविक रूप से विकसित हुए और न ही किसी सुचिंतित सुविचारित योजना के अनुसार।

झारखंड राज्य की सबसे बड़ी विडंबना यह है कि यह क्षेत्र खनिज और उद्योग की दृष्टि से भारत का सबसे समृद्ध इलाका है। उद्योगों के आधारभूत स्रोतों की यहां बहुतायत है। इसके अलावा इमारती लकड़ियों का बहुत बड़ा भंडार। लेकिन भारत के इस सबसे धनी इलाके में बसने वाले लोग भारत के सबसे गरीब लोग हैं। यह बात नहीं कि झारखंड का विकास नहीं हुआ है। दुख तो इस बात का है कि यह विकास इस क्षेत्र में सदियों से निवास कर रही स्थानीय जनता का विकास नहीं है। विकास उनका हो रहा है जो बाहर से यहां आकर बसते हैं, उद्योग और व्यवसाय चलाते हैं, ठेकेदारी और सूदखोरी करते हैं या फिर उनका जो उन लोगों की दलाली करते हैं, आदिवासी चेहरे के पीछे जिनकी क्रूर जनविरोधी रक्तपायी जीभ लपलपाती रहती है। झारखंड बनने के बाद यही दलाल वर्ग सबसे ज्यादा तेजी से बढ़ा और फला-फूला है। स्थानीय जनता तो इस प्रगति का शिकार बनती है, उनकी जमीन जाती है, समाज टूटता है, संस्कृति बिखरती है।

झारखंड बनने के बाद भी आदिवासी समाज से ज्यादा छेड़छाड़ नहीं करने, उनकी सांस्कृतिक परंपराओं का आदर करने से संबंधित झारखंड सरकार की घोषणाएं जो सुनने में तो बहुत अच्छी लगती हैं। लेकिन, सिर्फ

कागजी ही साबित हुई हैं। सच तो यह है कि पूंजीवादी और व्यावसायिक ताकतें आदिवासी इलाकों का पहले से भी ज्यादा निर्मम शोषण कर रही हैं। झारखंड की एक बड़ी समस्या यह है कि उन पर शासन करने और उनका विकास करने की जिम्मेदारी ज्यादातर उन लोगों ने संभाल रखी है, जो आदिवासियों के प्रति जरा भी सहानुभूति नहीं रखते, उनकी भाषा संस्कृति और परंपराओं को नीची नजर से देखते हैं। उनके जीवन मूल्यों और जरूरतों की जरा भी परवाह नहीं करते। सरकारी अफसर, जिन्हें योजनाएं बनाने के लिए मोटी तनख्वाहें मिलती हैं, वे ऐसी योजनाएं बनाते हैं, जो आदिवासियों को विस्थापन और पलायन के लिए विवश करती हैं। ये लोग आदिवासियों के नृत्य गान का इस्तेमाल अपने समारोहों में प्रदर्शनी की तरह करते हैं। अपने हाथों में दो-एक मिनट के लिए ढोल और नगाड़ा संभाल कर अखबारों और टीवी के लिए फोटो खिंचवाने, छपने में ज्यादा विश्वास करते हैं।

देश और दुनिया की प्रगति के लिए यह जरूरी है कि खनिज-संपदा को धरती से बाहर निकाल कर उसका उपयोग किया जाए, लेकिन उसके साथ क्या यह जरूरी नहीं कि खनिज निकालते समय इस बात का भी ध्यान रखा जाए कि धरती की ऊपरी परत का कम से कम नुकसान हो और उपयोग की गई जमीन की भराई कर उसे सुंदर रूप, आकार दिया जाए। खाली कराई गई बस्तियों का भली-भांति पुनर्वास किया जाए। कागजों में ये सारी बातें तो होती हैं, पर व्यवहार में एक पाई का काम नहीं होता। उल्टे अनेक उलझनपूर्ण समस्याएं पैदा कर दी जाती हैं। दुनिया के अनेक देशों में माइनिंग के साथ-साथ जमीन के रीक्लेय करने की प्रथा है, पर यहां तो मामूली पत्थरों के लिए भी पहाड़ खोद कर गहरी खाईयां बना दी जाती हैं, फिर उन्हें समतल करने तक की जरूरत नहीं समझी जाती। खदानों का मुंह खुला का खुला छोड़ दिया जाता है। वन रोपण के कार्य को सरकारी वन विभाग या कंपनियां हर वर्ष बरसात में झंडोत्तोलन के उत्साह की तरह मनाती हैं। सुबह शामियाना लगाकर माला पहन कर पौधा रोपने का नाटक किया जाता है।

खनन और उद्योग लगाने की योजना के साथ कभी-कभी विस्थापितों के लिए नौकरी देने का प्रावधान भी होता है। कुछ खास परिमाण में जमीन जैसे दो-तीन एकड़ या उससे अधिक के लिए परिवार के एक सदस्य को नौकरी दी जाती है (सबसे निचले स्तर के कामगार की)। अब जो सबसे गरीब हैं, जिनके पास निर्धारित परिमाण में जमीन नहीं है या जमीन है भी तो उस क्षेत्र से थोड़ा ही हटकर है वह नौकरी का दावेदार नहीं बन सकता। लेकिन, उसकी वह थोड़ी सी जमीन भी ले ली जाती है और उन्हें दर-दर की ठोकरें खाने और भीख मांगने के लिए छोड़ दिया जाता है।

विकास के नाम पर अपनी जमीन गंवाकर, अपना गांव उजाड़कर उन्हें क्या मिला, जिनमें वे हजारों साल से पीढ़ी दर पीढ़ी रहते आए थे और शायद अगले हजारों साल तक रहते। सवाल यह भी है कि जमीन का सरकारी दाम या मुआवजा लेकर वे किसान करेंगे क्या ? उन रुपयों से उन्हें खेती की दूसरी जमीन मिल भी नहीं सकती, वे फिर कोई अपना गांव नहीं बसा सकते। खेती के अलावा दूसरा पेशा वे जानते नहीं। उन उद्योगों में काम देने के लिए जो प्रशिक्षण दिया जाना चाहिए, वह प्रशिक्षण भी नहीं दिया जाता। किसी दूसरे पेशे में इस समय उनके लिए कोई जगह खाली भी नहीं होती, न निपुणता है।

इन नये प्रयोगों में मुआवजा या जमीन के बदले मिले उनके रुपये यूं ही खर्च हो जाते हैं या फिर शराब की भेंट चढ़ जाते हैं। उद्योग-धंधों या नगरों के बसाने के वास्ते जिन जगहों को चिह्नित किया जाता है, उनमें नागरिक हितों का तो पूरा ध्यान रखा जाता है। यहां तक कि सड़कों के विस्तार के समय भी यह बार-बार सोचा जाता है कि नगर के संपन्न और समृद्ध लोगों को एक खरोंच तक न आये, जबकि गांवों, खेत, झरनों, तालाबों, नदियों और वनों की कोई चिंता नहीं की जाती। झारखंड की सबसे महत्वपूर्ण नदियां दामोदर और स्वर्णरिखा अपने तटों पर लगाए गए उद्योगों, खदानों से इतनी दूषित हो चुकी हैं कि उनका पानी तटों पर बसे न ग्रामीण पी सकते हैं और न उनके पशु ही। झारखंड के विकास की चिंता में आदिवासियों के लिए सच्ची संवेदना कहीं नहीं दिखती, अगर कुछ दिखता है तो योजनाओं, परियोजनाओं की अंधी दौड़। झारखंड की भौगोलिक बनावट, प्राकृतिक साधनों का ध्यान रखते हुए, उनके तालमेल से योजनाएं बनतीं और कार्यान्वित होतीं तो यह आस्ट्रेलिया या न्यूजीलैंड के सौंदर्य की बराबरी करता। ◆ ◆ ◆

'डाइवर्सिटी' से बनेगा सशक्त झारखंड

डॉ. विजय कुमार त्रिशरण

लेखक एवं दलित चिंतक

झारखंड की 39 फीसदी आबादी दबे-कुचले लोगों की है। ये बुनियादी सुविधाओं से वंचित घोर आर्थिक-सामाजिक गैरबराबरी, अन्याय और अत्याचार के शिकार हैं। बेरोजगारी, पलायनवाद, सामंतवाद, भ्रष्टाचार, नक्सलवाद, अशिक्षा और अंधविश्वासी मान्यता यहां की मुख्य समस्याएं हैं। इसके शिकार सबसे ज्यादा दलित / आदिवासी ही हैं। स्वाभाविक है कि राज्य का विकास तभी संभव है जब इन वर्गों को ध्यान में रख कर कोई सरकारी योजना बने।

सरकारी स्तर पर इनके जीवन को टिकाए रखने के लिए मनरेगा, अंत्योदय योजना, दाल-भात योजना, मिड डे मिल, कन्यादान योजना, सर्वशिक्षा अभियान, लाल कार्ड आदि संचालित हैं। लेकिन, यदि इन सब योजनाओं को दृढ़ इच्छाशक्ति और मजबूत इरादों से कार्यान्वयन किया भी जाए, तो क्या इससे दलित / आदिवासियों का जुड़ाव सामाजिक विकास की धारा से हो सकता है? क्या साइंस और टेक्नोलॉजी से प्रतिस्पर्धा रख सकते हैं? क्या प्रदेश के विकास में हिस्सेदार बन सकते हैं? उत्तर स्पष्ट है कभी नहीं। इससे तो उनका केवल पेट भर सकता है, तो झारखंड कैसे और कब सशक्त और समृद्ध बनेगा? इससे तो झारखंड के लिए विकसित होना केहुनी का गुड़ ही साबित होगा। यह वर्ग आर्थिक विपन्नता और सामाजिक गैरबराबरी का दंश झेल रहा है। इनके पास न तो कृषि योग्य भूमि है और न ही उद्योग-व्यापार। वैश्वीकरण सरकारी नौकरियों में दिए जाने वाले आरक्षण को अलग से लील रहा है। अतः झारखंड के समग्र विकास के लिए समाज और सरकार को विवेकपूर्ण कुछ ऐसे सिद्धांतों का सृजन करना होगा, जिससे सदियों से यह वंचित वर्ग सुपर कंप्यूटर युग के कड़े मुकाबले में अव्वल आए।

दलित/आदिवासियों को विकास के लिए आरक्षण से कुछ आगे चाहिए। आरक्षण कुछ लोगों को ही जीविका का आधार मुहैया कराता है। अधिसंख्य लोग बेरोजगार और विपन्न अवस्था में रहते हैं। यह केवल सरकारी क्षेत्रों में है, जबकि सरकारी नौकरियों की संख्या तेजी से घट रही है। प्रति 10 रिटायर दलित पर मात्र दो दलित ही सरकारी नौकरी में भर्ती हो रहे हैं।

आरक्षण की प्रासंगिकता समाप्त हो रही है, क्योंकि निजी क्षेत्रों में आरक्षण नहीं है। इसके स्थान पर कोई अन्य विकल्प की आवश्यकता है, जो बहुजनों को सर्वांगीण विकास की ऊंची उड़ान भरने के लिए अवसर प्रदान करे। देश को सशक्त, समृद्ध और विकसित बनाए तथा आर्थिक गैर-बराबरी को दूर कर सामाजिक विषमता को पाटे। ऐसा विकल्प है, और वह है 'डाइवर्सिटी'। डाइवर्सिटी बहुजन की आवश्यकता है, वर्तमान में उनके चतुर्दिक विकास का प्रमुख एजेंडा है। डाइवर्सिटी अर्थात भागीदारी। (सत्ता, संपति, धन, धरती, उद्योग, फिल्म, मीडिया, ठेकेदारी तथा आपूर्तिकर्ता आदि क्षेत्रों में दलितों की संख्या के अनुपात के अनुसार भागीदारी) आज अमेरिका ने विकास की इसी तकनीक द्वारा न केवल समृद्ध और शक्तिशाली राष्ट्र के रूप में विश्व के समक्ष अपने को प्रस्तुत किया है, बल्कि वहां काले और गोरे के बीच भेद मिटा कर समरस समाज निर्माण कर एक मिसाल पेश की है।

विकास का सर्वोत्तम सिद्धांत :- झारखंड को विकसित प्रदेश बनाने के लिए विभिन्न सामाजिक वर्गों की भागीदारी उनकी जनसंख्या के अनुपात में विकास के विभिन्न क्षेत्रों में सुनिश्चित होनी चाहिए। इससे प्रदेश द्रुत

गति से तरक्की करेगा। विकास की इस तकनीक को डाइवर्सिटी कहते हैं। डाइवर्सिटी का शाब्दिक अर्थ होता है सामाजिक विविधता। विकास के इस सिद्धांत में प्रदेश के सभी वर्गों को उनकी जनसंख्यानुपात के अनुसार धन, धरती, सत्ता-संपत्ति तथा विकास के अन्य सभी क्षेत्रों जैसे सभी सरकारी / गैरसरकारी नौकरी, सेना, न्यायपालिका, शिक्षा, राजनीति, बिल्डर, कांट्रैक्टर, सप्लायर, उद्योग, बिजनेस, एनजीओ, मीडिया, फिल्म, कला, खेल आदि में भागीदारी सुनिश्चित करना है। इसमें प्रदेश की सामाजिक संरचना को ध्यान में रख कर डाइवर्सिटी के सिद्धांत को लागू किया जाता है।

डाइवर्सिटी के सिद्धांत लागू हो जाने से गैर बराबरी का अंत होगा, जातिगत छुआछूत, सामंती दमन-शोषण, नक्सलवाद और भ्रष्टाचार में भारी कमी आएगी तथा सभी वर्गों का एक समान विकास होगा, जिससे झारखंड एक सशक्त, समृद्ध और सुविकसित मॉडल राज्य के रूप में देश-दुनिया के समक्ष उभरेगा। झारखंड के सोशल कंपोजिशन (सामाजिक संरचना) में 15 प्रतिशत सवर्ण है। 35 प्रतिशत पिछड़ी जातियां हैं। 39 प्रतिशत अनुसूचित जाति, अनुसूचित जनजाति तथा 11 प्रतिशत धर्मपरिवर्तित अल्पसंख्यक समुदाय के लोग शामिल हैं। प्रदेश की यह सामाजिक संरचना झारखंड की असली तस्वीर प्रस्तुत करती है।

डाइवर्सिटी सिद्धांत के अनुसार प्रदेश की समाज संरचना के अनुरूप झारखंड की तस्वीर राज्य के प्रत्येक विभागों, संस्थानों तथा संगठनों में झलकना चाहिए। समानुपातिक प्रतिनिधित्व विकास के प्रत्येक क्षेत्रों में झलकना चाहिए, तभी प्रदेश में आर्थिक साम्य पैदा होगा। लेकिन वर्तमान संदर्भ में राज्य की सामाजिक संरचना के अनुसार सत्ता, अवसर और धन का वितरण नहीं है, जिससे समाज में आर्थिक विषमता और जातीय कटुता का वातावरण बना हुआ है। एक ही वर्ग अथवा जाति का वर्चस्व विभिन्न क्षेत्रों में है। यह राज्य के विकास और समृद्धि में बाधक है।

नक्सलवाद का सही समाधान : राज्य में आर्थिक विषमता विद्रोह को आमंत्रित करती है। नक्सलवाद इसी की देन है। विश्वप्रसिद्ध नोबेल पुरस्कार विजेता अमर्त्य सेन के अनुसार विषमता और विद्रोह में बहुत निकट संबंध है। विषमता की अनुभूति किसी भी समाज में विद्रोह के स्वर को मुखर कर सकती है। 'गरीबी और अकाल' नामक पुस्तक में प्रो. अमर्त्य सेन लिखते हैं कि लोगों को इतना भी गरीब नहीं होने देना चाहिए कि उसको स्वयं से घिन आने लगे या वे समाज को नुकसान पहुंचाने लगे। इसमें कोई संदेह नहीं कि गरीबों की विपन्नता अमीरों की खुशहाली पर अवश्य प्रभाव डालती है।

भारत में अमीरों की खुशहाली पर प्रभाव डालने वाले सारे तत्व मौजूद हैं। नक्सलवाद और जातीय जनसंहार झारखंड में इसी एकतरफा विकास (आर्थिक विषमता) का नतीजा है। जब बहुजन चेतना अंगड़ाई लेगी, तो अमीरों की नींद हराम होगी ही। अतः झारखंड को संपन्न खंड और विपन्न खंड में एक और विभाजन को रोकने के लिए डाइवर्सिटी जरूरी है। राज्य में नक्सली समस्या का समाधान बंदूक नहीं, व्यवस्था परिवर्तन है, यानी आर्थिक गैर-बराबरी का खात्मा, जो किसी भी राष्ट्र की सबसे बड़ी समस्या है। यदि 39 प्रतिशत दलित और आदिवासी विकास के विभिन्न क्षेत्रों के भागीदार बनेंगे तो निश्चित रूप से नक्सलवाद दफन हो जाएगा। यह दुर्योग है कि यहां जितने भी माइंस और फैक्ट्रियां हैं, उनमें कुछ अपवाद को छोड़ कर दलित-आदिवासी चतुर्थ श्रेणी के कर्मचारी अथवा ठेका मजदूर ही हैं।

माइंस और फैक्ट्रियों में उनका न तो स्वामित्व है और न ही भागीदारी। ऊपर से इनका भयंकर शोषण। ऐसे में क्या किया जाना चाहिए? उचित यही होगा कि सामाजिक भागीदारी के तहत इन वर्गों को ठेका, आपूर्ति, निर्माण और उच्च स्तर पर प्रबंधन में भागीदार बनाना चाहिए। सरकारी स्कूलों में मध्याह्न भोजन की व्यवस्था के स्थान पर लाभुक वर्ग के बच्चों को एजुकेशन की राशि तय करे। सरकार वंचित वर्गों के सर्वांगीण विकास के लिए संविधान की अनुसूची 5 और 6 के प्रावधानों को सख्ती से लागू करे। कृषि को उद्योग का दर्जा दे ताकि कृषक मजदूर को लाभ मिले। अन्याय और अत्याचार के शिकार दलित / आदिवासियों के त्वरित न्याय के लिए अनुसूचित जाति और अनुसूचित जनजाति अधिनियम 1989 और 1995 के तहत दलित / आदिवासी बहुल क्षेत्रों में शासन-प्रशासन के उच्च पदों पर इसी वर्ग के अधिकारियों की नियुक्ति की जाए तथा व्यवस्था बने कि कोई भी मामला तीन साल के भीतर ही निष्पादित किए जाएं।

यूपी की गौतम बुद्ध यूनिवर्सिटी की तर्ज पर सरकार कुछ शिक्षित आदिवासियों को प्रतिवर्ष उच्च शिक्षा,

तकनीकी शिक्षा और व्यावसायिक शिक्षा के लिए विदेश भेजने का प्रावधान करे। आदिवासी और दलित समाज को कंप्यूटर युग की सभी आधुनिक सुविधाओं से लैस किया जाए। दिवंगत रामदयाल मुंडा, कार्तिक उरांव आदि ने विदेशों से लब्धप्रतिष्ठित डिग्रियां हासिल की थी। वर्तमान में विकास का मतलब है मात्र सवर्णों का विकास। देश स्तर पर 53 अरबपति हैं, लेकिन उनमें एक भी दलित नहीं। भारत में दलित के लिए अरबपति होना ख्वाब देखने जैसा है। दमन और अत्याचार कम होंगे-आर्थिक विपन्नता और अशिक्षा के कारण ही अधिसंख्य दलित सामंतवादी अत्याचार के शिकार होते हैं। डाइवर्सिटी से पीड़ित वर्ग आर्थिक रूप से सशक्त होगा, जिससे वह अत्याचारी वर्ग का माकूल जबाब दे सकेगा।

वर्तमान आरक्षण नीति दलितों के लिए उन्हें केवल जिंदा बनाए रखने का एक साधन है, इससे कुछ नौकरीप्राप्त और विधानसभा एवं लोकसभा के दलित प्रतिनिधि ही व्यक्तिगत तौर पर लाभान्वित होते हैं संपूर्ण समुदाय नहीं, लेकिन डाइवर्सिटी एक व्यापक दर्शन है, जिसमें समाज में मौजूद सभी समुदायों को उनकी जनसंख्या के अनुपात में विकास के सभी क्षेत्रों में हिस्सेदारी का निर्धारण निहित है। वर्ण-व्यवस्था तथा इससे पनपी सामाजिक गैर-बराबरी के राज का समूल नाश और बहुसंख्यकों के हित एवं सुख इस विकसित आरक्षण प्रणाली का रूप अफरमेटिव एक्शन प्रोग्राम अथवा डाइवर्सिटी से ही संभव है। ◆ ◆ ◆

न नगाड़े फटे हैं न मांदर थमे हैं

फैसल अनुराग

वरिष्ठ पत्रकार

झारखंड शब्द एक विशिष्ट भूखंड के सांस्कृतिक, आर्थिक एवं सामाजिक अस्तित्व का वाहक है। यह सदियों पुराना है, जिसका अपना खास मतलब और महत्व है। झारखंड शब्द का विवरण इतिहास के पुराने दस्तावेजों में भी मिलता है। दक्षिणी ओड़िशा में मिले 12वीं सदी के एक शिलालेख में झारखंड का उल्लेख है। इसको दक्षिणी झारखंड के राजा नरसिंह ने खुदवाया था।

झारखंड का विवरण संस्कृत की पुस्तकों में भी है, जिसमें चैतन्य और शेरशाह से संबंधित झारखंड मार्गों का वर्णन मिलता है। झारखंड की तीन मूल विशेषताएं हैं, जिस पर गौर करने से स्पष्ट हो जाता है कि इस क्षेत्र का जीवन मंत्र ही संस्कृति और सामूहिक आचरण है।

इस भूखंड की माटी एवं इस माटी पर जन्म लेने वाले समुदाय तथा इसी माटी से उगे जंगल-झाड़ एक दूसरे के जीवन-पूरक हैं। ये तीनों विशिष्टताएं किसी एक की भी जुदाई बर्दास्त नहीं कर सकतीं। न यहां के भूमि-पुत्र जंगल-झाड़, पर्यावरण से अलग होकर अस्तित्व में रह सकते हैं न ही पर्यावरण यहां की संस्कृति के बिना अपने अस्तित्व में रह सकता है। और तो और यहां की माटी भी इन दोनों के वियोग में अपना अस्तित्व खो बैठती है। यहां रहने वाले लोगों का सामाजिक, आर्थिक तथा सांस्कृतिक अस्तित्व यहां की माटी, पानी और झाड़-पत्तों-फूलों में सन्निहित है।

झारखंडी पहचान के लिए सांस्कृतिक संघर्ष तो हुए, लेकिन इससे जो पहचान उभरी है, उसका सत्ता ने सम्मान नहीं किया। साथ ही सत्ता वर्ग की राजनीति पर उस अभिजात वर्ग का कब्जा है, जिसका देशज निर्माण नहीं हुआ है। यानी कि सत्ता वर्ग लगभग संस्कृतिविहीन है, जिस कारण स्थानीय संस्कृति को कभी भी विकास का रास्ता नहीं बनाया गया। जबकि सच यह है कि आदिवासी झारखंडी किसान ही सही अर्थों में आधुनिक संस्कृति के आधार और इसके निर्माता हैं। झारखंड का शासकीय नेतृत्व इस सांस्कृतिक चेतना को जानता नहीं है कि अगर हम अपनी जनता की उम्मीदों के अनुरूप तंत्र बनाना चाहते हैं तो हमें यूरोप के बजाय अपने देशज सकारात्मक रुख की तलाश करनी चाहिए। दरअसल, झारखंड एक निर्माणाधीन राष्ट्रीयता है, जिसमें भाषा व संस्कृति की अहम भूमिका है।

सवाल है कि क्या संस्कृति के जिस हूलगुलानी दर्शन को अतीत में अपनाया गया, वह आज नवनिर्माण की प्रक्रिया में भी हमारा साझेदार है या नहीं। इसी से तय होता है कि हमने कौन सी राह चुनी है- झारखंड गढ़ने के लिए। ऐतिहासिक रूप से संताल परगना के साथ-साथ छोटानागपुर और पश्चिम बंगाल, ओड़िशा और मध्यप्रदेश के पाषाण क्षेत्र जो पहाड़ों, जंगलों और खनिजों से परिपूर्ण पथरीला इलाका है, वह झारखंड (वृहत्तर झारखंड) के नाम से जाना जाता था।

झारखंड में रहने वाले लोगों की अपनी सांस्कृतिक खासियत, धर्म और वेशभूषा है जो कि एक दूसरे से भिन्न हैं। लेकिन सामान्य भौगोलिक क्षेत्र और कई वर्षों से एक साथ रहने की वजह से इसने एक कलेक्टिव कल्चर का रूप ले लिया। यह यहां के लोगों के रहन-सहन, सामाजिक मान्यताएं, वेशभूषा, घरों की संरचनाओं, गीत-संगीत, नृत्य, भाषा और साहित्य से साफ दिखाई पड़ता है। प्रकृति के प्रति असीम प्रेम, सामाजिक भाईचारे, सरलता, सत्यता, काल्पनिक सोच, सामूहिक जीवन, साधारण रीति-रिवाज, शारीरिक परिश्रम, समानता, आजादी,

आजीविका का सामूहिक उपक्रम, ये सारे मिलकर एक भव्य सांस्कृतिक संरचना का निर्माण करते हैं। झारखंडी जीवन का दर्शन इन्हीं तत्वों पर आधारित रहा है और आज भी है।

नृत्य, गीत और प्रकृति के प्रति अगाध प्रेम झारखंडी संस्कृति के कुछ मूल सिद्धांत हैं। झारखंड जाति और सामाजिक समूह का स्वतंत्र संधि करने वाला क्षेत्र है। इसकी अपनी प्रशासनिक पद्धति थी, जिसे मुंडा-मानकी, पड़हा पंचायत व्यवस्था आदि के नाम से जाना जाता है। गांव के चुने गए मुंडा, मानकी या पड़हा राजा का चुनाव करते थे, जो बाद में उस राज्य के मुखिया या राजा की घोषणा करते थे। लोगो में जमीन और जंगल का समान बंटवारा होता था। सामूहिक परिश्रम से रोजी-रोटी का जुगाड़ होता आया है। उस व्यवस्था में लोग खुश और आजाद थे। मनोरंजन के लिए सामूहिक नृत्य, संगीत और शिकार जैसे साधन थे। हर आदिवासी गांव में अखड़ा (नृत्य स्थल), सरना (पवित्र वृक्षों का समूह), गीति विरा या धुमकुड़िया (युवाओं के लिए विशाल शयनगृह) सांस्कृतिक केंद्र थे। कई जगहों पर सदानों द्वारा महादेव मंडप और देवी मंडप पूजे जाते थे। सरहुल, करम, ईन्द, जितया, दसाएं, सोहराई, फगुआ जतरा और मंडा परंपरागत पर्व थे।

क्षेत्रीय लोग देवी-देवताओं जैसे बुरू बोंगा (पहाड़ी देवता), हातू बोंगा (गांव के देवता) इत्यादि के अतिरिक्त धर्मेश, सिंग बोंगा, सूर्य देवता, महादेव और पार्वती को भी पूजते थे। लोग जादू-टोना में भी विश्वास रखते थे। पहान, बाईगा और नाएका गांव के धर्मिक गुरु थे। ऊंचे सदानों द्वारा पुजारियों को काफी आदर दिया जाता था। लेकिन आज हमारा सामूहिक जीवन और संस्कृति के रंग क्यों बदरंग हो रहे हैं। यह सवाल केवल संस्कृति का ही नहीं, बल्कि राजनीति का भी सवाल है। आज झारखंडी समाज जिस संकट व त्रासदी से गुजर रहा है, उसे विश्लेषित करने के लिए इतिहास की इस चेतना से रूबरू होना होगा। इससे संवाद स्थापित कर ही हम अपने समय में सांस्कृतिक अभिक्रम को समझ सकते हैं और व्यापक बदलाव की प्रक्रिया को तेज कर सकते हैं। सबसे बड़ी चुनौती समुन्नत झारखंड की नवरचना की है। क्या राजनीति की वर्तमान धारा इस मकसद को हासिल कर सकती है। हमें यह भी समझने की जरूरत है कि झारखंड आंदोलन के दौरान जिन सवालों को उठाया गया था, सन 2000 में राज्य बनने के बाद वे हाशिये पर क्यों चले गए। साथ ही झारखंड में जिस राजनीति की नींव पड़ी है, वह अपने ही आधार तत्वों के खिलाफ क्यों खड़ी है।

यह सवाल उठाया जा रहा है कि झारखंड एक विफल स्टेट है, क्योंकि इसमें झारखंडियों के अरमान न केवल खत्म हो गए हैं, बल्कि वे छल के शिकार हो गए हैं। इस तथ्य को नकारा नहीं जा सकता। वास्तव में झारखंडी जनता के सांस्कृतिक मनोबोध के बारे में शोध और समझ की जरूरत है। झारखंडी जनसमाज ने अपनी बहुलता और विविधता के साथ जिस समाज की रचना की है, उसमें अंतरनिहित राजनीतिक संदेशों को जाने बगैर हम झारखंडी समाज की प्रतिरोधी चेतना को समझ नहीं सकते। साथ ही विकास और समुन्नत झारखंड के विचार तत्व को भी रेखांकित नहीं कर सकते। झारखंडी जनगण के सामूहिक विवेक और चेतना में जो व्यापक राजनीतिक-सांस्कृतिक सवाल हिलोरे मार रहे हैं, उन्हें ही इतिहास में भी व्यक्त किया जाता रहा है। झारखंड आंदोलन भी इसी का हिस्सा था। झारखंड मिल जाने के बाद भी न तो नगाड़ों की युद्धक घोषणाएं थमी हैं और न ही मांदर के ताल नरम पड़े हैं। यह झारखंडी समाज का अपना तरीका है, अपनी व्यवस्था है, अपनी संस्कृति है। इसे खारिज करते हुए झारखंड एक कदम भी आगे नहीं बढ़ सकता।

◆ ◆ ◆

अपने ही राज्य में उपेक्षित संस्कृति

कुमार संजय

नाटककार, प्राध्यापक

पशु महज गतिविधि करने वाला प्राणी है। मनुष्य गतिविधि के साथ-साथ चिंतन भी करता है। मौलिक अंतर यही है-मनुष्य और पशु के बीच। चिंतन की प्रक्रिया संस्कृति के अंदर पनपती है और आदमी उन्हीं व्यवहारों को आत्मसात करते हुए समाज में अपनी छवि बनाता है और सामाजिक गतिविधियों में भाग लेता है। वर्ल्ड व्यू (विश्व दृष्टि) उसे दुनिया, समाज को देखने का चश्मा देती है, जिससे वह किसी सामाजिक, राजनीतिक और आर्थिक घटनाओं पर अपनी प्रतिक्रिया देता है। इसलिए कहा गया है कि जिस समाज में कला-संस्कृति का अवसान हो जाता है, वह समाज भी शून्यवाद की ओर बढ़ने लगता है।

हम विकास तो करें, लेकिन सामूहिक जीवन के सौंदर्य के साथ। झारखंड में दैनिक गतिविधियां भी संस्कृति से प्रेरित हैं। कला के रंग भी प्रकृति और सामूहिक जीवन के सहचर्य से निकले हैं। इसने अपने आप झारखंडी समाज में आकार लिया और इस अनूठी समृद्धि को हासिल की। झारखंडी संस्कृति का अन्वेषण उतना ही मुश्किल है, जितना एक हरे-भरे बाग में यह तय करना कि कौन सा फूल सबसे मोहक है, आकर्षक है।

गीत है, संगीत है, नृत्य है, किस्से हैं, कहानियां हैं, चित्र हैं, नाटक है और न जाने-जाने कला-संस्कृति के कितने सारे रूप। इन सबके बीच अगर कोई यह कहे कि झारखंड की पहचान खनिज है, उद्योग है और यहां व्याप्त भ्रष्टाचार है, तो यह अपने आप में दुर्भाग्यपूर्ण है। हर कला-संस्कृति अपना परिष्करण खोजती है, जिससे इसका फलक व्यापक हो सकें और यह बड़े भौगोलिक और सामाजिक क्षेत्रफल तक फैल सके। यह सांस्कृतिक समृद्धि हासिल करने की प्रक्रिया है। आज सांस्कृतिक महानता हासिल करने की रणनीतिक लड़ाई भी छिड़ी है, जिसमें हर संस्कृति खुद की श्रेष्ठता हासिल करने में पूरी जोर लगा रही है। सरकार भी इसमें शामिल हो गई है और अपने राज्य की सांस्कृतिक विरासत को लोगों के लिए आय का जरिया भी बना रही है। कल्चरल टूरिज्म इसका सबसे बड़ा उदाहरण है।

मीडिया के जरिये अपनी सांस्कृतिक समृद्धि का प्रचार-प्रसार कर अपने राज्य-देश में पर्यटकों को आने का आमंत्रण दिया जाता है। लेकिन यह यूं ही नहीं हुआ। इसके लिए संस्कृति और संस्कृतिकर्मियों में अपनी कला-संस्कृति के प्रति अभियान जगाया गया। अपनी सहज सामाजिक खासियत को देश-दुनिया के पटल पर लाने के लिए ठोस और दूरदर्शी रणनीति बनाई गई। हमारे झारखंड में क्या हो रहा है? यह सवाल पूछते ही हम निराश हो जाते हैं। यहां तो हर गांव, हर क्षेत्र, हर समुदाय अपने-आप में एक सांस्कृतिक इकाई है। कला-संस्कृति के इतने विविध रूप एक स्थान पर कहां देखने को मिलते हैं। लेकिन, ये दबे हुए हैं और विभिन्न राजनीतिक, सामाजिक और आर्थिक प्रक्रियाओं में फंसकर नष्ट हो रहे हैं। जिस सांस्कृतिक समृद्धि की बात मैंने की, झारखंड में उसकी उल्टी प्रक्रिया चल रही है। यह दुखद है, निराशाजनक भी। समाज के लिए भी और सरकार के लिए भी। कला-संस्कृति की एक भी विधा पर यहां गंभीरता से काम नहीं हुआ है। उनके विकास तो दूर उनके संरक्षण और विचलन की प्रक्रिया से बचाने के उपाय तक नहीं हुए हैं।

दूसरे राज्यों में इस पर व्यापक शोध रहे हैं, उनके विकास के लिए जमीनी काम हो रहे हैं। सरकार यह

समझ चुकी है कि कला-संस्कृति केवल मनोरंजन और मनबहलाव के साधन नहीं है, बल्कि इसमें रोजगार के भी व्यापक अवसर छुपे हैं। दूसरी ओर झारखंडी समाज अपनी संस्कृति को अपनी आंखों के सामने घुटता-मरता देख रहा है। यह सभी जानते हैं कि यहां हर गांव में अखड़ा है, जहां हर शाम संस्कृति जीवित होती है।

ओपन एयर थियेटर लगते हैं। किस्सागोई होती है। कला-संस्कृति इसी का तो नाम है जो व्यस्तताओं के बीच जीवन के सौंदर्य को फिर से जीवित करती है या यूं कहें कि मरने नहीं देती। इसमें दुख में भी सौंदर्यबोध होता है, जिसमें समाज और व्यक्तिगत जीवन के अक्स नजर आते हैं। झारखंडी समाज में तो पूरी की पूरी आबादी ही संस्कृतिकर्मी है। इसे कैसे बेरोजगारी और दैनिक जीवन की गतिविधियों के बीच दफन किया जा सकता है। सवाल यह भी उठता है कि स्थानीय संस्कृति के प्रति अभिमान जगाने का कितना काम सरकार ने किया और उसे संरक्षण देते हुए उनके विकास के लिए क्या कदम उठाए। इन सवालों के जवाब यहां न तो मिलते हैं और न विधानसभा में उठाए जाते हैं। मुझे दिल्ली सरकार ने सम्मानित किया, पर यहां साहित्य, कला, संस्कृति को कोई महत्व नहीं दिया जाता। जिस सामाजिक, राजनीतिक शून्यवाद का मैंने जिक्र किया, वह इसी व्यवस्था से उभरता है।

सामाजिक-राजनीतिक निष्क्रियता के लिए जरूरी होता है कि समुदाय की संस्कृति को नष्ट-भंग कर दिया जाए। यह अंततः राजसत्ता को लाभ पहुंचाती है, क्योंकि लोगों को लोगों से जोड़ने का काम संस्कृति ही करती है। यह लोकव्यवहार होता है, जिससे समाज विशेष का अमूमन हर शख्स जुड़ा होता है। कला-संस्कृति का अभिप्रेषण वैचारिक प्रक्रिया को आगे ले जाता है। इस महान प्रक्रिया को भंग करने से समाज खोखला होता है और राजनीतिक रूप से निष्क्रिय। मैंने पहले ही कहा कि मनुष्य गतिविधि के साथ चिंतनशील जीव है, जो समाज, प्रकृति के प्रति विचार करता है। कहा भी गया है कि साहित्य, संगीत, कला से विहीन प्राणी, जानवर के समान होता है और वह मनुष्य के रूप में समाज में कोई भी वैचारिक या व्यावहारिक योगदान नहीं दे सकता। आज झारखंड के राजनीतिक, सामाजिक और आर्थिक संकटों को भी इसी संदर्भ में देखना होगा। संस्कृति लोगों को जोड़ती है। इसके विपरीत सत्ता का सूत्र है-फूट डालो और राज करो। अगर 11 सालों में सरकार कला, संस्कृति, साहित्य के उत्थान, विकास के प्रति ध्यान नहीं देती है तो इसे भी समाज को तोड़ने की साजिश करार देना बेमानी नहीं होगा।

झारखंड में कई स्थानीय कलाकार, साहित्यकार हैं जो अपने ही बूते संस्कृति को बचाने, संवारने और आगे ले जाने में लगे हैं। सरकार उनकी मदद करे। कला-संस्कृति की एकेडमी बनाई जाए। नाट्यकला से जुड़े लोगों को एक साथ जोड़कर बड़ी सांस्कृतिक प्रक्रिया शुरू की जाए। संस्कृति और कला की विधाओं पर अध्ययन कराया जाए, उनका दस्तावेजीकरण हो। कई विधाओं के कलाकार आर्थिक तंगी के कारण भोजन तक जुगाड़ पाने में असमर्थ हैं, उनके लिए सरकार कुछ करे। इस बात को समझना होगा कि कला-संस्कृति न सिर्फ मनोरंजन के साधन हैं, बल्कि यह मनुष्य को महज मशीन बनने से रोकती भी है। जैसे आज उपभोक्तावादी और पूंजीवादी युग में हो रहा है, उससे समाज में टूटन की प्रक्रिया का अवलोकन किया जा सकता है। इससे कैसे समाज को बचाया जाए, इसका रास्ता कला-संस्कृति के सम्मान, अभिमान और उसे समाज का अभिन्न हिस्सा बना लेने की प्रक्रिया से होकर ही गुजरता है।

◆ ◆ ◆

उपेक्षित हैं दलित

रामदेव विश्वबंधु

दलित विचारक

दलितों के अधिकतर बच्चे स्कूल से बाहर हैं। 6 से 14 वर्ष के बच्चों को विद्यालय में होना चाहिए वे किसी तरह खेल-कूद कर अपना बचपन बिता रहे हैं या फिर कू ड़े के ढेर में अपनी रोटी तलाश रहे होते हैं। सर्वशिक्षा अभियान और शिक्षा अधिकार अधिनियम- 2009 भी इसके कोई काम नहीं आ रहा है। कुछ गैरेज में, होटल आदि में बाल मजदूर के रूप में कार्य कर रहे हैं।

भूख से मौत और कुपोषण इन्हीं के खाते में दर्ज है। वर्ष 2002 में हुए मनातु प्रखंड (पलामू) में भूख से मौत के शिकार दलित और आदिम जनजाति के लोग ही थे। प्रचुर प्राकृतिक संपदा के धनी झारखंड में आदिम जातियों और दलितों को भूख से मरना पड़ रहा है। इससे अधिक विडबंना और क्या होगी? झारखंड में आदिवासियों की गरीबी दर 54 प्रतिशत है, तो दलितों की 57 प्रतिशत। मतलब साफ है कि राज्य की आधी से अधिक आबादी गरीबी रेखा से नीचे गुजर बसर कर रही है। हम कह सकते हैं कि कई अर्थों में दलितों की स्थिति आदिवासियों से भी बदतर है। अविभाजित बिहार में दलित युवाओं को स्वरोजगार से जोड़ने के लिए प्रत्येक जिले में अनुसूचित जाति सहकारिता विकास निगम का कार्यालय रहता था। जिससे दलित रोजगार के लिए ऋण लेते थे। विभाजन के बाद जिले से हटाकर प्रमंडल मुख्यालय में शिफ्ट कर दिया गया। यहां दलित भूमिहीन है। आजादी के पूर्व दलितों के पास अच्छी खासी जमीन थी। लेकिन, आजादी के बाद इनकी जमीन छीन ली गई या बिक गई। गैरसरकारी आंकड़े के अनुसार 88 प्रतिशत दलित भूमिहीन है। तो 35 प्रतिशत आदिवासी भूमिहीन है। सीएनटी एक्ट के चलते आदिवासियों के पास कुछ जमीनें बची हैं।

सीएनटी एक्ट दलितों की जमीन का भी रक्षक है, लेकिन रोज इस कानून की धज्जियां उड़ाई गई। विस्थापन से दलित भी काफी प्रभावित हैं। राज्य में 40 प्रतिशत आदिवासी विस्थापन के शिकार हैं, तो 20 प्रतिशत दलित। बोकारो, हटिया में दलितों की काफी जमीन गई है। बोकारो स्टील प्लांट में बाउरी (दलित) जाति की काफी जमीनें गई हैं। न मुआवजा मिला, न कोई हक।

इंदिरा गांधी कहती थी, जब तक इन फैक्ट्रियों की चिमनियों से धुआं निकलते रहेंगे, तब तक चतुर्थ वर्ग की नौकरियों में विस्थापितों के परिवार के लोग ही काम करेंगे। लेकिन, ऐसा नहीं हुआ। अब तो बोकारो के स्टील प्लांट में सफाई कर्मचारी पद पर दलित के नाम पर गैर दलित ही काम कर रहे हैं। दलितों के साथ आज भी सामाजिक भेदभाव और छुआछूत का व्यवहार होता है। अत्याचार की घटनाएं रोज घटती है। अनुसूचित जाति जनजाति अत्याचार (निवारण) अधिनियम 1989 भी ठीक ढंग से लागू नहीं होता। झारखंड में मैला ढोने की प्रथा आज भी कमोवेश जारी है। भंगी मुक्ति कानून 1993 का उल्लंघन है। दलित महिलाओं के साथ भेदभाव और यौन उत्पीड़न आज भी जारी है।

डायन प्रथा से दलित आदिवासी महिलाएं ज्यादा प्रभावित हैं। दलित महिलाएं दोहरे नहीं, तिहरे शोषण की शिकार हैं। दलितों में अति दलित तुरी, बाउरी, घासी, डोम/मेहतर, भूइयां, मुसहर की स्थिति अत्यंत दयनीय है। ये आदिम दलित हैं। 1931 से पूर्व ये अनुसूचित जनजाति की सूची में थे। झारखंड विधान सभा में दलितों के लिए 9 सीटें सुरक्षित हैं। पिछले 12 वर्षों में इन 9 दलित विधायकों ने कभी भी दलितों के सवाल नहीं उठाए। दरअसल, ये समाज के नहीं, बल्कि पार्टियों के प्रतिनिधि हैं। जहां तक झारखंड के दलितों का सवाल है, ये बात सच है कि महाराष्ट्र, केरल, तमिलनाडु, कर्नाटक की तरह यहां दलितों का शोषण नहीं होता, फिर भी जातिवाद और भेदभाव जारी है। सरकारी योजनाओं में दलितों की भागीदारी न के बराबर है। इनके लिए कल्याणकारी योजनाएं फेल साबित हुई हैं। दलित युवा पलायन के लिए मजबूर है। इन 12 वर्षों में दलित समाज कुछ सोचने के लिए तैयार है। उसे अपनी धरती पर हक चाहिए। समानता पर आधारित समाज चाहिए। ◆ ◆ ◆